U0896112

真水无香

经济法文集

徐士英／著

法律出版社 | LAW PRESS

自序：我的经济法教学之路

20 世纪 80 年代初，正值我国经济法学处于风起云涌之时，我从上海财经大学经济系毕业，毫无准备地进入了华东政法学院的经济法教研室。当时任教研室主任的庄咏文教授认为，经济法教师队伍中也需要具有经济学背景的人员，她的这一决定，不仅改变了我的职业（原来打算继续从事入学前的经济管理工作），更是改变了我的专业方向，把我从经济学领域引向了法学领域。从此，我走上了一条自己从未预想到也从未准备好的经济法教学之路。屈指数来，我在经济法教学科研的道路上已经走过三十五年。虽然这条路走得并不轻松，但我丝毫不觉得艰苦，更不后悔，心中倍感幸福。因为我感受到了经济法的通透明亮、开阔宏达，正如民法的博大精深令人憧憬一样。

三十多年的教学生涯，我与华政经济法学院共生共长、同步发展；三十多年的教学科研，我与经济法学科相随相伴，经历潮起潮落。我畅游在经济学与法学的交汇处，以经济学的目光审视法律制度，以法学的理念解释经济现象，虽显肤浅，却自得其乐，感受着独特的无穷乐趣。

记得刚到学校任教，就遇上了热闹非凡的“民经大论战”，让我首次见识了学者们对学术信仰的执着追求。在华政经济法一批老教授的引领下，我们踏踏实实地开拓、尝试经济法学科的规范研究。一门门自行设计的课程渗透着探索的气息走向教室，一本本自编自印的教材散发着墨香走向学生，走向社会。保险法、土地法、银行法、企业法……虽然，这些课程不够成熟，但以中国经济体制改革中出现的种种新型经济现象和制度建设为内容的课程，不失时机地契合了国家体制改革的进程，有根有据地提出了经济发展中遇到的难题。这种以“务实、创新、开放”为特点的“海派”学术风格深深地影响了我，留给我的不仅仅是学术财富，更是厚德载物的宽阔胸怀和务实精神。正是秉承了“制度创新研究为先导、基础理论研究为后盾”

的路径,我和经济法学院的师生们奔走在法制建设的前沿。已经不记得有多少新制度在我院首次讨论,有多少争议案件在我院得以重新审视;有多少师生参与了政府的立法研究,我为自己能够参与这一开创性的事业而感到幸运。尤其令人高兴的是,在众多的课程中,“市场管理法”竟因我而诞生。在老一辈教师的鼓励帮助下,80 年代中期开始,我探索着开设“市场管理法”这一市场经济的重要法律课程(1991 年起更名为“公平竞争法”,后又改为“竞争法”)。课程内容包括反垄断法、反不正当竞争法、产品质量管理法、消费者保护法等,教学范围也从本科生逐渐发展到研究生,再到博士生。

开创阶段的成果能否持续发展,还在于对经济法各分支学科的深入研究。我最终选择了竞争法这一经济法学中典型的学科。在美国波士顿大学和日本东京大学访问期间,借助竞争法的学习,我深切感受到了现代市场经济的本质:国家体制和市场体制的紧密融合,交替成为资源配置的主角,这在竞争法领域演绎得淋漓尽致。从这一具体的法律制度的演变发展中,我加深了对经济法内涵和本质的认识:经济体制的效率才是经济法学要研究的核心问题。随着教学科研的积累,我渐渐形成了对经济法的一点见解:经济法是一门创新的学科,是合乎历史发展规律的必然产物,不是随意杜撰的应景语汇。它不同于人们熟悉的传统制度,但也不是可用来解决所有经济问题的法律工具。各国运用金融、财政、产业政策、竞争政策各项手段对国民经济进行调节,并将这些手段上升为法律(经济法)的客观事实,正是现代经济法科学的内涵。法律对间接管理关系的调整是经济法的常态,而对国家直接干预经济关系的调整则是经济法在特定时期(如战争等)、特定行业(如自然垄断行业)中的特殊形态。经济法学不能把特殊状态当作常态进行研究,更不能把非常态的国家干预作为经济法的主流现象。

20 世纪 90 年代后,国内经济法学界的研究重点已经开始转向探索经济法最本质的东西上来。因为要建立科学的经济法理论体系,必须寻求经济法的本质,探索不同国家经济法个性中的共性,特殊中的一般。按照法律发展史的规律,如果没有新的社会矛盾产生,就不会在原有的法律体系中诞生新的法律意识和法律制度。在极为庞大完整、根深蒂固的民商法体系中萌生出被称为“经济法”的法律现象,绝不是因为民商事法律制度在其自身体系框架内的缺失或遗漏,而是其对于“社会整体效率”这一目标的实现已力不能逮。而经济法虽然关注经济问题,但它超越了微观的个体之间的交易与竞争关系,关注更为广泛的利益博弈和由此引起的社会整体效率。垄断资本的腐朽性导致了社会经济效率的下降,才引发了以关注社会整体经济效率为宗旨的大规模立法活动;社会主义国家高度集中的经济体制同样导致效率的下降,必须转向市场体制。这就十分清晰地向我们显示了规律性:世界各国的经济法存在共性,那就是人们力图构建一种能够使社会经济持续发展的、有更高效率的资源配置方式(经济体制的效率)。围绕这个目标的立法则被称为经济法,这就可以解释为什么不同国家的经济法现象都诞生于经济体制改革时期(或称体制转型),要解决的问题都是为了优化体制的效率。正是因为经济法的创生和发展是以经济体制效率的提高为目标,所以,经济法的显著特征表现为既包括加强政府干预,也包括削弱政府干预两大类立法,其本质就是政府调节与市场调节的有效结合。以“维护和提高体制的效率”为目标的立法,无论解释资本主义国家的经济法现象,还是社会主义国家的经济法现象,都是最接近经济法本质的。经济法与其说是一个独立的法律部门,不如说是一个独立的法律视角,一种理念。它从更高的层面审视权利义务的分配和再分配,从而影响体制效率。从大量现实法律中我体悟到,那种以提升体制效率的调节性的法规范比比皆是,从中都可以发现具有现代经济法思想的法律规范。经济法成为一种思想,一种理念。它不属于哪个部门法,却存在于各个部门法之中;它并不表现为一部完整的法典,但在现代市场经济的各种经济关系中都能找到它的影子。如果我们再以部门法的思路来研究经济法,是与经济法本身的价值不相符合的,也会束缚经济法理论的发展。

如今,我们欣慰地看到,经济法理念(思想)已经不辩自明地成为当今社会的主流意识,社会每一个领域都能见到经济法的身影。市场经济已不再依赖单一的调节机制;经济集中与经济民主,社会和谐与有序竞争已成为现代法哲学的主要贡献;“在体制的动态变化中追求效率,在政府与市场的结合中持续发展”的经济法理念在各国都取得了共识。这就是经济法,一个不需要以部门法冠名的经济法。就如常常与学生共勉儿时唱的歌曲:春,不在杨柳条上唱;春,不在杏花枝头闹。春在哪里?春在人们心里笑。经济法就如同春天的信息,它播撒在现代市场经济的每一个地方。

我为自己能够在华政经济法学院任教而感谢命运的安排；感谢华政的学术氛围，让我们打破禁锢，创新发展；感谢充满激情的经济法语汇如公共利益、社会责任、整体效率、持续发展，让我们胸中涨溢，视野开阔，这种感觉是我终身的宝贵财富。

徐士英 2017.9.10 教师节

华东政法大学　东风楼

目　　录

建立我国消费者利益损害赔偿制度*

随着我国商品生产和商品交换朝着更大的深度和广度向前发展,人民生活得到了一定的提高。但是,损害消费者利益的现象也日趋严重。消费者利益的保护问题日益成为人们所关注的社会问题,本文试图从法律角度就保护消费者利益中损害赔偿制度的建立和完善,谈些粗浅看法。

一、建立消费者利益损害赔偿制度迫在眉睫

对消费者利益的法律保护,最根本的是体现在保障消费者受损害后的赔偿请求权。我国民法通则为保护消费者的合法权益提供了基本法律依据。但是,近年来随着商品经济的发展而产生的种种侵害消费者利益的行为,无论从形式上还是内容上,都大大超出现有法律的适用范围,尤其是在损害赔偿制度上,仅有民法通则的原则规定是远远不够的。研究建立和健全消费者利益的损害赔偿制度,已成为燃眉之急。

(一)建立消费者利益损害赔偿制度是社会主义生产目的的具体体现

社会主义生产目的,是满足人民群众的需要。对消费者来说,自由挑选商品和服务并不受欺诈,得到质量、价格、安全、卫生、计量等方面的保障,对购买的有缺陷的商品能得到及时的修理、调换和退货,受到经济或人身损害时得到赔偿,是社会主义经济制度赋予的基本权利。如果消费者的这些权利受到损害,就是从根本上剥夺了他们作为消费主体的资格,同时也是对宪法规定的公民权利的侵犯,所谓实现社会主义生产目的也就成为一句空话。生活中常常有这样的事发生:消费者由于买了无有效期说明的变质食品而中毒,听信虚假广告购买商品而受骗,买紧俏商品被强行搭配。消费者明知自己的利益被侵害,由于没有健全的损害赔偿制度,只能忍气吞声,以致损害消费者利益之风愈演愈烈。因此,以法律手段建立健全符

---

* 载《法学》1989年第1期。

合我国实际情况的赔偿制度，是每一个消费者的愿望，也是社会主义生产目的的具体体现。

（二）建立消费者利益损害赔偿制度，是促进生产经营者改善管理的有效途径

从整个社会再生产的角度来看，消费对于生产有十分重要的能动作用。消费者行使选择、购买、评价商品的权利，也是对商品生产经营者进行评价、监督和促进的一种物质力量，通过他们的购买活动，使市场机制发挥对生产的导向作用。而目前，我国消费者在消费经济关系中的现有地位与其在社会生产过程中应有地位极不相称。侵犯消费者利益的行为日益蔓延，使消费者陷于处处设防又防不胜防的境地，消费者受到侵害后无处投诉，缺乏主动监督的保障，削弱了消费对生产的积极促进作用。

（三）建立消费者利益损害赔偿制度是商品经济秩序正常化的重要内容

商品经济最本质的要求即等价交换，损害消费者利益的种种表现，都是以不等价交换，把消费者的劳动报酬转移到自己的口袋里，这无异是一种掠夺行为，听任这种情况发展于我国发展商品经济极为不利。完善消费者利益损害赔偿制度，保证消费者和生产经营者在平等的地位上进行公平交换，对于我国有计划商品经济的正常秩序的确立，无疑有重要作用。

（四）建立消费者利益损害赔偿制度是对外经济交往的必要手段

随着对外商品交往的日渐扩大，一些外商的产品由于存在质量问题，在我国多次发生伤害事故，但由于我国没有完善的消费者利益赔偿制度，我方受害者除根据合同，要求对方承担对有缺陷产品的修理、调换或退货的责任外，对致害产品给我国消费者造成的损害却无法追究其赔偿责任。而在国外，一旦我国的出口产品由于质量问题给外国消费者造成人身损害，则他们可以依据自己国家的法律，要求我国企业承担赔偿责任。因此，建立我国消费者利益损害赔偿制度，将有利于我国与世界各国在平等的地位上开展经济技术交往。

二、建立消费者利益损害赔偿制度应遵循的原则

（一）以立法上的不平等来保护弱者的原则

生产经营者和消费者之间，是一种平等主体间的民事法律关系，即消费者以货币换取的商品和劳务的价值量应该同他所付的货币数量等值。这是商品经济的本质要求。但在实际生活中我国的大部分商品交换还是

卖方市场，生产经营者由于掌握了商品，多居于优势地位，而消费者由于是接受商品和服务的，多处于劣势地位，且势单力薄，很难与生产经营者相抗衡。生产经营者利用这种优势地位，与消费者进行不等价交换，而消费者在受到损害后，由于没有充分的保护赔偿制度，只能哑巴吃黄连。针对这种不平等情况，笔者认为在法律上应采取相应的措施，以立法上的不平等来保护弱者，使其能平等地与生产经营者相抗衡。传统民法对生产经营和消费者在形式上是保持自愿平等的，可是在存在卖方市场的情况下，卖方仗货欺人，买方无可奈何，事实上并不平等。因为追求利润是生产经营者的直接目的。仅用强调平等自由交换的法律（民法、商法）是不能达到真正平等交换的目的的，必须介入国家的干预，在赔偿制度上作出平等的规定（如损害后的赔偿额要大大超过其损害额等），以形式上的不平等来实现事实上的平等交换，切实保护消费者的利益。资本主义国家消费者运动兴起以后新颁布的一系列法律，实际上也体现了这个保护弱者的原则。

（二）实行“过错责任制度”和“严格责任制度”并存的原则

按传统的侵权赔偿的法律，责任的承担一般采取“过错责任制”原则。即对于那些损害了他人利益的行为，受害人可以依据合同法和侵权法取得保护，但是受害人负有举证的责任，证明加害人损害事实的存在；加害人的加害行为是由于主观上的故意或过失所致；加害行为和损害事实之间有必然的因果联系。但是，随着工业水平不断提高，有些产品的设计工艺、生产流程很复杂，消费者要对某些损害事实中生产经营者的行为是否出于故意或过失作出判断，是较为困难的。因此“严格责任制度”应运而生。所谓严格责任制度，是指生产经营者提供的产品和服务，如果给消费者造成财产或人身的损害，即使没有过错，也要承担损害赔偿的责任。这对及时有效地维护消费者利益无疑是十分有利的。

因而，我国一些学者也主张在我国应实行“严格责任制度”。笔者认为，赔偿制度的建立应符合我国具体的国情。我国目前生产力发展水平不够均衡，多种经济成分并存，现代化大工业和小型手工业并存，先进科学技术和落后的土法工业并存。在这种情况下，无论单一地实行哪种赔偿责任制度，均不完全可行，应采取两种赔偿制度并存的原则。主要在产品适用上加以区别，对高档产品，消费者主要凭借广告宣传了解产品质量而无法当面检验的产品，对与消费者人身直接有关的产品等，可采用严格责任制

度，或把举证的责任转移到被诉方，让被诉方举出自己并未损害消费者的证据。这样，才能避免消费者利益受损后，因举证困难而得不到赔偿的情况发生。但是，从我国实际经济发展水平来看，大部分商品还供不应求，企业生产水平低、设备落后、技术条件差，如果所有商品都实行严格责任制度，将会挫伤一部分企业的生产积极性，不利于发展生产。因此，对大部分商品目前还只能实行过错责任制度，以利消费水平能和生产发展相适应。

三、对建立和完善消费者利益损害赔偿制度的几点建议

（一）在加快成文立法的同时，采用判例及时处理赔偿事件

我国目前在保护消费者利益方面颁布了一些法律法规，如商标法、食品卫生法、药品管理法、计量法等。民法通则的颁布，更为保护消费者利益提供了损害赔偿的法律依据，但这还远远不够。要切实保护消费者利益，必须尽快制订保护消费者利益基本法，明确损害赔偿的重要原则和基本范围。在此基础上，围绕基本法，制定一系列有关的法规，使之配套，如产品责任法、防止不正当竞争法、价格法、工业标准化法、消费品安全法等。在这方面国外的立法可以借鉴，如日本的《消费生活用品安全法》，美国的《存款人保护法》等。然而，损害消费者利益的行为是多种多样的，现有法律很难包罗万象。所以大量出现的消费者请求损害赔偿的事件，往往出现无法可依或有法难依的情况。对此，用判例来补充我国成文法的不足，未尝不是一个行之有效的办法。英美等国家在判例方面可提供不少借鉴，使一些类似的案件，在无明文法律规定的情况下能得到较快的解决。其实，我国在司法实践中已在采用这种做法，比如最高人民法院经常给各省份高级人民法院和其他基层人民法院的一些“批复”抄件。这种“批复”最后写明“类似的案件可以参照执行”，这“可以参照执行”的案件，便是判例。因此，我们可以在消费者诉讼日趋增多而立法又跟不上的情况下，积极探索和采用判例立法，使损害消费者利益的赔偿案件能得到及时处理。

（二）损害赔偿的金额应体现惩罚性

目前对消费者所受损害的赔偿，一般是补偿性的，补偿实际损失。这对生产经营者通过实施损害行为，获取比受害者损失多得多的利益，或造成他人人身伤害，就显得太不公平、不合理。对生产经营者来说，支付只具有补偿性而不具有惩罚性的赔偿金，不利于其收敛损害行为。因此，根据前述以立法上不平等保护弱者的原则，在赔偿的金额中应规定惩罚性条

款,制定赔偿金的最高限额。日本和美国的做法均是对损害者处以2～3倍于商业价值的赔偿金,这可以消除消费者由于担心得不偿失而不敢或不愿向法院提起诉讼的顾虑。因此,我国有关立法的惩罚规定,应有利于鼓励受害消费者为维护自己的合法利益而提起诉讼,用消费者的力量来威慑生产经营者的不法行为,从而有效制止侵害消费者利益的行为发生。

(三)把保险机制引入赔偿制度

我国目前消费者利益损害赔偿的途径大多通过消费者协会,或到法院起诉,但这往往旷日持久。如南京市中级人民法院受理的彩电案,消费者历经两年,跑了三十多个单位,虽然得到了赔偿,但已筋疲力尽。对此诉讼,谁还愿重蹈覆辙?因此,笔者认为应在赔偿制度中引入保险机制,减轻消费者因产品质量问题而往返奔波。国外有类似做法可以借鉴。如新西兰的《意外事故赔偿法》规定,取消所有个人的损害赔偿请求权,由国家办理的保险制度代替。一旦请求人被确认为是由于意外事故蒙受损失,便能得到在法定的上限内高达90%的赔偿。日本的《消费生活用品安全法》规定,合格产品贴上"SJ"徽章,贴了徽章的制造者同保险公司缔结"生产物品赔偿责任保险契约",一旦制品因缺陷侵害了人身安全,被害者可以立即得到赔偿。其实,我国也开始了这方面的实践,生产荷花牌洗衣机的武汉洗衣机厂和保险公司签订了产品责任契约,事先为每台洗衣机投了保,消费者一旦发现产品质量存在问题,就可持厂家发放的保险单向保险公司索赔。

这种利用保险机制把生产经营者和消费者的利益联系起来的做法,改变了生产经营者消极等待损害事件发生后才进行赔偿的传统制度。总之,建立和完善消费者利益损害赔偿制度是我国当前治理经济环境,整顿经济秩序的一个重要组成部分。我国保护消费者立法要使损害者为有所惧,消费者诉有所依,监督者察有所据,执法者惩有所循。

论建立社会主义的公平竞争法律制度*

从目前企业面临的市场环境来说，最大的问题在于不公平竞争。影响企业间公平竞争的因素不少，法律上未能提供公平竞争的条件是其中最重要的因素。为此，笔者拟就如何以法律的手段来规范竞争者的行为，构筑一个有利于企业间公平竞争的市场法律环境提些看法。

一、消除歧视、让各类市场主体都处在同样的市场环境中竞争

一般来说，企业竞争不可能处于同一起跑线上，因为企业在资金、技术、人员及产品等内部条件方面不可能是相同的。但是，它们享受的市场即外部环境必须是相同的，在生产要素的取得、市场的进入、税收、价格权利等方面，都应有同样的待遇，都应遵守同样的经济法则，使企业在平等竞争的条件下，优胜劣汰。既不能采取限制个体经济、私营企业来保护国营企业的发展，也不能捆绑国营企业的手脚来使之处于被动挨打的局面。从目前企业所处现状来看，许多人为的、体制的因素造成的不平等，使国营企业的起步，明显处于不利状态。国营企业在商品流通中缺乏竞争能力，从税收方面来看，国营企业税负沉重，既无能力更新改造旧设备、老厂房，也没有财力为职工多谋利益，调动职工的积极性。与此相反，其他所有制的企业，由于国家用软化税收约束的办法进行扶植，发展很快。从营销手段来看，国营企业的营销手段受种种限制，许多“三资”“乡镇”企业所运用的灵活手段、推销艺术，到了国营企业就行不通了。在企业资金配置方面，国营企业的资金实行严格的分账管理，各项资金列得细、管得死，不能通融，严重束缚了企业的手脚。相反，“三资”“乡镇”企业可以自主地融通和筹集资金，并灵活运用自有资金，充满生机和活力，富有竞争能力。此外，政府和部门对国营企业过多的行政干预则更是影响国营企业参与平等竞争

---

* 载《法学》1993年第7期。

的重要原因。企业的很多自主权如定价权、分配权、联营权等被行政部门截留。

上述因素的集合,构成了国营大中型企业的竞争劣势,而政府“鞭打快牛”的政策的负效应,使国营企业的竞争能力更为减弱。《全民所有制工业企业法》和《全民所有制企业转换经营机制条例》的颁布,在缩短国营企业和其他企业的差距方面作出了努力,为国营企业进入市场参与竞争提供了切实的保证,但毕竟国营企业经营机制的转换非一两个法律条例所能解决了的,尚须其他法律法规的配套颁行。具体来说,应立即着手制定统一的公司法,用以替代不同所有制的企业法,制定统一的税法,会计制度,资金信贷制度,劳动工资制度等,使每个企业都在公开化的、统一化的法律条件下进行市场竞争。

二、破除行政割据、地区封锁,建立社会主义的统一市场

目前企业进入市场开展公平竞争的严重障碍是行政割据,地区封锁所形成的地方保护主义。它保护落后,实质上是阻碍了生产力的发展。这是在集权性的经济体制下,政府对企业的微观经营活动无所不包地进行控制所造成的。在缺乏竞争性市场机制的前提下,当中央政府的控制减少以后,市场的分割反而由于地方割据的行政壁垒而加剧。这种保护主义在生产资源和商品的竞争中表现最为“出色”。有些地区为了保护本地区的经济利益,不惜采用非正当手段故意抬价或压价,阻止外地商品流入本地市场或本地资源流向外地市场,有些省市,为了不让外省市价廉质优产品“冲击”本地的产品,竟采取行政手段,禁止银行转账结算。这里银行的资金已被高度地方化,更有甚者,默许鼓励假冒名牌产品,阻碍查处,直接压制公平竞争。在这种保护的同时,企业经营机制转换的难度也被保护住了。因为商品价格难以准确反映供求和价值,消费者的需求难以直接为企业所了解,独占的地位使企业失去改善经营的动力,从而企业把摆脱困难的出路希冀于政府的巨翅保护而非自身的努力。

地方保护主义的另一突出表现是在资金资源的配置上严重的不公平。社会主义资金市场还未统一,在很多地区,资金资源隶属于地方行政,是地区经济的附属,不允许随便流出或流入,造成的后果是,有发展前途的企业不能从竞争中吸取资金,该淘汰的企业资金利用率极低,还在消费资源,这样的地方分割形成的资金分配制度,窒息了企业之间的竞争机制,企业转

换经营机制更添一难。要改变这种状况，必须从立法上、执法上坚决打破条块分割，保护正常的经济秩序，禁止对一切商品，包括各种生产要素的流通设置人为的障碍。因此，必须加强反地方行政保护的立法，要规定地区封锁、行政垄断，妨碍生产力发展的违法性质，要规定合理保护措施的具体标准。更重要的是，加强统一市场的立法，消除人为地排斥竞争和企业进入市场的障碍，提高市场的“透明度”。如制定反垄断法、商品交易法、期货市场法、证券交易法等全面性的市场法规，改革银行法中关于企业通融资金的规定，对企业的兼并、联合作出更具体的规定，帮助企业冲出地方封锁走向市场。

三、制止不正当竞争行为，整顿市场秩序，净化竞争环境

随着我国市场调节比例的扩大，由竞争带来的副作用也日益明显，这些副作用分为两类：一类是市场垄断，另一类是不正当竞争。

市场垄断行为在我国正逐渐成为公平竞争的一种反面力量，由企业间达成一个协议（价格协议），承诺相互不竞争，然后瓜分市场。此种协议使任何一个消费者在市场上得到的回答都是一样的。这在西方市场经济国家称“卡特尔协议”或“托拉斯协议”，为法律所禁止。市场垄断的直接后果就是使消费者支付的价格比有竞争的市场要高，使消费者成本提高，竞争力削弱，从而恶化市场竞争环境。再如，在横向经济联合中逐渐形成过分集中的经济力量。企业联合是现代社会商品生产过程中的必然产物，它体现了资金积累和生产集中这两个社会化大生产的基本特征。但是有些行业通过横向联合组成特大公司集团，在市场上处于控制地位，它们限制零售价，不允许在零售商之间通过降价进行竞争，滥用大公司的优势低价竞销等击败其他竞争者之后，再提高价格，用以兼并其他公司。这种垄断行为在市场经济国家是绝对禁止的。但是在我国，由于财政性分权和“财政分灶吃饭”的体制，使这种垄断在一定程度上披上行政的色彩而被掩盖了其危害性。随着竞争的进一步激烈，可以预料，经济过分集中造成市场垄断会形成对公平竞争的威胁。早在经济体制改革的初期已有人提出，并在部分省市颁布了一些行政法规（如上海、武汉、江西等省市的《反不正当竞争条例》），只是因为商品市场没有界限，经济活动很难受制于一省一市，使地方性法规流于形式。故而，对制止不正当竞争法和反垄断法的立法研究，特别是全国性的法律法规的制定应给予高度的重视。

不正当竞争行为主要是指违反诚实信用原则、商业道德,用非法行为进行竞争的行为。此种行为目前在市场上已泛滥成灾,构成对公平竞争的最大威胁。例如,以欺骗的手段进行竞争;假冒他人注册商标、包装装潢或营业、生产地点,使人产生误解,以贿赂手段进行竞争;提供"回扣",赠送实物,拉拢销售人员推销劣质产品,或收买竞争对手人员等;以胁迫、强制的交易手段进行竞争,利用强者地位、迫使他人接受交易;以卑劣手段进行竞争,如虚假广告,盗取商业秘密,贬低、诽谤竞争对手的商业信誉,不实宣传。所有这些不正当竞争行为正在愈演愈烈。

商品经济的发展应建立在完善的竞争机制的基础上,对竞争的任何形式的抑制和阻碍,都是对商品经济正常运行的破坏。实施经济体制改革以来,在一定程度上引发了竞争机制。价值规律,竞争规律也随之发生作用。但是,对长期处于计划经济体制下的企业来说,如何参与市场竞争又十分陌生。另外,政府部门因长期习惯于行政指挥,对放开后的市场秩序如何管理也缺乏经验和办法,对面临的问题频于应急,收效甚微。西方国家在经济发展初期曾经付出过沉重代价的覆辙,正在我国不少地方重蹈。解决这种现象的根本办法,还是从经济体制的改革中寻找。今后,在市场经济体制下,经济活动参与者在商品生产和商品交换活动中的机会和地位都是平等的,互相之间开展竞争所凭借的是各方的经营实力与比较优势,增强竞争优势的原则是降低成本、提高效率、改善经营管理。通过这样的市场竞争,能够使社会的资源得到合理的配置、充分有效的利用,达到社会效益的最大化。在这里,利用任何一种不正当竞争的手段进行竞争,都是为市场经济所不允许的。因此,建设一个企业平等竞争的市场法律环境,是非常重要的,也是极其迫切的任务。

对经济合同法中不可抗力条款的几点建议*

经济合同一旦依法订立，就设定是必须要履行的。因此，如果当事人不履行合同中所订立的条款，即被视为违约，并要对此所造成的损失承担相应的责任。鉴于此，当事人之间就会对一些不履行合同的除外情况加以讨论，并对由于这些情况而造成的责任作些限制性规定，这样的条款被称作不可抗力条款。这些条款在各国法律中都有规定并加以分类。但由于各国在政治、经济制度上的差异以及立法的历史条件和经济背景的差异，对不可抗力条款的规定和司法实践也就存在区别。尤其是在由政府行为引起的商业风险中，这种差异更为明显。本文拟就政府行为是否应列为不可抗力的范围，如何界定政府行为，当事人对不可抗力在合同中能否约定以及如何约定等问题略述浅见，以利我国的经济合同制度能进一步适应社会主义市场经济发展的需要。

一、“不可抗力”条款是否包括政府行为

我国现行经济合同法对不可抗力中是否包括政府行为对合同履行影响的规定是笼统的。1982 年 7 月 1 日施行的《经济合同法》规定“不可抗力”的情况是“由于不可抗力或由于一方当事人虽无过失但无法防止的外因，致使经济合同无法履行”，允许变更或解除经济合同，并可根据情况“全部或部分免予承担违约责任”。显然，这里的“不可抗力”其内涵是否包含“政府行为”似不明确。但是从合同法的其他条款来看，似乎由政府行为造成的对合同履行的影响又作为不可抗拒的力量来处理的，如《经济合同法》第 27 条规定，“订立经济合同所依据的国家计划被修改或取消”，“当事人一方由于关闭，停产、转产而确实无法履行经济合同”，允许变更和解除经济合同。同时，在以后的条文中还规定，如果“由于上级领导机关

---

* 载《中外法学》1993 年第 5 期。

或业务主管机关的过错，造成经济合同不能履行或者不能完全履行的，上级领导机关或业务主管机关应承担违约责任”。按照逻辑推理，那么作为执行计划的当事人或被命令依法关闭、停产、转产的当事人，是不负什么责任的。由此可见，因政府行为造成的违约，在这里实际上是作为因当事人无法抗拒、无法预料、无法防止的不可抗力来处理的。这样的规定比较模糊，不利于明确合同当事人的责任。笔者认为，对政府行为应明确：(1)哪些人的行为是代表政府的行为；(2)由于政府行为的影响，当事人是否免除责任。这里，美国合同法中的一些规定是颇有启示的。

美国各州的合同法和《统一商法典》中，对政府行为造成的“不可抗力”影响合同的履行是有比较明确的规定的。政府行为分为“战争时期的政府行为”和“和平时期政府行为”。战争时期的一个突出例子就是东方国际航空公司诉道格拉斯公司一案。法庭判决被告延迟履行对原告支付7426型飞机的义务是可以免除责任的，法庭在此用了一个“可原谅的迟到”的词汇，并认为可适用双方当事人合同中约定的不可抗力条款。此条款规定：卖方（道格拉斯公司）对由于它的能力所不能控制的范围内的原因或者非由于它的过错而引起的延退履行的情况，如内战、起义、罢工、暴乱等，不认为是违约，这里还包括任何政府的行为，政府的优先权及政府对物资、设备、工具甚至整架完整的飞机的分配规定或命令等。法庭认为，妨碍向东方国际航空公司送货的是美国政府的行为所致。法庭对这种政府行为作出了解释。根据联邦政府的《国防产品法令》，法庭认为道格拉斯公司的延迟履行是可以原谅并免责的。此法令规定：政府的供应者可以在战争时期享有对延迟履行其他合同和不履行其他合同实行免责。这也可以成为道格拉斯公司和东方航空公司合同中的不可抗力。

政府行为如何界定？

在确认政府行为是否构成不可抗力时，美国法院的原则是必须符合一定的前提条件，即政府的权力机关（州或联邦）的行为必须是十分肯定地干预并妨碍了合同的履行。例如，在北方伊利诺伊煤气公司诉能源合伙公司一案中，伊利诺伊州的上诉法院否定了原告关于不可抗力的辩解。因为法庭感到这里并不存在这样的政府行为。原告北方伊利诺伊煤气公司是一个州立的原油批发商，它和被告能源合伙公司签订了一份供应合同。由于市场上对原油需求的锐减和生产成本的提高，北方伊利诺伊煤气公司请

求伊利诺伊州的商业委员会(政府部门)批准公司有一个提价幅度。但是委员会拒绝了这项请求。由于没有获得提价的补偿,北方伊利诺伊煤气公司终止了它对能源公司的合同履行。在诉讼中,北方伊利诺伊煤气公司辩称:委员会拒绝提价的行为是此合同履行中的政府行为不可抗力事件。在双方的合同中有关不可抗力的条款是这样规定的:当事人双方对超过当事人力所能控制以外的事件造成的不履行合同可以免责,包括对政府权力机关的任何法律、法规、通知、要求和命令的服从。但法庭认为,伊利诺伊州商业委员会的否定提价的决定并非是直接地和实质性地对导致此合同的不履行产生影响。因为,在此案中,政府机关没有一个肯定妨碍北方伊利诺伊煤气公司履行合同的行为,法庭不允许北方伊利诺伊煤气公司的关于"不可抗力"辩解。

从此案中可以知道,美国对政府行为作为不可抗力因素的界定,是强调对合同履行的主动的直接的干预,任何非主动直接的影响,即使与合同的不履行、延迟履行有关,也不能认可。为此,笔者建议,我国的《经济合同法》中是否也应对政府行为的界定作性质上的规定,不是仅仅列举"计划调整""企业关闭、停产、转产"等情况,而对于其他的可能发生的政府行政行为则缺乏明确的判断标准,这就可以避免当事人在明确责任时感到困难,也防止给政府部门的行政干预留下了余地。

二、当事人对"不可抗力"条款能否自由约定

我国《经济合同法》对不可抗力条款可否由合同当事人自己约定并未作出规定,因此,在国内合同中,当事人并不重视对这一条款的范围、语义表述、解释等作出约定。即使发生了问题,也难以由当事人承担。后来,在《涉外经济合同法》中有了改进,如第 24 条规定"不可抗力事件的范围,可以在合同中约定",这比《经济合同法》有了改进,但仅仅提出了双方可以约定范围,而范围中是否包括"政府行为"仍然并不明确,同时,对当事人自己约定,还规定了必须满足法律中限制的几个条件才能免除履行义务:第一,当事人必须证明此事实是订合同时不能预见的;第二,必须表明事实对合同的阻碍是不可避免和不可估计的;第三,必须尽可能快地通知受影响的对方当事人;第四,被影响的当事人必须得到当地有关机关的关于不可抗力事件的证明文件,而且证明文件的取得必须在一定的合理时间内。这样规定显然十分周全,但要真正确定不可抗力时仍很困难。笔者认为,

在我国《经济合同法》中，当事人意思自治的原则是在服从于国家计划目标的前提下适用的，因而对当事人之间自己约定不可抗力条款的约束较为严格，这种规定对保证国家计划执行有重要意义，但是当事人之间就商业风险进行谈判的可能性就较少，而且对什么是不可抗力的事后认定也实属困难。随着我国经济制度迅速向社会主义市场经济转换，合法地提供经济实体更广泛的自由来对它们的风险进行转移，会使法律更有成效。尤其是越来越多的企业已直接与外商交往，关于不可抗力条款的签订，尊重当事人的意志，不仅符合合同法的基本原则，而且与国际上大多数国家的做法一致，这样就更有利于使合同制度进入国际跑道。

美国合同法中对“不可抗力”条款认定，主要依据合同双方当事人之间的约定。一般认为，如果合同双方当事人在合同中对不可抗力的免责条款的内容、范围的约定及其解释是清楚无误的话，那么，法庭对这一条款的认定和执行就不再有任何其他的要求。比如，法庭不会要求不可抗力事件是当时不可预见的。在东方国际航空公司一案中，巡回法院否定了地区法院关于可以免责的延迟履行是必须无法预见的辩解。从巡回法院的判决书中所用的措辞里可以看出法庭并没有要求政府的行为必须是当事人订合同时不能预见的事件才能构成免责的条件。总之，美国法院在不可抗力条款上是贯彻了当事人意见自治的原则，只要是双方当事人在力所能及的范围里自己谈判的条款，只要他们是充分自由地、自愿地达成的协议，法院就给予当事人的约定尽可能高的法律效力。即使是关于州或联邦政府的行为造成合同延迟履行也适用不可抗力的协商条款。他们认为政治风险和经济事实、自然灾害一样，会对合同和合同当事人产生障碍。

因此，笔者认为，在我国的经济合同法中应规定，对经济合同中的不可抗力条款，特别是属政府行为的不可抗力条款，应当让当事人按协商一致的意见签订。这有三方面的好处：一是有利于企业转换经营机制，使企业在享有经营自主权的同时，重视自己所担负的经营风险，改变过去不注重不可抗力条款的签订而事后把一切都推到政府身上的做法。二是有利于明确双方当事人之间的责任。任何一国政府都可能会有影响合同履行的行为，只要双方当事人在这一问题上达成协议，就能避免相互推诿和难以处理的局面。三是有利于减少政府行政干预行为，避免一些部门随心所欲地影响企业合同履行的干预，也增强主管部门对合同履行的责任。

三、不可抗力条款的表述和解释

由于前面所提到过的原因,关于不可抗力条款的表述和解释等在我国还未引起足够的重视。但是如果双方当事人对不可抗力条款的界定依据自己的约定的话,条款含义的表述及其解释就显得十分重要。对此,美国的两个案例对我们能有所启发。

案例之一,柯达公司于1981年成立的一家分公司诉迪利石油公司一案中,双方合同中的“不可抗力”条款为:允许买方在汽油市场衰败时,可以免除不履行合同的责任。当迪利石油公司拒绝按规定的期限提货和支付货款时,柯达公司向法院提起了诉讼,在此案的辩论中,迪利石油公司称:由于原油价格骤然下跌、天气条件的恶化,使市场形成了衰败的条件,这符合合同中规定的不可抗力条款。迪利石油公司同时提醒法院,在双方这样享有充分自由签订的合同里的不可抗力条款,应有法律效力。对于这个“市场衰败”的条款,法院应该按此来执行。因此法院支持了迪利石油公司的分析,认为当事人之间的销售合同是在他们力所能及的范围里通过谈判而成立的,它真实地反映了他们各自的意思。同时法院还认为,当合同履行过程中出现了价格下跌、气候恶劣,以及市场衰退等因素,是符合在合同中不可抗力条款中所包含的“市场故障”的含义的,因此当这样的条件出现时,当事人可以实际不履行合同的义务。

除了上述对合同条款表达清楚以外,当事人还受到合同中规定的不可抗力条款所涉及的范围的约束。例如,当事人常常把不可抗力条款中的事件限定在当事人的控制力之外的范围,才能免除责任。

案例之二,尼索石油公司诉西方石油出口公司一案。西方石油出口公司是美国一家石油勘探和生产公司,由于它拒绝了利比亚政府在石油勘探中对价格作出让步的要求。作为报复,利比亚政府对西方石油出口公司的石油出口实行了禁运的措施。结果,西方石油出口公司无法履行它对原告尼索石油公司供应石油的合同义务。法院认为,禁运在此案中并不构成不可抗力事件。因为在双方的合同中所订立的不可抗力的条款是仅限于那些西方石油出口公司合理控制之外的事件,法院下结论说,西方石油出口公司对“禁运”行使了“合理的控制”,正是因为它的拒绝支付才导致了禁运的发生,事件的发生是在其能控制的范围之内,当然也就在“不可抗力”范围之外了。

除了对不可抗力范围及其条款的含义表达清楚之外，当事人还受到对合同中不可抗力条款解释的清楚程度的约束。但这里要注意区别法律中关于前面所讲的条款内容“清楚的意思表示”和对条款内容“清楚的解释”的不同。“清楚的解释”指的是：特定的不可抗力条款的语法结构。例如，在PPG工业公司诉希尔石油公司一案中，希尔石油公司签订了一个与原告之间的销售乙烯的合同。在合同履行期间，希尔石油公司的一个冶炼厂发生爆炸，使送往PPG工业公司的乙烯产品质量下降。PPG工业公司因希尔石油公司的违约而诉诸法院。然而希尔石油公司则提出了辩解的理由，认为按合同的不可抗力条款可以得到免责。因为合同条款中规定：“不论是PPG工业公司还是希尔石油公司都能因由于合乎情理地超出其控制的事件发生引起延迟履行或受阻履行合同而得到原谅，免除违约责任。这些情况包括起火、爆炸等事件，但财务状况变化例外。”PPG工业公司则坚持其起诉理由，它争辩说，合同中的不可抗力条款是不能适用于这一情况的。因为对不可抗力事件的认定，关键在于对事件是否合乎情理地超出其控制作何解释，PPG工业公司认为，这里所说的“合乎情理地超出其控制之外”是限于对起火和爆炸事件而言的。换句话说，即对起火和爆炸也应调查事故是否确实超过当事人的控制能力之外，如果确实是当事人无法控制的起火或爆炸则可以免责，否则也应承担违约责任。但是地区法院否定了这一说法，并作出了结论：应该对合同的清楚的语法解释给予法律效力。“超出其控制之外”的词汇并不是对“起火、爆炸”的修饰语，巡回法庭也肯定了这一解释。这样，希尔石油公司因不可抗力条款而免除责任的理由得以成立。因为从条款本身的意思来看就很明确，爆炸事件本身就是一个不可抗力事件，而无须证明它是否属于“合乎情理地超出其控制之外”。

总之，我国经济合同法中不可抗力条款的问题应当研究，对其内涵和外延都应有明确的规定。随着政府职能的转变，对政府行为、市场变化等作为不可抗力的问题必然会被当事人所重视，当事人由于经营自主权的扩大，也必然对这些影响充分重视，从而要求自己约定这一条款。如何在立法和执法上作出相应规定，是当前亟待研究的重要课题。

社会主义市场经济法规范体系（框架）研究*

社会主义市场经济立法，必须从市场经济运行机制的内在要求出发。

市场主体立法必须体现利益独立、决策自主、责任自负及地位平等原则。

市场秩序立法必须体现市场行为契约化、竞争公平化及社会资源商品化原则。

宏观调控立法必须体现效率与秩序、防范与矫正、国有资产保值与增值统一原则。

社会保障立法必须体现效率优先、兼顾公平、国家物质帮助、社会统筹及社会安定原则。

第一章　总体思路

我国《宪法》第15条明载“国家实行社会主义市场经济”，党的十四届三中全会又进一步明确了实行社会主义市场经济的战略部署和操作准则。全面、系统、准确地创设社会主义市场经济运行机制，已是摆在中国人民面前的一件大事。因为，这不仅仅表现为法的意志和党的意志，也是植根于国情的必然选择。

建立比较完善的社会主义市场经济法规范体系，必须从市场经济运行机制的内在要求出发，必须从解剖市场着手。这是本课题立论的支点或全部理论过程的逻辑起点。

我们知道，市场经济模式是一套自动配置社会资源的“生产线”。它的主要优点：其一，它有一整套直接激励市场主体的社会动力机制，以及相配

---

* 载上海市行政法制研究所：《1994年政府法制研究报告》，第53～88页。

套的社会竞争机制和社会稳定机制。它恰好符合人类现阶段伦理水平制约下的“动机—行为规律”,“按劳分配”的物质利益原则落实得比较彻底、透明,所以主体的积极性、创造性必然有无限的上升空间。其二,主体对其自身利益的追求,客观上产生了有利于全社会增福祉的结果。这种无意识的客观结果是任何主观雕琢或计划管制都无法胜任的。因为只有这种模式才能保证社会经济运行动力的单位化、个体化,这是任何社会经济运行的基本驱动力。如果再辅之以合乎科学理性和规律要求的政府宏观调控,这些基本驱动力经过系统的优化配置、组合、引导,会使社会总体效益成倍增长。如此的运行体制,不仅明显减少了政府管理成本,而且增加了管理效益。市场具有如此神奇的力量,其原因何在?笔者认为,“交换”是极为重要的。

交换顺利进行是有条件的,其中最重要的是有一整套富有刚性的不能随意突破的规则体系用国家意志(法)的形式把它们牢牢地固定下来,否则交换必然朝不保夕,寸步难行。这个规则体系,就是设立本研究课题的拟题宗旨。

市场经济,就是以市场作为社会资源配置手段的社会经济运行模式。从经济学视角来看,它是各个独立的主体追逐自身利益的经济活动系列。从法学视角而言,它应该是在一定法律框架内进行的各种交换关系的总体系,是基于交换而产生的一系列的法律行为。市场经济的框架就是纵横交织的法律关系体系的网络,把这些法律关系体系用文字表达出来,那就是市场经济的法规范体系。人们说市场经济是“法律经济”意即在此。同时,根据前述交换构成要件的剖析与推论可知,市场交换是第一性的,它属于经济基础的范畴,是客观的,而法规范是第二性的,它属于上层建筑的范畴,是主观的。市场交换的“呼声”,就应该是法规范的“回答”,因此,社会主义市场经济立法,必须坚决遵照市场经济运行机制的内在要求,必须体现市场经济规律的客观要求,使市场规则系统化、规范化、科学化。

尽管推进市场经济进程已具备一定的基础条件,但是,我们必须正视如下现实:

第一,改革进程如此之快,立法的滞后是难以避免的。

第二,发展任务繁重,传统的包袱也大,在“发展”与“改革”的天平上,立法者不得不现实地疑虑重重。

第三,面对计划经济体制的惯性,立法者又不得不客观地估计来自各级各类主体的观念性束缚或各种性质的牵制。

第四,国际上层次相近的区域性挑战,未来目标的高要求,时间因素的无情逼迫,又使立法者不得不考虑到"超前立法",在争取"后发展利益"(走捷径)上作一些高手笔的文章,从而加大改革跨度的风险性、受益性的同步递增。

第五,就法制运行现状来看,立法颇为零散,缺乏深层次的硬性制约,法规范不完整,功能协调性差,缺乏统观全局的规划,这必然严重贬损法规范的权威性和整体效能。各级各类新、旧法规范的错综交织,界限模糊不清,作为守法者的主体和执法者的政府部门在具体的行为选择上,不得不左顾右盼。尽管一些不适时宜的社会关系正在转移或消失,可是一些旧体制条件下制定的法律、法规、规章,依然评价着人们的改革举措,人们怎能不顾及其权威?这类法规范无时不在吞蚀着新法或新政策的能量。某些新法,昨天还健全,今天就已残缺。依据市场经济运行机制的内在要求,还有相当一部分极其重要的社会关系仍未纳入法的统制之列,这些都是本课题构设过程中(或今后进一步探索时)应该思及的现实条件。

从市场经济立法的宏观思路上看,应当把握如下具有基本原则意义上的价值标准:

其一,社会经济效益优先原则。这是落实生产力标准的手段选择,是进行市场经济立法和构思宏观调控的目的性标准。

其二,遵守市场经济运行机制的内在要求,即遵守市场经济规律。这是进行系统的市场经济立法,继而落实社会经济效益原则的根本手段上的界定。因为没有手段保障的目的,是难以达到的。

其三,在具体操作上的理论构思和法条文的确立方面,必须本着"宏观上着眼于改革与未来,微观上顾及发展与过渡"的原则。系统地分析市场经济运行与配套的法制建设现状,以及解剖市场经济运行机制的内在规律之后,初步找出有碍于市场经济进程的基本症结,继而勾画出如下立法蓝图的基本原则体系:

在市场主体立法方面:必须全面体现利益独立原则、决策自主原则、责任自负原则和地位平等原则;

在市场秩序立法方面:必须充分体现市场行为契约化原则、市场竞争

公平化原则、社会资源商品化原则;

在宏观调控立法方面:必须体现效率和秩序统一原则、防范和矫正统一原则、国有资产保值和增值统一原则;

在社会保障立法方面:必须体现效率优先兼顾公平原则、国家物质帮助和社会统筹原则、社会安定原则。

这些基本原则体系,作为社会主义市场经济立法的根本指导思想和最高价值准则,从静态上看,它必须体现在将要设立、修改、废止的各种法规范体系中;从动态上看,它必须贯穿在整个市场经济法制(立法、执法、司法、普法、守法、监督)的全过程。这不仅是实体法的宗旨和程序法的灵魂,而且是市场交换本质、规律以及立法者在市场经济领域所行政策的集中反映或体现,也是作为市场经济法规范的基本价值和基本意志的集中表述,又是克服法律、法规、规章局限性的根本工具。其效能的发挥取决于主体(原则使用者)对它的基本精神的领会与理解。作为一种尺子,可以度量市场关系体系中的任何具体关系是否符合法意志、法标准。在具体法条文中难以找到恰当的回答时,可把基本原则视为行为选择、价值取舍的标准。因此,对基本原则的选定及论述是个极其困难、谨慎的过程,也是颇具争议的过程。相当的内容需要在大量丰富材料的基础上花费时间和功夫,去逻辑构思。运用这些初步选定的基本原则,去尝试、裁量各层级各部类法律、法规、规章及其内部的规范,评价其具体的权利义务的设计与分配,以及法律责任的认定是否符合市场经济运行机制的内在要求,进而作出保留、补充、废除等取舍。再按照这些价值标准的要求,对于一些社会关系尚未上升为法律关系的,应提出新的立法设想。然后根据这些基本价值标准,对有些应该存在的社会关系(属市场经济运行机制内在要求的),但在现今社会中还未能存在,就应提出新的立法动议,即“创造社会关系”。这当然是在法的强制扶助下“创造”的社会关系,也是法律关系。这里充分体现了法对改革、发展和稳定的“导向”“铺路”“架桥”的重要功能。如果时间和精力充分,接着这个思路的推定,最终将形成符合社会主义市场经济内在要求的、比较完善的市场经济法规范体系的框架、亚框架及各类规范体系。

社会主义市场经济法规范体系(框架)见图1(附在本课题研究报告全文之后)。

第二章　市场主体立法

市场主体之存在,以及市场主体资格的法律授权与界定,是市场过程(生产、交换、分配、消费)的首要条件。这里的市场主体主要是指企业法人,尤其是国有企业法人。市场主体立法原则包括:利益独立原则、决策自主原则、责任自负原则和地位平等原则。

1. 利益独立原则

参与市场交换的主体,必须在具体的交换过程中能够获得自身独享的利益,这种利益不仅表现在有明确完整的法规范强制保护的排他权为支撑,还表现在对自己的经营自负盈亏,即企业法人财产权的完整实现以及其民事行为能力与民事责任能力的充分体现。一些非法摊派、挤占、调拨、无偿借用、经营决策活动的限制等,都是对利益独立原则的否定,有悖于市场经济运行机制的内在要求,是破坏交换顺利进行的逆流,必须在立法中给予严格防范。

坚持利益独立原则,在塑造市场机制过程中的意义,集中表现在以下四个方面:首先,它是对主体多元化与利益多元化的法律确认和规范性支持,是创造一个多元竞争环境的具有实质意义的法制努力。其次,它是界定产权关系,明确产权归属问题的首要内容。再次,经济规律一再向我们昭示,社会经济有机体的运动与生物的运动、机械的运动一样,也需要来自主体的动力支持,即物质利益的追求。既然我们要选择市场经济模式,那就不应该回避推动市场经济高效运作的动力理论——"经济人"理论。主体在社会经济生活中是按理性原则行事的,行为的动机和目的在于追求主体自身的经济利益。消费者的行为方式是效用极大化,即花费既定收入所获得的效用为极大。生产者的行为方式是利润的极大化,这是市场经济条件下能够实现资源最优配置的基础条件。弱化了利益独立原则,市场经济就如同瘫痪了的抽走了发动机的烂铜废铁。最后,市场经济是一套自动化(正常情况下)运转的自我调节装置,因为它随时能够改变各个主体的物质利益关系,通过这些关系的中介、传导,进而链锁式地牵动整个经济有机体的运行。在整个经济有机体的运行过程中,人为地追加规划参数或政策变量(如各种经济杠杆)时,这些参数、变量也很快内化到各个中介或传媒之中,进而通过一系列的物质利益上的联动效应,影响或左右着主体的行为选择。没有利益独立原则的支撑,政府对市场的间接控制必将失去功能。因为主体对市场信息和政策信号失去了逻辑反应。

落实利益独立原则:第一,必须破除计划经济模式下塑造出来的计划管理思维的深层次影响,在稳定过渡的前提下,上海应率先更改企业办社会,企业代行政府职能的运行模式,如解决就业、养老、社会福利、承担物价上涨压力等。第二,严格界定国家与企业的产权关系,企业中国有资产所有权属于国家,但企业拥有包括国家在内的出资者投资形成的全部法人财产权。这是企业法人享有民事权利和承担民事义务的物质前提,是利益独立原则的财产权体现。第三,企业以其全部法人财产,依法自主经营,自负盈亏,照章纳税对出资者承担资产保值增值的责任,这是利益独立原则的企业责任体现。第四,出资者投入企业的资本额享有所有的权益,重大决策和选择管理者的权利,企业破产时,出资者只以投入企业的资本额对企业债务负有限责任。这是利益独立原则的企业组织形态的保障,即公司制度。第五,企业按市场需求组织生产经营,以提高劳动生产率和经济效益为目的,政府不直接干预企业的生产经营活动,企业在市场竞争中优胜劣汰,资不抵债者应依法破产,这是通过限制政府权力来确立企业利益独立原则落到实处的根本性举措。

2. 决策自主原则

企业决策自主原则是利益独立原则的逻辑延伸和具体保障。作为市场主体,企业的经营管理行为将从生到死一贯始终,管理行为实质上是一系列不同层级的决策行为。

这里的决策,是指市场主体就解决自身在市场竞争过程中目前或未来的问题(即"期望"与"事实"之间的差距)所采取的对策或手段,以及在这些能够使被观察的状态(目前的事实或未来的事实)转变为所希望的状态(期望)的诸多客观可行的手段或对策中的选择。

既然是主体,总是意味着某种自主性、自为性和某种主导性、主动性的地位。自主是主体具有独立的人格和地位,他不是按照别人的旨意或指定的方式,或在某种外在压力下活动,而是在合法的前提下,按自己的意愿,通过自己的选择来活动;自为是主体有根据自己的利益、需要、目的进行价值判断和选择,以实现自我的过程及能力。主导性是指主体创造、支配、变更社会关系;主动性是主体积极地参与社会结构和社会环境,以其意志或

行动反作用他人或社会。

现代企业制度是法人文化发展的结果。企业作为法人组织必须能够意思自治，决策自主，否则它就不可能在市场竞争中保证生存，除非有一条连接国家母体的脐带永不休止地给它输血，这是计划经济条件下很多国有企业在市场竞争中无效率、无动力的根本成因。国有企业的决策权十分有限，它不是一个完整的市场主体。不具备决策自主权的市场"主体"，也不可能责任自负，也不可能利益独立，由这样一些主体参与市场竞争，政府财政不可能不亏空，市场机制当然不会产生效用。

因此，落实企业决策自主原则的立法，不应该过多地在企业身上做文章，它实质是转换政府经济职能的重点工程。必须按照《全民所有制工业企业转换经营机制条例》的具体规定，逐条分解，使义务、责任落实到具体主管部门的主要负责人，限期予以纠正，当然这是一个政府系统性的配套工作。必须明确，市场经济是以横向经济流转为主要成分的，其市场信号的来源，主要是主体之间的契约签订及履行过程。政府不可能全部及时地把握这些瞬息万变的市场信息，而且政府（作为由具体的自然人组成的组织体）也缺乏关注这些具体信息的动机支撑，必然会对这些市场信息反应迟钝，若决策由政府包办，重大的宏观失调就难以避免，这在我国的经济盛衰史上已有清楚的记载。企业决策自主，并不是企业脱离政府监控，天马行空。只要政府采用符合市场经济规律的间接调控措施，只要企业是以盈利为宗旨的功能体，政府完全可以将自己的宏观经济意志（如产业政策、生产力布局政策、对外经贸政策）翻录成市场信号（如几种经济杠杆），这种承载政府宏观经济意志的市场信号渗入市场供求信息当中，根据企业自身的趋利避害、利润极大化的经济人行为模式，我们可以推定，企业在利益机制的约制下，不得不顺从国家的宏观经济意志，调整自己的决策行为。

3. 责任自负原则

企业责任自负原则是决策自主原则的必然结果，又是企业科学合理地行使决策权的最后保障，也是利益独立原则的基本条件之一。

根据权利与义务相一致的法律原则和市场竞争规律的要求，企业必须在行使权利的同时，严格履行法定义务，否则，企业（包括企业的法定代表人及其工作人员）要为此而承担全部法律责任，即接受某种制裁而承受不利的法律后果。

法律责任作为法律运行的保障机制，是法治不可缺少的环节。政府根据市场主体所具备的条件，授予企业以法人资格，为了保证企业法人顺利实现其自身的社会经济功能，为企业法人配置了不同的权利体系，在授给其权利的同时，必然相应地设定义务体系，如果企业享有了权利而未能完全履行其义务，则接踵而来的必须是对其（及其内部工作人员）法律责任的追究，否则将使原来的权利配置和义务设定归于无效。

企业作为市场主体的责任自负原则，具体表现为企业在市场竞争中必须严格遵守国家法令，财经纪律，劳动工资及物价管理的规定。保证国有资产的保值增值，保证产品质量和服务质量，禁止垄断和不正当竞争，维护环境，切实履行合同义务，提高职工素质，坚持安全生产，不断地提高劳动生产率和科技水平，对自身的经营自负盈亏，严守国家政策，维护国家和社会利益，保证消费者的应有权利等。

在设定市场主体的法律责任时，必须严格界定责任范围、归责依据、责任认定程序、执行程序及责任的具体承担者。法律责任作为一种规范的组成部分，应完备、具体而明确，这是它能够发挥效能的根本条件。相当一部分法律、法规出师不利，重要原因在于责任规定不明确。另外，企业以自己的财产承担民事责任、履行民事义务，由于管理人员或其他员工的失误而给社会带来损失，则直接责任者亦应依法承担连带责任，不能由企业内部自行处理，息事宁人。这是对企业利益独立原则的有力保护。

4. 地位平等原则

地位平等是指各类市场主体的法律地位平等。首先，各类主体的权利与义务是对等的。其次，只要企业依法取得参与市场经济活动的资格，在市场竞争过程中，其机会是均等的。最后，只要企业或尚未成立的企业具备了相应的市场竞争的法定资格，则政府没有理由限制企业的设立和竞争活动。这是保证社会资源有效利用的最根本的法律准则。

地位平等原则最集中地反映了市场竞争关系的本质特征，社会主义市场经济是不同的所有者或经营者基于自身的利益，以交换为媒介进行生产经营的经济形式，所有者或经营者必须以交换形式展开经济活动，才能实现各自的经济利益，客观上起到有利于全社会的结果。因此，承认交换主体的独立性，承认交换主体的意思自治，承认交换主体地位平等，就成了市场经济顺畅运行与发展的根本条件。

商品关系产生的决定因素,在于生产者是生产资料和劳动产品的独立所有人或经营权人,必须实现等量劳动的交换,才能回收生产经营过程中所作出的耗费并赚得利润,使简单再生产和扩大再生产成为可能。为了做到这一点,参加交换的双方必须承认对方是商品的所有人,与自己处在平等的地位上,交换双方在法律地位上必须具有自己的独立人格,都是独立的民事主体,能够在平等的基础上参加经济流转。

市场经济过程中,坚持主体地位平等原则,是保证市场主体多元化,利益多元化的基本手段,是保证在公有制经济为主体的多种经济成分共同发展的重要条件,是现代企业制度的精髓。除国家军工产业等特殊行业由国家专营外,一般性的市场竞争领域应打破传统所有制界限以及涉内和涉外的限制,充分开发各类主体的创造潜力和积极贡献,在为自身谋利的同时,为全社会增福祉。

市场主体法规范见图2(附在本课题研究报告全文之后)。

第三章　市场秩序立法

市场秩序立法是规范市场行为和社会资源合理配置的保市场行为,也称市场主体行为,一般是指市场主体之间所发生的商品交易行为。在现代市场经济条件下,市场主体在经济运行过程中所发生的行为,也可以称作市场行为,社会资源是市场主体行为的客体,包括列为商品的生活资料和生产资料以及资金、劳务、房地产和信息、专有技术等无形财产。规范市场行为,确认市场行为客体的法律属性,保障其顺畅流通和等价交换,是遵循市场经济规律配置社会资源和维护市场秩序的客观要求。市场秩序立法原则包括:市场行为契约化原则、市场竞争公平化原则和社会资源商品化原则。

1. 市场行为契约化原则

这一原则要求市场主体之间,通过平等、自愿的协商,用法定的契约形式规范彼此确认的权利和义务,将具体的社会经济关系依法调整为经济法律关系。

市场行为契约化是由商品经济的本质决定的。因为社会分工的存在,商品流转必须通过交换才能实现其价值,生产者的私人劳动,须作为特定的有用劳动来满足一定的社会需要,从而证明它们是总劳动的一部分,是自然形成社会分工体系的一部分,也就是说,市场主体的独立利益,是通过交换关系的契约化而实现的。交换关系的契约化有力地保障了社会资源的合理配置。因此,市场行为契约化原则的确立和贯彻,不仅是商品经济存在的必然产物,也是商品经济发展的内在要求。

市场行为的主体,不仅包括直接从事商品交易的个人和组织,还包括与商品交易有关的社会中介服务机构。这些主体的行为一般来说都是契约化的,但必须注意,政府直接从事资源配置或作为市场交易的一方主体实施市场行为时,其行为也必须受契约化原则的规则,使政府和其他主体之间,虽然在"力量上和智才上"有"不平等",但"由于约定并且根据权利,他们都是人人平等的"。

这一原则还要求内容明确,即契约的主体之间的平等、意思自治及有偿等价。

契约的主体平等是传统民法的基本准则。市场行为应力争摆脱行政的从属性。调拨、摊派等行为,既不符合价值规律,也不体现市场需求,是市场行为的严重阻碍。

意思自治是市场行为契约化的核心,交易双方经济法律关系的产生、变更和消灭,须基于双方意志的自主。只有当市场主体确能毫无障碍地按自己的意志从事市场行为时,其追求利益最大化的行为导向,使社会资源的合理、有效配置就成为可能。

有偿等价是市场行为的价值所在,也是市场行为客体的实物形态和价值形态彼此等量转化的需要。因此,它是契约内容的重要组成部分。

2. 市场竞争公平化原则

这一原则旨在建立完善的市场经济秩序,鼓励和保护合法竞争,制止不正当竞争行为,保护经营者和消费者的合法权益,尽快实现社会资源的合理、有效配置。

竞争是市场经济最基本的运行机制,通过竞争,使资源合理流动。在竞争过程中,市场主体为谋求自身的最大利益,可能采取限制竞争或不正当竞争的方式,如滥用权力,垄断价格、联合抵制、划分市场等。这些行为对市场的自由竞争的伤害,其影响并非局限于竞争的主体之间,甚至波及广大消费者的利益与国家的整体发展。这是由于我国市场的发育尚不成熟;基本的市场道德尚未形成;规范市场竞争行为的法规范体系尚未配套和完善。因此,通过竞争法律、法规、规章的制定和实施,调整市场竞争关

系，使市场主体的竞争行为纳入合法竞争的轨道之中，这是加速市场发育、成熟的基本条件。

市场竞争公平化的法律原则应体现在以下几个方面：

首先，应当规范市场主体进出市场的秩序。即市场主体进入或退出市场的行为应当符合公平竞争的原则，例如，对经营主体资格的审查、经营范围的划定、经营失败的救济等要符合公平竞争原则。这些主要取决于经济体制改革的进程。在我国传统体制下，市场主体的划分是以所有制为标准进行的。在进入市场的资格审定上存在种种限制，这种限制至今仍严重影响着市场竞争的公平性。如对注册资本量的苛刻限制，使小资本的主体不能进入市场；如对经营范围限制，使企业的灵活性受到抑制。事实上，进入市场的主体越多，市场就越繁荣；某一种领域中的竞争主体越多，此领域中产品或服务的价格越合理，消费者越得益。对此，国外的经验值得借鉴，不论资本大小都可进入市场，因而它们市场活跃。并通过严格的市场竞争的法律规定，市场也有秩序。事实上，我国在市场主体上尽管有严格的规定，可是有多少企业是仅限于登记的经营范围而开展业务的？又有多少企业的注册资本金是实实在在到位的？然而，当市场主体经营失败必须退出市场时，政府往往又伸出“仁慈”之手予以保护，这同样也不利于市场资源的合理配置，与进入市场的限制是有“异曲同工”之效。因此，在市场主体进入市场方面，政府应做到“进入无限制，退出无保护”，维护公平竞争的原则。

其次，要明确市场主体进行竞争的权利和义务，以此规范竞争的秩序。有竞争必然有不正当竞争的行为伴随，要通过法律的形式对竞争的行为作出明确规定，什么是正当的竞争，什么是不正当的竞争，法律要作出质和量的界定。市场如同球场，在市场参加比赛，只要他具备参赛的能力，不该有过于严格的限制，但必须对参赛人的行为，设计出有利于竞争的规则。这种规则的设计应有助于竞争的充分开展，而不是削弱比赛的激烈程度，否则就与比赛的宗旨背道而驰。关于这方面的立法，包括反不正当竞争法，反垄断法，反倾销法等，应由中央政府制定，因为一个国家的市场必须是统一的，市场竞争的规则也必须是统一的。地方政府对市场主体竞争权利义务的设定方面的立法任务，要相对轻一些，但是对这些法律的执行却是十分重要的，严格执法才能保证市场竞争的正常秩序。从目前的情况来看，我国颁布了反不正当竞争法，并且已经实施，但是由于法律条款比较原则，对有些不正当行为的判断，须细化、量化。因此对不正当竞争行为的制裁，还有赖于司法实践。根据国外的经验，重视典型判例的总结十分重要，使之成为成文法的必要补充。例如，对知名商品的保护条款，究竟什么是知名商品，以什么知名度为认定的标准。又如，反不正当竞争法和其他法律（商标法、专利法、版权法等）的关系，一种违法行为究竟适用哪一个法律为宜，都得通过一定量的判例来确立不正当竞争行为的构成要件。

最后，规范政府行为，禁止权力经商和限制竞争的行政行为。在传统体制下，政府直接从规范市场活动的角色，成为市场的主体，尤其是中央政府，直接用行政命令配置资源，削弱了资源合理配置、有效利用的程度。改革开放后，由于财政体制的变动，在中央政府越来越多地放弃用行政命令直接或间接配置资源的活动方式的同时，地方政府却越来越多地选择了有利于地方财政收入的制度安排。例如，为了增加地方财政，增设国内地区间的贸易关卡。这就使政府的利益（财政收入）和社会的利益（资源合理配置）出现了偏差。从经济角度看，政府是处于自然垄断地位的产业，它主要向社会提供两种产品：秩序和政策。秩序是指市场主体间交易活动的正常化，也就是资源配置交易的有序进行；政策是指宏观经济政策对交易所带来的总量变化加以调整。[1] 如果把政府这种产业提供产品的活动也视为经济行为，那么这种政府行为对市场主体的市场行为必然产生重大影响。

总之，市场经济必须维护公平竞争，只有在公平竞争中，自由的价格才能产生最佳的市场信号作用，实现供给与需求的平衡。

3. 社会资源商品化原则

这一原则要求所有用于产出效用的社会资源成为商品，并进入市场的流通领域，经过市场主体行为之间契约的签订和履行，达到有效的组合利用。

生产过程实际上是生产效用的过程。这种效用并不都表现为具体的商品，而是能满足人们的需要，也就是具有最终意义的“价值”。商品经济正是从这种“价值”生产的角度来界定一种经济形态的。劳动创造价值，而价值可以交换。因为一切“效用”的价值是由社会资源的价值所构成的，所以确认社会资源的价值至关重要。随着生产力的发展，特别是科学技术的发展，作为社会资源的生产要素越来越多样化，并要求以最有效的

---

〔1〕 参见盛洪：《分工与交易》，上海三联出版社1992年版，第119页。

方式组合，以实现其价值。为此，必须确立社会资源商品化的原则，它应包含两方面内容。

一是社会资源必须充分“就业”。在我国传统体制下，生产要素并没有充分“就业”，比如设备闲置、人浮于事、资金沉淀、技术无价等。又如人才的专业不对口，生产资料的供求硬性指令、资金的平均调拨等，这些都是和商品化的要求相背离的。再如传统理论认为国有企业不具有独立财产权，因而，它的生产要素也没有交换的必要和可能。其实，一个社会所关心的，并不是具体的产品，它关心的是劳动创造了多少能够满足人们需要的效用。一切通过劳动创造出的效用都应该承认其价值，这就是社会资源商品化原则的具体表现之一。

二是社会资源必须自由流通。要使生产要素能够最有效地组合，必须有适当的流通渠道。因为在市场经济条件下，社会资源的流通有其内在的规律性，它是从产地流向需地，从低价地流向高价地，从集散地流向需求地，任何人为的阻隔就会使流向违背其客观规律。所以地区分割、部门分割都必须在禁止之列。我国长期以来实行计划经济体制，市场未能发育。改革开放以来尽管放权给地方，但传统的中央垄断的消极影响的消失毕竟要有一个过程。地方保护主义、部门保护主义乘机泛滥成灾，把一个中国分割成由地方垄断起来的肢离市场：一方面，限制外地先进商品流入本地，避免竞争，保护本地落后产业；另一方面，又限制本地资源流向外地，造成社会资源不能有效地在全国范围内得到配置和利用。这样的市场，在国内尚且不开放，欲与国际市场接轨似不现实。鉴于上海在国内、国际所处的地位，上海的市场培育理应具有极大的开放度，不仅要向国内开放，而且要向国际开放。总之，就社会资源的流通而言，应该兼容并蓄，笑纳四方客，取消所有的关卡，打破行政区划的狭隘概念。

为此，法律必须赋予社会资源具有商品化的资格，使之脱离行政配置的轨道，才能顺利无阻地流通。目前，行政配置资源的程度虽已大大降低，但其影响尚存，加上权力经商的因素，使社会资源合理流通还有很大距离。如银行资金地方化，阻碍了资金的自由流通，土地商品一级市场上的权力因素较大，使土地的有效开发、利用受到明显的影响；人才的部门所有，行政管理，使人才合理流动至今还有很大障碍。市场的发展已经把这些要素推上了“商品”的货架，而法律对这些“商品”的认识程度尚未到位。因此，在市场经济立法中，贯彻社会资源商品化原则是极其必要的。

市场秩序法规范见图3（附在本课题研究报告全文之后）。

第四章　宏观调控立法

20世纪30年代，罗斯福实行“新政”，是对美国经济进行宏观调控的最初尝试。同时表明：自由竞争能导致社会资源的最佳配量和政府只须充当守夜人的观念，已不符合市场经济发展的现实。市场经济的历史已进入新的阶段，“自由竞争的自动调节机能和为理性所指导的有意识的行动法则，两者非但不是不能共存或互相排斥，相反却在我们的经济制度的运行中都起着不同的但是同样重要的作用”。[2]

建立社会主义市场经济体制，不仅要大力培育市场体系，完善市场机制，发挥市场在社会资源配置中的基础性作用，而且要完善政府对市场活动的宏观调控，以引导市场和国民经济的健康运行。同时，加强宏观调控，也是力求经济稳定高速发展的客观需要。因为：(1)我国仍是一个发展中国家，地域广阔，底子薄弱，各层次、各地区、各部门都具有强烈的发展愿望，但又受社会财力所限。因此，必须通过宏观调控，合理配置社会资源，以协调经济的有序运行和发展。(2)我国的产业结构和地区经济布局，由于历史的原因，是不够合理和不平衡的，必须通过宏观调控，不断地予以调整。(3)我国的市场发展程度尚低，完善的市场体系的形成尚有一个过程，尤其是处在经济体制转型时期，市场调节作用尚受局限，宏观调控必须健全。所以，我国《宪法》规定“国家加强经济立法，完善宏观调控”。

宏观调控是指国家依据经济法规、经济政策对经济运行状态和经济关系进行的干预和调整。从而把微观经济活动间接地纳入国民经济宏观发展的轨道，及时纠正偏离目标的倾向，以保证国民经济持续、快速、健康地发展。为此，首先，必须规划我国宏观调控立法体系。其次，通过立法程序，将行之有效切实可行的宏观经济政策（如货币政策、财政政策、产业政策）系统化、规范化，并演进为宏观调控的法规范体系。最后，运用宏观调控法规范，调整纵横交错的经济关系，包括各类市场之间的关系，各类产业之间的关系，各个地区之间的关系，各个部门之间的关系，各个行业之间的

〔2〕［美］里昂惕夫：《投入产出经济学》，崔书香译，商务印书馆1980年版，第3页。

关系，中央和地方之间的关系等，必须明确，它的作用范围主要体现在产业政策、收入分配、公共投资和稳定环境等方面。以确保经济总量的基本平衡、经济结构优化和全国市场的统一。从而弥补市场机制存在的缺陷，矫正和补救市场调节失灵的后果。宏观调控立法原则包括：效率和秩序统一原则、间接和广泛统一原则、防范和矫正统一原则、国有资产保值和增值统一原则。

1. 效率和秩序统一原则

一般而言，市场经济关系总是在利益驱动下形成的，尽管它对社会资源的优化配置起一定的作用，但是鉴于市场机制内在的不稳定性，又导致“合成谬误”，即从一个角度看似是合情合理的行为，从社会整体而言，却是使人遭殃的动作。因此，市场经济伴随着很大的经济波动，甚至发生大量的失业和剧烈的经济震荡，出现社会经济的混乱。面对这种状态，政府必须相机抉择，在采取宏观调控的经济法律措施时，必须坚持效率和秩序相统一的原则。

这一原则是由社会主义市场经济的宏观调控的法规范体系的内在逻辑联系和明确的经济目的所决定的。因为只有创造和确认最有效率的经济运行模式，依法保障资源的优化配置和使用，才能推进社会生产力的发展。尤其是在经济体制转轨时期，当经济增长成为一种主导的需要时，依法置经济效率于优先地位，确保社会财富的增加，才能使社会经济有序运行具有扎实的物质基础。同时，秩序是一定生产方式和生活方式相对的社会固定形式，而社会经济运行的有序化，正是受宏观调控规制的体现。

2. 间接和广泛统一原则

在向社会主义市场经济体制转轨时期，应关注宏观调控对象具有广泛性的特点。宏观间接调控法的制定和实施，必须全面规划，总体设计，目标明确，威慑有力。对于制度的变迁、创新，产业结构的调整，需求过旺的抑制，投资“饥饿症”以及“泡沫经济”等的治理准则，用法律的形式固定下来，使之成为宏观调控的法定依据。同时，在落后的压力和赶超的冲动下，民众往往存在速度偏好、模仿偏好、集中偏好的强烈愿望。政府要尽可能地采取旨在促进经济发展的政策，加强有限资源的最有效使用，不可能凭市场经济依靠自身的力量，使社会经济从混沌走向有序。因为以往的经验告诉我们：采取直接的管制措施（计划体制），无助于问题的解决，只有适时地采取配套的经济政策和指导性计划等间接调控方式，才能弥补市场失灵带来的后果，推动国民经济发展。

3. 防范和矫正统一原则

防范是指依法搞好经济预测，规划生产力布局，确定产业政策导向，通过国民经济和社会发展的长、中、短期计划的制定和实施，指导国民经济的发展，调控经济运行，防止国民经济重大比例关系的失调和大起大落的发生。矫正是指市场调节失灵后，发挥宏观间接调控中法律手段的功能，保护合法者，制裁违法者，惩处犯罪者。为此，必须遵循宏观调控法制化的轨迹，首先要建立宏观调控政策得以运转的立法体系，其次要建立一支反腐倡廉、刚正不阿的经济执法队伍和经济法律监督机构。旨在保障经济运行的正常化和资源配置的最优化。从而达到经济增长、就业充分、货币稳定、国际收支基本平衡的要求。

同时，这一原则的存立和贯彻，也是社会主义市场经济的内在要求。它可以推动国家经济各部门、各地区、各行业对预期的利益进行科学测算，进而在经济运行中增强责任感、安全感和信任感，有利于社会交易成本的降低。它还可以防止行政恣意，若宏观调控时其主体的行为背离法制轨道，具有随意性并导致损害其他经济活动主体的利益或破坏资源配置最优化状态时，受损害者理应及时获得法律规定的救济。

4. 国有资产保值和增值统一原则

加强对国有资产的管理，是当前宏观调控的一项重要内容。众所周知，国有资产投入运营的耗费过程和一定商品、劳务的产出过程，构成社会再生产过程。国有资产投入运营，及时对耗费部分的足额补偿，杜绝流失，维持规模不变的简单再生产，就是国有资产的保值。国有资产投入运营，优化其配置，提高其使用效益，在实现自我保值之余，还提供一定的积累，使国有资产能扩大再生产，就是国有资产的增值。国有资产的保值增值是我国社会物质技术基础得以增强的体现，也是调整和完善国民经济结构、促进技术进步的关键所在。

鉴于国有资产总量在社会资产总量中居于举足轻重的地位，因此，以国有资产保值增值的统一，列为宏观调控立法的一项原则，对于宏观经济总量的平衡，以及宏观经济效率目标的实现，无疑是至关重要的。

宏观调控法规范见图4（附在本课题研究报告全文之后）。

第五章　社会保障立法

在市场经济条件下,由于市场机制的内在不稳定性的作用必然存在市场竞争失败者、失业者及各种无力参与市场竞争的弱者。国家为了避免这种“内在不稳定性”,就要相机采取措施,完善劳动制度,对失业者进行必要的培训,使其能及时就业或再就业。同时建立社会保障制度以维护社会的安定。

社会保障立法,包括社会保险、社会救济和社会福利等方面的立法,作为市场经济法律体系的重要组成部分,必须充分体现下列三个原则:效率优先兼顾公平原则、国家物质帮助和社会统筹原则、社会安定原则。

1. 效率优先兼顾公平原则

在人类发展史上,对效率和公平的处理,是国家作为整个经济的调节者和保障者所一直关注的问题。国家在社会可容忍度内建立一套效率优先、兼顾公平的社会保障体系,它是社会激励机制和社会稳定机制的统一。

首先,社会保障体系的建立,必须与现阶段生产力水平相适应。不能包得过多、过死,以致抑制各种激励机制和超过现有的承受能力。否则,它只能成为国家发展的包袱,使我国的经济发展又一次错过机遇,必然导致社会保障在低水平下维持。

其次,在社会可容忍度内,贯彻效率为先、兼顾公平的原则,打破平均主义,在劳动生产率增长的前提下,以就业期的工资增长机制,以下岗或退休前的工资金额为基数,规定最低的待业保险金和养老保险金的水平,以保障劳动者失业期间或养老期间基本生活的安定。这是建立社会主义市场经济体制需要一个稳定的社会环境的基本条件。

最后,社会保障立法的价值取向,应始终以建立高效、公平的保障机制为目标,确立社会保障管理机构的法律地位,形成社会保障基金筹集、运营、使用的良性循环机制,以利发展社会福利事业,做好优抚和救济工作。

2. 国家物质帮助和社会统筹原则

建立社会保障制度,其基金来源应贯彻国家、集体、个人统筹的原则。不仅要体现国家对劳动者和全体人民的物质救济,而且要充分考虑集体、个人的承受能力。其必要性:一是为市场竞争提供合格劳动力,增强劳动者自我保障的能力。纵观人类经济发展史,除欧洲大陆盛行“黑死病”那段时间里，劳动力奇货可居外，劳动者基本上处于劣势。政府一方面制定各种法律，改变劳动力市场中劳动者的不利地位；另一方面建立各种失业救济制度和培训制度，增强劳动者的竞争能力，使其重新进入就业和再就业的市场领域。二是建立社会保障制度，包括社会保险制度、社会救济制度和社会福利制度，调整市场机制的内在不稳定性，为民众提供一系列基本生活保障，以消除其生存风险，也就是当他们在个人谋生能力中断、丧失或需要特别支出时，给予相应的物质帮助。

3. 社会安定原则

社会主义市场经济的价值取向是提倡机会平等，而不是要求结果平等，但对竞争的失败者和弱者提供基本生活保障，不仅体现了社会主义国家对民众的尊重和关心，而且客观上也为市场经济的发展创造了稳定的社会环境。具体地说，社会保障立法主要从以下几方面来贯彻社会安定原则：其一，在强调效率优先时，要兼顾社会公平，通过建立一套较为完整的社会保障体系，国家对弱者予以适当的物质支持；其二，使社会保障措施、个人收益增长水平与社会可容忍度相适应，不断地调整效率与公平间的关系，使社会的运转始终呈现良性循环；其三，对失业者进行救济，建立相应的保险制度，以解决企业过重的负担和劳动者的后顾之忧。同时，设立职业培训学校和其他培训组织，为培训劳动力注入一定资金以帮助劳动者进入劳动力市场，从而为市场经济发展创造安定的环境。

社会保障法规范见图5（附在本课题研究报告全文之后）。

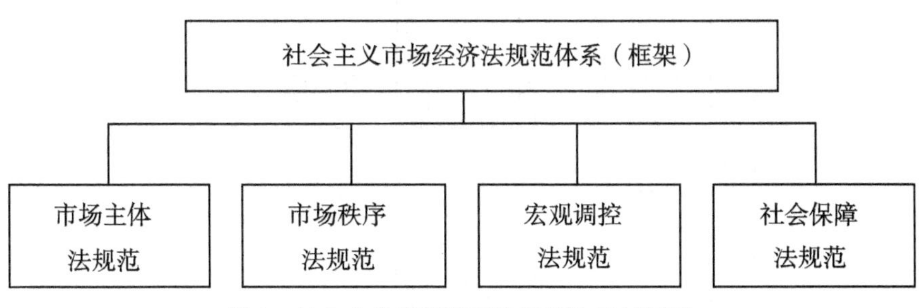

图1　社会主义市场经济法规范体系（框架）

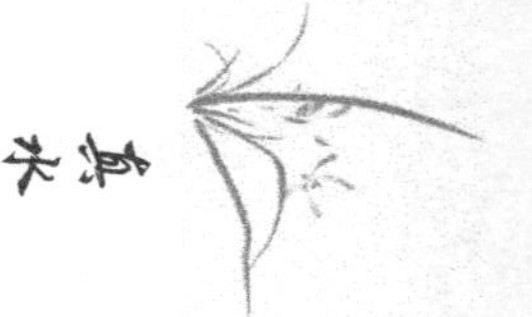

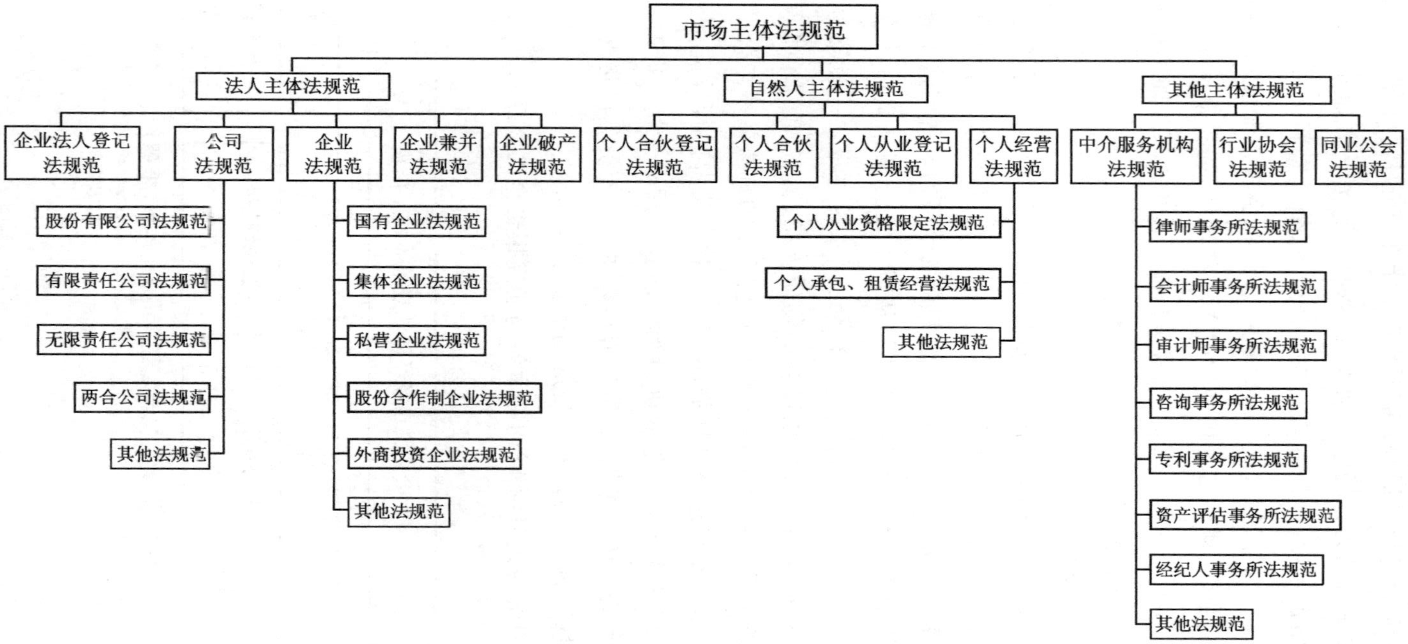

- 市场主体法规范
  - 法人主体法规范
    - 企业法人登记法规范
    - 公司法规范
      - 股份有限公司法规范
      - 有限责任公司法规范
      - 无限责任公司法规范
      - 两合公司法规范
      - 其他法规范
    - 企业法规范
      - 国有企业法规范
      - 集体企业法规范
      - 私营企业法规范
      - 股份合作制企业法规范
      - 外商投资企业法规范
      - 其他法规范
    - 企业兼并法规范
    - 企业破产法规范
  - 自然人主体法规范
    - 个人合伙登记法规范
    - 个人合伙法规范
    - 个人从业登记法规范
    - 个人经营法规范
      - 个人从业资格限定法规范
      - 个人承包、租赁经营法规范
      - 其他法规范
  - 其他主体法规范
    - 中介服务机构法规范
      - 律师事务所法规范
      - 会计师事务所法规范
      - 审计师事务所法规范
      - 咨询事务所法规范
      - 专利事务所法规范
      - 资产评估事务所法规范
      - 经纪人事务所法规范
      - 其他法规范
    - 行业协会法规范
    - 同业公会法规范

图2　市场主体法规范体系框架

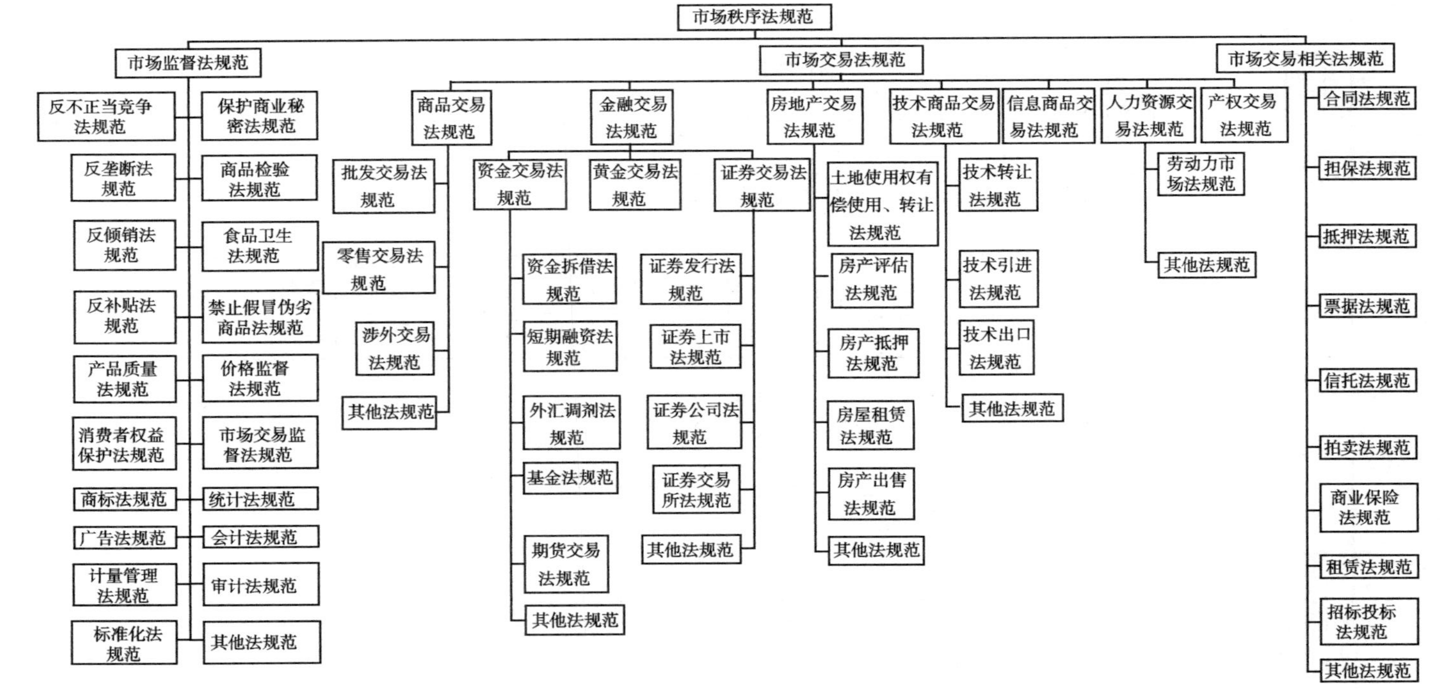

图3　市场秩序法规范体系框架

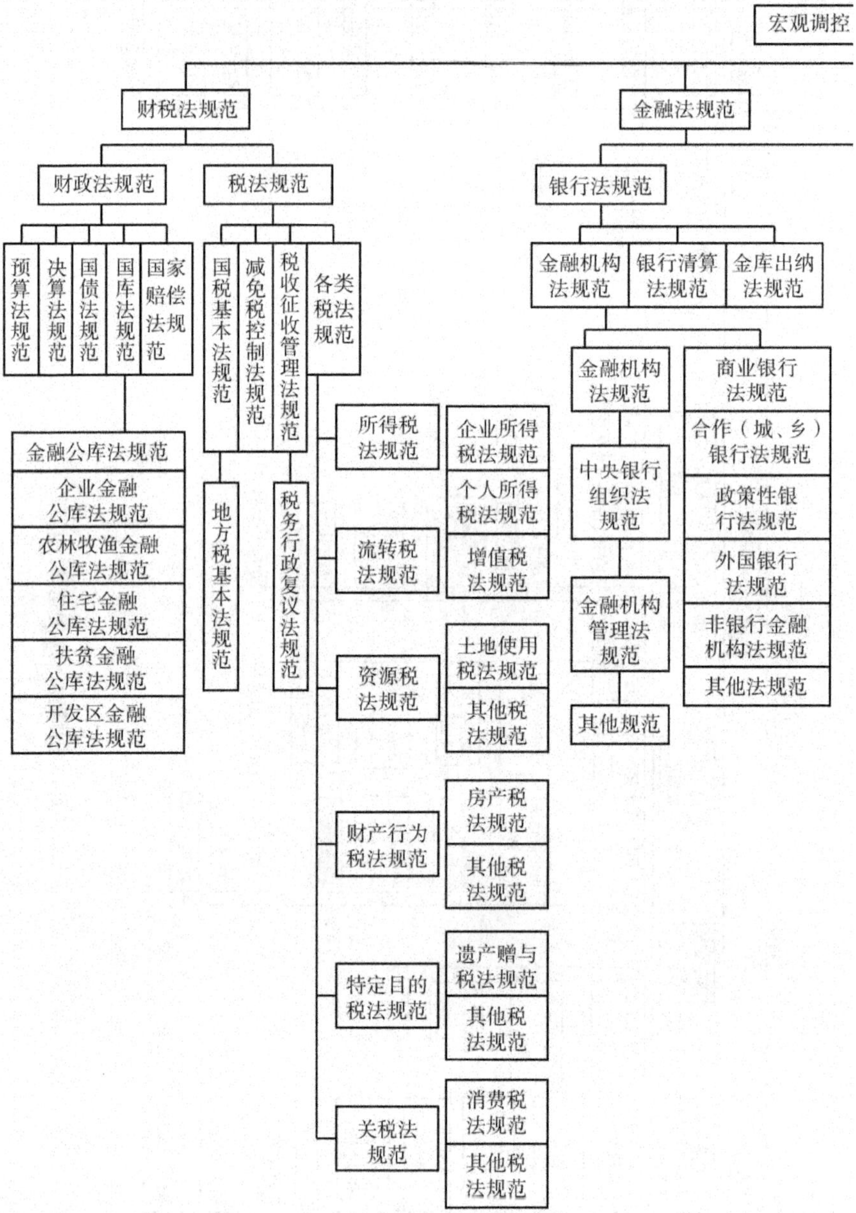

- 宏观调控
  - 财税法规范
    - 财政法规范
      - 预算法规范
      - 决算法规范
      - 国债法规范
      - 国库法规范
        - 金融公库法规范
          - 企业金融公库法规范
          - 农林牧渔金融公库法规范
          - 住宅金融公库法规范
          - 扶贫金融公库法规范
          - 开发区金融公库法规范
      - 国家赔偿法规范
    - 税法规范
      - 国税基本法规范
        - 地方税基本法规范
      - 减免税控制法规范
      - 税收征收管理法规范
        - 税务行政复议法规范
      - 各类税法规范
        - 所得税法规范
          - 企业所得税法规范
          - 个人所得税法规范
        - 流转税法规范
          - 增值税法规范
        - 资源税法规范
          - 土地使用税法规范
          - 其他税法规范
        - 财产行为税法规范
          - 房产税法规范
          - 其他税法规范
        - 特定目的税法规范
          - 遗产赠与税法规范
          - 其他税法规范
        - 关税法规范
          - 消费税法规范
          - 其他税法规范
  - 金融法规范
    - 银行法规范
      - 金融机构法规范
        - 金融机构法规范
          - 中央银行组织法规范
          - 金融机构管理法规范
          - 其他规范
        - 商业银行法规范
        - 合作（城、乡）银行法规范
        - 政策性银行法规范
        - 外国银行法规范
        - 非银行金融机构法规范
        - 其他法规范
      - 银行清算法规范
      - 金库出纳法规范

图4　宏观调控法

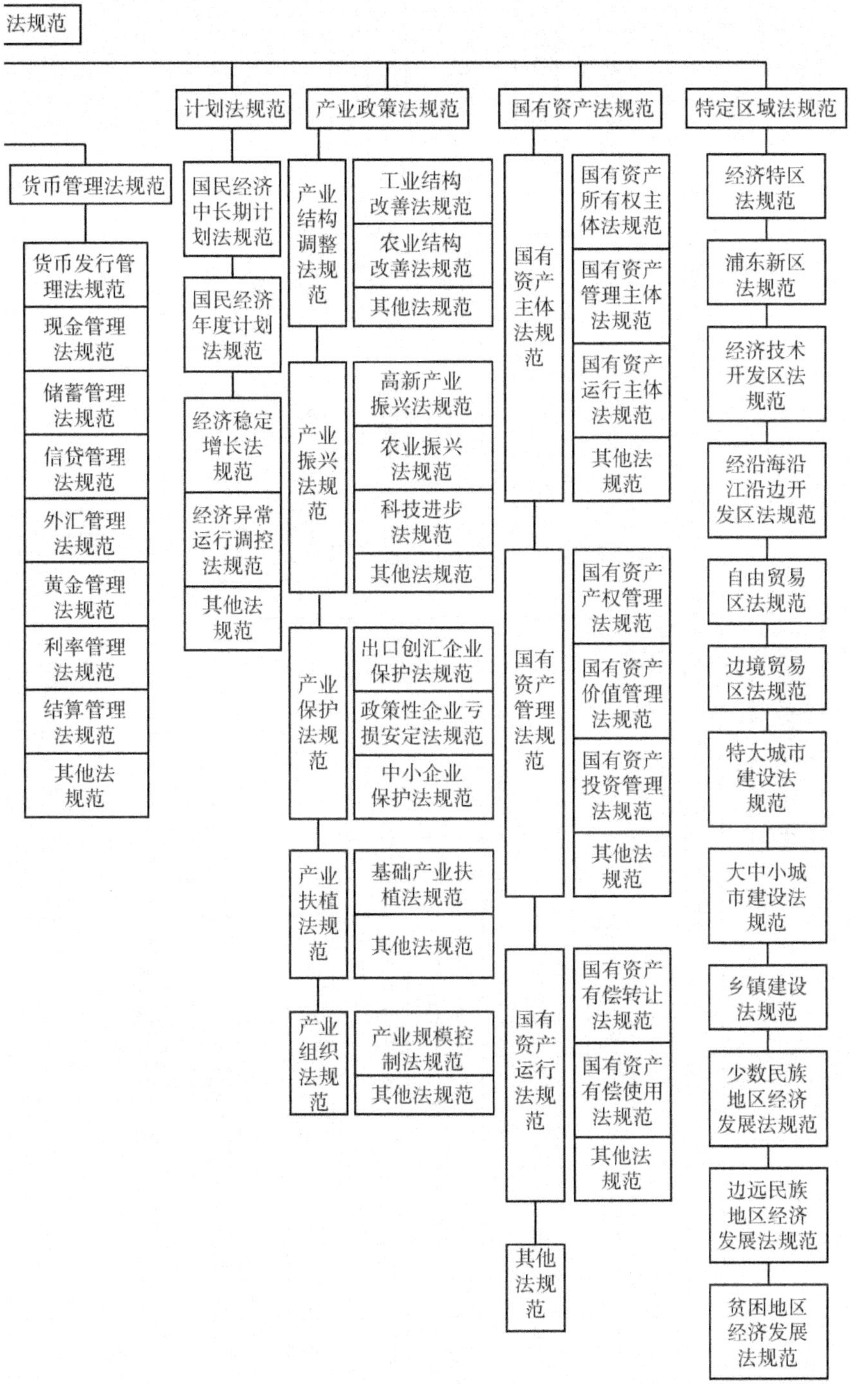

法规范

- 货币管理法规范
  - 货币发行管理法规范
  - 现金管理法规范
  - 储蓄管理法规范
  - 信贷管理法规范
  - 外汇管理法规范
  - 黄金管理法规范
  - 利率管理法规范
  - 结算管理法规范
  - 其他法规范
- 计划法规范
  - 国民经济中长期计划法规范
  - 国民经济年度计划法规范
  - 经济稳定增长法规范
  - 经济异常运行调控法规范
  - 其他法规范
- 产业政策法规范
  - 产业结构调整法规范
    - 工业结构改善法规范
    - 农业结构改善法规范
    - 其他法规范
  - 产业振兴法规范
    - 高新产业振兴法规范
    - 农业振兴法规范
    - 科技进步法规范
    - 其他法规范
  - 产业保护法规范
    - 出口创汇企业保护法规范
    - 政策性企业亏损安定法规范
    - 中小企业保护法规范
  - 产业扶植法规范
    - 基础产业扶植法规范
    - 其他法规范
  - 产业组织法规范
    - 产业规模控制法规范
    - 其他法规范
- 国有资产法规范
  - 国有资产主体法规范
    - 国有资产所有权主体法规范
    - 国有资产管理主体法规范
    - 国有资产运行主体法规范
    - 其他法规范
  - 国有资产管理法规范
    - 国有资产产权管理法规范
    - 国有资产价值管理法规范
    - 国有资产投资管理法规范
    - 其他法规范
  - 国有资产运行法规范
    - 国有资产有偿转让法规范
    - 国有资产有偿使用法规范
    - 其他法规范
  - 其他法规范
- 特定区域法规范
  - 经济特区法规范
  - 浦东新区法规范
  - 经济技术开发区法规范
  - 经沿海沿江沿边开发区法规范
  - 自由贸易区法规范
  - 边境贸易区法规范
  - 特大城市建设法规范
  - 大中小城市建设法规范
  - 乡镇建设法规范
  - 少数民族地区经济发展法规范
  - 边远民族地区经济发展法规范
  - 贫困地区经济发展法规范

规范体系框架

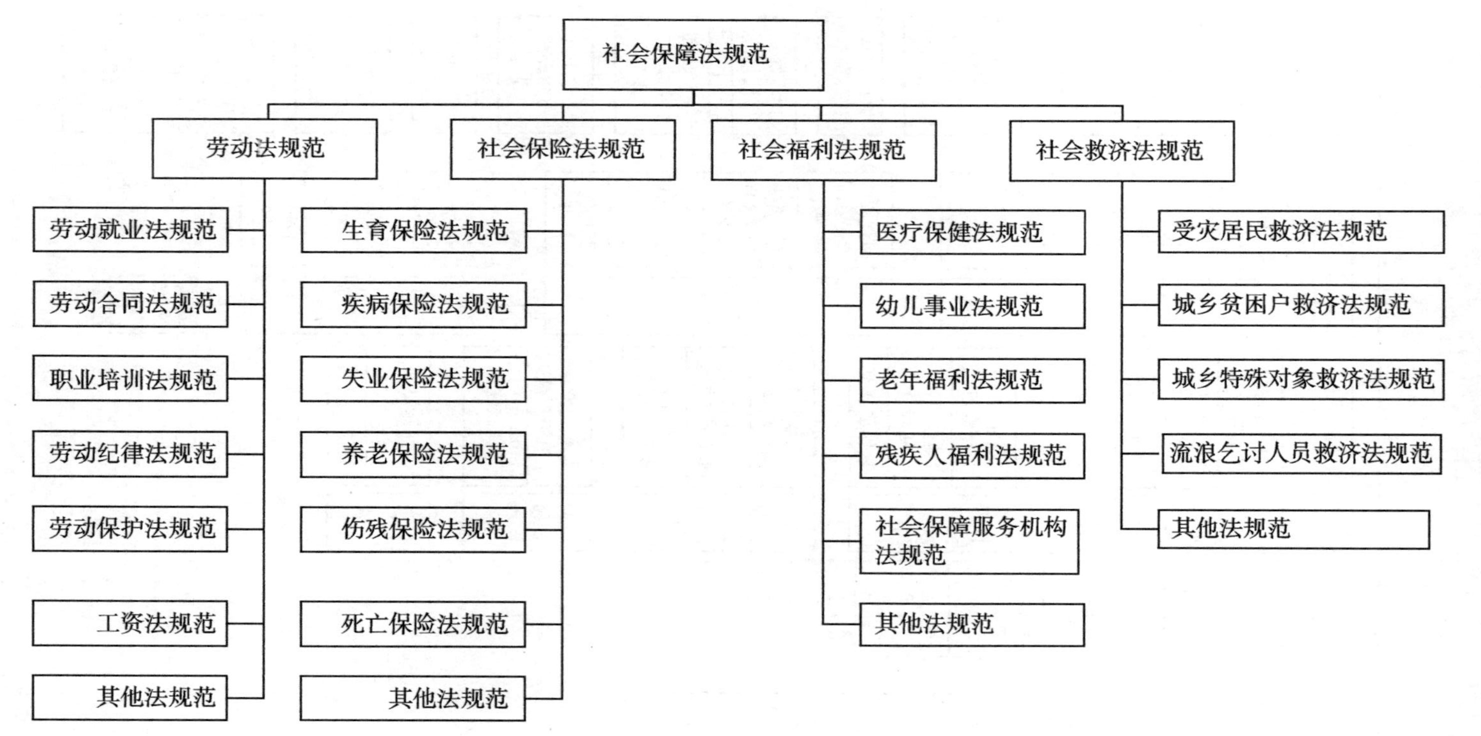

图5　社会保障法规范体系框架

美国反垄断法纵横谈*

1990年前后，美国法学界和经济学界掀起了一股纪念美国反垄断法的最早法律——《谢尔曼法》诞生一百周年的热潮。不少报刊和书籍纷纷刊出反托拉斯法的文章，当时的美国总统布什也为庆祝此法诞生一百周年举行了一次部长级的庆祝典礼，法院审理的反托拉斯案子也有所上升，许多迹象表明，经历了一百年后的《谢尔曼法》(美国的反托拉斯法)在美国人心目中仍然起着“经济宪法”的作用。回顾美国反垄断法的变化和发展，以及围绕对此法所展开的经济和法律理论的讨论，探索当前美国反垄断理论上的新的趋势和实践的走向，对我们了解国际经济法律环境、建立公平竞争法律制度，具有重要意义。

一、反垄断法的宗旨是反对妨碍自由竞争的力量

按西方经济学理论，自由企业制度是最有效率的经济制度。因为创办企业的人，受到利润的诱惑，将资本和人力集中起来，组成生产的机构，在生产过程中不断降低成本，在产品价格方面积极竞争，那种竞争，不仅自动地将有限的资源予以分配，而且无形中对任何卖方和买方的力量予以严格的限制，这就是经济的民主性，也是传统民法、商法所要保护的自由竞争的商品经济制度。但事实上，企业制度的发展，却产生了一种“力量”，这种力量给社会和经济带来了不良后果，这就是垄断的力量。或一个企业独占市场，或一批企业联合起来控制市场，目的是利用市场优势，获取高额利润。因此，人们就需要一种反对这种“力量”的力量。反垄断法的目的就是反对和约束威胁这种自由竞争的经济民主的力量，以保障自由企业制度的核心——市场。美国的反垄断法正是诞生于资本主义从自由竞争走向垄断的时期。

---

* 载《政治与法律》1994年第1期。

19 世纪后期,当工业领域中的技术革命长足发展引起了大规模的工业联合时,美国公众对于由联合而导致的企业兼并、垄断等问题逐渐担忧起来,到了 80 年代,这种担忧达到了顶峰。因为垄断抑制了竞争,而这种垄断正是由于过分自由竞争所致。以平等、自由为立国之本的美国,面临着大垄断企业和中小企业的不平等竞争,资本的迅速集中损害了中小企业和消费者的利益。平等竞争的经济秩序被破坏了,经济民主程度被降低了,因而反对托拉斯的呼声日益强烈起来。1890 年,共和党参议员约翰·谢尔曼提交了一份"反托拉斯法"的提案。在参院以 52 票对 1 票的绝对多数通过,成为美国历史上,也是世界资本主义历史上第一部反垄断法。事实证明,它后来对世界各国的公平竞争立法产生了很大的影响。

《谢尔曼法》的核心内容有两条:一是禁止在贸易中订立限制性的协议,二是禁止企业在贸易中进行垄断或企业垄断。这个法律规定反垄断法的诉讼可以由美国政府或个人提起,并且允许私人得到三倍于在不公平竞争中受到损失的赔偿。

《谢尔曼法》的颁布,是对占统治地位的传统经济制度的一种突破,也是资本主义上层建筑的一种改革。它的诞生,是经济发展的必然结果,也是法律发展必然结果。自由竞争是资本主义的基本经济特征,反垄断法则是对自由经济作出的一定限度的约束和限制,是对那些"契约自由""贸易自由""处置私有财产自由"等绝对权利的抑制。政府作为资产阶级整体利益的代表,为了维护其根本利益而限制资产阶级绝对自由而颁布法律。在这里,经济干预和经济自由似乎成了对立面,其实,两者是统一的,没有这种干预和管理,就没有更广泛的经济自由。这种经济管理和经济自由之间的对立统一就是美国现代市场法制的核心。管理的目的是增强市场的活力,在维护市场活力的前提下,政府的干预是限制在最低程度上的,这在美国反垄断法颁布以后的一百年里得到了充分的证实。

1901 年总统罗斯福执政时,美国政府建立了一个特殊的反垄断法实施机构,即现在的司法部反垄断司。一系列重要案例的审判,确立了政府对于禁止合并的干预的权力。随着律师和法官们对法律的运用和发展,确立了反垄断法的重要法律原则。一是"合理原则",指的是如果某种贸易行为虽然含有一些限制性因素,但尚未超过商业上认为合理的限度,不会导致削弱或者歪曲市场上的竞争,就不认为是违反反托拉斯法的行为;二是“本身违法原则”，即有些商业行为，其本身就具有明显的反竞争性质，一旦发现这种行为，即可判定其为违法，无须再花时间去证明它对美国市场影响程度的大小。如美国法院认为，价格垄断是一种本身违法行为。

美国法院在实际运用这些法律原则时，往往根据其经济的发展变化而有所侧重。事实上，一部美国反垄断法历史，就是美国政府对经济实行宏观调控的反映。这些法律原则的灵活运用，就是其调节经济的手段。在法律颁布后到20世纪60年代，除了在出口贸易方面的卡特尔或垄断行为并不加以限制外，美国对国内市场的反竞争行为的控制是相当严格的。大公司的合并，被认为是减少了竞争对手而被撤销；联合抵制交易被认为是不公平竞争而遭制裁；操纵投标，被指责为滥用市场优势而被指控。如果互相竞争的公司对他们的售价取得协议，保持一致，他们就可能会受到刑事起诉。1960年，美国通用电器公司和其他重要电器厂商的秘密定价活动被揭露时，这些公司的高级职员中有的锒铛入狱，有的被罚巨款。1969年美国各大洁具厂被发现犯固定价格罪时，也有同样的遭遇。总之，反垄断法反对一切不利于竞争，从而妨碍工艺进展、阻碍革新的行为，它认为坚持自由竞争，就保持了降低成本、减低价格和推进革新的动力。到了20世纪60～70年代，这个法律变得十分容易对付那些在两个同行业之间主要公司的合并，而并不需要证明这种合并是否导致价格上涨或竞争可能被限制，事情逐渐走向了极端。

二、过多的政府干预反而使经济走向反面

20世纪70年代后期，政治和经济的现实开始转向反对已经建立起来的反垄断法理论。因为不适当的政府干预多了起来，如对铁路、长途汽车价格的管制、政府允许某些独家经营的行业（电话、有线电视等）、对环境污染的定量规定等，使市场机制不能在这些领域中起作用，政府过多的干预和一些政府垄断，同样抑制了经济民主。美国公众开始不迷恋于政府的积极干预主义政策。同时，随着外国公司在美国市场上进行的一系列价格竞争，美国公众对美国公司之间联合的注意力，已被对外国公司进入美国市场所引起的担忧所代替。对外来公司竞争的抵制已远比担心美国国内公司是否变得太大要重要得多。有些经济学家甚至担心美国公司是否能大到足以参与全球性的市场竞争。以上这些情况的最集中表现就是在里根总统执政的80年代，新的自由主义抬头，反垄断法曾一度被打入

"冷宫"。

按照某些经济学家的观点,美国经济之所以衰退,其一个重要原因就是实施反垄断法过当。美国的公司由于受到反垄断法的制约,其规模、实力都难以和国际上一些大公司,特别是与日本、欧洲的大公司相抗衡,致使美国企业逐渐丧失国际竞争的优势。因此,不少学者建议,缓解反垄断管制,放宽合并的控制,让美国企业形成一定的规模优势。一些大的企业公司更是责难政府管得太多,呼吁"松绑"放权。政府在这些理论和实际的影响下,采取了放松管制的政策,如制定了《企业合并指南》等行政性法规,放宽对企业合并的控制标准,大大减少了反垄断案件的诉讼。其结果是企业合并达到历史上最高峰,而反垄断法的实施则跌到了自颁布以来的最低谷。

斯坦福大学教授威廉·伯斯特被里根政府指定为司法部反垄断司的官员,他是"芝加哥学派"的主要成员之一,在司法部里,伯斯特颁布了新的《企业合并指南》(1982 年和 1984 年两次)。这些纲领改变了对合并的过分的限制规定。纲领认为,合并能够增加经济效益,一些相对集中的工业部门有竞争力,并且能够在跨国界的市场上进行竞争。伯斯特甚至说,他要把反垄断法从"社团联合的概念发展为从经济学观点出发的合理化组织的竞争性政策"。他的著名口号是"反垄断法是为保护竞争而不是保护竞争者而制定的",这段时期,芝加哥学派的观点明显占了上风。

与此同时,在这段时期里,政府尽可能地削弱私人企业或个人对违反反垄断法行为的起诉的能力。好多次里根政府司法部参与调停案子,并且明显地倾向于被告方。有人还提出建议取消私人原告可以得到其遭受损失的三倍的补偿的规定。这一变化使对反垄断案件的起诉大为减少。曾经担任过卡特政府反垄断司负责人的约翰·谢纳菲尔说,很多重要的法律都和三倍损失赔偿的诉讼分离了,而这些法律正是反竞争行为的障碍。

在反垄断案子审理的过程中,里根政府时期的反垄断法律师们对"合理原则"(rule of reason)这一点的运用作了极大的努力。"合理原则"是迫使原告去证明联合和合并是有害于竞争的,而要证明这点,在某些案子中几乎是不可能的。对私人原告来说,尤其如此。不仅要花费大量的代价,而且要找出有效的证据来证明合并和不公平的价格竞争是极其困难的。即使对联邦贸易委员会这样的政府机构来说,也因"难以承受而影响了它的执法能力”。

里根政策的结果使国会对竞争者之间的合作经营的规定也作了修改，它放松了对合资企业的限制和约束。在要求允许共和钢铁公司（Republic Steel Co.）和LTV公司联合一事的游说中，原商业部长迈克·鲍迪的话无疑是有代表性的。他争辩说：“如果美国还想维护它的钢铁工业健康发展的话，这样的联合是必要的。”

里根政府之所以放松对反垄断法的实施，是有其深刻的社会经济原因的。20世纪80年代开始，美国经济面临了30年代大危机以来最严重的困难时期。里根的经济政策对美国的经济危机起了一定的缓解作用，使经济状况有所好转，不仅私人企业由于减少管制而大有起色，政府垄断的行业也因解冻而呈现活力。1980年以前，所有的长途汽车运输价格都由联邦政府制定，1980年开放价格以后，从加利福尼亚州运送橘子的货车到东海岸的时间，从原来的4天一下子减少到2天。电话公司在以前是允许垄断的，现在由于设立电话公司不必一定要埋设电缆（有无线、微波电话等），政府也就不再管制，不同电话公司可以竞争，使消费者坐享降低价格的硕果。主张自由经济的专家们大声疾呼，只要竞争的开展是可能的，政府就不应加以干预，因为由政府决定一个正确的价格是十分困难的，应让市场去决定。

然而，资本主义的经济矛盾并不因为放松了反垄断的管制而消失，相反，由于新的自由放任所造成的合并流潮，使竞争在更大范围和更高层次上以更激烈的形势展开，造成的后果也更残酷。据统计，自1980年里根上台执政以来，企业合并一浪高过一浪，仅1985年，全美就实现了合并3165次，涉及金倾高达1391亿美元，直接导致了减少竞争和加强商业垄断的恶果。前面提到了共和钢铁公司和LTV公司的合并，并未达到解决钢铁工业所处困境的效果，相反，在其合并不久，LTV公司就向破产法院递交了破产申请请求保护。对此，哈佛大学商学院的经济学家费瑞德瑞克·斯盖瑞先生不无讥讽地说：合并导致了严重的消化不良，而不是效率。此外，巨型公司由于处于市场优势地位，不思提高质量，不为公众考虑（如大型航空公司服务态度很差），严重损害了消费者的利益。这样一来“要加强政府管理”的呼声又响了起来。布什总统上台以后，反垄断法作为政府干预经济的一种强劲措施，又一次被提上了重要的位置。正如《法律时报》记者琳

达在一篇文章中说,“布什政府司法部从第一天起就打破了过去的做法”。从历史发展的角度来看,这是一种必然的结果。

三、重提反垄断法的意义,但不是简单地重复过去

历史虽不会倒转,却存在惊人的相似。与里根政府倾向于企业联合的政策不一,布什政府却把反垄断法作为一个强有力的杠杆,在更大的范围和更高的程度上进行运用。但是,重提反垄断法的意义,并不是简单地重复历史,政府的干预究竟以什么程度为好,上百年的美国反垄断法历史证明,他们一直在不断探索。

1990年,联邦贸易委员会制定了近40个条款规定,从更广泛的角度来认定“合并”。增加这些条款还仅仅是第一步。接着,是增加反垄断部门的人员。司法部反垄断司的新负责人瑞尔曾经发起过对许多贸易公司进行一个多侧面的关于价格垄断的调查,并发誓要对那些反竞争的行为进行起诉,包括海外公司在美国的附属机构。此外,司法部和联邦贸易委员会的官员们明确表示,抛弃曾在里根政府期间起了相当大作用的芝加哥学派的自由经济理论。联邦贸易委员会反垄断部门的主席阿奎特抛弃了把经济效益作为对合并案子作出判决的唯一标准的概念。他说:“正确的标准应该是防止财富从消费者一边转移到生产者一边去。”阿奎特称《谢尔曼法》是一百年来保证公平竞争成功的立法,并希望这个法律再活上一百年。反垄断法的积极倡导者们一直持这样的理论:在市场中如有更多的竞争者的话,消费者就能享受到较便宜的价格。对于有些人提出的规模经济效益,他们则认为,这个规律并不是对任何规模的工业都有实际效用的,并非规模越大,经济效益就越高。

强化反垄断法意义,不仅表现在理论上的变化,在司法实践中,美国政府对垄断的红灯也频频闪亮。如联邦贸易委员会阻止了两个石油提炼公司以提高经济效益为理由的合并。他们认为,这两家企业合并会使他们取得支配市场的力量并提高价格,因为这个合并会使市场上少一个竞争者,而建立一个新的炼油厂所花费的高成本又是新的竞争者难以进入市场的障碍。另一个例子是司法部要求已经兼并了威尔凯斯·思伍德公司的吉利刀片公司重新改组,以保护威尔凯斯公司生产U、S剃刀刀片的独立竞争者的业务。在反对联合行动方面,政府还对一个称为“Detroit”的汽车销售商作出了反对的表示。这些商人们商量一致行动,不仅在周末一起关门停业，而且在周一、三、五晚上同样关闭店门。这就使到这个世界汽车城中来购买汽车的人徒劳往返，不得不花费更多时间。联邦贸易委员会决定，Detroit 的汽车商的协议是违法的因而是无效的。原因是违反反垄断法，因为它导致了对消费者来说较高的代价，并对其提出了起诉。这种情况如果是在里根政府时期，可能就不会追究其法律责任，最多只是要求商人们修改协议。

对于合营企业的协议控制，布什政府也比前任有明显的加强。1989 年俄亥俄州的一个公司(Pilkinton)的附属机构和日本 Nippon 公司成立一个生产平板玻璃的合资企业，主要用于建筑业和汽车业。两个公司同时还订了一项协议，禁止 Nippon 公司在美国建立任何新的玻璃工厂，除非得到合资企业的同意。联邦贸易委员会，这个以前曾批准这家合营企业成立的机构，后来却废除了这个限制 Nippon 公司扩散它的生产能力的协议。他们说："合资企业的成立是为市场引进新的竞争对手，有利于竞争。但是这个协议在起了好的作用的同时，又起了不好的作用。"这里所说的不好的作用，无疑是指限制性条款设置了进入新的竞争者的障碍。显然，这是违反反垄断法的。

由以上可以看出，美国政府的着眼点又一次从经济效益转移到经济秩序上，它把反垄断看作生死攸关的大事。它力图使反垄断政策成为美国作为一个公平、强大政府姿态的集中表现。这显然比当初反垄断法立法的初衷要深刻了。

四、历史的启示

由以上对美国被称为"经济宪法"的反垄断法的回顾，我们至少可以有几点启示。

第一，反垄断法是现代经济法的核心，是从更高层次、更大范围内来保障经济民主的法律。作为维护经济民主的基本法律是资产阶级民商法，但是这种经济民主法律所带来的消极后果却使经济遭到破坏，而这正是其无能为力的。因此，经济法的产生是一种历史的必然，是对民法商法原则的保障。民商法要求平等、自愿、自由交易，而经济法则是保障这种平等、自愿和自由的法律。从这个意义上来说，以反垄断法为龙头的现代意义上的经济法并不是从民商法中分离出来的，或是与民商法对立的，而是对民商法原则的发展和保障，是在更高层次上维护经济民主。

第二,现代经济法是促进经济竞争的法律。经济法并不是一般管制企业的法律,恰恰相反,经济法要造就的是生气勃勃的万物竞发的局面。如果把市场比作球场的话,企业是在球场上参赛的对手,经济法律就是球场的规则。在规则的范围内,参赛者可以充分自由地活动。球场规则的设计必须是有益于比赛的充分展开,使比赛精彩激烈,产生输赢。参赛者必须十分努力才能获得胜利。规则的设计决不能削弱比赛的强度,要讲公平,可不能失去效率。因此,在市场经济中,政府管制必须是适当的,充分发挥市场机制的作用。这样才能达到优者生存、劣者淘汰,才能使经济资源得到更有效的利用。

第三,现代经济法是维护经济秩序的法律。市场经济是竞争经济,公平竞争的法律环境是促进企业发展的动力和压力。以反垄断法为核心的现代经济法的目的是创造和保持这样一个环境,即让一切经济活动的主体在同一起点上赛跑,在同样的规则下竞争。任意利用行政权力、滥用市场优势或采用卑劣手段进行竞争的行为,都是不能容忍的。经济民主不是绝对的,它必须符合国家的宏观利益,个别的自由必须服从于社会利益,这就是经济法的任务。

日本经济宏观调控的法制保障*

市场经济学的理论认为，在一个实行市场经济的国家里，最根本的因素是市场机制。企业在决定它们产品的价格、产量以及其他业务事项上一般来说是自由的，政府对经营的管制就保持在最低程度上。然而，事实说明在任何一个市场经济的国家中，市场机制并不总是十全十美的，它需要有补充性的政府干预来弥补它的缺陷。这些缺陷就是所谓的市场失败、垄断、小企业的弱小地位、贸易倾轧、结构性萧条工业的存在，以及众多其他可能阻碍市场正常运转的情况。

为了对付这些市场缺陷，自由市场经济国家的政府采用了一系列管理的措施。结果，没有一个国家称得上是纯粹的自由市场经济，正如西方经济学家目前公认的那样，现有的市场经济，是一种兼有市场机制和一定程度上政府宏观调控的经济。但是，由于各个国家的历史背景、政治制度、经济发展程度、国情不同，政府宏观调控的广度和深度也各不相同。

从当今世界来看，政府的宏观经济调控可以分成两种类型：一类是以美国为代表的“政府尽可能少干预企业”的分散型调控政策，另一类是以日本为代表的“政府和企业在经济决策上相互协商”的协调型调控政策。日本基本上是一个自由市场经济国家，但是日本政府对市场的介入却是广泛的，在众多的宏观调控活动中，特别引人注目的是日本政府在运用经济立法对产业结构、保护竞争、调整物价等方面的宏观调控措施见效显著。

一、政府对企业基础研究及其发展方面的法制保障

日本企业的科学研究分为三个部分：(1)基础研究；(2)应用研究；(3)发展研究。对基础研究来说，它并不与某一特定的产品具有直接的联系，它仅为证实某一假设而进行。在发展研究中，直接的目标是体现一种

* 载《外国法译评》1994年第3期。

技术的产品形式。应用研究是处于上述两者之间的阶段。

按照政府1983年公布的报告,大约2%的日本国民生产总值是花费在研究和发展上的。然而其中大约70%是花费在私营企业上。由于基础研发需花费大量的财力并有较大的风险,私营企业并不愿意从事这些研究,除非给予一定的激励。但因为发展性的研究最终是来源于基础研究,忽视基础研究最终会削弱科学技术的进步,越来越多的人意识到这一关系,结果产生了一些鼓励基础研究及其与发展的措施。比如,《研究协会法》鼓励成立研究协会。基础研究要花费大量钱财,所以对单个企业来说,很难单独开展,而几个企业分担钱和资源,就能开展大量的研究项目。根据这个法律,私人企业可以组成协会,来研究特定的科学技术。在这个法律下组织的协会,可以申请它们联合研究的成果为专利。和这个制度一起出台的还有税收优惠和政府的一系列资助。此外,政府有时还委托一个研究协会为政府搞些研究,如电子计算机。因此,组织科技研究协会的方法,成了实现政府发展基础科学目标的十分活跃的手段。

另一个在基础研究方面的重要立法就是设立了《基础科学技术研究促进法》(1985年)。根据此法,私人企业在从事基础研究及其发展时,可以使用政府的科研设备,而只需付低微的租金,这个法律同时设立了基础技术研究促进中心,这个中心提供基金给专事基础研究的民间企业来组织民间和政府研究机构的合作,并收集技术情报。只要政府并不过分参与,政府在基础研究这个领域中的这些活动,不能看作与市场经济相对抗的措施。因为如果政府一开始就撤手不管的话,那么基础研究就将一无所有。然而,在一些应用研究和发展研究方面,民间企业没有政府的援助和合作仍有积极性与竞争者竞争,因此,在此领域,政府的支援就应减少。

二、政府对振兴不景气产业的法制保障

在日本有两种不同类型的不景气企业,而每一种都需要不同的对策。第一种类型是受周期性的萧条影响的企业,在衰退到萧条阶段,经济活动减缓,企业陷入困境。按照市场原则人们对这种周期性的不景气会无能为力,因为这实际上是一个去掉一些没有效益的企业的机会,从而增强整个经济。但是有时候,在萧条中,一些具有活力的和潜在发展能力的企业也有可能由于形势严峻而被淘汰掉。在这种不正常的情况下,政府如能扩大对它的援助面,帮助这些企业经受这场风暴,也许是有益于国民经济的。

由于这个原因,不景气“卡特尔”是被反垄断法允许的。

根据这个法律的规定,当萧条时的产品价格降至平均生产成本水平以下,使大部分受影响的企业难以继续生产经营,而且这些企业并不能通过企业本身的合理化措施攻克难关时,这些企业可以通过签订一个缩减生产的协议,来减少产量,降低生产能力的利用,削减销售额。在一些十分严重的情况下,公平贸易委员会(Fair Trade Commission,FTC)甚至允许固定价格,但不过是在被限定的时间里。这种被批准的卡特尔价格协议可以作为反垄断法的特例而除外。一个对付不景气的卡特尔一般被允许存在大约4个月。

第二种类型的不景气是结构性不景气,这种类型的不景气要比周期性的不景气有更多的问题。与前者的不景气起源于经济的上下波动不一样,结构性不景气是来源于工业内部的脆弱,一个产业可能在面对其他工业国的对手时,由于劳动力原材料价格成本的上升而丧失了竞争的优势,或者面对一个新的更有竞争性的产业时,由于对手质量更高、成本更低、更有用,而丧失竞争优势。

这里的政策性问题是,是否要对这种结构性的不景气给予任何政府的帮助。按市场经济的理论,这种产业应由市场来决定是否存在,应被更有效的产业所替代。对这种产业进行保护是错误的,因这种产业已失去了存在的经济原因。但是让这种产业一概自行灭亡,也并不一定是明智的和现实的,为了社会的安全原因,若把这种尽管无效的产业拯救出来,给予它一些帮助的话,它可以克服困难渡过难关。而另一些产业应该让它去自行灭亡。由于这种产业从存在到灭亡的过程会导致一些社会的动乱,如突然破产,会增加失业率。因此,转变的过程也应是平稳的,应采取“慢着陆”“安乐死”等措施。同时,也要防止某些公司以破产来逃避还债的行为。没有任何完满的对“夕阳工业是否应予以保护”的回答。在日本,政府采取一些援助这种产业的法律手段。如《特别产业结构改进临时措施法》,此法提供了两方面的措施:(1)不景气企业的卡特尔;(2)企业合作安排(可以组成企业合作社)。按照此法律,通产省颁布一个命令,使所有的生产此产品的公司减少生产总量,这样,每个公司都按一定比例缩小生产,政府向银行贷款为这些公司担保。这样的卡特尔可以免除反垄断法的制裁,享有豁免的权利。另一种对付企业结构性不景气的方法是组成合作社,先由通产

省作出一个总的计划，然后公司制定一个精确详细的方案，包括一些措施，如合并兼并、成立联合购销机构、技术合作等。这些安排必须得到通产省的批准，如果这些得到通产省批准的协议与反垄断法有矛盾的话，由通产省和 FTC 谈判，至少 FTC 不会对此协议采取行动。

三、政府对保护中小企业的法制保障

小企业是指雇员在 300 人以下，资本 1 亿日元以下的企业。日本大多数企业是小企业。它们在与大企业的交易中，一般来说是处于不利地位的。小企业常常是转包合同者，它们供应一些零件或有关的产品。小企业直接与大企业竞争，由于经济实力差，处于不利地位。因此，对小企业的保护是市场经济中一个麻烦的问题。有人认为，如果小企业在竞争中被淘汰，就能更加有助于促使经济的有效化。但是从另一方面说，许多小企业的存在是一个丰富多彩的社会基础，因此，政府在应否保护小企业问题上应更多地考虑社会价值，而不是经济价值。比方说，当地生产的艺术品，即使其经济效益并不高，但因其艺术价值，还是应予以保护的。另外，小企业的就业人员占了社会的大部分，他们对政治产生很大影响，因此在保护问题上，政府是特别慎重的。

日本保护中小企业的法律分为：(1)促进中小企业现代化的法；(2)把小企业组成大的群体的法；(3)保护小的企业对付大企业的法；(4)促进中小企业技术进步的法；(5)帮助小企业在经济变化环境中调整和转移经营的法；(6)保障小企业在特定部门和地区经营的法。为了保护、促进小企业的现代化，《小企业现代化促进法》规定在小企业联合、建立合作企业时给予财政援助。据此法律，小企业建立联合购销的机构是受到鼓励的。组织中小企业的法律有好几个，如《中小企业组织法》《中小企业合作法》《环境卫生法》，主要是鼓励成立合作社、协会等。允许小企业成立商业和工业的协会，本质上等同于“不景气卡特尔”，但有区别。根据此法，小企业可以成立工商协会，减缩产量，进行其他一些合作，限制竞争的活动，这种活动只有在存在过度的竞争和不稳定的经营时，才可以进行。而《反垄断法》允许不景气的卡特尔，只能在当价格下降到平均生产成本以下时，以及大多数企业不能维持正常经营的情况下，才能成立。相比之下中小企业享受的条件则是较宽的。有一种对此法提出批评的说法，认为这实际上是在大企业和小企业之间架了一个卡特尔的温床。因为工商业协会要求2/3的成员是小企业，那么大的企业也可以参加此协会，《中小企业合作法》批准小企业建立合作社，此合作社的作用是区别于工商业协会的。尽管两者之间有一些交叉，一个小企业合作社是一个允许成员从事联合生产、购买、销售等活动的组织，目的是想通过联合成员企业的购销能力来取得利益，作为一种与大企业进行对抗的力量存在，即在与大企业进行交易时，要作为与大企业力量相当的实体存在。同时，通过发展技术、管理合理化来改进企业的经营状况，还能在政治问题上作为一个团体来发表观点。中小企业合作社的活动也可从《反垄断法》中得到豁免，因为它们的活动是为了加深小企业面对大企业和作为一个强有力的单位存在。当然这样一个联合组织可能与消费者利益相冲突或者反对一些更加弱小的企业，所以，当合作社不合理地通过实质性的限制竞争的规定，提出价格或通过不正当的竞争手段时，不能享受豁免。同时，当一个大的企业参加合作社时，FTC 可以命令大企业退出。日本有几千个合作社存在，它们的活动就如合作的联邦一样。

环境卫生法是一个不寻常的立法，目的是通过对那些与环境卫生密切相关的行业、企业之间的竞争的限制，来鼓励卫生环境，在其后面的目的是保护小企业。环境卫生是指旅馆、餐厅、公共浴室、娱乐场所、新鲜食品等，立法目的是过分的企业间竞争(因都是极小的企业)会导致降低利润。限制了这方面的竞争，允许它们固定价格，则可取得较大的固定的利润，可以使它们有条件去改善环境卫生。由于这个原因，在此行业中允许可以固定价格，可以有一些其他的合作社的活动。但这个立法并未达到目标，取得明显成功。此法并未保证企业通过卡特尔取得的额外的利润，用于改进它们的环境卫生。事实上，却通过卡特尔取得的巨大利润吸引了更多的加入者来从事这个行业，就使利润率下降。因为进来的人越多，就导致更低的利润率。这样就形成一个新的更高价格的固定，恶性循环开始了。所以，如果说这个立法的不良后果大于积极后果，从长期来看，并不有利，这种说法是公平的。但是由于在环境卫生中小企业数量如此之多，尽管持批评意见的人越来越多，但是中小企业作为一个整体所形成的政治上的力量，仍保护了此法律并不发生变动。

另一个对中小企业保护值得注意的领域是保障小企业的经营活动政策。此领域有三个主要法律：(1)《中小企业机会调节法》；(2)《大店法》；

(3)《零售企业调整特别措施法》。三个法律基于同一目标，保护特定的部门，地域只有小企业独占。《中小企业机会调节法》是指生产、批发、经营，《大店法》指零售经营，《零售企业调整特别措施法》比《大店法》更广泛。《中小企业机会调节法》是给小企业的组织（组织法允许成立的）一定权力，可以向通产省申请，阻止大企业进入长期由小企业传统经营的领域，通产省可以不让它们进来。《大店法》是帮助当地的小企业主在大零售企业（如超级市场或百货商店）在这个地域开展经营时，可以向通产省或政府请求保护。

四、价格控制的法律保障

作为市场经济的价格制度是企业能自由地选择价格的水平的重要机制。在日本，尽管有些情况下由于政府干涉而对价格进行控制，但总的说来，以上原则还是适用的。

法律对价格的控制分为两大部分：(1)仅仅在紧急情况下适用的法，如在石油危时机；(2)对特殊部门如农业适用的为稳定价格而制定的法。

偶尔，由于有些企业在政府控制以外，价格会突然上升，整个经济会进入恐慌。在石油危机期间，石油价格突飞猛涨，以致石油供应下降。恐慌心理驱使着人们去争相购买石油，而那些商人则进行囤积，结果造成大混乱。为了对付这样的形势：日本国会颁布法律授权政府有权控制价格。共有四部这样的法律：一是《价格控制法》，二是《全国生活稳定措施法》，三是《石油制品供需稳定法》，四是《反对投机和囤积法》。

这里每个法律都有这样的条款，即政府可以在紧急情况下干预和影响私人企业所定的价格。这种干预不同法有不同的规定。在《价格控制法》中，提到价格固定。这是最直接的政府干预企业活动的一种形式。在《全国生活稳定措施法》中和《石油制品供需稳定法》中，规定政府在紧急情况下为一些产品确定一个标准价。这种标准价仅仅是政府提出的一个指导价，违反这一指导价并不产生刑事责任。如果企业不顾标准价格违法，企业的名称将被公之于众，在特殊的情况下，政府可以命令违法的企业付给政府由于不按规定而造成的标准价与实际价之间的差价。

在《反对投机和囤积法》中，政府可以当紧急情况出现时，命令囤积企业把储存的货放出来。所有这些法律都是石油危机之中对企业造成的动乱而作出的反应。

除了以上所述的紧急措施，另外还有一些永久性发挥作用的价格控制措施。大多数这方面的法律与农业有关。最值得注意的是《食品控制法》，根据这个法，大米的价格集中在政府手中，政府可以从农民处买进粮食，然后销售给批发商。购买的价格是由政府保证按农民估计的成本和合理的收入的基础上定的。对于销售价格，政府向消费者担保不是过分的。这样，购买价和销售价是政府按两个不同的原则来定的。可以看出，购买价格是在政治压力下制定的，然而要使销售价和不断上升的购买价格适应是不可能的，因为购买价上升得非常迅速。结果是购销价差距离渐大，政府的粮食账户上购销倒挂赤字严重，这个差距只能由税收来抵补了。

在诸如肉类、乳制品、糖和生丝等其他农产品方面，稳定价格的计划和控制进口的政策连在一起进行。这里仅以生丝作为例子，《生丝价格稳定法》规定的价格稳定方案里，农业部确立日本生丝的最高价和最低价的限制。当生丝价低于最低限度时，生丝机构，作为一个政府组织，以高于最低限价的价格购买。当价格高于上限价时，此机构就抛售生丝到市场上去平抑价格。然而，由于日本生丝生产的能力较低，所以这个机构的作用常常在于购买生丝进行价格控制。同时为了阻止进口国外廉价的生丝来扰乱国内价格稳定，也同时运用进口控制的手段。

五、国际贸易

在国际贸易中，不管进口还是出口，都有一些管理工业品活动的法律：《外汇和外贸控制法》《进出口交易法》《海关关税法》，以及在其之下的法令法规。

在出口贸易中《外汇和外贸控制法》授权通产省控制某些需要许可证的商品的价格。在《进出口交易法》中，出口者之间可以订立关于固定价格、数量或者其他出口条件的协议，这个协议必须呈交通产省，在有些情况下，要通产省来审批。这些递交通产省或由通产省审批的协议，是受《反垄断法》豁免的。

在过去，通产省交替使用这两个法律，来达到有条不紊的出口，当日本的商品在外国受到进口限制或者外国政治对这种进口限制采取行动时，通产省常常劝导那些出口商们限定他们向那个国家出口商品的价格数量和其他条款，这是通过建立一个在《进出口交易法》允许下成立的出口商协议来进行的，无论何时只要出口商们不参加这个协议或不理睬通产省的指

导，通产省就发布一个命令指出这项商品的出口必须得到通产省的批准，在批准中还附有一些条件，如价格的最低限制、数量的最高限额和其他经营条款等。日本同美国之间的许多贸易纠纷都是通过这种办法处理的。尽管出口控制的做法对市场带来一些消极影响，但是它常常是对付一些外国贸易限制和威胁的有效措施。事实上，出口控制是用来防止一个外国政府实施其自己的对抗日本的进口救济措施，从这个意义上说，控制进口的形式可能对外贸确实具有限制性的效果。自从日本面对更为严峻的外国的出口限制，这种控制已不再只停留在从日本的外贸管理政策来考察，而是从国际贸易的更广角度来考察了。

在进口方面，《外汇和外贸控制法》规定了一个进口配额制度。同时《进出口交易法》规定进口商们可以组织进口协议，但是后者用得较少。进口配额制度大多用于农产品。但是对于配额，也存在几个问题。一是与关贸总协定的一致性问题。《关税及贸易总协定》（General Agreement on Tariffs and Trade，GATT）原则上禁止进口限制，只有在根据 GATT 的某些条款下特别许可才能允许。GATT 第 19 条规定，一个成员国只有当外国进口突然增长，并由于这种增长国内工业严重受到损害的情况下，才能使用配额制度，然而，在《外汇和外贸控制法》里却找不到这样的要求。因此，从法律上说，这与 GATT 的一致性是值得怀疑的。从这里也可看出，在运用立法保护本国贸易利益方面，日本是不甘示弱的。

本文初略考察了日本在宏观经济调控方面的一些经济立法，特别是有关市场和产业等领域。当然，日本的经济调控涉及面很广，金融、土地等领域都很有特色，笔者限于篇幅所限未能纳入。但仅此也可对日本政府重视运用法律手段进行经济调控略知一二，或许有所启迪。

论我国制度变迁过程中市场竞争秩序法制建设的特点*

所谓制度变迁，一般而言，它首先是指经济制度的变迁，是指占主导地位的经济制度重心的转移，这是由生产力发展水平所引起的。然后才是伴随政治制度、法律制度、文化价值、道德观念等一系列的变化。在被称为具有"世纪性困扰"〔1〕的20世纪中，中国面临的问题恰恰是与西方发达国家相反的问题，即如何把高度集权的计划经济体制转变为由市场发挥基础性功能的体制。由于我国市场经济体制的建设是在自上而下的政府主动推进的条件下进行的一场改革，市场经济的发展缺乏自然发育和自然演进的过程，因此，与此相适应的市场竞争秩序制度的形成也就带有其与众不同的鲜明特点。

一、市场竞争秩序制度建设的目标不够清晰

市场竞争秩序制度的建设是否完善，取决于设计者对其实现目标的定位追求。众所周知，市场经济的发展会带来一定的与市场机制相反的力量，这在西方被称为"市场的缺陷"。虽然由于政府的主动推进，我国市场化的演进过程正在大大缩短，但是，市场经济可能产生的缺陷却并不因此而减少或消除。在利用市场经济机制获得"社会效益"的同时，也必定要付出一定的有时甚至是巨大的"社会比较成本"，〔2〕这是众多市场经济国家曾经经历过的教训。加强市场竞争秩序制度的建设正是降低这种市场经济社会比较成本最有力的保障，因而是现代市场经济的核心制度。我国现阶段从整体上讲是倾向于快速发展经济，无论是中央还是地方，经济绩效作为一个主要的评判指标已经深入社会的各个方面，而市场秩序制度从

---

* 载《法学》1998年第10、11期。

〔1〕 程恩富主编：《国家主导型市场经济论》，上海远东出版社1995年版，第1页。

〔2〕 王根蓓：《市场秩序论》，上海财经大学出版社1996年版，第181页。

某种程度上讲就是要约束人们的一些“市场行为”,从而表现为一定阶段或一定领域发展速度的适当减缓。由此,竞争秩序制度的建设与经济的快速发展,秩序立法的宗旨与政府的政治目标之间产生了一定程度的不协调现象,导致我们在对竞争秩序制度建设目标的定位上不够清晰。这主要体现为对具体的竞争秩序法律制度的构建左右摇摆、犹豫不决。一个实例就是关于在联合与垄断的关系上:一方面有禁止以行政手段进行合并,组成“拉郎配”的集团公司的法律规定;另一方面却又为扩大规模(无论什么目的),强化联合,组建集团提供政策和制度上的依据。这种目标定位上的相互不统一造成的结果就是企业的实用主义。企业在涉及竞争秩序方面的行为不是由制度进行规范,而是由企业说了算。同样的情况还表现在关于公司的法律规定中。一方面为规范公司的行为和提高公司的质量,通过一系列法律法规对公司的审批和监督要求严格;另一方面又为各类经济主体进入市场而采取激励的措施,在审批公司的程序和权限上放宽了管制,结果造成大量不合格的“假注册公司”出现。如某些私营经济区假注册公司的普遍出现便是例证。由此可见,我国在市场竞争秩序方面的法制建设呈多元目标状态。由于目标的不清晰,使不少法律法规的实施效率也受到了影响,有时甚至变成仅为纸上法律。有些应该出台的法律法规,也因这种迟疑而遭到拖延。常常有这样的情况,好多经济现象当人们认识到它时,已经铺天盖地地涌现在面前了,犹如一夜之间从地下冒出来一样,如非法传销、低价竞销、盲目兼并等。对这些经济行为规范的滞后,已经使市场经济的良性发展受到极大的制约。

二、全国市场竞争秩序法制建设的统一困难重重

不同的生产力发展水平产生不同的经济关系,从而影响着市场主体的竞争行为,这是我国当前在竞争秩序制度建设上的主要矛盾。纵观世界历史的发展过程,在资本原始积累时期,市场竞争以野蛮、疯狂的掠夺式经营为主要特征;在自由竞争时期,以形式上平等交易、自由竞争为主的扩张式竞争充斥整个西方世界;进入资本主义垄断阶段后,随着国际竞争的日益激烈,竞争规模的进一步扩大,以战略兼并、联合操纵以及瓜分市场为特征的竞争行为占据了主导地位。这些市场经济发展过程中不同阶段的经济关系和竞争行为,目前在我国的社会经济转型过程中是同时出现和存在的,这是由我国经济发展水平不平衡所致。现在我国市场上所出现的竞争

行为中，强权掠夺者有之，实力相拼者有之，联合操纵者有之，巧取欺诈者有之。不同地区人们对这些竞争行为的认识不一，评判的标准也不一。这就使法律制度的设计对这些经济行为的规范难以统一。在此问题上反映十分强烈的是对假冒伪劣产品的打击。笔者曾经跟随司法部门去打假，在一些地区，造假售假行为十分猖獗，由于得到当地管理部门（还有执法部门）的默许甚至公然支持，打假无法展开。原因在于假冒产品已经成为某一地区的支柱产业，是当地发展经济的重要组成部分。再进行一下深入调查，发现这些地区的人们对于“知识产权”的概念是陌生的，也不清楚用了他人的注册商标或专利的后果是什么。换句话说，这里的人是在解决生计问题。或许，当他们有了自己的注册商标权之后，才会去认可和尊重他人的商标权。反映在制度建设上，既要对这些造假售假的恶性竞争进行打击和制裁，但是又不能操之过急，以发达地区的标准去要求落后地区。在一个国家中出现如此大的反差，给我国市场竞争秩序制度的统一带来两难的困境。再以市场进入来说，一方面，我国目前存在市场进入不足，新兴产业以及各种非公有制企业进入市场还受到一定的限制，市场竞争展开不够，必须要通过法律和政策来鼓励这些市场主体进入市场；另一方面，又存在市场进入过度，大量小企业在地方保护主义的掩护下进行低效率的运转，打一枪换一个地方，开展无序的竞争。这种竞争不充分与竞争过度并存的现状，使我们难以通过市场竞争优胜劣汰，市场配置资源受到影响。此外，事关公平竞争的重要法律如反垄断法、反限制竞争法等迟迟未能颁布，影响了社会主义统一市场的形成和建设。

三、过渡时期法规范存在适度变形

我国的体制改革整体上定位在“渐进”的基点上，因此，在制度变迁的过程中，许多法规范都体现出过渡性的特点，这些法律制度因为要对新旧两种体制都具有兼容的能力，因此而呈变形。这种特点在市场竞争秩序法制化过程中格外明显。不少竞争行为尚带有行政性的痕迹，要克服这些行为，仅仅依靠法律规范是难以奏效的，还需在一定程度上借助行政力量。有些在计划体制下形成的弊病，也还必须以计划的手段去解决。以《反不正当竞争法》为例，其中有关行政垄断的规则就颇能说明问题。该法规定：政府及其所属部门不得滥用行政权力，限定交易和限制经营者正当的经营活动；政府及其所属部门不得滥用行政权力，限制商品资源在本地市场和

外地市场之间的自由流动。对于这种行为的法律责任，该法规定，“由上级机关责令其改正”或“给予行政处分”，在经济上“没收违法所得”或者“罚款”。如果从法治的角度来看，这种规定是有局限性的。首先，行政垄断的表现并不限于这两种，法律对此的调整范围是窄小的；其次，法律责任的形式只规定行政责任，未规定相关的司法救济措施，责任形式是不完善的。然而，如果我们从过渡性特点看，这种规定又具一定的现实性。仅仅规定行政责任是与原来体制相适应的，在政府机构改革没有到位之前，其重心尚倾向于“解决历史遗留问题”；而该法又规定了一般的司法救济途径（第20条规定：违反本法规定，给被侵害的经营者造成损害的，应承担民事赔偿责任），这又体现了新体制，即法制化的特点，两者并存造成的变形可以认为是对现实的适应。由此我们可以看到，一方面，过渡性的法规范在调整范围上的有限性使其具有内在的创新机制，尽管该法律采取的列举式方法必然不能涵盖多数行政垄断类型，然而现实生活会对法律提出进一步扩展调整范围的要求。正是这种内在的张力会为法律制度的建设提供内在的创新机制，在进一步的发展中否定自身，从而产生更加完善的法律制度。另一方面，法规范变形的兼容性也为过渡到法治国家创造一个适应和学习的过程。这种兼容性能使包括社会文化、道德传统等诸因素在内的整个社会有一个适应、协调的过程，从而也展现为一个学习的过程。随着这个学习过程延续，社会经济制度变迁的成本与受益也都将以滋润的方式渐渐渗入社会各个层面，从而有效地克服变迁过程中成本的急剧上升以及与收益的不对称。〔3〕《反不正当竞争法》对政府行政垄断规定的不完全性为社会的相关者提供了一个适应、学习的过程。无论是被规制对象，还是执法部门，对于行政垄断行为的认识从不违法的到不合法的，其间有一个过程，按认识论，这种过程是必然的。所以，这种过程不仅是合乎国情的，也是合乎客观规律的。正是在此过程中，人们（包括立法者、违法者和执法者）进行学习，转变或增加相关的知识。这对以后加强反垄断法的立法和法律实施是有意义的。这样的实例在市场经济秩序法制化过程中并不少见，在对待“商业回扣”问题上认识的转变过程，也是一个鲜明的实证。

---

〔3〕 张曙光主编，北京天则经济研究所编：《中国制度变迁的案例研究》（第1集），上海人民出版社1996年版，第85页。

四、法律实施相对薄弱，社会监督机制尚未形成

在我国制度变迁过程中，法律实施是一个明显薄弱的环节，对不正当竞争行为更是如此。由于市场竞争具有行为复杂性，法律规范竞合性、保护对象多重性和不特定性的特点，使竞争秩序法律的实施更增加了难度。主要表现在两个方面：

首先，法律法规的可操作性不强，影响了法律法规的实施。如在《反不正当竞争法》中对公用企业强制交易作出了规定，但是对这些违法行为的制止和查处，却缺乏明确的操作措施，如何确定一个企业具有公用企业的地位和性质，即什么样的企业是公用企业，由谁来确定，是否生产和经营电、水、煤、公交等产品和服务的企业都是公用企业，如果是的话，非国有经济经营此类业务是否给予自然垄断的地位。以上这些问题是确定公用企业"依法取得独占地位"的依据，如果这些依据本身就不是很明确，就不能作出其是否进行强制性交易的判断。类似问题在市场秩序法律规范中不在少数。又如"政府及其所属部门"限制竞争的行为又如何认定，采集政府及其所属部门指定交易和阻止市场流通的确凿证据非常困难，因为，妨碍市场交易的政府行为未必是通过文件或决议的形式出现的。所以，政府机关要作为被告是难以执行的。同时，在目前的法律法规中，对破坏市场秩序行为的制裁力度不够，表现为处罚手段单调、法律责任形式单一。如对虚假广告的规范手段不够有力，虚假广告满天飞，给消费者生活带来了严重的影响。事实上，现代商业经济中，消费者主要依靠商业广告进行购物，若不加以严格规范，后遗症就会不断。但现有的广告法和一些政府规章中对具体的广告行为缺乏明确的规定，新闻广告随时可见，商业说明和商业广告的区别难以划分，侵权广告无法追究。再如，商业秘密目前已成为企业竞争的主要手段，保护商业秘密也应成为市场竞争秩序制度的主要内容。我国现在仅仅把商业秘密的规范局限在经营者主体上，但是国际上一般都把企事业单位的职工、工人以竞争为目的，或出于私利或为第三人谋利，在雇佣工作关系期间或结束后的一定期限内将由于雇佣工作而得到的企业商业秘密告诉其他人的情况都作为反不正当竞争法打击的重点之一。而我国目前有关商业秘密涉讼最多的也是职工离职和退职后将原单位营业秘密带走，自行使用或加盟其他公司后使用。对这些行为，依现有法律法规，受侵权的企业是难以以"盗窃、利诱、胁迫"等理由进行诉讼的。

在以高科技发展为战略目标的今天,对商业秘密的保护必须突破原有法律的规定,才能促进和保护科技发展的积极性。

其次,处罚的手段不够健全,法律责任形式单一,影响了强制手段的威慑作用。良好的市场秩序是保障市场经济顺利发展的生命,任何对市场秩序的破坏都直接影响到经济发展的速度和质量,因而,对市场秩序行为的规范需要较强的强制力,要足以威慑违法者。但是,在目前的法律法规中,对破坏市场秩序行为的制裁不够有力度,表现在处罚手段单调,法律责任形式单一。如前所述对虚假广告的制裁问题,发达国家对商业广告中发生虚假现象时,还可以责令发布重新更正的广告,在同样的媒体上以同样的规模发布更正广告,不仅纠正了消费者的视听,而且是对广告者的严厉的经济处罚,结果是十分有效的。再以严重的假酒事件为例,山西假酒之所以屡禁不止,与打击的力度密切有关。

执法是要支出成本的,由于以上原因,有时执法的成本高昂足以使执法难以进行下去。山西假酒案又一次给我们敲响了警钟:光靠政府的行政执法,尚不能够制止这种铺天盖地的假货市场,有人生产,有人销售,还有人购买,如果没有一个全民围剿的天罗地网,假货就难以杜绝。这就需要充分发挥社会力量进行监督,让这种社会监督成为政府监督的一支重要的同盟军。

五、确立竞争秩序制度建设的重要地位

秩序,是社会经济赖以发展的重要环境条件。时至今日,要保证我国社会主义市场经济持续快速发展,必须把市场秩序制度建设提到第一位。如果说,过去的十多年里我们主要是改变“缺乏竞争的经济”,那么,现在的注意力应该是规范“破坏经济的竞争”,具体来说,就是明确对市场竞争秩序目标的定位。

市场作为资源配置的基本力量,有其明显的优越性,通过供求矛盾,以价格波动作为市场信号,调节着产业内部和产业间的资源的流动,达到资源的合理配置和有效利用。古典经济学曾经坚定不移地信奉“看不见的手”是维持市场秩序的最佳秘方,在一百五十多年中,这秘方一直影响着资产阶级的经济学家和西方国家的政府对市场秩序的分析和研究。这种对市场的纯经济的分析认为,市场机制的自动调节功能具有效率优化和社会稳定的功能,以追求利益最大化为目标的市场主体在追求自身利益的同时，也增进了社会的整体福利和创造“自然秩序”。因而，资产阶级的法律也确立了“意思自治”“契约自由”等基本原则。在长达数百年的时间里，这些原则被奉为至高无上的、不可动摇的法律准则。然而，市场经济的运行造成财富集中的现象，尤其是在劳资之间、企业和消费者之间、企业与企业之间、贫者与富者之间形成了经济地位不对等的情形，使经济地位处于劣势的个人或企业在交易上不能取得契约自由所保障的对等利益，在发展上也不能取得依照自己的自由意志发展的机会。这种社会问题发展到一定程度时，市场经济体制的有效性和合理性就受到质疑。一个由平等到不平等的质变过程就伴随着市场经济的发展而形成。西方经济学在一系列严酷的事实面前不得不提出政府对市场经济秩序维护的职责，提出以“看得见的手”去弥补“看不见的手”的缺陷，以“人造的秩序”去补充“自然秩序”所不能起到的作用。马克思主义经济学更是把市场秩序放到了广阔的社会背景下进行考察，认为尽管市场经济的比较社会效益是巨大的，如由追求剩余价值产生的内在动力机制（激励机制）、由市场竞争的外在压力产生的技术创新和制度创新机制、市场的自我扩张力所造就的产业组织的变革机制以及商品和资本的流通本性所具有的破除地区、国家和产业之间的封闭带来的世界经济趋同和一体化机制等，但市场经济的演进绝非如田园般的和谐和规范。市场经济存在相应的“社会比较成本”，即由市场的缺陷所造成的，并与市场的效益相伴而生的种种社会矛盾和冲突。其中，由于市场竞争所引发的抑制市场功能的有效发挥、破坏市场秩序的严重后果，最终导致了市场经济无力解决由市场本身所产生的就业不足、收入分配不公与经济波动、作用配置效率低下等方面的缺陷。市场秩序的维护不能只依靠市场本身的力量。在市场经济中以谋取利益最大化为目标的经济人，他们的理性是不足以使社会资源的利用实现最大化的。作为西方工业化进程的亲身体验者，马克思在对市场经济进行了冷静的观察和理性的思考后，提出了市场经济有限性的理论。〔4〕回顾市场经济发展和成熟的演变过程，我们看到，只要以市场经济体制作为改革的目标，就必须要重视市场经济体制的伴生物——市场秩序问题，在追求市场经济给社会创造的比较社会效益的同时，必须重视降低市场的“社会比较成本”。有些现象

〔4〕王根蓓：《市场秩序论》，上海财经大学出版社1996年版，第183页。

在我国虽然只是刚刚萌芽,但其发展的趋势是明显的。由于我国市场化进程是浓缩的过程,西方成熟的市场经济个性在我国已见端倪。以公司制度为例,我国的《公司法》还没有把公司独立人格问题提到议事日程上来,但是,困扰西方经济的公司独立人格问题,却在我国已经早早到来。在我国,由于体制关系,立法的重点是实现公司的独立人格,特别是全民所有制企业的公司。但是,随着市场经济的发展,市场竞争的激化,利用公司独立人格,逃避债权、规避侵权责任,滥用公司法律人格的行为已经频频发生,而且有愈演愈烈之势,使我国现代企业制度的建立从一开始就蒙上一层阴影。此外,如市场垄断问题、虚假宣传广告问题、企业兼并中的盲目扩张问题、欺诈性交易中的地方保护问题等,都是应该及早警惕和预防的。纵观世界各国,凡以市场经济体制为基本制度的国家,无不制定反垄断法、反不正当竞争法、产品质量法、消费者权益保护法以及社会保障法等作为对策,维护市场秩序,保障公平竞争。其目的就是防止市场经济与生俱来的"缺陷",维护平等竞争,达到由不平等向平等的回归。如果说,古典经济学的"看不见的手"理论给了我们充分利用市场机制的启示,那么,马克思的"有限市场经济理论"更给我们对维持长期的动态的市场秩序敲响了警钟。我们必须在转型过程中,坚定地确立市场秩序制度建设的目标,适当超前地设计市场秩序的制度规范,有效地避免发达国家所经历过的重重灾难,自觉地完成市场秩序的制度建设工程。

六、制度的设计必须顺应客观经济规律

在明确了市场秩序制度建设的目标之后,一个同样重要的问题就是制度建设的出发点。有人认为,在我国制度变迁过程中应当充分重视中国的国情,因为我国尚处于市场经济发展的初级阶段,发达国家的市场秩序制度不能适应我国的情况。比如打假问题上,有人认为,这是过早的行动,应该等中国发展以后再打不迟;也有人认为,国际环境的影响和世界经济一体化的趋势,要求我国的秩序建设不能过多考虑国情,应该及早与国际接轨,否则会影响中国市场经济的发展。笔者以为,充分考虑中国在制度变迁中的实际情况是必要的,国际大背景也是不能忽视的。但是,从根本上讲,市场秩序制度的建设还是应该以市场经济中的客观经济规律作为出发点。主要有以下几个方面:

首先,应充分认识社会经济在发展和变迁过程中,具有自发的创造"秩序和制度”的内在动力。人类社会本身就是一部不断创新的历史，包括技术创新和制度创新。社会在其发展过程中，具有“自发”的创立新的生产组织、交易方式和管理制度的原动力。与此同时，也创立着依附于此的文化价值和社会精神。“交换的不断重复使交换成为有规则的社会过程”。〔5〕以企业制度为例，自然经济条件下家庭作坊式的生产组织因为市场规模扩大的要求而让位于合作生产的组织形式，后又因为合作者的利益与直接管理者的行为偏差所致的风险，进一步产生了公司制的生产组织，又由于投资者对自由选择经营管理者的要求，使企业两权分离走向了更高的形式——股份公司制度。这种社会发展进程中由“个体的理智汇成的社会合理化运动”〔6〕推动着历史的发展，也不断地成为整合市场经济秩序的原动力。所以，市场秩序制度的制定，必须顺应这种趋势，而不是相反。以现在十分流行的“股份合作制”企业形式来说，这种生产组织形式既有合作的因素，又具股份制的形式，是我国经济生活中现有企业（主要是小企业和管理模式简单的企业）在改制过程中的产物。从其“合作性”特征来说，这种形式一般是与生产力水平比较低下、劳动技能不很复杂的行业相适应的，出资者就是劳动者，有关企业的一切事项都能通过全体股东进行讨论决策。如果在一些技术含量较高的工业领域也指令性地“推行”股份合作制形式的话，就会适得其反。在投资者对经营者的监督、对企业发展的决策、风险的承担等方面都会发生问题。因此，尊重经济规律去制定制度是极为重要的。

其次，应注意不同的生产力水平是与不同程度的市场秩序相适应的。马克思认为社会的发展主要是由其经济技术条件决定的，“社会的物质生产力发展到一定阶段，便同他们一直在其中活动的财产关系（这只是生产关系的法律用语）发生矛盾。于是这些各项便由生产力的发展变成生产力的桎梏。那时革命的时代就到来了。随着经济基础的变更，全部庞大的上层建筑也或慢或快地发生变革”。〔7〕中国目前在经济发展不平衡的情况下，求得统一的秩序是困难的，因此，追求统一秩序的愿望也应该适度。从空间概念来说，我国沿海地区的市场秩序已经相当接近于国际社会，而内

〔5〕［德］卡尔·马克思：《资本论》（第1卷），人民出版社1972年版，第106页。

〔6〕王根蓓：《市场秩序论》，上海财经大学出版社1996年版，第210页。

〔7〕［德］卡尔·马克思：《政治经济学批判》，柏林敦克尔出版社1859年版，第2页。

陆及边远地区由于生产力水平的关系还有待于提高。以打击假冒伪劣产品来说,在中国的广大地区,对无形知识产权的概念恐怕还得通过一段时间的宣传和实践,才能为大部分人接受。因此,在市场秩序制度建设上,加强地区性的立法和政府规章的建设是必要的。

最后,应该明确制度变迁虽然是政府主动推进的改革,但是仍然需要渐进的过程。"建立一个新的制度安排是一个消费时间、努力和资源的过程","制度变迁的过程类似于一种进化的过程"。[8] 以克服行政垄断而言,这是"中国式"的问题,西方发达国家并未给出现成答案。自从我国财政体制从原来的统一收支改为"分灶吃饭"以后,地方财政收入中相当一部分正是通过政府介入地方市场而直接或间接取得的。各地的经济状况与政府介入的程度极为相关,即使在全面导入市场经济的今天,地方企业对于当地财政的重要性也使其自觉或不自觉地采用行政手段来为地方企业提供便利,有时甚至不惜割裂全国统一市场,大搞"地方保护主义"。这意味着在我国建设社会主义市场经济采用分步到位的战略条件下,秩序环境的健全(不仅指各种制度齐备与否,更重要的是指制度的意识与环境等背景)也是必须逐步进行的,有些制度安排从抽象的理论观点看是可行的,但由于它与制度结构中的其他现行制度不相容,因而是不适用的。[9] 如果采取过激的办法,例如一刀切地规定取消一切行政垄断行为,且不论"下有对策"会使政策落空,仅是监督成本便无法忍受。只能采取让政府逐步退出的办法才能达到既抑制、消除行政垄断,同时又不致付出过高成本的效果。因此,对于市场竞争秩序法制的建设,有必要认识到整个过程的渐进性特点,对由此而产生的过渡性制度安排保持一种恰当的态度。但是,最终的目标在于演进出一套促进竞争,消除行政性垄断的更优的制度,而并不是通过容忍的途径来加强这种垄断。在以行政手段撮合企业集团的"运动"中(称之为"运动"是因为一哄而上的联合兼并风潮已经席卷大地),政府的决策并没有考虑到秩序的经济规律性,而是被暂时和局部的利益所吸引。殊不知,这种联合兼并的结果正在蚕食刚刚培育起来的竞争性

〔8〕 林毅夫:《关于制度变迁的经济学理论:诱致性变迁和强制性变迁》,载《财产权利与制度变迁》,上海三联书店出版社1991年版,第390页。

〔9〕 林毅夫:《关于制度变迁的经济学理论:诱致性变迁和强制性变迁》,载《财产权利与制度变迁》,上海三联书店出版社1991年版,第390页。

的市场秩序。

七、尽快促进市场竞争秩序社会监督机制的形成

对市场竞争行为进行社会监督是市场经济的要求，现在，行政监督受体制改革的影响有所减弱，因此，加强社会监督机制的建设势在必行。但是这种经济民主力量的培育是需要依靠制度的鼓励和保障才能得以壮大的，但目前这样的制度建设还远远未能有效实现，偶尔产生的一些自发的个人监督，也遭到不应有的歧视和非议，难以形成力量。如目前在社会上谈论较多的“索赔式打假”（俗称“王海现象”），寻假买假、退假索赔，不少人对此嗤之以鼻，有些经营者甚至恶意攻击，欲置于死地而后快。笔者认为，这其实就是社会监督力量的组成之一。正如某些人认为的，他们或许不是真正的个人生活品的“消费者”，他们的打假也掺杂了个人的牟利欲望，但这并不影响“打假”的实际意义。对于假冒伪劣产品的生产者和销售商来说，“王海”们是社会监督者。在社会物质基础不够强大的情况下，加强群众的社会监督无疑是当前切实维护市场经济秩序、保护消费者权益的重要力量。《消费者权益保护法》规定了对消费者保护实行社会监督的原则，“国家鼓励、支持一切组织和个人对损害消费者合法权益的行为进行社会监督”。问题是，这些本来可以堂而皇之以“社会监督者”身份出现的人，为什么偏偏要以“消费者”的身份出现呢？他们在打假的同时，自己也变成了虚假的“消费者”，这种现象不得不发人深省。笔者认为，这实际上反映了在体制转换过程中，社会监督制度的不完善和不具操作性。特别是公众参与的社会监督制度的不完善。社会监督要依靠广大的群众，主要是消费者，但仅仅依靠消费者自觉的无偿的举报，在短时期内也许可以奏效，但在商品经济社会里，长期指望这种觉悟是一种幼稚的愿望，或许在现今的社会里尚不具有这种没有利益驱动的社会监督机制。我们不妨考虑一下，有些社会治安的重大案件，政府尚且可以运用“有偿举报”的方法，为什么对“索赔式打假”独独不能容忍呢？在国家没有强硬的打假措施之前，不妨让群众进行监督，让那些卖假坑人的销售者付出一些“售假成本”，又有什么不好呢？

八、完善市场竞争秩序制度建设的基本条件

建立较为完善的（不可能是最完善的）市场秩序是一项浩大的工程，有了明确目标和出发点，就可以在基础条件和具体的法律制度上下工夫。基

本条件包括明确的市场主体、完善的市场体系和有效的宏观调控。

首先,市场主体就是市场竞争主体,明确市场主体的地位和性质,是保证市场经济活动中各类经济主体在公平交易过程中公平竞争的基本条件。如果市场主体对自身的利益追求的支力不足,或者各类主体在市场上的位置不平等,或者政府亲自参与市场竞争,与民抢夺资源,那么,市场上的竞争是不可能公平的。我国的市场主体的塑造正在走着一条曲折的道路。特别是国有企业的改革,政府参与市场的消除,产权制度的创新,公有制实现形式的多样化,使我国的市场竞争主体更具与众不同的特色。例如,市场竞争要贯彻公平原则,首先应当规范市场主体进出市场的秩序,市场主体的所有制问题历来困扰着进出市场的公平性,按照主体的身份规定进出市场,在进入市场的资格审定、经营范围的限制、注册资本的苛求等,都使竞争的公平受到限制。所谓"外国人要求国民待遇、中国人要求外国人待遇"的说法就是对身份规定的一种抗议。事实上,市场上的主体进入越多,该领域中的价格就越合理,资源配置就越有效,竞争秩序也就越公平。应做到主体进入市场无限制、退出市场也应该没有保护。在我国的市场主体问题上,一个特殊的难题是政府及其所属部门的行为的规范。改革以来,在中央政府逐步放弃用行政命令直接或间接配置资源的同时,地方政府却越来越多地选择了有利于地方财政收入的制度安排,[10]越来越多地参与市场的争夺资源战争。例如,为了增加地方财政,增设地区间的贸易关卡、擅自减免投资者的资本到位和税收;为了保护地方的较为落后的产业,抵制其他地区的商品或技术的进入、其中运用各种手段如提高外来商品的检验标准等。更为严重的是以权谋私、权钱交易。这样做虽然暂时能增加地方政府的利益,但是却以损失社会的利益为代价,使资源配置效率出现了偏差。政府的这种行为对市场主体的市场行为产生了重大的影响。所以我们在对市场主体的立法中,并不是仅仅放权让利,并不仅仅是把企业放到市场中去,而是要塑造合格的市场主体,要考虑市场主体的竞争行为。

其次,市场体系的完善。实现市场竞争的公平化,必须使资源的流通自由进行。第一,要使一切资源市场化,要能进行价值的交换,现在生产要素的市场化的程度还很低,全国有各类市场68,131个,但生产要素市场仅

---

〔10〕 胡汝银:《竞争与垄断——社会主义微观经济分析》,上海三联书店出版社1988年版,第32页。

719个。应该在国家的宏观指导下，进一步扩大市场的范围。第二，要使生产要素能够最有效地组合，必须有适当的流通渠道，在市场经济条件下，资源的流通是有其规律的，市场的扩张力是无限的。任何人为的阻隔都会降低资源配置的效率。国际上建立世界贸易组织是要让资源在世界范围内自由流通，国内就更要打破地区封锁、部门垄断，建立国内的统一市场。要向国际开放市场，首先要在国内开放市场。目前，中国的各路“诸侯”并没有充分认识这一点，正在肢解市场的战争中大显身手，这对公平竞争是有直接的破坏作用的。行政垄断或者行政与市场两股力量扭合在一起的行政性市场垄断正在我国成为一种怪异的现象，它使市场形成不了市场价格，使资源的配置受到扭曲价格的导向，从而影响产业结构的合理化。第三，各类市场应该进行配套，包括市场设施的硬件配套，也包括市场管理的软件配套，还包括市场之间的配套，如期货市场和现货市场的配套以形成有效的避免价格风险的机制。在进行这些市场建设的过程中，大量的政策法规需要跟上，以商品交易的基本法合同法为准则，保障平等交易。只有商品流通的冲击力，才能冲破一切限制竞争和垄断的禁锢，实现真正的公平竞争秩序。

最后，有效调控的宏观政策。现代市场经济已不同于传统的市场经济了，世界各国研究讨论的也已经不是要不要政府调控的问题，而是政府怎样进行调控的问题。因为只有政府的宏观调控进行得有效，才能保障市场秩序的正常化，而要让宏观调控真正起作用，也是要以市场的公平竞争为条件的，两者之间是互为条件的。如果市场主体之间获得资源的手段不一、资源的价格定位不一、参与市场的机会不等、主体的独立性程度不一，宏观调控将起不到作用。宏观调控的手段主要是经济杠杆，如税收、利率以及价格和政府的收支等，如果企业之间并不是平等竞争的独立主体，那它就对这些宏观调控的手段没有反映，或无关痛痒，或反映失真、感觉错位。以前，为了缩小基本建设的规模，国家提高贷款利率，可就是降不下来，究其原因，就是我们有些国有企业因为没有切身利益，对调控的反应十分冷淡，市场的竞争发动不起来。相反，目前有些地方在政府的政策鼓励和扶持下，盲目发展汽车工业，在错误的信息指导下开展竞争，正在走着电视机、冰箱、微波炉的老路。这种竞争将会扭曲市场秩序。当然，宏观调控必须依法进行，仅凭一人一时一事的感觉进行指挥，只能使宏观调控变质，

回到计划经济的旧体制中去。市场经济不等于政府放手不管，事实上，西方社会的管制比我们想象得要多得多。放松管制，引进市场的竞争机制，可能会出现许多改革的设计者意想不到的情况，如市场组织结构、竞争方式的变化等，这要求政府通过宏观调控来保障市场的功能的发挥。中国传统计划经济体制虽然与西方市场经济中的政府规制有许多不同，无论在管制的范围和管制的强度上都是西方市场经济中的管制所望尘莫及的。但是，其中也不乏合理与先进之处。有些做法还为西方国家所借鉴。笔者认为，在市场力量和国家力量协调的实践中，中国有可能作出自己的贡献。

总之，中国在制度变迁中如何充分认识法律在市场秩序制度建设中的作用，客观分析各类经济关系对法律调整的需求是十分重要的。但是，市场竞争秩序制度的建设，还不能仅仅依靠法治。且不论法律的时效性和相对稳定性，都会对急速变化中这个国家带来滞后的抑制作用。更何况，就是法律的调控也主要是事后的调控，而非事先的激励。市场秩序竞争制度建设还应该充分利用我国的“本土资源”。作为一个历史悠久的文化大国，在社会秩序的维护上有比世界上任何一个国家都要深厚的文化资源和优秀传统，如“见利思义”“扶困救危”“君子爱财，取之有道”等，应加以弘扬，加强市场主体的自律行为。市场秩序从法治的角度讲是一种物质的秩序，从文治的角度讲是一种道德的秩序。尤其是对一个由计划经济向市场经济转换的社会主义国家来说，不仅需要现实的秩序，更需要考虑长远的秩序。

反垄断法在日本实现“本土化”的启示*

第二次世界大战以后,日本在短短40年内由百废待兴的战败国发展成为“经济大国”,其高速经济增长创造了世所公认的奇迹,乃至成为众多研究经济、政治、文化的学者欲寻其根源的“日本之谜”。本文关注的也是日本经济增长中的一个令人寻味的问题,即被称为“纯粹美国式发明”〔1〕的反垄断法(反托拉斯制度)是如何在日本实现“本土化”的?无论在生产方式、文化传统、政府管理还是在法律技术上都与美国迥然不同的日本社会结构中又如何嵌入了这一舶来品?它在日本经济发展中起到了怎样的作用?这对于市场经济体制尚在建立之中的我国考虑如何引进反垄断制度并使之与本国经济发展相协调有重要的借鉴意义。

一、反垄断法的“日本化”过程

日本的反垄断法由最初制定至今,大致经历了四个阶段:(1)在战后复兴阶段(1945~1950年),以维持解散财阀和阻止财阀性资本支配关系的复活活动为主要目的而制定反垄断法。1947年3月制定的名为《关于禁止私人垄断和维护公平交易法》(以下简称反垄断法)以美国的《谢尔曼法》《克莱顿法》《联邦贸易委员会法》为蓝本,只是对限制公司持股、限制董事兼任等作了更为严厉的规定。1949年日本反垄断法经历了一次修正,停止了原决定采行的除解散财阀外还要解散大垄断企业的行动,从而使财阀属下的巨大企业几乎未被解散和分割。这样,一方面以财阀本部为首的持股公司被解散;另一方面财阀属下的巨大公司从原来的财阀集团的联合、支配关系下分离开来,以松散形式存活下来。(2)在经济高速增长阶段(1950~1970年),为迎合美国增强日本经济力量的要求,配合日本

---

* 载《法商研究》(中南政法学院学报)1999年第4期。

〔1〕 Harry First,“Antitrust Enforcement in Japan”,*Antitrust Law Journal*,Vol. 64,No. 1,1995,p. 140.

"合理化投资"[2]创建新型重化学工业、增强出口、强化国际竞争力的经济政策，日本反垄断法进行了放松管制的大幅度修正，执行上也呈低调，整个反垄断实践处于平和的势态。(3)在经济振荡与恢复阶段(1970~1980年)，反垄断立法与执法却日渐升温。部分是因为日本反垄断法制定后，反垄断观念渐入人心，更为重要的是因为广大消费者、中小企业、农业渔业主和学者们对反垄断法执行不力很不满意。他们认为经济受到震荡与大企业集团的操纵国民经济有密切关系。(4)在经济的新发展阶段(1980年至今)，反垄断法实践不断升温的趋势得以保持，尤其是在近年更加活跃。不仅反垄断法的许多法条被修改和补充，更具实质意义的是，反垄断法到这个时期才开始得到真正意义上的广泛执行。在美国压力的直接作用下，日本修改了反垄断法中有关适用除外、知识产权、征收金、罚金等多种规定，拓宽了反垄断法适用范围，加重了对垄断、限制竞争行为的处罚。总之，经过四十多年的历程，日本的反垄断法已从一个外来的、被动的工具逐渐转变成为政府自觉运用的、由本国政府内生力量调节市场经济的手段。

反垄断法是美国作为自由市场体制与民主制度的一部分引入日本的。由陌生而逐渐为人接受，经历了一个嵌入日本社会结构而与日本社会经济、政治、文化特征相适应的"日本化"过程，这个过程是通过一些特别的制度安排来实现的。而这些制度安排本身又有深刻的社会、经济和文化的土壤基础。

(一)与反垄断法"日本化"相关的经济、政治、文化条件

1.成长志向型的企业目标

日本企业的雇佣惯例以其特有的终身雇佣制和年功序列制而著称。这种雇佣制度一方面使被雇佣者对自己所属企业有很强的归属意识，有助于构成"企业共同体"；另一方面因为在终身雇佣和年功序列上的企业成长有利于为企业工作人员提供晋升提薪的机会及退休后的返聘，故而促使企业内部产生出强大的成长动力。这就使日本企业普遍具有强烈的成长取向。这种成长取向一方面成为企业竞争的动力，另一方面也可能因追求成长而导致垄断企业的形成，从而产生限制竞争的后果。

---

[2] 朝鲜战争后，日本政府以长期资金供应等措施支援对电力、钢铁、海运等重点的技术改良投资。参见[日]井村喜代子：《现代日本经济论》，季爱琴、王延福译，首都师范大学出版社1996年版，第120页。

2. 集团化、系列化的市场结构

日本企业间关系的一个特征即企业间十分密切的相互关联，这种关联表现为企业的集团化与系列化的趋势。前者主要是通过相互持股、董事兼任与财产、人事上的结合构成矩阵型集团；后者主要是通过下包等经营上的结合，构成由核心企业为龙头的、中小企业为之配套的塔型企业系列。这两类企业群体因企业间长期稳定和相互交易关系而减少了交易成本，同时还能起到对于经营风险的群体保险功能，因而被认为是合理的组织结构。但也因此方便了垄断的产生。

3. "寡头垄断"的竞争谱系[3]

从竞争谱系看，日本与一般国家不同之处在于日本许多产业是由对等竞争对手构成的寡头垄断体制。[4] 在这种均衡寡头垄断竞争体制的形成中，政府是重要的塑造者。战后，日本政府实行在重要产业内对达到一定基准的企业给予资助的产业政策。追求这种资助的激励使同行业企业之间激烈的竞争，结果是达标企业只是通过竞争而留下的少数几个企业，而政府对这些企业的资助也是均等的。有的学者将这种政策称之为"平均主义与竞争原理相结合"而产生的"机会均等主义产业政策"。[5][6] 但这种政策所造成的均等，就是事实上的"优势"的均等。

一般来说，实力均等的寡头之间的博弈行为，因其具体因素的差异而容易导致激烈竞争或限制竞争达到妥协两种结果，日本产业在内外因的作用下，形成了激烈竞争的局面。这种局面对政府采取反垄断政策造成一定的影响。

4. "官僚中心"的管理文化

美国有学者在分析美、日两国反垄断法实施状况差异时将主要原因归

〔3〕 新古典经济学将市场结构分为完全竞争、寡头垄断、垄断竞争、垄断四种，市场竞争形态由完全竞争而至垄断构成一个谱系。

〔4〕 经济学家萨缪尔森把寡头垄断定义为几个生产的产品差别很小或没有差别（如钢铁、铝等），或几个生产者生产的产品具有某些差别（如汽车、机械等）。这种寡头在社会经济中对竞争的威胁主要来自他们为避免相互竞争而采取价格协议的措施。参见［美］萨缪尔森、［美］诺德豪斯：《经济学》，高鸿业等译，中国发展出版社 1992 年版，第 842 页。

〔5〕 See Harry First, "Antitrust Enforcement in Japan", *Antitrust Law Journal*, Vol. 64, No. 1, 1995, p. 140.

〔6〕 ［日］桥本寿郎：《日本经济论——20 世纪体系与日本经济》，复旦大学日本研究中心译，上海财经大学出版社 1997 年版，第 300 页。

结于两国在社会管理上的文化差异。在其看来，管理文化存在一个以“法律中心”和“官僚中心”为两极的谱系。美国倾向于“法律中心”这个极端，日本则倾向于“官僚中心”这个极端。因为日本的社会管理活动主要不是依靠法律而是依靠官僚进行的，其宗旨不在于保护个体利益而是保护社会整体利益，社会运行规则不是个人主义和受现实、实例约束的，而是团体主义和有理论指导、具有前瞻性的。应该说对于日本社会管理文化的这种概况是与实际相符的。自明治维新始，政府在日本经济发展中一直起着重要的指导作用。战后，经济官僚也一直是经济事业的权利中心，计划和指导是官僚轻车熟驾的控制工具。这些无疑对于实现以国家、社会力量干预私人经济活动为任务的反垄断法产生重要的影响。

5.“耻感”的伦理观

有的人类文化学者将文化大致分为两种类型，即以耻为基调的文化和以罪为基调的文化。日本文化被归于前者。[7] 在耻感文化中，有错误的人不是因为错误而内心负罪，也不会通过坦白、忏悔和赎罪而得到解脱。相反，不良行为暴露在社会上会给其带来耻辱而令其不安。耻感使人们都十分注意社会对自己行为的评价。

这一点对日本反垄断法的实施有很大影响，因为法律在禁止或许可某行为时，不仅影响利益分配，还往往伴生对此行为的伦理评判。而对于从美国舶来的以“个人主义”为内核的反垄断法而言，其对于许多行为伦理评判与日本“团体主义”的文化传统相悖。反垄断法在日本实施必然面临这一伦理评判的困窘，也必须考虑所作判断对于具有耻感文化传统的日本人而言意味着什么后果。如在反垄断法的实施中，日本和美国的一个很大区别就是日本运用政府与企业之间的协商，如非正式处理等，直接反映出此类文化观念所产生的必然结果。

6.精确定义的立法传统

日本在移植西方法制时继受了大陆成文法系的精确定义的立法传统，而美国反垄断法中诸如“竞争”“限制竞争”之类的概念都是相当模糊的，操作上具有极大的弹性。这使日本在引入反垄断法时不可回避如何使反垄断法在技术上融入日本法律传统这一课题。

---

〔7〕 参见[美]鲁恩·本尼迪克特:《菊与刀》,吕万和等译,商务印书馆1996年版,第83页。

(二)反垄断法“日本化”的制度安排

1. 充分的事先协商与事后谈判制度

日本反垄断法立法与执法活动最显著的特点就是在反垄断法执行机构与企业之间有充分的事先协商与事后谈判制度。

首先,日本反垄断法的立法多以先期的调查、咨询为基础。公平贸易委员会(Fair Trade Commission,FTC)的立法活动过程一如其他政府机构的决策过程,具有以下特点:(1)咨询、信息机构的事先调查。这些调查结果对立法起了重要的参谋作用。(2)注意发挥技术官僚、专家、学者的作用。(3)吸收民间人士参与决策。如前所述,FTC 修改法律以前,总是设立由政府官员(他们都具有丰富的专业知识和经验)、专家、学者组成(包括产业界、消费者代表)的调查小组或委员会,对产业界和消费者进行调查,调查报告提出的立法建议多数最终被立法采纳。此外,FTC 为明确其政府取向,引导反垄断法实施,还就某些专门问题作一些“政府声明”或协助商会准备实施反垄断法的具体规则或指导性文件。前者如 1989 年美日结构障碍协商(Structual Impediments Initiative,SII)后,关于私人赔偿诉讼的政策声明;后者如 1979 年贸易协会的活动准则、1980 年资本转移和合并指导纲领等。FTC 的这些活动一则可以使立法与现实情况相适应,二则可以增进产业界和消费者对于反垄断法的理解,便于反垄断法的实施。20 世纪五六十年代放松对企业合并、卡特尔行为的管制等,就与反垄断检察小组对产业组织状况多次调查后,强调从社会长远利益和参与国际竞争出发,发展规模经济的建议不可分。

其次,垄断并非一朝一夕形成的,反垄断法非一日之功。为此,日本政府设计了防患于未然的各项事先报告制度,如:

一是呈报制度。日本是世界上最早在反垄断法上采用呈报制度的国家,已执行了几十年,被证明是有效的政策工具,并在 20 世纪七八十年代先后被美、德、法等国和欧共体组织采用。但日本的呈报制度的内容较其他国家的更为广泛,不仅企业合并应该向 FTC 呈报,而且企业营业的受让、持股、兼任负责人、维持转售价格、创立同业公会和签订有关技术许可、商标及版权许可、联合进出口、进出口配额分配、进出口价格、数量、区域限制等协议,都必须呈报 FTC,如果不经呈报或申报未获批准,此行为便是非法行为。

二是清理制度。由于《关于禁止私人垄断和维护公平交易法》的第6条第1款规定不正当竞争行为适用于外国区域,这就使在国际协议中的外方当事人处于困境。他们并不情愿在事后修改条款。为此,FTC引入了清理制度。据此制度,若外方当事人无法确知FTC的态度时,可向FTC申请清理协议所订的条款。若FTC对此申请未作反应,协议就再受到FTC根据反垄断法所可能进行的指控。

三是确认制度。1989年2月,FTC公布了关于专利与专有技术许可协议的新指南。该指南将专利与专有技术许可协议的条款划分为"白色条款"、"灰色条款"和"黑色条款"三种,并列举了各类条款的具体内容。"白色条款"和"黑色条款"分别是指法律、法规明确允可和明确禁止订立的条款,而"灰色条款"则是需要依据具体情况而确定其合法与否的条款。企业可就"灰色条款"申请FTC加以确认。一经确认,FTC将不会对其采取任何法律行动,除非这种确认本身被取消。

最后,FTC在执行反垄断法时也给企业留有与政府协商、谈判的空间。FTC执行措施中采用最多的是劝告措施。当FTC认为企业违反反垄断法时,案件即被取消。FTC对于专利许可协议等问题允许当事人对劝告提出辩护,而后决定是否撤销劝告。即便FTC不提出劝告而直接进入裁决程序,或企业不接受劝告而进入裁决程序,企业也可在听证程序中提出申辩。有些情况下,FTC允许企业附条件地实施其行为。

这些事先协商、谈判制度归结起来,与日本战后的官僚主导、大众参与的特点相符。在政府与企业间提供一个信息共享的机制,有利于政府与企业间达成共同的追求目标。其间的事先报告制度对企业既是有效的约束,又是良好的激励机制,促进企业积极配合政府实施反垄断法。

2. 非正式处理和半正式处理措施

FTC对案件处理方式包括劝告、控告、征收附加费、命令撤销或停止违法行为、警告或告诫等。其中,控告和征收附加费以及命令撤销或停止违法行为等措施属于正式处理措施,而警告和罚金属于非正式处理措施。在已有证据能证明违法嫌疑但不能确凿证明违法事实,或者不合法行为已停止一年以上而不能采取正式矫正措施时,FTC一般使用非正式处理措施。这种非正式措施在实践中被大量运用。劝告实际上可称为半正式的处理措施。劝告意见本具有行政指导的意味,若接受劝告,案件即被取消。另外，劝告的决定也不能被法院认可而作为确认被诉行为人违反反垄断法的依据。FTC 以非正式处理和半正式处理措施处理的案件数量约占案件总数的绝大部分。究其原因，除了非正式处理和半正式处理可以节省 FTC 调查所需人力、物力，便于快速解决问题之外，还应当看到在这两类制度中"官僚中心"的管理文化和"耻感"心理作用的影子。

3. 广泛的适用除外

日本的反垄断法很大的一个特征是拥有许多排除适用反垄断法的法案。这些法案不仅使公用企业、金融业、农业等产业全面排除反垄断法的适用，还在反垄断法的某些规定上设定了适用除外，尤以某些卡特尔适用除外为著。例如，20 世纪 50 年代许多工业部门经通产省同意即可制定法规排除反垄断法适用，以组织卡特尔和鼓励企业合并。卡特尔适用除外遍布各个行业，至 1991 年 6 月统计，日本已在 37 个法律上设立了 56 个卡特尔适用除外规定。这些适用除外规定绕开了反垄断法与本国经济发展的矛盾，或者帮助企业渡过经济萧条期的困境，或者起到保护企业培育国际竞争力的作用，但与此同时也给国际贸易造成了负面影响。由于受到美国的压力，日本目前正考虑改变其适用除外政策，特别是 SII 后，日本承诺取消若干反垄断法适用除外规定，并逐步完善适用除外规定的立法程序。

4. 立法定义与判例解释的结合

如前所述，日本的立法模式一直遵循着大陆法系严格定义的传统，在反垄断法中也不例外。一些在美国法律中较为模糊的概念如"事业者""贸易协会""办事员"等，在日本的《关于禁止私人垄断和维护公正交易法》中就必须对此词语下精确的定义。[8] 但就"竞争""对竞争实质性限制"这些在技术上又很难下精确定义的术语来说，尽管立法作了界定，但因为界定不能灵活应用的现实而遭到怀疑，这就促使 FTC、东京高等裁判所和最高裁判所尝试以判例对此作出解释。FTC 在东芝公司案（1951 年）中把"对竞争实质性限制"解释为"使有效竞争无法形成"；东京高等裁判所在同一案中对这一术语的解释是"是指这样一种情况，即竞争本身被降低，因为某些情形一经发生或将要发生，一定数量企业或一群企业能够按照它们的意愿来控制价格、数量、质量或其他各项条件，以此来控制市场"。最

〔8〕 Hiroshi Iory and Akinori Uesuki, "The Antimonopoly Laws of Japan", *Global Competition Policy*, 1983, p. 356.

高裁判所支持了这种意见。东京高等裁判所又就“控制市场”这一用语在以后几个判例中作了解释,这些解释沿用至今。虽然具体的解释是否能一直保持生命力尚无从得知,但可以肯定,由于市场状况的复杂性,特别是近年来反垄断法经济分析工具的不断更新,在判例中灵活解释规则,甚至创设规则的做法将被引入日本法律制度中。

就这样,日本通过运用以政府官僚为主导、民众参与、信息共享、协商谈判的决策与执行机制而创设一些灵活的制度,通过具有行政色彩的非正式和半正式处理措施,通过“网开一面”的实用方法,还通过吸收英美法法律技术,使反垄断法逐步嵌入了日本社会、经济、政治、文化结构中,并开始在其本土社会制度体系中发挥其影响。

二、日本的反垄断法对我国建立竞争法律制度的启示

从反垄断法律制度的“日本化”过程中,我们可以看到日本既有成功的经验,也存在不少令人感到不足之处,但这些却可以引为我国未来竞争法律制度的实践借鉴。笔者以为,从积极的方面来说至少有以下几点值得借鉴:

(一)全面、灵活地发挥反垄断法之功能

自反垄断法在美国诞生后,其制度功能一般认为在于维护竞争机制,以促进市场的有效竞争。具体的作用则是大量体现在对企业合并、价格协议垄断以及行业协会等企业行为的限制上。但反垄断法被引入日本后,另一种功能日益凸显。这就是通过反垄断法来执行竞争政策,配合国家产业政策实施其功能。虽然从宽泛的意义上说,通过反垄断来促进竞争,本也是国家对经济活动的干涉和调控,但反垄断法直接为产业政策服务则更是一种典型的政策工具。这种功能不同于对竞争机制的保护始终存在,而是相机而动的因应之策。

反垄断法的这两重功能在日本得到了全面的发挥。就第一重功能而言,第二次世界大战前,日本并没有鼓励竞争的政策,而限制竞争却大有政策。战后,在反垄断法作为经济民主化措施被引入日本之初,还使日本人感到陌生,但通过该法的实施,FTC 的积极推动,使反垄断和维护竞争的观念不断强化。反垄断法在日本为维持和激励一个竞争环境,确实起到了实质性的作用,并使日本人民和企业的竞争品质得以展现和发展。正如前日本东京大学法学院教授松下满雄先生所说的:“回顾日本四十年经济发展的历史,反垄断法确立了其在日本经济法制体系中的基石的地位。"〔9〕就第二重功能而言,日本在此方面取得了更大的成功。值得注意的是,反垄断法执行产业政策的功能也越来越受到世界其他各国的重视,这一点在企业控制合并上的表现尤为突出。产业组织理论与政策对目前各国企业合并反垄断控制立法和执法产生了极为重要的影响。〔10〕我国经济发展既有培育竞争机制的需要,又有产业重组、扩大规模效益的要求,如何全面而灵活地发挥反垄断法维护竞争机制和执行产业政策双重功能,日本的经济可资我们借鉴。

(二)适宜的政策引导

日本反垄断法立法与执法对日本经济的良性影响,应归功于贯彻始终的适宜的政策引导。略而言之,这些政策的特点有二:

1. 从实际出发,追求实质上的竞争效果。日本没有对市场集中与垄断、垄断与限制竞争的关系作僵化的理解,从而片面地追求竞争企业的数目,而是放松对市场结构的管制,维持其实际上能产生激烈竞争的特别的"竞争谱系"。

2. 区别不同产业部门、不同发展时期而采取不同政策,这些政策在立法中得到反映,还在 FTC 的"政策声明"或"指南"中得到反映。

简言之,日本的这点经验是告诉人们当将反垄断法移入本土时,应有因地制宜、因时制宜的政策引导。

(三)信息共享的机制

如前所述,日本反垄断法实践通过立法咨询和事先报告、事后谈判制度实际上建立了反垄断法执行机构与企业间的信息共享机制,在执行机构与企业间存在充分的信息交流。这一方面使立法和执法活动适合实际,另一方面又以对企业有效的激励约束,保障了反垄断法的顺利实施。

(四)诱致性的制度变迁

制度变迁的路径按推动力源泉和方式可以分为强制性制度变迁和诱致性制度变迁。〔11〕日本反垄断法从无到有,是一个制度变迁的过程,通过

---

〔9〕 M Matsushita, "The Legal Framework of Japanese Industrial Policy", *Brighan Young University Law Review*, Vol. 2, 1987, p. 543.

〔10〕 参见王晓晔:《企业合并中的反垄断问题》,法律出版社 1996 年版,第 74 页。

〔11〕 前者指以外力强制进行的制度变迁,后者指以制度执行者的诱导而进行的制度变迁。诱致性制度变迁可以减少制度运行的摩擦,并产生报酬递增的效应,故而利于制度变迁的实现。

反垄断法的“日本化”，以适应日本特点，符合日本人的利益。这本身就是一个诱致性变迁的过程。另外，在具体制度设计上也显出诱致性变迁的特点。这体现在经过立法咨询的立法尽可能地协调各方利益关系，各种报告、协商、谈判制度为反垄断法的执行提供了直接协调各方利益的机会，因为日本反垄断法制度的演进也是由相关者的利益驱动而成的。这种诱致性的制度变迁，最终减少了反垄断法制度与社会经济、政治、文化结构之间的摩擦，大大改善和推动了反垄断法的“日本化”。

在考察日本的反垄断法制度时必须注意，虽然反垄断法通过一些制度安排得以嵌入了日本的社会结构，基本上与日本社会经济间产生了良性的互动效应。但对这个过程中的负面效应我们也不能忽视。反垄断法“日本化”进程中的负面效应集中体现在以下三点：

第一，非正式的处理措施虽然给 FTC 处理案件带来了便利，但非正式处理缺乏透明度，使企业行为的判别标准更加模糊，不能起到对同一类行为的警示作用。正因为如此，FTC 的非正式处理措施在 SII 中受到美国的指责，日本被迫承诺将非正式处理措施公开化。

第二，由于过于重视官僚的作用，私人诉讼作用没有得到应有的发挥。日本反垄断法私人赔偿诉讼制度与美国的私人赔偿诉讼制度有很大的差异：首先是赔偿范围窄，前者仅限于赔偿直接损失，不计算额外增加的律师代理等费用，更没有 3 倍赔偿制度；其次是日本的私人赔偿诉讼需要以 FTC 作出正式处理为前提，并且需要原告有能证明违法事实的确凿依据，这使私人赔偿诉讼很难提起，实践中提起的私人诉讼也屈指可数。这两点都与日本“官僚中心”的管理文化密不可分。我国在此方面上与日本有相通之处，对日本实践上的不足我们当引以为戒。

第三，由于日本对反垄断法的实施主要依靠行政部门 FTC，而且 FTC 将自己“放在一个现存的官僚体系中，并忽视了法庭的实施作用”，所以，可能“受到最高政府部门对反垄断法实施的政治压力”，[12] 使反垄断法的发展带有一定的局限性。

日本反垄断法“本土化”的过程对我国正在起草和讨论的反垄断法是有一定的借鉴意义的。日本在现代化进程中吸收了美国的反垄断法，将其

---

〔12〕 Harry First, “Antitrust Enforcement In Japan”, *Antitrust Law Journal*, Vol. 64, No. 1, 1995, p. 140.

改造成为符合日本国情的调节工具。我国在走向现代市场经济的进程中，也必须考虑这一法律制度的重要性。因为反垄断法是维护经济民主，保护自由竞争的有力法律保障。由于市场经济是同质的，反垄断法具有共通性，所以不同社会制度的工具可以融合。但是，日本的经验告诉我们，借鉴并不是照搬照抄。虽然美国反垄断法的基本内容被日本保留和吸收，日本的反垄断法执行机构也仿照美国的机构而设立（FTC 的组成、法律地位、权力等在日本政治结构中都是极为特殊的），然而，实践证明日本是对其作了改造的（虽不是脱胎换骨的改造）。各个具有不同国情和文化传统的国家应当有与之相适应的立法与法律的实施，即使两国的法律内容和实施机构相似，但在具体的操作上仍需具有自己的特色。

经济法的价值问题*

一、论题的提出

价值问题是法学不能回避的中心命题。19世纪以来,西方法理学界自然法学和实证分析法学争论不休,分歧的实质正是两派学者对法律与法律价值二者的相互关系认识不同。实证分析法学主张将实在法和理想法分开,法学只以实在法为研究对象,而理想法因为体现了人们的主观价值判断,不宜纳入法学的研究视野。与此相反的是,自然法学认为,法与其价值不能分开,法学研究必须以普遍存在的道德作为价值核心,否则只会导致对法律本质的误解,甚至导致法学为恶法和篡改辩护的危险情况。〔1〕

两大学派的各自观点和相互争论,有深刻的历史背景和各自的哲学基点。自然法学秉承苏格拉底以来的人本主义精神和自然道德观,强调抽象的正义,道德是法律的绝对精神。实证分析法学则深受19世纪英国功利主义哲学和德国二元不可知论哲学的影响,强调了法的功利性和法的价值的不可知性。正是由于这些传统、背景和哲学基点,使两大学派在法律价值问题的认识上走进了歧途。

法律并非独立存在之物。从人类社会诞生始,相对于人们精神的、物质的和其他方面的需要,可资利用的资源总是呈现稀缺状态。为此,人们进行多种活动,形成了不同的利益格局,并以利益格局和力量对比确定了形式各异的相互关系。法律正是对这些活动、格局和关系的确认。这是由马克思主义法学派、西方经济学派和法经济学派共同承认的不争事实。

由此不难看出,对法律的分析和认识应包含两个层面:一是实在法,二是产生实在法的活动、格局和社会关系。我们将前者表述为法律的存在形式,将后者表述为法律的存在基础。

---

* 本文是与华东政法学院教师魏琼、瞿向前的合作成果,载《经济法论丛》1999年第1期。

〔1〕 沈宗灵:《现代西方法理学》,北京大学出版社1992年版,第31~33页。

单纯的实在法是没有任何意义的，只有当它能够符合人们的主观愿望，符合它的存在基础时，它才能实际地对社会发生效用和影响。此时法律面临的问题，是它能否符合人们的主观评价，及法律是否能够发挥社会效用，即法律的价值问题。

实证分析法学反对从实在法以外的角度去认识法律，反对用主观价值去评判法，必然切断实在法与其存在基础之间的有机联系，使人与法的关系变得暧昧难明。自然法学将先验的、抽象的道德和正义当作法的绝对价值，则是无视法的存在基础的具体性、丰富性和变化性。

法的价值，从作为法律主体的人的角度去理解，是人们设置法律制度的动机、目标和需要；〔2〕从作为法律客体的社会存在去理解，是法律设置后所实际取得的社会效果和影响。它一直是人们从事立法、司法和构建法律秩序等实践活动的基本动因，是法律变迁、发展的完善和推动力量。

述及法的价值由法的存在形式和法的存在基础及法的主体评价构成，只是一个极为抽象的判断。事实上，不同的地域、时点、时段，不同的民族、宗教、伦理，人们的心理习惯、精神传统、文化形态、社会结构、政治体制等因素，无不对法律价值的形成、评判和变迁产生莫大的影响。而20世纪以来，随着物质生产力的大幅提高和社会分工的持续细化，人类活动的边际大大拓展，关系愈趋复杂，许多新的法律部门相应衍生发育，人们设置各种形式法律的动机和目标也迅速地分化，变得具体而丰富。此时，一种统合的理论和观点已很难准确地描述和理解法律价值问题。

因此，对法律的认识、研究和探讨不能回避价值问题，而对法律价值问题的探讨，必须从动态的历史和社会的角度出发。经济法是法律的一个基本部门，对经济法的认识，亦须如此。

对经济法的学术探讨应以实在的经济法及相关的社会活动、关系为对象，进行总括性的思考。首先，需要考察业已存在的众多实在经济法规范，揭示其内部性特征以及它和其他部门法律的区别与联系；其次，需要考察产生和推动了实在经济法发展的那些外部性基础和人们对实在经济法的评价，揭示其存在的合理性，以及变迁发展的规律、方向、形式和途径。价值问题在其中居于主导地位。

〔2〕 张文显：《法学基本范畴研究》，中国政法大学出版社1993年版，第252～254页。

但是,存在两种与此相悖的观念(或称研究方向)。

一种观点认为经济法更多地体现为法律实践,而不需要或不能够构建缜密的基础理论。

在我国这样一个基本上实行成文法主义的国家,由于法律的创生、存续和变动主要由立法机关完成,司法实践以及由之形成的判例仅仅是立法信息的反馈渠道,因而,在立法之初没有一个大体的法学理论框架是不可想象的。即使立法已经完成,也不能仅注重法条注释和实际操作,不能将法律是否符合社会客观情况和公众对该法的反应和评判置之不顾,此时更需要对法律价值问题进行深入研究。不难看出这种经济法理论冷淡主义是缺乏远见的。

另一种观念则是在理论研究中忽视了对价值问题进行深入的探讨,并由此带来一系列理论上的盲点和摩擦。这一点最集中地体现在经济法的概念上。

关于概念,目前大多数意见倾向于定位在"政府干预调控经济"上。具体的表述不尽相同,但"政府""干预""调控"等语词总是反复出现。

表面看来,包括我国在内,世界各国颁行的可归入经济法部门之下的成文法律,都带有政府介入经济生活的或隐或显的特征;而经济法发展史上第一次大规模的立法——罗斯福新政时期的立法,首先确立的就是美国联邦政府对原本由市场自行解决的经济层面事务的干预权、调整权和控制权;第二次世界大战后经济法在西方的全面勃兴,则是凯恩斯主义盛行的结果。这样,认为政府干预和调控是经济法的本质特征,似乎是符合历史事实的。

但是,"政府干预调控说"需要一个极易被忽视的至关重要的前提:市场的高度发达和市场的失效。简言之,就是必须首先存在一个高度市场化的经济体系,由于市场具有内在缺陷,发展到一定阶段之后这个经济系统陷入困境,政府于是主动介入,为了克服市场缺陷、恢复经济活力、提高整体效率而进行干预和调控,并由此形成了关于政府干预调控的经济法。

当不存在上述前提,例如,经济体系中不存在市场,讨论"政府介入"以及由此形成的法律就是无意义的,因为此时经济系统处于政府的全面管制之下,行政命令成为经济运行的基本准则,一切与经济有关的法律都与政府干预有关;而当市场程度较低或虽然市场高度发达但并未出现所谓"失效”的情况时,政府的介入是毫无必要的,与此相应的法律也无需存在。

市场高度发达并失效作为一种现实情况,发生在西方工业发达国家。不难看出,经济法概念的“政府干预调控说”是西方实践经验的总结。这种学说是否适用于我国,用来解释我国的法律实践,是值得商榷的。

正如我们可以看到的,当前我国的经济现状,不是市场高度发达,而是市场发育不充分;阻碍经济发展的不是市场的内在缺陷,而是政府的过度存在;经济体制变革的目标、是政府的淡出和市场的渐入。

这种情况,与经济法发展史上西方曾面临的情况是非常不同的。在这种情况下,用“政府干预调控说”来解释我国经济法发生和发展的动因、契机、过程、方面、途径或描述其结构、特征、功能、地位时,势必造成极大的理论摩擦。可以说,当前经济法基础理论中诸多困难,皆导源于此。其中一个浅显的逻辑悖论就是:加强经济的建设必先加强政府的干预调控权,而改革要减少政府的经济权力,所以经济法与经济体制改革背道而驰,南辕北辙。学术界对经济法是否应成为一个独立部门法的诸多争议和指责,与此有关。

有一些观点试图在坚持“政府干预调控说”的前提下,弥合经济法理论与我国现实的摩擦。

其中较有说服力的,是“政府职能转变创生说”,即为了建立市场经济体制,政府必须减少某些方面的行政干预和控制;为了克服市场的内在缺陷,则必须加强另一些方面的干预和调控。政府的经济职能发生转变,在转变过程中产生的适应于新职能进行干预和调控的法律,就是经济法。

这种观点在一定程度上缓和了“政府干预调控说”与我国动态改革过程的理论摩擦,但存在几处明显的不足:其一,当前我国经济建设的中心任务是消除或减缓行政力量在经济中的过度存在和传统体制的滞留,这是一个动态的制度变迁过程,新的制度安排即市场体制的面貌如何,它会不会有缺陷,有哪些缺陷,政府怎样加以克服,仍缺乏具体的实证资料,因而我们也就很难探究转变职能后的政府干预和调整与经济法之间的内在联系是什么,而只能套用西方的经验、资料和学说。其二,旧职能的行政干预和新职能的行政干预由同一个政府实施,它们之间的区别何在?为什么要实现新旧职能的转变?这一转变的内在逻辑是什么?这些问题都将导致学术理论上一定程度的混乱。其三,哪些是政府应放弃的干预?哪些是应加

强的？立法时应当怎样分别对之规定？规定的依据何在？这问题则将导致立法和司法实践的困难。

另一种弥合理论摩擦的“途径”，则是无视摩擦的存在这一事实，无视现实的真实情况，简单地将我国力图建立市场经济体制的理论目标，曲解为市场已经建立并高度完善，剩下的问题，就是由政府执起经济法这一利剑，去干预和调控，去医治市场的内在缺陷。这种认识和探究问题的方法在学术界中并不少见，其不足之处却是十分明显的。

理论的意义，不在于它的逻辑多么严密，论证多么充分，而在于它能够多大程度上解释现实，并为人们改造现实的活动提供依据和指针。当理论与现实发生摩擦时，需要检讨的正是理论是否正确，是否有意义。

前述论及的理论摩擦的根本原因，是探讨经济法问题时忽视了对其价值问题研究。政府干预和调控，只是成文的实在经济法的形式上的特征，而非其本质。当我们提问经济法产生的历史动因和现实考虑是什么、它取得了怎样的社会效果时，我们不能回答；它产生的动因和初衷是政府想要介入经济，它取得了政府力量干预和调控的效果。而这两个提问正是经济法与其他法律部门相区别的最本质的特征。如果说概念必须对它所意示的事物的本质作出有力的凸显，那么，在经济法的概念中，经济法的价值必须得到应有的概括和表述，而上述“政府干预调控说”中正好缺失了这种概括的表述，这正是它与我国现实发生激烈摩擦的根源。

所以，价值问题理应成为经济法基础理论的中心命题而得到深入探讨。

二、经济法价值的理论剖析

经济法的价值，从作为一切法律现象主体的人的角度去理解，是设置成文经济法的初衷、动机和目标，从法律存在基础的角度去理解，则是经济法规范的设置所实际取得的社会效果。

因此，进一步探讨经济法价值问题需要在两个维度上展开。首先需考察经济发生发展史上指导人们从事相应活动的法律思想及相关思想。然后，需考察经济法存在基础的内部性结构和精神。

经济法的策源地是西方工业国家，而西方国家是在对政府和市场相互关系问题的争论中发生和发展了经济法的成文形式的。

中世纪末期，商品经济发展较快的西欧各国，市场规则大多是由当地制定，在一定程度上阻碍了经济的流通和壮大。因此，当宗教改革之后，一些国家成立了强有力的中央政府时，对市场运行进行了强有力的控制。流行于1500～1800年间的“重商主义”，主张凭借国家政权直接塑造新型的经济秩序，以满足各国扩大市场范围的要求。名闻后世的英国《谷物法》，就是伊丽莎白女王统治下的英国政府企图通过政府对市场的控制，特别是对谷物进出口贸易进行严格控制而制定颁行的。

为什么市场需要政府强有力的控制呢？当时有一种理论，认为在经济生活中存在各种利益集团，它们为了各自的利益而破坏整体的经济和谐和秩序，削弱了经济扩展的潜力，而在市场中又没有相应的力量对之进行监察和制约。只有凌驾于市场之上的政府才有权威，有实力把这些冲突加以调和，并构建对整体有利的秩序和安全体系。

但是，早在17至18世纪，一些经济学家已在苦苦寻找经济生活中的基础秩序，他们之中的一些人认为，政府对市场的管制并不能形成真正优良的秩序，因而提出了“自然秩序”的概念。亚当·斯密以他所谓“看不见的手”，严厉地抨击“重商主义”的理论和制度，主张国家仅充当“守夜人”的角色。这种思想意味着政府在经济中的全面退出和淡化，在具体的历史条件下，带来了整个西方经济的全面繁荣。

但是，20世纪30年代之后，特别是第二次世界大战以后，自由放任的市场理论受到全面挑战。经济危机的频繁发生，使人们认识到市场的无限制扩大有其极限，主张政府干预经济以纠正市场缺陷的凯恩斯主义应运而生。与“重商主义”不同的是，凯恩斯主义是在对市场缺陷进行极为细致和深入的分析之后，把政府的作用视为保证市场机制效率的必要补充，而并非把政府干预视为经济发展的初始动力。

进入70年代，西方国家出现了经济停滞和通货膨胀并存的“滞胀症”。凯恩斯主义对此束手无策。因此，自由放任主义重又崛起。这种理论重新肯定了“看不见的手”的信条，认为政府本身亦有缺陷，强调纠正市场缺陷的正确途径是完善市场体制本身。〔3〕

这段历史虽然众所熟知，但其中所蕴含的对于经济法来说至关重要的深层内涵却没有得到深入的发掘。人们往往只看到成文经济法的发生、发

〔3〕 高帆主编：《行政权力与市场经济——行政法对市场运行的法律调控》，法律出版社1995年版，第3～5页。

展与凯恩斯干预学说在时间上的同步性，而忽略了在其后的经济和法律思想的聚焦点，那就是对经济利益和经济效率的关注。

在重商主义—自由放任主义—凯恩斯主义—新自由主义的演变中，西方经济思想完成了一个两极互换的历史逻辑图式。其形式表征是政府和市场二者交替成为经济的主角，而其实质，则是人们力图构建一种能够带来更多利益、更高效率的经济体制。利益和效率，是推动人类经济演进的主要动因，是一切经济组织形式即经济体制得以创生、延续以及变迁的根本准则、动力和规律。

成文经济法被创生出来并在战后获得极大发展的原因，正在于当时的人们认为，利益和效率的提高有赖于政府在经济中的干预和介入，而传统的以等价交换和地位平等为价值的民法不足以为此提供法律上的依据。但这并不是说，政府干预和介入是创设经济法的根本动因，正像不能说权利的毫无限制的行使是民法创设的根本目标一样（民法在经济方面的目标，是尽可能少地限制权利的行使，以便让主体在市场中意志自由地实现利益极大化，同时提高社会的整体效率，而不是权利行使过程的本身）。

虽然无论重商主义、自由主义、凯恩斯主义还是新自由主义，其经济思想和相应的法律思想皆以效率的提高为价值指针，但它们之间的区别却很明显，那就是对政府和市场这两种工具、手段在增进效率的能力上，它们作出了不同的评价。

政府和市场两个词有很多含义，例如政府可指称行政机构、统治工具，市场可指称买卖场所、交换关系等。但当它们被用来考察经济学及相关法学命题时，则分别指两种不同的经济组织形式，即经济体制形式。所谓经济体制，是指承担了激励、配置、保险和约束四种分类功能的一组经济制度安排。〔4〕

不同的经济体制，具有不同的构造特征，各分类功能的效率优劣分布也不同，从而对不同经济现状的效率提高拥有不同的能力。

完全意义上的政府体制，其内部构造是金字塔型的。一元化的权力中心居于顶端，逐级向下呈递减权力态势。下级必须绝对服从并依赖于上

〔4〕 刘世锦：《经济体制效率分析导论——一个理论框架及其对中国国有企业体制改革问题的应用研究》，上海三联书店 1994 年版，第 44 ~ 50 页。

级，上级以规则、命令、习俗的监督推动经济组织运转。〔5〕

完全意义上的市场体制，其构造特征是权力水平分布，各主体居于同等地位，意思自治，可以自由地进出市场，处于相互的竞争地位，为了实现利益最大化而策动经济组织运转。

经济体制的整体效率体现在它拥有的四种功能的分类效率上，并在度量各分类效率的同时得到衡量。无论哪一种体制组织都不可能达到四种分类效率的最佳状态，但同时都在某些方面拥有自己的效率优势。

相较之下，在激励效率方面，由于政府体制以强制为构造表征，显然低于以意思自治和财产独立为构造表征的市场组织；在配置资源效率方面，由于政府体制的信息传达渠道冗长，而市场体制由于依靠市场价格传达信息，大大简便了传达环节并缩减了传达费用，因而前者亦劣于后者；但在保险效率上，由于政府体制的决策权力的集中，以及组织的严密和连贯，则显然高于决策分散、各自为政的市场组织；在约束机会主义行为的效率方面，二者各有优劣，市场体制略强于政府体制。〔6〕 两者的效率分类比较如下表所示。

政府体制与市场体制效率比较表

体制形态	激励效率	配置效率	保险效率	约束效率
政府体制	较低	低	高	较低
市场体制	较高	高	低	较高

正是因为效率优劣的不均匀分布，导致两种经济体制面对不同的经济现状时，呈现出不同的功能侧面。当一个经济系统面临的主要困扰是风险过大、市场运行态势难以预料与经济危机（前两种困扰的极端形式）时，人们会自然地选择保险功能和保险效率较为优胜的政府体制，而限制或取消市场体制；而当一个经济系统面临着资源配置渠道不畅、经济结构失调、资金投入不定或生产激励不足的困扰时，人们会自然地选择激励和配置功能

〔5〕 刘世锦：《经济体制效率分析导论——一个理论框架及其对中国国有企业体制改革问题的应用研究》，上海三联书店1994年版，第83～86页。

〔6〕 刘世锦：《经济体制效率分析导论——一个理论框架及其对中国国有企业体制改革问题的应用研究》，上海三联书店1994年版，第113～114页。

及效率均较为优胜的市场体制,而限制政府体制的介入。前一种情况正是凯恩斯主义、重商主义思想的根源,而新旧自由放任主义的流行则基于后一种情况的存在。

必须提及的是,在实际发生的经济史中,从未出现过完全意义上的政府体制和市场体制,它们只是体制形态的两种极端状态,仅具有理论上的意义,在现实和历史中,经济体制形态表现为二者以不同的对比度结合在一起,而这个结合对比度的确定,取决于该经济系统对各体制分类效率的需求分布格局。

被众多作者屡屡提及的所谓"市场失效"和"政府失效"的问题,表面上似乎确如人们所说,构成了选择"政府"还是选择"市场"的决定性因素,但从经济体制效果的角度分析,却不难发现,无论"政府失效"还是"市场失效",都不是什么神秘的现象,而仅是由某些原因导致的经济体制整体效率的低下。这些导致体制低效的原因,可以具体地归结为市场垄断、信息不对称、交易费用过高、政府收集信息渠道的阻塞等,但从总体上看都是由于政府和市场两种体制模型在现实体制中的对比度的不恰当造成的。通俗地说,就是政府过多市场过少或政府过少市场过多。无论哪个历史时期的经济系统,都需要政府和市场两种体制模型共同存在。故"失效"只是相对的,不应该仅见某一种体制模型的所谓"失"就把另一种当作了灵丹妙药。

必须提及的另一点是,经济体制效率成为经济生活的核心问题,是工业社会崛起之后发生的。由于农业社会的生产形式主要是单一的耕种,要素和劳动力的流通、配置和组织并未成为经济中最迫切的矛盾,所以只需一种较粗放的自然经济体制即可。只是在交换成为经济运行的基本单元、社会分工成为经济的运行基础时,体制及其效率问题才成为经济生活的核心环节。这一点可以用来解释为何经济法在历史上出现较其他法律部门晚。

通过上述经济及经济思想史、法律思想及经济法发生史的考察,我们发现,经济法的创生和发展是以经济体制效率的提高为价值指针的。为了实现价值、增进体制效率,人们往往通过立法来加强或削弱政府的干预和介入,这正是经济法成文法形式化的特征。但即使是以立法来限制、减少、削弱政府的干预和介入,也并不意味着经济法在整个法律框架内的衰退,因为减少干预和介入的成文法，应视为经济法的当然部分。

如果说"经济法价值是经济体制效率的提高"这一论断，是从政府与市场作为经济体制形态的历史考察得出，因而视野显得稍显狭窄的话，那么，应当在更为广阔的层面和程度上对经济法价值问题进行探讨，这就是法律存在的社会基础层面和法律的现实维度。

如前所述，经济法出现于工业社会崛起之后。这时期的经济生活，以交换（或称交易）为基本单位。交换的基础和原则，是交换双方的合意以及交换的等价。但是，在现实中，交换却经常性地偏离出这一基础和原则，而呈现出"外部效应"，亦称交易行为的"外溢性"特征。外部效应被定义为一个或更多的人的自发行为未经第三者的同意而强加给他们的费用或强行给予他们的收益。〔7〕

对外部效益的存在，人们往往持否定的评判。但民法对外部性行为往往无能为力。因为一个外部性极明显的行为很可能是基于双方和多方的合意，并且在完全正当地行使自己权利的情况下作出的。但经济法可以凭借外部性行为影响了经济体制效率的理由，对其进行规制。

经济法的逻辑是：首先，外部效应的制造者不必为损害别人付出代价，所以几乎不进行自我约束，这就影响了体制的约束功能；其次，真正创造财富的人往往因外部效应的存在而享受不到财富，这就影响了体制的激励功能；再次，施害者获益多但不从事生产，生产者生产财富但得不到必要的资源补充，一方面是资源的闲置，另一方面是资源的短缺，这就影响了体制的资源配置功能；最后，外部性使生产者面临着得不到应有收益的境地，影响了体制的保险功能。因而可以直接在成文经济法上设立关于限制、禁止带有明显外部性的行为的规范或规定相应的补偿，这是和前述经济法的价值取向相一致的。

另一种对外部效应、外溢性行为的反对来自伦理、道德观念。不劳而获、劳而不获或把损害转嫁到他人头上，同样为道德观念所不齿。"外部性"在道德语汇里可解读为"不公平"。道德伦理观虽然并不具有直接的约束力和强制力，但是能够通过时间的叠加和空间的传递，逐渐成为巨大的一种变革力量。当"不公平"成为普遍时，既存的制度安排必将被这力

---

〔7〕［美］罗伯特·考特、托马斯·尤伦：《法和经济学》，张军等译，上海三联书店1994年版，第59～61页。

量冲刷,以洗去“不公平”的基石。[8]

在此我们看到,对于外部性行为,从经济体制和道德伦理的角度均作出了否定评判,并且都有相应的规制手段。不同之处只在于前者是基于“效率”考虑,后者是基于“公平”考虑。

由此可以发现,经济法具有第二个价值指向,那就是公平。

公平,从语词的角度看包含有“正义”和“平等”两重意思。正义是指人们追求社会生活公正合理的实质、质量和理想,在伦理意义上是人们的某种态度、一种公平的意愿和承认他人的要求和需要的意愿,其实质是人的相互需要、相互尊重;平等是指人们的地位处于完全同一的标准和水平,不允许特权和凌驾大众之上的人存在的要求和愿望,其实质是人的共存,相互承认和依赖。[9]

亚里士多德将公平划分为“分配的公平”和“平均的公平”。所谓“分配的公平”,是指人们在既定的制度框架下,应该而且能够不受阻碍地凭自己的行为得到相应的分配和收获,这意味着在行为和分配之间建立严密的对应关系,多为多得,少为少得,不为不得。“平均的公平”,是指在既定的分配之下,人们只应享有自己应该得到的分配,而不能去侵夺他人,这意味着在分配的对象(财物)与人之间建立严格的对应关系,财物的归属明确,不得相互侵犯。

公平是法律主要的价值指向。分配的公平,体现在民法中,构成了契约法上的契约神圣、意思自治等大原则,以及显失公平、欺诈胁迫时契约无效等制度;平均的公平,则体现为财产法上的财产神圣、权利不得侵犯等大原则。

但当公平成为经济法的价值指向时,却发生了与民法不同的内容上的变化。

经济法上的平均的公平,不再像民法那样以个体权利的保护为逻辑,而注重最终实际利益的归属。民法保护个体权利的逻辑的潜在含义,是个体可以通过权利的充分行使去自己保护自己。但经济法要跳过权利的个体行使这一环节,直接实现利益的公平,这公平又如何确定呢?以效率来

[8] 盛洪主编:《中国的过渡经济学》,上海三联书店 1994 年版,第 70 ~71 页。

[9] 卢云主编:《法学基础理论》,中国政法大学出版社 1994 年版,第 204 ~206、213 ~217 页。

确定。效率的增进最终会给全体社会个体带来利益的增进,因而效率是最大的公平、整体的公平。

经济法上的分配的公平亦如此。由于效率的提高意味着更多的产出,意味着可分配物质的增多,所以对于整体而言这是真正的公平。

这样,经济法的公平价值内在化到效率价值之中,成为效率价值的一个内容。判断公平与否的最大、最客观的标准不再是伦理、道德的抽象,而是效率是否提高这一事实。在此我们也就能够理解为什么在观察经济行为的外部效应时,从体制效率和道德伦理两个不同的角度同样得出了否定的评判。

但是,公平内在化于效率之中绝不是说,公平无足轻重。假设一个经济系统拥有极高的体制效率,能够发挥很好的激励、配置、保险、约束功能,带来极为丰富的物质产出,但身处其中的大多数主体却认为这个系统是极不公平的,那么,它的体制、它的具体制度安排必将遭遇巨大的排拒力量,并且其效率越高,排拒力越大,最后这套体制就会以更快的速度被取缔、改革,或者引起整个社会的激烈动荡。当体制框架和具体制度安排的存续本身也成为问题时,还有什么效率可言呢?从这个意义上来说,公平也将效率内在化了,效率也成了公平的一个内容。

然而,在经济法的语汇中,居于首要位置的是效率价值而不是公平价值。这种价值指向上的独特性使经济法与民法得以明显地区别开来。

对经济法价值的理论剖析,得到的是"内在化了公平的经济体制效率"这一结论。

更精确的表述为,人们设置经济成文法的初衷、动机和目标,是为了兼顾公平地提高经济体制的整体效率,合理地确定政府和市场两者在经济体制中的对比度,并且,通过经济法的设置,能够实际地取得这种效果。

三、结语与展望

上述讨论与其说是在探讨经济法价值问题,毋宁说是对突破那种以法条注释和解释为主流的经济法理论研究方法的一个尝试。尝试未必能获得结果,但却不是无意义的。相对于所得出的具体结论也许本文在方法论上的探索才是更真诚的研究。

对法律的成文形式与其存在基础作区分,从二者的关系中总结出法的价值指向,这是对于作为法律主体的人来说最主要的、最本位的问题。法

学应该始终关注法律这种具有工具意味的存在究竟给人类生活带来些什么,而不仅是法律的成文形式的完善和严密。

经济法和其他法律部门,在充当人们谋求生活幸福的工具时,显示了它们之间最本质的不同。所以我们可以看到,经济主体的许多行为,从民法的角度看来是公正合理的,但经济法却对之作出了否定的评判。许多人由此认为经济法损害了法律的价值,但实际情况是,如果说经济法真的带来了损害,那么它损害的是民法的以权利的自由行使为表征的公平、正义和自由价值,但却建构了经济法自身的以效率的充分提高为表征的公平、自由和正义。

在此,民法和经济法各有其适用的范围,亦有其不能适用的范围。超过其适用范围的法律,所取得的实际效果与设置它们的初衷往往背道而驰,丧失了价值。

同样的情形发生在经济法与行政法、刑法之间,并且发生在经济法与人们面对具体问题时采用的经济手段、行政手段和其他手段之间。它们都有各自的适用与不适用的范围。对这些范围的确定构成了“经济法作用边际问题”。

作用边际问题是价值问题的必然延伸。从“人”及“人”的行动这个角度来说,在理论和认识的层面存在的是价值问题,在实践和操作的层面存在的是作用边际问题。

作用边际问题的意义在于,它可以澄清哪些是经济法可以适用的、解决的问题,哪些应留给民法、行政法或行政、经济、市场手段去解决。这样既能避免种种手段的摩擦和有限资源的浪费,又有助于问题在时间上更快、在程度上更彻底地解决。有一位著名学者在文章里提出,面对重复投资建设的问题,应由经济法以法律规定的形式直接控制社会投资规模,以“反其道而行之”的方式解决。在此显露的是对“作用边际问题”的忽略。重复投资建设确实会对经济体制运行效率产生负面影响,但这个问题应主要由政府以行政手段去解决,经济法在此可以做的是为政府的这类行政行为提供法律依据,即只针对政府的行为而不针对具体的事务,并且在实体上规定出政府的此类行为应以体制效率的提高为指针的原则,创设“机制”而不是创设“规范”。在此,我们会怀疑“市场经济就是法制经济”这样的口号究竟在多大程度上具有理论意义。

法律作为一种存在,其重要性随着市场经济的进一步确立,必将在整个社会架构中发挥越来越大的作用。所谓价值的确定和作用范围的限定,只是一个我们如何理智地看待的问题。

市场秩序规制与竞争法基本理论初探*

笔者认为，市场秩序和市场竞争秩序的规制是社会主义市场经济体制得以建立的前提条件。过去一直被忽略的对竞争法的探讨在当前显得十分必要。只有通过建立一个基本的法律关系模式，并以之为标准，禁止那些偏离这一模式的行为，调节、整合市场中现实的经济竞争关系，使之符合竞争机制的要求，才有利于提高我国在国际市场上的竞争地位。

我国目前正处于市场经济建设的初级阶段，发展经济是当下的首要任务，但是并不能如有些人所说的那样可以暂时放松竞争秩序制度建设，而先求得发展速度。恰恰相反，从生产力不够发达的计划经济体制直接向市场经济体制转轨，制度变迁的突然性使我国的竞争秩序同时受到行政和市场双重力量的影响，竞争秩序法律制度的建设显得更为复杂和艰难。当前的中国，不规范的竞争行为正以很疯狂的姿态吞噬着原本就羸弱的市场机体，如不给予足够的重视，不仅将严重影响我国实现社会主义市场经济和现代化建设的目标，同时也会使我国在国际竞争中处于被动地位。

一百多年来，建立良好的竞争秩序一直也是发达国家苦苦探求的难题。对我国这样的转型经济国家来说，更是一个亟待解决的难题，但是我们也应该看到，一方面这是世界共同的现代市场经济的法制建设任务，另一方面也给我国为世界现代市场经济秩序的创新作出贡献提供了机会。本文试就市场竞争秩序法律制度建设中的基本理论问题略作探讨。

一、市场秩序和市场竞争秩序的规制

市场秩序是一个多维的概念。从经济学意义上考察，王根蓓在《市场秩序论》中把它界定为“市场参与者按照特定的市场交易规则安排行为而产生的个人利益与公共利益的协调”。这种协调状态既是一种人人不可或

---

* 载《上海社会科学院学术季刊》1999 年第 4 期。

缺的公共产品，同时，每个市场参与者又是市场秩序的供应者，即市场秩序产生于市场主体的行为之中。这些行为包括市场交易行为和市场竞争行为。从法律角度来看，市场秩序是指在特定时空范围内形成的旨在确保交易顺利进行的一系列规范交易主体权利义务的法律制度和习俗惯例的总和，以及这些总和的现实表现状态。无论从哪个角度考虑，市场秩序都可以被认为是由法律规定或商业惯例约定并保证实施的，以公开、公正、公平为目标的一种有条不紊的状态。事实上，市场秩序是一种不断变化的动态过程，它不可能是永恒存在且持久不变的固定秩序。一般所指的市场秩序主要是指市场的竞争秩序，因为竞争是市场经济的本质，也是市场秩序的核心，竞争秩序就是指市场主体之间的竞争行为对市场产生影响而形成的状态。事实证明，市场经济本身存在悖论，市场需要竞争，而竞争的结果会产生反竞争或限制竞争的因素和力量，从而影响竞争机制作用的发挥。因此，对市场进行规制，以形成优质的市场秩序就成为十分必然的事情了。

“规制”(regulate)，是西方发达国家自20世纪30年代以来反复出现于政府法令和学者著作中的词语，日本学者植草益的《微观经济规制法》一书传入我国后被学者们广泛使用。“规制”之义并不等同于管理、调控和调整，它包含有“规整”、“制约”和“使有条理”的含义。规制是表明外部力量对某一事物企图达到一定的状态的矫正设计。因此，规制的发生必然以规制对象的偏颇为前提，即只有对已发生偏离轨道的某种状态施加一定外力，方能使其得到矫正和恢复状态。作为社会的一种公共产品，秩序可以分为自然秩序和人为秩序。自然秩序是指社会经济发展中自然形成的商品交易、利益分配等人与人之间的关系的规则总和；人为秩序则是指在人(政府)的主观设计下所形成的商品交易、利益分配等各项规则的总和。在西方市场经济发育、发展、发达过程中，人们曾经无比崇尚自然秩序，认为自然秩序能够自动使个人利益和社会利益达到和谐。然而事实的发展却并非如此。进入垄断资本主义的西方社会发生了重大的变化，市场竞争变得越来越不平等。意思自治成了某些垄断者用以维护垄断地位的有力武器，合同自由也被当作任意限制他人权利和自由的绳索。自由的市场经济制度产生了限制自由的对抗市场的力量。市场秩序的维护重任不得不由市场本身转移至政府，国家开始对社会经济进行干预，而且这种干预逐步加强，一系列主张政府干预社会经济的经济政策和法律也应运而

生。人为的秩序由此进入西方市场经济。市场秩序规制法就是调整因国家规制市场主体的行为而产生的规制关系的法律规范的总和。

具体而言,对竞争秩序的规制包括:

1. 对垄断的规制。垄断是指垄断主体(市场主体或行政主体)对市场的经济运行过程进行排他性控制或对市场竞争进行实质性的限制,妨碍公平竞争秩序的行为或状态。这些行为包括市场独占、行政垄断等。垄断对市场经济的危害是十分明显的,它抑制竞争机制,阻碍技术进步和经济发展,因此对不正当的垄断(自然垄断及合法垄断除外)的规制就成为当代经济秩序法律制度发展的重心。从美国 1890 年颁布的第一个反垄断法《谢尔曼法》开始,世界各国对垄断的规制法律已经走过了一百多年的历史,无论在实体法和程序法方面都已经有了相当的积累。世界反垄断立法也在世界贸易组织(World Trade Organization, WTO)下进入了实质性的制度建设进程。在我国,一方面由于计划经济体制形成的极端的行政性垄断和公用企业滥用优势的垄断行为已经成为影响社会主义统一市场建立的桎梏;而另一方面,日渐显现的经济性(市场)垄断也开始危及国内市场的公平竞争。因此,对垄断的法律规制实际上已经不可避免地摆到了我们面前,必须引起足够的重视。

2. 对限制竞争行为的规制。限制竞争行为是指企业滥用优势地位,或通过订立协议、团体决定或其他方式排斥或限制市场竞争的行为。例如,差别对待、限制转售价格、搭售等行为,企业之间通过订立协议的形式限制自由贸易和竞争,如共同划分市场、联合定价、抵制交易等行为。由于垄断在各国受到十分严厉的制裁,因而实际上垄断现象并不普遍。而限制竞争行为恰恰是经济生活中经常出现的现象。对限制竞争行为的法律规制也成了发达国家竞争法的主要内容。大量法律规范的出台,特别是对横向限制竞争行为的规制,对发达国家的经济民主化程度的提高和维护发挥了难以想象的作用。我国市场竞争中限制竞争的行为已经不少见了,特别是在利用合同附加不合理交易条件,限制上下游层面上企业之间竞争的现象、行业协会限定最低价格的联合定价行为、大型外资公司在地域上划分销售领地的行为等。同时,此种限制竞争行为往往得到政府部门的默许或者支持,成为实行地方保护主义的重要手段。限制竞争的行为可能严重窒息经济活力,因而有必要给予法律规制。我国在现行的法律中主要规制的限制竞争行为有政府及其所属部门滥用行政权力限制竞争的行为、公用企业以及依法取得垄断地位的企业滥用市场优势限制竞争的行为、串通投标行为(实际上是一种联合定价行为)和搭售或附加不合理交易条件行为等。

3. 对不正当竞争行为的规制。在市场竞争中,经营者为了牟取自身的利益,采用损人利己、违背诚实信用的商业原则的竞争手段争夺市场,给市场秩序带来了极大的危害,同时也损害了其他经营者和消费者的利益。因此,以1896年德国的《反不正当竞争法》为标志的规制不正当竞争行为的立法为各国所重视。对假冒行为、混淆行为、贿赂行为、诋毁他人信誉的行为等,以立法的形式进行制约,打击各种不正当竞争行为,保护合法诚实经营的经营者,还保护受到利益侵害的不直接参与交易和竞争的其他经营者和消费者,有利于维持市场的经济秩序。我国在引进市场竞争的同时,也“引进”了大量的不正当竞争行为。1993年颁布的《反不正当竞争法》在以往零星调整的基础上,开始完整地规制不正当竞争行为。对欺骗性交易行为、虚假广告宣传行为、商业贿赂行为、诋毁他人声誉行为以及不正当低价竞销等7种不正当竞争行为进行了专门的规定。

二、竞争法的价值

从历史上看,竞争法的产生、发展与变迁,与人们因追求经济效率而产生的保护竞争秩序的要求是紧密联系的。中世纪末期,商品经济发展较慢的西欧各国,步入工场手工业时期,当时的市场规则和经济运行制度大多由各新兴城市制定,它对于打破封建自然经济的藩篱,促进经济发展有一定作用。但随后人们就发现,经济生活中存在的各种利益集团,往往为了各自的利益而破坏整体经济的和谐与经济秩序的稳定,从而削弱了经济扩展的潜力,而在市场中又没有相应的力量对之进行监察和制约。因此,在风行一时的宗教改革中,许多国家从教会的束缚下解脱出来,成立了强有力的中央政府,对市场运行进行了强有力的控制。流行于15世纪到18世纪的重商主义思潮认为,只有凌驾于市场之上的政府才有权威和实力对各种利益加以调和,避免市场中各种力量在盲目的相互竞争与争夺中不断消耗,主张凭借国家的政权直接去塑造市场秩序,构建对社会整体有利的经济制度体系。重商主义为西欧各国的经济扩张、海外贸易和国内统一市场的建立奠定了基础,对市场经济体制在这些国家的逐步形成和完善立下了不可磨灭的功劳。但是,随着这种新型体制的最终形成,以及现代大工业

的出现，重商主义却遇到了严重的困难。人们认为在新的历史条件下重商主义的理论和政策并不能继续取得提高经济效率的效果。亚当·斯密以他所谓“看不见的手”严厉抨击了国家政权对市场的管制，极力主张国家仅充当“守夜人”的角色，提供最基本的必不可少的管理和服务，剩余的一切经济问题应通过自由放任的市场竞争去协调和解决，“一个（自由的）竞争的经济会自动产生效益而不需要任何政府的干预”逐渐成为欧洲大陆的共识。这种自由放任的经济理论以及由它指导所形成的经济制度，带来了西方经济一个多世纪的全面繁荣和进步。

然而，到了19世纪末期，情况又发生了变化。正是在自由竞争的经济体制下，自由放任的市场竞争中产生了竞争的异化物——市场垄断。西方各国面临着周期性的经济危机的频繁发生、扩大，竞争无序，社会总供给失衡等严重困难。人们认识到市场的持续扩张有其极限，无限制的竞争本身会导致市场失效等问题。由此，主张政府干预经济以纠正市场缺陷的“凯恩斯主义”应运而生。与重商主义不同的是，凯恩斯主义是在对市场缺陷进行极为细致和深入的分析之后，把政府的作用视为保护市场机制效率的必要补充，力图在政府干预和市场竞争之间寻找一个平衡点，而并非把政府干预视为经济效率提高的初始动力。凯恩斯主义一度缓解了西方经济体制总体框架中由垄断、不正当竞争、市场优势滥用等因素造成的危机，带来了第二次世界大战以后西方经济的再度繁荣。美、英、日、德等主要西方国家在政府干预、控制市场势力、重塑优良竞争秩序等方面形成了各具特色的经济体制类型。然而进入20世纪70年代之后，经济停滞不前和通货膨胀并存的“滞胀症”成为这些国家经济运行的通病，凯恩斯主义对此束手无策。此时，自由放任主义又重新崛起。这种理论重新肯定了“看不见的手”的信条，认为利用政府来干预经济以提高经济效率的做法也有缺陷，强调纠正市场缺陷的正确途径首先是完善市场机制本身。同时，也应当有限制地利用国家政府干预的某些优越性。

对西方经济发展史以及其中衍生出的经济理论的简要回顾表明，人们对经济绩效和效率的追求是经济体制创新、发展和变迁的根本动力。而在重商主义之后，无论是自由放任、凯恩斯主义还是新自由主义，均把塑造和维护经济体制中的竞争秩序、利用竞争的内在机制视为提高经济绩效和效率的最佳手段。

维护竞争机制是竞争法价值的核心。围绕这一核心，在不同层次上又形成了这一部门法律的各种具体价值。

1. 从终极目标看，提高经济绩效和效率成为人们创立竞争法的题中应有之义。也就是说，竞争法的价值着重表现为解决人们物质需要的无限性与资源的稀缺性之间的矛盾。

2. 在经济制度层面上，人们创立竞争法的目的是构建一种与生产力发展水平相适应的经济体制，即竞争法的效果在于通过对既存体制的肯定或者否定、维护或者变更来提高经济运行的效率。

3. 在市场层面上，人们制定竞争法，是为了形成和维护市场中的竞争秩序。市场的有效运作依赖于一系列明确的市场规则，这套规则从整体上来看必须是公正的，能够保证市场交易安全、顺利地完成，并保护处于市场中的主体的合理正当权益免遭侵害，使经济主体愿意进入市场，在市场规则的约束下与其他主体展开竞争。此时，被遵循的市场规则就会有机地转化为一定的竞争秩序。对竞争秩序的构建与维护，是市场体制能够运作并取得效果的关键。

4. 在市场主体的层面上，竞争法的目的和效果在于保护竞争者的合法权益。市场上必须有相当数量的主体，竞争才能展开，竞争机制才能有效发挥作用。这就要求法律去保护竞争者的正当权利不受那些不合理行为的侵害。首先，必须保证经济主体自由进入或退出市场的权利，不允许设置人为的障碍。无论是想进入市场者不能进入，或不想退出市场者被强行排挤出去，都会影响市场中竞争者的数量，造成竞争机制不同程度的扭曲、失效。其次，必须保障市场机制过程中的公平、公正、自由和安全，不允许特权或违反市场规则的人获得不正当的利益。如果不正当竞争的行为大量存在，将会导致市场价格信号的紊乱，竞争机制也将失去效用。最后，必须保护市场中消费者的正当权益，而不允许通过损害消费者来获得不正当利益，否则，必将出现竞争者不思提高自己生产力，纷纷转向从消费者处谋夺暴利的现象。所以，竞争法必须在对生产者、销售者、消费者等一系列市场主体的保护中体现其价值。

5. 从单个存在的市场主体的层面来看，竞争法的目的和作用无非是禁止、控制、规范和惩治那些违反竞争机制的行为，使市场主体的行为符合社会整体利益的要求。如前所述，市场主体追求利益最大化的行为有两种指

向，当其中具有负面价值的行为指向实现时，必将损害竞争机制，而竞争法的最直接的目的和效用，正是在于通过事先预防、事中控制、事后追惩等手段，努力使这种行为不发生或发生以后的危害性尽可能降到最小。

以上五点虽然被分别列出，但它们是一个统一的整体，是维护竞争机制这一核心价值在人们生活中的不同层面的具体体现。其中，通过经济绩效和效率以及维护经济体制平衡主要是把竞争法放在经济生活的宏观背景下加以考虑得出的。而竞争秩序、市场主体权益、反竞争机制行为则是从微观角度入手，考察竞争法对市场关系和市场行为的影响时得出的。

三、竞争法的特征

作为一种部门法，竞争法在法规范形式上具有四方面的特征。

（一）法律关系的竞合性

竞争法的法律关系是根据其自身的价值需要，对其调整对象进行类型化整理的结果。但是，从传统民法、行政法把经济关系划分为纵、横两类，即经济管理关系和经济协作关系的角度来看，竞争法法律关系则是将纵、横两类关系竞合于同一法律关系之中的结果，既包含经济协作关系，又包含经济管理关系，二者以一定的比例结合在一起，这就是竞争法法律关系的竞合性特征。

传统的民法、行政法调整经济关系的模式中，民法被确立为调整平等民事主体之间横向协作关系的部门，行政法被确立为调整隶属性质主体之间纵向管理关系的部门，二者共同建立起一个调整现实中经济关系的框架。而其他类型的经济关系，要么由于数量少、出现频率低，要么由于对经济运行无关紧要，被忽略在法律的调整范围之外。但是随着经济的发展，经济运行频率的加快，大量新型的经济关系出现了。这些关系既发生在平等主体之间，因而具有横向性质，又需要行政机关加以管理、调节，因而具有纵向性质，但无论用民法还是行政法，都无法对之进行快捷、有效的调整。由此产生了新的调整经济关系的部门法，即经济法。经济法不再在新型经济关系中划分纵向和横向，而是将之视为一个整合的关系进行综合的调整，使这类新型经济关系符合社会的整体利益。

竞争法是经济法之中的重要部门，因而其法律关系从产生伊始就带有竞合性的特征。利用竞合了的法律关系去调整现实中的经济竞争关系，可以一次性地使偏离竞争机制轨道的主体承担相当的法律责任，实现了法律规范的简明、规范、易操作的原则。

(二)主体的多样性

竞争法中的主体是一切与维护竞争机制有关的法人、非法人经济组织、公民个人、行政机构、社会组织等。从性质上看,它们是非常不同的,或为经济协作关系的参加人,或为竞争过程的受益人,或为负有管理经济职责的行政权力拥有者,或为承担一定社会职能的民间组织。它们之间的唯一共同点,就是与竞争过程或竞争机制的维护有关。无论与民法,还是与行政法相比较,竞争法主体多样性的特征都是突出的。在民法中,要求其主体必须是具有"平等民事主体"这单一性质的主体,行政法中则要求其主体必须是具有行政隶属关系这一单一性质的主体。而在竞争法中,无论主体性质如何,只要与竞争有关,皆可成为竞争法的主体。

竞争法主体多样性的原因,是由于市场竞争乃现代市场经济运行的基础,涉及经济生活的方方面面,因而实施竞争行为或与竞争行为的结果有关的社会主体便不可避免地呈现多样化或复杂化的特征。而行政管理机构作为社会利益的维护者,也必须以维持良好的竞争秩序为己任,社会组织对于竞争秩序的维护也起到不容忽视的作用。竞争法的最高目的就是维护竞争机制的健全有效,这就必须把一切与竞争密切相关的主体设定为竞争法上的主体,规定它们的权利、义务,为它们划定一个行动的范围,分工合作,发挥应有的作用。

(三)客体的唯一性

法律关系的客体是指法律规范中的权利和义务共同指向的对象。在民法中,民事法律关系的客体多种多样,可初步分为物、权利、行为和智力成果等。而且随着现代社会财产及具有价值性的标的日益增多,民事法律关系客体的多样性也随之扩张。但竞争法法律关系的客体却是唯一的,那就是竞争秩序(也可以理解为竞争机制)。无论竞争法律对其主体设定了怎样的义务和权利,都是为了维护竞争机制的有效作用。也可以说,正是基于对竞争秩序的维护,才派生了竞争法主体的诸多权利和义务。竞争法法律关系客体的唯一性是由竞争法的目的和任务决定的。竞争法并不以协调人们的具体利益冲突为基本着眼点,而是通过对竞争机制的维护,来缓解无限需要与有限资源之间的矛盾为根本价值。这就与维护财产权利和人身权利为目的的民法有很大区别。民法中法律关系的客体是具体的、

丰富的,而竞争法法律关系的客体却显示了抽象的性质。竞争秩序是人们通过经济运行总结出来的一种理论抽象,但在不同的环境下,它又有许多不同的具体要求。这就要求人们在"竞争秩序"这一单一客体之下,区别不同的具体环境,平衡竞争法主体的权利和义务。例如垄断行为,有时需要禁止,但在有的情况下又需要容忍,甚至还要扶持。不管是禁止、容忍还是扶持,目的都是维护和发挥竞争机制。

(四)主体权利、义务的不对等性

民法中的一个基本信条就是权利、义务的对等性。一个主体享有权利,必承担义务;承担义务,必享有权利。这种权利、义务的对等性体现了民法平衡主体间利益冲突时的基本方法是静态的、形式意义上的。在相当的历史时期中,这种权利、义务的对等性成了调整商品竞争关系的占主导地位的准则。但在竞争法中,对于同一个主体,其权利和义务往往是不对等的。对于某些具备特殊地位、能力和素质的主体,竞争法往往规定了它们较详尽的义务,而没有明确相当的权利。例如,独占者被规定负有不得利用独占地位,限制其他主体进入市场的义务,经营者不得向消费者隐瞒商品的真实情况,拥有行政权力的公司不得限定他人与其指定的对象交易等。这种权利义务的不对等性并非不要公平和自由,而是力图在一种动态的社会环境中实现实质意义上的公平和自由。

四、竞争法的基本原则

在长期的立法、执法和司法实践中,世界各国逐渐形成了竞争法的一些基本原则。这些原则是人们维护竞争机制、提高经济绩效和效率的愿望的反映和提炼。尽管我国在具体的经济水平和相应的制度设置方面与这些国家有很大不同,但经验证明,对于作为一种调节、整合经济竞争关系的工具和手段的竞争法,这些原则适用于一切市场经济国家。

(一)适度自由原则

适度自由原则,即在竞争法的全部具体规范中,其共同体现出来的以经济规律的客观要求为"度",适当限制经济主体自由的原则。

适度自由原则并不意味着对市场主体的行动自由一概加以限制。它要求区分不同的情况,允许和鼓励那些有利于经济发展的自由,而对真正危及经济发展或不正当掠夺利益的行为坚决打击、限制。但是市场行为形式多样,错综复杂,这就使适度自由的"度"变得难以把握。各国根据不同的具体历史情况和经济发展的目标，对于即使是同样的市场行为，往往也会作出大相径庭的规定。我国建立市场经济体制的时间尚短，不能像某些人主张的那样，先放任自由，让市场充分发育了，再对那些危害极大的市场行为进行限制，而应吸取西方国家的教训，在培育市场、赋予经济主体充分、全面自由的同时加上适当的约束。在具体的“度”上，应根据经济发展的水平，尊重客观经济规律，确立一个可以灵活操作的，既能保持高速发展又不致引发大量危及社会整体利益的标准。在对待企业兼并问题上的规制就是如此。

（二）实质公平原则

实质公平原则，即竞争法众多具体规范所共同体现出来的以维护市场主体之间实质意义上的公平为首要目标的原则。从表面上来看，为了维护竞争机制，法律应当以维护形式意义上的公平为目标，即赋予每个主体相同的权利，并使其承担相同的义务，也就是说，法律应提供一个大致的框架，对每个市场主体都抱有相同的态度，给予相同的法律地位，让他们自由地展开竞争。但是，这种形式意义上的公平会带来实质上的不公平。例如，实力强大的企业可以通过压低价格，使竞争对手遭受损失直致破产，从而独占市场；又如同行企业联合起来抬高商品价格，使消费者蒙受高价购买商品的损失；再如拥有行政权力的机构可以限定购买者必须与其指定的对象交易等。这些行为产生的原因，是法律仅规定了市场的大致框架，而未对其中只有具备某些特殊条件的主体才能从事的行为作出限制，其结果是使市场主体之间处于实质上的不平等地位。一些具有实质上的经济特权的主体任意施为，最终使竞争机制失效。因而，竞争法应以实质上的公平为目标，限制上述行为在市场中的泛滥，使市场主体在实质上处于相同的地位，展开有效的经济竞争。从内容上看实质公平原则，包括对只有具备某些特殊条件、能力才能作出的行为的限制，和对遭受实质上的经济特权侵害的主体的保护。这些限制和保护突破了传统民法以个人权利为本位、重形式而轻实质的倾向，确立了竞争法以社会为本位，对市场运行的过程和结果进行控制，以达到实质意义上公正、正义、合理的精神。例如，在我国《消费者权益保护法》中，对经营者设定了种种义务，对消费者设置了种种权利，且规定国家和社会必须采取措施，保证消费者受到侵害时可以迅速、及时、便利地主张自己的权利。从形式上来看，这些规定对于经营者

显然是不公平的。但是,考虑到现代社会商品的高科技性和专业性,消费者在购买时不可能对商品的品质、性能、功用、安全保障等情况全面了解,而经营者有可能通过隐瞒商品真实情况来欺骗消费者,谋取不正当利益,因而法律的这种倾斜性保护有助于限制经营者的不正当行为,使其回复到竞争机制的框架中,通过提供品质更好、价格更低的商品而不是掠夺消费者利益,来实现自身利益的最大化。这无疑是维护了实质意义上的公平、正义与合理。

(三)整体效率优先原则

整体效率优先原则是指通过众多竞争法规范体现出来的在效率与其他因素发生冲突时,优先考虑整体效率的竞争法原则。

效率问题一直是竞争法的价值指向。竞争机制的最大效用就在于通过对市场规则的明确,可以顺利实现经济效率的提高。但是人们在从事经济生活的过程中,还形成了其他一些要求,诸如安全、正义、公平等。一般情况下,经济效率的提高意味着更多的物质产出,对大多数市场主体而言,也同时带来了公平、安全和正义。但是由于个体利益与社会利益并不总是一致,因而在另一些具体的情况下,为了经济效率的提高,不得不牺牲某些市场主体的经济利益,有时甚至是非常合理的、从个体的角度来看绝不应该牺牲的利益,这样,效率和公平就处于冲突状态。

产生效率和公平对立的根本原因是因为效率是一种客观的指数,它不随人们主观愿望的变化而变化,有一套具体的、公式化的衡量标准;而公平是一种主观的评价,即使是对同样的现象、同样的事物、同样的法律准则,不同的人也可能作出不同的评价,而没有一套具体的、客观的衡量标准。这就使法律在顾全了社会的整体利益,即效率的提高时,很难顾及每一个市场主体对该法律规范的主观评价。例如,一个市场主体经过长时间的不懈努力,终于通过优胜劣汰规则,击败了所有竞争对手,取得了市场独占或准独占的地位,并且也没有滥用这种地位作出任何不利于消费者的行为。但是,该主体的这种独占地位却在事实上影响了经济效率的进一步提高。当竞争法以效率为由对它的独占地位进行种种限制乃至取消时,就很难同时保证对它的公平,因为它通过长时间合理合法的努力所取得的独占地位,能够给它带来许多经济利益,现在却被法律介入,轻而易举地取消了。然而,对于整体社会来说,这样的取消是必要的。所以,解决效率与公平的冲突，在竞争法中只能是基于全社会的考虑，优先选择整体效率。但这也不是一味否认公平，而是说，当冲突发生时，在效率优先的原则下应当尽可能地兼顾公平。

五、竞争法的调整对象

所有的法学基础理论研究表明，法律是一种社会调控工具，是把原生的社会关系抽象化、模式化、类型化，从而达到简明、清晰地调整社会关系，整合利益冲突的目的。当然，这种抽象过程并不是随意的，它必须遵循一定的客观要求。第一，这种抽象要符合人们对法律的主观需要，也就是说要有助于人们相互之间利益的平衡，体现公平、正义、自由、效益等一些法律的基本价值；第二，这样的抽象要有助于纠纷的解决，要将复杂的社会关系变得简单、明晰，易于对之进行判断、评价和处理。因而，在对原生社会关系进行抽象化处理的过程中，始终应该坚持便利、易行、可操作的原则，而不必坚持形式而放弃这种原则。以这样的出发点来讨论竞争法的调整对象，我们不难看出，首先应分清竞争法以哪些原生社会关系为对象，其次再研究竞争法对之进行怎样的抽象，使之模式化、类型化，并形成了一种特殊的法律关系。

（一）原生的竞争关系

原生的市场竞争关系在竞争法产生之前，就已大量地长时间地存在于市场之中，原生市场竞争关系分为两类：一类是符合竞争机制的，另一类是侵害竞争机制的。只要市场主体在追求其最大利益时，所选择的行为不构成对竞争机制的侵害，就是为竞争法的内在价值所认同和允许的。经济竞争关系几乎牵涉到微观经济的一切领域和层次，但是有些行为和关系可由民法、行政法等部门的法律加以协调、调整。例如竞争主体的设立，虽然对于竞争关系的构建和竞争机制的维护事关重要，但由民法中的相应条款和《公司法》等企业组织法来加以调整控制更显便利，所以竞争法不作规定。

而当市场主体追求个体利益最大化时所选择的行为侵害了竞争机制，违反了社会整体利益时，这就是为竞争法的内在价值所否定和禁止的，即使其他部门法律对之未作出规定或者规定它们并不违法，竞争法也要对之作出禁止性的规定。这些被竞争法规定为违法的行为，并不是一般意义上的违背社会整体利益的行为，而是其中那些通过违反竞争机制来追求个体利益，客观上产生了违背社会整体利益后果的经济行为，因而它们具备两

个特征:(1)不正当地追求个体利益。也就是说,通过歪曲竞争机制,使利益从其他市场主体处不正当地移转到行为实施者那里。这必然构成对其他市场主体实际的、直接的经济利益的侵犯。(2)破坏竞争机制,从而违背社会整体利益。也就是说,这种行为不仅是对具体的其他主体利益的侵犯,而且使经济体制中的竞争机制失去效用,难以促进社会整体利益。这两个特征只有同时具备,才能认为竞争法应当规制的行为已出现。例如,侵犯房屋所有权的行为虽然是不正当地追求个体利益,但并没有侵害竞争机制,诈骗罪虽然危害了社会经济秩序,但亦没有侵害竞争机制,因而都不成为竞争法的规制对象。竞争法对违反竞争机制行为进行规制的目的,是通过法律的强行控制、禁止和惩处,使行为主体承担相应的法律责任,从而在追求自身利益极大化的过程中,主动地减少或摒弃那些会遭受严重法律后果的行为,使自己的活动不超越竞争秩序允许的范围。

(二)竞争法法律关系的主体、客体和内容

竞争法法律关系的主体有三类:第一类是竞争关系参与者,包括参与市场竞争的法人、非法人经济组织和个人;第二类是竞争秩序的维护者,主要是依法对市场运行进行监督、管理和查处的行政机关和社会组织;第三类是受到竞争关系影响的相关利益者,他们可能是消费者,也可能是其他经营者;可能是特定的受影响者,也可能是不特定的受影响者。在众多的竞争关系中,受到影响的相关利益者是不特定的,正因为如此,竞争法才规定了一系列维护公众利益的法律规范。

竞争法法律关系的客体是竞争秩序。竞争秩序看似抽象,但实际上它的内涵是丰富的,应当包括如下几个方面:第一,市场主体自由选择经营方式,但不损害交易对手和社会公众的利益;第二,市场主体之间的交易行为或合作行为不妨碍第三人和社会公众的利益;第三,竞争主体间的地位平等,不以强制力量进行经营活动。市场中符合维护竞争秩序的行为被认为是合法的,反之则是非法的。

竞争法法律关系的内容主要是指市场竞争主体和其他竞争法主体所享有的竞争法律规定的权利和应当承担的相应的义务,以及由此引起的法律责任。其具体表现为以下权利义务:第一,法人、非法人经济组织和个人必须在竞争法律允许的范围内从事竞争行为;第二,若违反这些规定则必须承担竞争法规定的法律责任;第三,直接利益遭到损害的竞争者或消费者有权向实施反竞争行为的主体求偿,也有权要求行政机关、社会组织协助求偿;第四,行政机关、社会组织有权主动查处违反竞争机制的行为,也有义务协助遭损害的竞争者或消费者取得补偿。

这样,竞争法的基本模式就确立起来了。在确立过程中,起关键作用且作为主要依据和标准的是人们基于竞争法的价值,对现实中的经济竞争关系所作的归纳和评价。这里应明确竞争法法律关系与竞争法律关系是两个既有区别又紧密联系的范畴,它们的共同之处在于都是为了构建和维护竞争机制,而对现实中的经济竞争关系进行抽象化,形成一定法律模式的结果。它们的区别在于:首先,竞争法律关系主要是通过赋予竞争者权利,鼓励其以合法行为来构建竞争机制;而竞争法上的法律关系,则是通过规定竞争者的义务,规制其违法行为来维护竞争机制。其次,竞争法律关系所形成的规范条文大多散见于其他单行法律或法典中;而竞争法法律关系的模式则主要运用于成文、集中的单行竞争法律或法典中。最后,在竞争法律关系中,竞争参与者既有权利又承担义务,其权利和义务是对等的;而在竞争法法律关系中,竞争者多为义务主体,而购买者、消费者多为权利主体,双方的权利义务并不完全对等。总之,竞争法法律关系不再是一般意义上的经济竞争关系,而是由法律保障其权利顺利实现、义务内容明确的法定关系。当这种法律关系在现实中遭到违法行为的违背和扭曲时,人们可以通过行政救济、司法救济等多种救济手段,要求非法行为实施者承担相应的法律责任,使具体的经济竞争关系趋向于竞争法法律关系的基本要求。

可见,竞争法的调整对象是市场中的经济竞争关系。竞争法通过一个基本的法律关系模式,并以之为标准,禁止那些偏离这一模式的行为,调节、整合市场中现实的经济竞争关系,使之符合竞争机制的要求。在调整过程中,我们需要综合运用经济救济、行政救济、司法救济多种救济途径,来规制违法行为,使经济主体的行为趋向于法律关系的基本要求。

国有资产授权经营公司与政府部门关系初探*

一、国有资产授权经营公司在国有资产管理体系中的地位

党的十五届四中全会通过的《中共中央关于国有企业改革和发展若干重大问题的决定》中指出："要按照国家所有、分级管理、授权经营、分工监督的原则，逐步建立国有资产管理、监督、营运体系和机制，建立健全产权的责任制度。……中央和地方政府分级管理国有资产，授权大型企业、企业集团和控股公司经营国有资产。要确保出资人到位。允许和鼓励地方试点，探索和建立国有资产管理的具体形式。"以这一规定为基础，我国确立了"国家统一所有、政府分级管理、投资主体营运、多方分工监督、企业自主经营"的国有资产管理的总体框架。国家统一所有，是指国有资产的权利主体是中华人民共和国，国务院统一行使国有资产的所有者职能，不能搞部门所有、地方所有和企业所有。政府分级管理，是指县级以上各级人民政府，根据上级政府的授权，对其管辖的国有资产具体行使所有者的管理职能。投资主体营运（授权经营），是指各级国有资产管理部门将一定范围内的国有资产授权给大型企业、企业集团和控股公司，由它们进行持股，行使出资者的权利。多方分工监督，是指政府的各个部门根据法定的权限对有关国有资产的各种活动进行监督。企业自主经营，是指企业对本企业范围内的国有资产依法享有法人财产权，自主经营，而国家对投入企业的国有资产享有出资者权益。[1]

这个框架形成了从中央政府到地方各级政府，再到投资主体，最后直至企业的一个层级体系。在这个体系中，每往下一层，就越接近市场一步，

---

* 本文是在作者承担的上海市国有资产管理办公室"国有资产授权经营公司立法研究"课题（"国有资产授权经营公司与政府部门关系"分课题）的基础上加以补充、完善而成的，载《华东政法学院学报》2001年第2期。

〔1〕 谢次昌：《国有资产管理法》，法律出版社1997年版，第21页。

最后到各个企业成为完全的市场主体。因此,从一定程度上来说,整个国有资产管理和经营体制,都是围绕实现“国有资产从政府管理向市场运作转换”这一目标展开的。但是,国有资产“国家所有”的特性决定了,无论怎样转换,政府与市场之间必然有一个“接口”,在“接口”以上属于政府管理的范畴,“接口”以下则属于市场运作的范畴。由此可见,“接口”处于整个国有资产管理和经营体制的核心和枢纽地位,它真正决定了国有资产能否最后进入市场。因此,探索和建立一个好的科学的“接口”,一直是国有企业改革的理论和实践中十分关注的问题。在上述国有资产管理和经营体制中,这一“接口”的职能是由国有资产授权经营公司承担的。也就是说,国有资产授权经营公司在我国国有资产管理体系当中处于政府与市场的中介的地位。

正是由于国有资产授权经营公司的上述中介地位,因而我们在考察国有资产授权经营公司时,除了要了解其内部结构及运行外,还要准确把握它与政府的关系以及它与其持股的企业之间的关系。关于授权经营公司与其持股的企业之间的关系,与一般的市场主体之间控股、持股的关系是一样的,适用《公司法》的规定。而授权经营公司的内部治理结构及运行,由于其出资者的特殊性,与一般的公司有所不同。因而,准确把握授权经营公司与政府的关系是正确理解国有资产授权经营公司的关键所在。也只有厘清了它们与政府的关系,才能使国有资产授权经营公司成为真正的市场主体,完成社会主义公有制与市场经济在微观层次上的结合。因而,本文着重对这一问题进行探讨,以期抛砖引玉。

按照政府的社会经济管理职能与国有资产所有者职能分离的原则,各级政府部门可以划分成两类:一类是国有资产管理部门,另一类是社会经济管理部门。因此,探讨政府与国有资产授权经营公司的关系,也应分开进行:一是政府社会经济管理部门与国有资产授权经营公司的关系;二是政府国有资产管理部门与国有资产授权经营公司的关系。对于前者,即政府社会经济管理部门与授权经营公司的关系,笔者认为主要是一般市场主体与政府之间的关系。政府社会经济管理部门对国有资产授权经营公司的管理,应同对其他企业的管理一样,是对它进行指导、调控、提供服务,而不应有其他特殊之处。否则,就难以达到政企分开的目的。因此本文对这一关系不想作过多论述,而主要探讨后者,即国有资产管理部门与授权经

营公司之间的关系。

政府国有资产管理部门与授权经营公司之间的关系，究竟是一种怎样的关系？其法律性质是什么？现在在立法和理论上都不很明确。大体来说以下两种观点比较普遍：

一是把国有资产管理部门、授权经营公司和被授权企业之间的关系理解为国有资产管理部门将国有资产投资于授权经营公司，而授权经营公司再把这些国有资产投资于被授权企业。它们之间的关系均为投资关系。由于被授权企业大多在授权经营公司成立之前就已存在，因而，若要把政府国有资产管理部门与授权经营公司之间的关系单纯理解为投资关系，就必须作一个"虚拟"解释，即虚拟国家先把资产投资于授权经营公司，然后授权经营公司再投资于被授权企业。"进行企业集团国有资产授权经营是考虑到目前我国企业集团的集团公司与成员企业之间大多为非产权关系，即行政隶属关系、统一计划单列关系、统一承包关系或生产协作关系。通过政府授权经营方式来确立它们之间的产权关系可以在较短时间内以较低的代价实现产权连结。"[2]因此，从根本上来说，国有资产授权经营的目的就是建立这一观点所理解的那种明晰而简单的关系。二是认为国有资产管理部门与授权经营公司之间的关系为"授权关系"。也就是认为二者之间的关系就基于国有资产管理部门把国有资产授权给授权经营公司经营。国有资产管理部门也正是因此才拥有对授权经营公司的管理权。目前多数研究国有资产授权经营的文章都持这一观点。

以上两种观点均有一定的道理。但由于讨论这一关系时没有明确一个基本的前提，从而使讨论无法深入，更重要的是没能达到实现国有资产所有者职能与营运职能相分离的目的，从而导致了立法上的一些混乱。

笔者认为，政府国有资产管理部门与授权经营公司之间存在两种关系，即投资关系和授权关系。首先，国有资产管理部门投资设立授权经营公司，同时被授权企业也由国有资产管理部门投资设立，然后，国有资产管理部门再把这些企业授权给授权经营公司经营。国家有关文件中关于国有资产授权经营的定义也体现了这一点。"企业集团授权经营是指政府将企业集团中国家以各种形式直接投资设立的成员企业（指与集团公司非产

---

〔2〕 国家国有资产管理局《关于印发〈关于企业集团国有资产授权经营的指导意见〉的通知》（1996年9月11日，国资企发〔1996〕115号）。

权关系的企业，下同）的国有产权授权集团公司持股……”〔3〕可以看出这一定义表明国有资产授权经营包含两个行为：投资设立国有资产授权经营公司，把原有的国有企业授权给国有资产授权经营公司经营。

正是基于这一理解，笔者下面分别讨论这两个关系。

二、国有资产管理部门与国有资产授权经营公司之间的“投资关系”

国有资产管理部门对授权经营公司首先是一种投资关系，只有明确投资关系才能真正实现国有资产所有者管理职能和营运职能相分离的原则。这可以从理论和实践两个方面加以证明。

（一）理论论证

首先，国有资产管理部门对授权经营公司的管理权利来源是基于投资关系产生。明确这种投资关系在法律上有重要意义，它指出了国有资产管理部门对授权经营公司进行管理的权利的真正来源。也就是说，国有资产管理部门正是基于“国家依法独资设立”这一投资设立行为，才拥有了选任授权经营公司管理人员、对其经营运作进行适当干预的权利。同时，这也是符合公司法和市场经济规律的。以往的理论忽视这一问题，给人的感觉是：国有资产管理部门对授权经营公司的管理权利是基于“授权”行为产生。实际上，基于“授权”这一事实产生的两者之间的关系，无论是代理还是信托（本文后面将详细阐述），都不可能派生出上述权利。

其次，明确投资关系有利于使授权经营公司成为真正的民事主体。国有资产管理部门毕竟是一个政府部门，按照市场经济的一般规则，政府部门是不参与市场竞争的。因此，有必要将国有资产所有者职能划分为管理职能和营运职能两部分。管理职能由国有资产管理部门作为政府机构来行使，这也是一种行政职能。营运职能则由授权经营公司来行使，这一职能完全是一个民事主体的职能。若不明确国有资产管理部门对授权经营公司的管理权利是源自于投资，那人们的理解只能是，国有资产管理部门的这一权利直接来源于行政权，国有资产管理部门对国有资产经营机构的管理也是行政管理。这样就使授权经营公司失去了民事主体的性质，成了一个政府派出机构。因此，正确理解国有资产管理部门与国有资产授权经营机构之间基于“投资”而产生的关系的本质，有利于摆脱“授权”行为派

〔3〕 国家国有资产管理局《关于〈关于企业集团国有资产授权经营的指导意见〉的通知》（1996年9月11日，国资企发〔1996〕115号）。

生管理权利的这一错误认识，对此，下文将有阐述。

再次，明确投资关系可以把国有资产管理部门的市场行为降到最低程度。国有资产管理部门作为政府部门不能成为市场竞争主体是市场经济的基本要求，但要实现国有资产与市场经济的有机结合，连接国有资产的市场行为和政府行为毕竟得有一个“接口”。由授权经营公司来承担这一“接口”主要是因为授权经营公司数量少且一般只进行资本运营，从而在可能的范围内，最大限度地限制了政府的市场行为。

最后，明确这两者之间的投资关系并不造成“人格混同”。按照前面所述，国有资产管理部门既是投资者，即授权经营公司是属于自己的，又是委托者，即委托授权经营公司进行经营，是否意味着自己委托自己而出现所谓的“人格混同”呢？笔者认为答案是否定的。因为授权经营公司依法有效成立后，其本身就是一个独立的法律主体，国有资产管理部门只是在选择管理者等问题上对它产生一定的影响，但并不意味着二者人格等同。

（二）实践论证

国有资产管理部门和授权经营公司之间事实上存在投资这一关系。所谓“授权经营公司”必须有“授权”，而要“授权”则必先存在一个“授权对象”，即必须先成立一个授权经营公司，或先存在一个可以授权的公司。前者是相对于纯粹性控股公司来说的，它们一般由原来的主管局转制而来的，主管局要转制为控股公司，除名称改变外，还应采取实质性步骤，按公司设立的程序，进行投资、登记，建立公司化的组织机构。虽然在转制过程中，所谓的投资，都是由原来主管局的固定资产等来充抵，但毕竟也是国家资产管理部门代表国家进行的投资行为。后者则主要是针对混合型控股公司而言的。混合型控股公司，一般是由原来同行业的一些优势企业经授权、改制而成。这类控股公司，原来就存在一个授权的对象，不需要重新成立。原来的优势企业就是国有企业，国家实质上早就对其存在投资行为。由此可见，国有资产管理部门与授权经营公司之间广泛地存在投资与被投资的关系。关于这一点，我国许多理论论著中都是有体现的。如有的著作在给国有资产营运机构下定义时就认为，它是由“国家依法独资设立”的，[4] 只是没有进一步研究这一行为的意义，在国家的有关规范性文件中

---

〔4〕 参见谢次昌：《国有资产法》，法律出版社1997年版，第50页。

也有所体现。[5]

三、国有资产管理部门与国有资产授权经营公司之间的"授权关系"

由于国有资产管理部门与授权经营公司之间存在"投资关系",授权经营公司在国有资产管理部门"投资"的基础上依法成立后,即成为一个独立的市场主体。国有资产管理部门授权其经营管理一定范围内的国有资产,从而又产生了两者之间另一种性质的关系,即"授权经营"关系。对于这种关系的法律性质,现有理论没有明确,从而导致了立法上的模糊性及实践效果的局限性。因此,有必要从理论上对其进行剖析。

目前较为流行的理论认为,两者之间基于"授权"而发生的关系是一种委托代理关系。[6] 并从委托代理这一观点出发,或讨论"国有资产授权经营的度",[7]或讨论"授权的权限范围",[8]热烈地争论究竟是"让渡使用权""让渡收益权""让渡处置权",还是这些权利一起让渡。笔者对此有不同看法。

首先,如果将授权关系的法律性质界定为委托代理关系,那么进行这些讨论是必要的。因为代理的特征之一就是要求被代理人在"代理权限"范围内行事,所以确定给予授权经营公司哪些权利是非常重要的。但是,这样一来,岂不是和国有企业改革初期一样,处于一种"放权"的状态下?想放给企业多少权就授予他们多少,不想放的话,就收回授权。这样就从根本上违背了"政企分开"的原则,也违背了推行授权经营制度的初衷。

其次,从代理的法律特征来分析,国有资产管理部门与授权经营公司之间基于"授权经营管理一定范围内的国有资产"而产生的关系与代理关系的性质并不相符。一些学者所说的"委托代理关系"实际上是一个经济

〔5〕 如国家国有资产管理局《关于印发〈关于企业集团国有资产授权经营的指导意见〉的通知》(1996年9月11日,国资企发〔1996〕115号)指出"政府授权经营时,集团公司必须是国有独资企业"。

〔6〕 如敖华先生认为"国有资产管理部门与国有控股公司之间是国有资产的二级委托—代理关系"。敖华:《国有资产授权经营的几个问题》,载《甘肃理论学刊》1998年第1期。持这种观点的学者还有很多,笔者不一一列举。

〔7〕 盛毅、顾宇红:《国有资产授权经营问题研究》,载《社会科学研究》2000年第1期。

〔8〕 程国平:《企业集团国有资产授权经营的研究》,载《武汉汽车工业大学学报》1998年第5期。

学上的名词,[9]而不是法律意义上的代理关系。由于没有弄清这两者之间的区别,才造成了这种混乱。

所谓代理,是指代理人在代理权限内,以被代理人的名义从事民事法律行为,其后果直接归属于被代理人的一种制度。国有资产管理部门与授权经营公司之间基于授权而产生的关系,从受托人接受委托人的委托,为委托人从事一定的事务的角度来看有一定的相似性,但是它与代理关系仍是截然不同的。

第一,代理关系要求代理人以被代理人的名义从事民事法律行为。而授权经营公司,对于授权范围内的国有资产,一般以自己的名义从事经营管理。

第二,代理制度要求代理的后果直接归属于被代理人。而实践中并非如此。一般来说授权经营公司经营管理行为的后果,直接归属于自身,由授权经营公司自身对其行为后果承担责任。从保护国有资产的角度来说,也不可能要求代理行为的后果直接归属于委托人国有资产管理部门。

第三,代理制度中,代理人只能在被代理人指示的权限范围内进行民事活动。而授权经营公司的权限则大大超过代理人的权限,它对授权范围内的国有资产实际上行使占有、使用、处分和部分收益权。

第四,它也不能归属于广义代理的任何形态。所谓广义代理,从英美法系的角度来说包括显名代理、隐名代理和不公开身份的代理三种。显名代理是指代理人以被代理人的名义实施民事行为,由被代理人承担权利义务的代理。隐名代理是代理人以自己的名义与第三人进行民事活动,代理人表明代理关系存在,但不公开被代理人的姓名。不公开身份的代理是指代理人不公开存在代理关系,而以代理人自己的名义签订合同。显然,三者都不能用于描述授权关系。从大陆法系的角度来说,广义的代理也包括直接代理和间接代理两种。直接代理与笔者上面讨论的代理为同一概念。间接代理是代理人为了被代理人的利益,以自己的名义与第三人开展民事活动,其效果间接归属于被代理人。行纪合同是间接代理的主要形式。行纪与授权关系存在一定的相似性,但行纪还是不能概括授权关系的特征,

---

〔9〕 经济学上的委托代理关系泛指任何一种涉及非对称信息得的交易。交易中拥有信息优势的一方称为代理人(agent),另一方成为委托人(principal)。张维迎:《博弈论与信息经济学》,上海三联出版社 1996 年版,第 398 页。

主要表现为：

1. 行纪范围很小。行纪合同一般局限于贸易活动领域，而授权关系中授权经营公司活动的领域非常广泛。

2. 行纪合同调整的合同当事人之间的债权债务关系本质上属于债法。而授权关系中，二者间主要是一种财产管理关系，涉及物权、债权两方面的内容。因此，授权关系也不属于广义代理中的任何形式。

由此可见，以"代理关系"来定位或者描述国有资产管理部门与授权经营公司之间的"授权关系"是不够正确的，它并不能揭示这种关系的实质，也不能正确处理两者间的权利和义务关系。笔者认为，以信托关系来定位"授权经营"关系是合理和清晰的。

四、以信托制度来构建国家资产管理部门与授权经营公司之间的授权关系

（一）授权关系是信托关系

首先，两者制度设计的目标相同。信托是委托人将财产权转移于受托人，受托人依信托文件所定，为收益人或特定目的而管理或处分信托财产的法律关系。[10] 国有资产授权经营是委托人国有资产管理部门将国有资产委托给授权经营公司经营，从而实现国有资产保值增值的一种制度。可见这两种制度都是为了实现转移和管理财产。

其次，授权关系的构造与权利状态与信托关系一致。就其构造来说，授权关系与信托关系一样也存在委托方（国有资产管理部门）、受托方（授权经营公司）、受益方（国有资产管理部门与授权经营公司都有一定收益分配）等三方主体。同时，授权关系中还存在授权关系成立的依据（信托设立依据），授权进行经营管理的国有资产（信托财产），和国有资产保值增值的目的（信托目的）。[11]

就其内部各方的权利状态来说。在信托关系中，按照英美法的体系，存在"双重所有权"的概念。受托人对信托财产的权利为"普通法上的所有权"，受托人可以像真正的所有权人一样，管理和处分信托财产，第三人也都以受托人为信托财产的权利主体和法律行为的当事人。当然受托人不能为了自己的利益而使用信托财产，也不能随意毁坏信托财产。而受益

〔10〕 周小明：《信托制度比较法研究》，法律出版社1996年版，第3页。

〔11〕 信托关系一般包括6个要素：信托设立的依据、信托财产、委托人、受托人、收益人和信托目的。

人的权利则称为"衡平法上的所有权",这大致相当于大陆法系的"受益权"。同时,信托关系中信托财产具有独立性。信托一旦有效设立,信托财产即从委托人、受益人和受托人的自有财产中分离出来,而成为一种独立运作的财产。从委托人的角度,委托人一旦将财产交付信托,即丧失其对该财产的所有权,不再属于其自有财产。从受托人的角度来看,受益人虽然享有受益权,但这主要是一种受益请求权,在信托关系存续其间受益人不享有信托财产的所有权。[12] 而在"授权关系"中,授权方(委托人即国有资产管理部门)从法律角度来说,被宣布为国有资产所有者,但授权以后,对这些国有资产就不享有真正意义上的所有权了,不能直接占有、使用、处分。而授权经营公司则享有对授权范围内的国有资产进行管理处分的权利(但无进行破坏性处分之权利)。另外,国有资产管理部门和授权经营公司又都有一定的收益权,这与信托关系中的"受益人"的规定有一定的相似性。由此可见,授权关系与信托关系中的权利状态是一致的。

最后,授权经营公司是以自己的名义进行法律行为,其法律后果归属于自身,这也与信托制度一致。

由此可见,授权关系具备信托关系的外部表征和内部权利构造,本质上属于信托关系。

(二)授权经营信托设计的意义

授权经营关系在本质上属于信托关系。明确这一点在理论和实践上都有很大的意义。

首先,由于信托财产的权利状态和性质(前面述及的信托关系的"双重所有权"和"独立性"特征),决定了信托关系一旦成立,国有资产管理部门对于委托出资的财产不能直接经营,从而有利于在政府与授权经营公司这一层次上实现政企分开。

其次,可有效解决国有资产所有人缺位问题。信托关系一旦成立,国有资产管理部门即丧失对信托财产的所有权,无须考虑国有资产原来的所有者是否到位。

再次,防止国有资产的流失。一是信托财产具有独立性的特点,使委托人、受托人、受益(此为国有资产管理部门和授权经营公司)的债务人均

---

〔12〕 周小明:《信托制度比较法研究》,法律出版社1996年版,第12~13页。

无法主张以信托财产进行赔偿,这显然有利于保持国有资产的完整性,防止国有资产的流失。二是信托关系具有有限责任的特点,从而不至于因为一处国有资产发生问题,而涉及整个国家资产,有利于保持整个国有资产的安全性。

最后,信托管理具有连续性的特点,使国有资产管理保持了稳定性、长期性、连续性,不至于因授权经营公司(受托人)的破产或其他原因而导致中断。这也是“代理关系”理论所不能克服的,代理关系的基础是委托合同,具有解除的随意性,从而具有不稳定性。

(三)授权关系的信托制度设计

经过上述分析,我们看到了授权关系的本质。这对我们以信托制度为基础重新设计授权关系极为有用。笔者认为,国有资产管理部门与授权经营公司两者基于“授权”行为而产生的关系,应该是如下关系:委托人国有资产管理部门和受托人国有资产授权经营公司之间依据双方订立的信托契约,以委托人和受托人作为受益人,以一定范围内的国有资产作为信托财产,为实现受益人的利益和国家增产保值增值而设立的信托关系。对于这一设计,应从以下几个方面来理解:

第一,从设立依据来说,这一信托是明示信托,即通过双方意思表示设立。这更能体现出授权经营公司的民事主体性。若采用法定信托形式,似有不妥。

第二,这一信托既非自益信托也非他益信托,而是以委托人和受托人双方为受益人,兼具自益和他益性质。这种设计既符合信托法理,又符合授权经营公司(以上海市的授权经营公司为例〔13〕)所收红利的分配情况,实现了国有资产所有者的收益权。他益性(这里即受托人为受益人)的特点能调动起授权经营公司的经营积极性,在委托人不可能付给信托费的情况下,这也可以看作一种报酬。另外,信托契约的受益条款中应明确国有资产管理部门为授权经营的国有资产的本金的最终受益者,以保障国有资产管理部门的所有权。

第三,对于信托财产,即授权经营的国有资产的规定是明确而具体的,而且一般应作整体信托,即把一定范围内的国有资产作为一个整体进行信

〔13〕 如上海市纺织控股集团50%的红利保留,50%的红利归国有资产管理办公室。

托,这样有利于这些资产的重组。

第四,关于信托期间,为防止短期行为,应作长期或永久的规定。

由此可见,以信托关系构造国有资产管理部门和授权经营公司之间的关系是符合实际的,在理论上也是合理的。

通过以上分析可以看出,政府国有资产管理部门与国有资产授权经营公司之间的确包含投资和授权双重关系。而且,要明确国有资产管理部门对授权经营公司的管理权利来自于投资关系,是一种股东的权利;要明确国有资产管理部门与授权经营公司之间基于授权产生的关系的法律性质是一种信托关系。只有这样才能真正发挥国有资产授权经营制度的作用,才能真正实现国有资产所有权于法人财产权相分离,国有资产管理体制改革才能进一步深入。

新时期消费者保护若干刍议*

近几十年来，随着科学技术的迅猛发展和人们经济生活水平的迅速提高，人们的消费观念发生了重大的变化，消费市场的结构也随之变化。特别是我国加入世界贸易组织(World Trade Organization，WTO)后，消费市场更加国际化，新兴的消费领域不断出现，尤其在上海，作为一个中国经济的前沿，一个国际化的大都市，消费的发展基本上与国际同步。但是，我国的市场经济还处于发展阶段，市场经济的法律体系还没有完全建立起来，对这些新兴的消费市场的规制和消费者权益的保护必将出现法制上的真空，因此，在新时期里，针对现代消费的新动向和新趋势，如何保护消费者的权益是我们当前面临的一大课题。

一、新时期消费动向和立法上的不足

仔细研究20世纪的消费热点、关注一下中国的政策导向以及涉略一下全球的消费形势，预计中国21世纪的消费者在消费观念上将实现"六大转变"：

1. 从一味省吃俭用向适度消费转变。消费者的消费的程度与社会经济状况、科学技术发展情况相适应，高技术含量的消费品和高档消费品逐渐进入普通消费者家庭。

2. 从盲目为子孙后代攒钱转变为更关心自己这一代的消费。认为培养子女的自强能力是对他们最大的爱护，从而更多是消费在他们的教育上，尤其是在城市，教育消费将成为21世纪的主流消费。

3. 从物质产品消费向增加服务性消费、精神性消费转变。人们将注重全面提高生活质量。据有关的调查表明，当问及未来5年中消费者对消费的展望时，认为旅游、休闲消费将成为主流消费的比例分别提高5.6%和

---

* 载上海市行政法制研究所：《2001年政府法制研究》，第360~383页。

2.6%。可见,中国未来的消费将更注重生活质量的提高,而不再仅仅是衣食住行。

4. 从就业、养老、医疗保障主要依赖国家和家庭承担向更多地立足自我保障转变。把多余的钱进行储蓄、投保、投资等。由此,21 世纪的保险业、证券投资业等成为热门话题。

5. 从积累型消费向预支型消费转变。21 世纪中国人的消费理念将有一个大的飞跃,人们不再仅仅靠现金进行消费,更多的是利用信用机制来进行信贷消费,贷款消费将成为一种时尚,而且这种消费方式也更适合市场经济发展的需要。

6. 从"保险库"到投资的转变。21 世纪的消费者更多的是把钱进行投资而不是把钱放入口袋或存入银行这个"保险库"。"让钱生钱"是 21 世纪的一大消费特色。

由此可见,现代的消费观是一种具开拓性、精神化了的消费观,卡斯特经济评价中心消费调查报告再次显示消费者未来个性化的消费是一种趋势。在这种消费观念的引导下,教育消费、信息消费(电信消费、网络消费等)、旅游消费、信贷消费、证券消费、保险消费、住房消费等必将成为 21 世纪的消费热点。随着现代消费观念的日渐深入人心,对消费者的合法权益进行法律保护也成为我国改革开放以后社会立法的宗旨,《消费者权益保护法》等法律法规实施至今,在对消费者的各种利益的保护中起到了无法估量的作用。无论是从保护的广度和深度来看,在我国都是史无前例的。但是,随着我国市场经济和科学技术的迅猛发展,人民生活的相对富裕,消费者的生活水平、消费模式的根本性转变,加上市场竞争日趋激烈,众多新兴消费市场的出现,特别是加入 WTO 以后,来自其他世界贸易组织成员的商品将源源不断涌入中国市场,消费者将会有更多的自由选择,从而使消费者利益受损的形式和程度都出现新的情况,因此以前的立法必然产生诸多的不适应,给消费者的保护增加了难度。再加上《消费者权益保护法》本身欠缺可操作性规范,又为司法和执法带来许多的不便,同时,新兴的消费领域上法律的空白,必然会"鼓励"市场主体行为的不规范,现有法律的不严谨和不完善也肯定会纵容某些市场竞争者对这些法律的规避。所有这些情况都对我国保护消费者权益的法律制度提出了新的挑战。有鉴于此,首先在立法上完善《消费者权益保护法》,然后进行制度创新,融入"消费者维权国际化”的大潮中，才能更有效地保护消费者的合法权益，规范市场经济秩序。

二、新时期相关行业的消费者保护

（一）商业性服务——对虚假信息的规制

在商业性服务方面，应有效遏制信息欺诈行为，特别是在诱导消费者交易方面。对这类信息欺诈行为的规制应该建议改正广告，使其公开承认以前广告的欺骗性，并提供改正欺骗所必需的真实情况。这样就彻底剔除了这些经营者改旗易帜的可能性，使这些经营者在这个领域再无立足之地。

1. 对虚假广告宣传的规制。随着广告业的迅猛发展，虚假广告和虚假宣传铺天盖地，接连不断，为消费者设下各种消费陷阱，如宣传陷阱、邮购陷阱、以旧换新、免费和优惠、有奖销售等。我国的反不正当竞争法对虚假广告的界定必须具备两个要件：广告具有欺骗能力和存在欺骗事实。然而这是不够的，可以借鉴美国的做法，只需证明广告对一般的普通购物公众具有欺骗能力而无须证明具有实际的欺骗事实，即可认定此为虚假广告，这对虚假广告的经营者将更具有震慑作用。

2. 对诱售的规制。所谓诱售是一件商品以极低的价格做广告，作为引诱消费者的“诱饵”，当消费者走进商店亦即接受了这个“诱饵”时，销售员就设法转移消费者的注意力，向消费者出售其他（通常是比较贵）的商品。在现实生活中，这种现象时有发生，消费者的知情权受到了严重的损害，21世纪的立法体例中应有对此进行规制的篇章。

3. 对挨户推销的规制。挨户推销的对象一般均为老弱病残者，其推销员比在固定地点售货的人更少需要对消费者保持信誉，消费者没有机会货比三家，很多情况下用不公平的价格买到不需要的商品。因此，对挨户推销应规定一个“冷却期”，在此期间内消费者可撤销此交易。而这种“冷却期”也往往适用于赊销等交易。

（二）建筑服务——对建材装潢市场的规制

近期来，随着上海房地产市场的火爆，家庭装潢也走俏，有关建材类产品质量的投诉呈上升趋势，调解难度日益增大，一些经销者采取隐瞒建材真实材质或以次充好，销售三无产品，短尺少寸，欺诈哄骗等现象屡屡发生，买卖纠纷此起彼伏，消费诉讼纷至沓来。如出售的木地板，经销者隐瞒

材质，以次充好，致使用户铺设地板后不久便出现地板大面积收缩产生裂缝；有的浴缸、水管质量严重不符合质量标准，造成用户家里“水漫金山”。上海市消费者协会曾经统计，1999 年第 3 季度，装潢修理类投诉案件为 141 件，比上一季度增加了43.88%，比去年同期增长了 56.7%。美国律师协会也宣布了 1999 年的前十大消费者投诉排行榜，其中居室维修和装潢就排名第二，而且居室维修和装潢连续五年居消费者投诉的第二位。美国有许多这方面的案例，如美国存在承建商通过挨家挨户上门推销和发传单的方式做生意，当承建商进行一项修理或服务时，他们经常要求额外的、更多更贵的修理费，而实际上在许多案子中这些承建商连最基本的工作都未完成，或者完成不彻底或有瑕疵。

借鉴 1999 年的市场情况和美国的经验，笔者预计在 21 世纪里，建材装潢消费纠纷仍是一大热点，对建材装潢市场应进行必要的规制。在装潢建材市场上，首先，应进一步提高装潢公司报价的透明度，即政府的有关部门应制定装潢建材市场的规章制度，进一步规范该市场，如设立装潢建材公司的进入壁垒，可以提高此类公司的注册资本底线、人员技术力量等配备要求等，如对成立的此类公司的报价制度进行严格的控制和规范，明确透明的报价方式等。其次，在装潢建材市场上，有关工商税务部门应严肃法纪，严格执法，定期或不定期地对各类装潢公司和建材商店进行规范经营检查，一旦发现无证经营或者故意不开统一发票，立即根据情节轻重予以严肃处理，杜绝违法经营现象的重复发生。

（三）房产市场——对住房消费的规制

从目前来看，在各种福利制度中我国改得最彻底、进行得最顺利、老百姓接受程度最高的就是住房货币化。通过政府优惠政策，全面启动房地产市场，这样将大大推动经济增长。另外，从发达国家的经验来看，当人均国民收入达到 800 ~ 1000 美元时，居民住房、汽车、服务消费将成为热点。目前，我国正处于这一时期。由此可见，21 世纪住房消费将是我国消费的热点，然而，住房市场却又存在大量的问题，老百姓买房确确实实存在巨大的风险，特别是房屋的质量一直是一个令人担忧的大问题。发生了房屋质量纠纷，开发商因其第一责任人的身份难辞其咎，但却也有苦衷，因为房屋毕竟是承包人所建造的。所以，为保障消费者的合法权益，同时也减轻开发商在出现纠纷时的责任，建议参照国际惯例，迅速建立“房屋交付质量保险”制度,开发商应当以买房人为受益人购买交付房屋质量保险,买方人在买方时应同时获得房屋质量保险的保单,在保险期内,如发生质量问题造成的损失,保险公司应先行依单赔偿,并支付赔偿金,保险公司可向责任者进行追偿。这是一个很大的保险市场,保险公司理应拓宽并迅速占领该领域的保险业务,以分解、落实社会风险。

(四)教育服务——教育消费的规制

中央经济工作会议上指出要通过消费启动市场,而通过教育拉动消费是一大良策。在“教育拉动消费”的呐喊声中,我国教育收费在21世纪到来之前开始大幅上涨,首先上涨的是高校学费,还有一些学校自定的扩招费;九年制义务教育是不收学费的,存在“杂费”上涨;高中不属于义务教育,其学费上涨更理所当然。涨风之下,幼儿园的收费也看涨。据调查显示,我国公立本科院校的学费大约占人均收入的50%~150%,大大高出一些发达国家5%的比例。一些贫困地区学生难以支付入学费用,致使有些省、区有数以千名的新生未能报到入学。而有关部门还明确收费标准还将适当提高。为拉动消费作出贡献的学生及其家长并没有一般消费者所有的消费选择权,教育部门的此种行为又与垄断行业何异?

(五)金融服务——对保险消费的规制

很多投保过的保户多会觉得有的保险公司不仅服务差了一点,有些保险条款也不太公平,只是由于保险公司所持有的规定都是政府制定的,普通人也无法看懂,很多人只好叹口气,算了。然而,实际上,保险业中存在许多问题,《南方周末》上报道的几例车辆险“保多赔少”的官司表明,几例判决包括终审判决都宣告保险公司败诉。保险公司的内部规定和操作以及保险合同的条款或多或少均有格式合同之嫌,而广大的消费者由于对这个领域涉足较少或者不够专业,再加上保险行业形式上为保户分担风险,自然地,对保险合同的警惕性不够,而产生诸多的保险合同争议,而这也正是我们呼吁规制的。

(六)健康及社会服务——对医疗保健消费的规制

健康和因健康要求而来的医疗保健是最基本的人权。在“健康投资”已成为新的消费理念的今天,人们所诠释的医疗保健也已不单单是医生的治病救人,还包括医学对美容、外科整形(如抽脂、减肥等)、怀孕与生育等行为给予的新的关注。随着“医疗消费”的攀升和人们法律意识的增强,

对于不断涌现的医疗保健事故，人们也不再姑息，而是拿起法律武器与医院打起了旷日持久的经济索赔官司，这种现象干扰了医疗单位的正常医疗秩序，也加重了医护人员的心理压力，同时给病人及其家属带来了沉重的经济负担。对保健服务要求的稳步增长却遇上了先天不足的保健制度。医疗保健制度受商品关系的侵蚀，使洁白蒙上了阴影，透视医疗保健服务行业中不断涌现的事故，我们可以发现由于医院盲目引进市场机制，追求经济收益而不顾社会效益；医务人员追求个人私利而扭曲医生“治病救人”的神圣宗旨，从而实践中出现了诸如以营利为动力的全国性的“CT 大战”；给患者做不必要的检查；开大药方、开贵重药；误治误诊、非法行医；送了红包后再开刀；医疗设备器械质次量差等现象也就不足为奇了。而所有的这些都有可能成为医疗保健事故频频发生的诱因。然而在解决这类医疗保健事故的过程中却碰上了立法严重滞后、法律冲突严重等问题，要解决医疗保健制度身上的这颗“毒瘤”，医疗保健制度首先要做到“廉洁”，当然强制性的医疗保健保险制度、扩充医疗人员、提高医药人员素质、加强医疗保健行业的立法等也是当务之急。特别是要解决打医疗保健官司中的三难问题，即取证难、鉴定难、诉讼难。医疗保健业的立法势在必行。

（七）电子商务——对网络消费的规制

随着上海信息港主体工程建设全面的启动，上海将成为国内网络资源综合利用程度最高、信息传输最快、业务开放度最大、使用最便捷、资费最合理的城市。这将对改善投资环境、形成新的经济增长点、推动传统产业的升级换代、促进经济结构调整、提高老百姓的生活质量等产生深远的影响。而由于在新兴领域的法律“真空”，许多不规范的行为也频频发生，这也正是亟待规范的。这里笔者具体谈谈这个问题。

目前，电子商务是很时髦的名词，很多人还不明白什么是电子商务。简单地说，电子商务主要包括 3 种形式：一是信息销售，如通过网络购买软件等；二是实物销售，通常所说的网上购物就属此类；三是提供服务。网上消费的最大特点是消费者主导性，购物的主动权把握在消费者的手里，消费者只要轻轻一点鼠标，经营者就可以送货上门。同时，网络消费者还能以一种自我服务的方式来完成交易，其自主权可以在网络购物中完全体现出来。因此，网络消费凭借其优越于传统消费的优势而越来越普及，网络消费者在整个消费者群体中所占的比例也越来越大。但是网上购物并非十全十美,它也存在诸多缺陷:比如,消费者在网上买电器,但是无法了解电器的性能;网上买软件,可是无法得知软件是否是自己所需要的;依据网上提供的服装图片来购买自己喜欢的服装,但是却无法知道该服装是否合身。而且,人们还会问:网上购物安全吗?货物的质量有保障吗?如果消费者要求退货,怎么来实现呢?这些问题威胁着消费者的权益。当然解决这些问题,固然需要技术的发展,但更需要法律的力量。这里,笔者认为,在网络消费中应该突出强调消费者享有几方面的权利。

1. 消费者的知情权

我国消费者权益保护法规定,消费者有知悉其使用、购买的商品或者所接受的服务的真实情况的权利。消费者进行消费必须明明白白,他有权知道有关商品的相关信息。然而,国际互联网上的广告或者通过网页上的宣传,网站与网站之间的链接,或者通过电子邮件的形式,对消费者进行狂轰烂炸。这些网络广告与传统广告相比,形式活泼,互动性强,传播面广,满足了消费者的自主性。但是,网络广告也存在其缺陷,很多网络商乘机进行虚假广告的宣传,欺骗消费者的利益。法律必须保障消费者的知情权。

2. 消费者的公平交易权

公平交易,就是消费者在消费时以合理的商品或者服务价格,获得有保障的商品或者服务质量。网络消费者不可能像传统的消费者一样,与商品或者服务的提供者进行讨价还价,他用一个网络平台和一个鼠标就能进行交易,商品的价值只有依据自己的经验来判定,所以很容易上当受骗。所以法律必须保障消费者的公平交易权。

3. 消费者的自由选择权

我国消费者权益保护法规定了消费者享有自主选择商品或者服务的权利。网上购物的最大特征就是消费者的主导性,它使消费者的自由选择权在网络消费里充分体现,消费者可以依据个人的爱好、品味和特殊要求进行消费。但是网上铺天盖地的广告影响消费者的自由选择,尤其是广告性的电子邮件大量充斥每个电子邮箱,使消费者难于招架,以致有些人一看到邮件就立即把它删掉。法律应该限制利用邮件进行广告宣传的经营者,未经收件人允许不得擅自发送,不得利用邮件进行虚假宣传或诋毁他人商誉。

4. 消费者的安全权

对于网络消费者而言,安全权包括人身安全权、财产安全权和隐私安全权。对于人身安全权,经营者所提供的商品和服务必须符合产品质量法的要求。对于财产安全权,由于网上交易很多是用信用卡支付,消费者在网上传递信用卡账号等数据时很容易被黑客所盗窃,也有可能由于经营者的疏忽而被泄露,所以网络银行达不到安全要求的,就不允许开展网上银行业务。网上隐私,指个人在网上进行活动时透露的一些信息,可能包括家庭情况、兴趣爱好、信用状况、医疗记录、职业记录等。消费者在进行网上申请电子邮箱、购买商品、参加各种活动时都要填写各种表格,涉及各方面的个人信息。这些信息被经营者用来发送电子邮件,或者出租给其他经营者使用,甚至出售。消费者有权要求经营者未经其允许,不得泄露其个人信息,更不得将其用于商业目的。同时,消费者也要增强自我保护意识。1998 年,美国提出了《个人信息保护四项原则》,澳大利亚颁布了《个人数据保护十原则》,日本制定了《个人数据库保护法》。

5. 消费者的损害赔偿权

消费者在进行网络消费后,人身或者财产受到损害的,有权获得赔偿。关于损害的承担,要根据造成损害的不同情况,分别由网络交易经营者、互联网交易平台的提供者、黑客和消费者本人等承担。

三、新时期消费者保护呼唤制度完善和创新

(一)社会监督权

为了保障消费者权益,法律规定了实行政府监督、社会监督双管齐下的监督体系。以工商行政管理部门为主的国家政府机关确实做了大量的工作,但是,政府的力量和精力毕竟有限,我们必须重视另一支重要力量——广大群众的社会监督。《消费者权益保护法》规定了对消费者保护实行社会监督的原则,"国家鼓励、支持一切组织和个人对损害消费者合法权益的行为进行社会监督"。依法成立的消费者协会是社会监督的一种重要形式,在这方面作了大量的工作;新闻媒介也为此付出了艰辛的努力,但作为被保护的对象的主体——消费者本身,如何参与社会监督,实行自我保护,却还没有真正被重视。而事实上,真正有效的监督还在于社会群众,各级政府和司法机关对来自社会群众的监督应该实行坚决的支持和保护。消费者的利益之和就是全社会利益的一种体现。对一个国家来说,无论是

从维护公正、平等的法律角度，还是从促进消费从而促进生产发展的经济角度，都应该对消费者的监督加以特别的考虑。发达国家十分重视消费者的监督权利，就我国来说，市场经济是在政府的主动推动之下发展起来的，而并非是一个自然演变的过程，这就十分需要积聚推动市场机制的力量。以社会上议论的“索赔式打假”为例，诚然，“索赔式打假”的人确实并不是我们《消费者权益保护法》意义上的消费者，他们的真实身份应当是假冒伪劣产品销售商的监督者。这些本来可以堂堂正正以“社会监督者”身份出现的人，偏偏要以消费者的身份出现，他们在“打假”的同时，却使自己也变成了“假消费者”，这种现象不得不发人深省。究其原因，这实际上反映了目前社会监督立法上的不完善。没有利益驱动的监督在当今社会尚不具备条件，“王海索赔式打假现象”是一种民间的监督力量，政府和司法机关对来自群众的这种监督应坚决地支持和保护，并应该进行鼓励和适当的引导，运用有偿举报制度等积极因素将其纳入社会监督的轨道中来。

（二）惩罚性索赔

在消费纠纷中，由于大部分的消费标的额较小，属于小额消费，所以在很多情况下，许多消费者即使在自己的合法权益受到侵害后，鉴于投诉或诉讼太花时间、精力和金钱，又难为情、担心等诸多原因，在这种“机会成本”的驱使下，往往会放弃向经营者索赔的权利。而实际上，这种小额索赔却往往在索赔中占重大的比例。对于这种小额索赔问题，有关的社会团体已经注意到问题的严重性且采取了必要的措施。最近上海市消费者协会设立了3·15标志，该标志包含以下两个方面的含义：一是对优质商品或服务的一种认可和证明；二是核准使用的企业履行作出的承诺，即发生小额消费者权益争议，消费者与经营者双方协商不成，经营者自愿接受和服从消费者协会的调解意见。此措施的实行有利于推动长期以来小额消费纠纷解决难的问题。然而，消费者协会毕竟只是一个社会团体，而且此措施的操作也无法可依，并且范围也有限。笔者认为在立法中应当规范小额索赔的解决方法。目前我国的《消费者权益保护法》中并没有此方面的有关规定，而其他相应的法律法规中也缺乏相应的规范。借鉴外国的“集团诉讼”及设立“小额索赔法庭”等的经验，笔者认为在《消费者权益保护法》中也应有所体现。在立法中，可以规定相应的措施，如法律援助，即免费的法律服务；集团诉讼；追偿律师费；小额索赔法庭或者小额仲裁庭等。可以

以小额索赔法庭为基础，相应地采用其他各种措施来解决小额索赔问题。

（三）精神损害赔偿

目前在我国，民法上的精神损害赔偿制度仍未确立，在实践中也只是对于涉及人身损害的赔偿部分有小部分的精神损害赔偿的体现。在我国1993年《消费者权益保护法》中对此有所体现，该法第25条规定："经营者不得对消费者进行侮辱、诽谤，不得搜查消费者的身体及其携带的物品，不得侵犯消费者的人身自由。"如果经营者违反了这些义务，则按照第43条的规定，"应当停止侵害、恢复名誉、消除影响、赔礼道歉并赔偿损失"。这是《消费者权益保护法》对关于侵害消费者的人格尊严或者侵犯消费者的人身自由所引发的精神损害赔偿的有关规定。同时，《消费者权益保护法》第41条规定："经营者提供商品或者服务，造成消费者或者其他受害人人身伤害的，应当支付医疗费、治疗期间的护理费、因误工减少的收入等费用，造成残疾的，还应当支付残疾者生活自助费、生活补助费、残疾赔偿金以及其所必需的生活费等费用；构成犯罪的，依法追究刑事责任。"其中的残疾赔偿金以及第42条中的死亡赔偿金是由于生命健康权受侵犯所引发的精神损害赔偿。《消费者权益保护法》对生命健康权、人格尊严、人身自由所引发的精神损害赔偿的规定，具有立法上的先进性，然而从立法的完善及便于操作来考虑，我国《消费者权益保护法》中关于精神损害赔偿的规定尚存在许多急需解决的问题。主要体现在：

1.我国的法律本身并没有出现"精神损害赔偿"或类似字眼的直接的、正面的法律规定。对于精神损害赔偿，世界很多国家的法律称之为"人身非财产损害"。而我国立法中则没有明确的提法，这使有些人对我国确立精神损害赔偿制度的怀疑甚至否认就显得无可厚非。所以笔者认为在立法中应明确精神损害赔偿的提法，规定侵害民事主体的人身权造成精神损害的，侵害人应承担以物质方式赔偿损失的责任，这就是通常所说的"精神损害赔偿制度"。

2.《消费者权益保护法》所提及的精神损害赔偿的适用范围过窄。《消费者权益保护法》只是规定由于生命健康权、人格尊严和人身自由受侵害而产生的精神损害赔偿，而忽略了精神痛苦发生根源的复杂性。在现实生活中，因为其他权利受到侵害而引起的民事主体精神痛苦的情况是很多的，如公民在消费过程中隐私权、肖像权、荣誉权受到侵犯而产生的精神损害赔偿等。所以，笔者认为，在立法中应采用列举式和概括式相结合的方法，在列举中明确包括姓名权、肖像权、名誉权、荣誉权、人身自由权、人格尊严权、生命健康权和隐私权，同时，还应概括地规定其他人身权利受到侵害的，消费者也可以要求精神损害赔偿的"兜底"条款，这样既弥补了列举式规定的不足，也为法官的自由裁量留下较大的余地。

3. 精神损害赔偿数领的计算方法没有明确。法律没有规定精神损害赔偿数额的计算方法。精神损害赔偿不同于物质损害的赔偿，它具有无形性、不可估价性，所以不能使用物质损害的全部赔偿原则。这就需要法律另行制定精神损害赔偿数额的计算方法，以免司法实践无所适从。在规定计算方法时，应考虑精神损害的程度及侵权行为造成的后果和影响；应考虑侵权人的过错程度、侵权行为的具体情节和手段；考虑侵权人的经济状况及其认错态度等。同时由于我国各地经济和文化发展的不平衡，人们的思想观念和认识水平的巨大差别，立法应允许司法机关根据本地的具体情况制定赔偿的标准。

（四）两倍索赔

我国 1993 年《消费者权益保护法》第 49 条规定："经营者提供商品或者服务有欺诈行为的，应当按照消费者的要求增加赔偿其受到的损失，增加赔偿的金额为消费者购买商品的价款或接受服务的费用的一倍。"此即《消费者权益保护法》中关于两倍赔偿的规定。虽然此条款对于保护消费者这个弱势群体具有一定的打击经营欺诈的作用，然而，笔者认为，该条款实际上并不能达到有效惩罚欺诈行为的目的。特别是在一些大件商品的买卖中，两倍索赔的效果并不理想，如商品房买卖中出现的经营欺诈现象，进行两倍赔偿是不可能的。而且，传统民法理论上，民事责任是民事违法行为人对受害人所负的以回复和补救为目的的法律责任，它旨在对已经造成的权利损害和财产损失给予补偿，使其恢复到未受损害时的原来状态。可见，两倍索赔的理论没有法理上的依据。两倍赔偿是对弱势群体保护的一种特别措施，是一种惩罚权。而惩罚权属于一种公权力，只能由国家而不宜交与私法主体行使。所以，笔者认为，可将此条款修改为："经营者提供商品或者服务有欺诈行为的，应当赔偿消费者因此所受的损失。消费者认为市场交易中经营者有欺诈行为的，可以向有关部门举报，由有关部门运用行政权力加以处理。"然后在其他相关的法律或法规中规定有关部门

相应的处理规则。

（五）商品召回制度

2001年2月12日，三菱株式会社正式宣布召回因安全质量问题而被中国吊销进口许可证的帕杰罗V31、V33越野车。3月3日，针对中国消费者对松下GD92、GD93两款手机的投诉，松下上海分公司和松下北京通信设备有限公司先后表示将召回所有存在质量问题的手机。从这开始，中国消费者开始逐步对商品召回制度有了初步的印象。那么，什么是商品召回制度？提起召回制度，我们必须从缺陷产品和缺陷产品管理制度说起。我们知道，不合格产品包括有瑕疵的产品和有缺陷的产品，前者是指具有少量的质量瑕疵，但是其使用不会损害消费者的人身财产安全的不合格产品，"缺陷产品"是指由于企业在产品设计或在生产环节出现的错误，这些产品流入市场后，将对消费者生命、财产安全造成损害。这些损害将是广泛而且无法控制的，不能仅靠消费者力量，而需要政府主管部门作为第三方及时介入，责令企业对缺陷产品采取召回、维修、更换、补偿或者改进设计方案等措施。缺陷产品管理制度是指政府有关主管部门依照法律和行政规定，监督缺陷产品的生产者，使之对其生产和销售的缺陷产品进行收回、改造等处理，并采取措施消除产品设计、制造、销售等环节上的缺陷，以维护消费者权益的一种行政管理制度。召回制度是缺陷产品管理制度下的延伸，是生产者依据法律规定或行政命令或从自身利益出发，为维护企业信誉和产品声誉，对自己生产的已经进入流通、消费领域的具有缺陷、可能会给消费者人身、财产或者环保造成损害的产品，通过一定的方式和程序将它们收回，以消除事故隐患的一种制度。现在我们接触最多的可能是汽车召回制度。汽车召回制度始于20世纪60年代的美国。美国律师拉尔夫发起运动，呼吁国会建立汽车安全法规，其努力的结果就是《国家交通及机动车安全法》。该法律规定，汽车制造商有义务公开发表汽车召回的信息，必须将情况通报给用户和交通管理部门，进行免费修理。目前实行汽车召回制度的国家主要有美国、日本、英国、加拿大和澳大利亚等。但是在我国，尚不进行商品召回制度。

1993年《消费者权益保护法》第18条第2款明文规定："经营者发现其提供的商品或者服务存在严重缺陷，即使正确使用商品或者接受服务仍然可能对人身、财产安全造成危害的，应当立即向有关行政部门报告或告知消费者,并采取防止危害发生的措施。”据此,商品召回不是厂家自愿与否的事,而是其法定义务,根据《消费者权益保护法》《产品质量法》等法律,制定我国自己的召回制度,也是理所当然。建立商品召回制度,首先是为了保护消费者的权益,为了约束和激励企业对产品可能包含的缺陷风险进行充分的防范,防止企业有故意隐瞒的行为,督促企业及早采取措施,尽可能地将缺陷产品对消费者安全造成的损害降到最低。我们知道,《消费者权益保护法》规定了消费者在购买、使用商品和接受服务时享有安全保障权、知悉真情权、公平交易权和获得赔偿权,但是随着经济和科技的迅速发展,消费者在交易中越来越处于不利地位,随着产品种类的越来越丰富,构造的越来越复杂,生产者与消费者的信息不对称程度逐渐加大,“缺陷产品”给消费者人身、财产造成的损害也日渐增多,而我们的法律除了《产品质量法》中这两条原则性规定外,找不到具体可以操作的规定来规范执法活动。其次也为了维护市场的公平竞争、增强企业竞争能力。随着我国加入世界贸易组织,企业间的竞争由国内转向国际,一些国外的大公司乃至跨国企业集团纷纷抢滩中国市场,争夺世界市场上这块最大的蛋糕,可见,市场的竞争将越来越激烈,而企业间的竞争关键在于产品质量的竞争。不可想象,一个产业的成长,能够建立在损害消费者利益的基础上。或许个别企业以及整个行业可以暂时受益,但绝不可能因此培育出国际竞争力,最终不但自己长期“幼稚”着,更会祸及国家和消费者利益。汽车召回制度在国际上几乎已成了惯例,我们不可能在要求对进口汽车实行召回制度的同时,而对本国生产的汽车却不实行召回制度。当然,对稚嫩的国内汽车业来说,实施召回制度还有相当大的困难,无论从立法上,还是从具体操作上,实现召回都有一段艰难的路程。但是国内一些知名汽车品牌,必须要率先实施这一先进的市场管理制度,必须为中国消费者提供更优质的产品和服务。

四、新时期消费者保护的基本对策和要求

21 世纪已经到来,新兴消费市场正在形成,WTO 新的机遇等待着我们,新的制度需要创立,旧的法律需要完善,消费者保护的道路任重道远。为此,我们应该:

1. 立法先行。法是人们行为的依据和准则。制定和完善保护消费者权益的法律法规,特别是要加强对这些新兴行业的管理规定,以规范市场

行为,加强行业自律,并且要大胆借鉴国外保护消费者方面的先进制度,提高我国消费者保护的标准,扭转我国消费者在维权国际化方面的被动局面。

2. 经济重罚。在我国,对于各种不规范的市场行为采取的措施也不失为少数,然而却屡禁不止,步履维艰,出现此类现象,一个重要的原因可归结为经济处罚的力度不够。例如打假,为何越打越假?越打假越多呢?这其中相当一部分是因为在经济上没有实行重罚,既然被打假打中的成本低于制假售假成本,制假售假又怎么会停止?

3. 消费教育。加强对消费者的消费教育,进一步提高人民群众依法护权的法律意识,起到事前预防作用。这方面的工作则主要靠各有关维护消费者权益的部门、新闻媒体等着手进行。

4. 舆论监督。舆论监督是充分发挥人民群众自身的力量、社会团体和新闻媒体的作用。舆论监督的基础在于人民群众自身维权意识的提高;社会团体的社会地位的提高以及新闻媒体透明度的提高、为人民服务意识的增强。社会团体,特别是消费者协会更应在这方面发挥其作用。

5. 行政干预。在当前我国的市场机制还未完全建立,特别是新兴消费市场尚处于摸索阶段、消费者保护的法律尚未完善的情况下,必须运用行政力量对这些市场进行必要的规范,但应适度。特别是要发挥工商行政管理机关等行政部门对商品和服务的监督作用,认真研究和解决消费者权益受损害的突出问题,寻求解决的方法。

6. 联手打假。21 世纪打假是工作的重头戏,打假仍是一项重要的任务。我国有一些打假,总是把鞭子高高举起,却又轻轻放下,有如隔靴搔痒,根本没有切肤之痛,使制假者一而再、再而三地以身试法。必须加大执法力度,切除地方保护主义这颗毒瘤。

7. 队伍建设。即要抓好进行消费者权益保护工作组织的自身建设。组织自身的素质是基础,是内因,只有在自身完善的基础上,才能更好地进行各方面的工作。消费者权益保护是一项关系到国民经济健康发展的重要工作,在我国加入 WTO 后的新时期,在经济全球化大潮中,要努力把我国的消费者权益保护事业推上一个新的台阶。

结语

上海作为国际化的大都市,特别是我国加入 WTO 后,上海消费的发展基本上与国际同步。教育、信息、旅游、信贷、证券、保险、住房等消费将成为21世纪的消费热点。如何对消费者的合法权益进行法律保护已成为当前面临的一大课题。

本文分析了新时期消费的新动向、新趋势，对我国目前立法上的滞后进行了阐述，对新时期相关行业的消费提出了规制，认为对新时期消费者的保护必须进行法律制度上的完善和创新，并从理性的角度提出了消费者保护的基本对策和要求。

欧盟环境政策与竞争法的关系探析及启示*

随着环境问题日益受到国际社会的重视,贸易竞争和环境成为世界贸易组织新的议题。[1] 其实,不单单作为多边贸易体制法律保障制度的世界贸易组织法受到来自环境保护的巨大冲击,作为区域经济贸易一体化法律保障制度的欧盟竞争法也受到来自环境保护的巨大影响。本文对欧盟环境政策与竞争法的关系试作分析:两者的目标是否一致,环境政策是如何在竞争法中得以体现和实施的。在对欧盟环境政策与竞争法关系概貌了解的同时,本文还对我国加入世界贸易组织(World Trade Organization, WTO)、应付环境与贸易竞争的挑战进行一定的探讨。

一、欧盟环境政策与竞争法的概况

(一)欧盟环境政策的发展

欧盟的环境政策与该组织的发展一样,经历了一个历史演变过程。1957 年的《罗马条约》[2] 对环境只字未提,原因是环境保护在当时远未像今天那样受到人们的广泛关注。20 世纪 60 年代后,随着环境问题的日益突出,欧洲各政府开始致力于环境保护。与此同时,欧共体也开始对《罗马条约》进行扩展性解释,逐渐行使其环境保护的职能。[3]

欧共体环境政策的正式诞生是在 1972 年巴黎举行的欧共体政府和首

---

* 本文系作者携华东政法学院硕士研究生邱加化合作完成,载《法商研究》(中南政法学院学报)2001 年第 5 期。

〔1〕 Trade and Environment:An Update on the GATT Agenda,参见高风、毛毛编:《贸易与环境》,法律出版社 1998 年版,第 9 页。

〔2〕 欧盟建立在欧洲三个基础条约上:《欧洲煤炭和钢铁条约》(1952 年,巴黎)、《欧洲经济共同体条约》和《欧洲原子能条约》(1957 年,罗马)。后两个条约统称为《罗马条约》,实践中多指《欧洲经济共同体条约》(简称《欧共体条约》)。1957 年《罗马条约》中没有环境政策的规定,1987 年经《欧洲单一法》修改后才增加第七编“环境”。

〔3〕 参见张英:《欧共体环境政策的法律基础、目标和原则探析》,载《法学评论》1998 年第 4 期。

脑会议上，与会人员强调“对于无形的价值和环境保护应给予特别的关注，以便进一步真正服务于人类”。[4] 1973年年底，欧洲理事会批准了《第一个环境行动纲领》(1972～1976年)。此后，每隔4～5年便出台一个新的环境行动纲领，目前已经步入第5个环境行动纲领时期。环境行动纲领虽对成员国没有法律约束力，但是其中的许多原则对指导共同体和成员国的立法和实践有重要意义。第一个行动纲领肯定了《罗马条约》序言和第2条确定的持续改善人们生活标准、工作条件和经济协调发展的目标。这个目标具体包括尽可能防止、减少、消除环境污染和环境公害；谨防过度掠夺性使用自然资源，破坏生态平衡；在共同体范围以外寻求他国共同解决环境问题的办法，并确立了预防原则、污染者负担原则、环境教育和扶持原则。第二个行动纲领基本上重申了第一个行动纲领的主要原则和目标。第三个行动纲领阐发了四个新观点：(1)欧洲共同体的其他政策诸如交通、能源、科学研究等和环境政策互为一个整体。(2)引入环境评价制度。(3)单独列出几个应优先对待的领域，鼓励发展清洁技术和废物处理技术。(4)委员会草拟提案时必须考虑现存的经济条件、生态条件等因素。第四个行动纲领特别强调环境保护与共同体的其他政策一体化，尤其是就业、农业、交通和发展，并且提供多媒体、物资刺激、污染源引导等防止和控制污染增长的方法。1993年开始的第五个行动纲领在继承前四个行动纲领原则的同时，提出“可持续发展概念”，并改变政策重点，环境保护由“自上而下的道路”转向“自下而上的道路”，即强调公司和个人的环境责任。委员会开始着重加强市场的力量以实现环保目标，这为竞争制度作用的发挥提供了空间，如可以利用竞争制度监控企业行为对环境的影响，也可以利用竞争制度检验产品及其生产过程对环境的影响。

(二)欧盟竞争法概况

欧盟的基本经济政策是建立统一大市场，通过自由竞争维护市场秩序。欧盟竞争法是欧洲经济一体化的主要法律保证，它旨在“建立一个共同市场内竞争不被扭曲的制度，以实现保护共同市场完整统一的目标与其他在自由市场经济下的传统目标，诸如保证资源分配的效率，促使企业充

〔4〕 Commission, 6th General Report (1972), 8.

分地利用其专有技术和技能，以及鼓励它们发展新技术和新产品”。[5] 在统一欧洲市场的问题上，国家垄断与私人垄断具有共生性，二者如果不同时纳入统一法中，市场的统一化很难形成。因此，为排斥共同市场的一切贸易障碍，实现自由贸易，欧盟竞争法不仅针对企业的垄断行为和其他反竞争行为规定了禁止和限制措施，还对国家的反竞争行为（如国家援助）规定了禁止和限制措施。

欧盟竞争法有三个渊源：一是《欧洲联盟条约》（以下简称《欧盟条约》）；[6] 二是欧盟部长理事会和欧盟委员会制定的法规、指令和决定；三是欧洲法院的判决和预裁。《欧盟条约》中的有关竞争的规则是主要的渊源，属于一级立法。该条约的第3（g）项要求建立确保共同体市场内的竞争不被扭曲的制度。第81～90条是这些原则的具体化：第81条禁止限制竞争或者有可能影响共同体成员国之间贸易的协定。第82条禁止企业滥用市场支配地位，包括排斥竞争对手、剥夺消费者等行为。第87～90条是有关国家援助、商业性国家垄断组织和公用企业行为。欧盟部长理事会是欧盟的主要立法机构，根据第83条第1、2款之规定，欧盟部长理事会在一致同意或者合理多数同意欧盟委员会提交的立法建议的基础上，征询欧洲议会的意见，可以制定竞争法规或者指令。欧盟委员会是竞争法的执行机构，但具有向欧盟部长理事会提出二级立法建议而参与欧盟竞争法起草的职能。欧洲法院通过受理有关竞争争议的案件，进一步解释竞争法的基本原则和制度，以判例的形式弥补竞争法的立法空白，并且通过预裁书的形式向成员国有关法院解释条约和二级立法的规定。欧洲法院的判例生成大量的司法解释，丰富和完善了欧盟竞争法律规范体系。值得注意的是欧洲法院的判例不一定约束其后来所作的判决，也就是说欧洲法院在后来审理类似案件时，一般应遵循以前的基本原则，但是客观情况的变化，可以不受约束，从而使新判决更改旧判决。[7] 这样就为欧洲法院配合经济政策，

---

〔5〕 *EEC Competition Policy in the Single Market*, 2nd. Ed March 1989, Office for Official Publications of the European Communities, p. 13.

〔6〕 1992年《马斯特里赫条约》对《罗马条约》作了较大的修改和补充，正式称为欧盟；1997年《阿姆斯特丹条约》又对《罗马条约》进行了修改，形成最后的《欧洲联盟条约》（The Treaty Establishing the European Union，1999年1月生效）。本文中引用的条款根据该条约规定，条款的顺序与《罗马条约》不同。如《欧盟条约》的第81、82条即《罗马条约》的第85、86条。载 http://europa.eu.int/abc/treaties_en.htm，2001年1月20日访问。

〔7〕 参见阮方民：《欧盟竞争法》，中国政法大学出版社1998年版，第21页。

灵活适用竞争法提供了制度上的支持。法院在处理涉及环境保护的竞争案件时,除考虑市场影响外,引入环境政策因素全面分析案件,作出与以往不同的判决也就成为可能。

二、欧盟环境政策与竞争法的冲突和协调

(一)环境政策与竞争法的冲突

在欧盟的法律体系中,环境政策和竞争法是两个相对独立的部分,有各自不同的目标。根据《欧盟条约》第174条第1款的规定,欧盟的环境政策应有助于实现下列目标:(1)维护、保护和改进环境质量;(2)保护人类健康;(3)谨慎和合理地使用自然资源;(4)促进国际措施以解决区域或全球环境问题。竞争法的目标表明在第3(g)项中,"共同体活动确保建立内部市场竞争不被扭曲的体系"。欧盟委员会《第九个报告》的序言中指出竞争政策的首要目标是保持共同市场的同一和开放。

从目标上看,环境政策和竞争法的目标似乎不存在矛盾。问题是当成员国以维护、保护或者改进环境质量为由限制进口时,冲突便产生了。成员国的限制措施有悖于竞争法确立的同一、开放市场原则,丹麦啤酒案就是一个例子。[8] 委员会认为丹麦政府要求啤酒只能装在特殊形状瓶子里出售而且要求收回的法令违反欧盟条约第36条禁止对进口货物实行数量限制的规定。丹麦政府引用第42条"为保护人们健康和动物生活可以采取适当措施"进行抗辩。欧洲法院认为环境保护因素应当考虑,并且是强制性要求,可以对抗第36条的适用。最后判决丹麦限制瓶子的使用类型并回收瓶子来节约原材料保护环境效益的做法是正当的。然而在另一个德国案件中,环境效益的诉讼请求没有获胜。[9] 德国政府对除德国以外的其他欧共体成员国的机动车使用高速公路征收公路税,认为这是开辟财源以改善环境。法院对其辩辞不予采纳,判决这种做法是不合理的、歧视性的,并指出环境保护可以通过其他途径实现。基于这点,环境效益的辩解被驳回。在法院的判决中,环境保护和自由市场的竞争政策哪个优先不甚明朗,但是欧洲法院禁止使用歧视方式实现环境保护的立场是明确的。这一点与WTO非歧视原则是一致的。不同的是,WTO成员经济发展水平差别较大,发达国家或地区用高标准的环保要求,对其他环境标准较低的

[8] Committee v. Danmank Case 302/86(1988) ECR 4607.

[9] Timothy Portwood, *Competition Law & The Environment*, Cameron. Ltd. ,1997, p. 90.

国家或地区常常构成贸易壁垒。而欧盟内部实行同一的市场,统一的环保标准较为容易形成,环境与自由贸易的冲突相对较少,环境政策与竞争法易于协调。

(二)环境政策与竞争法的协调

通过自由竞争实行统一大市场是共同体的初衷。随着国家环境保护的呼声越来越强烈,环境政策也成为共同体不可缺少的一部分。虽然两者存在一定的冲突,但是协调是主旋律,主要表现在几个方面。

1.法律基础上的协调

在欧盟法律体系中,《欧盟条约》具有基础性质,成员国通过这个条约赋予委员会权利,委员会只有在这个条约的一个或者几个条款授权的前提下,才可能按照授权要求实施行动。因此,《欧盟条约》成为环境政策和竞争法的共同法律基础。首先,《欧盟条约》中与环境保护相关的制度主要体现在第 6 条的规定,"环境保护的要求必须融入共同体其他政策的制定和实施中,特别是以可持续发展的观点看待"。这个条款是对《单一欧洲法》中"环境保护要求应为共同体其他政策的组成部分"的修正,同时比《马斯特里赫条约》增加"可持续发展"的表述。这个修正意义重大,它进一步明确了环境保护的政策与其他政策一体化原则,不仅在政策"制定"方面,而且又专门提及政策"实施"方面,取代了原来的仅仅考虑而没有行动的表述,强调了"可持续发展的重要性"。《欧盟条约》的竞争条款第 85 ~ 94 条没有具体提到把环境保护考虑进去,但是根据第 6 条的规定,委员会有关竞争的决议必须和环境保护相协调。其次,《欧盟条约》第 95 条第 3 款虽然规定"委员会……在其涉及健康、安全、环境保护和消费者保护的提案中将以较高水平的保护为基础",但"高水平保护"不等于"最高水平保护"。如果各成员国在某一环境领域存在不同的保护水平,共同体在制定政策时不是以最高环境水平为基础,而是以相对较高水平的成员国为目标,这表明欧盟环境政策的原则是"兼顾不同区域差异的高水平保护"。〔10〕这样的共同环境政策易于实现,也减少了因环境标准不统一引起的争议。

2.污染者负担原则的确立

污染者负担原则最早由 24 个国家组成的经济合作与发展环境委员会

---

〔10〕 参见张英:《欧共体环境政策的法律基础、目标和原则探析》,载《法学评论》1998 年第 4 期。

于1972年提出。[11] 欧洲委员会第一个环境行动纲领就将其列为基本原则,《欧盟条约》使这一原则具有法律效力。欧洲发展委员会对这一原则的定义是"污染者承担政府为确保环境达到'可接受状态'而采取措施所花费的费用"。换言之,采取这些措施的费用必须计算在带来污染的生产或者消费的商品和服务的成本中。实际上污染者负担原则主要是为了经济发展,而不是环境保护,目的是降低政府的补偿费用,因为当工厂产生污染而没有负担时,政府就必须补偿,这样就把污染的成本通过赋税形式转移给社会公众和其他企业,对污染较少的企业来说是不公平的。在环境政策中确立污染者负担原则有积极意义:首先,它将鼓励企业采取积极措施尽量控制、减少甚至消除其造成的污染。其次,它可以刺激企业努力开发新技术、新工艺和开发污染较少的新产品。再次,它可以使稀少的环境资源得到更为合理的利用。最后,它还有利于促进产业和贸易之间的公平竞争,进而维护共同体的统一大市场。可见,污染者负担原则与竞争法的宗旨是一致的。一旦该原则完全贯彻,具有生态效益的产品就开始显示其竞争优势,通过发展生态效益产品和现时的服务融为一体,企业在极短的时间内可能扩大市场份额,消费者也开始考虑产品服务对环境的影响。污染者负担原则为环境保护与竞争法建立了一道桥梁。

3. 对绿色产业发展的促进

绿色产业不是一个单独的产业部门,而是指商品的生产与使用(或者服务的提供)中充分考虑到资源与环境问题,采用某些特定的生产工艺和技术,使其所消耗的资源最少,对环境污染最小。[12] 除生产环境保护产品的环境保护工业和环境保护技术服务属于绿色产业外,环境和生态意识贯穿商品生产或者服务提供的全过程的行业也是绿色产业。目前,绿色产业已成为国际竞争的热点。绿色产业的兴起和发展是环境保护思潮影响的结果,也是人类追求更高层次的生活、实现经济与生态可持续发展的客观要求。绿色产品必然是世界商品发展的主流。因此,发达国家政府积极干预,制定相应的政策,扶持绿色产业的发展。在欧盟体制内,竞争法是主要的干预手段。欧盟竞争法对企业联合行为的规制是十分严格的,《欧盟条

〔11〕 参见陈泉生:《环境法原理》,法律出版社1997年版,第75页。

〔12〕 参见许罗丹、申署光:《国家贸易中的环境与环境保护问题》,载《北京大学学报》(哲社版)1997年第5期。

约》第 81 条第 1 款规定，凡足以影响各成员国之间的贸易和足以阻止、限制或者破坏共同市场内部竞争为目的或者产生相同结果的一切企业间的协定、企业联合组织的决定和一切协同措施，均应予以禁止。但是在某些特定的情况下，企业的上述行为可以得到豁免。当企业进行协议行为时，开发研制具有生态效益的新技术显然可以作为违反竞争规则的抗辩理由，通过扩大豁免条款的解释，有利于绿色产业的发展。同时，绿色产业与老工业展开竞争，实施竞争法对防止已建立的老工业排斥新兴工业的市场准入也能发挥重要作用。

三、环境政策与竞争法的实施

首先值得指出的是，欧盟竞争法中没有环境保护的直接规定，但是根据《欧盟条约》第 6 条“环境保护必须融入共同体其他政策的制定和实施中”的要求，欧洲委员会和法院在作出有关竞争法的决定时，不能只局限于经济和市场分析的基础。欧盟的竞争法主要是对限制竞争协议、滥用市场支配地位、企业合并、公用企业垄断、国家援助等进行规制。那么，在竞争法的实施中，环境政策是如何融入其中的呢？

（一）环境保护与限制竞争协议

企业的限制竞争协议，不仅包括固定价格、分享市场、限制产量、销售辛迪加、联合经营、交易许可等正式协议，还包括价格领导、相互优惠、合谋、平等行动等不签订协议的联合行动。只要企业间的这些行为以限制竞争为目的，或者限制了竞争而不管企业的动机如何，就可适用第 81 条第 1 款。在讨论一份协议的目的时，委员会关键考虑协议对市场的影响，而不必考虑协议的附属目的。在 Nave Wa-Anseau 案[13]中，委员会发现这份协议的附属目的在于保护公共卫生，并且减少核查成本，但该协议仍然违反第 81 条第 1 款的规定。因此，对于一份有益于环境的协议，如果委员会发现协议各方在任何一个方面可能限制竞争，那么这份协议就被认为是违反第 81 条第 1 款规定的。委员会在估量协议的目的时，只考虑经济情况而不管其他，其他方面只有在适用第 81 条第 3 款讨论豁免时才考虑。豁免规则是有助于环境保护，在授予豁免时考虑环境因素，市场则会有利于环保产品的生产。委员会在处理案件的实践中，将竞争协议所能带来的生态

〔13〕 (1982) JCMLR193.

效益作为“有助于改善商品的生产和销售，或者有助于推动技术和经济进步”而加以考虑。在 United Reprocessors Gmbh 案〔14〕中，委员会对某些竞争对手联合进行核燃料再处理服务行为作出豁免，其理由是寻求关于创新环保技术的限制性协议的豁免具有特殊的意义。在 Carbon Gas Technology 案〔15〕和 BBC Brown/NGK 案〔16〕等案件的决定中，委员会接纳了加强环境保护作为能够改进生产和销售或者推动技术进步的观点。但是这不意味着一切有利于改善环境的协议都能得到豁免，在 Ansac 案〔17〕中，委员会没有采纳其环保改进技术和推动技术进步的理由，而适用“均衡性”原理，认为其限制了竞争且不符合第 81 条第 3 款的条件。我们可以看出，对企业以限制性协议自愿改善环境并且确实能改进生产销售或者推动技术进步的行为，委员会能够接受。但是协议对竞争的限制不能超过达到环保目的所必须的限度，不能消除竞争。

（二）环境保护与滥用支配地位

《欧盟条约》第 82 条适用于享有市场权力并企图滥用支配地位的企业，却没有对支配地位作定义。委员会在 1971 年大陆罐头一案中才指出，企业享有独立的行动权力，在行动中不必考虑企图竞争者、购买者或供应者，它就处于支配地位。这种权力可以基于其市场份额，也可以是市场占有率和技术知识、资本和原材料等方面的混合优势而产生。企业可以控制

---

〔14〕 (1976)2CMLRD1。此案中，委员会发现这一协议的首要目标是缔约方联合投资于核燃料的再处理。协议的结果，每一方都被禁止在协议项目外再进行类似的投资。协议的另一方目标是为提供核燃料再处理而固定价格。但是委员会接受以下理由适用第 85 条第 3 款的豁免：1. 协议可以协调各方的投资；2. 危险品的集中处理服务通过提高安全标准以及稳定放射性燃料处理过程，能够提高提供给消费者的服务水平；3. 研究成果推动技术和经济进步；4. 企业的联合能够使最适度规模企业的建立和经营处于最佳状态。

〔15〕 (1985)2CMLR275。此案中四家竞争公司同意为了提高煤炭液化气水平设立一家合资子公司，其协议限制缔约方及与子公司间的竞争违反第 85 条第 1 款，但委员会作出豁免决定，理由之一是协议有助于多种经营的发展并且能使公众的能源消费更稳定，煤炭液汽化扩大对沉淀煤的开发而创造更舒适的生活条件。

〔16〕 (1989)4CMIR610。此案涉及一家日本公司(NGK)与 BBC 之间关于设立一家生产高性能的硫化钠电池的协议，委员会发现协议与 13 号竞争政策精神不一致，考虑到两家公司之间旨在创新基础技术，还是根据第 85 条第 3 款作出豁免。

〔17〕 OJ(1991)L152/54。美国企业天然苏打粉联合销售组织要求其成员用于出口的苏打粉只能通过联合组织销售，阻止他们个别销售并固定价格。联合组织请求豁免的理由是天然苏打粉中的氯化物少，其对环境的影响优于其他材料构成的竞争性产品，并且因此有助于提高产品质量和推动技术进步，但是委员会没有针对其环保的理由而适用“适度性”原则。

相当部分产品的生产、分配和价格。在分析是否滥用支配地位时，首先是划分相关市场，然后确定企业在市场中的支配地位，最后确定是否滥用权力。相关市场的定义十分重要，市场定义越窄，被认定支配地位的可能性越大。产品使用者可能基于产品特性、价格的考虑，认为有利于生态的产品与有损生态的同一产品是不可替代的。所以，从需求方的角度分析相关产品市场，认定新生态产品的市场支配力可能性较大。但是，欧洲法院坚持从供应方的角度分析，这对推出生态产品的企业是有利的。在确定支配地位时，市场份额是首要因素，如果产品涉及新技术，委员会将以宽泛的标准认定。确立了企业的支配地位后，委员会开始考虑其行为的特征是否符合第82条下的滥用行为。〔18〕 环境保护能否作为滥用行为的修正需要具体分析。在Tetrapak Rausing案〔19〕中，法院认为具有支配地位的企业获得竞争性即构成滥用，因为竞争性技术的获得不仅增强了Tetrapak公司的支配地位，而且阻止、延缓了新竞争者的进入。由此可推定，支配地位的企业如果谋取一项将降低相关市场的生态技术，将会认定为权力滥用。如果支配地位的企业自愿使其产品有利于环境，基于产品成本的提高而提高价格或者只向具有良好生态效益的企业购买产品则不被认为是滥用支配地位。

（三）环境保护与企业合并

《欧盟条约》没有对企业合并的规制，但在现代生产力条件下，企业对竞争的限制除采取合谋、协议、共同行动的形式外，必然还会采取合并的方式来限制其他竞争者或阻止潜在竞争者的进入。于是1973年委员会从竞争的角度向理事会建议对合并进行控制，但对控制合并的公正性和控制的范围存在分歧。直到1982年委员会才规定对大型企业的合并进行审查，1989年颁布《合并规则》对合并标准作了限制，该规则于1990年9月2日正式生效。如果一个合并的可能会产生或者加强市场支配地位，并使共同体的有效竞争受到严重阻碍，该合并被视为与共同市场不相协调，不被委员会批准。那么，环境因素在委员会审查合并时多大程度得到考虑？《合并规则》(1)B项规定当技术和经济发展是必要的，且无法确定构成集中

〔18〕 第82条规定下列滥用行为：(1)以直接或者间接强制的方式确定不公平的购买或者出售价格或者其他不公平的贸易条件；(2)限制生产、市场或者技术发展，从而损害消费者；(3)对履行同等义务的贸易伙伴适用不平等的条件，从而使其在竞争中处于不利地位；(4)使合同的签订取决于贸易对象接受与合同标的无关的义务。

〔19〕 Tetrapak Rausing v. Commission CaseT-51/89(1992)4 CMLR.

时，合并又不构成竞争的障碍将得到批准。对于基于技术和环保导致的企业合并来说，如果企业运作于技术占重要地位的各类市场，则集中的程度是可以不予考虑的。《合并规则》(2)A 项表明有必要考虑共同体各市场的结构因素，这就意味着合并所产生的外部效应能作为抗辩事由。比如，以提高环保水平和能源生产与保护为目标的能源企业的合并就对其他市场的环境状况产生相对影响。但是委员会在 Aerospatiale-laliend de Hariland 案中的决议中对非竞争性的抗辩持否定态度，"在引用第 81 条(3)项和规则(2)时，不能认为工业状况仅限于竞争性和其他经济目标所指向的合理交易，因为在一个竞争性的市场中，合并可能有利于技术和经济发展，但是如果市场是非竞争性的，即使合并可能促进技术和经济的发展，也不应予以鼓励"。〔20〕有学者认为这一决定是在《欧共体条约》修正前确定的，从 130r(2)项修正起，随着环境保护的强调，委员会可能将在《合并规则》下采用不同的标准。〔21〕无论如何，单纯的环境保护不能成为阻止合并的理由，环境保护的因素必须纳入《合并规则》所确定的竞争政策中。

(四)环境保护与国家援助

《欧盟条约》对国家援助规制的目的是禁止政府行为扭曲竞争。国家援助的形式不受限制，除了补贴，低息贷款、直接现金救济、政府投资、支付红利等措施外，只要有利于企业在商业运行中减少成本并影响竞争结构和相关市场，均构成国家援助。并非一切国家援助都是禁止的，《欧盟条约》允许不以产品原产地为由进行歧视的对个人消费的援助、救济自然灾害和突发事变的国家援助，以及其他获得委员会同意的国家援助。委员会认可的援助中，为保护环境所进行的国家援助是主要方面之一。国家援助的初衷是为了保障公平竞争。因为现实市场的不完全性使企业的成本和收益往往存在不合理的差距。例如，保护环境的企业成本较高，产品价格相应较高，在市场上处于不利的竞争地位。而污染环境的企业虽然对社会造成负面影响，却在竞争中占有不合理的竞争优势。这对有生态效益的企业来说是不公平的，所以委员会 1993 年颁布《欧共体委员会关于环境保护国家援助的指南》(以下简称《指南》)规定，〔22〕国家援助只能在"污染者负担"

---

〔20〕 Aerospatiale-Aliena De Haviland Case IV/M053(1991)L334/42.

〔21〕 Timothy Portwood, *Competition Law & The Environment*, Cameron. Ltd., 1997, p. 90.

〔22〕 O. J. No. C72 of 10. 3. 94, p. 3.

原则不能有效适用的情况下采用。援助的方式包括国家投资用于购买环保设备、援助企业开发节能技术和再生性能源应用技术，以及对购买绿色产品的消费者进行补贴。然而，过度的国家援助又可能使受援助的企业增强优势地位。为了防止竞争的扭曲，《指南》规定如果投资是使企业符合环保要求，国家援助不得超过总投资的15%，对中小企业不超过25%，并且这项援助只用于环境保护法生效前进行两年以上生产经营的企业。如果企业对环境保护的投资超过法律的要求，或者国家在企业投资的环保领域尚没有颁布相关的法律，国家援助可达到总投资的30%，对中小企业可达40%。国家对消费者购买绿色产品的援助得以无歧视为条件，且援助的程度不得超过因环境保护而额外增加的费用。可见，实施的结果不得有悖公平竞争的理念贯穿着有关环境保护国家援助的始终。

四、欧盟环境保护与竞争法相互作用对我国的启示

经过十多年艰辛的谈判，我国加入WTO进入倒计时阶段。WTO从本质上说是一个贸易竞争的国际制度。随着环境保护呼声的日益高涨，WTO的贸易与环境委员会已将环境和可持续发展观念纳入WTO的日常主流活动中，并致力于在贸易和环境之间建立一种建设性的关系，以求在不损害多边贸易体制公平、公开、非歧视特征的基础上加大环保力度，促进可持续发展。[23] WTO允许成员采取单边贸易措施保护国内或地区内环境，[24]发达国家或地区容易用较高的环境标准对发展中国家或地区的产品进入其市场构成“绿色壁垒”。处理好环境保护与贸易竞争的关系成为我国加入WTO所面临的严峻考验。在这方面，欧盟环境政策与竞争法相互作用给了我们很好的启示。

1.环境政策与竞争法不存在根本性的矛盾，竞争体制中应更多地考虑环境保护的影响在欧盟体系中，尽管环境政策与竞争法存在一定的冲突，但是委员会在竞争法的实施中却表现两者是可以协调的。环境政策和竞争法有共同的目的，即优化资源配置，增进社会的福利：环境政策通过对保护自然资源、改进人类生活质量而增进社会的福利；竞争法通过维护统一

---

〔23〕 The WTO Committee on Trade and Environment: Trade and Environment in the WTO, http://www.wto.org/, May 6, 2000.

〔24〕《关税与贸易总协定》第20条规定成员方可以为保护环境采取以下措施：“(b)为保护人民、动植物的生命和健康所必须的措施……(q)与国内限制生产和消费的措施相配合，为有效保护可能枯竭的天然资源有关的措施……”

开放的市场,从而提高经济发展的效率,促进消费者利益的最大化。环境政策和竞争法又是相互促进的:竞争法维护公平竞争的市场环境,促进贸易的增长,从而为处理环境问题提供经济实力和技术支持。环境保护是竞争的基础,使自由贸易得以存在并获得资源。两者同为绿色产业的发展提供制度支持。为此,《欧洲第五个环境行动纲领》指出:“谨慎地、有计划地实施竞争与环境保护的规则和原则不会引起冲突,也不会妨碍竞争或者破坏环境。相反的情况是:‘生态产业’产品之间的竞争,从理论上说会达到更高层次的保护环境。”〔25〕WTO 也赞同和维护一个公平、公开、非歧视的多边贸易体制以及为保护环境与促进可持续发展而采取的行动之间不应有、也不需有任何政策上的抵触;在不超越多边贸易体制的权限下,协调贸易与环境领域中的各项政策。〔26〕 环境保护是不可逆转的历史趋势,WTO 也会朝着有利于环境方面发展,我们也有理由相信一个严格的世界贸易组织体制会给发展中国家提供一个更为公平、更为合理的待遇。我国加入 WTO 后应积极主动地参加多边贸易体制内环境与贸易的谈判,促成在 WTO 体制下解决环境与贸易问题。从国内层面看,我国竞争法体系很不健全,对滥用市场支配地位、限制价格协议、公用企业限制竞争等反竞争行为尚缺乏有力的法律规则,更不用说对以环境保护为由等隐蔽性的限制竞争行为进行调整。这不是意味着环境政策与竞争政策是毫不相关的两个部分,而是受我国经济发展水平的制约,环境保护与竞争法的冲突没有表现出来,未能引起立法的注意。我国即将出台的反垄断法应该考虑到环境保护可能带来的影响,在立法中协调两者的关系。

2. 正确对待“绿色壁垒”,加强国内环境保护,提高国际竞争力。欧盟高度重视环境保护,环境政策在贸易竞争中的作用日益显著。美国等发达国家亦通过制定严格的环保法规,对不符合规定者,采取禁止或限制进口等措施。站在发展中国家的立场上看,我们对发达国家以依赖其科技和环保水平,通过立法手段,制定强制性的技术标准把发展中国家的产品拒之门外的做法深表不平。但是对所有与环境有关的贸易措施统称为“绿色壁垒”似乎欠妥,这种观点反映了贸易高于一切、忽视环境的价值观念,是把

〔25〕 5th Environmental Action Programme (EC) OJ (1993) C138.

〔26〕 秦天宝:《世界贸易组织法与环境保护:挑战与发展》,载《上海社会科学院学术季刊》2000 年第 2 期。

与贸易有关的环境措施的合理性与合法性一概而论了。事实上,并非所有环境贸易措施都构成"绿色壁垒",只有当一国以环境保护为借口,以限制进口、保护本国供给为目的,对外国商品进口专门设置的带有歧视性的或正常环保本无必要的贸易障碍才成为"绿色壁垒"。对待"绿色壁垒",我国除了坚持以发展中国家的身份进行谈判,寻求WTO的援助,以获得与发达国家进行实质公平竞争的条件外,更重要的是加强国内环境保护,提高国家竞争力。目前,我国许多企业的环保意识还停留在污染的末端治理上,有的企业甚至对末端治理也未引起重视。而发达国家对环境的保护已经从末端治理、生产过程控制进入产品设计和回收再利用的阶段。提高环境保护水平是应付"绿色壁垒"的根本措施,借鉴欧盟的"污染者负担原则",我国可以通过经济手段和法律手段使环境成本内部化,促使企业的行为符合环境保护的要求;按照可持续发展的战略,适应绿色消费的发展趋势,大力开发有益于环境和人们身体健康的绿色产品,发展绿色产业,并提升产业的技术水准。

3. 完善竞争立法,配合环境政策灵活发挥竞争法的功能。竞争法的基本功能是维护竞争机制,以促进市场公平竞争和有效竞争。但是竞争法的一个重要特征就在于它的灵活性,因为它集中体现一国的经济政策,较多地受到国家经济政策和政治需要的影响。随着环境问题日益受到重视,环保的要求也必然在竞争法中有所体现。欧盟竞争法中,由于环境保护被视为有利于改善生产或销售并促进技术进步的因素,因此在适用限制竞争协议的豁免时经常给予充分的考虑;当竞争政策与环境政策在实施时发生冲突,欧盟委员会和法院都没有明确指出谁为优先,却在具体的案例中采用"均衡性原则",即权衡环境协议对竞争的实质性限制,以及协议与要实现的环境目标之间的关系。在国家补贴的问题上,欧盟允许各成员国的环境补贴,但要求这些措施不得在成员之间造成歧视,而且必须符合"均衡性原则"。"均衡性原则"生动地反映了竞争法适用的灵活性,根据不同时期的需要,利用竞争法配合环境政策发挥其功能。这一点尤其值得我们借鉴。在我国的竞争立法中,有必要规定对环境保护的某些协议、联合行为等可以豁免反垄断(或反限制竞争)法的适用。比如,具有良好生态效益的企业可以独家销售、为改进技术的企业合并行为可以豁免等。当然,这些豁免是相对的、有条件的。如何把握标准就是关键问题。这对于我国竞争法的立法与实施提出了更高的要求，必须成立一个具有权威性的机构，组织一批谙熟经济、法律的专家，并且要尽快培养这方面的司法人才，建立专门法庭。

结束语

欧盟竞争法的具体作用体现在对滥用市场支配地位、企业合并、价格协议垄断等企业行为的限制上，对我国而言，对这些行为的规制是反垄断法的主要任务。从广泛意义上看，竞争法对环境政策的呼应反映其为政策服务的另一种功能。因此，在我国加入 WTO 之际，尽快制定和实施反垄断法，不仅是维护公平竞争秩序的强烈要求，而且对保护环境也能发挥间接作用。

论我国电信产业市场竞争的法律规制*

一、世界电信产业市场的竞争格局与法律环境

电信,作为一个产业,已经发展成为一个具有相当复杂性和相当规模的基础设施产业。但是在我国,作为一个投资和生产都具有自然垄断性质的产业,其对于国民经济的影响,尤其是对市场经济竞争秩序的影响是不容忽视的。

按照经济学的分析,自然垄断行业具有三个方面的特征:一是规模经济明显,平均成本和边际成本总是随产量增加而降低,规模越大,生产成本就越低。因此,一般来说,在某一区域内只需要由一家或者少数几家企业进行垄断性经营,以提高资源的利用。二是它有大量的"沉淀资本",资金一旦投入就很难在短期内收回,也难以改为其他用途。如果允许多个企业之间开展竞争的话,会造成资源的浪费,结果也可能是两败俱伤。三是这些行业中的多数是社会公众所需要的基本服务,必须保证企业所提供服务的稳定性、质量的可靠性和可依赖性。自然垄断行业所具有的特征表明:一方面,由一家企业提供垄断产品,通过扩大产量而不断降低单位产品成本,有利于提高生产效率;但另一方面,由于该企业处于独家垄断地位,如果不存在任何外部约束,它就成为市场价格的制定者而不是价格接受者,它可能会制定出大大高于边际成本的价格,以取得垄断利润,其结果必然扭曲分配效率。

按照传统观点,电信产业是一种典型的、具有自然垄断性质的基础性产业。由于技术方面的限制,一个国家电信业的基本业务需要统一的网络,所需投资较大,为取得规模经济效益和避免重复建设,统一规划、统一建设、统一经营和统一管理就显得十分必要。所以长期以来,世界各国对

---

* 本文系作者携华东政法学院法律硕士研究生唐晓明合作完成,载《安徽大学法律评论》2002年第1期。

电信产业普遍采取垄断经营的方式，大多由国家垄断的公共事业公司提供，日本模式可能是这类限制机制的缩影。日本的电话在最初20年里只是供政府使用，此后才逐渐成为公共交流的工具。美国则是通过政府特许、资助和管理少数垄断性的私营公司来提供电信服务。

但是，进入互联网时代以后，具有现代意义的电信产业同早期的自然垄断的情况已迥然不同。早期电信业政策的制定基于行业自然垄断的前提至今已大为改观。[1] 技术进步及电信服务需求的迅速增长，电信服务方式和服务内容的不断拓宽，使电信投资成本的沉淀性特征不断减弱，电信服务方式的替代性不断增强，一些有特色的小型电信服务厂商也具有较高的经营效率，从而出现了电信业自然垄断特征的不断弱化。技术上的革新是促使重新考虑政府管制和法律制度的首要动力。因为原先的管制措施大多数已经不起作用甚至起相反作用，市场机制完全有能力取代已经僵化的调节机制。20世纪80年代开始的电信民营化和自由化趋势，就是世界电信业引入竞争的很好说明。合理的政府管制政策，对规模经济与竞争活力要进行新的选择。把电信产业进行适当分解，在不具有自然垄断性质的业务领域引入竞争，而在具有自然垄断性质的业务领域施加有效的国家干预（政府管制），从而既能获得竞争之利，又能避免垄断之害，促进电信产业健康迅速地发展。自1990年以来，传统的政府管制模式正在发生方向性的变化，取消国家垄断、通过竞争提供多样化的电信服务已是大势所趋。1996年美国的《新电信法》（The Telecommunications Act of 1996）出台，目的是减少市话、长话、有线电视、广播电视和在线服务提供厂商之间的人为差别，加速各类市场的相互渗透和竞争，促进运营者向客户提供更为廉价的电话、数据和影视一体化服务，以及可剪裁的“双向服务”。该法案清除了在美国电信市场的所有业务领域进行公平竞争的最后障碍，可以称得上是全球电信放松管制发展过程中一部具有里程碑意义的法律。因为它破除了电信垄断的根基，在电信领域创立了鼓励竞争的机制，使电信规制方向发生了根本性逆转，即从保护垄断、限制竞争，到打破垄断、支持竞争。自美国颁布与实施该法律以来，许多国家纷纷效仿，从而掀起了一轮全球性的放松管制、引入竞争的浪潮。政府对电信业的放松管制极大地

〔1〕 参见[美]罗杰·G.诺尔:《发展中国家的电信业改革》,载《经济社会体制比较》1999年第3期。

刺激了美国电信市场的自由竞争,大规模的兼并案连续发生。1998 年 4 月 1 日,西南贝尔公司以 170 亿美元收购了太平洋贝尔公司,使西南贝尔公司年收入增长 210 亿美元,并使其成为美国第三大电信公司。1999 年 5 月 11 日,该公司又宣布以 620 亿美元收购排名第七的美国亚美达科公司,使西南贝尔公司年营业额达 408.5 亿美元,拥有 5700 万条电话线,占全国线路的1/3。1999 年 4 月 22 日,大西洋贝尔公司和耐能公司达成合并协议,拥有 220 亿美元资产,年收入达 270 亿美元。后来,世界电信公司以 370 亿美元收购美微波通信公司。美国电话电报公司现已拥有 1600 亿美元的话音市场和 700 亿美元的长话市场,地方贝尔运营公司已经拥有 900 亿美元的本地市场。美国在线在一个最佳时机利用了华尔街,在 2000 年 1 月 10 日以 1470 亿美元收购了时代华纳。欧盟也从 1998 年 1 月 1 日也开始在国际电信业实施全面的竞争战略,欧盟成员国要全面开放电信市场,电信行业不再是垄断性行业,而是一个竞争性行业。在欧盟的要求下,英国撒切尔政府首次向英国公众出售英国电信的 51% 股权。之后,政府再次向公众出售,几年以后,英国电信公司的股权开放到 98%,不仅没有影响公司的运行,反而变得富有竞争力,极大地活跃了电信市场的发展。1996 年,法国通过《电信管理法》,该法充分体现了市场的有效竞争原则和反垄断精神。1997 年开始,以色列政府也采纳了万克斯改革方案,全面启动电信改革。开放移动电话和国际电话市场,打破国有电信机构政企合一的模式,并在国有公司中实行私有化,政府只掌握 54% 的股份,其中 12% 的股份在证券交易所上市,由社会公众持有。时隔两年,以色列政府又开放了国内固定电话市场,使消费者获得通过市场竞争产生的效益。过去,电信领域中外国投资是受限制的。随着电信自由化进程的推进,外国投资比重已经开始上升。1994～1996 年世界各地外国投资在电信业所占的比重,按东欧、亚太地区、西欧、拉美和加勒比海地区、其他地区顺序所占的份额依次是2.1%、54.3%、31.3%、11.8%、0.5%。[2]

与此同时,国际电信产业也开始了走向自由化的谈判。如 1986 年的乌拉圭回合谈判大大扩大了关贸总协定谈判的范围;1989 年美国正式倡导国际多边电信服务谈判,以保证任何一个国家的企业在进入另一个国家

〔2〕 转引自潇深:《全球网络经济》,华夏出版社 1998 年版,第 48 页。

市场时,不会在使用该国电信服务方面受到限制。1991 年 12 月,美国贸易代表又提出了一项同提供基本信息服务有关的建议。经过美国企业界和政府部门的讨论,决定制定一项美国的谈判议程。这个谈判议程在某种意义上讲,是出于美国和以色列关于自由贸易区的非约束性服务条款。后来,在美国和加拿大自由贸易协定的谈判中,开始成为正式的谈判议程。这个关于国际电信产业的谈判议程经过修改和发展,成为日内瓦服务贸易总协定谈判的内容。经过两年的谈判,各方就对服务贸易总协定补充一个电信业附录的问题达成共识。《服务贸易总协定电信业附录》(以下简称《附录》)体现了制定多边电信服务贸易法规以满足企业界要求的一种努力。

另一个需要关注的是《北美自由贸易协定电信业章程》(以下简称《章程》)。《附录》曾经作为美国、加拿大和墨西哥的北美自由贸易协定电信业章程的谈判基础。出于共同利益,参与协定的三方在《章程》中将《附录》的内容加以推广和补充,并列明一些特别条款,以确保技术产品标准和设备审批程序不会成为变相的贸易壁垒。此外,《章程》还侧重开发性增值服务的供应问题。1995 年 7 月,墨西哥在《章程》生效后即解除了对美国和加拿大在增值服务方面进行投资的大多数限制。

WTO 在电信全球化竞争方面的三大协议也具有突破性的意义。它们是:

1.《全球基础电信协议》。1997 年 2 月 15 日,WTO 68 个成员的代表经过 3 年谈判,在日内瓦签署了《全球基础电信协议》,该协议于 1998 年 1 月 1 日生效。其主要内容是要求各成员向外国公司开发其电信市场并结束垄断行为。协议涉及语音电话、数据传输、传真、电传、电报、移动电话、移动数据传输、企业租用私人线路以及个人通信等各项业务。根据协议,WTO 各成员在电信贸易自由化方面所承担的义务程度不同,其中,68 个签署成员中有 18 个将完全取消对外国公司进入本国或本地区电信市场的限制,47 个允许外国公司对本国或本地区电信企业进行控股,而印度等 3 个发展中国家或地区将允许外国资本在本国或地区电信业中占到 25% 的份额。

2.《信息技术协议》。这是(1997 年 3 月 26 日)40 个国家和地区的代表在日内瓦 WTO 总部就开放信息技术产品的贸易谈判达成的协议。协议

要求所有参加方从1997年7月1日开始至2000年1月1日,部分发展中国家或地区最迟不超过2005年,承诺在最惠国待遇的基础上,将主要的信息技术产品的关税降为零,即进行自由贸易。

3.《开放全球金融服务市场协议》。金融服务谈判内容是1993年结束的乌拉圭回合谈判的未完成部分。199年12月,在WTO主持下,来自70个国家和地区的代表参加的全球金融服务贸易谈判终于达成协议。各方同意对外开放银行、保险、证券和金融信息市场。主要内容包括:允许外国在本国或本地区建立金融服务公司并且按竞争原则运行;外国公司享受同国内或地区内公司同等的市场准入权利;取消跨边界金融服务限制;允许外国资本在投资项目中的比重超过50%。这项协议于1999年3月1日生效。协议涉及70个国家和地区,覆盖95%以上的世界金融市场,“包括18兆美元的全球证券资产、38兆美元的国际银行贷款和约2.5兆美元的全球保险费用”。[3] 国际电信市场竞争的内涵已发生了根本性变革,竞争范围拓展,竞争力度加强,竞争格局重组。尤其值得注意的是若干家全球性电信巨头联合为跨国公司提供全方位服务,新进入电信业务市场的竞争者,主要目标是那些投资少、收益快的增值服务业务,如移动电话业务和其他新业务等,国营公司将更多地退而经营国内或地区内的电信服务。

二、中国电信产业市场的竞争状况与面临的挑战

(一)中国电信产业市场的竞争现状

信息网络是一个新的信息沟通模式,这种通信模式在中国刚刚起步。据《中国互联网络发展状况统计报告(2002/1)》[4] 公布数据显示:截至2001年12月31日,我国上网计算机数量约为1254万台,2001年7月为1002万台;其中,专线上网计算机数为234万台,拨号上网计算机数为1020万台。我国上网用户人数约3370万,其中,专线上网的用户人数为672万,拨号上网的用户人数为2133万。同时使用专线与拨号的用户人数为565万。除计算机外同时使用其他设备(移动终端、信息家电)上网的用户人数为118万。据《2000年通信业发展统计公报》[5] 公布:2000年

---

〔3〕 [美]萨尔坦·科马里:《信息时代的经济学》,姚坤、何卫红译,江苏人民出版社2000年版,第91页。

〔4〕 载http://www.cnnic.net.cn/hlwfzyj/hlwxzbg/200906/P020120709345368128648.pdf,2015年10月2日访问。

〔5〕 载http://www.mii.gov.cn/mii/hyzw/2000gongbao.htm,2015年10月2日访问。

通信业全年完成业务总量4725亿元，比上年增长42.4%；收入完成3498亿元，比上年增长24.8%；实现利税433亿元。通信业增加值完成2098亿元，比上年增长24.7%，通信业增加值占国内生产总值的比重达到2.35%（上年2.1%）。从统计中我们可以看到中国信息网络经济的发展已经表现出它的高速成长的特点。特别是进入20世纪90年代以来，中国电信业每年以45%的速度高速增长，公用电信网的总资产增加几十倍，成为世界第二大网。但与此同时，中国电信行业的快速发展以及电信新技术的发展，老百姓并没有适时地得到实惠。电信垄断企业这些年用自己的网络"特权"制定了背离成本的高资费标准，传输设施利用率低，造成资源浪费，同时，又因为"垄断"或多或少地阻碍了新技术的进一步发展和使用。因此，对电信业改革的强烈呼声直接影响了政府的决策和法律的制定。

在九届全国人大五次会议上，朱镕基作的政府工作报告中向全国人民宣告，要"推进垄断行业改革。通过政企分开和企业重组，打破行业垄断，引入竞争机制。尽快实施电信、电力、民航管理体制改革"。近年来，中国电信产业市场与各国电信业"放松管制"（deregulation）、"管制改革"（regulatory reform）的趋势相呼应，也经历了一个打破垄断、引入竞争机制的制度变迁过程。经过多轮改革方案的讨论，最终根据2001年中国正式成为WTO成员时国务院出台的方案，中国电信被分割成南、北两个部分，重组成"5+1"的新格局。重组后的两大集团公司仍拥有中国电信已有的业务经营范围，允许两大集团公司各自在对方区域内建设本地电话网和经营本地固定电话等业务，双方相互提供平等接入等互惠服务。南北两部分按光纤数和信道容量分别拥有中国电信全国干线传输网70%和30%的产权，以及所属辖区内的全部本地电话网。

至此，中国电信产业市场开始打破垄断，但是，正如有人指出的那样，"求'网'而带动中国经济发展的时机远远没有到来"。〔6〕我国目前的电信产业市场远未打破垄断，虽然形成有效竞争的格局，但"竞争"仍然是不充分的。从市场结构看，以前是中国电信和中国联通的不对称的双寡头垄断格局，而现在由于中国电信和中国网通的南北格局，使中国电信从全国性的垄断，变成了和中国网通分区而统的区域性分立垄断。从实质上来

〔6〕章铮主编：《新经济——一场伟大的争吵》，西苑出版社2002年版，第148～154页。

看,中国电信市场实际上还是一个合并了中国网通的大统一市场。“中国电信现在的分拆是为将来的合并?是为了能够成为世界三强的中国电信业的超级航空母舰?由政府行为主导的备受诟病的电信垄断最终将由市场原则来完成新垄断?”〔7〕

客观地讲,中国电信企业还未形成有效的竞争的局面,一个突出的证据就是此起彼伏的价格战。如IP电话卡市场的竞争十分混乱,电信增值业务市场的无证经营,互联互通的不正当限制等。电信业参与市场竞争的方式无非有两类:一是价格竞争,二是非价格竞争。由于电信服务本身具有无形性、可变性、易消失性,服务的生产与消费的不可分割性以及服务的全程全网和互联互通等特点,使电信业的非价格竞争因素显得尤为重要。只有非价格竞争能力的提高才能显示其竞争的实力。价格战只应是争取市场的初级手段,最终确立竞争优势的焦点应当是服务。因此,如何建立非价格竞争机制,应是我国电信管理部门在制定“游戏规则”时重点考虑的问题。过去电信(当然还有铁路、航空等)部门是由国家垄断的,但由于并不以盈利为目的,也就显示不出对社会利益的损害。但是这些垄断企业一旦进入市场,以盈利作为追求的主要目标时,就会利用垄断地位把大量的利益从消费者身上转移到它们手中。因此,进一步引入竞争主体、开放电信市场,全方位建立电信业的竞争机制就是首要的条件,其中外来的刺激和推动就是WTO规则。

(二)“入世”对我国电信产业竞争规制的挑战

1. 向国内外开放市场

根据1998年1月1日生效的《基础电信协议》,一个以取消政府垄断、对外国服务及服务提供者开放市场为目的的挑战摆在我们面前。中国加入WTO,必须遵守关于市场准入、国民待遇和比例限制等原则,承诺电信业对外资开放;在一定时期内全部或部分开放以话音为主体的基本电信业务市场和网络基础设施;同意实行鼓励竞争的调控原则包括根据成本定价,互联互通权利及调控当局的独立性);同意技术中立方案,即外国服务商可以使用他们选择的任何技术来提供电信服务;逐步消除寻呼业和附加值行业的地域限制(2年),消除移动电话和国内有线服务及封闭的用户群

〔7〕 王涌、刘乾坤:《现在的分拆是为将来的合并?——细看电信分拆》,载http://www.eeo.com.cn/,2001年12月20日访问。

电信服务的地域限制(分别是5年和6年)等;同时,还承诺中国关键的电信服务走廊(北京、上海和广州)于加入之日起就要对外开放,到2003年全部电信服务都将对外开放;全部电信业中将允许外商拥有所注资公司49%的股份,两年后即可拥有50%的股份,4年内部分领域可达51%的股份;4年内取消电信设备的关税限制,包括半导体、计算机和外围设备等。实际上,我国的电信市场不仅面对向国外竞争者开放的挑战,而且同样面临向国内开放的问题。虽然邮电部为引进竞争机制作了不少努力,对电信产业采取了一系列的重大改革措施,包括分拆中国电信、重组中国联通、设立中国网通、组建中国铁通等,目的是培育和促进电信行业的市场竞争,限制垄断和反竞争行为。但是这样的改革力度仍然是不够的,社会进入电信市场的呼声仍然十分强烈,与世界各国电信业竞争开放的趋势和《服务贸易总协定》的总体要求相距甚远。

2. 改变政府管制

我国加入WTO,在中国电信业的政府规制方面必须作出两项最基本的承诺,那就是:遵守规则、开放市场。WTO中有关《服务贸易总协定》的规则就将成为中国电信管理层及电信运营商都必须遵守的准则。在入世前后,我国陆续颁布与实施了一系列电信市场管制的行政法规与行政规章,如于2000年9月底颁布实施的《电信条例》和前不久出台的《外商投资电信企业管理规定》是我国电信领域内最具现实意义的法规,反映当代通信技术进步要求和国际接轨的趋势。同时,国务院和相关部门还公布施行了《互联网信息服务管理办法》《公用电信网间互联管理规定》《电信网间通话费结算办法》等规章,这标志着我国电信业的发展开始步入法制轨道。但是,这些法律规制尚未体系化,特别是一些地方性电信法规本位主义特别严重,不透明、不公开。加入WTO后,中国电信法律体系面临最大的挑战是现有的电信法规、部门规章及地方性法规与WTO规则不相符合。《全球基础电信协议》在政府管制方面要求有透明度,管制机构应当独立于业务提供者、禁止反竞争的交叉补贴等。但是我国该方面的现状却是有较大差距的,这实际上也是我国原有的以行业垄断为主的立法理念与市场经济立法理念的冲突。实际上,我国多年来电信立法过程中存在的强调电信行政主管部门的管理权,忽视经营主体的经营自主权的倾向比较严重。一些行政部门在没有法律根据的情况下,任意扩大规制权限。《电信条

例》与一些通信规章、规范文件以及地方性通信法规、通信规章之间的关系交叉、重叠、冲突，特别是通信行政程序公开的法律制度方面几乎还是空缺。我国电信产业的规制主要是政府制定的法规规章，据此控制和影响电信产业的营运及有关电信产品种类、生产形式以及由谁生产、制定产品价格、标准等决策，电信行业的主管部门依旧沿用计划体制下的行政手段去规范电信市场的竞争。可以说，过强的政府管制仍然是中国电信产业的主要"特色"。这种政府规制的特点，其弊端主要集中于以下两个方面：一是政企不分，难以保证政府规制政策的中立与公正。信息产业部仍然集经营者与管理者身份于一体。二是管制手段滞后，管制规则缺位，电信产业方面的立法还相当滞后。总之，在中国电信市场打破垄断、引入竞争的趋势下，光依靠目前电信业自身的内部体制改革已经远远不能适应现实需要。因此，一个重要而急迫的课题，就是必须尽快运用法律手段，通过合理的强制性的制度安排，构建中国电信产业市场有效竞争的法律规制体系。

三、建立我国电信产业市场有效竞争的法律保障体系

中国信息网络通信市场的发展，必须确立有效竞争的目标模式。而这个目标模式的真正实现，有赖于包括市场结构合理、电信资源的配置、产品价格的管制等一系列改革措施的进行。同时，为了保证这些改革措施的落实，全面适应 WTO《全球基础电信协议》新形势，维护正常的电信市场秩序，强有力的法律制度保证是必不可少的。

（一）电信市场有效竞争的目标模式

电信市场有效竞争在各国已经基本形成共识，即建立一个在基础性网线设施方面基本由国家企业或者授权其他企业有限制地进行垄断，而大多数电信业务进行充分竞争的产业竞争模式。具体到我国情况来说，应该包括一个完整的体系。

1. 开放电信资源市场，完善市场进入规则

要形成我国电信市场的有效竞争格局，首要的任务就是市场准入制度的改革和完善。电信市场行业的开放必须引入竞争者，特别要引进国外有实力的竞争者，为国内企业培育一个有效竞争的环境，使其感受到来自国外竞争者的压力。德国就是这样对电信行业进行改革的。根据《服务贸易总协定》法律框架下的"市场准入"规则，各成员方以其承诺清单中所列举的服务部门及其准入条件和限制为准，对其他成员方开放其本国的服务市

场。按照《服务贸易总协定》第 16 条第 2 款的规定，成员方对于承诺市场准入的服务，除了承诺表所规定的条件和限制外，不得采取限制服务提供者的数量、限制服务贸易交易的金额、限制服务的数量；限制特定行业雇用的人数、限制或要求服务提供者需要通过特定的法人实体或合营企业才可提供服务以及限定外国资本最高股权比例或投资额等限制性措施。

中国电信业的市场准入应有一个渐进的过程，因为我国加入 WTO 的身份是发展中国家，应根据《服务贸易总协定》的逐步自由化原则，来确定中国电信服务市场准入的规模、程度和时间，逐步地开放中国的电信服务市场，其中首先是开放国内市场。由于新企业进入产业之初，通常缺乏经济规模和生产经营管理经验，而产业内原有企业经过多年的经营，不仅拥有实质性的市场垄断力量，而且还具有一部分法定垄断权，完全有可能对现实或潜在的竞争者采取多种阻碍市场进入的战略行为。因此，对新企业与原有企业的竞争是一种竞争能力不对称的竞争，仅仅允许新企业自由进入市场尚不足以达到促进竞争这一目标。在新老企业力量极不平衡的状态下，政府不仅要监控占有市场优势企业的行为，而且还要给新企业提供一些“进入支持”，以培育市场竞争机制，实现有效竞争。英国政府在电信产业中的体制改革就是一例。1983 年，英国政府允许新企业莫克瑞电信公司进入电信市场，与英国电信公司形成“双寡头”垄断竞争格局。英国政府向莫克瑞电信公司提供了各方面的“进入支持”。例如，英国政府要求英国电信公司向新企业以较低的成本价格提供市内电话通信网络服务，以帮助新企业抵消在长途电话经营中缺乏规模经济的劣势；同时允许新企业采取“取脂战略”，选择通信业务量最大的线路和地区作为经营范围，以较低的成本取得较高的利润，完成资本的原始积累。英国政府对新企业的这种支持虽然在短期内有悖于公平竞争原则，但从长期看，上述做法有利于培育竞争力量，以实现有效竞争。

从中国电信产业现状看，在非自然垄断性的无线通信业务领域已存在一些经营企业，一定程度地发挥了市场竞争机制的作用；而在具有自然垄断性的有线通信网络业务领域，政府只授权中国电信和联通公司两家有线电信业务。这体现了中国政府对规模经济与竞争活力的权衡，但这种类似于英国电信产业的“双寡头垄断”政策应持续多久，则是一个值得研究的问题。鉴于中国现有的固定通信网络还具有很大的挖掘潜力，今后的管制

放松应逐步取消政策性进入壁垒,允许有实力的新企业进入电信产业具有有线通信网络。只要通过立法制定完善的进入规则,就不会对规模经济造成多大的影响,相反,却能大大增强我国电信产业的竞争活力。1999 年 4 月,中国网络通信有限公司成立,拥有庞大铁路通信网络的铁道部,2000 年 12 月成立的规格可与中国电信相媲美的"中国铁路通信信息集团",这可看作中国电信市场放松管制、更加开发的又一举措。由于联通的加入,中国电信南北分拆和对外国公司的开放而不断降低价格,提高服务质量。这些成功的经验从实践上清楚地说明放松管制、引入竞争对我国自然垄断行业发展的意义。所以要从根本上促进我国自然垄断产业的发展,就要彻底打破管理机制与被管制企业之间的利益关系,使其能超然地行使经济管制职能。

2. 培育合理的市场结构体系

基础设施产业的自然垄断性特点就在于网络供应系统的规模经济效益:需求量越大,网络供应系统的庞大的固定成本就越能分散到每一需求上,从而收到规模经济效益。实际上,基础设施产业中的自然垄断性业务主要是指那些固定网络性操作的核心业务,如电力、煤气和自来水供应产业中的线路、管道等输送网络业务。而电信产业中的有线通信网络业务、其他领域的业务则属于非自然垄断性业务。立足于自然垄断性业务与非自然垄断性业务的相对边界,政府对电信市场结构体系规制的基本思路应当是:首先,把自然垄断性业务(网络基础设施业务)从其他业务中独立出来,作为政府管制的重点,切断它对上游或下游的可竞争性业务实行垂直一体化垄断。其次,对非垄断性业务放松政府管制,逐步实行竞争性经营。本地网存在自然垄断性质,这种性质主要不是依赖于技术因素,而是决定于地理因素。相比而论,长途网因其投资相对较小,自然垄断性质较弱,这意味着有可能实现有限度的竞争。最后,在网上服务领域,因其不具有自然垄断性质,可以放开市场引进竞争。其中基本业务领域,如市话服务和长话服务,规模经济性质较强,可引入寡头垄断竞争。增值业务一般经济规模较小,可实现充分竞争。概言之,政府对于市场结构体系的管制应在对整个电信业作一准确划分的基础上,分层、分类对竞争程度施以不同的规定。

一般认为,网络垄断是中国电信行为不良的根源,要提高竞争力,就必须把基础网络从中国电信中剥离出去。但是,对于如何消除网络垄断,学术界和实务界存在两种较为对立的观点。一种观点认为,电信固定网络属于国有资产,国家完全可以强制地互联互通,分配使用,以避免重复建设造成的资源浪费。另一种观点认为,电信业要开展竞争就会有必要的重复建设。要竞争,供给能力就要有一定的过剩,重复建设就不可避免。持此观点的论者常以上海广电的发展受挫来证明重复建设的必要性。几年前,上海广电在决定发展有线电视网络的时候,曾经非常理性地决定租用上海电信的光缆干线,以便节约自建自投的费用。但是由于上海广电没有自己的主干光缆,它在向上海电信租用光缆时就居于不利的谈判地位。上海电信后来果然逐年提高租费,以至于上海广电在租用2年后得出“租不如建”的结论。最终结局是,上海广电在花费了巨额租金以后,还是投资建设了自己的主干光缆。此例说明,要提高自己的竞争地位,就必须拥有自己的固定网络,换言之,重复建设是必要的。

笔者认为,对于后者,如果是为了技术提升与采用先进技术的必要投资,就不应当认为是重复建设。中国网通公司经过几年的努力,应用最新的IP over DWDM(密集波分复用)技术,在全国范围内铺设了1万多公里的40G高速宽带主干网;包括中国联通也拥有一定比例主干网络的产权。这虽然开了第二网或第三网,但其完全是技术创新与技术进步的结果,并不能简单地认为是重复建设。对于前者,有其一定的合理性。由于市话网和一些长话网的自然垄断更多的是具有地理垄断的性质,即使不同地域、不同形式的电信网可由不同的公司兴建、拥有和经营,只要网与网之间互联互通,就不会影响通信效率。网络的经济性来源于网络的整体性,而网络的整体性来源于网络的互联互通。因此,互联互通有巨大的经济效益,在电信业的基本业务中,必须强制性地实行公用网的互联互通。反之,如果人为地割断网间的联接,或者拒绝与其他网互联互通,就会妨碍网络的整体性,降低电信网的效率。中国电信产业的实践表明,中国电信利用自身垄断网络的优势地位,拒绝与其他电信网互联互通,对其他网络的进入设置障碍,或收取过高的入网费,只能鼓励其他电信网的经营者重复建网,实际上导致了社会资源的浪费。

实际上,“电信网中使用的各种号码、编码、无线电频率等均属于国有资产,不能由某一企业独家占用。应由国家统一合理分配使用,严格管理。

占用国有电信作用的收费管理办法,适用于所有公用网”。[8] 这就是说,实现完全联网是电信企业之间进行公平竞争的必要前提。由电信网络的性质决定,政府有必要对网络的使用进行强制性的制度性规定。只要通信网络市场是一种不完全竞争,某个通信网经营者具有市场垄断地位下,企业之间就不可能自动地实行联网。这是因为,具有垄断优势的企业为了保持其市场垄断地位,只希望通过自身的网络向本企业的顾客提供通信服务。这就需要一种非市场机制的外在力量促使企业间的联网。如果有谁无论出于何种原因,违背互联互通的原则,就相当于降低了社会经济效率,使社会、消费者遭受损失,此行为需要国家制定法律、法规,强制性地予以禁止。由此,互联互通不是一个可有可无的商业准则,而是一个必须被执行的法律原则。

3. 强制互联互通

网络互联互通是指由两个或两个以上不同电信网络间之连接,使原本各自独立分离之电信网络用户彼此间能够互相通信或使用服务。世界各国电信立法莫不把网络管制作为立法的中心任务之一。澳大利亚《1991年电信法》第137条规定:任何一个经营者有权将其网络、设施与其他经营者的网络、设施相联接。如果一个经营者向另一个经营者提出提供电信服务的合理要求,则后者必须向该经营者提供服务。美国《参众两院1996年电信法规报告摘要》中也提出:市场交换公司必须为提出要求的任何一家电信公司在其网络内技术可以办到的任何一点上为电话交换业务和交换接入的传输和信道进行互联,这种互联服务在技术上至少不低于其为自己或第三方所提供的同样服务,其价格和条件应是公平合理的、非歧视性的(国际经济法非歧视性条款的国内法应用)。对此,我国原邮电部《放开经营的电信业务市场管理暂行规定》显然是不符合国际惯例的,如该规定第20条规定:邮电电信企业应根据现有电信能力,按照有关规定,努力为经营单位提供开办业务所需的市话中继线、长途电信线路和有关中继设备,自开通之日起按规定的标准收费,并保证质量,出现故障时须在规定时限内修复。这一规定显然存在不妥之处,如“努力为经营单位提供……”的规定,并不是强制性的规定;而收费标准和修复时限的所谓“规定”,实际上

[8] 吕忠梅等:《规范政府之法——政府经济行为的法律规则》,法律出版社2001年版,第245页。

指的是邮电部下属企业的自行规定，具有单方面强加给用户的性质，而且常常是任意的和不透明的。由此，现行暂行规定未能把互联互通上升为一种强制性的法定义务，亦未能体现法律的权威性与透明度，难于保证国家对网络管制的实效。国内外的经验证明，规定网络运营者在条件许可的范围内有满足其他电信运营者入网、互联要求的法定义务，是建立公平和有效率的电信市场的关键。这些缺陷都应在日后的电信立法中加以修正与完善。值得称道的是我国《电信条例》中第 17 条的规定有了进步，“电信网之间应当按照技术可行、经济合理、公平公正、相互配合的原则，实现互联互通。主导的电信业务经营者不得拒绝其他电信业务经营者和专用网运营单位提出的互联互通要求”。即负有以下义务：(1)不得拒绝其他电信业务经营者提出的互联互通要求；(2)应当按照非歧视和透明化的原则，制定互联互通规程，该规程对主导的电信要求经营者具有约束力；(3)提供与网络互联互通有关的网络设备、机房、管道等必要基础设施；(4)保证提供不低于自己或自己向其子公司、分支机构提供的同类业务服务。这些与 1998 年 2 月 5 日生效的《WTO 基础电信参考文件》(Reference Paper on Basic Telecommunication)的规定是基本一致的：“各成员国须确保主要提供者于任何技术适宜点于其他服务提供者互联互通，且须无差别待遇、合理、透明、公开地提供不低于其为自己或子公司或关系企业的服务。”

4. 建立健全价格规制体系

在市场经济中，价格是市场调节的风向标，市场主体的经济行为与利益驱动在实质意义上便是围绕价格而进行的。由于信息网络产业的许多领域存在垄断力量，难以发挥竞争机制的作用，因此，价格管制便成了国家管制政策的中心内容。价格管制政策可以分为两大类：价格水平的管制和价格结构的管制。

(1)价格水平的确立

价格水平的核心问题在于如何确立一个恰当而合理的价格形成机制。直到 20 世纪 80 年代，电信产业确定价格水平的标准方法是服务成本管制法。该种方法是指，监管当局定期(通常为 1 年)对管制对象的账务情况进行审计，从而估算出这一期间电信公司的经营成本，并以此为依据对电信服务进行定价，使电信公司的总收入等于总成本。但是实际上，种种不确定因素将破坏估算的准确性。1984 年英国将价格上限管制运用于电信

业。其原则就是行业价格上涨不能高于通货膨胀率，即将价格同成本进行分离。同时，考虑劳动生产率的提高，还要使行业的价格下降。自实行价格上限管制以来，英国通信公司价格下降27%。[9] 实践证明，价格上限管制使企业受到了竞争性的刺激，对于促进企业提高生产效率和经营效率具有积极意义，是价格水平管制中较好的方法之一。目前，中国台湾地区实行的就是这一价格水平。

长期以来，我国信息网络业方面的基础设施服务主要采取"成本加合理利润法"进行定价。[10]《电信条例》第23条规定："电信资费标准实行以成本为基础的定价原则，同时考虑国民经济与社会发展要求、电信业的发展和电信用户的承受能力等因素。"第24条规定："电信资费分为市场调节价、政府指导价和政府定价。"第24条第3款规定："市场竞争充分的电信业务，电信资费实行市场调节价。"但基本电信业务的资费标准仍由国务院信息产业主管部门提出方案，经征求国务院价格主管部门意见，报国务院批准后公布施行。然而，电信行业的"成本"究竟是什么，又有谁去仔细研究过？目前电信资费标准的确定，主要还是考虑了政策因素和投资回报率这两个因素。我国的电信产业是从自然垄断逐渐走向有限竞争的，在这种条件下，电信资费的定价方法更多是考虑政策因素，而非市场竞争条件下的资源最佳配置；另外，电信业属于资金密集型产业，由于这几年对信息高科技效应的过高预期和市场开放，刺激了对电信市场的过度投资；过度投资使我国有限竞争的电信业迅速进入了成熟期，市场成本加大，投资回报速度必然就成为投资者的关注的问题。

(2)价格结构的管制

在通信服务零售市场上，不同类型的消费者所面临的市场状况有很大差异。按照消费者支付通信服务费的数额划分，大中型企业事业用户和少数居民消费者使用通信服务的频率较高，而且，他们较多地使用国际长途电话和国内长途电话，因此，他们是通信服务经营企业的主要竞争对象。大约80%的居民家庭消费者和小型企业事业用户使用通信服务的频率较

---

〔9〕 参见许江满、陈炳才：《英国：从凯恩思主义到货币主义》，武汉出版社1994年版，第283页。

〔10〕 参见吕忠梅等：《规范政府之法——政府经济行为的法律规制》，法律出版社2003年版，第259页。

低,并且,他们主要使用市内电话,较少使用国际、国内长途电话,而市内电话是一种垄断性业务。这就是说,大中型企业用户和20%左右的居民消费者处于经营的市场竞争的环境中,而80%的家庭与小型企事业用户处于垄断经营的市场环境中。[11] 因此,为真正让利给最大群体的消费者,必须注重于价格结构的管制。

(二)制定我国电信市场有效竞争的基本法——反垄断法

在我国制度变迁的过渡型经济体制下,各种分割、封锁市场的壁垒比比皆是,如中国电信在市场竞争的发展进程中所采取的限制进入、限制互联互通、垄断定价、限制公共资源分配等方式,构成对统一市场和自由竞争的极大威胁,严重阻碍市场经济体制的建立。1993年12月1日起,我国《反不正当竞争法》开始施行。它对于鼓励和保护正当与公平竞争,维护市场经济秩序发挥了重要作用。同时,对于建立和健全社会主义市场经济的竞争法律制度也具有重要的现实和长远意义。但是,《反不正当竞争法》除了在第6、7、12、15条中,对某些限制和排挤竞争以及地区封锁的行为作了禁止性规定外,没有规定更多的反对和禁止其他垄断行为的内容,这不能不说是一大缺憾。从维护市场竞争的公平性来说,反不正当竞争法主要考虑维护竞争的公平性,而反垄断法则更强调对自由竞争的维护。正如在已经起草的《反垄断法(草案)》中对这一宗旨的表述,是"为制止垄断行为,维护自由和公平的竞争,保护消费者、经营者的合法权益,促进社会主义市场经济的健康发展"。[12] 因此,以维护市场统一和消除市场壁垒为宗旨的反垄断法应当及时出台。从更深的层面来考虑,反垄断法通过对自由竞争的维护,使资源得到优化配置,从而实现经济的高效率。

世界各国电信产业市场反垄断法机制早已形成,在各自国家以及参与世界市场竞争的过程中发挥着重要的作用。自从美国1890年通过《谢尔曼法》以后,技术发生了翻天覆地的变化,但是基本的经济原理没有改变。随着21世纪的到来,《谢尔曼法》中规定的原则变得十分灵活,在防止垄断行为扼杀技术创新、使市场更具竞争性方面发挥着新的作用。与此同时,反垄断法在"防止政府干涉充满活力的硬件和软件市场"方面也显示了越

〔11〕 参见王俊豪:《英国政府管制体制改革研究》,上海三联书店1998年版,第134页。
〔12〕 参见《中华人民共和国反垄断法大纲(草案)》。

来越强的力量。[13]

中国电信产业的现状也决定了在我国制定反垄断法规制的紧迫性。以行政权利为依托的自然垄断,它根源于高度集中统一的计划经济体制,又在新旧体制的转轨时期得到充分的表现,并且作为旧体制的痕迹得到延续。由于行政管理权主要是通过主管部门、具体行业和地方政府来实现的,所以行政性垄断主要表现为部门垄断、行业垄断和地区垄断。这些在中国电信行业中表现尤为突出。实践证明,为了彻底改变这种状况和有效地禁止行政性垄断,避免其给社会主义市场经济秩序造成更大的危害,除了采取深化经济体制改革和政治体制改革等其他措施外,必须尽快制定专门的反垄断法。

未来的反垄断法作为市场经济的基石性法律的作用是不可估量的,其对电信等自然垄断行业的规制主要应该体现在三个方面:一是应该在法律中确定自然垄断的性质,把利用网络优势地位,限制其他竞争者进入的行为定义为垄断行为,如美国在1912年确立的“基础设施理论”(essential facilities-doctrine),政府可以对这些行为通过征收高额垄断利润税等方式加以处罚。二是对自然垄断行业的价格进行严格管制。我国电信垄断企业产品和服务的价格之所以严重背离市场规律,与政府放弃价格方面的规制有关。法律应明确政府制定价格的权限,限定最高价格。同时允许随着市场和技术的变化而变动价格限定。三是限制自然垄断企业的调整产品和服务方面的自主权,一个企业一旦进入自然垄断行业,必须承担国家安全和为社会公众连续提供产品和服务的义务,不得随意调整和退出市场(当然,政府也会对其退出市场进行一定的保护)。通过上述规制手段,把自然垄断企业的垄断行为逐渐加以解冻,最终形成有效竞争的市场。

(三)制定统一的电信基本法、完善电信产业法律规制体系

规制电信市场完善的法律体系应该是反垄断法和反不正当竞争法等法律、法规与通过正当立法程序颁布的电信法,以及在各项法律、法规之下行业自律性的技术性和操作性规范的有效组合。发达国家的经验证明,由于电信业具有的垄断性,对电信行业单独立法就十分有必要,同时,也能使电信改革和发展按照法律规定的内容和程序进行。2000年9月颁布的

---

〔13〕 参见[美]卡尔·夏皮罗、哈尔·瓦里安:《信息规则——网络经济的策略指导》,张帆译,中国人民大学出版社2000年版,第15页。

《电信条例》在立法层次上属于行政法规,而且其中不少规定较为笼统,需要修改。更重要的是这一行政法规并不是集中了各方面的利益集团进行协调和平衡的结果,而是电信主管部门的意见为主的规制办法。中国目前急需的是根据 WTO 基础电信服务开放协议的原则制定电信基本法,"这个法就是电信市场的框架,有了这个框架,才会有规范化的市场,才会有有保障的公平竞争"。〔14〕 当前亟待出台的电信法,将以维护电信市场公平竞争和国家电信管理秩序,保障电信经营者和消费者的合法权益,促进电信事业的发展为其宗旨,对电信产业具体管制方式、电信经营者的权利和义务、电信市场的行为规则以及电信纠纷的解决等制度内容作出具体规定。

1. 电信法的基本性质应当定位在是维护电信市场有效竞争的经济法。有人认为,电信法有两类社会关系需要调整:一类是电信市场的监管关系,应当由行政法调整;另一类是电信营运商和电信产品用户之间的民事关系,应当由民商法调整。〔15〕 依笔者看来,这正是现代经济法的重要特征。电信产业的自然垄断性意味着电信产业具有显著的规模经济,但由一家或极少数几家企业垄断经营的传统做法又会扼杀竞争的活力和资源利用的效率。因此,规模经济与竞争活力便构成了政府制定电信产业政策的两难选择。经过长期实践而形成的一个重要思路便是,以国民经济发展与市场竞争活力相兼容的有效竞争作为政府规制行为的目标导向。这也就是法律(特别是针对电信市场制定的电信法)的立法宗旨和法律价值取向。从美国电信市场的发展和电信法的修改中,我们就可以发现,一部电信发展史,就是从垄断经营—引入竞争—管制下的有限竞争—全面有效竞争的过程;一部美国电信法的历史,也就是对竞争和垄断的不断规范的历史。因此,电信法应当是在电信市场不断发展中对垄断与竞争程度进行政策调节的法制化产物。这一鲜明的立法宗旨在美国的《电信法》中规定得淋漓尽致,"为消费者享有价格低廉、质量优良的电信服务,鼓励电信新技术的迅速进入电信领域内的竞争机制,减少电信领域内的行政干预"。在德国的《电信法》中也规定"制定本法之宗旨乃是通过对规制电信市场和电信业

〔14〕 参见黄伟业:《法国电信:从垄断走向竞争》,载季晓南主编:《中国反垄断法研究》,人民法院出版社 2001 年版,第 517 页。

〔15〕 马志刚:《迎接电信立法法典化时期的到来》,载《人民邮电报》2002 年 3 月 1 日,第 4 版。

务的行业竞争”。毫无疑问,这一个法律就很难归入一个传统的法律部门去界定,而是应纳入为维护市场秩序的目标而运用多种调整手段调整的经济法范畴。

2. 电信法的基本任务是规范电信市场监管主体和市场经营主体的行为。按照政企分开的原则,真正的经营应当由企业去干,政府的职能就是营造竞争环境,规范主体竞争行为。电信法的具体内容应当包括监管机关的权限、监管对象的范围、市场准入的主体、电信企业的竞争行为、监管方式、监管程序、法律责任和救济措施等。当然,反行政性垄断〔16〕的规定也应是电信法题中之意,因为在长期以来高度集权化的经济体制中,基础设施产业中的企业都是国有企业,作为管制者的行业主管部门与企业之间政企不分,甚至政企一体化的问题十分严重。我国电信业在联通公司加入以前,一直是由一个独立的企业——中国电信总局独家垄断经营的,邮电部只是中国电信总局之上的行业主管部门,但实际上邮电部是中国电信总局的所有者,对电信总局在资金和人事上直接管理,并且二者在职能与机构上互有交叉,是一个典型的、政企不分的体制。1998 年国务院机构改革方案通过后,组建了信息产业部,按照政企分开、转变职能、破除垄断、保护竞争与权责一致的原则,信息产业部和电信企业逐步实行了政企分开。目前,信息产业部虽然将中国电信分拆为南北两部分,但他们的性质仍是信息产业部所属的企业。所以说,我国电信产业的政府管制仍具有明显的政企合一特征,行业主管部门既是管制政策的制定者与监督执行者,又是具体业务的实际经营者,行业行政性、区域性垄断的特征十分明显。因此,有效的办法是在信息产业部内部实行政企分开,或者组建新的国家电信管理机构,〔17〕切断中国电信与政府管制机构的联系。新的国家电信管制机构还可借鉴国外经验,吸收一定数量的经济学家、法学家参与,力求保持人员组成上的超脱性与中立性,其主要职能应包括:电信业的进入管制、价格管制、资源管制、制定电信业的技术标准、调解和仲裁电信企业之间的关系与纠纷、制止电信企业的垄断行为与不正当竞争行为等。

---

〔16〕 参见张维迎、盛洪:《从电信业看中国的反垄断问题》,载季晓南主编:《中国反垄断法研究》,人民法院出版社 2001 年版,第 463 ~464 页。

〔17〕 参见张维迎、盛洪:《从电信业看中国的反垄断问题》,载季晓南主编:《中国反垄断法研究》,人民法院出版社 2001 年版,第 469 页。

3. 电信法的基本功能是重塑市场结构。"一个比较好的市场结构是在企业间开展有效竞争的前提条件。"〔18〕合理的市场结构要求市场上必须保持足够的竞争者,以维护竞争性的市场结构。当市场上出现了垄断或者垄断趋势,可以运用电信法进行干预,降低市场的集中度,调整市场结构。如果一个市场结构是合适的、有利于开展有效竞争的,企业的市场行为一般会是合理的,政府就不需要监督和干预企业的市场行为。从中国电信业的市场结构可知,中国电信与目前的北方中国网通在固定电话、移动电话、无线寻呼以及卫星通信等业务上均存在明显的全国大区域性的垄断。破除这种垄断,可以通过培育和发展新的电信公司从外部来挤压和占领中国电信的市场份额。从实际情况看,南北割治的寡头市场结构仍然不足以形成有效竞争,需要引入更多的竞争者,尤其需要引入外国竞争者。在这方面,国外电信业改革有不少的经验。

1974 年,美国司法部根据反垄断法起诉美国电报电话公司在经营长途、市话和电信设备市场上的独占。经过长达 8 年的诉讼后,法庭于 1982 年作出了在美国电信史上具有深远影响的判决:将市话业务从美国电报电话公司中独立出来,并且分解为 7 个独立的地区小贝尔公司(RBOCS)来营运。这一决定不仅没有使国家利益受损,相反出现较为明显的电信成本的日益降低和电信业务量的显著增加,破除垄断带来了经济效益和社会效益的双重改善。但是国内有人将近年来美国电信市场出现的合并重组案例看成上述"分拆"措施的失败,笔者对此不敢苟同。在笔者看来,恰恰是证明了"分拆"是按照市场竞争有效性的要求来进行分解垄断的,"合并"又是根据市场竞争有效性重新整合市场力量。在推进电信服务全球化进程中,电信市场将迅速扩大,竞争也将更加激烈。有人预测,世界电信业将掀起一场跨国结盟的热潮。由于电信业的自然属性,从完全垄断—竞争—相对集中经营—再次打破集中格局,形成新的平衡已经呈现其客观规律性。如果把合并重组看成对反垄断的否定,那是不恰当的。对我国来说,有数十年垄断运营历史的中国电信,随着电信的拆分、重组和新公司的建立而宣告走向新的舞台,政府人为推动的模拟市场的建立将产生一批新的电信业务提供者,为进一步的市场竞争创造优良环境。信息产业部本着

〔18〕 参见王晓晔:《欧共体竞争法》,中国法制出版社 2001 年版,第 67 页。

“破除垄断、促进竞争”的原则对电信市场进行的优化市场结构改造，也将为中国电信运营市场实现真正的开放奠定坚实的基础。朱镕基在政府工作报告中，把规范市场经济秩序提高到“直接关系到我国现代化事业的成败”这一高度。据此，我们有理由相信，一个有竞争、有效率、懂规矩、讲信用的社会主义市场经济体系终将建成。

欧盟竞争法新发展及对我国的启示*

引言

2002年12月16日,欧盟理事会颁布了《关于实施建立欧盟条约第81条和第82条竞争规则的规定》的第1/2003号规则(以下简称第1/2003号规则)。为了适应经济全球化和欧盟扩大的需要,保证对欧盟共同市场竞争秩序的有效监管,欧盟理事会对原欧共体理事会1962年制定的第17号规则作出了重大修改。新规则以建立直接适用《建立欧盟条约》(以下简称条约)第81条和第82条竞争规则及在欧盟委员会与成员国之间适当分权为核心,以取代第17号规则建立起来的审查确认制度及权力高度集中于委员会的监管体制,从而建立起了欧盟竞争规则新的实施体制。第1/2003号规则的颁布实施意味着欧盟竞争法律制度实现了整体的现代化,对欧盟今后竞争法律制度的发展具有重要意义。

一、欧盟竞争法体系

作为特殊国际组织的欧盟,其竞争法体系比较复杂。就制定主体划分,欧盟竞争法体系由欧盟和各成员国的法律共同构成。欧盟制定的竞争方面的条约、规则等在效力上高于成员国的竞争法,由各成员国直接实施欧盟竞争法,也可通过纳入本国的竞争法律间接实施。就法律形式来划分,欧盟竞争法体系由欧盟制定的条约、规则、指令及成员国制定的法律等成文法,以及欧盟法院和各成员国法院的判例构成的不成文法组成。欧盟委员会的决定也起着一定的先例作用。

在欧盟共同体层次上,欧盟竞争法又可分为三个层次。

第一层次是条约中关于竞争的基本规则。条约第81条和第82条在《罗马条约》中是第85条和第86条,这两条是欧盟竞争法的核心。第81

---

* 本文是与上海海运学院副教授郑丙贵的合作成果,载《法学》2004年第8期。

条第1款规定,一切以排除、限制和扭曲市场竞争为目的或产生这些结果的企业之间的协议、企业间组织(如行业协会等)的决定和协调一致行为,都是与共同市场相抵触的,应予以禁止,并且自动无效。第81条第3款规定,如果这些协议、决定和协调一致行为有助于提高产品的生产和流通、提高技术进步或经济的发展,同时使消费者能够合理分享这些利益的,则享有不适用第81条第1款规定的反垄断法豁免。第82条是关于禁止滥用市场优势地位行为的规定。

第二层次是欧盟理事会制定的规则。欧盟理事会是欧盟主要的决策机关,与欧盟议会共同行使立法机关的职能。在竞争法方面,欧盟理事会制定第二层次的竞争规则,主要是就如何适用条约第81条、第82条等规则制定实施细则。这些实施细则可分为两类:(1)适用于欧盟所有成员国及所有行业的一般性规则,如理事会第17号规则,[1]和新颁布的理事会第1/2003号规则;[2](2)适用于特定行业或行为的规则,如海运业适用第81、82条的理事会第4056/86号规则、[3]海运业不公平定价行为的理事会第4057/86号规则等。[4]

第三层次是欧盟委员会制定的竞争规则、指令和决定等。欧盟委员会是欧盟的执行机构,执行欧盟法律,有权向欧盟议会和理事会提交立法草案、提供立法建议。作为执法机关,欧盟委员会的职责主要体现为:第一,根据建立欧盟条约和欧盟理事会的规则制定更加具体的实施规定,一般是针对各个行业制定具体的可操作性的规定;第二,对企业和公民的行为进行直接的执法活动,作出有关的决定和命令。在欧盟竞争法体系中,欧盟委员会制定的竞争规则在数量上是最多的。

---

〔1〕 EEC Council: Regulation No. 17: First Regulation implementing Articles 81 and 82 of the Treaty. 另外,根据欧盟《阿姆斯特丹条约》第12条的规定,对原欧洲经济共同体条约的条款依据《建立欧盟条约》进行重新编号。

〔2〕 Council Regulation(EC) No. 1/2003 of 16 December 2002 on the implication of the rules on competition laid down in Articles 81 and 82 of the Treaty.

〔3〕 Council Regulation(EEC) No. 4056/86 of 22 December 1986 laying down detailed rules for the application of Articles 85 and 86 of the Treaty to maritime transport.

〔4〕 Council Regulation(EEC) No. 4057/86 of 22 December 1986 on unfair pricing practices in maritime transport.

二、理事会第17号规则分析

（一）第17号规则建立的制度

条约第81、82条确立的竞争规则具有高度的概括性和广泛的适用性，但缺乏可操作性，第17号规则的目的即适用这两条基本竞争规则的实施细则。

第17号规则的内容主要是关于条约第81、82条实施的程序性规定，对其实体内容不作具体的解释。第17号规则确立的程序制度包括两个方面：第一，直接适用第81条第1款和第82条禁止性规则的制度，即无需向委员会申报。[5] 但是，该规则又规定，企业可以向委员会申请，要求委员会对这些协议、决定和协调行为作出不违反第81条第1款和第82条规定的否定性排除（negative clearance）的决定。[6] 企业获得否定性排除决定的目的是避免这些协议在以后的实施过程中被认定为非法。第二，要求获得第81条第3款豁免的限制性协议的应该预先向委员会申报，由委员会审查确认其是否符合反垄断法豁免的条件，从而确立了申报确认制度。[7] 这两种不同的制度在一定意义上是内在于条约第81条的措辞。第81条第2款规定：第81条第1款规定的排除、限制竞争的企业间的协议、企业组织间的决定自动无效，因此，无需向委员会申报并由其审查决定这些协议是否违法，第17号规则确立的否定性排除制度相对于第81条第2款的规定是一种倒退。在第81条第3款关于豁免的规定里，用的是“被宣布不适用第81条第1款”，并不是自动适用豁免。

成员国的竞争主管机关和法院尽管有权适用第81条第1款的规定，但无权行使否定性排除和豁免的审查确认权力，这两种权力被授予当时的欧共体委员会。因此，第17号规则的审查确认制度建立起了权力高度集中的欧盟竞争规则实施体制。这种高度集中的体制在竞争法实施早期是必要的，并且是非常有效的。在20世纪60年代，竞争文化并没有深入人心，政府对经济实行范围广泛的管制，欧共体的个别成员国的竞争法律制度也不够完善，对于高度概括的第81、82条规定的理解不可避免存在认识上的分歧，因此，预先申报、集中豁免审查制度可以有效地实施第

[5] EEC Council Regulation No. 17, Article 1: Basic provision.

[6] EEC Council Regulation No. 17, Article 2: Negative clearance.

[7] Council Regulation No. 17, Article 4: Notification of new decisions and practices.

81、82 条规定的竞争规则,并且能够在成员国间保证法律适用的确定性和统一性。

(二)第 17 号规则的缺陷及补救措施

就在第 17 号规则实施之初,其内在缺陷就已经显露出来。首先,委员会没有能力处理所有申报上来的协议,不能及时决定是否给予否定性排除或反垄断法豁免,导致大量协议的效力处于不确定状态;其次,集中监管体制使委员会不能将有限的行政资源有效集中于对欧盟共同市场构成严重危害的、涉及面广泛的限制竞争协议监督方面,所谓捡了芝麻丢了西瓜;最后,成员国无权实施条约中的豁免制度,不能发挥成员国竞争主管机关和法院在实施竞争规则方面的全面作用。这些弊端随着共同市场的不断发展及欧盟的不断扩大而越发严重,从目前看,这是一种低效率和高成本的体制。上述问题迫使委员会采取一些改革措施。

1. 引入对竞争有明显影响(appreciable effect on competition)的概念。1964 年,欧共体委员会作出了《有关第 1 号规则第 2 条否定性排除的规定》。[8] 根据该规定,被认为对共同体市场竞争没有明显影响的协议、决定和协调一致行为不适用第 81 条第 1 款的规定,因此,无需向委员会申请以获得否定性排除。该决定大大减少了委员会的审查工作。

2. 澄清某些协议不属于第 81 条第 1 款规定的限制竞争协议。自 1962 年开始直到 1993 年,委员会以通知形式通过了一系列不属于第 81 条第 1 款规定的限制竞争协议的规则,因为这些协议尽管对竞争有一定程度的限制,但是符合正常的商业惯例的要求,因此,也无需向委员会要求否定性排除。这些协议包括:(1)经营者与商业代理人订立的排他性交易合同;(2)企业合作协议;(3)某些转包合同;(4)合作经营企业的协议等。

3. 建立整体豁免制度(block exemption)。为了减少申请要求豁免的协议数量,在理事会的授权下,委员会制定了系列的整体豁免制度,即对符合第 81 条第 3 款条件的某类协议或,在没有申报、审查的情况下给予反垄断法豁免,只有在特殊情况下启动个别豁免程序(individual exemption),由委员会审查是否给予豁免。整体豁免制度是一种程序上的豁免制度,其他国家的豁免是实体豁免制度,即规定有些协议享有不适用反垄断法的特殊待

---

[8] Commission Decision 64/344/EEC of 1 June 1964 concerning a request for negative clearance pursuant to Article 2 of Regulation No. 17.

遇，因此，在其他国家不存在相对应的制度。目前，委员会制定的仍然有效的整体豁免规则有：(1)关于排他性配送协议的第1983/83号规则；[9] (2)关于排他性购买协议的第1984/83号规则；[10] (3)关于专业化协议的第417/85号规则；[11] (4)关于研究和发展协议的第418/85号规则；[12] (5)关于班轮公会协议的第4056/86号规则；[13] (6)关于特许权协议的第4087/88号规则；[14] (7)关于国际海运业中联营体协议的第870/95号规则（该规则被第823/2000号规则所取代）；[15] (8)关于技术转让协议的第240/96号规则。[16] 这些整体豁免协议有的涉及企业之间的横向协议，有的涉及纵向协议，有的是以整个行业里的一类协议为整体豁免对象的。

4. 建立安慰信（comfort letter）制度。当委员会不能对所收到的所有要求审查的协议作出正式的决定时，委员会使用安慰信技术来简化个别审查程序，这是自20世纪70年代起被引入的一种制度。所谓安慰信，是指委员会根据其掌握的信息，对企业申报的协议作出的符合否定性排除条件或豁免条件的非正式的初步决定。因此，安慰信有两种：否定性排除安慰信（negative clearance letter）和豁免安慰信（exemption letter）。安慰信制度虽然可以减轻委员会的工作量，但有两个缺陷：第一，委员会无需公布以安慰信形式所作决定的协议的主要内容，因此，有违公开性的要求及相关的利

[9] Commission Regulation No. 1983/83 of 22 June 1983 on the application of Article 85(3) to categories of exclusive distribution agreements.

[10] Commission Regulation No. 1984/83 of 22 June 1983 on the application of Article 85 (3) to categories of exclusive purchasing agreements.

[11] Commission Regulation (EEC) No. 417/85 of 19 December 1984 on the application of Article 85 (3) to categories of specialisation agreements.

[12] Commission Regulation (EEC) No. 418/85 of 19 December 1984 on the application of Article 85(3) to categories of research and development agreements.

[13] Council Regulation No. 4056/86 (1) 22 DECEMBER 1986 laying down detailed ivies for the application of Articles 85 and 86 of the Treaty to maritime transport.

[14] Commission Regulation No. 4087/88 of 30 November 1988 on the application of Article 85 (3) to categories of franchise agreements.

[15] Commission Regulation (EX) No. 823/2000 of 19 April 2000 on the application of Article 81(3) of the Treaty to certain categories of agreements, decisions and concerted practices between liner shipping companies (consortia).

[16] Commission Regulation (EX) No. 240/96 of 31 January 1996 on the application of Article 85(3) to certain categories of technology transfer agreements.

益方不能对这些协议提出异议以保护自己的利益;第二,在欧盟法院和成员国法院,委员会以安慰信形式作出的否定性排除或豁免决定不具有法律约束力,这也是安慰信名称的由来。

(三)修改第17号规则的必要性和紧迫性

由于第17号规则本身存在的缺陷及该规则制定后外部实施环境的重大变化,该规则至20世纪末到了必须修改的时候了。

1. 各种补救措施作用的有限性。尽管欧共体理事会和委员会为克服第17号规则所存在的问题采取了许多补救措施,在一定程度上缓解了第17号规则建立起来的权利集中的监督实施体制的弊端。但是,近40年来,该规则内在的根本问题依然未被克服,委员会所建立的各种措施的成效也是有限的。受制于第17号规则所建立起来的基本框架,后来的各种措施只是起一些修补性质的作用。有些措施在实施过程中可操作性不够,如对竞争有明显影响的概念;有些措施不能穷尽所有可能的情况,如规定某些协议不属于第81条第1款规定的限制竞争协议;有些措施是治标不治本,如安慰信制度;对于整体豁免制度来说,仍然会存在大量的要求个别豁免的协议。因此,修改第17号规则是克服其弊端的根本选择。

2. 实现有效监管和简化管理的目的。条约第83条规定,理事会制定关于第81、82条的实施规则时应该遵循两个基本原则:(1)保证有效监管;(2)尽可能简化管理。理事会在制定第17号规则时也强调要遵循这两个原则,而实际上建立起来的权力高度集中的实施体制并没有实现这两个目标。对第17号规则的修改仍应坚持这两个基本原则,并通过具体的措施体现出来。

3. 欧盟扩大带来外部环境的变化。从外部环境的变化,同样提出了修改第17号规则的必要性和紧迫性。第17号规则产生之时,欧共体只有6个成员国,目前已经有15个成员国。2003年新接纳了10个成员国。这样,欧盟共同市场将大大扩大,需要审查的协议数量会激加。无论从减少工作量还是降低管埋成本来说都需要改变竞争法的实施规则。

4. 放松管制改革的大趋势。20世纪80年代开始,在主要的发达资本主义国家开始了一场意义深远的管制改革,改革的核心是放松管制(deregulation),让市场发挥更大的作用。根据管制所在的不同领域,管制分为三类:经济管制、社会管制和行政管制。[17] 经济管制是对经营者在价格、竞争、市场准入和退出等市场行为方面的直接干预,社会管制是为了保护健康、安全、环境和社会凝聚力等公共利益而实施的管制,行政管理管制是关于行政管理过程中有关文件和程序的规定。20 世纪 80 年代开始的管制改革在上述 3 个领域同时进行,并有不同的改革目标,经济管制改革的目标是通过减少对竞争和创新的障碍,提高经济效率。社会管制改革的目标是以较低的成本,更灵活、简单的目标管理方法和市场运作机制实现更有效的社会管制。行政管理管制改革是减少不必要的环节以提高行政管理效率、提高透明度。在这样的大背景下,对已经有 40 年历史的欧盟竞争法实施规则进行改革,成为欧盟经济管制和行政管制改革的重要组成部分。

三、新规则与欧盟竞争法的现代化

(一)第 1/2003 号规则建立的新制度

1. 直接适用条约第 81 条和第 82 条制度。规则第 1 条规定:属于条约第 81 条第 1 款禁止的协议、决定和协调行为,如果不具备该条第 3 款不适用的条件的,应予以禁止,对这种禁止无需先前决定;对符合该条第 3 款规定的豁免条件的,也无需先前决定;条约第 82 条禁止的滥用市场优势地位的行为的禁止同样无需先前决定。这是新规则对第 17 号规则所作出的最大发展,也是新规则的核心。这条规定确立起了直接适用条约第 81 条和第 82 条的新制度。首先,将第 81 条第 1 款限制竞争协议和第 81 条滥用优势地位行为的直接使用贯彻到底,取消了否定性排除制度,企业不必向委员会申报协议以获得委员会对这些协议不违反禁止性规定的认可。其次,第 17 号规则的核心是委员会垄断豁免适用制度的审查权力,在新规则里,符合第 81 条第 3 款条件的协议、决定和协调行为豁免适用第 81 条第 1 款时,无需获得委员会的认可,只要企业、企业间组织认为符合法律规定的条件,即可自行实施。

2. 建立新型的委员会与成员国之间关系。为了保证欧盟竞争规则的有效实施,新规则对委员会与成员国之间的关系进行了重新界定。从主体上,一方面体现在委员会与成员国竞争主管机关之间的关系,另一方面体

〔17〕 OECD:The OECD Report on Regulatory Reform,1997.

现为委员会与成员国法院之间的关系;从内容上,这种新型一方面体现为适当分权,另一方面体现为加强合作。

新规则的一项重大改革是扩大成员国在实施欧盟竞争法方面的权力,体现为:(1)成员国竞争主管机关和法院有权适用条约第 81 条和第 82 条的全部规定,而不是以往仅限于部分条款;(2)在处理成员国竞争法与第 81、82 条的关系问题上,新规则规定,成员国竞争主管机关或法院应该同时适用国内法和第 81、82 条的规定,但是,如果成员国法律认为企业间的协议虽然影响成员国之间贸易,却没有限制竞争或符合豁免的条件,成员国可决定不禁止这些协议,并允许成员国适用其比条约规定更加严格的国内法。〔18〕

在扩大成员国竞争主管机关的职权后,协调委员会与成员国竞争主管机关之间的关系、实现两者之间的紧密合作将成为欧盟竞争规则有效监管、高效实施的重要内容。在委员会与成员国竞争主管机关之间的合作方面的新规定有:(1)委员会在作出责令违法行为禁止令、临时性措施、接受企业承诺等方面的决定时,应该将重要文件的复印件通知成员国竞争主管机关;(2)成员国竞争主管机关在根据第 81 条和第 82 条开始采取第一次正式调查措施之前应书面通知委员会。其他成员国竞争主管机关也应该能够获得有关的通知内容;(3)在成员国竞争主管机关决定采取责令停止违法行为、接受保证或撤销整体豁免规则所授予的利益,应该在不迟于 30 天的期间内通知委员会;(4)成员国竞争主管机关可以就任何案件如何适用共同体法律向委员会咨询。〔19〕

根据新规则,条约第 81 条和第 82 条的实施体制将呈现多主体、多层次的网络化特点,为了保证欧盟竞争规则适用的统一性,确定不同实施主体之间在适用第 81 条和第 82 条时所作出的决定的不同效力是必需的。这包括几方面的规定:(1)在法院与竞争规则执行机关之间,法院行使司法审查权,法院可以作出维持、否定和改变执法机关的决定。这在欧盟共同体和成员国两个层次上都是一样的;(2)在委员会与成员国竞争主管机关之间,后者的决定不能与委员会的决定相冲突;(3)在委员会与成员国法院之间,成员国法院的决定也不得与委员会的决定相违背。(4)如果委

〔18〕 Council Regulation No. 1/2003, Article 3.

〔19〕 Council Regulation No. 1/2003, Article 11.

员会启动调查程序，则自动终止成员国竞争主管机关适用第 81 条和第 82 条的权力；如果成员国竞争主管机关已经开始调查该案件，则委员会只要与其协商后即可启动调查程序。[20]

(二)欧盟竞争法现代化的主要体现

1. 直接适用制度有利于提高监管效率

审查确认制度虽然具有保证欧盟竞争法实施的统一性和确定性的优点，但其低效率的弊端一直困扰着欧盟委员会。当竞争法实施机关和企业对欧盟竞争规则的含义的认识逐渐趋于统一，以及克服弊端可能的措施已用尽时，改变旧的实施规则的条件已经成熟。欧盟理事会在权衡取消审查确认制度可能带来的消极影响后，大胆地采取了直接适用制度，这在现代各国仍然广泛采取审查确认制度的背景下是一个重大的突破，具有深远的影响。现代经济已越趋复杂，如果竞争主管机关需要事先审查所有要求获得反垄断法豁免适用的协议，就很难兼顾对各类协议在实施中可能危及公平竞争秩序的行为进行事后监管。直接适用制度无疑将大大提高欧盟竞争主管机关对竞争秩序的监管效率。提高监管效率的另一重要改革是调整委员会与顾问委员会之间的关系。第 17 号规则和第 1/2003 号规则都规定，委员会在作出重要的处罚决定之前应该与"限制行为和优势地位咨询委员会"协商，但新规则在提高这种协商的效率上作了新的规定。首先，要求这种协商并不要求一律以会议的方式进行，可以以书面形式进行；其次，明确规定了协商的时间期限；最后，委员会应该尽可能考虑咨询委员会的意见，并将咨询委员会的书面意见作为决定的附件。[21]

2. 适当分权体制以实现对共同市场的有效监管

修改第 17 号规则的重要指导思想是实现对欧盟共同市场的有效监管，第 1/2003 号规则确立的直接适用制度和适当分权都服务于这一目的。分权体制的建立是以直接适用为条件，将原来集中于委员会的事先审查的权力予以取消，使委员会和成员国共同负担起实施欧盟竞争规则的责任。新确立的以委员会为核心、同时尽可能发挥成员国作用的实施体制更符合欧盟新的经济社会现实。

---

〔20〕 Council Regulation No. 1/2003, Article 20.

〔21〕 Council Regulation No. 1/2003, Article 14.

3. 完善调查制度适应新的经济环境

在新规则实施后，委员会实施竞争规则的主要职责将体现在对违法行为的监督处罚上，为此，根据新情况重新规定委员会的调查权和处罚权是实现欧盟竞争法的现代化的重要内容之一。

(1)委员会的调查权

新规则继续保留委员会对产业竞争状况的一般调查权。一般调查权是指当成员国之间的贸易在价格上出现刚性(rigidity)或其他等情况表明共同体市场竞争受到限制或被扭曲时，委员会对特定行业或某类协议进行的一般性调查。在其他方面，新规则强化了委员会的调查权，并且规定得更具操作性。新规则规定，在委员会实施调查时，不仅可以对通常的书面记录、办公场所进行调查，必要时可以进入任何其他场所，包括董事、管理人员和其他职员的不动产、拥有的土地和运输工具等。

(2)委员会的处罚权

委员会根据企业违法行为的具体情况，可以作出终止违法行为、接受保证、[22]采取临时性措施[23]和给予经济处罚等措施的决定。新规则规定，为了实现终止违法行为的目的，委员会可采取与违法行为相适应且能够有效促使违法者停止违法行为的行为救济或结构救济(behavioral or structural remedies)的方式，[24]结构救济是指解散企业间组织、分拆企业等较为严厉的惩罚措施。第17号规则仅仅规定委员会有权终止违法行为，新规则将此具体规定为行为救济和结构救济两类，并规定了结构救济的适用条件，将更有利于欧盟竞争规则的有效实施，对严重的违法行为起到更大的威慑作用。

4. 提高处罚金额有利于提高执法力度

新规则除了完善责令停止违法行为、要求履行承诺的保证等法律责任外，对具有直接经济处罚性质的责任，主要是普通罚款制度和惩罚性持续罚款制度(periodic penalty payments)也作了较大的修改。普通罚款制度是对违法行为不考虑其持续的时间长短处以一定金额的罚款方式，惩罚性持

---

[22] 接受保证是指在委员会作出禁止违法行为之前，有关的企业作出符合委员会要求的履行一定行为时，委员会可以作出接受这样的保证、并要求企业遵守保证的决定。

[23] 在出现可能对竞争构成严重或不可弥补的紧急情况下，委员会基于所掌握的违法行为的初步证据，可以采取有实施期限的临时性措施。

[24] Council Regulation No. 1/2003, Article 7.

续罚款制度是为了迫使违法的企业停止违法行为、遵守临时性措施、履行承诺的保证等在规定的一段时间内要求违法者按照标准每天支付一定的金额的制度,即将每一天的违法行为作为一个独立的违法行为进行处罚,因此,惩罚性持续罚款制度比普通罚款要重得多,可以有效地实现执法机关的决定及阻止违法行为的继续。新规则对处罚制度的修改集中体现在处罚标准的改变上,将过去固定的处罚标准改为按照经营者上一经营年度营业额的一定比例,其隐含的指导思想是违法行为对市场竞争造成的损害与经营者的规模有直接的联系。

四、欧盟最新竞争立法对我国的启示

经过长期的讨论和摸索,我国加快了制定反垄断法的步伐。在反垄断法颁布后,将与反不正当竞争法一起构成我国竞争法的基本体系。反垄断法的制定,无疑需要结合我国经济现实、法治建设状况,同时也有必要借鉴、吸收国际社会在竞争法律制度方面的最新发展趋势。欧盟竞争法的最新发展对我国竞争立法尤其是反垄断立法至少有以下几点值得我们思考:

1. 建立申报确认制度还是直接适用制度的问题。对法律禁止的限制竞争协议和滥用市场优势地位行为采用直接适用制度是目前各国普遍的做法,但对于享有反垄断法豁免的协议是由竞争主管机关审查确认还是直接适用是需要立法者考虑的问题。考虑到我国社会主义市场经济尚处于初级阶段,审查确认制度应是首选,这样有利于尽早建立规范的市场经济秩序,但同时应该采取措施避免其低效率和高成本的弊端。

2. 建立权力集中的监管体制还是适当分权的监管体制的问题。目前对我国如何设立反垄断执法机构存在争议,基本上有三种观点:(1)应该建立一个与反不正当竞争执法部门分开的、具有权威的、高度独立的反垄断执法机构;(2)由执行反不正当竞争法的工商行政管理部门统一执法;(3)设立名称为公平交易局等机构,统一实施竞争法。但是,无论如何设立,在执法机构内部必须处理中央与地方之间的权力划分关系,即是集权还是分权的问题。在欧盟,集权制度与审查确认制度是联系在一起的,我国是否考虑在建立审查确认制度的同时又进行适当的分权,以提高反垄断法的实施效率和有效监管。

3. 法律责任形式的多元化和有效性问题。在竞争法领域,不同情况下会分别采用民事责任、行政责任和行事责任三种法律责任形式。欧盟竞争

法的最新发展在行政责任方面为我们提供了直接可以借鉴的的内容,包括责任形式的多元化及在制止违法行为的效果两个方面。在责任形式上,可以吸收行为救济和结构救济两种措施以及惩罚性持续罚款制度;在法律责任有效性方面,可以借鉴以营业额的一定比例作为处罚的标准,提高经济处罚的威慑力。

论新兴 B2B 电子商务市场的反垄断法规制*

一、B2B 电子商务市场概述

电子商务[1]是指在网上开展的商务活动。当企业将它的主要业务通过企业内部网(internet)、外部网(extrane)与企业的职员、客户、供销商及合作伙伴直接相连时,其发生的各种活动就是电子商务。[2] 法律意义上的电子商务是指各种具有商业活动能力的实体利用网络化和数字化技术,在电子市场上进行的以电子交易和电子服务为核心的商务法律活动。参与电子商务的交易主体有企业、个人消费者、政府及中介机构;客体包括以商品为主要对象的电子交易行为和以服务为主要对象的网上服务(web service)行为,它们各自构成独立的电子商务行为,又共同构建了电子商务的基础;电子商务的媒介是现代电子信息技术。

电子商务最具发展潜力的是 B2B 电子商务模式,[3] 无论是从参与企

---

* 本文系作者携上海对外贸易学院硕士研究生王良合作完成,载《法律科学》(西北政法学院学报)2004 年第 5 期。

〔1〕 电子商务是一个内涵和外延都不断发展的概念,由于其产生的历史不长,因而至今没有一个确切的定义,许多专家和学者从不同的角度纷纷提出了各自的见解。电子商务最初仅仅是利用网络进行商品交易和资金转移的渠道,但随着网络的普及和真正意义上的电子商务的实现,电子商务的发展涉及对整个商业活动的各个方面和环节的整合,其对商业活动的影响是全方位的。因此,从广义上来理解电子商务更为合适,指一切以电子技术手段所进行的、一切与商业有关的活动。而商业界所称的电子商务,一般是指以互联网为运行平台的商事交易活动,即狭义的电子商务。

〔2〕 参见方美琪:《电子商务概论》,清华大学出版社 2002 年版,第 1 页。

〔3〕 关于企业对企业(B2B)电子商务交易,美国官方统计资料显示,B2B 交易在整个电子商务中占据突出位置。2001 年,美国的年 B2B 在线销售额达 9950 亿美元,占美国电子商务交易总量的 93.3%。欧洲联盟的 B2B 交易值私营部门估计,2002 年约为 1850 亿美元至 2000 亿美元。在中欧和东欧,一些预计显示,2003 年 B2B 电子商务交易额将达 40 亿美元左右。在亚太地区,此种交易额将迅速增长,由 2002 年的大约 1200 亿美元增至 2003 年的大约 2000 亿美元,2004 年将增至 3000 亿美元左右。在拉丁美洲,2002 年的 B2B 在线交易额预测为 65 亿美元,2003 年将达 125 亿美元,还有人提出了要比这乐观得多的数字。根据 2001 年的预测,非洲的 B2B 电子商务交易额 2002 年将为 5 亿美元,2003 年将为 9 亿美元,南非将在这两个数字中占 80% ~85%。联合国贸易和发展会议:《2003 年电子商务与发展报告》,载 http. www. unctad. org/ecommerce,2004 年 7 月 15 日访问。

业的数量、实现的交易金额、交互信息量上来看，还是从交易的地域范围、交易商品种类以及社会各界的关心和政府的重视程度等多方面来看，都是电子商务的主体和重点。[4] B2B 电子商务市场(B2B e-market places)[5]是指通过计算机网络将买方和卖方的信息、产品和服务联系起来，来提高买卖双方商务活动的效率的市场。这一市场构筑在交易主体之间高度信任的基础上，通过供应的集中、采购的自动实现、供应配送系统的整合，从而在更大程度上改善企业的竞争条件，建立企业的竞争优势。B2B 电子商务市场被认为能在高度分割且没有统一秩序市场上发挥重要作用，在这一市场上，买卖双方都能通过需求的聚合获取较好的价格。[6]

(一)B2B 电子商务市场法律意义上的分类

目前，无论是传统企业还是新兴的电子商务企业，都在努力通过网络实现企业与企业之间的电子商务。根据这些企业开展 B2B 电子商务的目的、方式、参与交易主体的特点，对 B2B 电子商务市场可以作出多种分类。具有法律意义的一种分类方法是按照参与 B2B 电子商务市场的参与交易主体的地位来划分，B2B 可分为三类：买方企业拉动型企业间电子商务、卖方企业推动型企业间电子商务、中立交易平台型企业间电子商务。[7]

买方企业拉动型企业间电子商务市场主要是由规模较大的买方企业，联合一些网络技术服务商共同组建起来的。它主要服务于买方企业，使之以比传统的采购渠道更有效的方式采购自己所需的商品。卖方企业推动型企业间电子商务市场主要是由供应商组建的，它主要服务于卖方企业，使它们的产品和服务推销给各个地区、各个行业的用户。中立交易平台型企业间电子商务市场一般是由买卖双方之外的第三方建立的，它给许多买

---

〔4〕 参见张福德：《电子商务网络市场》，机械工业出版社 2001 年版，第 87 页。

〔5〕 有各种不同的名称，像 B2B 交易平台、B2B 网络、B2B 交易市场、B2B 虚拟市场等。但它们都指的是由供应商、分销商、商业服务提供商、网络基础设施提供商及消费者构成的一种独特的系统，它们利用该系统进行信息共同与商业交易。Tapscot, "Virtual Webs will Revolutionize Business", *Wallst. J.*, Apr. 24, 2000, at A38. See also W. Blumenthal, "B2B Internet Exchanges: The Antitrust Basics", *Antitrust Report*, 34, May 2000.

〔6〕 Hansell, "Assessing the Online Exchanges: From One Expert, a Mixed Grade, New York Times", Jun. 7, 2000. http://www.ny-times.com/library/tech/00/06/biztech/technology/07hans.html.

〔7〕 Kinnery S. "An overview of B2B and purchasing technology, Response to Call for Submissions", *Federal Trade Commission*, June 2000.

方企业和卖方企业提供共同聚集的场所，买卖双方通过第三方企业提供的中立交易平台寻找自己的交易伙伴。卖方和买方在这一市场上是“多对多”的关系，企业可以以此来增加市场机会，比较供货渠道，进行更有效的价格发现，实现最优化交易结果。

按照电子商务交易平台的业务范围和它在价值链上的地位来划分，电子商务市场又可分为“横向交易市场”和“纵向交易市场”两类。这种分类方法对B2B电子商务的垄断分析很有意义。“横向交易市场”的组织者并不单一地经营一种产品或服务，而是注重于广度，往往跨越各种行业，为参与这种市场的交易者提供网络的维护、修理、运营（MRO）等各种类型的产品或服务。“纵向交易市场”往往整合了某一行业内不同生产商、批发商、零售商的一种市场，该市场的专业性强，通常拥有该行业资源的背景，更容易集中行业资源，吸引行业系统内多数成员的参与。以交易为主的“纵向市场”是未来电子商务的发展趋势。

（二）B2B电子商务市场对效率的促进

20世纪90年代中期以来，B2B电子商务得到越来越广泛的应用。在B2B电子商务市场中，买卖双方的交易是通过虚拟网络市场进行的。整个交易以互联网为基础，利用先进的通信和计算机软件技术，为买卖双方提供市场信息、商品交易、仓储配送、贷款结算等全方位服务。与传统商务活动相比，B2B电子商务具有如下的竞争优势：

1.降低交易中的信息成本，使传统交易中存在的信息不对称和信息搜索成本高的问题得以解决。[8] 买卖双方通过网络使信息交流成本变得低廉、方式变得快捷。

2.降低企业运营成本。电子商务可以降低企业的促销成本、采购成本、库存成本、营销成本、组织管理费用等。对企业来说，成本的降低就意味着收益的增加。

3.缩短企业生产周期。企业通过电子商务可以为产品的开发与设计提供快捷的服务，改善许多业务流程，缩短产品开发和制造周期，以同等或较低的费用生产出更多的产品。

4.创造新的市场机会。B2B电子商务打破时间和空间的界限，建立了

〔8〕 参见黄敏学：《电子虚拟市场的演进与交易》，武汉大学出版社2002年版，第103页。

一个新的企业营销渠道,可以吸引更多的新顾客,并能使企业之间加强合作,形成规模经济。

5. 提高顾客满意程度。企业利用网络可以提高对顾客的服务效率,为顾客提供满意的产品和服务。

另外,B2B 电子商务能够实现企业业务的整合,即实现企业内部业务系统的集成、协作和流程自动化,提高企业的运作效率,并通过供应链整合来实现供应商、生产商和分销商之间的紧密联系,最终实现标准化数据的流畅和无缝传输。B2B 也可以将自己的不具有比较优势的业务外包,自己只进行核心价值的生产。

如上所述,B2B 电子商务市场的形成能够极大地增进效率,加剧市场的竞争。当商业运作具有更高的效率和竞争性,会有助于产品价格降低、质量提高、更新加快,这会有利于消费者。但是 B2B 的结构及设计模式,营运商制定的营运规章、规则,和参与者之间的合同安排,电子商务的所有权与管理,以及电子商务运营的市场的特征和产生的效果等一系列因素,也引发了广泛的反垄断问题关注。

二、B2B 电子商务市场的垄断法规制

(一)各国有关 B2B 电子商务垄断现象的立法回应

电子商务作为先进生产力代表的技术工具,蕴藏着巨大的利润和财富。这些前所未有的利益和机会将成为整个社会追逐和争夺的新目标。而新的竞争模式也应运而生,这必然需要一套新的竞争规则与之适应,否则无序的竞争最终只会导致社会的失控和冲突的不断发生。随着电子商务的快速发展和广泛应用,现行的法规与电子商务实践不相适应的矛盾越来越突出。因为竞争在网络经济中扮演的角色不同于传统的市场经济,竞争的表现形式与规则有所修正。不正当竞争及垄断行为的认定及价值判断随着社会对利益、效率、公平的需求变化而改变。在网络经济中,反垄断在规范标准、操作权限及程序、效能范围等方面都会有前所未有的改变。经济形态和经济需求的改变必然引起制度上的变迁,许多国家已经从立法入手对网络经济中的不正当竞争行为、垄断行为进行规制,来回应网络经济的变化。[9]

---

〔9〕 参见齐爱民、刘颖:《网络法研究》,法律出版社 2001 年版,第 209 页。

早在2000年6月,美国联邦贸易委员会就建立了一个研究机构,专门来研究和解释电子商务中的竞争法问题。美国联邦贸易委员会于同年10月发布了该机构的研究报告。[10] 公平贸易局也曾委托经济前沿(Frontier Economics)杂志社进行了一项名为“电子商务与竞争政策的建议”的研究,并于2000年8月发布。[11] 2000年10月,经济合作与发展组织举行了关于电子商务的小型多边会谈,并向10个主权国家的竞争机构提出了书面的建议。[12] 欧盟委员会对有关电子商务市场的评估原则进行了发展和完善,并在一系列的会议上发布。[13] 与此同时,它们也通过适用《欧盟竞争法》第81条和《欧盟并购条例》,以通告的形式来获取对这一新兴市场的实践性认识。并且欧盟委员会已经准备制定一项针对B2B电子商务商业交易的反垄断法案。[14]

现在,如果我们去分析一家B2B电子商务市场时,就会比较容易判断某一国家的当局对之所持的一般立场。而这些观点、立场会逐步发展成为这些国家对电子商务的竞争政策。当企业在某一行业建立电子商务交易平台时,就会注意其行为可能会产生的竞争法后果,从而防患于未然。

(二)新兴电子商务中的垄断行为能否纳入传统的垄断法中进行规制

网络技术会如何影响市场的结构和市场的特性还没能完全定论,而电子商务未来发展的不确定性更使人们难以预测其对竞争产生的可能影响。一方面,电子商务的一些特征会有助于市场进入和成本降低,这种市场竞争加剧的结果会有利于消费者。电子商务能够促进竞争的表现很多。例如,当搜索成本、菜单和交易成本降低,买方选择供应商的机会很多时,卖

〔10〕 Federal Trade Commission, Entering the 21st Century: Competition Policy in the World of B2B Electronic Market places (Washington, 2000). See http://www.ftc.gov/, Jun. 8, 2004.

〔11〕 Office of Fair Trading, E-Commerce and Its Implications for Competition Policy, prepared by Frontier Economics (2000, OFT Report 308).

〔12〕 OECD, Competition issues in electronic commerce [DEFFEE/CLP(2000)32].

〔13〕 Conference. Thee-Economy in Europe: Its potential impact on EU enterprises and policies. On 1 - 2 March 2001 in Brussels, Comference. E-marketlaces: new challenges for enterprise policy, competition and standardizatoin. On 23 - 24 April 2001 in Brussels.

〔14〕 欧盟的有关机构针对在现阶段B2B交易有可能对于商业竞争构成的潜在威胁,包括商业垄断尚未能作出详细判断。但欧盟反垄断官员马瑞尔蒙蒂的发言人表示:“其中一项肯定被视作垄断行为的做法就是参与网上交易的公司交换产品的价格或其他敏感信息,因为这有可能导致产生某种意义上的托拉斯,我们对此持反对态度。”参见:《欧盟拟制定B2B反垄断法案》,载http://www.sina.com.cn,2000年7月26日访问。

方之间的竞争会趋于剧烈。但另一方面,“先发效应”“网络的外部性”“转换成本”及其他的进入障碍可能会影响市场力(market power),使市场力仅仅在为数不多的大商家之间发挥作用,因此也会减损竞争。例如,电子商务会助长某类不正当竞争行为的发生,使竞争当局监管此类行为的能力降低。

但是,新兴的B2B市场中的反垄断问题并没有超出传统反垄断法规制的范围,当垄断行为出现时,借助传统反垄断法中相类似的规则是能够解决问题的。对B2B市场垄断问题的分析,和企业并购的垄断分析是一样的。[15] 从反垄断法的角度来说,B2B市场竞争者之间的共谋行为和一般市场上竞争者共谋行为并没有很大差异。反垄断法和反垄断分析模式不会随着经济发展的成功、失败的演进而失去作用,反垄断法的基本价值和对消费者保护的原则会一直得到适用。事实上,B2B的建立者通过设计一套完善的B2B运营规则,有可能会消除反垄断问题的发生。但在电子商务运营的有些方面,已经证实有违反垄断法的实质可能性。B2B的所有者因此也应该意识到,其建立起来的电子商务平台的结构模式、运营的章程规则、所有权关系和管理会引发潜在的反竞争效果。

虽然说电子商务的发展不会造就新类型的不正当竞争行为,传统意义上的竞争法律框架足以解决新的问题。但是很多领域需要竞争当局审慎的监管,一些领域的法律适用规则需要进行调整,或者需要进一步的调查研究。每个国家的竞争执法当局应该确保市场竞争力在电子商务的飞速发展进程中自由地运转,一方面要保护好消费者的利益不受不正当竞争行为的侵害,另一方面还不能窒息电子商务发展中形成的这种新的竞争形式。因此,各国要制定出适当的竞争政策来迎接这种挑战。

三、对B2B电子商务市场的垄断分析

(一)B2B电子商务市场垄断产生、存在和发展的新特征

电子商务市场内在的网络特性使这种市场容易形成经营者的市场支配地位,并使B2B市场容易具有“排斥性”特征。随着电子商务使用者的

---

〔15〕 载http://www.ftc.gov/bc/b2bleary.htm。

数量增多,网络价值的增大、“网络的外部性”,[16]使对网络市场的支配问题也伴随而生。如果“网络效应”很强,就会使所有的市场参与者使用网络的机会减少,导致市场支配地位的形成。随着在同一个交易平台上的需求方和供应商数量增多和利益增大,在电子商务环境下的垄断问题就会出现。但电子商务环境的垄断更具有暂时性,垄断并不必然抑制和排斥竞争;相反,垄断者仍然面临各式各样和不同程度的竞争。这种垄断不但没有“高价低质”的垄断产品侵害消费者的利益,造成社会经济效率低下,也没有消灭竞争,遏制创新。技术创新、竞争、垄断这三者在网络经济时代将始终是交融互促地发展的。这就对传统经济学中的反垄断观念提出挑战。[17]

电子商务市场中“网络效应”的扩大,让竞争政策的制定成为两难。一方面,需要考虑只有庞大的商务网络市场才能实现实质性的效率。实践中,每一个交易平台都在尽可能多地吸引各个行业的参与者,这或许不应该视为是竞争问题;另一方面,竞争政策需要确认“网络效应”会产生市场失灵的效果,将会实质性地提高市场准入标准、阻碍市场扩张,这就会使规模很大的交易平台的经营者具有实质性的市场力量。

（二）B2B电子商务的市场界定

与传统的商务活动相比,电子商务具有虚拟性、跨越时空性和高效性等特征。并且由于信息的开放性,电子商务市场与传统市场的主要区别在于其较低的进入障碍、较低的管理成本和得到完全的产品与需求信息的机会。从经济学角度看,电子商务有完全竞争市场的很多特征。[18]这是我们认识B2B电子商务市场的一个重要方面。

竞争必须与市场相联系,因为只有在具体的市场条件下,才能认定一个竞争行为是有利于竞争还是限制竞争。可以说界定出相关的市场是反垄断分析的第一步。虽然说并非每一个竞争法案件都需要界定出相关市

[16] 网络外部性决定了网络的一个重要特征是,网络产品的用户越多,该产品的价值就越大,由此形成的正反馈效应会促进用户网络的自我扩张。最终该产品市场的天平发生偏离,市场结构不断地向垄断方向转变。

[17] 参见张小蒂、倪云虎:《网络经济》,高等教育出版社2002年版,第136～140页。

[18] 完全竞争市场是指一种竞争不受任何阻碍和干扰的市场结构,它的条件包括:(1)市场上有众多的商品供应者,且每一个商品的供应者只能是价值的接受者;(2)市场上的产品是完全同质的,没有差别的;(3)各种生产要素可以不受限制地自由流动;(4)市场上的信息是完全的、充分的。

场，但在很多案件中，从产品市场和地域市场两个方面去界定相关市场，对评价一个竞争案件常常有决定性的影响。[19] 在电子商务环境下，以电子商务平台为基础而产生的产品和服务不断出现，很多情况下很难从产品的性能、价格、使用目的以及消费者的喜好来界定相关产品市场。而相关地域市场的界定也具有较大的不确定性。笔者认为，电子商务市场的发展没有从实质上改变传统的市场界定理论，SSNIP（small but significant non-transitory increase in prices，SSNIP）测度标准和一系列有关市场界定的原则仍将是有效的市场界定分析工具。

1997 年欧共体委员会提出的界定相关市场的 SSNIP 标准，用这种标准去界定一个相关市场时，"需要回答的问题是，作为对一定产品和地域内假设的数目不大（其幅度在 5% ~10%）但长期性的相对价格上涨的反应，当事人的客户是否愿意转向购买可以得到的替代品，或者转向其他地区的供货商"。[20] SSNIP 标准的经济学原理是：需求替代可以对一定产品的卖方造成最直接和最有效的制约力，特别能对卖方的定价行为产生重大的影响。在使用这个标准界定相关市场时，重点要考虑需求替代。然而，在新兴电子商务市场中，中立性交易平台上会有数量众多的卖方和买方同时进场交易。此时，价格不能由卖家或买家单独控制，而是通过市场调节，由电子商务市场的供求双方的相互作用而确定出的。另一种是通过竞价和拍卖来实现产品的动态价格，最终的价格是竞出的高价或是可以使成交量最多的价格。这都不同于工业经济中卖方通过发布产品目录来行使定价的权利的方式。因此，这会要求对 SSNIP 测度标准进行相应的修正，让 SSNIP 测度标准同等适用一个数额不大但却有意义的限制供应，而不仅仅是非临时性的涨价。此外，由于在电子商务市场中，缺乏可信度较高的销售记录和价格数据，电子商务市场当前的变化速度又非常迅猛，这将会导致 SSNIP 测度标准适用的复杂化。特别是在买卖双方转换市场行为的过程中，电子商务市场日新月异的变化将会影响到电子商务服务和传统服务的竞争程度，进而会影响产品市场的合理布局。因此

---

〔19〕 参见王晓晔：《欧共体竞争法》，中国法制出版社 2001 年版，第 75 ~82 页。

〔20〕 Bekanntmachung der Kommission zur Defintion Relevanten Markets in Wettbewerbscrecht, ABL. c. 372vom9. 12. 1997, S. 5; WuW3/1998, S. 2，欧共体竞争法中界定相关市场的通告，第 17 节。

在界定目前或未来市场范围时,历史数据的适用性受到了限制。同时,市场参与者与竞争机构在评估相关市场时对历史数据的依赖程度也会限制。这是电子商务发展在短期可能会发生的情况,就长期而言,如果企业的交易都得到了电子化,竞争机构虽然可能会获取更多的可用数据,但数据没有被例行保存的情况也极有可能发生。鉴于此,各国的法院或政府机构必须要为保存特定类型交易(如在线市场)的电子记录程序作出规定。

有关电子商务市场引发的市场界定问题还有以下三个方面:一是电子商务是否创造了一个符合竞争政策的新市场,还是仅仅构成了一条能和传统销售渠道相竞争的新的销售渠道。二是价格歧视范围的增加或电子商务市场在搜索成本、转换成本和规模经济方面的可能变化,导致产品市场范围的缩小还是扩张。三是买卖双方交易所处地理位置重要性的削弱是否会拓宽相关的地域市场。因此,如何区别电子商务与传统的商业模式,如何根据电子商务本身的特点合理地界定出相关市场将值得关注。另外,在国际贸易的障碍还依然存在的今天,参与电子商务交易的贸易障碍会变得越来越少,这会使产品的地域市场变得越来越大,司法管辖问题会进一步的复杂化。这更需要增强不同国家竞争机构之间的相互合作,来协调反垄断法的域外管辖权的冲突。

四、B2B 电子商务市场引发的反垄断问题

尽管电子商务市场能够创造出高效率并能提高生产力,但这种市场也会出现竞争者间的共谋、排他性交易等一系列反垄断法所规制的问题。因此,公司在建立 B2B 电子商务市场的时候,要充分了解传统的反垄断规则在新兴网络市场中是如何适用的,尽可能避免引发反垄断问题。B2B 的建立者必须考虑:(1)电子商务企业和竞争对手之间交换信息,或者允许竞争对手使用敏感性的竞争信息是否会导致价格的提高而损害消费者的利益;(2)电子商务企业设置的一些“排他性”规则,限制竞争者使用其设立的交易平台,或阻止企业设立人与交易的参与者使用竞争对手的交易平台,是否会不适当地阻碍竞争对手 B2B 业务的正常发展。

(一)竞争者之间的信息交换协议

网络技术使信息的收集与传播变得更加便捷,从反垄断法的角度来说,这会对市场竞争产生重大的影响,特别是竞争者之间交流经营信息的

行为。竞争者之间的信息共享协议一方面会有利于竞争,并可能是企业赢得利益的合理的和必要的途径。但在 B2B 市场中,信息共享安排会助长企业间的协调行为,如企业之间的价格协调和其他竞争条件的协调等,因而也会损害竞争。但是,何种信息交换协议会有助于竞争,何种协议会损害竞争,很难形成统一的判断标准。

依据美国的《谢尔曼法》第 1 款的规定,运用"合理原则"(rule of reason)可以判定竞争者之间的信息交换协议是否违法。在卖方垄断市场的条件下,《欧盟竞争法》第 81 条也可以适用,去判断竞争者交换敏感商业信息行为的合法性。对竞争者之间信息交换协议的反垄断分析首先要考虑其是否产生了反竞争法的效果。这种分析可以通过调查市场结构、市场份额、信息交换者之间的关系以及交换的是何种信息等途径。只有当垄断分析显示存在反竞争的损害时,才会转入对信息交换协议对效率所起促进作用的分析,进而判断如果不严格限制信息交换协议是否对效率起到同样的促进作用。

当评估信息变换协议对竞争是否存在潜在的影响时,除了要考虑上述市场结构等因素外,还包括:交流的是何种类型的信息,谁将会了解或接触到这类信息,交流信息的更新程度及和交易的关联程度,信息是否在平台之外也可以获取等。首先,B2B 的所有者和运营者必须仔细考虑谁将会了解到信息。它们必须审查 B2B 技术下的信息传播渠道并决定能否让竞争者获取此类敏感性的信息,并且应该明确规定禁止哪类竞争者获取此类信息。特别是那些涉及产品的价格、生产成本、产量、销售、市场份额及战略计划等信息,它们在本质上更能让竞争者用来固定价格。其次,对于那些有关企业情况的过时信息通常对企业"固定价格行为"帮助不大,而发布的企业当前或今后的经营信息最有可能引发垄断关注,它可能使竞争者之间交换未来交易的信息,导致企业间的价格竞争受到窒息。因此通过 B2B 平台交换的信息如果容易获取的话,这类信息也不大可能会影响市场,也不易引起反垄断关注。

(二)"排他性"协议与"排斥性"协议

在电子商务环境下,网络支配地位难以形成。运营者要想获取支配地位,必须借助于网络的"正反馈机制"作用并采取"锁定"战略。[21] 实践中,一些B2B电子商务市场的参与者会制定规则,去排挤其他的竞争者使用或者共同参与B2B交易平台的建立,此时会使交易平台明显具有"排他性"(exclusivity)特征。如果这个交易平台对竞争来说非常必要,就会导致那些被排挤在外的竞争者丧失可能的商业利益,当他们再与B2B建立者进行竞争时,就不具有竞争力了。如果B2B交易平台的所有者采用一些规则,禁止已经参与的交易者与其他平台的所有者或参与者联系,此时会使交易平台具有"排斥性"(exclusion or foreclosure)特征。如果B2B的首批建立者已经控制相当的市场份额,竞争对手或许就不会再有可能去发展自己的交易平台,从而使B2B的首批建立者避免了竞争。不适当的排除外来竞争的"排他性"规定表现形式很多,最典型的是通过协议禁止特定的竞争对手投资或利用其他的B2B交易平台。在企业设立的对参与者的排他性条款与网络效应共同作用下,造成了市场进入的实质性障碍。如果网络的使用者想转换到另一家交易平台上去,网络的"外部性"和"排他性"条款的作用会造成一种"禁止性机会成本",使它们远离其他的网络。[22] 有些歧视竞争者的规定虽然表现得不太明显,但同样起到排除竞争的效果。例如,限制竞争者使用平台具有的特定功能,这种限制性的运营规则无疑会增加交易成本,减损有效竞争。在买方企业拉动型的电子商务市场上,会出现买方的联合购买或联合贸易行为。这种商业行为能够通过购买的规模效应来降低交易成本,减少制造费用而产生效率。在本质上,它和传统的联合购买或贸易行为没有不同。但如果买方控制充分的市场份额并滥用优势地位,通过压低购买量来影响交易价格,可能会有损竞争。在欧盟国家,可以通过把"欧盟竞争法第81条关于横向合作协议的适用指南"对该种行为进行规制适用到电子商务中去。该指南规定:如果联合购买或联合贸易行为所达到的交易量不超过相关市场的15%份额的话,这种行为就不认为是限制竞争的行为,或者被认为是符

〔21〕"锁定"是网络经济中的普遍现象,其本质是让你将来的选择受到现在的约束,它是和"转移成本"联系在一起的。引发锁定的原因主要有市场规模和技术。

〔22〕C. Shapiro, "Exclusivity in Network Industries", https://www.justice.gov/atr/file/518696/download, Dec. 5, 2013.

合豁免的行为。[23]

同样,不适当的运用“排斥性”规定排除竞争的表现形式也是多样的。例如,在卖方推动型的电子商务市场上,B2B交易平台的建立者通过协议来限制向竞争对手的交易平台投资,禁止使用竞争对手的交易平台的运营规则;要求平台的建立者或使用者必须在B2B交易平台进行一定数量的交易,这一规定也会达到限制竞争的同等效果。如果对必须进行交易量的要求过高,交易者就没有足够业务去参加竞争对手的交易平台,从而平台与平台之间就不会存在有效竞争。

对何为“排他性”行为和“排斥性”行为,目前还没有明确的界限。虽然这两种行为并不必然会导致反垄断法适用,B2B的所有者还是应该谨慎评估相关市场,进而去判断它们可能会产生的竞争效果。对市场进行评估是一个复杂的过程,需要搜集大量的数据和资料。在判断B2B市场是否具有“排他性”特征时,很重要的一点是看适用B2B交易平台对有效竞争是否有重要意义。如果被排挤在外的竞争者参加交易平台还有很多种选择,这基本上不会产生对反垄断问题的关注。在判断B2B市场是否具有“排斥性”特征时,B2B的所有者要审查很多种因素,包括B2B的建立者和使用者控制的市场份额大小以及能与交易平台相竞争的份额。到目前为止,大部分的B2B交易平台还处于新兴的发展阶段,还不具有市场影响力或市场影响力还很小,不会影响对市场的垄断分析。当交易平台逐渐发展而成为行业标准时,那些看似轻微的条款就会产生垄断问题了。另外,对B2B交易平台的评估不但要从反垄断的后果上分析,而且还要注意其发展的全过程。

很多B2B交易平台已经建立并取得快速发展,这才引起了人们对建立这种平台的反垄断关注。而实质上,B2B类似于竞争者之间建立起的合营企业,其和传统的合营企业区别之处在于,网络技术的发展使信息的搜集、传播、交流与使用在合营企业内部出现了新的方式。另外,B2B交易平台如果具有“排他性”或“排斥性”特征时,对竞争产生损害是无疑的,这难免会引发反垄断审查。笔者认为,企业在设计电子商务交易平台的同时,

---

〔23〕 Guidelines on the applicability of Article 81 of the Treaty to horizontal cooperation agreements(OJC3,06.01.2001,p.2),paras. 130 and 148.8,该指南明确指出联合购买引发垄断问题的两个理由:(1)它形成了卖方力量的汇聚;(2)它导致下游市场上的协调行为的产生。

制定出一套和反垄断法律相一致的 B2B 交易规则，通常会无损于建立交易平台的商业目标。故而，在建立 B2B 交易平台之初，企业如果能够注意可能会引发的反垄断问题，就会对其今后的商业发展充满信心。

五、对我国反垄断立法的建议

电子商务市场是新经济发展的重要标志，其作为一个相对独立的市场，也必然要遵循市场经济法制化的基本原则，鼓励竞争、防止垄断、维护公平的经济运行秩序。B2B 企业作为这一市场的主体，同样也面临着竞争等问题。同时由于 B2B 企业所体现的特殊技术化特征，使这种新的企业模式参与下的竞争秩序又呈现出特殊性。[24] 我国的 B2B 电子商务的发展状况与发达国家相比，还存在较大的差距。已经采用 B2B 的企业在资本投放、经营模式、经营理念、技术创新等方面，都还有很多问题尚待研究和解决。但是，我国 B2B 电子商务市场的发展，除了要解决技术层面上的问题外，还要对与商务活动有关的法律的问题进行规范。我国的电子商务环境中的垄断问题并不因为我国电子商务所处较低的发展阶段而不存在。因此，必须对我国现有维护市场公平竞争秩序的法律框架进行相应变革，才能促进电子商务交易的正常进行。

正如上文所述，B2B 电子商务市场上的垄断问题并没有很多独特之处，发达国家以现有的反垄断法是可以解决这一市场上的垄断问题的。然而，我国在反垄断方面尚未形成一个系统完整的反垄断法律体系，对电子商务领域中的垄断现象更是缺乏明确的规制。因此，我国应当加快建立基本的反垄断法律制度，这种制度也应适用于电子商务领域，即适用于与电子商务有关的垄断或限制竞争行为。考虑到电子商务的虚拟性交易环境和交易方式与现实交易环境下的交易规则存在的差异，可以在反垄断法中设置专门的条款，既明确将电子商务中的正当行为予以豁免，又明确对与电子商务有关的垄断或限制竞争的行为加以必要的规制。核心问题在于平衡电子商务的发展与维护公平竞争，既要促进和鼓励电子商务中的竞争，不能阻碍电子商务的发展，又要切实防范竞争者滥用垄断地位，破坏自由公平竞争秩序，使消费者的利益免受不正当竞争行为的侵害。

对电子商务中的反垄断立法还应借鉴美国、欧盟等的立法经验，与国

〔24〕 参见刘鸿雁：《论电子商务的反垄断法规制》，载《网络法律评论》2003 年第 00 期。

际立法相协调。大多国家和地区在电子商务领域普遍适用“私法自治”的原则，所以我国在针对电子商务市场的反垄断法规制时需要审慎，避免公法的过度干预而阻碍电子商务的发展。在电子商务反垄断问题上，保持立法和政策上的灵活性，在维护市场竞争和促进这一新兴商务模式发展之间取得一种平衡。只有从立法上解决电子商务发展的法律障碍，合理地对这一新兴市场进行管理和规制，才能够平衡市场各方的利益，消除矛盾和冲突，从而维持一个竞争有序、健康发展的网络经济。

WTO竞争政策与中国反垄断立法*

一、国际经济运行的现实对竞争政策的国际化所提出的要求

(一)竞争政策的含义及特性

竞争政策是市场经济国家为保护和促进市场竞争而实施的一项基本经济政策。市场经济的正常运行,需要建立和保持一个有效的竞争环境。在市场竞争中,企业为了获得一定的竞争优势或者为了避免竞争的压力,往往不同程度地存在限制竞争的自然倾斜。国家就要制定保护竞争的政策,保护和促进竞争,使市场竞争和价格机制发挥有效的调节功能。

"竞争政策从广义上讲是指可以影响一国内部或国家间竞争条件或竞争环境的政策,包括贸易政策、环保政策、宏观调控政策以及一切与市场竞争相关的政策法规。它以各国具体的竞争法律(反垄断法、反不正当竞争法等)为基础,影响并指导整个国家的经济结构变化和经济发展轨道的战略性政策。而狭义的竞争政策则是指用以规范企业间联合、防止企业为取得或巩固市场地位而采取不公正行为的政策法规。"〔1〕依照世界贸易组织(World Trade Organization,WTO)的贸易与竞争专家组及多数成员方的观点,"竞争政策"是"竞争法律与措施"的统称,它们在一些国家被称为"反托拉斯法""反垄断法"等,其体现可以是综合性的竞争法、含竞争规则的部门法规或私有化政策等。关于竞争政策的典型规定是为处理各种反竞争行为的惯例,包括禁止限制竞争的协议、禁止滥用市场支配地位的行为、防止市场力量的过度集中等。竞争政策对实现和保障经济民主和经济自由有根本性的作用,因此,在一些国家被誉为"经济宪法"。一国竞争政策的核心就是通过实施法律和政策,维护和促进市场竞争,确保竞争机制的

---

* 本文系作者携华东政法学院法律硕士研究生杨超合作完成,载《社会科学》2004年第9、10期。

〔1〕 袁炜博:《WTO新议题——贸易与竞争政策》,载《对外经贸实务》2003年第1期。

作用，从而提高资源配置和利用的效率，增进消费者的福利。[2] 竞争政策是市场竞争规律与国家管理经济职能互相作用的产物，也是国家实现其“公平”与“效率”的主要经济政策。竞争法是实现国家竞争政策的根本手段。世界上大约有九十多个国家已经制定了竞争政策和竞争法。虽然竞争政策的制定依各国的国情不同而各异，但都是为了维护本国市场的有效竞争。

竞争政策首先表现为国内法律和政策，而各国的竞争政策又因其国情的不同呈现出较大的差异，必然会造成国际贸易中某些不公平的竞争，甚至会扭曲贸易。随着企业跨国活动的发展，特别是随着经济全球化和贸易自由化进程的加快，跨国合并、出口卡特尔、跨国技术联盟等，都给自由竞争带来了极大的威胁，一个国家的竞争政策完全可以对国际经贸活动产生重大的影响，有些限制竞争的行为即便是完全由一国企业实施的，但因为会影响外国产品进入市场，也会引起国家间的冲突。因此，竞争政策在上述意义上已经不再是某个国家的问题，而是国际性的问题。但是，如果以公平竞争为由，阻止其他国家企业或产品进入本国市场的行为发生时，实际上就可能存在实施贸易保护的倾向。竞争政策和贸易政策的共同目的在于促进和维护自由开放的贸易制度。在开放的经济中，贸易与竞争是不可分离的：贸易的目标在于使资源得到充分有效的利用，竞争的目标在于使市场主体得到同等的竞争机会，两者皆着眼于对消费者福利的保护和经济效率的追求。没有贸易自由就谈不上充分竞争，同样，只有保护公平竞争的机制，才能实现资源有效配置的结果。但是，贸易政策与竞争政策也并不是完全一致的。贸易自由化并不意味着当然地促进了公平竞争。“只有贸易政策而无竞争政策，其政策体系是不完整的，其存在的缺陷、漏洞和‘盲点’必然会使单一贸易政策行之不远。”[3] 当今社会，随着贸易自由化的进程，关税、非关税壁垒的减少使经济竞争更加加剧，竞争政策成为各国关心的焦点问题。各国政府在制定本国贸易政策时都十分关注那些可能影响本国竞争力的当地竞争政策和影响市场准入条件的准入政策。于是，贸易与竞争之间的互动关系引起 WTO 及各成员方政府或当局的关注。

---

〔2〕 参见王晓晔、朱忠良：《中国对建立 WTO 贸易与竞争政策多边框架的看法》，2003 年 4 月在商务部专家会议上的发言材料。

〔3〕 夏申、许国庆：《论国际贸易与竞争政策》，载《世界经济》1997 年第 6 期。

(二)竞争政策规制的主要内容

为使竞争能够真正成为调节供求和优化配置资源的根本手段,各国制定的保护竞争的政策和法律一般对以下几方面的行为和现象进行规制:

1. 限制竞争措施。市场上的竞争者通过订立协议或通过其他的协调方式排除竞争,即形成卡特尔。主要包括:(1)价格卡特尔,即直接或间接地固定价格和制定其他贸易条件的协定;(2)数量卡特尔,即目的是限制或控制生产、市场或技术进步的协定;(3)划分市场的卡特尔,即各个独立的供应商之间达成划分市场的协定。如1986年的聚丙烯市场划分案件中,一个由15个跨国公司组成的集团从1977年起在欧共体成员国之间划分市场和固定价格。对此,欧共体委员会给予该集团以5800万欧洲货币单位的罚款。竞争政策与这种限制竞争作斗争的方式就是禁止卡特尔。

2. 滥用市场支配地位。垄断者因为不受市场竞争的制约,可能会滥用其市场支配地位,因此,即便是合法产生的垄断,它们对竞争也有潜在的威胁。在1976年的霍夫曼-拉·罗歇案件中,欧洲法院认为该企业拥有市场支配地位,因其占有维生素A 47%的销售市场,技术领先,并有大量过剩的生产能力,因而潜在的竞争者难以进入市场,据此该企业具有市场支配地位。又如在联合勃兰茨案件中,尽管以该企业40%的市场占有率来看不足以定位其支配性地位,但其规模经济占有重要地位,故也被认为拥有支配地位。一般认为,企业享有独立行动的权利,即它在行动时不考虑其在竞争者、供给者或购买者的状况,可被视为处于支配地位。但企业具有支配性地位未必就是不合法的,从某种程度上说也许是必要的,因某个企业要具有可观的市场份额是其拥有国际竞争力的一个必要条件。因而,支配地位本身并不违反竞争政策的原则,支配性地位的滥用才是竞争政策所禁止的。企业滥用市场支配地位的行为有:(1)实行价格歧视,即对不同的购买者规定不同的价格。如1980年英国德斯提纳公司对其产品约翰沃克红标签威士忌售价的规定就是一个典型。该公司在英国国内售价和给自己在欧共体的批发商的价格都是21埃居,但对于欧共体其他批发商却收费34埃居。该公司声称这种价格差别是必要的,因其需要弥补促销费用和其批发商的仓储费用。欧共体委员会没有认可这样的辩解。因此要求该公司要么在欧共体范围内实行同一售价,要么在相应的市场上完全停止销售。该公司当然选择了后者。(2)要求客户购买其他的、不相关的

产品作为购买某种产品的条件。相当于经贸活动中的“搭售”行为。

3. 国家援助。有些企业的垄断地位是基于国家所有权或者政府的特许而建立起来的。各国政府对企业的各种援助为企业创造了人为的竞争优势，从而起到了扭曲竞争的作用。欧盟的《罗马条约》第 87 条规定，“对成员国的贸易造成不良影响，均应认为是与共同市场相抵触的”。国家援助是政府用于引导和支持其经济发展的方式之一，对国家援助的完全禁止既不现实也不可能。因此，目的在于促进技术进步或发展基础设施的政府基金与贸易保护主义的国家援助是有所不同的。竞争政策的一个主要任务就是区分这两种援助的目的并将扭曲竞争的国家援助降至最小范围。而补贴是国家对工业援助的主要方式，但也有其他方式。如对公共健康或消费者保护的要求常常被作为限制进口的理由，而实际上起到了保护国内相关工业的作用。要消除这些企业的垄断地位，关键在于取消国家对垄断的保护，如对垄断行业实行民营化政策，或者反对行政垄断，如反对地方保护主义。

4. 企业合并控制。市场上作为竞争者的企业，可以通过合并的方式建立经济上的垄断地位，这是与竞争哲学相违背的。关于控制企业合并的问题是各国反垄断法的核心问题，或者被称为第一位的问题。在经济学中，人们按照合并企业在经济中的相互关系，将合并区分为横向合并、垂直合并和混合合并 3 种方式。但在现实中，这种分类不是绝对的，也没有非常严格的标准，因为在现代的市场经济条件下，特别是在有大企业参与的合并中，一个企业合并事件中往往同时具有横向合并、垂直合并和混合合并的特征。

（三）竞争政策国际化的需求

竞争政策传统上是属于国内经济政策，它是体现国家维系整个经济体系中资源顺畅配置的基本原则，对国内私人商业行为进行管理，保证市场流动性的一整套方法、规则和纪律规则。通过实施竞争政策获得的效率是通过消除垄断带来的损失实现的，它的具体形式可以是行政手段、经济手段和法律手段。

各方通过长时间的艰苦谈判，WTO 终于成立，以实现各成员方长久以来贸易自由化的共同愿望。但是伴随贸易自由化进程的加快，关税、非关税壁垒的降低，国际市场竞争日趋激烈，各国家和地区为在激烈的国际竞争中保持优势地位，仍在寻找新的保护壁垒。利用竞争政策进行贸易保护的做法就成了这种新的壁垒的主要手段，正在严重影响着世界经济的良性循环，削弱 WTO 带来的积极影响。越来越多的企业设法把限制性商业行为作为保护自己的重要工具，而各国的竞争政策法规，在实施中带有鲜明的政府政策的特征——受政府政策偏好的影响。其实，一国经济政策所持的态度，是直接影响竞争政策实施效果的。竞争政策的政策性和灵活性是其根本特征，如美国在“新政”期间，就曾通过总统法暂时中止了反托拉斯法的执行，鼓励企业建立垄断价格的卡特尔组织。而尼克松执政时期，出现过一种“不经过诉讼而通过政府和企业的协商”来解决企业违反反托拉斯法案的做法。反托拉斯法的威慑力减弱。在里根总统执政期间，同样放宽了对反垄断法的实施，以影响经济的自由化进程。由此可见，竞争政策的这一特征，一方面形成了其对调节经济的独特作用；另一方面，又显示出其异化了的替代贸易保护政策的消极作用。

国际经济自由化和全球化的结果是使世界贸易出现了一种剧烈的增长并且成为一种带动国内贸易扩张的动力，各国企业逐渐发展了与之相适应的商业全球性策略。跨国公司数量的增加和规模的扩大使更多的商业行为更具国际性特征，越来越多的竞争问题超越了国界。如多边限制竞争的可能性目前是呈平行上升的趋势，带有国际影响的卡特尔集团在不断形成，不公正排斥竞争对手的协议，对垄断地位的国际性滥用，带有限制竞争影响的跨国并购等现象时有发生。一些主要国际市场中跨国公司支配地位的滥用已经成为困扰发展中国家的一个严重现实。世界上一百多个国家因缺少国内竞争法或竞争法得不到有效实施，导致了在市场准入壁垒、互惠顾虑、贸易冲突和报复性贸易制裁方面的问题也越来越多。由于竞争政策与一国的经济利益密切相关，对竞争政策的理解在各国之间又有很大的不同，国内竞争规则间的差异和冲突风险，使要在各国之间对竞争政策进行协调变得非常困难。如在一国被认可的合并或协同一致行为在另一国被禁止，产生了不确定性和交易成本；美国反托拉斯法和对抗外国反竞争行为的贸易法的单方域外适用，更导致了国际冲突（如管辖权、单方制裁和抵制措施的冲突）和实际的执行问题（如在国外收集信息和国外的阻碍性法规），尤其是发展中国家，严重存在受制于反竞争行为的风险，如价格歧视、知识产权滥用和其他国家竞争法律的域外适用等。全球化条件下，

与世界市场竞争相对应的是世界范围的限制竞争、垄断行为和企业合并。参与合作和集中的企业是以其所在的市场及其当地的经济、政治条件为导向的。许多企业限制竞争是由跨国公司实施的,具有国际性影响,它们可能会涉及若干国家的司法管辖权,受到许多国家法律的制约。有些限制竞争即便完全是由一国企业实施的,因为会影响外国产品进入市场,也会引起国家间的利益冲突。同时各国竞争政策冲突也日趋激烈。因此,在经济一体化背景下,竞争政策不仅要规范一国国内的限制商业行为,还应综合国内外各种限制性商业做法可能产生的交叉影响效果,考虑国际化这一趋势。因此,对影响竞争政策国际化的原因进行分析甚为重要。主要影响因素有这样几个方面。

1. 跨国公司的影响。跨国公司以独占或排他性经营作为对外直接投资的前提条件,以此建立其在东道国的垄断地位和支配市场的权利;跨国公司还可将这一垄断"结构"通过对东道国国内企业的并购与进行某种形式的战略联盟相应转移。目前针对跨国公司的限制性商业做法不但对各国国内竞争政策管理不利,而且国际上也无统一的有约束力的法规。在贸易自由化趋势下,由于各种关税和非关税壁垒降低而使竞争加剧,故而因跨国公司各种限制行为带来的"市场准入"敏感度,也使各国企业日益寻求限制性商业做法保护自己。因此,在全球化背景下对跨国公司限制竞争行为的约束成为各国商谈竞争政策国际协调的一个主要内容,适用统一的竞争政策进行调控是必然趋势。

2. 反倾销的国际替代。《关税与贸易总协定》(General Agreement on Tariffs and Trade,GATT)中,WTO 允许使用的控制进口措施中,反倾销措施是少数可供单边使用的手段之一。由于打着"反对不公平竞争、保护进口国不受产业损害"的旗号,加之在运用过程中存在大量操作技巧,而且单边有选择地自动实施反倾销措施成了当前各国极力寻求使用的贸易武器。但利用反倾销手段来对付所谓的不公平贸易做法(倾销)进行制裁,理论与实践方面尚存争议之处。目前各国主要是运用竞争政策方面的法律即反垄断法或反托拉斯法对不公平的贸易做法进行制裁。在美国,一个垄断企业以低于成本的价格销售产品,不一定会被认为存在倾销而受到制裁。相反,如果一个外国出口商以低于成本的价格但高于反托拉斯中规定的平均变量成本进行销售时,各国普遍认为存在倾销,如果给国内企业造成损害,则进口国可以予以制裁。这显然与 GATT 的最惠国待遇和国民待遇相违背。而且,在裁定倾销的幅度,确定产业损害的标准上,存在缺乏透明度和广泛自由裁量权的情况,相对来说,裁定外国商品是否存在倾销变得简单。当然这也是进口国频繁使用反倾销措施的一个很重要的原因。

3. 跨国技术联盟的形成。20 世纪 80 年代初,美国政府开始采取措施减少反托拉斯法对企业进行合作研究开发的影响。司法部在其 1980 年反托拉斯法诉讼指南中重新解释了有关条款,明确规定,如果企业只是进行合作研究,该研究项目对于一个企业独立进行来说规模太大,并且研究的持续时间太长并且范围太广,并且联合研究协议并不阻止其他单个企业研究同一项目,研究结果不会用于压制全行业的技术进步,在这种情况下,进行联合研究项目可以免受反托拉斯诉讼。之后还通过了一系列法案,核心都是促进研究开发成果的商业化,减少由此而引起的反托拉斯诉讼。类似地,欧洲和日本在竞争政策领域也都采取了许多具体措施。各国放松反托拉斯法也极大地鼓舞了企业兼并浪潮的兴起。同时,企业为了提高竞争能力,在进行跨国兼并的同时,还不断加强彼此之间的技术联盟,以有效地控制和跟踪相关领域科学技术发展动态,并把握住潜在商业机会以免被排挤出世界市场。因此,跨国技术联盟很大程度上就是跨国公司为了更好地巩固其在世界市场上的支配地位,通过技术合作使其对世界市场的瓜分定型化的一种战略选择。技术联盟的建立和运行一方面反映了经济自由化所带来的深层次技术合作将有助于竞争力的塑造和强化,另一方面也说明了这一效果的实现需要竞争政策的保障和支持。由于跨国技术联盟相关企业的跨国化特征,技术联盟的竞争问题需要作出国际性政策反应,不同国家竞争法律框架中,法律认证和司法程序上的差别妨碍了更紧密的竞争管理合作的发展。

4. GATT 存在缺陷。GATT 对促进竞争作出过巨大的贡献,但其在管辖上也有许多欠缺的地方,主要表现在以下几点:(1)它没有对竞争政策本身作出规定;(2)它对限制市场准入的非歧视性规则所言甚少;(3)它的管辖中只限于政府的行为在其国内市场上影响竞争条件,除了禁止出口限制,数量限制及禁止对来自工业化国家制成品施行出口补贴外,GATT 没有约束政府行为本身或出口卡特尔在出口市场上对竞争产生的损害效果。GATT 的欠缺使人们不能在其管辖范围内讨论竞争政策,为此就竞争政策

进行一项新的多边协调行动是必须的。严峻的国际竞争现实迫切要求国际社会对各国的竞争政策加以协调,这在世界各国已经形成共识。事实证明,缺乏竞争政策的国际协调不仅仅会带来发生冲突的危险,还会增加企业行为的成本影响企业效率。一句话,没有竞争政策的协调是无法实现自由贸易的。

(四)各国竞争政策对国际竞争的影响

任何事物都是在矛盾的运动中运行,市场经济也不例外。一方面,市场经济要求自由竞争,因保证经济活力就要减少不必要的外部干预,反对垄断和不正当的竞争行为;另一方面,企业要加强竞争实力,就要扩大规模,实行集约经营,兼并和一定程度的垄断就成为必要,竞争政策的作用就是在竞争和垄断中寻求一个平衡点,以保证市场协调有序地运行。从原来意义上看,竞争政策旨在保护并促进市场竞争,以实现资源的有效配置和一国福利的最大化,但在经济全球一体化发展的背景下,一国竞争政策的调整却有可能为提升其国际竞争力服务。一个国家的竞争政策完全可以对国际经贸活动产生重大的影响。

1. 纵向限制竞争问题

以 1998 年 WTO 争端解决机构审理的美国柯达公司诉日本富士公司案为例。富士公司在日本胶卷市场上占有 70% 的份额,并且与 4 家企业订立了长期独家供货协议。这是一个典型的纵向限制竞争行为,制造商与销售商联合,从而排斥其他企业的产品(柯达)进入日本市场。日本对彩色和黑白胶卷的进口关税承诺降到了零,即外国产品,如美国柯达进入日本市场已经不存在任何障碍。在市场准入问题上,柯达很难挑剔日本。该案的原告即美国政府,针对日本政府对日本照相胶卷采取的分销做法向 WTO 进行了投诉,指控日本政府违反了 WTO 的协定。由于日本政府关于胶卷销售的措施,却使美国因日本在肯尼迪回合、东京回合和乌拉圭回合中所作的关税减让而应带来的好处正在丧失或减损,这一点违背了 GATT 第 23 条第 1 款。

美国指责日本限制流通的措施,鼓励并促进了日本胶卷市场销售体制从多种商标的大商场出售转变到单一商标的专卖销售,从而制约了进口胶卷的销售能力,妨碍了柯达的市场开拓能力。美国在该案中败诉。因为美国未能证明日本胶卷市场的排他性网络是由日本政府建立的。美国也没有就 WTO 专家组的裁决提出上诉。专家组的报告得到采纳并成为终审判决。"美国最终输掉了这场官司,究其失败原因,可能是美国政府选择了错误的攻击目标。无论日本政府限制竞争自由措施的性质如何,也无论日本政府在排他性销售网络形成过程中发挥了什么样的作用,这个争议的核心问题是该限制竞争的行为人是一个私人企业,即富士公司作为私营企业采取了限制竞争的销售政策。"〔4〕该案表面看来是一个纵向的限制竞争的协议,实质上已经影响到了一国的对外贸易,减少了同类产品的进口数量,很大程度上支持了本国产业的发展。

2. 跨国企业合并问题

各国竞争政策面临的又一个挑战是来自巨型跨国公司的合并。跨国企业的合并是伴随着现代企业活动的不断跨国化和国际化,而出现的一种特殊形式的合并行为。一般认为,只有那些在参与合并的当事人之间存在涉外因素,或者该企业合并所交易的标的具有涉外特性的企业合并,才属于"跨国企业合并"。应当看到,随着现代企业的活动范围的不断扩大,跨国企业合并,作为企业建立跨国公司,打入别国或国际市场的极为重要的手段和方式,其在世界各国已经得到了非常广泛的应用。就一般理论而言,跨国企业合并,同国内的数个企业在本国境内实施的一般形式的合并行为一样,其除了被用于限制市场竞争的目的之外,还常常被用于扩大企业的规模,提高企业的经营效率、增强企业在国际市场的竞争能力,以及进入新的地域的相关市场等诸多目的。因此,仅从当事企业实施合并行为的表象来看,是很难轻易地断言跨国公司所实施合并行为,其本身就是限制市场竞争的。例如,跨国公司通过合并,在被投资国的国内设立新的子公司,由于其拥有巨大的资金实力、精良的技术、设备和经营管理能力,因此,该项跨国企业合并,除了将会给关联市场内的竞争带来不利影响之外,还可以产生积极效果。例如,跨国企业的进入,打破了被投资国国内市场已有的垄断,或者寡占市场结构,破除了原本高企的市场进入壁垒,从而刺激了被投资国国内市场的竞争。

但我们也必须看到,跨国公司实施的企业合并,在给被投资国带来诸多的益处的同时,也确实存在将会给被投资国及其本国的市场带来限制竞

〔4〕［日］松下满雄:《世界贸易组织的基本原则和竞争政策的作用》,载《环球法律评论》2003 年第 1 期。

争甚至形成垄断效果的一面。主要表现在其会导致强化当事企业在其本国,以及被投资国参与集中的企业所在的关联市场内既有的市场地位或对市场的支配力,从而使该市场产生出具有寡占倾向的危险性结果。而且,由于参与集中的当事企业所采取的具体的合并形态的不同,其实际进行的国际企业集中对关联市场内的竞争活动所产生的影响的大小程度,也相应地有所不同。当跨国公司取得位于国外的外国竞争者的资产或股份时,将会产生抑制其本国国内的市场竞争,使其在国际贸易中的竞争条件发生变化等限制竞争的效果;而当跨国公司通过与被投资国国内的现存企业实行合资经营设立国际性的共同子公司时,则将会导致排除其在关联市场外的潜在竞争者的效果。并且,这种国际合营行为,还有可能构成分割国际市场等"限制竞争的共谋行为"之一部分。综上所述,所有的跨国公司实施的国际企业合并给关联市场内的竞争所带来的,不外乎是以下两种影响:(1)对其本国的国内市场形成了限制竞争或垄断的效果。(2)对被投资国的国内市场形成了限制竞争或垄断的效果。因此,从这个意义上讲,无论是跨国公司的本国,还是被投资国,当其本国的国内市场竞争将要受到来自上述跨国企业合并的影响或威胁时,依据反垄断法律或法规对包括外国企业在内的所有当事企业的经营行为实施有效的规制,则是完全必要的和不可或缺的。

另一个重要的问题是跨国企业的合并给许多国家的竞争法主管机构提出一个问题,即谁对合并享有管辖权?比如 1998 年埃克森和莫比尔两大石油公司的合并。两个企业在世界每个角落都有生产和经营活动,根据有关国家的反垄断法,他们不得不向美国、欧盟、加拿大、挪威、瑞士、墨西哥、日本等 12 个国家和地区的竞争法主管当局进行强制性申报。在此种情况下,人们提出的问题是如果这些相关国家或地区对这些关乎全球竞争的合并有不同的看法,哪个国家有最终的权力?不同国家间管辖权的冲突和法律冲突怎么解决?这里提及一下引起高层冲突的美国通用公司与美国霍尼韦尔公司之间的合并案。该合并交易额达 420 亿美元,是美国历史上最大规模的企业合并之一。美国政府批准了这项合并请求,欧共体委员会却驳回了这项合并请求。美国财政部长批评欧共体委员会是"老朽的,不中用的"。[5] 但欧盟委员会的理由是,美国司法部批准的这个合并所附加的条件不足以消除欧盟的担心,即该合并将会加强美国通用公司在喷气发动机国际市场上的支配地位。

3. 出口卡特尔

一个国家的出口企业如果商定对某个国家的出口价格,出口数量或者划分销售市场等,这种卡特尔被称为出口卡特尔。[6] 1991 年一个 ABA 研究建议相互禁止出口卡特尔是开始世界竞争革新的好起点。由于出口卡特尔一般只是损害外国用户和消费者的利益,不损害出口国的利益,所以出口国一般不会禁止这种卡特尔,有些国家甚至鼓励这样做,给予反垄断的豁免。美国根据它的 1982 年出口贸易公司法案,继续鼓励并保护出口卡特尔,而且有美国商业部的支持。但美国并不满足于此,他还为卡特尔保留了《韦伯 - 帕默尔法案》(Webb Pomerene Act),使这些卡特尔都熟悉于以往的豁免条件。最后,《外国反托拉斯改进法案》(作为以 W 为名称的联邦贸易委员会法案颁布),修改了《谢尔曼法》,确保甚至没有注册的卡特尔可以被豁免,只要他们保证不向美国消费者收取高价或者损害竞争的美国出口商。但是行为地国家出于本国利益考虑,对这些私人限制竞争行为不能进行干预或者不愿进行干预,那些由此而承受不利后果的国家可以在多大程度上得到法律救济?禁止出口卡特尔运动几乎没有成功的两个主要理由是,出口联合体并不总是纯粹的卡特尔,并且本身违法原则没有很好地起作用。在国内情况下,共同销售集团总体上无非是固定价格协议,这既不必要也不有利。在出口的情况下,联合销售集团必须分担风险,完成必须的销售量,分担海外销售机构的费用等,存在这些情况的可能性更大。因为市场份额分析方法是不同的,如果他们联合起来的话,一群企业可能相当于大部分国内销售,但可能仅仅代表出口竞争者世界销售的很小份额。

〔5〕［德］E. -J. 麦斯特麦克:《全球化中的欧洲竞争法》,载《环球法律评论》2003 年第 1 期。

〔6〕参见王晓晔、陶正华:《WTO 的竞争政策及其对中国的影响》,载《中国社会科学》2003 年第 5 期。

二、WTO竞争政策的提出及发展前景

（一）WTO竞争政策的历史渊源

首次考虑将竞争法律和政策引入贸易领域，并进行规制的是《哈瓦那宪章》。世界主要贸易国早已认识到竞争政策的国际协调对维护世界市场竞争秩序的重要性。早在1948年3月，国际社会探讨组建国际贸易组织（International Trade Organization，ITO）的哈瓦那会议上，WTO的前身GATT的23个创始缔约方就达成协议，早年的《哈瓦那宪章》第5章对竞争法和竞争政策作了专门的规定。其第5章第46条规定，各国政府有义务"阻止私营或公共企业采取的影响贸易的商业行为，只要该行为限制了竞争及市场准入，或者扶持了垄断，对生产或贸易的扩大造成了损害"，并要求通过透明度、协商、调解的方式来控制限制性商业惯例的危害。在此之前，ITO的23个创始会员为筹组ITO曾在1947年展开税减让谈判。包括美国在内的各方最后达成协议，将该关税谈判结果，加上原ITO宪章草案中有关贸易规则之部分条文，成为众所熟知之GATT。如此，哈瓦那宪章原先关于限制性商业惯例的规定便被舍弃。不过，在GATT之中，仍保留着一些可以适用于限制竞争行为的模糊规则。显然，这些都是竞争政策的规范。此后，在GATT缔约方组织的前7轮多边谈判中，有关限制性竞争行为的规则一直未能进入谈判议程，或者虽进入谈判议程，但是却不能达成一致意见。在乌拉圭回合谈判之后，一些政府（特别是欧盟）和学者就竞争政策多边规则的发展进行了讨论。实际上，之前一些国际组织在工作中——尤其是联合国贸易与发展委员会（United Nations Conference on Trade and Development，UNCTAD），已经强调了这种需要。并已经建立了不同形式的双边协调机制和多边协调机制。[7] WTO的协议不仅就减让关税和废除非关税壁垒达成了重要的协议，而且还对采用其他形式的保护主义措施进

---

〔7〕 双边协调机制如美欧《关于双方竞争法实施问题的协定》（1995年）、美日《关于在反竞争活动问题上合作的协定》（1999年）等。这些条约对签约国之间的公平竞争和贸易起到了相当重要的作用，也被一些国家视为目前进行竞争政策国际调节的有效形式。多边协调机制如欧洲经济共同体条约（1957年）、联合国贸发会议《关于管制限制性商业惯例的一套多边协议的原则和规则》（1980年）、经合组织理事会《关于影响国际贸易的限制性商业惯例的建议》（1978年）、《北美自由贸易协定》（1992年）等。这些国际条约中除《欧共体条约》在成员国之间建立了有约束力的竞争政策以外，其他条约大多属于建议或框架原则，没有法律约束力。

行了限制。[8] WTO各项协定中关于竞争政策的规定是明确的,运用反竞争政策来建立国际贸易壁垒是违反成员国义务的。但是,WTO的这些竞争政策是分散在众多的协定中的,并没有将竞争政策整合成一个有机的整体而发生效力。同时,WTO本身也存在多种缺陷,[9]使这种政策的协调更加困难,这是因为:

第一,WTO的宗旨是否能够真正得到贯彻还存在问题。WTO协议的主要目的在于保证外国和本国货物有平等竞争的机会,如果这一说法得到接受,那么按照WTO规则"只有那些限制市场进入的行为才应当得到禁止"。但是一些发展中国家担心发达国家关注WTO内竞争机制谈判的目的是确保其能够没有障碍地进入发展中国家市场,而不是通过跨国合作来确立约束限制交易行为的规则。

第二,WTO协议并没有要求成员方制定竞争政策。应用竞争法的发展中国家数目正在增加,但其中很多国家仍然存在严重的实施上的问题。许多发展中国家甚至根本没有立法。事实上WTO的竞争法中并没有成员方根据本国的意志、需求和目标自主制定其竞争法律的规定。

第三,私人反竞争的行为得不到制约。WTO的范围被限制在影响国内市场竞争状况的政府行为,并不处理企业在出口市场上的行为。对一些不为政府支持的限制市场进入的纯粹私人商业行为无法根据协议进行处理。对发展中国家来说,一个重要的问题是如何面对越来越明显的全球性妨碍竞争的企业行为。

第四,确定竞争法的国内效力问题。反竞争行为的全球影响越来越大,企业的全球市场支配力量与竞争法的国内效力之间的不对称是发展中

---

[8] 如不得滥用反倾销措施或者保障措施、不得滥用知识产权限制竞争(《与贸易有关的知识产权协定》第8条),成员方应确保其领域内任何垄断服务供应商在相关市场提供垄断服务时,不得违反协议规定的义务(《服务贸易总协定》第8条),在不迟于WTO协定生效之日后5年,货物贸易理事会应审议该协议是否符合有关投资政策和竞争政策的规定(《与贸易有关的投资措施协定》第9条),成员方应采取其所能采取的合理措施,保证其领土内实施合格评定程序的非政府机构遵守《技术性贸易壁垒协定》第5条关于国民待遇的规定和第6条关于不得采取超过必要限度的技术性贸易壁垒措施的规定(《技术性贸易壁垒协定》第8条)。禁止成员方政府鼓励或支持国有企业或私营企业采取或维持在效果上等同于政府施行的旨在对出口贸易进行限制的措施(《保障措施协定》第11条)。在确定损害时,成员方的行政当局必须考虑影响外国和国内生产者之间开展竞争的限制性贸易措施的因素(《反倾销协定》第3条)等。

[9] Hoekman and Kostecki, 1997, pp. 254 – 256.

国家所关注的一个重点。一些企业渐渐能够施加全球市场支配力量，产生有国际影响的卡特尔，以不公平的方式排除外国竞争的协议以及具有反竞争效果的国际合并。这些行为限制竞争并破坏自由化带来的利益。确定竞争法国内效力成了一个棘手的问题。

第五，竞争法的域外适用。发展中国家所面临的另一个问题是竞争法的域外适用。依照美国司法部和联邦贸易委员会《国际经营反垄断执法指南》(1995 年)，当外国企业在美国的子公司在其母国组成企业联盟以排斥美国从外国市场进口时，美国就可以对其起诉，而这在过去被认为是"不可执行或侵犯国家主权的"。另外，一旦认为外国政府不合理地容忍了限制市场准入的反竞争行为，美国 1974 年贸易法案的第 301 款就能够得以适用。例如，柯达就根据这一条款认为日本政府保护了富士的相关行为。美国把这一问题提交到 WTO 的争议解决的谅解下解决。[10] 一般公认的是在"效率主义下"任何一个国家都会确保它的法律能对外国企业在本国市场上的销售行为发生效力。然而，由于一些部门中寡头独占的全球市场支配力的增长，特别是高科技领域，由单独的竞争监管机构来进行控制变得相当困难。

鉴于贸易政策和竞争政策的日益紧密相关，以及国际贸易领域中限制性竞争行为日益增多，1996 年 WTO 在新加坡第二届部长级会议上作出决议，"建立一个工作组，研究成员提出的有关贸易与竞争政策相互作用的问题，包括反竞争行为，以便确认值得在 WTO 框架内进一步考虑的领域"。随后，2001 年 WTO 第四届部长级会议通过的《多哈宣言》进一步确认了建立一个多边框架来加强竞争政策对国际贸易和发展的贡献的必要性，同意在到 WTO 第五届部长级会议这段时间，贸易和竞争政策互动工作组将就以下方面的澄清作进一步的工作：核心原则，包括透明度、非歧视和程序上的公平以及核心卡特尔规定；自愿合作方式；支持通过能力建设逐步加强发展中国家的竞争机制；对于发展中国家或地区和最不发达国家或地区参与者的需要应给予完全的考虑，应就解决这些需要给予适度的灵活性。而且根据第四届部长级会议《多哈宣言》的部署，WTO 第五届部长级会议将视情况决定是否启动竞争政策的谈判。

---

〔10〕 然而审查小组忽略了美国的要求。参见 WT/DS44/R(98—0886)的审查小组报告，1998 年 3 月 31 日。

鉴于各国竞争法的差异性,在 WTO 体制下就所有限制性竞争行为建立统一竞争规则的困难相当大,只能就一些基本问题达成共识。根据 WTO 第四届部长级会议通过的《多哈宣言》要求贸易和竞争政策互动工作组在第五届部长级会议之前所作的准备工作,可以勾勒出未来 WTO 竞争规则的组成部分。

《多哈宣言》第 23 节指出,谈判能否开始取决于谈判方能否就谈判模式达成一致意见。现在还不清楚世界贸易组织是否将就竞争政策进行谈判,也不清楚谈判的实质内容,如国际协定是复边还是多边,以及谈判的具体内容。从目前看,WTO 成员方已经在下面两点达成了共识:第一,WTO 协定和竞争政策的目标是一致的,即促进自由市场的发展,增进消费者福利和提高经济效率。第二,私营企业的限制竞争行为损害 WTO 的体系。然而,是否就在 WTO 的框架内建立统一的竞争政策,这在 WTO 的成员方内有不同的观点。

（二）竞争政策列入 WTO 议题的原因

竞争政策和 WTO 的共同目的在于促进和维护自由开放的贸易制度。WTO 的任务是建立以自由和开放为基础的国际贸易制度,竞争政策的任务既涉及国内市场,又涉及国际市场。最惠国待遇原则、国民待遇原则和透明度原则是 WTO 赖以生存的 3 大支柱。它们是 WTO 遵循的基本原则,其宗旨是建立和维护非歧视的和公开的国际市场。最惠国待遇原则和国民待遇原则通过取消成员方政府采取的歧视性待遇为在不同国家从事国际贸易的参加者建立了一个交易平台。而透明度原则是为了保证政府法律法规的公开性,从而有助于维护国际贸易的可预测性。在 WTO 的相关协定里有许多是涉及竞争政策的,比如,贸易政策、补贴、知识产权、服务领域里的市场准入。从这个意义上说,竞争政策也是 WTO 的一部分,如《服务贸易总协定》(General Agreement on Trade in Service, GATS),《与贸易有关的知识产权协议》(Agreement on Trade-Related Aspects of Intellectual Property Rights, TRIPs),《与贸易有关的投资措施协议》(Agreement on Trade-Related Investment Measures, TRIMs),《反倾销协定》,《技术贸易壁垒协定》,《保障措施协定》中的有关条款。但这些协定都分散在 WTO 不同的协定中,还没有整合成一个有机整体。特别是 WTO 协定原则上仅针对政府在货物贸易和服务贸易方面的市场准入障碍,它们在反对私人限制竞

争方面不会产生实质性影响。即使私人限制竞争行为已经构成了进入市场的严重障碍,但是 WTO 的现行规则却没有处理这种限制竞争的机制。WTO 协定的起草者当初已经认识到将竞争规则吸收到 WTO 协定的必要。如果限制竞争行为是由政府实施的,会被认为是与 WTO 的原则相违背。在进一步进行贸易谈判的进程中,如何处理私营企业实施的私人限制竞争问题将越来越重要。当政府对国际贸易进行管理时,卡特尔之类的贸易限制就不怎么重要了,因为当贸易处于行政当局的控制之下时,私人限制贸易的空间相对较小。可是,在实现了贸易自由化的情况下,贸易制度要求以特定方式来处理私营贸易限制。现在,国际社会的焦点是:WTO 里是否应存在具体的与国内竞争法实施有关的竞争政策的规则,即是否要在 WTO 的框架下存在竞争规则。

由于世界范围内生产的一体化,WTO 的相关协定与 GATT 1947 不同之处,突出了跨国界和市场准入的承诺。在涉及私人企业反竞争行为的有关条款方面,除了反映在 GATT 1994 之外,还反映在 GATS、TRIPs 和 TRIMs 里。所有这些协定都已认识到:国际贸易需要有反竞争行为的相关协定。包括电信和金融在内的服务领域尤其与私人企业的反竞争行为密切相关,这些领域国内私人企业或国营企业占据重要的主导地位,由于价格固定市场争夺相当有限。知识产权由于其本身固有的反竞争性,给了其所有者垄断权。海外投资方面,在不完全竞争市场里,反竞争行为占据优势。而当反竞争的商业惯例严重影响竞争时,目前的 WTO 协定只能进行磋商,比如,GATS 第 9 条第 2 款规定:“每一成员应任何其他成员的请求,应就取消第 1 款所述的商业惯例与其进行磋商,被要求的成员对此类请求应给予充分和同情的考虑……”TRIPs 第 40 条规定,“各成员一致认为一些限制竞争的有关知识产权的许可做法或条件可对贸易产生不利影响,并会妨碍技术的转让和传播”。但该条又为反竞争行为开了后门,该条第 2 款规定:“本协定的任何规定不应阻止各成员在其立法中明确规定在特定情况下可构成对知识产权的滥用并对相关市场上的竞争产生不利影响的许可做法或条件。”

国际社会大多数学者都认为,WTO 涉及私人企业反竞争行为的相关规则存在缺点和漏洞。有两个典型的案例,一是波音与麦道的合并,它超出了 WTO 的规则范围,适用的是域外条款,但这不适用争端解决机制下的贸易战；二是反倾销税只提供了保护竞争的次优保障性质。因此，随着贸易自由化的发展，竞争政策与贸易的问题被提上议事日程是必然无法回避的。具体必须为：(1)通过多轮贸易谈判，政府对贸易的障碍已经减少，但人们对企业行为引起的贸易限制和扭曲的严重性愈加关注。(2)世界经济一体化进程的发展不仅是贸易自由化推动的，而且是更广泛的对外直接投资推动的。这样，在这一背景下，企业的反竞争行为不仅影响几个国家，而且影响了整个世界。(3)随着双边的、地区的、多边的经济合作水平的提高，就需要更多的国际规则去保护在一国境内的外国公司的利益。在这一背景下，一些国家感到必须对企业反竞争的商业惯例开展国际合作。(4)传统上的对世界进行东西之分、南北之分的观念淡化，而趋同的观念的发展，也使人们认识到，在国际社会确立竞争规则有利于经济一体化。〔11〕

（三）各方对竞争政策国际协调的态度

在国际竞争政策的协调中任何有关解决竞争政策的建议都将遇到一个不小的概念上的问题：这就是竞争政策没有统一的概念。由于 WTO 各成员方对竞争政策议题的态度差异过大，竞争法国际调节是否能够成功，关键在于各方是否能妥善处理国家利益与多边利益的关系。

1. 发达国家和地区的态度

WTO 中重要的经济成员方发达国家或地区一直以来是以竞争作为经济政策基本原则，美国、欧盟和日本堪称是市场经济的典范和先导者。这些国家的国内市场基本上是开放的，重要的生产要素（资本、人力资源等）都是流动的。政府被认为必须为私人经济的活动提供尽可能好的商业环境，〔12〕而有利的商业环境正是有效竞争的副产品。国内有效的竞争使这些国家的企业在国际市场上比较容易取得成功。这样的竞争环境被认为具有竞争的“相对优势”。

发达国家一般都认为，在本国没有竞争力的企业在国外几乎不能取得成功。因此得出了这样的结论：为了使 WTO 其他成员方的企业在同美国、

---

〔11〕 参见朱颖：《论构建 WTO 框架下的全球多边竞争政策》，载《世界经济研究》2003 年第 2 期。

〔12〕 Porter. ME., *Globaler Wettbewerb: Strategien der neuen Internationalisierung*, Springer Fachmedien Wiesbaden GmbH, Wiesbaden, 1989, pp. 14 – 15.

欧盟和日本的企业竞争下获得生存，让这些公司经历美国、欧盟和日本的企业相同的竞争压力是必须的，它们把两个德国合并中的情况作为例证。认为东德企业从竞争压力下被保护了十几年，它们不具有西德企业那样的竞争传统和竞争能力，导致了东德许多企业的倒闭。因此，发达国家或地区大多坚持应当把竞争政策作为一线的重要议题列入 WTO 框架下进行讨论，主张"当法律涉及利益影响的时候，应该优先于其他的国家或地区或者至少是赶上市场先导"对竞争政策进行国际协调。[13]

当然，即使是发达国家或地区，在关于竞争政策的国际调节方面的观点也不完全相同。[14] 美国一直对将竞争政策纳入谈判持反对态度，认为国内反垄断法对国际限制竞争行为的单边适用，辅以双边竞争管理机构的合作，要比 WTO 的多边竞争规则有效得多。欧盟积极主张在 WTO 框架内建立一套规范各国竞争法及其执行方式的核心原则，最终形成一项多边竞争协议。加拿大支持建立全球统一的多边竞争规则，但认为应以渐进、小步的方式进行。日本虽属于发达成员，却也深受反倾销等进口保护措施之害，因此极力主张将竞争政策议题谈判的重点放在反倾销问题上。韩国认为，在竞争政策的双边、区域及多边 3 种合作方式中，多边合作方式是最佳的，因而主张在 WTO 框架内建立一套全球统一的多边竞争规则。但认为三者可相辅相成，同时强调建立多边竞争规则时必须考虑到发展中成员的特殊需要。

从表面上看，这些国家的竞争政策在方法、目标和执行上存在种种差异，但是从本质上分析，在这一领域内真正起决定性作用的还是"国家需要"。当缺乏有约束力的国际标准时，所有国家或地区都会自由地行使其在竞争监管方面独立自主的权利。美国的贸易政策主要致力于挑战其他国家或地区的不公平的商业交易。由于美国在世界经济力量对比中的相对（而非绝对）衰退而导致经济领先技术的普遍缺乏，许多美国人很难接受外国生产者合法取得的经济上的成功，而最终将那些成功归结于"不公

---

〔13〕 See Roger Zăch, "Competition Law and Comparative Advantage", *Towards WTO Competition Rules-Key Issues and Comments on the WTO Report* (1998) *on Trades and Competition*, 1999, p. 100.

〔14〕 参见王晓晔、朱忠良：《中国对建立 WTO 贸易与竞争政策多边框架的看法》，2003 年 4 月在商务部专家会议上的发言材料。

平的贸易操作和卑劣的非法的手段”。[15] 美国总是把他们自身定位在不公平竞争的受害者而非市场的失败者，使那些正在寻求限制进口以挽救自身的经营者以及他们在国会中的支持者的命运好过一些。美国开始是反对关于竞争政策进行多边谈判的，从而也反对将 WTO 争端解决机制用于竞争政策，到后来立场有所松动，[16] 从公开的贸易保护主义向所谓的公平的基本理念的转变，就是要促使其他国家或地区建立和有效执行竞争法律，它坚持把“国家的经济竞争力更多应当依赖于维持国内和谐而有序的竞争而非保护的经济条件”的理念推向国际竞争政策的协调。尤其是提出反垄断法是用于完成这一转变的主要手段。

2. 发展中国家和地区的态度

在 WTO 中，发展中国家和地区是一支重要的力量，其成员现已占 WTO 的 80% 左右，商品贸易已超过全球贸易总额的 35%。发展中国家和地区要解决的难题是在竞争行为的规制与社会经济发展之间确立一种直接的联系与平衡，这是相当困难的。竞争法被公认为是一套影响市场行为和结构的复杂政策的重要组成部分，讨论有竞争法的国家和地区是否比没有竞争法的国家和地区在发展目标方面更加富于成功是不可能的。[17] 仅有法律的存在并不能说明它所可能产生的影响，因为它的作用取决于其特殊规定和实际执行的程度及形态。目前全世界超过 70 个国家和地区有竞争法，其中有一半为发展中国家和地区。在亚洲，很多国家和地区没有竞争政策，只有一些以阻止不正当竞争为内容的相关立法，中国就是一个例证。发展中国家和地区适用竞争法缓慢的原因是多方面的，除了缺乏对竞争法的认识以外，发达国家，特别是美国在某些领域（如知识产权领域）中对发展中国家和地区施加高标准，以致发展中国家和地区在适用竞争法时

〔15〕 Carlos M. Correa, “Competition Law and Development Policies”, *Towards WTO Competition Rules-Key Issues and Comments on the WTO Report* (1998) *on Trades and Competition*, 1999, p. 120.

〔16〕 See J. Bhagwati, Protectionism 62 (1998). Something very similar occurred in Britain in the later 19th Century with the emergernce of Germany and the Unite States on the world trading scene. Id. at 65ff. For a more recent elaboration of the view, see J. Bhagwati, *The Diminished Giant Syndrome-How Decline Drives Trade Policy*, *Foreign Affairs*, Vol. 72, No. 2, 1993, p. 22.

〔17〕 See Carlos M. Correa, “Competition Law and Development Policies”, *Towards WTO Competition Rules-Key Issues and Comments on the WTO Report* (1998) *on Trades and Competition*, 1999, p. 120.

感受到的高压政策有很大关系。因此，尽管发展中国家和地区也积极支持采用约束性国际规则以抑制限制竞争的行为，但它们仍对这一领域中实施管制措施所花费的代价和预期的收益感到不确定。[18] 不同发展水平的国家和地区对竞争法的需求也存在不同理解，尤其是最不发达国家和地区，它们需要首先建立起工业体系、市场和基本制度，然后才能使竞争实质上作为发展政策的工具来推进。因此，发展中国家和地区希望能够根据自身情况和发展目标，并且不受国际规则的强行限制和发达国家和地区强权政治的压力，来调整其竞争政策，包括特殊的竞争法律。但是，无论如何，发展中国家和地区还是应当建设性地积极参与竞争政策问题国际协调的研究和讨论，竞争政策的国际合作能使发展中国家和地区或多或少从中得益，这是因为：

第一，通过竞争政策的国际合作获得发展的更多机会。由于政府行为会减少发展中国家和地区的贸易机会和不利于发展目标的实现，[19] 因此发展中国家和地区应当用竞争政策限制发达国家和地区对发展中国家和地区有消极影响的政府行为，如反对发达国家和地区政府过多地应用反补贴政策带来的消极影响；在发达国家和地区市场准入方面获得有成效的保护等。

第二，通过国际合作更好地实施竞争法以对抗外国大企业的反竞争行为。发展中国家和地区特别容易受到跨国公司的反竞争行为的攻击，如进出口卡特尔以及掠夺性定价、串通投标、限制购买和销售等。因为发达国家和地区的政府控制经常限制这些企业在国内或地区内的商业活动，从而使得这些企业的目光投向发展中国家和地区的市场。因此，对抗全球供应商的反竞争行为的国际竞争政策合作，对是发展中国家和地区的一个重要目标。

第三，通过竞争政策的国际合作控制跨国兼并的过度发生。对跨国兼并和收购的控制目前是由一些国家或地区在国家或地区范围内承担，而没有真正的国际合作控制，发展中国家和地区一般难以对这种操作结果进行

---

〔18〕 See Carlos M. Correa, "Competition Law and Development Policies", *Towards WTO Competition Rules-Key Issues and Comments on The WTO Report* (1998) *on Trades and Competition*, 1999, p. 120.

〔19〕 对于运用竞争法来代替反补贴措施已经提出了几种建议，但是在可预见的未来走到这样一个步骤看来还是不大现实（Hoekman and Kostecki, 1997, p. 258）。

实质上的干预。

第四,发展中国家和地区所面临的另一个问题是竞争法的域外适用。理由如前所述。因此,发展中国家和地区应当积极地参与在国际范围内对竞争政策的讨论,通过建立一个允许对反竞争行为进行有效规制的体系来获得利益,特别是对那些在国界外或地区外进行的行为,以及对滥用市场支配力的处理。

(四)可供选择的方案

在不同国家和地区态度分析的基础上,一些专家提供了几种可供考虑的选择方案。[20]

1.明确竞争政策为WTO必不可少的一部分

WTO的成员方、贸易谈判代表、政府官员,以及学术界、企业界和律师都应当对WTO制度与竞争政策的关系有一个清醒的认识。[21] WTO和竞争政策两者在目的上很相似,它们都促进市场的公开性,对市场的参与者提供公平的商业机会,法律制度的透明度和公平性,提高效益以及使消费者的权益最大化。澄清这个问题有助于成员方在WTO框架下建立一个关于竞争的协议,更重要的是国际竞争政策能够以某种方式得到有效的实施。WTO应以部长声明的方式宣告竞争政策是WTO必不可少的一部分。其中可以说明通过GATT的支持下的贸易谈判,政府贸易壁垒已经减少,但是仍有相当程度的政府贸易壁垒存在,在预期过程中,这种壁垒会进一步减少并且随着政府壁垒的减少,私人壁垒被认为越来越构成贸易的障碍。因此在WTO体系内建立竞争政策原则对于处理政府和私人贸易壁垒是十分重要的。

2.制定双边协议

鉴于反垄断域外适用的重重障碍,可以说,目前国际上最流行的应该是双边合作和多边合作。国际性限制竞争活动产生的问题可以通过两个国家和地区的反垄断机构进行合作得以解决。[22] 经济合作与发展组织的

〔20〕 参见[日]松下满雄:《世界贸易组织的基本原则和竞争政策的作用》,载《环球法律评论》2003年第1期。

〔21〕 参见[日]松下满雄:《世界贸易组织的基本原则和竞争政策的作用》,载《环球法律评论》2003年第1期。

〔22〕 参见林燕平:《论跨国并购的法律规制及入世后我国的对策》,载《法制与社会发展》2003年第3期。

成员方就存在两方间缔结反垄断法实施相互合作的协定。例如,美国政府和德国政府关于就限制性商业惯例开展相互合作的协定(1976 年 6 月 23 日)。美国和澳大利亚关于合作处理反托拉斯问题的协定(1982 年 6 月 29 日)。德国和法国关于就限制性商业惯例进行合作的协定(1984 年 5 月 28 日)。美和欧共体关于双方竞争法实施问题的协定(1991 年 9 月 23 日)。澳大利亚贸易惯例委员会和新西兰商业委员会合作和协调协定(1994 年 7 月)。美国和加拿大关于实施竞争和欺诈性营销惯例法的协定(1995 年 8 月 1 日,1995 年 8 月 3 日)。美国和澳大利亚关于相互实施反托拉斯法的协定(1997 年)。美国和欧共体关于在竞争法执法过程中实施积极的礼让原则的协定(1998 年 6 月 4 日)。当然双边合作有多种不同的形式,以美国为例,其与别国之间在竞争领域的合作主要有 3 种形式:一是双边司法互助条约,二是美国司法部和联邦贸易委员会与外国反垄断机构间签订的双边协定,三是积极礼让(positive comity)协定。

而在类似的合作中尤以欧共体和美国关于两国竞争机构合作的协定最具代表性。这一协定的全称为《欧洲议会暨欧盟委员会就欧洲共同体适用竞争规则与美国合作的决议》,该协定于 1991 年 9 月 23 日签订,1995 年 4 月 10 日欧共体理事会和委员会通过联合决议批准了这项协定其合作内容涉及以下几方面:(1)通知。如果一国竞争机构认为采取适用措施将损害到对方当事人利益,就应当相互通知对方。比如,对对方的适用措施来说很重要;有损竞争的行为,除企业合并与企业份额获得之外,将实质性地涉及对方市场;如果企业的并购涉及很多的控制方,或者一个公司的并购将控制很多的公司,使它按照各自的法律在共同体成员国或者美国的数个州登记。(2)信息交换。为了维护双方共同的利益,双方的竞争机构的官员应当至少每年两次或依照约定会晤,以便澄清当前的适用措施或者重点、有关符合共同利益的经济交流或者实施竞争法涉及共同利益的有关问题。(3)在一方领域内的违背竞争行为可能影响到对方重大利益时的协作(积极礼让原则)。对违背竞争行为有必要双方采取行动。如果一方认为,对方领域内的违背竞争行为损害到了本方的重大利益,那么该方就可以通知对方,请求对方采取适当的适用措施。(4)避免适用冲突的措施(消极礼让原则)。

在竞争法领域,凡是一个国家适用本国竞争法对某一外国限制竞争行为提起诉讼，大都从保护本国利益出发，很难协调。因此，在实践操作中对一些比较敏感的案件，“积极礼让”原则仅仅是形式而已。[23]

3. 签署多边协议的选择

建议在 WTO 框架之内缔结一份关于竞争政策的多边协议，称为《竞争及贸易的多边协议》。可以通过两个步骤来执行。第一步是应禁止私人限制竞争行为，如国际卡特尔、进口卡特尔和出口卡特尔。第二步是 WTO 需考虑未来国际竞争政策协议覆盖更为广泛的领域，包括垂直限制和兼并、取得。这种关于竞争政策的多边协议应包含关于透明度、客观性、法律预期程序和最惠国待遇原则和在成员国的竞争法中适用并加强国民待遇原则。WTO 应考虑建立一个永久性的协调出口方面竞争的关于竞争和贸易的组织，可以向 WTO 的团体提供竞争政策方面问题的建议。

竞争政策合作的非强制性多边框架的选择的目标是为 WTO 成员之间就竞争政策进行合作成立一个多边框架。协议不具有法律约束力，所以违反本协议并不能采取争端解决谅解（The Dispute Settlement Understanding, DSU）的起诉方式，也不能适用由争端解决机构（Dispute Settlement Body, DSB）认定合适的经济报复。该协议可由某成员国用来对抗另外的成员方。如果该法律行动会引起某些国际牵连的话，并安排就竞争政策和法律执行进行信息交流。还可以提供一个各成员方竞争政策和法律代理机构实施合作的机制，关于成员方之间关于竞争法律政策的教育和信息发布机制。

在各自的区域范围内，北美自由贸易区（North American Free Trade Area, NAFTA）、亚太经合组织（Asia-Pacific Economic Cooperation, APEC）成员之间在不同层面上开展了反垄断合作。经合组织（Organization for Economic Co-operation and Development, OECD）和 UNCTAD 是两个长期热衷于在国际反垄断领域发展国际合作的国际组织。乌拉圭回合之前，自 1947 年 GATT 产生以来，一个最重要的多边谈判成果是 1963 年的反倾销协定，这个协定之后在肯尼迪回合中完成，并在以后的几个回合中修改。反倾销协定的目的是保证国内反倾销方案的公正性，防止过度的贸易保护主义的滥用。在某种程度上说，这个协定使某些国内处理反倾销的方法合

〔23〕 参见林燕平：《论跨国并购的法律规制及入世后我国的对策》，载《法制与社会发展》2003 年第 3 期。

法化,并使该地区成员方法律的更趋一致。反倾销协定及后来乌拉圭回合的反倾销协定,明显没有起到什么作用,但以后其他的法案作用却很明显。因为它并没有强令或建议没有反倾销法的国家或地区适用这个协定。它也没有强令企业不要倾销。乌拉圭回合产生了很多协议,涉及很大范围的主题,并且经常具有与反倾销协定截然不同的目的。然而反倾销协定同时也使国内或地区内反倾销法律的合法化,并为它划定了界限。1994 年的 TRIPs 没有使把出口目标和本地要求强加给外国投资者的国内或地区内法律合法化。但反倾销协定为反倾销实施可能的度提供了一个最高限度,1994 年 TRIPs 为国内或地区内法律保护知识产权的广度和强度提供了必须遵守的最低标准。1997 年的电信协议与 TRIPs 相似,它为各国家和地区调控当局提供了最低水平的保护竞争标准。

4. 建立一个具有部分强制性的有关竞争法律和政策的多边框架

这一选择取自在其 2000 年 12 月 25 日通信上所作的建议书。在该建议书中,第一部分包含了诸如非歧视性原则,透明度和法律预期程序等核心原则。这部分是有强制性的,且成员方有义务遵守。第二部分由信息交流构成,包括案件细节交换和一般的信息交换。第三部分由对发展中国家和地区的技术协助组成,以助其在竞争法律的执行和竞争政策的促进方面建立竞争法和执行机构并进行接受力建设。

(五) WTO 协定中需要谈判的内容

WTO 是当今以推动国际贸易自由化为宗旨的最大多边机构。通过关税减让和减少或废除非关税贸易壁垒的谈判虽然对国际贸易自由化起到巨大的作用,但要真正实现贸易的自由化,确保国际市场的开放性和竞争性,至少应满足两个条件:一是成员方政府或当局不得采取其他形式的贸易保护措施来代替被废除的关税贸易壁垒和非关税贸易壁垒,特别是不得滥用反倾销措施或者保障措施;二是成员方的企业不得通过限制竞争的行为,来重建那些被废除的国际贸易壁垒。第一个条件仍然需要成员方政府或当局间进行谈判,第二个条件则需要成员方协调它们国内或地区内的竞争政策。

除 WTO 的基本原则外,它的许多协定中也含有竞争政策的具体内容。TRIPs 第 8 条规定,“成员可在其国内法律及条例的制定或修订中,采取必要措施以保护公众的健康与发展,以增加对其社会经济与技术发展至关紧要之领域中的公益,只要该措施与本协议的规定一致;可采取适当措施防止权利持有人滥用知识产权,防止借助国际技术转让中的不合理限制贸易行为或消极影响的行为,只要该措施与本协议的规定一致”。GATS 第 8 条规定,“各成员应确保在其境内的任何垄断服务提供者,在相关市场上提供的垄断服务不违背该成员在本协定第二条项下规定的义务和具体承诺,当某一成员的垄断服务提供者直接地或通过某一分支机构,在其垄断权利范围之外提供某项服务且属于该成员的具体承诺时,该成员应确保此一提供者不以与此类承诺不相符的方式在其境内采取滥用其垄断地位的行动。同时,该条也适用于某一成员正式或实质上阻止这些服务提供者在其境内进行竞争”。TRIMs 第 9 条规定,“在不迟于《WTO 协定》生效之日后 5 年,货物贸易理事会应审议本协定的运用情况,并酌情建议部长级会议修正本协定的文本。在审议过程中,货物贸易理事会应考虑本协定是否应补充有关投资政策和竞争政策的规定”。《技术性贸易壁垒协定》第 8 条规定,“各成员应采取其所能采取的合理措施,保证其领土内实施合格评定程序的非政府机构遵守第 5 条和第 6 条的规定,但关于通知拟议的合格评定程序的义务除外。此外,各成员不得采取具有直接或间接要求或鼓励此机构以与第 5 条和第 6 条规定不一致的方式行事的效果的”。[24]《保障措施协定》第 11 条第 3 款规定,“各成员不得鼓励或支持公私企业采用或维持等同于第 1 款所指措施的非政府措施”。[25]《反倾销协定》第 3 条第 5 款规定,“在确定损害时,成员方当局必须考虑影响外国和国内生产者之间开展竞争的限制性贸易措施的因素”。以及其后达成的关于金融业和电信业的附属协议,明确地在具体产业部门纳入反对垄断的竞争规则。

1996 年 WTO 第一届部长级会议上授权成立的贸易与竞争工作组,专门研究竞争政策和贸易的关系问题,目的是将竞争政策引入 WTO 的法律体系中。从 1997 年 7 月召开首次会议以来,一直都公布其年度报告,工作组审视了很多问题,它们大概列出了下列清单:(1)涉及贸易工具与竞争政策之间关系、有关这类问题的目标、原则、概念和范围。(2)涉及对现有

〔24〕《技术性贸易壁垒协定》第 5 条是关于国民待遇原则,第 6 条是关于不得采取超过必要限度的技术性贸易壁垒措施的规定,成员方不得采取具有直接或者间接要求或者鼓励此类机构以与第 5 条和第 6 条的规定不一致的方式行使的措施。

〔25〕 第 1 款是关于政府施行的旨在对出口贸易进行限制的措施。

贸易与竞争政策的工具、标准、活动的估量和分析,包括实施的效果。(3)贸易和竞争政策的相互影响情况,包括考虑的因素:企业反竞争惯例的影响和与国际贸易的联系;国际垄断的影响,包括独占权和关于竞争、国际贸易的政策。(4)与贸易有关的知识产权和竞争之间的关系。(5)贸易政策对竞争的影响。[26] 同时,工作组还与联合国贸易与发展会议,世界银行等机构合作进行专题讨论。这些报告表明,WTO 的成员方已经形成了这样一种共识,即 WTO 协定和竞争政策的目标是一致的,即促进自由市场的发展、增进消费者的福利和提高经济效益。2001 年在多哈举行的第四届部长级会议后发表的《多哈宣言》中,也涉及竞争政策。宣言指出:在第五次会议前的期间内,贸易与竞争政策工作组的下一步工作将主要澄清:核心原则,包括透明度、非歧视和程序公正及核心卡特尔的规定;自愿合作形式;通过能力建设支持在发展中国家逐步加强竞争机构。应全力考虑发展中和最不发达国家参加方的需要和适当的灵活性。但《多哈宣言》明确规定,谈判将在第五次部长会议确定谈判方式后举行。众所周知 2003 年 9 月的坎昆会议无果而终,坎昆会议的失败不仅打断了多哈回合的谈判进程,而且也给全球多边贸易体制的前景投下了阴影。与西雅图会议的失败有所不同,坎昆会议失败是发达国家与发展中国家矛盾无法调和的结果。但坎昆会议的失败并不意味着多边贸易体制的崩溃,也不意味着多哈回合的终结。但多边贸易谈判的停滞和多边贸易体制的瓦解既不利于发达国家也不利于发展中国家。这是一个基本的共识。短期内,发达国家和发展中国家的贸易大国会利用 WTO 继续寻求妥协的空间。长期内,推动建立合理的国际经济规则会逐渐为多数国家和地区所接受。多边的竞争协议将是目前国际竞争政策的发展趋势。

与 20 世纪 70 年代 OECD 的谈判及 80 年代 UNCTAD 的谈判方案相比,WTO 的竞争协议的理念可能在类别上有所不同。被授权的 WTO 报复措施的实质影响,及 WTO 争端解决机制的公正性,有可能创造一个更严格的竞争法实施实体,来统一调整国际经济问题。

首先,需要一个以过程为导向的方案。根据建立在 OECD 基础上的模式,欧盟建议 WTO 竞争协定最基本的最原始的内容应该是通知、磋商、合

〔26〕 参见朱颖:《论构建 WTO 框架下的全球多边竞争政策》,载《世界经济研究》2003 年第 2 期。

作及积极礼让。通知即国家有义务将影响别国的竞争情况通知该国。磋商即在一个有争议的案例开始前进行一段时间的讨论。合作包括交换关于反竞争行为实质损害委托国利益的非机密信息及控诉的意见等。积极礼让原则要求一国根据他国的要求,适用本国法,对在本国领域内实施的行为进行调查审判,因为这些行为影响了请求国企业的竞争机会。上述的方案在市场准入情况下通常是被否认的。

其次,竞争协议最基本的,某种程度上说最具争议的方面,是各国可以接受的竞争法的一套最基本内容。很明显,这些内容不得不包括控制卡特尔协议的规定(固定价格,操纵投标,划分市场,联合抵制)。另一个规定是用来调整市场支配地位的滥用。关于取得市场支配地位本身是否违法会存在一些争议。由于这是绝大多数合并控制体系的基本前提,所以是很有可能被接受的。假设目前的贸易强调市场准入,那么过度限制纵向协议将被认为是基本竞争法的必需内容。如何定义合法性也可能会存在争议,然而,在联合国1980年法案中,纵向限制被滥用市场支配地位所包含。这样,非支配企业的纵向限制根本就没有被包含。这个方案可能近似地表现出美国的实施政策,但是那些集中于如日本经连会或其他市场准入的情况,可能赞成包括更广泛的排他性或准排他性的分销安排。看起来美国和一些其他国家可能希望最低限度的法律规定私人诉讼。但私人诉讼并没有在美国以外的任何国家得到繁荣发展。也可能存在一些变化,例如在行政审判前的一些私权利,或者只有以成功政府为基础的案例才实施的私人诉讼。最后,竞争协议还必须处理一些被竞争法豁免的情况。劳工和农业问题,专门协议或者是“危机卡特尔”等问题都存在争议。

再次,竞争法的强制适用。TRIPs协议的目的之一就是为各国设定最低的标准,以便随着时间的发展,大多数国家都能采用充分的法律保护知识产权。这个目标在适用反托拉斯立法过程中很大程度上已经实现了。在欧盟和欧洲自由贸易地域范围内,成员国适用有效的竞争法是一个先决条件,这样,超过30个的欧洲国家,在相对高的层次上实行了标准的竞争法。瑞士,一个非欧盟国家在1995年也采用了相同的法律。OECD竞争法委员会规定了目标和标准,并且扩大了它的适用范围,甚至包括了墨西哥和韩国。NAFTA要求适用反托拉斯法,这样的法律在巴西和阿根廷是

有效的。原苏联国家也已经采用了反垄断法。另外，世界银行和国际货币基金组织支持将反垄断法作为期望得到国际援助的发展中国家自由市场改革的必要部分。为了适应这个压力，诸如泰国和印度尼西亚等长期坚持的国家，也分别在1999年和2000年采用了反垄断法。

最后，执行方面的规则。如果WTO竞争协议的目的是鼓励执行合作，那么这个目的由于其他的原因达到了。反垄断的主要参与者们，美国、欧盟、日本、加拿大、德国、澳大利亚，甚至墨西哥已经通过双边的合作执行协议互相联系。执行方面的合作是OECD的一个原则，并且是1980年联合国原则中的自愿原则。执行合作通常会涉及获取外国跨国公司的信息，或者获取一些制裁他们的措施。那些没有在本国发展跨国公司的国家不可能成为执行合作的主要参与者。这样，包括合作原则的WTO法案至少在短期内不可能增加很多。

WTO竞争协议最重要，也是最有争议的效果是规则和标准的设定，可以通过争议解决机制实施。WTO争议解决程序适用于所有同意协议的签字国，由于触犯了该协议的规则而使其他签字国遭受到贸易损失，他们可以申请适用争端解决程序。例如，如果WTO竞争协议包含了这样的义务即调查、救济，另一个国家的销售商或投资者限制了一国贸易市场准入，委托国可以针对其他签字国的非诉行为，调用争议解决程序。如果竞争法案包括了非歧视义务，那么由于另一国的反托拉斯法针对非国民的权利和有利待遇规定了少于国民的权利和待遇，一个签字国可以对另一国提起诉讼。

三、加入WTO对我国竞争法的挑战

加入WTO意味着中国的经济与世界经济全面接轨，世界通行的市场规则必定要逐步成为中国市场的游戏规则。这对我国的竞争法律制度的影响是极为深刻的，加入WTO对我国竞争法的挑战是全方位的，集中表现在以下3个方面：

1.行政性垄断与WTO基本原则的冲突。我国经济体制转轨过程中的行政性垄断直接危害市场竞争秩序，因为行政性垄断不公平地“保护”了部分市场主体，造成了包括国内企业在内的竞争障碍。由此所体现出来的差别待遇与WTO的“非歧视”国民待遇原则的冲突，必然影响我国履行WTO规则的义务。

2. 外国企业参与竞争的现实与法律资源不足的矛盾。这包括跨国公司实施合并引发的限制竞争和垄断的问题、威胁我国市场竞争的国际卡特尔问题以及外国企业滥用市场优势地位的问题等。由于外资进入我国已经由直接投资的方式为主转向采用与我国企业合并或取得股份等间接方式为主，这些跨国公司凭借资本和技术的优势，很容易取得市场支配地位，甚至垄断地位，极易产生滥用市场优势地位限制竞争的行为。而我国的竞争法律资源本来就十分薄弱，即使有限的资源也因实施不得力而难以起到有效的作用。〔27〕

3. 绿色壁垒引起竞争问题与我国法律的缺位。在 GATT 和 WTO 的努力下，关税壁垒和传统的非关税壁垒不在成为突出的贸易障碍，随着环境问题日益受到国际社会的重视，贸易竞争和环境成为 WTO 的新的议题。WTO 允许成员方采取单边贸易措施保护国内环境，〔28〕因此，一些国家就以环境保护为由对其他国家的进口商品设置障碍，“绿色壁垒”随之产生。表面上看，是环境与贸易的之争，实质上是贸易保护与自由竞争的关系。保护生态环境和自然环境，追求可持续发展已经成为我国的战略目标，然而，很少从竞争政策和竞争法需要的角度去考虑。

（一）加强我国国内竞争立法

中国当前应当采取的行动是：一方面，应该继续分析 WTO 各成员在竞争政策方面的立场和建议，根据我国经济发展的状况和市场竞争状况，确定自己的具体立场；另一方面，由于我国竞争法的现状和立法进程与 WTO 的要求相距甚远，应该认真研究现有的国际竞争规则和国外竞争法发达的国家的立法经验，制定和完善我国的竞争立法。

1. 加快制定反垄断法的进程。除了我国市场经济发展本身的要求外，加入 WTO 是直接推动立法进程的重要原因。首先，反垄断法的制定是遵守 WTO 规则和履行承诺义务的需要，如有关开放电信市场等行业的承诺等有关协定和文件，都必须通过反垄断法来实现；其次，反垄断法的制定是维护经济安全的需要，在缺乏反垄断法的情况下，很难遏制国际上实力雄

〔27〕 参见徐士英：《加入 WTO：中国竞争法面临的挑战与发展》，载《学术季刊》2002 年第 2 期。

〔28〕 《关税于贸易总协定》第 20 条规定，成员方可以为保护环境采取一些措施：“（b）为保护人民、动植物的生命和健康所必须的措施……，（q）与国内限制生产和消费措施相结合，为保护可能枯竭的天然资源有关的措施……”

厚的企业滥用市场优势的行为,我国的中小企业经济安全得不到保护;最后,反垄断法的制定是从根本上转变政府职能,增加市场透明度的需要,改变传统体制的影响,清除人为的市场壁垒既要依靠深化体制改革,又要借助法律武器。反垄断法是必不可少的。对于具体的反垄断立法设想,宜采取反不正当竞争法与反垄断法、专门法与特别法并举的体例,并应特别重视综合性反垄断法与特别管制法之间在反行政垄断方面的协调一致。从内容上,应采取概括式与列举式条文相结合的方法,界定应该禁止的反竞争行为。同时应该从维护我国利益出发,使政府对特定行业和领域的干预合法化,明确反竞争行为的法律责任应该包括民事责任、行政责任和刑事责任。在竞争法的执法机构设立上,应建立高度独立性的、准司法性的竞争执法机构,由国务院直接领导。应赋予该机构准立法和监督权、调查权、行政强制权、准司法权、诉讼代表权等权力。

2. 扩大竞争法的调整范围。随着经济全球化和知识经济的发展,一个新的竞争时代开始了。原来被视为竞争法适用除外的知识产权和自然垄断行业也开始纳入竞争法的调整范围,新兴的网络世界也有待竞争法的规范。面对目前出现的各个领域的限制竞争行为,我国的立法必须拓宽竞争法的适用范围,以适应国际社会对竞争行为的统一规制。

3. 重视竞争法的政策性功能。确保竞争是市场经济国家首要的经济目标,而法律是确保竞争的根本手段。就一般而言,政策具有灵活性,法律具有稳定性,政策不具有直接的约束力。但是竞争法不同于其他的法律制度,国家可以借助竞争法的实施,来贯彻和落实国家的经济政策,竞争法的政策性功能很好地实现了两者的统一,使竞争政策具有法律效力。这也就是为什么人们常常把竞争法等同于竞争政策的原因。它可以根据客观经济条件的变化和不同时期经济发展的需要对经济作出调节。因此,我国应当重视竞争法(尤其是反垄断法)的政策性功能,根据经济效率的需要灵活实施竞争法,如对企业合并的控制与产业政策的协调、对环境保护的加强和反垄断法的豁免等。

(二)我国应当积极参与竞争政策的国际协调和国际合作

在经济全球化的背景下,一国旨在保护本国市场有效竞争的规则在全球层次上用来对付反竞争行为显得力不从心,必须加强国际协调和国际合作。在这方面中国的态度对国际竞争政策协调的推动是极为重要的。

WTO是国际协调机制，能够激发各国履行国际义务的动因，同时，也能使各国在国际制度下对其行为作出合理解释并进行合作。更重要的是，WTO的目标和竞争政策是一致的，WTO协议中有一些条款与竞争政策十分接近，在这个意义上，竞争政策亦是WTO的一部分。因此，在WTO的基础上，加强竞争规则的谈判和制定，应当成为中国政府表达的立场，我国应根据上述情势寻求适当的途径积极参与。当然，从另一方面看，由于WTO的规定都是针对成员国政府的，对于私人限制竞争的行为尚且无能为力。因此，当一个国家的政府控制国际贸易时，私人的贸易限制仅占有小部分的空间，随着贸易自由化程度的加大，私营企业之间所进行的贸易限制的问题将会日益突出。当贸易自由达到一定程度时，必须考虑对私人限制竞争的行为进行国际规制。这时，WTO框架内的国际协调就会显得力不从心，必须要在WTO体系之外另行寻求特定的方式去解决。因此，我国政府同样应当重视对国际竞争领域规则的研究，极力促进竞争政策的全面统一协调这一更为重要的工作。

其实，关于国际竞争政策是在WTO协议框架之内订立，还是在WTO协议之外制定并不重要，重要的是国际竞争政策应该以一定的方式有效地运行。这应当是成员方政府或当局、贸易谈判方、商业团体甚至学术界等共同考虑WTO体系与竞争政策的关系。从目前来讲，在现在的国际组织中，只有WTO具有准全球性，WTO的规则具有共同认可的约束力，最终目标是建立一个非歧视的竞争的全球市场，这与竞争政策的目标具有一致性。因此，从WTO的协议着手进行新一轮的谈判，在取得阶段性成果的基础上，尝试进行其他的协调工作。

四、我国在WTO多边竞争政策谈判中的基本立场

（一）正确认识竞争政策的多边谈判的意义

竞争政策的多边谈判是经济全球化和激烈的竞争趋势的必然要求，经济全球化条件下的限制竞争行为往往涉及多个国家，有时甚至波及全球，在这种情况下，一个国家在调查和处理跨国限制竞争案件时如果不与其他国家进行合作，往往不能得到令人满意的结果；它和贸易政策是相互作用和互补的，撤销对商品流通限制的竞争政策有利于贸易，降低关税和拆除非关税壁垒的贸易政策又有助于竞争；竞争政策和产业政策也有密切的联系，在促进增长、提高生产率和形成自由公平的竞争环境方面起着互补的

作用。由此学界普遍认为，“鉴于订立 WTO 竞争政策多边协议对中国的必要性，以及中国接受协议的可行性，中国应当对谈判取积极的态度”，[29]笔者对此基本立场也持肯定态度，我们应积极加入该议题的谈判，扮演“规则制定的参与者”的角色，从而在谈判中发出我们的声音，使规则的制定考虑到发展中国家和我们的利益。

1. WTO 框架下多边竞争政策协议符合我国国家利益

在 WTO 框架下达成多边竞争政策协议的这种形式可以说是比较高效且“廉价的”。除此之外的方式就是分别举行双边谈判、达成双边协议和国内竞争政策的域外适用。分别举行双边谈判的代价巨大，我国入世就是此种途径；竞争政策双边协议迄今都是在发达国家之间进行的。发展中国家一方面因为经济实力不够，在国际贸易中所占的份额有限，从而没有这方面的合作需求，另一方面因为没有相关的竞争法制度，或者竞争法执法水平不高，发达国家不能或者不愿意和它们进行谈判。因此，双边协议也不适合我国。关于国内竞争政策的域外适用，只有美国采用，对于这种制度我国有没有运用的可能性呢？答案是否定的。中国的经济实力目前远未达到美国的水平，在出现了影响中国市场的国际竞争案件时，中国很难像美国那样，通过本国反垄断法的域外适用来解决。况且，美国的这种做法也有许多不完善之处，招致许多国家甚至是其盟友的反对，纷纷立法来抵制美国的这种做法。再者，多边谈判不仅成本低，而且因为发展中国家占到很大比例，会更多地考虑发展中国家的利益。比起一对一的双边谈判，这种谈判环境自然要有利得多。

2. WTO 框架下多边竞争政策协议有利于我国竞争法的完善与发展

WTO 框架下多边竞争政策协议一旦达成，成员方制定竞争法就是一项强制性的义务，各成员方必须有自己的竞争法。就目前的谈判内容看，协议达成后，发达国家有义务对发展中国家竞争主管机构提供具体的支持，包括对发展中国家竞争主管机构的技术援助；对发展中国家竞争主管机构执法的援助。因此这个多边框架协议不仅是中国建立和完善社会主义市场秩序和竞争秩序的一个压力，而且也是一种重要推动力。完善的立法还需要有力的执法来贯彻和维护法治的实效。我们可以借助《反垄断

[29] 王晓晔、陶正华：《WTO 的竞争政策及其对中国的影响——兼论制定反垄断法的意义》，载《中国社会科学》2003 年第 5 期。

法》的制定建立独立的竞争法主管机关。由于反垄断的任务特殊，必须要有一个独立的和权威的执法机构。特别在中国，反垄断法不仅要同大企业集团或者垄断企业的限制竞争行为作斗争，而且还要同政府滥用行政权力限制竞争的行为作斗争，这要求该执法机关具有相当大的独立性和足够大的权威性。

3. WTO 框架下多边竞争政策协议可有效遏制对我国不利的限制竞争行为

对我国不利的限制竞争行为，可以是在我国境内或境外对我国市场实施的限制竞争行为，也可能是对走出国门的我国企业在国外受到的限制竞争的行为。根据世界银行的统计，发展中国家将近 67% 的进口贸易受到国际卡特尔的不利影响，考虑到很多国际卡特尔尚未被发现，发展中国家受到的不利影响更大。中国进出口贸易的世界排名已经列第 5 位，中国市场不可能不受国际卡特尔的影响。有这样一个多边性的协议，对我国就此类案件的证据收集和处理都会更加有利。近年来，中国企业的国际竞争力越来越强，作为世界贸易大国，每年向主要发达国家和部分发展中国家出口大量产品。这些产品面临的最大的国外竞争压力就是进口国常为保护国内产业而对我国产品采取反倾销措施和保障措施。WTO 许多成员方和我国一样，已经把反倾销认为是一种贸易保护措施，它严重损害了世界各国通过贸易自由化本应得到的利益和社会福利。我国作为反倾销措施滥用的受害者，理应积极推进多边竞争政策谈判，以此来纠正、规制反倾销措施和保障措施的滥用，使国际间的竞争、贸易行为真正在一个无歧视、公平公正的环境下进行。

(二)我国关于 WTO 多边竞争政策议题的应对策略

把竞争政策协议是把“双刃剑”，有利有弊。在守法方的合法权利受到侵犯的时候，这把剑可以成为守法方的护身符；反之，它就会成为违法方的桎梏，无情的“刺向”违法者以保护合法者的利益。我国应在完善国内立法和摸清国情的基础上制定具体的谈判策略，以最大限度地保护我国的国家利益。这里的“策略”分为内、外两个层面。对内，就是我们通常说的要“苦练内功”，找出我国竞争立法、司法方面的漏洞、缺陷，加以完善。比如，加快反垄断立法的进程，形成一个系统和完整的反垄断体系；加大对滥用行政权力限制竞争行为制裁；加快建立独立的和权威的反垄断执法机关

等。此类问题,学术界已有很多研究成果,笔者在此只想谈谈"对外"层面的策略。我国的国情决定了我国在竞争政策的立法和司法方面还是处于初级阶段,各方面还很不成熟,但在WTO框架下关于此问题的谈判已提上议事日程,它不可能等你国内按部就班的发展完善了再展开谈判。因此,我们应立即着手合理利用规则,趋利避害,最大限度地维护我国的国家利益。

1. 尽量缩小谈判议题范围,为国内立法、司法留有空间

目前我国的竞争环境并不令人满意,如果谈判规定了较为广泛的谈判议题,将直接触及我国竞争环境建设中的弱点,也将限制我国竞争法规的制订。因此,我国在谈判中应力求缩小谈判议题范围,尽可能为国内竞争环境建设争取更多自由发展的空间。笔者参阅了WTO各成员方的谈判建议,认为目前可基本赞同欧盟的建议,它们提出谈判集中在以下3个关键问题上:一是国内竞争法的核心原则;二是合作的模式,包括处理具体案件的合作和一般经验的交流;三是进一步加强发展中国家竞争主管机构的执法能力,其中包括以更为一贯、更为有力的方式提供技术援助。尤其是第一点和第三点,谈判的内容具有基础性和务实性,代表了我国的利益,我国可予以支持。此外,缩小谈判议题范围也将使我国承担较少的新增义务,减轻入世的压力与冲击,这是我国在入世初期所应尽力争取的最佳情况。

2. 在谈判的侧重点上,应以多边竞争政策的谈判促进反倾销协议的修改

我国从1979年起至2000年年底共受起诉422起,年平均21起;20世纪90年代以来我国受到反倾销起诉数目约占世界总数的15%,成为受起诉最多的国家。此外,我国所受反倾销起诉还具有涉及金额大、产品范围广的特点。一些国家对我国出口商品的指控并不完全具备或根本不具备任何构成倾销的条件,具有很大的主观性。竞争政策和竞争法向来都是"保护竞争而不是竞争者",[30] 被指控为反倾销对象的商品,大多数是我国竞争力较强的商品,它们实施的反倾销具有明显的歧视性,我国应争取在多边竞争政策谈判同时促进对《反倾销协议》等作出适宜且有效的修订

〔30〕 孔祥俊:《反垄断法原理》,中国法制出版社2001年版,第176页。

和补充，以维护我国及其他成员的正常的贸易利益和竞争法的精髓要义。在此问题上，日本、韩国、智利等国家与我国有相同的遭遇，我们应与他们站在同一立场，以增加谈判实力。

3. 与广大的发展中国家站在一起，以多边竞争政策谈判为筹码与发达国家博弈，以维护最大化的国家利益

在坎昆 WTO 部长级会议上，南非代表团团长费萨尔·伊斯梅尔说了一段耐人寻味的话："在多哈，欧盟是一个请求者，因为其感到需要一种交换，以便达成农业协议。多哈部长级会议有意将谈判加以排序，以便首先着手发展中成员的问题，相应的顺序是执行、特殊与差别待遇、与贸易有关的知识产权与公共卫生、农业、非农产品市场准入，然后才是新加坡议题。制定这个顺序是为了确保欧盟在对发展中成员有重大利益的问题上能有所行动，而这将鼓励各成员介入新加坡议题。"众所周知，依据《多哈协议》第 23 条"谈判能否开始取决于成员方能否就谈判模式达成一致意见"的规定，坎昆会议的议题之一就是是否启动包括多边竞争政策谈判在内的新加坡议题，然而遗憾的是，由于很多发展中国家成员的反对，谈判因而未能被启动。南非代表团团长的一席话表明，发达国家有意与发展中国家进行"交易"，以换取发展中国家对新议题谈判的同意。我国应与广大发展中国家站在同一立场，以是否启动谈判为筹码，来换取发达国家在相关议题上的让步，这包括农业问题上的让步；促使发达国家承诺逐步取消农业补贴；促使发达国家逐步取消对发展中国家的市场准入壁垒，从而实现发展中国家的利益最大化。

五、结束语

在坎昆举行的第五次部长级会议，与会各方的立场分化很严重，依据《多哈协议》第 23 条"谈判能否开始取决于成员方能否就谈判模式达成一致意见"的规定，[31] 未能就包括多边竞争政策在内的新加坡议题达成任何共识，该议题的前景一下变得扑朔迷离。但是，"任何国家，只要它准备建立一个以市场竞争为导向的经济秩序，就不能不反对卡特尔，不能不控制经济集中，也不能不控制滥用市场优势"。[32] 在全球范围内的资源配置也是如此。因此，在 WTO 消除政府行为在国际贸易领域的限制和障碍方面

〔31〕 参见刘光溪：《多哈会议与 WTO 首轮谈判》，上海人民出版社 2002 年版，第 431 页。

〔32〕 王晓晔：《竞争法研究》，中国法制出版社 1999 年版，第 485 页。

取得显著成效后，为使 WTO 成员方多年来为形成开放的国际市场所进行的艰辛谈判不至于付之东流，其多边谈判必将涉及竞争政策问题，我国应在加快制定、完善国内竞争立法与执法的同时，积极地参加到多边竞争政策谈判中去，以维护我国自身的合法权益。

竞争文化与和谐社会

——论中国反垄断法立法的社会基础*

一、竞争文化是现代市场经济的必然产物

竞争，人类社会自古就有，古罗马奴隶厮杀的竞技场面把竞争场面展现得淋漓尽致，自由放任时期垄断资本攫夺剩余劳动的搏杀更是将竞争推上了血腥的巅峰。“尔虞我诈”“弱肉强食”是20世纪以前的竞争留给我们的深刻印象。近百年来，随着人类对自身行为所造成恶果的不断反思，政治家和思想家们对社会发展规律的总结，竞争法律制度建设的勃然兴起，竞争开始形成一种文化层面的东西，成为人类文明的重要内容。尽管市场竞争依然激烈无比，但对大众利益的关注、对经济民主的维护，对社会整体效率的追求已经赋予竞争新的内涵，并成为检验竞争是否合乎国家法律的标准。市场竞争，从最初纯粹的私利争夺纷乱中渐渐蜕变，成为推动社会和谐发展的强大动力。

竞争文化，概括地说就是关于市场竞争的一系列思想观念、商业规则和法律制度的总称。在竞争文化的语境里，对竞争的理解有特定的含义，它包括了竞争行为和竞争机制两个层面的内容。竞争行为是竞争者之间为了追求自身利益的最大化，争夺交易对象和交易机会的持续不断较量的动态行为过程，这种自发性的竞争行为可能导致的结果是：竞争者在增进自身利益的同时，增进了社会整体利益；〔1〕但是可能在竞争中增进自身利益的同时却损害了社会整体利益。竞争可谓犹如江河之水，可以载舟，也可以覆舟。而竞争机制则是影响社会资源配置的一种方式，是把市场主体

---

* 载《江西财经大学学报》（哲学社会科学版）2005年第1期。

〔1〕 古典经济学理论就是基于这样的判断，得出了自由竞争应当是极力倡导和维护的结论。

的竞争行为导向增进社会整体利益这一目标的一种驱动力，它由一系列的制度、规则、规范所组成。[2] 竞争机制的目标是个体利益的增进与社会整体利益增进的协调。无数的事实告诉我们，当市场竞争行为偏离竞争机制时就会损害资源配置的效率和社会整体利益。这就不难理解为什么经济学无比崇尚的市场竞争会导致经济发展的停滞甚至倒退。

竞争文化形成的过程事实上就是市场经济走向成熟、竞争法制不断完善的过程。19 世纪末期，随着自由资本主义向垄断资本主义过渡，垄断和限制竞争行为的产生不仅严重危及中小企业的生存和发展，侵害了消费者的权益，而且极大地损害了竞争机制，使社会经济陷入重重矛盾之中，几乎把“自由竞争带来效率”的神话彻底粉碎。在缓解和消除垄断及不正当竞争危害的过程中，各国展开了大规模的、持续不断的现代竞争立法活动。当年美国的立法者面对企业越来越大，消费者口袋里的钱源源不断流入垄断企业的现象，发出了“不能容忍垄断者主宰社会经济”的呐喊，这既是政治家们关于维护民主制度的呼吁，更是企业家们对于公平竞争的渴望。1890 年颁布的《谢尔曼法》以 17 世纪初期英国判例中形成并贯穿于整个英美法系的“限制贸易应受谴责”的法律原则[3]为基础，进一步确立了规制垄断、维护经济民主的公平竞争文化精神，这是顺应经济发展的必然产物，也是作为与现代市场经济相适应的文化发展的必然产物。其后几十年，竞争文化在欧洲、亚洲等国家和地区的市场经济发展中相继形成。为了把竞争对社会的消极影响限制到最小的程度，各国都把维护竞争秩序的制度提到了至关重要的地位，它们制定的一系列旨在维护竞争、保护中小企业、创建经济民主和经济自由的法律进一步推动了竞争文化的发展。20 世纪 70 年代以后，随着发展中国家纷纷进行经济体制的转型和改革，竞争政策作为维护国际市场公平竞争为目标的制度设计，也已提到国际组织的议事日程。竞争政策的谈判和制定已进入世界贸易组织（World Trade Organization，WTO）的视野，成为日益受到关注的问题之一。事实上，WTO 本身就是竞争文化的典型。[4]

---

〔2〕 参见徐士英：《竞争法论》，世界图书公司 2003 年版，第 3 页。

〔3〕 参见［英］约翰·亚格纽：《竞争法》，徐海等译，南京大学出版社 1992 年版，第 2～6 页。

〔4〕 参见孔祥俊：《“入世”后竞争政策和竞争法制之展望》，载《法制日报》2001 年 11 月 11 日，第 3 版。

长期缺乏竞争的中国，从经济体制改革开始以来，市场竞争以前所未有的势态在全国范围内展开。由竞争引起的利益争夺随着主体的产权独立而日益激烈，公用企业利用其垄断地位排斥竞争、强制交易，以独占市场利益；联合抵制、限制竞争的行为在行业垄断中频频发生；产业的盲目发展带来的恶性竞争使资源利用效率极为低下；跨国公司利用其强大优势在力量悬殊的中国市场内大肆称霸获利。不仅如此，在政府之间也形成了一条独特的“利益战线”，画地为牢、封锁市场的现象普遍存在，成为中国市场经济一道别扭的风景线。对于这样的市场竞争状态，必须考虑要把一般的竞争行为过程上升到竞争机制维护的高度，必须要从建设竞争文化的层面解决问题。从2000年开始的连续3年全国人大的立法提案中，第一号提案竟然都是关于制定反垄断法的建议，民众的呼声几乎可以听见。限制垄断市场，呼唤公平竞争，对制度的渴望说到底是一种对文化的追求。事实上，当中国的体制改革深化到企业民营化，国企市场化、产权大众化、竞争国际化的时候，市场竞争也随之发生了质的转变——从竞争行为向竞争机制转化，从“计划文化”向“竞争文化”的转变。[5] 这正是我们从市场经济初级阶段走向成熟市场经济的标志。

二、竞争文化是构建和谐社会的本质要求

现代竞争文化的内涵可以归结为两点：有效竞争和公平竞争。竞争产生效益，垄断则通过反竞争使效益丧失，采用法律手段进行控制则可以减少乃至消除垄断造成的损失，有助于社会整体效率的提高；垄断的结果是强势主体获得全部机会和利益，不控制垄断势力，自由民主权利就会变成一纸空文，运用法律手段限制垄断可以保护弱者、维护公平正义。而这正是我们构建和谐社会的内在要求。和谐社会是人类社会追求的目标。和谐的社会并不排斥竞争，相反是在竞争中实现的和谐与平衡，是在发展中进行的协调。我国传统哲学中历来就有“和而不同”的思想，它揭示了世界万物既互相依存又互相竞争的本质。事物的依存性（“和”）是事物相辅相成，共生共进；而事物的多样性（“不同”）又使事物互争互夺，择优汰劣。这种有规则的淘汰、有秩序的退出，是社会进步的动力，也是竞争的文化标志。因此，和谐的社会应当是一个竞争的社会，但这种竞争必须是公平的、

〔5〕 参见赵心树：《三个代表呼唤三个竞争与三个民主》，载 http://www.1a3.cn/，2005年8月6日访问。

有效的竞争。

（一）和谐社会需要实质公平的竞争

传统法律文化以维护形式意义上的公平为目标，提供一个大致的框架，对每个市场主体都给予相同的法律地位，赋予每个主体相同的权利义务，自由地展开竞争。但市场经济中这种形式意义上的公平并不必然保证实质上的公平。例如，实力强大的企业长期通过压低价格，使竞争对手遭受损失，从而独占市场；同行企业联合起来控制商品价格，使消费者蒙受损失；拥有行政权力的机构可以限定经营者必须交易或不交易，使消费者丧失选择。一些实质上具有经济特权的主体任意施为的结果，最终使竞争机制失效，社会失和。这就表明，法律仅规定形式公平的框架，而不对其中某些特殊主体作出限制，其结果反而使市场主体之间处于实质上的不平等地位。这种游戏规则的设计已经不能适应社会发展的需要，"赢者全得"的自由竞争激励模式，使"财富效应"对社会产生了负面作用。〔6〕 竞争文化的核心理念应以实质上的公平为目标，使市场主体在实质上处于公平的竞争地位。实质公平原则主要体现在对具备某些特殊条件和能力的某些行为进行限制，对可能遭受经济特权侵害的主体进行倾斜保护。从形式上来看，这些规定对于某些主体是不公平的。但是，法律的这种倾斜性保护有助于限制经营者的不正当行为，使其回复到竞争机制的框架中，这无疑体现了真正的公平和正义。这些限制和保护突破了传统民法以保护权利为本位、重形式而轻实质的倾向，确立了竞争法以保护社会利益为本位，达到实质公平、正义、合理的精神。

（二）和谐社会需要社会的整体效率

效率是市场竞争的目标。竞争机制的最大效用就在于通过市场规则，可以实现经济效率的提高。但是只有社会整体效率的提高才是真正的效率。现实生活中的市场垄断、地方保护看起来有利于个体的局部的利益的提高，但是却对社会导致主体的低效率；"血拼式竞争"结果也许成就了个别大市场主体，但是造成社会资源的严重浪费。现代竞争文化倡导的是在提高个体利益的同时增进社会整体利益，为了整体经济效率的提高，有时不得不牺牲某些个体的利益，甚至是从个体的角度来看绝不应该牺牲的合

〔6〕 参见仲大军：《解决和谐社会与竞争社会的矛盾冲突》，载《企业文化》2005年第5期。

理获得的利益。例如,一个垄断企业经过长时间的努力竞争,终于获得竞争优势,取得市场独占或准独占地位,这样。但是,该主体的这种独占地位在事实上影响了竞争的存在,从而可能影响社会整体效率的进一步提高。当法律以社会整体效率为由对它的独占地位进行种种限制乃至取消时,就很难同时保证对它的公平。效率和公平就处于冲突的状态。虽然它是通过合法努力获得优势地位,能够给个体带来利益,却可能被法律介入而轻易取消。然而,对于整体社会来说,这样的取消往往是必要的。所以,构建和谐社会必须解决效率与公平的冲突,现代竞争文化要求的是只能是基于全社会的考虑,优先选择社会整体效率的提升。

总之,竞争文化的内涵与和谐社会本质上是完全一致的,没有成熟的竞争文化,就不可能有和谐社会的建设,反之亦然,社会不和谐,竞争必然是低效的、不公平的。竞争文化在我国的产生和弘扬代表着一个古老民族朝着符合世界潮流的方向走向繁荣道路。在政治领域营造自由宽松的政治环境给各种利益集团公平竞争的同时,竞争文化也为构建和谐社会创造了动力和基础。

三、中国反垄断立法的基础分析:竞争文化的推进器

在中国的市场经济发展历程中,政府的主动推进是重要特征。20世纪的民族灾难使我们的经济失去了自然循序演进的机会,经济全球化带来的自由化和贸易一体化又使我们面临国际竞争的环境,我们在跨越式发展中更加需要关注发展的制度保障,在积极推进经济发展的同时应该主动推进竞争文化的建设。教育民众了解竞争、普及公平竞争理念,让现代竞争文化尽快渗透到社会经济生活的方方面面中去。目前正在紧锣密鼓讨论的反垄断法的制定就是一个极好的契机。在我国,立法讨论的过程是一个民众学习法律精神的过程,经济立法大多经历了这样一个过程。反垄断法要成为一个国家自觉的选择,并相应地通过立法价值反映出来也是需要一个过程的,我们应该充分利用反垄断立法的广泛讨论来推进中国竞争文化的建设和发展,就如合同法律的讨论推进了诚信文化的建设一样,反垄断法的讨论一定会推动竞争文化的发育。其实,即使是竞争文化相对发达的国家也在投入大量的精力,目的是培育一种文化,努力采取措施让人们守法,

而不是为了启动司法程序。只有这样，法律制度才有存续和发展的根本基础。[7]

我国的反垄断法已讨论酝酿多年，从反不正当竞争法的制定到2005年经历了近二十年的时间，其间多少次起起落落，反复变化。[8] 究其原因主要是对反垄断法制定的必要性和可行性的质疑。这一方面反映了我国市场发育的曲折，另一方面也反映了竞争文化的淡薄。因此，分析中国反垄断法制定的社会基础，是培育竞争文化的重要组成部分。

首先，从法哲学的意义上讲，法律的社会经济基础是法律诞生的前提。在传统的计划经济体制之下，由国家和行政力量实施的垄断被认为是合理的、必然的，这种观念在一定程度上的滞留，使人们无法态度坚决地反对行政性垄断。而当市场经济处于发展初期，由市场力量自发形成的垄断，还不足以严重危害社会经济的整体运行，因而，在社会整体范围内对垄断危害尚未达成共识，市场主体普遍缺乏良好的竞争素养，人们并不认同公平竞争的规则。不仅市场主体缺乏对公平竞争的信仰，政府本身也不完全理解竞争法的精髓，强大的地方保护就是明证。随着市场经济的进一步发展，尤其是我国加入WTO以后，经济运行已经纳入国际经济的轨道。从现实生活中可以观察到，市场竞争日益激烈，以各种方式设置市场进入障碍和限制竞争的行为大量出现，其中尤以地方和行业性力量介入形成的垄断最为普遍，这种行政力量与市场行为扭合在一起，使经济遭到条块分割，资源要素无法自由流动，影响了经济效率的进一步提高，成为我国经济民主发展的主要障碍。在当前，竞争不足的垄断和竞争过度的恶性竞争同时存在，它们都需要竞争法的调整。根据各国经验，当法律主动调整尚未酿成社会范围内尖锐矛盾，往往能够避免社会经济的动荡，减少维护市场秩序成本；而到了垄断行为的危害严重时再进行追惩，不仅执法司法成本巨大，而且可能会影响经济发展的稳定性和连续性。因此，提供法律上的依据对

---

〔7〕 参见澳大利亚竞争局前主席戴伟·利普曼先生2005年5月在北京举行的中国反垄断法国际研讨会上的发言。

〔8〕 我国真正意义上的反垄断法典立法活动起始于第七届全国人民代表大会期间（1987～1992年）。根据这届全国人民代表大会的一个规划，一个由国家经贸委和国家工商行政管理局联合组成的反垄断法起草小组被正式组建起来。到2002年为止，这个起草小组公布了好几个反垄断法的草案。此后，由于国务院机构改革，原来国家经贸委的部分职能并入国家商务部。所以反垄断法的起草工作就主要由商务部继续进行。通过广泛的调研，2004年2月形成送国务院的审议稿。在广泛征求意见后2005年4月、7月又在送审稿的基础上分别进行了修改。

垄断进行控制，反垄断立法宜早不宜迟，这已成为越来越多国人的共识。可以认为中国已具备反垄断法的思想基础条件。

其次，从法学理论的角度来讲，一部法律的出台必须具有理论研究方面的准备，以便让社会民众能够普遍接受。这些年来我国竞争法理论研究经历了不断深化的过程。改革初期，竞争法理论的研究比较薄弱，对垄断行为的界定以及行政性垄断是否需要和可以由反垄断法规制等问题，在学界缺乏完整的通说。学术理论框架的缺乏对应的只能是有缺憾的法律。但庆幸的是我们一直没有停下研究的步伐，中国竞争法学研究逐渐走向成熟，到2005年已经基本具备能够支撑起完善这个法律的能力，可以为法律的制定和完善提供足够的理论支持。

最后，从社会民众的可接受程度来看，在现阶段对垄断行为进行禁止和限制的社会呼声已经变得十分强烈，尤其是对公用企业垄断的不满已经到了十分严重的地步，要求改革、消除垄断、维护社会公共利益和消费者利益已经成为。在1993年《反不正当竞争法》对垄断行为进行一定程度规制的12年里，虽然其效果并不令人满意，但就是这12年的法律实施历程，市场主体和普通百姓接受了一场竞争文化的培育。到2005年，市场主体的公平竞争的法律意识有了明显的进步，他们对合法竞争、公平竞争有了深入的理解，开始信仰为法律所认同的交易规则和竞争规则。这表明我国法律的进一步完善有了比以往任何时候都好的社会基础，反垄断法也到了它出台的当口。

四、结语

2005年中国的反垄断法即将进入了实质性审议阶段，[9]这给市场经济深入发展形成竞争文化带来了佳音。但是，立法的道路依然艰难。一方面，对反垄断法在我国当前实施的条件是否成熟存在众多异议，[10]另一方面，对正在审议的草案的具体条款提出了不同的意见。这些意见不仅涉及

〔9〕 按立法部门的计划，反垄断法草案将于2005年10月在“人大”进行第一次审议。

〔10〕 判定时机是否成熟的标准是多种多样的。如有人主张，中国企业的规模普遍偏小，在经济全球化趋势日益加强的情况下，中国目前的主要任务是使企业走向集中，而不是要反垄断；有的人则认为，中国目前突出的问题是行政垄断，这不是通过反垄断法能解决的。涉及历史、伦理、体制等各种因素，应当提高到宪法的层面解决；有的人则声称，反垄断法对于执法部门的要求非常高，在中国目前的政府序列中根本找不到相应的职能部门，因此，如果反垄断法予以通过，必将对现行的行政执法体制产生巨大的冲击和影响，因此，在目前阶段制定反垄断法是不适宜的。

立法技术的问题,实际上也反映了不同的价值取向。笔者认为,一国的法律制度均是为本国的经济发展目标服务的,国内和国际的形势决定了我国反垄断法所面临的是不同于他国的形势,需要承载更为艰巨的任务。这就是:不仅要面对西方国家在反垄断领域面临的问题,同时还需要面对体制转轨中产生的特殊问题。因此,社会的和谐与稳定是当前极为重要的大事。但是,我们要以竞争的姿态构建和谐社会,以积极推进竞争文化的努力使和谐社会的建设更加顺利。

论企业合并反垄断法律控制的权衡*

正确理解企业合并是对其进行法律控制的前提。竞争法(反垄断法)意义上对企业合并的解释要比商法宽泛得多,它不仅包含资产转移型的合并及公司法上所规定的新设合并和吸收合并,还要扩大到一个企业能够对另一个企业发生支配性影响的所有方式,包括持有其他公司的股份、取得其他企业的资产、受让或承租其他企业全部或主要部分的营业或财产,与其他企业共同经营或受其他企业委托经营、干部兼任、直接或间接地控制其他企业的人事任免等实现市场力量集中之目的的行为。可见,竞争法中关于企业合并的界定的重点并非在于被合并的企业的法律人格的变化,而在于企业合并产生或可能产生的市场经济力量的集中和合并对市场竞争的影响,关注合并后是否创设或强化了市场支配地位。正在制定中的我国《反垄断法(草案)》〔1〕(以下简称《草案》)对企业合并第一次作了较为全面的界定。虽然《草案》并没有沿用各国关于“企业合并”的通用名称,而是采用了“经营者集中”的提法,〔2〕并将其定义为“是指两个以上经营者合并以及一个或者多个经营者直接或者间接取得多个其他经营者全部或者部分的控制权”。

一、对企业合并进行竞争法规制的意义

(一)企业合并控制的基本理论

把企业合并纳入反垄断法调整是市场经济良性运行、保持经济持续发展的主要保障,也是世界各国的通行做法。20 世纪早期比较重视对市场结构的控制,而中期开始转向对滥用市场控制力的禁止。使“反托拉斯法

---

* 载《法学杂志》2006 年第 1 期。

〔1〕 2004 年 2 月国务院下发了《反垄断法(草案)》的征求意见稿,并于 2005 年 7 月、9 月两次修改。

〔2〕 参见《反垄断法(草案)》第四章。

反对的是动词的垄断(monopolize)而不是名词的垄断(monopoly)”。[3] 但对于反垄断法目标的再次审视引发了对企业合并控制的又一次重视,市场力量过度集中带来的社会各方利益的平衡、中小企业和消费者利益的维护等的考虑,使反垄断法在效率目标和社会公平目标之间徘徊,因为“反垄断法反对的并非一般意义上的大企业,而是任何独占市场的企图……它所保护的也并非弱小企业的弱小,而是保护它们获得平等的发展机会”。[4] 这样的争论对各国反垄断法控制企业合并产生很大影响,中国自然也不能例外。

(二)关于我国目前对于企业合并规制的若干疑虑的分析

关于中国的企业合并控制问题一直是反垄断法制定过程中争议较大的,经济学理论的发展也对我国企业合并的法律控制产生了重要影响,特别是从效率的角度出发,对现阶段反垄断法规制企业合并提出了诸多疑问。有必要加以讨论。

1. 企业合并控制与规模经济之间的关系

有观点认为,反垄断是市场经济充分发展引起市场力量高度集中的问题,而我国的企业平均规模过小,在经济全球化趋势日益加强的情况下,通过企业联合,组建企业集团,提高企业的规模效益,从而提高国际竞争力是当务之急。因此,目前的主要任务是使企业走向集中,而不是要反对集中和垄断。这种把规模经济效益与反垄断法律绝对对立起来的观点是值得商榷的。

首先,从反垄断法立法的目标看,建立反垄断制度绝不是为了限制大企业,而是建立一个有效竞争的市场结构。因此,当竞争不足时,政府采取推动企业联合的政策是合理的,不少国家在发展初期也是这么作的。但必须看到,推动企业联合的同时会带来市场结构的变化。[5] 由于中国的产业同时存在竞争不足和竞争过度的情形,因此在积极引导产业走向规模的同时绝不能忽略市场经济力量过度集中所带来的消极影响。规模经济和维护市场竞争不应该是对立的。事实上,市场经济中“最基本的矛盾和对

---

〔3〕 参见张五常:《垄断可能是竞争的结果:为微软说几句话》,载《书城》2000 年第 6 期。

〔4〕 参见王日易:《论反垄断法一般理论及基本制度》,载《中国法学》1997 年第 2 期。

〔5〕 E. Kantzenbach, Die Funktionsaehigkeit des Wettbewerbs, 2Aufl. Goettingen 1967, S. 138, 转引自王晓晔:《企业合并中的反垄断问题》,法律出版社 1996 年版,第 25 页。

立，是禁止垄断政策与促进垄断政策的并存”，它们应该“针对经济的实际状态”配合作用。〔6〕发达国家的经验值得借鉴，一方面，对企业合并过程中形成垄断的趋势加以控制；另一方面，通过适度的“豁免制度”允许合理限度的合并。

其次，从规模经济的形成途径来看，企业规模经济通常是在市场竞争中形成的，市场竞争是优化企业规模的有效手段。而对企业合并进行反垄断规制的宗旨，正是在于保护自由而公平的竞争，因此，对企业合并进行反垄断规制就是为了实现规模经济服务，两者在一定程度上可以统一于一部反垄断法之中。目前我国许多企业规模不经济，主要并不是因为反垄断造成的，恰恰是因为没有通过有效的反垄断来创造出公平竞争的环境和条件。

2. 企业合并规制与民族经济保护的关系

鉴于近年来外资并购国内企业已经成为外商对华投资的新动向，在某些行业和部门已经形成垄断地位，因此有人主张，对企业合并的规制主要应该针对跨国公司，而对国内企业应当缓行，以保护民族经济的竞争力和国家的经济安全。但来自跨国公司的声音却表达了另外一种担忧，他们不能接受那种把市场份额（垄断结构）与跨国公司的垄断行为相联系，据此认为跨国公司实行垄断的说法。他们认为，反垄断法理应反对垄断行为，而非垄断结构。〔7〕

上述认识上的冲突恰好说明对企业合并的反垄断法规制是十分必要的。

首先，我们不能将企业合并问题局限于一个国家的国内市场，我国的市场已经是一个充满国际竞争的国际市场。跨国公司在华并购活动在促进我国国内产业发展的同时，也带来了一些负面影响。某些重要行业的外资垄断导致了整个行业发展的主导权旁落，这对我国的经济安全，对全球经济的公平竞争也会产生不利影响。由于反垄断法属于国内法，其关于禁止或限制垄断状态和垄断行为的各种规定主要是针对国内经济贸易行为

---

〔6〕 参见［日］金泽良雄：《经济法概论》，满达人译，甘肃人民出版社1985年版，第191页。

〔7〕 许多西方企业还是担心在中国国内企业垄断行为得到法律制裁前，自己会最先成为仍在酝酿中的新法案打击的对象。参见王亦丁：《“反垄断”的风向变了》，载 http://www.gemag.com.cn/，2004年9月10日访问。

的。世界经济巨头对国际竞争的损害并不完全体现在国内,在竞争政策的国际化程度尚未提高时,就需要各国反垄断法进行规制。微软中国公司之所以敢说美国对微软的判决"对中国没有影响",正是看到了"你手中没有武器"。[8] 因此,从保护国际公平竞争的角度出发,通过适用国内反垄断法来规制外国企业对本国市场的垄断本身就是维护国际公平竞争秩序的需要。我国理所当然必须建立反垄断制度,以应对这样的形势。

其次,遵守WTO的承诺和规则要求对于企业合并的规定应该内外资相同。2003年出台的《外国投资者并购境内企业暂行规定》是专门规制外资并购国内企业行为的法规,按照WTO的原则,对境内所有的企业合并应该在控制标准、违法构成要件及法律制裁等方面一视同仁。这就需要统一立法,即使对于过度的外资并购国内企业,防止形成市场支配地位的控制,仍需倚重完整的反垄断法的实施。建立企业合并的反垄断法规制,将包括外资在内的企业并购行为纳入反垄断法的规制体系,其实正是维护我国民族经济安全的需要。如今激烈的国际竞争使各国对企业合并的规制呈现出整体宽容、局部严厉的态势,[9] 我国必须坚持市场经济原则和参照其他国家的合理规定,及时反映国际上的新趋势。

3. 通过市场竞争实现合并与政府主动推进实现合并的关系

中国的企业普遍被认为规模不大,因此需要加强集中和联合。但是这种集中联合到底是靠市场竞争来实现,还是靠政府推进来实现,则存在不同的见解。有的意见认为,我国属后发展国家,依靠市场自身发育实现经济规模已不能适应国际竞争的需要,应通过促进企业合并的产业政策或者国家直接参与、补贴等方式来培养"国家队",迅速提升国际市场上的竞争力。这被认为是发展中国家借助政府之手实现规模经济的必要措施。

笔者认为,这样的认识虽然在特定情况下有其道理,但是大量的事实却表明实施这样的政策通常是反生产力的。因为它使企业失去提高效率的"经验",而这种"经验"是在经历了国内市场的竞争后积累起来的。国内市场的激烈竞争和在国际市场上的竞争力之间存在正相关的关系,企业

---

〔8〕 参见王先林:《知识产权与反垄断》,法律出版社2001年版,第16页。

〔9〕 参见陈立虎、王芳:《中国反垄断立法中企业合并条款的思考》,载 http://www.civillaw.com.cn/,2004年6月5日访问。

的规模应该是竞争力的结果，而不是竞争力的原因。[10] 从我国目前看，由于政府的大力推动和行政安排，中国企业已经走上了通过合并迅速壮大的道路，某些产业的市场集中度已经达到相当高的程度。[11] 以航空业为例，根据国务院批准的《民航体制改革方案》，原来二十多家民用航空公司于2002 年 10 月实现合并，成立了六大集团。[12] 但是这种单纯为了提高产业集中度而非提高企业竞争力的购并效果并不理想，一方面，在寡头的市场结构下，企业为了获得超额利润，很容易实施相互勾结、串谋等措施抬高票价，损害消费者利益；另一方面，由于不是通过市场竞争而是通过行政手段实现的企业集中，仍然存在竞争不足的情况，航空公司之间的恶性竞争也使企业经营状况不容乐观。这种通过行政手段实现的效率低下的合并还大量发生在其他的行业中。笔者认为，提升国内企业的国际竞争力的更有效的做法应该是通过市场竞争，让企业实现优胜劣汰的自主结合，那些具有竞争力的企业应该是竞争的幸存者而不是竞争的幸免者。

二、完善我国企业合并的竞争法规制制度

我国对合并进行竞争法规制开始于外资并购浪潮的兴起。1999 年的《外商收购国有企业的暂行规定》，2002 年的《上市公司收购管理办法》和《利用外资改组国有企业暂行规定》，以及 2003 年 4 月 12 日实施的《外国投资者并购境内企业暂行规定》等设定的合并规则，比以往法律法规中零散规定有较大的突破，引进了反垄断法中较为成熟的原则和规则，初步具备了关于企业合并竞争法规制的雏形。[13] 但是现行法律制度存在较大的局限。首先是立法效力较低且不成系统，其次，法律规定缺乏操作性。除《公司法》《关于企业兼并的暂行办法》外，其他涉及企业合并的立法只是对合并的审批、登记、债务承担作了原则性的规定。就是对我国企业合并

〔10〕 参见 D. 沃尔夫：《经济国际化中合并控制的主要问题》，载王晓晔：《反垄断法与市场经济》，法律出版社 1998 年版，第 176 页。

〔11〕 据《2004 年中国并购报告》的资料，在 2003 年 1200 多家上市公司中，有 925 起并购事件，为上市公司总数的 77%，合并交易金额高达 774.39 亿元。汽车、航空、石油等主要产业的合并现状是最为典型的。

〔12〕 六大集团分别是国航、东航、南航三大航空运输集团，以及信息、油料和器材进出口集团公司三大航空服务保障集团。

〔13〕 参见漆彤：《论外资并购中的反垄断立法——〈外国投资者并购境内企业暂行规定〉中反垄断规则评析》，载《求索》2004 年第 3 期。

表述最为完整的《公司法》,也过于原则、简单,缺乏可操作性,[14] 对企业合并后在市场竞争秩序方面的影响考虑不足。控制企业合并是预防市场垄断的重要手段,而反垄断法的缺位是我国规制企业合并立法的主要缺陷,反垄断的相关规定只是散见在其他法律中,[15] 被称为反垄断法三大支柱之一的合并控制,在我国几乎没有明确的规定。[16]

因此,在考虑对企业合并的控制时必须特别关注诸如控制标准、豁免条件以及控制程序等问题的规定,这就必须加快反垄断法的制定,以全面规制企业合并行为。

(一)关于企业合并控制的实体标准

对企业合并进行反垄断控制的最终标准应当是社会的整体效益是否得到增进,这是得到各国共识的。虽然社会效益的概念是抽象的,但其体现却是具体的。一是体现在合并企业的效益增长上,二是企业合并后不能削弱市场竞争的强度或形成垄断。据我国的统计资料表明,国内企业有60% ~70% 的合并案例是失败的,其中 3/4 收购企业的股价表现出下降的走势,仅 36% 的企业能维持其收入的增长。[17] 对实现合并的企业来讲尚且没有产生效益,对提高社会整体效益就更难体现了。因此,对合并控制的必须设立控制的标准,并规定原则的界限。这不仅是实现合并目标的需要,也是反垄断法目标的具体体现。

1. 美国的控制标准。1992 年,美国司法部和联邦贸易委员会联合发布了新的企业合并指南,明确提出了控制企业合并要看是否“有益于企业的竞争和消费者的福利”。由此可见,消费者的福利成了检验企业合并是否需要控制的核心标准。

2. 德国的控制标准。德国的反垄断法对企业合并的控制标准与美国有所不同,它仅以“竞争”作为唯一的观察点,并比较具体地规定了对企业合并控制的标准。它的《反对限制竞争法》从一开始就规定了对企业合并

---

〔14〕 参见曾鼎忠:《我国企业合并立法研究》,载《湖南社会科学》2003 年第 1 期。

〔15〕 如 1993 年 9 月颁布的《反不正当竞争法》、1997 年 12 月颁布的《价格法》和 1999 年 8 月通过的《招标投标法》。

〔16〕 虽然《外国投资者并购境内企业的暂行规定》有了初步的并购框架,但是其效力不高,缺乏上位法的支撑,实难实施。

〔17〕 参见《宜早不宜晚? 中国汽车“走出去”何时为宜》,载《中国产业经济动态》2005 年第 12 期。

是否进行干预的一个重要标准：是否产生或加强市场的支配地位(dominant market position)。然而，市场支配地位也并不是唯一的标准，对于能够证实改善竞争条件的(权衡条款)或对整体经济带来的利益可以弥补对竞争的限制的或符合某一重要的公共利益的合并，则可经由联邦经济部长批准合并(部长特许条款)。

3. 我国《草案》吸收了上述国家尤其是德国的经验，在企业合并控制的审查标准上贯彻了反垄断法的政策性和灵活性。如《草案》规定，"经营者集中将实质性地排除或者限制相关市场竞争的，国务院反垄断机构应当作出禁止集中的决定"。与此同时，设定了反垄断主管机关在作出禁止合并的决定时应当考虑的一些因素，如参与集中的经营者在相关市场上的占有率及其对市场的控制力，相关市场的集中度，经营者集中后在相关市场竞争的影响，经营者集中后对消费者、上下游经营者的影响，经营者集中的原因及其带来的对经济效率的影响，经营者集中对国民经济发展和社会公共利益的影响等。如合并企业的市场份额、合并后可能排除或限制竞争的可能性，[18]企业兼并有利于国民经济和社会公共利益，可以得到主管机关的批准。该条款实际上是对竞争政策和国家产业政策的协调。由此可见，我国《草案》中关于企业合并控制标准似乎偏向于和产业政策的协调。鉴于我国的情况，二者在相当长的时间内会发生比较尖锐的冲突。如果仅仅规定这一社会目标的话，竞争政策的实施将会削弱。何况笔者建议应该吸收美国控制标准中关于"消费者福祉"的考虑，增加到我国的控制标准中去。

(二)关于企业合并控制的程序规定

1. 关于并购监管的主管机关。由于控制合并所涉及的目标企业往往规模巨大，实力雄厚，甚至牵扯到部门利益和地方利益，因此必须设置一个具有高度独立性的、权威性的具备准司法权限的行政机构负责执行反垄断法。应当规定主管机关的行政裁决权。并购案件专业性强，对经济影响大，对执法的效率要求高，行政裁决尤有必要，但为防止行政权力过分扩张，必须利用司法对其进行监督制约，确定法院对这种行政裁决的司法审查权。

〔18〕 参见《反垄断法(草案)》第26条。

2. 关于企业并购的申报制度。企业的联合与合并是企业的经营自主权,对合并的规制设定事先申报制度对企业的经营自由实际上是限制了这种权利。因此,是否设定和如何设定申报制度是十分重要的。考虑到企业自愿申报实际上的可行性,应借鉴国际通行做法,以合并企业的交易额、年销售额和资产规模作为设置事前申报制度的基础,[19]授权主管机构制定具体标准,这样既有利于规定及时更新,又有利于保持反垄断法的稳定性。

3. 关于法律责任和法律制裁。反垄断法能否得到有效实施,很大程度上取决于能否对违法行为进行有效的法律制裁。我国的《草案》规定了对违法的企业兼并的制裁方式,包括反垄断机构责令其改正,视情节可以宣布经营者集中无效或者部分无效,并责令其限期处分全部或者部分股份、转让部分营业或者免除担任的职务,可处以10万元以上1000万元以下或者上一年度在相关市场上的销售额的10%以下的罚款。[20]

但是,在法律责任方面还有几个需要明确的地方。第一,政府以行政手段进行的合并如何规制,反垄断主管机关是否有权对这些政府部门发出禁令,谁来承担法律责任。这是我国规制企业合并法必须面对的问题。事实上这种企业合并,对被合并企业来说可能是一种被动的行为,即使被并购企业非己所愿,即使给企业发出禁令,可能也无法执行。因此,反垄断主管机关应该可以直接对地方政府发出禁令。第二,企业合并的民事损害赔偿问题。市场竞争能否得到有效的保护,在很大程度上取决于因限制竞争行为而受到利益侵害的受害人的利益能否在反垄断法的执行过程中得到有效的保护。由于并购的案件往往涉及面广,社会影响力大,受害者势单力薄,有必要借鉴国外经验,设立双重的诉讼机制。一方面由反垄断主管机关负责提起国家诉讼,另一方面也允许私人提起诉讼,而且一旦企业败诉,允许受害者获得双倍赔偿。第三,关于行政罚款问题。在现实中,国有企业占据了很大比例,内部人控制的情形相当严重,这就难以避免对于企业合并的决策错误,甚至是基于管理层个人利益所作出的决策错误。如果仅对企业进行罚款,就会导致反垄断主管机关所

---

〔19〕［日］川滨升:《米国ECにずぱる企业结合是前届制度につハて(上)》,公正取引,No.558,第50页。转引自王为农:《合并集中规制基本法理——美国、日本及欧盟的反垄断比较研究》,法律出版社2001年版,第122页。

〔20〕参见《草案》第47条。

获得的罚款实际上本身就是国有资产。因此,我国有必要借鉴美国的做法,对企业经理、董事等高级管理人员违反合并企业规定进行合并的,对个人处以罚款。

论知识产权保护与竞争法实施的协调*

一、知识产权保护[1]在不同法律之间的徘徊

在人类社会发展的历史进程中，保护知识产权垄断的法律与反对滥用垄断权的法律被认为都在推动人类社会进步中起着极为重要的作用，但它们之间的关系却并不是从一开始就和谐相处的。长久以来，对知识产权的保护始终在这两类法律之间徘徊。直到20世纪后期，才建立起了知识产权保护与反垄断法律在价值目标基础上实现的统一与协调。

（一）传统法律体系中知识产权保护独占鳌头

英国1623年颁布的世界上第一部现代意义的专利法《垄断法规》，在强化私有财产神圣不可侵犯的理念方面达到了巅峰。与此同时，其通过赋予所有权人一定垄断权以褒奖创造性智力活动的规范极大地鼓励了释放竞争潜能的积极性，为人类依靠科学技术创新飞速发展提供了强大的法律保障。而在二百六十多年后被誉为"自由企业大宪章"的美国《谢尔曼法》的出现，则在保证"无限制的竞争力量的互相作用产生最佳经济资源分配、最低价格、最高质量和最大的物质进步"[2]方面提供了新的法律标准，反垄断法旨在消除因垄断产生的反竞争行为，保障公正的竞争能力和竞争机会的获得与行使，保障企业平等的进入市场的自由权利。不过，早期的反垄断法是无法和知识产权法相匹敌的，它对知识产权的限制是十分弱的，当面对反垄断法与知识产权法的冲突时，法庭一般倾向于通过优先考虑知识产权拥有者的特权来解决争议。这种优先考虑是在基于这样一种认识，

---

* 载《时代法学》2006年第1期。

[1] 虽然在论及知识产权和反竞争法的关系时，习惯使用知识产权这一概称而不具体区分版权，商标权，商业秘密，外观设计和专利，但在大多数情形下所关注的重点是专利，或主要指专利保护。

[2] [美]马歇尔·C.霍华德：《美国反垄断法与贸易法规》，孙南申译，中国社科院出版社1991年版，第3页。

即知识产权由“私人财产权”构成，这种财产权的拥有者被赋予几近没有约束的特权。知识产权者所拥有的特权被扩大到了包括建立及保持价格固定的卡特尔协议的权利，作为一种19世纪末20世纪初所奉行的“契约自由”原则所衍生的一项权利的典型，这种行为很少受到非议。美国早期的一些案例中法官的判决证明了这一点。如在拜门特公司诉联邦耙子公司一案中，〔3〕法庭无视竞争者之间的固定价格或者限制贸易的协议，对于联邦耙子公司的卡特尔联盟，最高法院站在支持的立场解释说：“原则上美国的专利法通常保护使用和销售知识产权的绝对自由。……通过合同形成的垄断或价格固定都会被认为是合法。”但事实上，确实有一群“守法”的垄断者协调一致地“合法地”实施了他们专利垄断的权利，尽管当时《谢尔曼法》已经存在。〔4〕

（二）反垄断法与知识产权保护分庭抗礼

从20世纪20年代到70年代中期是两个法律明显对立、分别适用的相持时期。知识产权的垄断被绝对地理解为是知识产权立法的目的，正如美国在1912年的洗澡管案及1917年的动画片案中解释的，“知识产权所形成的垄断成了谢尔曼反垄断法在镜子里的影像”。〔5〕专利法对于垄断的维护与《谢尔曼法》对垄断的否认水火不容，这直接导致将反垄断法与知识产权法理解为两个互不相容的矛盾体，使这两种法律的关系呈现冲突和分立的态势。反垄断法与知识产权法通常被认为是像处于直径两端那样对立。为了使这两个截然相反的法律对概念的理解保持一致，立法者对

---

〔3〕 拜门特公司诉联邦耙子公司案是由一项专利共享协议引起的。经过几年的专利侵权的诉讼，“浮动弹性齿耙子”的制造商解决了他们的争议：将它们所有的弹性齿耙子的专利让与联邦耙子公司，作为交换，它们将占有联邦耙子公司的股份以及联邦公司赋予他们制造、使用、销售霸主的许可。这种共享的规模很快扩展到了22个公司，大约占了美国所有生产、销售弹性耙子厂商的90%以上。在这些共享成员的义务中，有两项是有特殊利益的：第一，每个公司都被要求在销售许可制造的商品时遵守统一的价目表；第二，每个公司都只能使用共享技术中的制造技术。当联邦耙子公司起诉拜门特公司（专利共享成员之一）以低于价目表的价格销售耙子、破坏许可协议时，拜门特公司辩解说，共享协议是不合法的，是没有执行力的，因为它违反了《谢尔曼法》。最高法院站在联邦耙子公司的一边，解释说，“原则上美国的专利法通常保护使用和销售知识产权的绝对自由。……通过合同形成的垄断或价格固定都会被认为是合法”。

〔4〕 See Tom, Willard K., Joshua A. Newberg, “Antitrust and Intellectual Property: from Separate Spheres to unified Field.” *Antitrust Law Journal*, Vol. 66, No. 1, 1997, pp. 167 – 229.

〔5〕 Tom, Willard K., Joshua A. Newberg, “Antitrust and Intellectual Property: from Separate Spheres to unified Field.” *Antitrust Law Journal*, Vol. 66, No. 1, 1997, pp. 167 – 229.

被授予专利者的垄断认为是一种有限制的权利。[6] 虽然这已经是在专利限制的进程中跨出了一步,专利权人已经开始自然地承担起潜在的反垄断的责任,或承担起在实施专利时由于滥用专利所带来的损失,或承担起在实施专利时由于滥用专利法条所带来的损失,但是这种限制仅仅是形式上的限制,是指授予专利的地域性限制,在专利权范围内,专利权人的权力仍然是绝对的,几乎不受任何限制的。因为在这样一种法律体制下,某人可能希望法庭投入相当一部分精力,去精确地判断哪些行为是在所授予的专利权范围之内的,哪些行为已经逾越了法律的界限。由于反垄断法和知识产权保护法律的冲突和分立,那个年代的反垄断法条在实践中只能运用这种形式主义的判断方式。

(三)保护知识产权与反垄断法在价值目标上的趋同

20 世纪 70 年代开始的一系列理论研究从根本上动摇了反垄断法与知识产权法水火不容的关系。当今时代,知识产权和竞争法的关系已经成为关注的焦点,促进知识产权和竞争法的兼容性正与发达国家以信息经济为基础,知识产权成为主要财富的时代背景一致。在加拿大、日本和美国已经有成文的指南,欧盟也对该事给予了广泛的关注。知识产权法和反垄断法趋于和谐、统一,其统一的基础就在于它们的价值目标相同,即促进和保护社会的经济效率。“这些法律中非此即彼的对立消失了,无论是反垄断法还是专利法都是有一个共同的核心的经济目的,即以最低的成本,通过生产消费者需要的东西来使社会财富最大化。”[7]

知识产权是一种无形的智力成果,是由初始权利人为了竞争的目的或在竞争过程中创造的。对这一权利的保护是为了协调正当公平的竞争秩序,促进技术的革新,加快国民经济的发展速度,同时也为公众和消费者带来利益。这一权利设置的目的与反垄断法的目的是一致的。对反垄断法的分析表明,它的目标是追求社会总体效率的提高。作为政府干预市场行为、维护竞争秩序的基本法,反垄断法体现了以“效率”为最高价值目标的立法宗旨。两者最终都是为了提高资源配置效率,实现经济自由、民主,推

---

〔6〕 当然这并不是现代意义上的限制,所谓现代意义上的限制是指对那些被其他专利所取代时就失去其市场控制力的某些专利的限制。

〔7〕 Tom, Willard K. ,Joshua A. Newberg,“Antitrust and Intellectual Property:from Separate Spheres to unified Field. ”*Antitrust Law Journal*,Vol. 66,No. 1,1997,pp. 167 – 229.

动社会整体的发展。知识产权法用适度限制他人权利来鼓励初始创新，而反垄断法则用竞争性市场来鼓励初始创新；[8] 知识产权法通过授予重要但有限期的垄断权来刺激和保证私人收益的实现，反垄断法保证企业之间开展竞争，并通过竞争实现资源的最优化配置，带动社会整体效益的提升，同时防止知识产权权利人滥用支配地位，损害和阻碍自由竞争。知识产权法与反垄断法在提高效益、促进竞争这一点上，具有趋同的一面。正如1985年一位美国反垄断官员所言："反垄断部门早期对知识产权保护的敌对似乎是一种基本上不正确的认识的结果，即认为在反垄断法的目标和保护知识产权的法律目标之间有一种内在的经济冲突。""当对竞争作更完全的经济分析时，很明显知识产权保护会推动竞争，它可以鼓励公司通过新技术而促进竞争，并为消费者提供更多的选择，提供更新更好更便宜的产品。"[9]

反垄断法和知识产权法律在目标上的一致，带来了两种法律在实施上的协调的可能性，也为知识产权更好地推进人类社会发展、尽快转化为生产力创造了条件。如在美国政府诉国际盐业公司一案中，被告是一家工厂，该工厂出租具有专利权的工业盐加工设备，作为出租的一个条件，该厂要求承租者向其购买没有专利保护的盐和盐加工的主要物资——盐片。联邦最高法院宣告这种要求是本身违法的关联协议。法院的理由是，当国际盐业公司拥有垄断力量，假设这种垄断的力量是由于它对制盐设备享有专利权而获得，当它努力地在盐和盐片业务上进行扩张的时候，它已经超出了法律所保护的范围。被告对其发明享有有限的垄断，并从这些专利中获得了可以限制他人制造、使用、销售具有专利权的设备的权利。但是，这种专利并没有授予权利人可以限制他人使用或者销售没有专利权的盐产品。国际盐业公司通过订立契约来缩小相关盐产品市场以限制竞争，它已经从事了限制交易的行为，这种限制交易的行为不能因为专利而获得反垄断法上的豁免。[10] 与其把焦点放在被告的行为是否超出了专利所允许的狭小范围，还不如用原则所包含的方法，仔细检查该行为实际上对竞争造

〔8〕 参见王先林：《知识产权与反垄断法》，法律出版社2001年版，第84页。

〔9〕 刘茂林：《知识产权法的经济分析》，法律出版社1996年版，第94页。

〔10〕 See Tom, Willard K., Joshua A. Newberg, "Antitrust and Intellectual Property: from Separate Spheres to unified Field." *Antitrust Law Journal*, Vol. 66, No. 1, 1997, pp. 167 – 229.

成的影响。这些案例中反垄断法的实施显然已经超越了传统知识产权保护的界限,把法律规制的目光移向社会竞争秩序方面了。

二、反垄断法规制知识产权垄断行为的理论分析

(一)知识产权的一般财产性是适用反垄断法的基础

美国 1995 年颁布的《知识产权许可的反托拉斯指南》确立的知识产权与反垄断法关系三个基本原则,是知识产权保护与反垄断法趋于统一的典型:(1)对于反垄断的目的,知识产权从本质上说可以和其他任何形式的财产相提并论;(2)垄断者不会滥用其由于占有知识产权而获得的市场支配力;(3)知识产权的专利许可使公司能够将生产的基本要素整合起来,并逐渐变得有竞争力。这三个原则有效地否认了旧的方式。

首先,知识产权具有和其他财产权相同的性质。虽然知识产权是一种特殊的权利,具有其他权利所不具有的个性,如无形性、专有性、时间性、地域性和可复制性,但同时它也是一种财产权,具有一切财产权所共有的特性,如它与其他的财产一样是一种物质财富,能够满足人们生产和生活需要,能为人们所支配。涉及知识产权的行为与涉及其他财产的行为一样,可能会产生反竞争性的后果或影响,因此,执行反垄断法应适用统一的标准和法律原则。至于知识产权易受侵害的特点,以及知识产权法律保护的程度和期限的特点,只需在实践中结合具体案情和特定市场情况予以考虑,这种处理方式,与反垄断法实践对具体案件中各种有形财产之间的差别也予以考虑一样。[11]

其次,主管机关不得首先假定知识产权会造成市场垄断,即垄断者一般不会滥用其由于占有知识产权而获得的市场支配力。知识产权与反垄断法的交叉融合很自然地导致专利的反垄断的产生,因为知识产权一旦被滥用,一定会产生限制竞争的效果。通过一般的工具分析推理的原则来分析,许可限制不会自动地许可或禁止其自身,因为一项限制所产生的竞争效果主要依赖其产生时的经济环境。在一个有反垄断法观念的市场中,假如市场控制力不被滥用,那么像其他形式的财产一样,这些力量的存在是合法的。

最后,知识产权许可是使生产的各种基本要素得以相互整合起来的途

---

〔11〕 参见王源扩:《美国反垄断法对知识产权许可的控制》,载《外国法译评》1998 年第 2 期。

径，有利于提高竞争力，这是原则的核心内容。知识产权许可是一种将补充的投入集中到一起的方法，如生产与销售设备、原料及附加物或限制知识产权的使用。因此，在通常的反垄断原则下，将这些许可使用的纵向限制的做法认定为是合法的。

这三个原则有效地确立了知识产权适用竞争法的理论基础。其实，知识产权本身被赋予垄断权利仅仅只是要求一种权利以排除他人抄袭这一特殊的工艺、产品或设计的需要。而这一排除是“与其他财产权没有任何区别的”权利。[12] 因此，反垄断法的有关原则既适用于有形财产权，同样也适用于无形财产权，包括知识产权在内。无论高科技发展到什么程度，也无论以什么形式出现的财产权，只要限制市场竞争与妨碍社会效率的持续提高，就应该纳入竞争法的规制范围。

（二）知识产权人滥用优势地位是适用反垄断法的核心

反垄断法在知识产权领域中的应用主要是规制权利人对知识产权的滥用行为，这是现代竞争法的核心原则。知识产权领域适用反垄断法并不意味着获得知识产权就必然要受到反垄断法的限制，反垄断法所关注的实质性问题是知识产权的市场支配力的滥用问题。

权利人拥有知识产权这一事实本身并不能直接推论出权利人拥有市场支配力，反垄断法中所指的市场支配力是指厂商在较长时期中将价格维持在高于或将产量限制在低于竞争水平上而不遭受利润或市场份额损失的经济实力。[13] 首先，因为某一项知识产权的获得并不排除可替代的具有同样功效的专利、技术秘密等其他知识产权的存在，这种存在使权利人无法形成市场支配力或削弱其他市场力量，从而无法一定形成垄断的形势。其次，如果市场上不存在可替代品，权利主体拥有市场支配力的，这种行为本身也并不一定构成违法，只要权利主体不具有维持或进行垄断的企图，其行为就不构成违反反垄断法，这是反垄断法执行的重要原则。因为这种状态不会造成事实上的竞争减弱或消灭，潜在的竞争者仍然存在进入市场的可能性。在这一事实存在时，反垄断法并不强制要求对具有市场支

〔12〕 See Joel M. Cohen and Arthur J. Burke, “An Overview of the Antitrust Analysis of Suppression of Technology”, *Antitrust Law Journal*, Vol. 66, No. 2, 1998, p. 423.

〔13〕 See R. Whish, *Competition law*, Butterworths, 1993, p. 3, pp. 259 - 268; S. G., *Competition Law and Policy in Australia*, Law Book Co. Ltd., 1990, pp. 27 - 28.

配力的知识产权的权利人承担许可他人使用其知识产权的义务。但对于已经拥有了市场支配力的权利人，因其获得和维持市场垄断的可能性急速上升，对竞争产生的不当影响也在增强，其必然成为反垄断法执行机构的关注对象。一旦支配市场的行为和意图同时露出端倪，法律的适用将是严格的。

（三）限制市场竞争是判断违法性的标准

在具体的认定上，拥有和行使知识产权的企业是否拥有市场支配地位，往往还是遵循一般的竞争法原则。

首先是市场份额。尽管多少市场份额就构成市场支配地位在各国竞争法中不一，不同市场标准也不一样，但是除特定情形外，高市场份额是市场支配地位的证据。例如，微软的市场地位源于它的知识产权，但是，美国联邦地区法院认定微软具有市场支配地位却不是直接基于它拥有的著作权本身，而是其在全球个人电脑操作系统产品上所有的95%的市场份额。〔14〕其次是市场进入壁垒。市场份额大小是否实际反映了市场支配力，往往还要取决于企业在市场面临的实际竞争和竞争者进入市场的难易程度。知识产权保护所产生的专有性是一个加强市场支配地位的进入障碍。最后是对价格因素的控制。联邦地区法院认定微软具有市场支配地位的另外两个因素是微软的市场份额受到进入操作系统时的高壁垒的保护；微软用户没有商业上的可行的视窗操作系统的替代品，微软有足够的价格控制能力。

可以说，知识产权的拥有对支配地位的认定是次要的，直接衡量的标准是市场经济实力，即企业能否不顾及市场其他竞争者和消费者影响作出定价和其他决策。即使知识产权确使权利主体拥有市场支配力，这种支配力本身不违反竞争法，关键还是是否滥用这种支配力。知识产权的排他性利用在包含该知识产权的特定产品市场上是可以接受的，而企业将知识产权的排他性扩展到其他的相关市场，阻碍新竞争者进入或排挤现有竞争时，就会受到竞争法中滥用市场支配地位的规制。这也是为什么美国司法部在微软支配IT行业若干年以后才对其提出反垄断诉讼的缘由。由此可见，反垄断法适用知识产权领域的理论与知识产权保护的理论是完全吻

〔14〕 参见郭建安：《微软讼案》，法律出版社2000年版，第2页。

合的。

三、反垄断法在知识产权领域适用的新挑战

进入20世纪后期以来,反垄断法在知识产权领域的适用又面临新的挑战。随着计算机和网络技术的高速发展,网络虚拟的三维空间的应用,大大地改变了人类的生存空间和生活方式。科学领域的迅猛发展及其蕴含的瞬息万变的技术,产生了这一产业的最显著的特征:迅速淘汰、快速运行。强烈的信息冲击给人们造成的印象是:新技术的突破已不像传统技术那样艰难,在触类旁通之下新的领域只在敲击键盘的瞬间即获开拓,新的知识产权同样也日新月异;在位者的垄断地位转瞬之间就会被新的进入者所推翻,市场仅依靠自身的力量就能保持平衡。因此有人断言,反垄断法的执行在这一领域中已失去了存在空间。"除了固定价格和其他本身违法的行为,反垄断法可以安全地淡出这一市场,因为任何想要造就市场垄断力量的努力都会被市场的力量所纠正。"〔15〕

但从实践中获知的情况并非与人们的想象完全吻合。即使在一个飞速变革的技术市场,前辈的优势仍可以使公司获得对产品的独占控制权,进而使垄断优势一代代地维持下去。在有些情况下,快速引进技术也会产生加强垄断力量的趋势。在网络业中,网络巨头为了维持垄断地位,把每年巨额收益的很大一部分投入新产品的研制和开发中去,进一步加强了自己的垄断优势。在这一循环状态下,巨头傲居整个市场,众多的小公司虽可以分享大蛋糕的碎屑,但它们的生存依赖性越来越大,生存机会越来越有限。微软公司正是在这一瞬息万变的产业中形成了强大的垄断力量,并不断壮大这一力量,构成了对整个网络业发展的威胁。而这种垄断所造成的危害性远远超过传统垄断行为所造成的后果,将对整个行业和人类生活产生巨大的影响。事实证明,反垄断法在知识产权领域内仍然发挥着十分必要的作用。

(一)关于对"不使用行为"的规制

依据传统专利法理论,权利人可以单独决定不使用由他自己发明的知识产权。就如20世纪50年代美国最高法院指出的:专利权所有人并不是站在公众利益的受托人的地位上,也不承担检查公众是否有权利获得使用

〔15〕 Address by William J. Baer, Director Bureau of Comptition Federal Trade Commission, Antitrust Enforcement and High Technology Markes, November 12, 1998.

发明的义务。它既没有义务使用发明也没有义务保证发明被其他人使用。如果他决定在申请中公开他的发明，那么他在完成了法律规定的义务后，就享有在规定年限内的排他权。这一原则早在1896年就被确定下来了。〔16〕但这一原则在近来的案件审理中受到挑战。在Special Equlpmen Co. v. Coe案中，道格拉斯法官认为专利局在专利申请人宣称他将不使用该技术的情况下仍然授予其专利的行为是不合理的。他认为阻碍专利的行为与为了"公众利益"而设定的专利法的"加快科学进程和使用技术"的目的不一致，应拒绝对不使用发明的发明者授予专利。因为这样"法律的目的就能够尽可能地实现——人类头脑中对产品的发明才会在经济生活发挥作用"。美国根据竞争法的原则，调整了知识产权法对知识产权所有人的使用权限，对于专利申请人出于垄断专利的目的的专利申请行为进行排除，消灭了权利人创造垄断的可能性，防止滥用行为产生。当然在一般情况下，申请人不会在专利申请时明确地陈述其不使用专利技术的意图，多数都在专利权授予后的实际使用过程中根据具体的案情分析才能发现，因而，对此类滥用行为的限制大多是通过对已授专利权的撤销程序来实现的。

当然，人们也应该认识到拒绝使用其由知识产权法保护的专利并不一定构成垄断。在理论上，所有人必须有进一步的行为才能使其获得或形成垄断，这种行为才是反垄断法所要规制的。单独不使用行为在某些情况下可能帮助所有人利用他的垄断权利增加垄断利润，从整个社会利益的角度出发，只要这种行为不会产生对社会不利的后果，同时也不使权利人获得垄断，那么这种行为的结果就不应受到反垄断法的谴责。

（二）关于对"不当获得行为"的规制

除了通过不使用自己发明的知识产权来达到垄断的目的外，还可以通过获得潜在的竞争技术的排他权利以建立或拥有垄断或减少竞争。一个公司或个人可以通过拒绝使用自己的技术或者许可他人使用自己的技术的方式完全排除竞争，形成垄断；也可以通过自己使用技术但有效地"妨碍"他人发展相关竞争技术或产品的方式实现部分阻碍技术，从而形成垄断。在美国诉微软的案件中，控方指出微软公司在Sun微系统公司开发的

〔16〕 Joel M. Cohen and Arthur J. Burke, "An Overview of the Antitrust Analysis of Suppression of Technology", *Antitrust Law Journal*, Vol. 66, No. 2, 1998, p. 423.

一种编程语言——Java推出之后,发现用Java编写的应用程序可以在一系列不同的硬件和操作系统上运行,这一特征对微软开发的Windows操作系统在应用软件方面的优势构成了潜在的威胁,微软公司便从Sun微系统公司购买Java的使用权,经过修改后发行了自己的Java版本,这一版本对使用者作了限制,使其不能再编写可以在多种操作系统上运行的应用程序,从而巩固和加强了微软在操作系统市场上的垄断地位。这种以垄断为目的的获得行为是违反反垄断法的有关规定的,剥夺了使用者通过Sun微系统公司开发的Java编程语言获得的迅捷、经济以及可选择性的权利。

由此看来,衡量一种"取得"行为是否构成反垄断法中所指的违法行为时,主要依据是看两点:一是取得的标的技术或产品是否具有竞争性,二是"取得"行为是否会降低或消灭对这一竞争技术的竞争。

(三)关于对"不当许可行为"的规制

不当许可行为的类型比较多,包括搭售、不允许被许可人经营竞争产品的专利许可、一揽子许可、固定价格、规定独占性回授条款或权利转让的条款、许可人在其专利过期或无效后仍要求对方向其支付提成费、被许可人要求对专利人其他许可进行控台及在合同中规定被许可人不得对专利的有效性提出反对等。在美国的反垄断法中以上这些行为都属于"自身违法"行为,即通过司法判例已经确定为违法的行为,消除了有关合法概念中的不明确性,限制了知识产权在许可活动中出现严重的违法行为。如在美国政府诉电线材料公司案中,尽管电线公司对一种简单的、便宜的断开式保险丝释放装置享有专利权,但是该专利技术的使用必然会侵犯南方公司的专利权。为了解决在这个障碍,电线公司和南方公司达成一个交叉许可的协议,并进一步同意把他们双方的合并专利许可给第三人使用。电线公司、南方公司和许可使用方一致同意降低依据电线公司和南方公司的交叉许可协议专利生产的产品的销售价格。最高法院认为它们已经采取违反《谢尔曼法》的限制价格的行为。从法院的观点来看,固定价格行为非常明显:"凭借专利许可协议,支配地位……和屈从地位……专利和固定价格结合在一起。""在没有专利权的或者其他法定权利授权的情况下,依据《谢尔曼法》,固定或者维持价格的协议,在国内贸易里被认为是本身违法。"法院认定,拥有一项或数项专利,不会给专利许可使用人任何有关《谢尔曼法》条款的豁免,以超越法律对专利垄断的限制。

在许可行为中还有一类行为是属于“可能违法”的行为，如许可中的地域限制、再出售限制、以控制市场为目的的专利交易、非独占性回授规定、交叉许可、拒绝许可、对被许可人顾客的限制等。“可能违法”的情况适用“合理原则”，法院要以案件的具体情况来判断许可人的行为是否属于违法。美国司法部将“合理原则”的判断依据归纳为两方面：一是知识产权许可中的有关规定（如限制性规定）必须是依附于许可协议中合法的主要目的；二是限制范围不得超过为达到这一主要目的所必需的合理范围。在满足这两方面的情况下，则视为知识产权人的许可行为是合理的，否则属于违法。使用上述标准的前提是许可的主要目的是合法的，否则该标准不能适用。这与在知识产权领域外对竞争者的限制方式是相同的。这样，对案件的分析就从纯粹区分许可限制是否在专利准予的范围之内而转向了在实际的经济环境下许可协议的实施是损害还是促进竞争的反垄断法问题。

（四）对其他滥用知识产权行为的规制

1. 人为地控制产品性版本公开时间，以拖延竞争对手发展或销售竞争性产品。在美国诉微软案件中，控方指出微软公司对其将在两年后才进行研制开发的产品提前召开新产品研制发布会，谎称其已在从事研究开发工作，从而排挤竞争对手从事相同产品的研制，使他们转向其他产品的生产，拖延消费者，进而为自己在这一产品的市场垄断地位的确立打下基础。

2. 滥用标准设定程序。随着网络技术的发展，为了促进竞争、节约社会成本、方便消费者，制定一个行业标准已经成为人们共同认可的行为模式。选择一个好的行业标准对增进整个领域的革新和效能是至关重要的，但有些公司为了获取垄断地位，滥用这种标准设定程序，就会造成不当竞争的后果。如戴尔公司在为当地的公共汽车设计计算机芯片的标准时，未在程序设定初期公布该程序的基础是依赖于其专利，待标准设定完成以后这种标准设定活动中的不当竞争的潜在性就表面化了，这一标准无形中形成了对其专利的强制性使用，为其垄断地位的形成奠定了基础。因而戴尔公司使用的这一专利陷阱是违反反垄断法的。

对于上述行为，其反竞争性的特性并不是绝对的，在对竞争的促进和阻碍方面也许会产生同等的影响，那么对这些行为的规制就需要权衡利弊合理调整了。

结束语

从各国反垄断法的实践中可以看出，对迅速发展的高科技行业的垄断行为的规制不但没有淡出，相反是在更严厉地执行着，更有效地维护着市场的安全和人类生存的安全。对于高科技领域中适用严格的反垄断法是否会造成对技术发展的阻碍，必须有清醒的认识。经济学家波斯纳认为，从短期来看，如果生产厂商预见到无法补偿其发明成本，他就不会去从事发明，就像不能收获就不会播种一样。〔17〕但从长期来看，如果知识产权的垄断受到一定的限制，让市场竞争更加自由充分，就可以使知识产品为更多的人以更少的成本进行享受和使用，这有利于社会整体效率的提高。"即使是对知识产权完全合法的使用也会限制竞争，至少在短期内是如此。因而，要保持一种在增加竞争的获益和未来革新的所得之间的平衡。"〔18〕这种平衡，就是对短期效率和长期效率进行考量、比较、权衡和取舍的结果。由此可见，只有对知识产权保护的时间、范围、程度作出适当的制度安排，才能真正起到促进效率的作用。在人类社会的进步越来越依赖于科学技术发展的今天，我们应不断完善知识产权制度，在保护推进科技革新、促进竞争机制有效运行的知识产权的同时，对阻碍技术发展、削弱竞争力量、形成垄断势力的滥用知识产权行为进行有系统的规制。反垄断法的原则在适用于一般的财产权的同时，应同样适用于知识产权领域，在知识产权法和反垄断法的双重调整下，推动整个社会的革新和发展。

〔17〕 参见［美］理查德·A. 波斯纳：《法律的经济分析》（上），蒋兆康译，中国大百科全书出版社1997年版，第47页。

〔18〕 See the Executive Summary in OECD, Competition Policy and Intellectual Property Right, http://www.oecd.org/competition/abuse/1920398.pdf, Feb. 6, 2000.

谈商业贿赂主体*

随着经济全球化，反商业贿赂立法已引起各国关注。早在1997年美国议会在批准《公司非法支付法令》的立法报告中就明确指出："商业贿赂行为不仅违反了美国公众的道德常识和价值观，……它通过把交易机会引向那些低效而无法应对价格、质量和服务之竞争，懒惰而不愿从事诚实经营的企业，……从而使整个市场显得短期化……使腐败代替了效率……"[1]相比之下，我国在这方面的立法理论和实践还相对滞后。1993年颁布的《反不正当竞争法》虽然对商业贿赂行为有所规制，但很不完善，以致近年在中国发生的朗讯、德普[2]等涉外商业贿赂案件竟然由其母国的相关法律而事发，这是对我国反商业贿赂司法现状的极大讽刺。

2006年，国务院已作出部署，将反商业贿赂作为整顿规范市场秩序的重点。在这种情况下，对我国反商业贿赂法制建设进行反思显得十分必要。

一、我国现行立法中对商业贿赂主体界定的缺陷

我国《反不正当竞争法》第8条规定："经营者不得采用财物或者其他手段进行贿赂以销售或者购买商品。在账外暗中给予对方单位或者个人

---

* 本文系作者携华东政法大学研究生向立力合作完成，载《中国工商管理研究》2006年第7期。

〔1〕 See, Report No. 95-640 of 95th Congress 1st Session. 这部法律的目的是规制美国国内的公司向外国公职人员行贿的行为，与下文中界定的商业贿赂概念有些出入，但笔者引用该法意在说明商业贿赂行为的危害性。

〔2〕 德普案简介：天津德普诊断产品有限公司被美国母公司，即美国诊断试剂公司(Diagnostic Products Corporation, DPC)发现其在销售活动中有向国有医院医生行贿的行为，为免除日后被对手举报面临更大的处罚，不得不向美国有关机构举报。美国司法部认为，DPC违反了美国《海外反腐败法》有关"禁止美国公司向外国有关人员行贿"的规定，罚其向美国司法部和美国证券交易委员会分别交纳200万美元和204万美元的罚款，并要交纳75万美元的预审费。朗讯案简介：2004年4月6日，朗讯向美国证券交易委员会递交汇报文件，指出朗讯将解除其中国区总裁戚道协、首席运营官关赫德及财务主管和市场部经理的职务，理由是他们为合作方提供回扣，由此掀开朗讯(中国)商业贿赂案。

回扣的，以行贿论处；对方单位或者个人在账外暗中收受回扣的，以受贿论处。”

根据这些规定，目前学术界和实务界对商业贿赂行为的认识基本上是围绕四个构成要件展开的：(1)主体为经营者（包括行贿和受贿的“对方单位和个人”）；(2)主观方面是为了获取竞争优势；(3)客体是公平竞争的秩序；(4)具有“账外”“暗中”特征。从反商业贿赂行为的执法实践看，这四要件说存在如下缺陷：

缺陷之一：主体认定外延缺漏、内涵矛盾。

现行立法对“商业行贿”与“商业受贿”未加区分，笼统称之为商业贿赂，因而商业贿赂主体只能是经营者，导致“主体”外延的不周延。实际上，行贿主体比较单一，仅是为了获得交易机会的经营者，但受贿主体却是复杂的。它既可能是一般的代理阶层和中介机构，也可能是国家公务人员。由于把商业贿赂主体笼统地归纳为“经营者”，并成为商业贿赂的主体要件，就使主体外延出现缺漏。这一缺陷影响了《反不正当竞争法》对于商业贿赂行为的规制效果，造成司法和执法实践中的尴尬局面。

即便采用“经营者”作为商业贿赂主体，也会造成语义上的歧义。汉语“经营者”一词基本上包含“operator”和“manager”这两个英文词汇。“manager”阶层是现代商业活动中典型的代理人阶层，而“operator”作为市场交易主体，是各种交易的权利义务承担者。

缺陷之二：商业贿赂行为认定避实就虚、不符法意。

由于商业贿赂主体认定单一，使司法和执法机关在受理商业贿赂案件中，更容易认定商业贿赂行为的表现形式，重点集中在审查嫌疑人是否具有“账外”“暗中”这两个形式特征。相比之下，“账外”更容易查证。因此，我国的反商业贿赂司法与执法往往异化为财务审查过程。一旦违法行为人利用财务制度上的漏洞把贿赂金额入账，那么，工商部门的查处便失去依据。

二、商业贿赂本质与商业贿赂主体

（一）“贿赂”概念辨析

中外法律对于贿赂的界定告诉我们，“贿赂”必须由一种特殊的主体才能构成，而这种主体（指受贿者）在中国古代被认为是肩负国家公务的官员，在西方则被认为是肩负信托义务的人。他们的共同点是都肩负着某种

对外的责任或义务。由此可以推断:受贿者不能是直接的交易者,这是由贿赂的动因决定的。

(二)商业贿赂的动因分析

笔者认为,要形成一个完备的商业贿赂行为至少应当有四方主体的存在,即行贿者、受贿者(施利者)、受利者和受损者。这四方主体的利益关系:行贿者将一部分利益让渡给受贿者(施利者),受贿者将给予行贿者一项利益作为回报,而相应的,受损者则丧失一项利益。由于市场主体对利润的追求,行贿者所得到的利益大于他所让渡给受贿者的利益。可见,整个商业贿赂过程是以受贿者(施利者)为核心,由于他们握有利益分配的权力,能够使行贿者用小的好处换取大的利益,从而吸引了行贿者向受贿者让渡一部分利益,从受损害者处取得回报。这一过程,可以通过以下模式来加以说明。

1. 理想的交易模式

理想的交易模式是交易信息在交易双方之间充分交换的模式。达到这种模式有两种可能的情况:一种是交易各方直接交换交易信息;另一种是交易各方借助信息传递媒介——笔者称之为"中间体"——来获得信息。按照"经济人"的假设,交易的目的不可能是使自己一方受损。在这种理想的交易模式下,交易一方不可能因为接受对方所谓的"小的好处"而给予对方一项"大的利益",商业贿赂因而不可能产生。

2. 现实的交易模式

在现实的交易模式中,交易信息借助中间体进行传递,公司经营管理由经营者或代理人进行,国家公共管理通过公务人员执行。由于中间体不总是完全忠实于交易方的缘故,信息传递就会出现减损。这种信息减损(抑或信息的控制)正是由于中间体拥有职责使然,而滥用职责截留信息便会有受贿者(施利者)的出现!

(三)受贿者的产生——中间体分析

根据在交易中的不同地位,中间体可分为四种类型。

1. 代理型中间体

代理型中间体是接受委托方授权而与交易相对方接触,了解竞争者信息,作出交易决策的代理形式。在这种代理形式下,代理人完全掌控了委托方的交易信息,拥有决策权,一旦行贿者以一项代理人所认可的好处作为得到委托人某项利益的对价,代理人便成为受贿者。这有两种情况,一是受雇于一方交易人而成为其职员,其收受贿赂而按照行贿的意思左右公司的决策;二是接受一方交易人的委托而成为其机构代理人,其收受贿赂而改变其代理决策。

2. 居间型中间体

居间型中间体也就是商法上所称的“居间商”。他们不依附于交易的任意一方,而只是充当交易信息的传递者,其所赚取的报酬来自于对信息的收集、整理和传递服务。这类中间体充当交易信息的独立媒介,具有较大的信息减损能力,当居间人将行贿者的信息优先向交易对方传递时,商业受贿也就随之产生。

3. 关联型中间体

关联型中间体在商业交易中扮演的角色比较特殊,促成交易不是他们的职业目的,而是他们职业活动的附属品,我们把这种交易称为“关联交易”。关联型中间体为关联交易双方独立地提供信息,所以交易各方对他们的信任程度高,从而促成交易的作用也大。例如,律师业之于鉴定或评估服务,医生业之于医疗和药品服务,教师业之于教材服务等,都是很典型的关联型中间体。行业协会发布行业信息能够对行业交易对方之决策产生影响,因而也是这类中间体。关联型中间体多属于一些专业领域,拥有独特的交易信息优势,从而具备很大的信息减损能力。而当他们滥用这一信息优势获取非法收入时,也就成为行贿对象了。

4. 公务人员中间体

在普通法系国家中“商业贿赂”一词为“commercial bribery”,它作为“贿赂”(bribe)的一种表现形式,表示发生在商业交易领域的贿赂行为,受贿主体包括“public commercial bribery”与“private commercial bribery”。前者指公务人员,后者是一般商业活动中的主体。可见,在普通法国家,公务人员没有被排除商业贿赂的受贿主体之外。

在我国,虽然将涉及公权力的“商业性贿赂”视为犯罪,但这并不表明公务人员不能成为商业贿赂的受贿主体。诚然,政府或事业单位在执行法律、实施公共政策时,与行为对象之间形成的是一种公法关系,即使出现公权力寻租也不属于商业贿赂,而为一般贿赂;但当政府或事业单位从事采购、公益建设时,他们作为买卖商品或服务的交易一方,公务人员充当中间

体角色，具备信息减损能力，因而有可能成为商业贿赂的受贿主体。

（四）小结

从上述对中间体的分析，可以发现中间体不是交易的主体一方。即使是关联型中间体，它也只是交易的一方，而绝不成为关联交易的主体方。这里，要严格区分中间体和中间交易商。顾名思义，中间交易商是指在交易中从一方进货再转卖给另一方的批发商，他们与商品或服务的原始提供者已经形成了买卖关系，本身就是交易的一方主体，不对什么人肩负什么责任或义务，从而不满足商业贿赂主体的条件。

无论中外立法实践，还是对商业贿赂行为的逻辑分析，我们至少明确了一点，即贿赂只可能发生在存在中间体的交易过程中，而受贿者正是这些中间体。在美国，《反海外腐败行为法》（Foreign Corrupt Practices Act，FCPA）将商业贿赂的受贿主体明确限定为：外国公职人员、政党及其成员、政治职务候选人；《示范刑法典》（Model Panel Code）则将其限定为：雇员、合伙人、受托人（trustee）以及代理人（attorney）。德国《反不正当竞争法》第 12 条则将商业贿赂之受贿主体限定为“对方职员或代理人”，日本商法规定的“特别背任罪”，其犯罪主体为公司董事、股东、经理以及雇员。总之，交易主体不受贿。

三、商业贿赂主体的识别

中间体及其信息减损能力是构成商业贿赂的核心，因此，应以此入手，分析和把握商业贿赂行为的特征，并以此指导增强对商业贿赂行为的识别力。

（一）代理型中间体的情况

在正常的交易中，交易的利益传递是正向的。但是，一旦交易的利益传递出现反向现象，则可以认定发生了商业贿赂。

1. 交易利益的正向传递模式

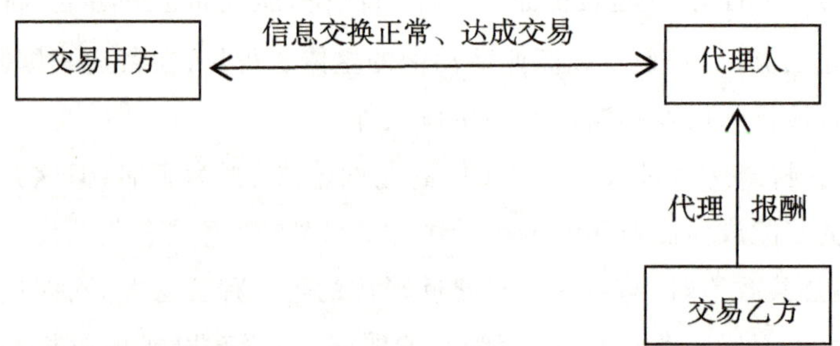

图 1

从图 1 可以看出，在正常的市场竞争秩序下，交易产生的利益从买方流向卖方，即卖方通过出卖货物盈利，卖方根据合同支付代理人的报酬。反之，也适用于买方。这样，正向的利益传递是交易双方各自获利，然后向代理人转移利益。

需要说明的是，这里的利益传递顺序不一定与时间先后相对应，交易一方也许在交易前就预先支付代理费用。

2. 交易利益的反向传递模式

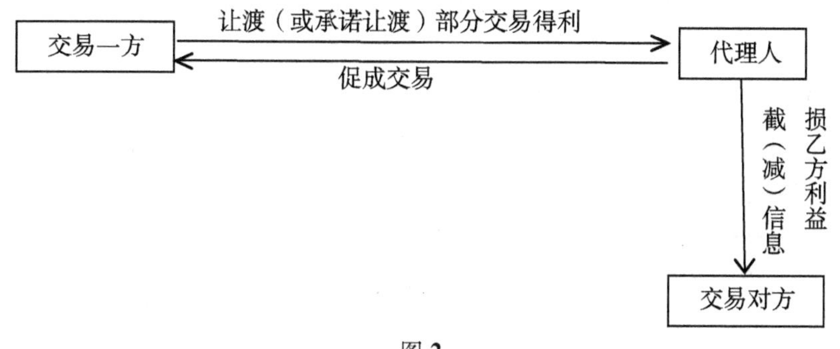

图 **2**

在交易中，一旦利益从交易一方直接流向了对方代理人，则可以认定为发生了商业贿赂。（见图 2）最典型的例子是采购人员“吃回扣”，厂家为了赢得订单而贿赂买方采购人员（代理人），即让渡一部分利益给采购人员个人作为回报，采购人员则优先购买该厂家的产品。

（二）居间型中间体情况

1. 交易利益正向传递模式

如图 3 所示，在正常的市场竞争条件下，居间人根据交易条件的优劣来选择向交易一方传递信息，并从中取得合理报酬，因而不会产生贿赂问题。

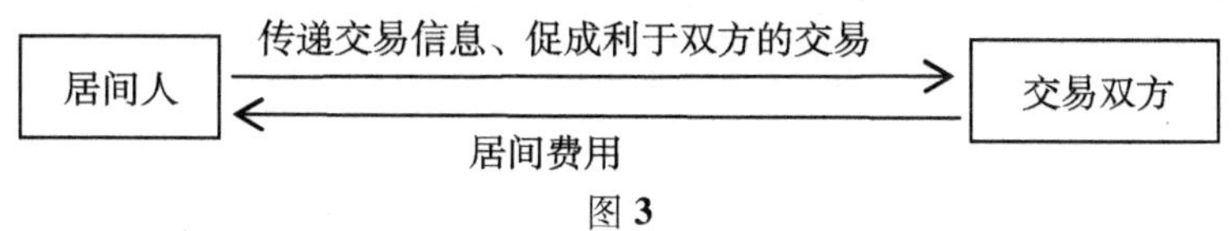

图 **3**

2. 交易利益的反向传递模式

如果居间人传递信息过程中受利益引诱，则会发生商业贿赂。（见图 4）

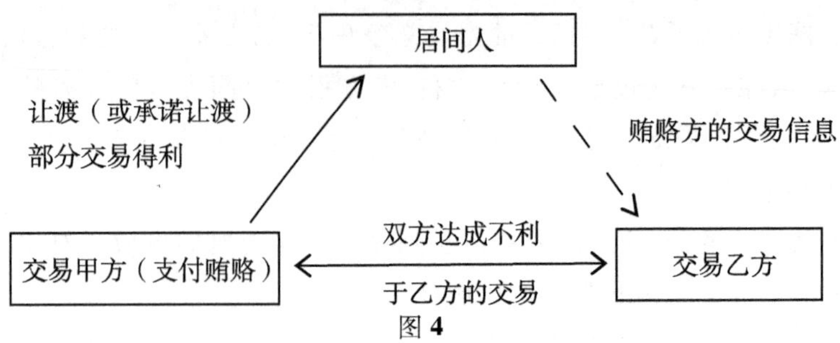

图 4

最典型的例子是房产中介收受租房者的贿赂，优先将其介绍给交易对方。

（三）关联型中间体

1. 交易利益的正向传递模式

在正常条件下，中介组织的利益来自于为交易一方提供服务所得的报酬。这个过程如图 5 所示：

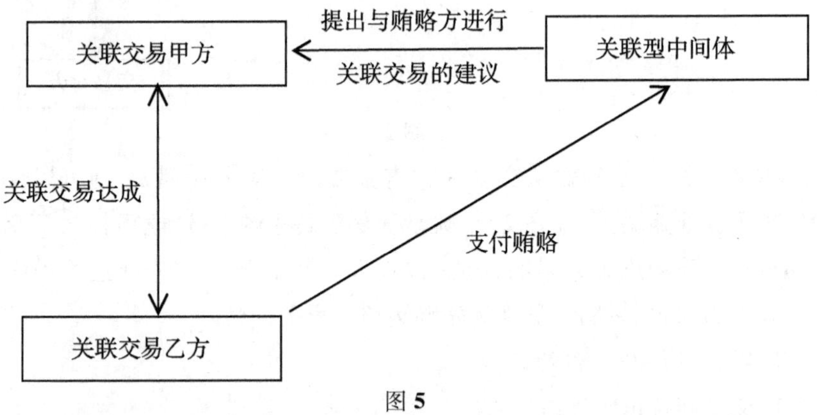

图 5

2. 交易利益的反向传递模式

如果交易利益流向独立中间环节，就可以发生商业贿赂。（见图 6）

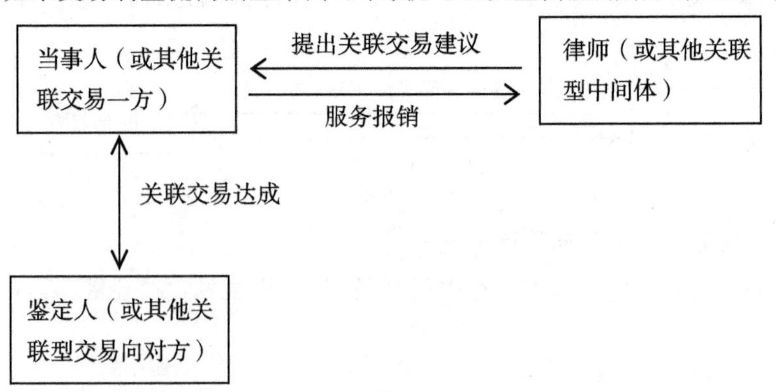

图 6

最典型的例子，在律师作为关联型中间体，在为鉴定、评估从业者服务时，如果收取鉴定、评估从业者的贿赂，就会产生鉴定评估行业的利益流向律师业，即可认定为商业贿赂。

（四）公务人员和事业单位工作人员作为中间体的情况

在政府采购中，负责采购的公务人员作为一种代理型中间体，可能收受供应商的贿赂而优先选择之；公立学校教师可能收受供应商的贿赂而优先选择之；公立学校教师可能收受教学用具供应商的贿赂而推荐学生购买某种教学用具。

“必须设备理论”在规制滥用市场优势行为中的运用*

一、问题的提出

众所周知，随着反垄断理论的发展，现代反垄断法规制的对象主要是企业滥用市场支配地位妨碍竞争的行为。因此，支配地位的认定就成为认定垄断的前提条件。从市场支配地位的认定标准来看，过去各国主要以市场份额作为基本判断依据。然而，事实证明这一标准不足以完全真实地反映企业的市场地位。因此，越来越多的做法是把重点放在考虑新竞争者进入市场的障碍，以及下游企业对竞争者的依赖程度等其他因素。由此，受反垄断法约束的对象从具有绝对市场支配地位的企业扩展至某些具有相对优势地位的竞争者，具有典型意义的就是掌握所谓“必须设备”的企业滥用优势的行为，因而，“必须设备理论”(essential facility doctrine)也就应运而生。

反垄断法上所谓的“必须设备理论”，也称为瓶颈(bottle neck)垄断，它在各国立法和司法上并没有一个统一的概念。针对垄断企业或者拥有市场支配地位的企业拒绝竞争对手使用必要的设施的情况，美国法院和竞争法实施机构首先引用了“必须设备”的概念。通过一系列案件的判决，学术界对“必须设备理论”的理解基本是：某一企业在相关市场上为了与其他的企业竞争所必要的，却因法律上或事实上的理由，实际上不可能由两个或两个以上的企业重复构筑的设备。由于这种“必须性”和“不可替代性”，必须设备的持有者就有了排除或者差别对待竞争者对该设备的接触的可能性，因而可以垄断利用该设备所提供的商品或服务市场。换句话说，必须设备的持有者通过在相关市场中拒绝竞争者接触该设备，从而达

* 载《经济法研究》2006 年第 00 期。

到在相关市场中排除或者使竞争企业退出市场，并最终可以完全掌握相关市场而形成垄断地位乃至维持或者强化既有的垄断地位的效果。

按照“必须设备理论”，处在市场支配地位上的必须设备持有者应当允许竞争对手使用，否则即构成对其市场支配地位的滥用。任何拥有市场必须设备的或者战略瓶颈（strategic bottle neck）的公司，有将其掌握的必须设备和竞争对手分享的义务，必须设备许可使用的条件必须是合理的、非歧视的。如果拒绝竞争对手以公平合理的条件使用此设备，都将违反反托拉斯法。

二、“必须设备理论”形成的简要回顾

在各国的反垄断法中，对滥用市场支配地位的行为进行规制的内容基本上都包括了“禁止拒绝交易”这一项，一些国家还特别加上了“禁止拒绝接入网络”或者“禁止中断供给必须设备”等具体的规定，[1] 但是，这并不等同于将必须设备的概念在立法中明确地加以规定并应用。因此，有必要考察一下“必须设备理论”的产生过程。

如前所述“必须设备理论”是在美国首先应用的，它与美国反垄断法所禁止的垄断企业反竞争行为中的拒绝交易行为相关联，即竞争中持有必须设备的垄断企业在充分可能提供设备的条件下，仍拒绝给竞争企业提供该设备时就符合《谢尔曼法》第 2 条所禁止的垄断化行为（monopolization）。《谢尔曼法》是依保障私法自治基本原理的普通法伦理制定并起作用的。美国联邦法院在 1919 年的 Colgate 判决中指出“只要没有形成垄断或者维持垄断的目的”，那么，反托拉斯法纯粹就是长期以来被私营企业认可的、并非是限制决定与哪一个权利人进行交易时能够行使的具有裁量权的权力。因此，当 1912 年的圣路易斯终点铁路案中首次体现“必须设备理论”的思想就不足为奇了。

在圣路易斯地区，十四条铁路的公司联合组成了“终点铁路协会”，约定该协会有权使用该地区所有的密西西比河上的桥梁、渡口和终点设施。而另外的十条铁路，由于不是协会的成员，到河边只能中止服务。新成员

〔1〕 如韩国在其《公平交易法》第 3 条之 2［禁止滥用市场支配地位］中规定了禁止拒绝交易外，还在 2001 年 3 月发布的《施行令》第 5 条第 3 项的第 3 号及第 4 项的第 3 号中增加了：“没有正当的理由而拒绝、中断或者限制其他企业或新进竞争者在商品或者服务的生产、供给、销售中利用或者解除必须设备（要素）的行为，视为市场支配地位的滥用行为。”

的加入，需要得到协会全体成员的一致同意。尽管协会的成员保有决定给予哪条通道的权利，但是成员的铁路路线没有很明显被排除于使用通道之外，也没有被收取很高的费用。政府以协会违反《谢尔曼法》第1条"禁止联合限制竞争"为由，试图将之解散。但是法院认为联合能够产生效率，否决了政府的提议。不过法院认定协会排他性的条款是违法的，并要求协会以"非歧视价格向非成员提供通道"。这被认为是"必须设备理论"的雏形。〔2〕

1973年著名的水獭尾案件，被认为是运用了"必须设备理论"而作出的经典判决。水獭尾发电站是一个发电、输电和电力分流为一体的公用企业。从发电到输电再到电力向最终用户的分配都是自然垄断的。也就是说，随着产量的增加，边界成本会递减，如果重复建设网络设施就会增加单位产量的成本。但是，电价却一直居高不下。水獭尾发电站供给的四个大城市达成协议，市内的电力供给和电力分流由其他公共机构进行运作。然而，将公共用电输送到城市的唯一经济可行的方法就是使用水獭尾发电站的电力输送设施，可是发电站没有同意。法院认定这一拒绝接入的行为违反了《谢尔曼法》第2条。〔3〕

法院第一次真正使用必须设备这一术语的案件是美国的海科特诉前卫足球公司案。促销商希望能够在华盛顿特区建立一支美国橄榄球联盟球队，但是华盛顿红肤队拒绝转包橄榄球球馆。红肤队使用从美国内务部租来的球馆，双方立约严格禁止将球馆转租给其他的职业橄榄球队。原告要求陪审团用"必须设备理论"来认定此案，初审法院拒绝了，但是法院最终认定初审法院是错误的。〔4〕 法院认为："要认定一项设施是必要的，不可缺少并非是必要条件；只要重复建设这些设备在经济上是不可行的，或者拒绝许可使用这项设施严重阻碍市场进入，就足以认定这项设备是必

---

〔2〕 虽然在判决中并没有出现必须设备的概念，但是这个判决被看作"超越了联合限制竞争的框架，成为必须设备理论的一个范例。法院认为，如果是单个铁路路线控制了圣路易斯地区密西西比河的所有桥梁，那么它就有义务向竞争对于提供通道。如果不提供，只能被认为增加竞争者的成本"。

〔3〕 尽管判决书也没有使用必要设施这一术语，但法院判决是基于这样的结论：水獭尾发电站的输电线路是城市取代水獭尾作为发电和分流作用的必须设备。

〔4〕 1993年法院从一个英国经济学家的专著中引用了这个定义，认为"如果对竞争对手来说一项设备重复建造不可行，那么此设备拥有者就必须允许对手使用。将这种稀缺资源独吞是一种不合理的限制"。

要的。”

尽管如此,“必须设备理论”在其发源地美国其实并未进入立法文本,而在欧洲却得到了热情的肯定。

自美国之后,欧盟、澳大利亚、加拿大、日本、意大利等国家和组织先后采用这一理论并应用于反垄断法的实施中。此学说在欧盟受到了青睐,它给欧盟委员会规制电子通信基础设施垄断企业,并向有利益关系的服务商开放提供了一个合理的理由,为欧盟判例中禁止歧视和拒绝交易的竞争规则的发展提供了有力的依据。〔5〕欧盟法院和欧盟委员会引入竞争法上的“必须设备理论”是在1990年以后,并对其必要性和适用范围及相关要件进行了不断深入的讨论。欧盟竞争法的首要法源是《欧盟条约》的第81条和第82条,欧盟法院和欧盟委员会早在引进“必须设备理论”之前的United Brands等著名案件(1978年)中,就根据市场支配性企业的地位滥用理论,对特定商品或服务具有垄断力企业的拒绝交易行为以违反第82条为由认定商品和服务的提供义务。1995年以后,欧盟委员会在对第82条的适用上强调指出,必须设备概念对共同市场具有重要意义,尤其是对成员国原来由国家垄断性支配的产业部门在自由化和民营化的过程中,持有必须设备的市场支配性企业在新的竞争者进入必须设备的上下游市场时的阻碍危险有了深刻的认识,从而将“必须设备理论”作为鼓励竞争的手段而运用。在第82条中禁止市场支配性企业地位滥用规定的第二种行为类型中,规定:“生产、销售、限制技术发展,损害消费者利益的行为,以及对同种交易的其他相对人课以不同的交易条件而带来竞争上的不利益行为”都可适用“必须设备的拒绝接触”进行规制。

1992年,欧盟委员会在一连串的案件中作出决定:“通过持有必须设备而享有市场支配性地位的企业,没有任何正当理由拒绝其他企业使用该设备或相比自己使用而设定不利的条件许可使用而造成竞争上的不利益的行为违反了条约第86条。”与欧盟委员会积极接受“必须设备理论”的立场稍有不同,欧盟法院直到1995年的TV播放情报一案中才接受“必须设备理论”,提出拒绝提供播放情报是存在潜在需要的市场上禁止“新产品出现”的行为,符合市场支配地位的滥用。欧盟法院在1998年的Oscar

〔5〕之前,电信市场由各成员国政府垄断经营了几十年。委员会希望首先发展电信服务市场。可是,这种发展受到新的服务提供商不能与已有经营者同样地使用基础设施的阻碍。

Bronner v. Mediaprint 案件中，对市场支配力企业适用“必须设备理论”的要件（也被称为“Bronner 要件”）提出了完整的要求。

除了欧盟竞争法以外，欧洲大陆的其他国家也接受了“必须设备理论”，如德国在《反限制竞争法》的第 6 次修改（1998 年）中，以美国垄断禁止法及欧盟竞争法上所展开的判例为基础，将“对必须设备的拒绝接触”的市场支配性企业以拒绝交易的方式妨碍事业活动的行为，作为第 19 条第 4 类（滥用）第 4 种表现方式的滥用支配地位行为明文规定了进去。

韩国的法律接受“必须设备理论”，并修改了本国的法律。韩国的《有关独占规制及公正交易法律》中对市场支配性企业的地位滥用进行规制的内容之中包括“禁止拒绝交易”这一项，又在 2001 年 3 月该法的施行令第 5 条第 3 项的第 3 号及第 4 项的第 3 号中新增了“没有正当的理由而拒绝、中断或者限制其他企业或新进竞争者在商品或者服务的生产、供给、销售中利用或者解除必须设备的行为视为市场支配地位的滥用行为”。进而，将必须设备的概念在立法中明确地规定了。并在“市场支配性地位滥用行为的审查标准”中，将必须设备的拒绝接触分类为事业活动的妨碍及对新进入者的妨碍行为。他们通过对现行反垄断法的规定的仔细检讨，明确了将必须设备（要素）[6] 的拒绝接触行为作为反垄断法上滥用支配地位的一种行为进行规制，使必须设备持有者拒绝交易的行为具有了独立的意义。

三、必须设备的构成要件

对必须设备的交易拒绝，不仅是市场支配经营者的地位滥用，而且也是不正当的共同行为以及不公正交易行为的类型之一。如果滥用必须设备拒绝提供成为问题时，市场支配地位的滥用问题将会与不公正交易等相关条款的要件发生竞合或矛盾。因此，各国对必须设备的要件进行了界定。

第一次对“必须设备理论”的构成要件进行说明，是在美国法院对于美国世界通信公司诉美国电话电报公司的案件中提出的。美国电话电报公司掌控地区电话服务的特权，美国世界通信公司和美国电话电报公司在长途通话业务市场中具有竞争关系，但是要连接到最终的用户，美国世界通

---

〔6〕 韩国将“必须设备”进一步解释为“必须要素”，其含义显然将有形的障碍扩大到包括软件等无形的进入障碍。

信公司需要使用美国电话电报公司的地区线路。事实上，通过美国电话电报公司现有的线路比重复建设一条新的线路要省钱得多。美国世界通信公司诉称，美国电话电报公司拒绝其使用必要设施违反了《谢尔曼法》。考虑到这一点，联邦上诉法院提出了该行为的构成要件（也称为“MCI 要件”）：“一是垄断者控制着必要设施；二是竞争者重复建设这项设施不合理或者不可行；三是垄断者拒绝向竞争者提供此项设备；四是提供此项设备是可行的。”通过这些标准，法院确认了美国电话电报公司没有向美国世界通信公司提供必须设备的行为构成垄断。MCI 要件后来被用作许多判决中判断“必须设备理论”的标准。

由于必须设备的构成要件是判定优势地位滥用的关键，所以在构成要件的具体范围和标准上还需要进行精细的分析。

（一）垄断企业对设备的控制

依据“必须设备理论”，持有必须设备的企业应为垄断企业，或者具有垄断支配力的企业。但是否可仅以必须设备的存在就推断垄断企业地位的存在，往往做法不一。有的法院在判定垄断地位时还需要证明在传统的违反《谢尔曼法》第 2 条的案件中作为证明垄断的那些必要要件，比如，要通过相关市场的确定来判定垄断力的存在与否，对于垄断地位不仅仅取决于必须设备的供给市场，还包括必须设备供给市场的前后方市场。

与美国相同，欧盟也要求必须设备的持有者要享有市场支配性地位。仅在必须设备持有者在哪一个市场上占有市场支配地位上就有所不同。以前，欧盟执行委员会曾判决必须设备持有者应在提供该设备的市场上总是享有市场支配力，但学术界有些人认为，应在设备的上下游市场上也享有支配地位。还有一些人认为，在设备的上下游市场上仅形成以此设备而带来的对竞争的实质性的阻碍即可判定。

（二）设备的必须性

“必须性”是判定必须设备的性质所在，其含义是指没有替代设备（不可替代）的情况下对该设备“无法复制”。要求接触设备的企业除了证明不存在替代设备外，还要证明其自身没有复制该设备的能力。在美国法院所审理的案件中，大部分的必须设备为机场、电线网、港口设备、天然气煤气管道、铁路、原油净化设备、竞技场及电力通信网等相当于基础设施的设备。那些不属于这些类型的电子航空预约系统、互联微型集成电路片、冬

季休养地的预约事务、移动电话网企业间的漫游协定、电话号码簿、医院、美式足球职业联赛会员资格等也曾经被认为是必须设备。在 David L. Aldridge Co. v. Microsoft Corp 案判决中,雷克法官将“必须设备”依据一定的特征进行了类型化,比如,自然垄断、法律上不可复制的设备、由政府辅助而并非个人可以现实地构筑的设备,以及地域性相关市场内唯一的设备等。

不可复制性在当竞争企业复制该设施从经济上“现实的或者合理的范围内”不可行时,才被认可。大部分的法院将对其他企业市场进入造成“严重障碍”作为判断必须性的标准。“联合出版社案件”第一次提出了关于“设备必要性”的要件。在此案件中,联邦法院判决,拥有美国绝大多数报社会员的通信公司 AP 施行禁止将为会员搜集的新闻提供给非会员的决定的行为违反了《谢尔曼法》。但被告辩称“并没有证据表明美洲新闻对于原告来说是必需之物,因此主张不违法”。该理由虽然被法院否定,但却提出了一个十分重要的问题:什么是“不可缺少”?该如何认定这个“必须性”的标准?这个案子被认为是必须设备概念形成的主要渊源。

欧盟对必须设备的界定与美国大同小异,但在知识产权享有者拒绝许可、阻碍了潜在需要的新产品的出现、损害消费者利益的“例外情况”下,可以将知识产权也解释为必须设备。关于“必须性”,欧盟明确地认定,“不存在任何潜在的替代物”对于需要此设备的企业的竞争活动来说是不可缺少的,判断以上条件时,审查无法复制性和不可替代性这两个要件与美国的概念相类似。问题是在不可复制性要从谁的角度出发来进行判断上,与欧盟委员会以“平均竞争者”的理解有所不同,欧盟法院对此进行了较为严格的解释,认为不能与其他企业共同复制。

韩国在必须设备的基础上提出了“必须要素”的概念。虽然《反垄断法施行令》第 5 条和审查标准上没有给“要素”下定义,但表示涵盖网络或基础设施等有形和无形的要素。目的在于防止利用“要素”垄断封锁其下游市场上竞争的可能性。从“设备以外对其他商品或许可证的交易拒绝等”被规定在“其他的滥用行为”这一点来看,要素不仅包括了网络或基础设施等具有较强的自然垄断性的要素,还包括 IT 的基础设施、网络等标准化设施等。要符合审查标准上的必须要素时,无论是有形或者无形的设备都要符合“要素”的构成要件。

（三）对“竞争性企业”拒绝接触（指对设备拒绝提供等）

“必须设备理论”的性质在于拒绝交易，因此，拒绝竞争者接触该必须设备是其行为的关键所在。在“必须设备的持有者与要求接触此设备的企业间要存在竞争关系”这一点上，美国和其他国家几乎是相同的，而且认为这种竞争关系是现实存在的，即使是潜在的竞争关系也可以。应用“必须设备理论”需要满足对现实的或潜在的“竞争企业”拒绝其接触设备。但问题是，相对于现在的或未来的竞争企业对必须设备持有者强制其允许接触是否需要竞争结构的改善？除了对此有肯定性的评价以外，有些人还认为，仅以对竞争过程本身的保护即为充分的立场。但是大部分的判例认为，在仅有垄断企业的更替的情况下，《谢尔曼法》也只能以促进及保障竞争的手段才能达到目的，并且为了赢得垄断的竞争，其本身也是有受保护的价值的。

值得注意的是，与美国不同，欧盟法院将为了生产新产品或提供新服务，而这种新产品或服务是因有潜在的需要而对该设备拒绝接触的行为视为“例外情况”。

（四）无正当理由拒绝接触

构成滥用必须设备的行为要件还需要“无正当理由”拒绝接触或提供。一般的正当理由包括：对事实上无法给第三者提供设备时，或者给自己的顾客继续提供设备有困难时，提供设备的义务可得到免除；需要该设备的企业不具有利用该设备的必要的技术条件或设备能力为内部利用的情况下，设备的所有者没有将自己的需要让渡给第三者或新设该设备的义务；设备所有者也可以为了自己的顾客或普通消费者的利益而拒绝接触，甚至为防止因退货而受到损失而中止供应或回避赔偿损失的危险，或者为维护公司产品形象或品质，也可以认定为是正当理由。

欧盟法院认为，设备持有者所提出的正当理由事实上正当与否是依据比例原则来进行判断的。除了设备余力不足或不存在提供适当代价的意思表示和能力、设备功能的阻碍或者安全上的事由以外，试图接触设备的企业缺乏信用或对于设备的专业知识，以及为公共利益限制竞争或维护商品品质所必需的情况均包含在内。

韩国在举证责任上对“没有正当理由”形成了比较可操作的观点。其认为“没有正当理由”拒绝其使用或接触行为是只要形式上符合这一行为

类型,原则上就可认定为阻碍公平交易性质。由被告人自己举证来证明"正当理由"的存在。《审查标准》将市场支配性企业可以主张的正当事由列为:第一,显著地侵害持有必须设备者投资的正当补偿时(但是对因竞争的扩大而带来的利益的减少不认为是正当补偿的减少);第二,达到不显著减少对既往使用者的供应就无法提供必须设备能力的供给不足时;第三,因提供必须设备有可能使存在的服务质量显著降低之虞时;第四,因不符合技术标准而在技术上无法提供必须要素时;第五,可能带来顾客的生命、身体的危险时等。[7]

上述四项要件,构成"必须设备"持有人滥用市场支配地位的反垄断性质的行为。实际上,在司法实践中还有不少细节的认定需要研究,如必须设备对上下游市场的竞争是否必要的问题,要素的竞争性(替代性)的问题,必须设备持有人的抗辩理由(投资损失如何计算)等,都必须在个案处理中加以认定。

四、关于"必须设备理论"的争议

虽然在司法上已经有不少案例运用"必须设备理论",但是有不少学者认为这一理论具有不确定性,认为法院提出的标准很模糊,几乎可以在所有案件中适用。[8] 以哈佛大学菲利普·阿里达教授为代表的学者认为,找不出一个支持该学说合理性的案例,要求对这个概念作出明确的界定。[9]

这种尖锐的意见主要涉及以下两个问题:

(一)"必须设备理论"是否可以适用知识产权案件

"必须设备"的概念在其发源地备受争议,尤其在知识产权案件中使用"必须设备理论"的做法正在遭到越来越多的质疑。[10] 美国华盛顿大学的艾立斯教授的观点十分鲜明,他认为"必须设备的概念无论在其他领域有怎样的生命力,但是不能适用于知识产权。这个概念与保护知识产权的

---

〔7〕 参见[韩]金权会:《必须设备持有人的地位滥用》,韩国竞争法研究会2006年判例讨论会会议论文,韩国首尔国立大学法学院,2006年4月,第13页。

〔8〕 参见[美]Dorsey D. Ellis:《"必须设备"学说在知识产权中的运用》,华盛顿大学法学院2004年度APEC竞争政策会议会议论文,华盛顿,2004年,第87页。

〔9〕 [美]Dorsey D. Ellis:《"必须设备"学说在知识产权中的运用》,华盛顿大学法学院2004年度APEC竞争政策会议会议论文,华盛顿,2004年,第87页。

〔10〕 [美]Dorsey D. Ellis:《"必须设备"学说在知识产权中的运用》,华盛顿大学法学院2004年度APEC竞争政策会议会议论文,华盛顿,2004年,第87页。

公共目的有根本性冲突。保护知识产权就是为了鼓励创新,如果将此概念适用于知识产权将会损害竞争而不是促进竞争”。〔11〕

学术界的争议对法院也产生了重要的影响。美国法院在“必须设备”问题上的态度也有严重的分歧,柯达案是在知识产权案件中最早适用“必须设备理论”的案件,当时的巡回法院认为,专利人或者知识产权所有人,如果拒绝竞争者专利许可要求,可能违反反托拉斯法,“只有当垄断者拒绝有合法的竞争意图时,垄断者才有权拒绝与竞争者交易,即便是由于专利而获得的垄断地位也是如此”。但柯达公司辩称,它有权拒绝独立组织的使用,是因为它享有专利。法院坚持认为,这不是合法的竞争意图,“无论是专利法,还是反托拉斯法,都不能容忍竞争者以商业理由的借口来掩盖反竞争行为”。

1. 英特尔公司案的争议

柯达案为法院向英特尔公司发布禁令提供了先例。而英特尔公司案则表现了巡回法院和最高法院之间在知识产权领域中适用“必须设备理论”中的分歧。英特尔公司拒绝英特格拉夫使用英特尔芯片和技术发展信息。〔12〕英特格拉夫认为英特尔违反反托拉斯法。地区法院引用巡回法院在“柯达案”的判决主张——“垄断者不能以法律保护专利为借口违反反托拉斯法”,对英特尔公司发布了初步禁令。法院认为,英特尔公司在高性能处理器和英特尔品牌的处理器上构成垄断,而获得英特尔芯片和一些专利信息是英特格拉夫必要的生存条件,法院最终运用了“必须设备理论”,认定英特尔拒绝供应最先进的微处理器和技术信息的行为违反《谢尔曼法》第2条。法院的禁令要求“英特尔对待英特格拉夫,要像对待相同条件的其他客户一样”。但不久,联邦巡回法院就推翻了地区法院关于英特格拉夫诉英特尔案的判决。联邦法院认为,那种“根据必须设备的法理,认定不提供技术信息就是违反《谢尔曼法》的理念”是错误的。单边的行为可能会对其他的经济情况产生不利的影响,但是不见得都是为了寻求垄断地

〔11〕 美国知识产权的保护目的规定在宪法中:授权国会“为促进科学和艺术进步,给予作者或者发明人在一定期限内对其作品或者发明成果独占使用的权利”。也可参见美国专利局和联邦交易委员会《知识产权许可反托拉斯法指南》:知识产权法通过授予新产品、高效流程、原创成果创作人则产权,提供了创新、传播、商业化的动力。

〔12〕 英特尔最初和英特格拉夫磋商交叉专利许可没有成功,之后英特格拉夫起诉英特尔公司专利侵权。作为回应,英特尔公司拒绝英特格拉夫使用英特尔芯片和技术发展信息。

位,它有可能没有违反《谢尔曼法》。最高法院认为,“只有在原告和被告进行竞争,垄断者通过控制的必须设备将垄断力量延伸到市场下游”的情况下,才能够适用这个理论。事实上,英特尔和英特格拉夫在相关市场上不存在竞争,这样就不能适用“必须设备理论”。英特尔的专利权就是拒绝交易的正当理由。

2. 多林克案的争议

2004年2月,最高法院在多林克案件的判决是反对者的胜利。1996年的《美国电信法》,要求地方电话运营商为新的市场进入者提供分类服务路线。原告多林克是一个美国电话电报公司的客户,刚刚进入纽约市场。他起诉威瑞森通信公司歧视竞争对手,阻碍消费者成为或者继续作为竞争对手的客户,以此来达到反竞争的计划。原告诉称,威瑞森通信公司通过拒绝提供给竞争者美国电信电报公司必须设备而垄断了当地的电话服务。地区法院驳回诉讼请求。但是,巡回法院认为主张有效并给予了支持。最后,最高法院又一次推翻了这一判决。在五位法官联合发表的意见中,斯卡里法官认为“‘必须设备理论’要求一个公司和竞争对手分享垄断地位,与反托拉斯法基本的、鼓励竞争的目标不一致”。此案没有对知识产权适用“必须设备”的概念。斯卡利法官的意见暗示,如果法院对拒绝专利许可适用“必须设备”概念,将会非常不合适。“垄断优势本身及由此收取的垄断价格,并不违法,这是自由市场体系的重要元素。正是收取垄断价格的机会(至少在短期内)在第一时间吸引着商人的敏锐眼球;因为这降低了经济创新和增长中的风险。为了保护经济创新的动力,只要没有反竞争行为,垄断优势本身并不违法。”[13]

3. 斯特纳案的争议——欧盟的态度

与美国相反,“必须设备理论”在欧盟和其他国家却扮演着重要的角色。欧盟委员会对这个概念作出了较为宽泛的解释,并在适用于知识产权案件时尤其如此。一个著名的英国学者认为,欧盟委员会在第81条中牢牢确定了“必须设备”的概念,这是欧盟委员会的巨大成就。[14] 其他国家

---

〔13〕 参见[美]Dorsey D. Ellis:《“必须设备”学说在知识产权中的运用》,华盛顿大学法学院2004年度APEC竞争政策会议会议论文,华盛顿,2004年,第87页。

〔14〕 参见[韩]金权会:《必须设备持有者的地位滥用》,韩国竞争法研究会2006年判例讨论会会议论文,韩国首尔国立大学法学院,2006年4月,第13页。

竞争政策执行机构也对欧盟委员会的这一做法表示欢迎。必须设备学说运用在欧盟最早的案例,就是一个有关专利的斯特纳案。在此案中,委员会认为,如果一个占有市场优势的企业掌握着一些必要设备,而这项设备又是其他竞争者参与市场活动所必需的,那么这个企业就有义务向其他企业甚至竞争对手提供此项设备。委员会在这个裁决中认为"如果一个企业在一项设备的供应和使用上占有支配地位,并且没有客观理由拒绝竞争者使用,或者给予竞争者的条件没有自己的优惠,将违反《欧盟条约》第 82 条。""必须设备的所有者通过这一优势可以保护或者加强在另一个相关市场的地位。特别是没有客观理由拒绝竞争者使用或者给予竞争者的条件没有自己的优惠的行为,会将竞争劣势强加于竞争者,这同样是违反第 82 条的。"〔15〕

另一个案例就是欧盟委员会在经过了长期的等待之后,终于在 2004 年 3 月对微软公司作出了判决。微软公司因为拒绝向竞争对手提供互用性信息,并且将视频播放软件和个人电脑操作系统捆绑销售,被指控在个人电脑市场滥用市场优势地位。这两项指控都认为微软违反了《欧盟条约》第 82 条。判决要求:微软公司向任何对发展和销售操作系统有利益的市场主体开放互用性信息;销售操作系统不能捆绑视频播放软件;并且支付 5 亿欧元的罚金。这是反垄断法案中开出的最大罚单。微软公司拒绝向竞争对手提供互用性软件是委员会最看重的问题。事实上,要求微软公司提供互用性信息会泄露微软公司的商业秘密是人所共知的,并且这"可能与微软公司知识产权保护相冲突"。但是结论是:微软公司在个人电脑操作系统市场具有绝对优势地位,并且可以在服务器市场上扩大这种优势地位,所有这些构成了判决中考虑的特殊情况。欧盟法院认为这些理由足以使它不去考虑微软公司的知识产权。委员会认为不考虑知识产权并不会削弱微软公司创新的动力。微软享有的知识产权并非是其可以拒绝开放互用性信息的"客观正当理由";"判决可能会对微软公司创新有负面的影响,但是相比行业(包括微软自己)创造力的增强,这种负面影响也是值得的"。

4. 南非制药专利案的争议

欧盟判决,对其成员国立法以及那些按照欧盟模式进行竞争立法的国

〔15〕 PLG · Nihoul,"Microsoft,Competition and the Law",2005.

家产生了重大影响,南非的例子就很典型。[16] 2003 年 10 月,南非竞争委员会宣布两家制药公司违反《竞争法》,在"抗逆转录酶病毒"药物市场上滥用优势地位。这两家公司拒绝以合理的专利费向一家制药厂许可使用其专利,从而被指控通过漫天要价和独占行为拒绝向竞争对手提供必要设备而违法。竞争委员会要求对这两家公司施行强制专利许可。"我们相信这是合理的,消费者能够从更便宜的药价中受益。我们也相信强制专利许可能给公司之间带来竞争",并对这两家公司处以年营业额 10% 的罚金。严厉的处罚威胁立竿见影。在竞争委员会和制药公司的协议中,四家制药厂获得了专利许可并被许可向撒哈拉地区的国家出口。

但是,反对意见认为,鼓励药物的开发和销售会产生公共利益,然而,药物的研发和测试需要大量的资金投入。这种投入有巨大的风险,可能在试验阶段充满希望的产品到头来毫无效果。独占市场或者专利费中的预期回报可以弥补先前的投资,这正是这种投资的动力所在。如果像南非竞争委员会的决议带来的结果那样否定预期收益,投资的动力也就没有了,至少是被削弱了。如果各国都作这样的裁决,那么对艾滋病之类药物研发的打击无疑是致命的(众所周知,南非的艾滋病患者比例是惊人的)。

有的专家们表示了这种担忧:今天拿药物、英特尔软件、微软互用性信息开刀;明天可能就要对治疗疟疾、心脏病药、软件操作系统、燃料汽车和其他能带来公共利益的技术动手。以前这个概念只适于知识产权人占市场优势地位的情况。但是经过这些案例的解释,只要有争议的知识产权是一项技术突破,只要从专利中获得的公共利益最大"必须设备理论"就可以适用。法律对知识产权保护带来了满足公共利益的需要动力;但有讽刺意味的是,也正是这些案件的判决淡化了法律的动力作用。[17]

由上述介绍可见,能否在知识产权案件中适用"必须设备理论",正在成为人们关注的议题,对技术垄断企业产生着直接的影响。知识产权的垄断与"必须设备理论"的反垄断本身就是一对矛盾,问题在于这种矛盾能否在社会利益的前提下得到协调和统一。这个案件的实质,就是提出了创

---

〔16〕 南非《竞争法》修正案第 8 条规定:禁止占有市场优势地位的公司在经济条件许可的情况下,拒绝向竞争对手提供必要设备。

〔17〕 参见[美]Dorsey D. Ellis:《"必须设备"学说在知识产权中的运用》,华盛顿大学法学院 2004 年度 APEC 竞争政策会议会议论文,华盛顿,2004 年,第 87 页。

新机制依靠什么才能维护和持续发展。看来，该案影响还不仅仅是知识产权，即使其他领域对“必须设备理论”的适用似乎也值得我们深思。

（二）“利用必须设备拒绝交易”行为能否独立存在

“利用必须设备拒绝交易”被认为是滥用市场支配地位的行为，而在滥用支配地位具体表现之一就是“拒绝交易”。因此，在一个已经实施反垄断法的国家，是否有必要把这种行为单独列出作为一种独立的行为，它与一般的“拒绝交易”行为是什么关系。这也在学术界和司法界引起了重大争议。

1. 美国20年后对阿斯潘滑雪场案件的反思

1985年的阿斯潘滑雪场案，被认为是美国法院运用“必须设备理论”的一个经典案件，但由于多林克案件中最高法院的态度，20年以后，美国专家们对前判决适用“必须设备理论”的争议重燃战火。这个案件正在面临一场反思的浪潮。主要的观点就是：该案可以直接适用《谢尔曼法》第2条的规定，以“拒绝交易”的行为处置即可，还是以“必须设备”的行为单独处置。

阿斯潘地区原有4个滑雪场，20世纪60年代，滑雪场推出了可在4家公司之间相互流通的6日通票，并按照场地实际使用状况来分配收入。由于其中的“滑雪公司”和“高地公司”在全区通票的销售和收入分配方面发生了纠纷“滑雪公司”取消了通票协议，并采取措施使“高地公司”以开发其他滑雪场来代替目前联合方式变得非常困难。失去了“滑雪公司”的合作和全区通票“高地公司”只能变成滑雪圣地的“一日游滑雪场”，在该地区滑雪市场中的占有率从1976～1977年度20.5%一路下滑到1981～1982年度的11%。1979年“高地公司”以“滑雪公司”违反《谢尔曼法》第2条、垄断阿斯潘地区的滑雪市场为由提起诉讼。法院陪审团判决“滑雪公司”违法并赔偿损失，“滑雪公司”上诉请求也遭驳回，上诉法院完全确认原判决，并阐释了支持的两个主要理由：

第一，多日全区通票应当被认为是一种必要设施，因此“滑雪公司”有义务和“高地公司”进行市场合作；第二，有足够的证据表明，“滑雪公司”之所以拒绝四地通票，是为了配合其他商业措施来制造或者维持垄断市场。通过拒绝与“高地公司”的合作，“滑雪公司”将成为在阿斯潘地区唯一能够提供多日通票的公司。法院认为“滑雪公司故意妨碍游客到其他弱

小竞争者那里消费”的观点是成立的。此外，法院还从消费者利益出发，认为与三区通票相比，消费者明显倾向于四区通票，四区通票的消失肯定会对消费者产生负而影响。

对此案的判决当时也有不同意见，认为判决是错误的。联邦最高法院当年支持了原告的诉求，但现在被认为使用的并不是“必须设备理论”，而是其他理由。在最近重新讨论该案时，有学者指出，联邦最高法院当时“没有考虑必须设备学说的正当性”。按照联邦最高法院的理解，在美国反垄断法中，对拒绝交易行为并没有确定“必须设备理论”作为一个独立的法理所存在的必要性。要适用“必须设备理论”，不可缺少的一个要件是“无法接近必须设备”，如果存在接触的事实就无需应用“必须设备理论”。在规制产业中，政府规制机关本身拥有强制共同使用必须设备，并规定使用范围和使用条件的权限，规制部门规制对于必须设备的接触，如果接触本身并未受到禁止或拒绝，那么就不能以“必须设备”为由认定拒绝交易的意向。

不管怎样，联邦最高法院的解释并没有否定“必要设备理论”，至少为适用竞争法上“必须设备理论”的范围(界限)提供了一定的标准。有专家认为，对阿斯潘滑雪场案反思和讨论明确了一个重要问题，即通过阿斯潘滑雪场案可以给《谢尔曼法》第 2 条确定一个合理的边界。该法第 2 条是规制一般滥用支配地位情况的(包括拒绝交易行为)，阿斯潘滑雪场案是个特殊的情况，该案是“位于《谢尔曼法》第 2 条规制范围的边缘或者附近”的边界上，实际上在多林克案中已经形成了这种边界说的雏形。[18] 因此，尽管联邦最高法院的立场还是比较保守，但下审级的法院却仍然以铁路终点站案和水獭尾案的判决为基础进行判决，将“必须设备理论”发展为《谢尔曼法》第 2 条滥用支配地位行为认定的解释论。

2. 德国处理“必须设备”与“拒绝交易”关系

在德国的《反对限制竞争法》第 19 条中含有规制“拒绝交易”的内容，因此，有人认为“拒绝提供必须设备”的行为，可通过“支配地位滥用”的普通条款或“禁止差别对待”条款进行充分的规制。而且大多数网络产业的特别规定中都有关于接触规制的内容，无需在法律中另设专门条款。

---

〔18〕 Michael Jacobs, “Introduction: Hall or Farewell? The Aspen Case 20 Years later”, *Antitrust Law Journal*, Vol. 73, 2005, p. 62.

但是，德国联邦上院却认为，如果因特别法规定的网络开放条款而认为无需在其他的经济领域进行市场开放的想法是错误的认识，将“拒绝提供必须设备”作为独立的滥用行为类型明确加以规定是必要的。《反限制竞争法》第 19 条规定的“必须设备理论”与普通滥用行为类型的拒绝交易之间是有区别的。至于网络设备持有者的行为为什么不适用于一般滥用行为（如“禁止差别对待”）的规定，德国法院认为，由于设备的持有者们仅将设备供自己内部使用，并不是为了与其他人进行交易的，因此不能适用“差别对待”，而应适用单独设立的“必须设备理论”进行规制。

在这一意义上，“必须设备理论”与其他的禁止滥用条款不同，在利用必须设备的下游服务市场上发挥了积极的作用。它对于规制仅由市场支配性企业持有这种设备时特别有意义，能够形成积极竞争性的市场结构。

3. 韩国对“必须设备地位滥用”与“不公正交易行为”的区别规制

与争议不断的美国、欧盟及德国不同，韩国早在 2001 年就以立法形式解决了上述矛盾。韩国认为必须设备条款独立存在具有重要的价值和积极的意义，但韩国通过审查标准在现行反垄断法上把拒绝交易行为进行了细分化。“必须设备的拒绝供应”仅仅是对具有市场支配地位的企业滥用该支配地位的行为，而不公正交易行为中的交易拒绝是把没有市场支配力的（具有相对市场优势地位）一般企业的行为也作为规制对象。韩国法院认为，如果忽视这种差异，以不公正交易行为将拒绝交易的违法性限定为竞争阻碍，那么，必须设备的拒绝供应和违法性要素就将被理解为没有根本性的差异了。

韩国法院还认为，必须设备条文独立的存在价值在于，它可以对以往用市场支配性地位滥用或禁止不公正交易难以规制的事件进行更有效的规制。因为，必须设备的条文不仅包括市场支配性企业消极妨碍其他竞争者的事业活动，还包括没有积极促进其他企业的竞争，从而事实上给市场支配性企业赋予了“促进竞争义务”。即适用“必须设备理论”的法理赋予市场支配性企业积极的“交易义务”（duty to deal），使垄断市场开放上可以发现必须设备的价值。这里所称的“交易义务”，被认定为是为了防止因垄断设备而带来的上下游市场的垄断化而“仅赋予市场支配企业的特殊义务”。这种“积极作为义务”的“必须设备理论”对必须设备的范围，合理地理解为网络、基础设施以及其他具有很强的自然垄断性质的设备和依法形

成的垄断设备等。其"必须性"得到严格的认定时,其固有的存在意义才会被认定。但只要被认定为必须设备,那么就应对持有该设备的市场支配性企业赋予较宽的允许接触义务,从而使必须设备最大限度发挥其促进竞争的功能。

五、对我国引入"必须设备理论"的建议

我国的《反垄断法(草案)》(以下简称《草案》)正在审议之中,在《草案》中规定了禁止滥用市场优势的行为。不仅规定了市场支配地位的认定和推定的条件,还详细列举了滥用市场支配地位的几种行为,其中就包括"拒绝交易行为",即"没有正当理由拒绝与交易相对人进行交易"。[19] 这与美国、欧洲、德国和韩国等不同,并未将"必须设备理论"作为滥用行为之一规定进去。为此,笔者认为有必要考虑对该行为的规制。

首先,大部分必须设备是自然垄断性强的网络设备或者基础设施相关设备,中国的电信、电力、天然气、石油等网络设备或基础设施大部分是国有的公用产业,占有市场支配地位的国有企业垄断持有必须设备的现象相当严重。这些占有市场支配地位的垄断企业滥用市场地位,服务价格过高而提供的服务质量却很差,在市场根本谈不上竞争;同时对消费者权益造成极大的不利影响。鉴于此,从反垄断制度的立法上引进"必须设备理论",形成自然垄断公用企业的竞争体系,可以在提高经济效率的同时保障竞争者及消费者的合法权益。例如,供应通信、电力、天然气等的管道等设备,虽然由国有垄断企业建设,但从国民经济的竞争和福利角度,新的民营竞争者可以不另行建设新设备,而是支付适当的使用费,分享已建设的原有设备。

其次,公共性较强的产业大多依规模经济原理而运转,竞争机制在这些领域基本上不起作用,而是由政府直接进行规制,或通过公法人的身份进行垄断(或寡占)经营。这些产业部门在改革开放深入的背景下必然走向民营化和自由化。自然垄断产业的经营主体部分或大部分让渡给民间资本是世界各国的通例,在相关产业中引进竞争机制更是大势所趋。竞争机制的引入,只有通过消除相关产业里的进入壁垒才能够形成。但仅以消除这种进入壁垒本身,还不足以使竞争机制完全扎根。以往由国家运营和

---

〔19〕 国务院《关于提请审议〈中华人民共和国反垄断法〉(草案)的议案》(2006 年 6 月 16 日)。

管理的垄断企业转换为由私营企业经营的同时,也很有可能形成私人垄断。为了保护参与企业间的自由竞争和消费者利益,有必要赋予共同使用设备或接触义务等积极义务和交易义务。因此,从竞争法理论出发的“必须设备理论”,通过对自然垄断产业(也称规制产业)中设备或网络的首先持有或统治者,赋予为后来的企业开放使用的积极义务,可作为促进迅速引进竞争的有效的手段。

再次,虽然我国规制产业的相当多部门还没有完全导入民营化及自由竞争,但在某些产业(如通信、电力等)自20世纪90年代开始引进了竞争体制,要求接触必须设备的问题已经发生。以前是通过政府的直接命令解决问题,企业并没有在观念上认识到这是一种义务。严厉的政府规制与反垄断法上规定的“必须设备理论”存在显著的差异:第一,对于必须设备概念的定义和标准不一样,前者根据政府意图随意调节;后者具有法律统一界定的标准和范围。第二,对市场支配地位的理解不一样,前者不仅包括优势地位企业,还包括其他企业;后者只包括优势企业对必须设备的滥用行为。第三,法律责任不一样,前者仅是依据政府的规定进行强制许可和强制接触;后者则依据反垄断法的规定承担法律责任。因此“必须设备理论”的引入对规制设备持有者的行为具有重要的意义。

最后,当今世界已经进入知识经济时代,而我国目前仍然是知识产权的小国。大量知识产权进入我国经济领域,成为控制我国经济命脉的重要手段。知识产权滥用行为已经在许多国家和国际组织中受到了关注。欧共体委员会早在20世纪80年代就颁布了《对专有技术许可协议适用第85条(3)的条例》,日本公平交易委员会在1999年颁布了《专利和技术秘密许可协议的反垄断法指南》,美国司法部和联邦贸易委员会在1995年颁布了《知识产权许可的反托拉斯法指南》,对知识产权滥用的情形进行了规制。另外,世界贸易组织的《与贸易有关的知识产权协议》第40条第2款,也直接从反垄断法角度对包括知识产权的滥用问题进行了指导性的规定。这是不容忽视的。这些情况表明,对知识产权滥用行为适用反垄断法规制是世界反垄断法的共同任务。在我国,既存在对权利人保护不力的问题,也存在某些权利人(尤其是跨国公司)不适当地滥用问题。因此,需要通过反垄断法作出明确的规定。虽然在此问题上存在一定的争议,但是从我国的国情来看,我们必须在一定程度上遏制利用知识产权阻碍我们经济发

展的不公平竞争行为。

结束语

引入反垄断法上的“必须设备理论”是我国反垄断法立法必须考虑的。实际上,在2004年商务部原来的审议稿中有一条“拒绝进入网络”的条文,“如果经营者不进入具有市场支配地位的经营者拥有的网络或者其他基础设施,就不可能与其开展竞争的,具有市场支配地位的经营者不得拒绝其他经营者以合理的价格条件进入其拥有的网络或者其他基础设施。但是,具有市场支配地位的经营者能够证明,由于技术、安全或者其他合理原因,进入该网络或者其他基础设施是不可能或者不合理的情形除外”。但是在后来的文本中将明示的“必须设备理论”删除了,而是通过兜底条款规制。

笔者建议,我国应当将必须设备拒绝行为纳入滥用市场支配地位行为类型之中,在法条中明确规定必须设备拒绝接近行为是违法的。即使不在反垄断法这一基本法中规定,也可以借鉴韩国的操作实践,在该法的实施细则或解释、指南等行政规章中予以明示。这样的规定,一方面,可以推动在与网络或与其他基础设施相关的经济部门引入竞争机制:另一方面,也可以保护网络或者基础设施的所有权,使本来有限的资源发挥更大的作用,提高社会资源的整体效率。

反垄断法规制行政垄断是我国的必然选择

——解读《反垄断法(草案)》*

一、规制行政垄断是社会经济发展的客观要求

(一)行政垄断的性质:公权与私权融合限制竞争的行为

我国《反垄断法(草案)》(以下简称《草案》)虽然没有对行政垄断作界定,但是我们可以从其规定中得出:行政性垄断是指行政机关或其授权的公共组织滥用行政权力,排除和限制竞争的行为。草案确定了行政垄断的主体是政府机关和授权的公共组织,行政垄断的内涵是滥用行政权力排除和限制竞争行为(行政权力和经济权力结合而生的垄断),这种行为既包含具体行政行为,也包括抽象的行政行为。行政垄断的主要形式是阻止市场进入,即地方保护、部门垄断和强制性交易行为。

由此可见,被称为“行政垄断”的现象其实并非传统意义上的纯粹行政行为,它是一种与市场紧密结合的行政行为,是一种“行政性的市场垄断”。〔1〕从本质上讲是一种经济垄断,〔2〕它始于行政权力,着力于市场,明显带有独占市场、排他性垄断的经济特性,是一种“借行政权力之名,行市场垄断之实”的新型垄断,因而兼有行政性和市场性(经济性)的双重特性,〔3〕是一种公权和私权紧密融合限制市场竞争的社会现象。

以地方垄断为例,地方政府及其所属政府部门以行政权力分割市场、设置障碍,利用税收、价格、信贷、质量监督等行政手段,对商品流通的地域、资金、技术、人员的流动和企业跨地区联合进行限制。政府行政权力大量进入市场层面,使原本不利于企业自主经营的行政干预,变成了本地企业的行政

---

* 载《中国工商管理研究》2007年第6期。

〔1〕 参见徐士英:《竞争法新论》,北京大学出版社2006年版,第193页。

〔2〕 参见漆多俊:《中国反垄断立法问题研究》,载《法学评论》1997年第4期。

〔3〕 参见邬健敏:《国有控股公司反垄断初探》,载《法商研究》1997年第1期。

保护神,是形成市场垄断的源泉。以部门垄断为例,行业的政府主管机关以其合法拥有的投资权、资源管理权、财政权、企业管理权等,限制或阻止部门之间或部门内部的经营活动,使其支持的企业实现垄断,在政府部门的庇护下获取高额利润。[4] 这与市场垄断给消费者带来的损害没有两样。

上述情况表明,政府行政行为已深深渗透到市场经济领域,这种行政行为不能通过简单的行政命令制止,但又非依靠市场竞争的机制可以自行消除。正由于它兼有公权力和市场力量的双重性能,才必须要以维护市场竞争机制为宗旨的法律——现代竞争法对其进行规制才最为有效。

(二)规制行政垄断是市场经济国家的共同需求

滥用行政权力限制竞争的行为在各国都存在,而转型经济国家由于体制传统尤其严重。究其主要原因是市场经济固有的缺陷产生的现代国家职能的转变。

自由竞争时期,政府被排除在市场之外。随着市场经济放任自由发展出现的市场缺陷,现代国家加强了对微观经济的干预和调节。政府职能的转变使行政权力开始有机会和需要进入经济领域。从自由放任主义到国家干预主义的演变中,人们认识到,市场效率的提高有赖于政府在经济中的干预和介入,但与此同时,政府滥用行政权力限制竞争的行为也逐渐发生。现代经济学理论认为,有形的政府之手也存在非理性的可能。少数人可能假借国家权力谋取私利,导致国家的非理性干预。行政垄断作为政府干预经济的行政行为,是一种典型的干预过当的非理性行为。

只要是政府行使经济调控的国家都会发生干预过当的问题,而当这种不当干预现象大量出现,“政府失败”与“市场失败”一样严重时,[5] 政府机构、国有企业以及各种授权承担管理职能的公共组织也就顺理成章地成为竞争法调整的对象。[6] 这是现代市场经济中政府全面介入社会经济生

---

〔4〕 两个典型的例子就是:1998 年电信行业引入竞争后,由一家垄断变为多家企业相互竞争的局面,但垄断仍然存在。电信服务的定价权、市场分配权、消费方式指定权等仍由一两家国有独资的超大型公司决定,切断了其他主体进入市场的可能。这些权力是政府赋予它们的。尽管技术问题早就解决,单项收费的套餐已经比比皆是。但是该部门还是表示,单项收费要两年之后才能完成。2001 年中国国务院一个文件,中石化和中石油两大成品油集团垄断了全国的石油产品零售专营权,从此之后,油价只涨不跌,消费者被严重盘剥。

〔5〕 See Ernest Gellhorn, William E. Kovacic, *Antitrust Law and Economics In A Nutshell* (*fourth edition*), West Group, 1981, p. 483.

〔6〕 载 http://www.ftc.go.jp/e-page/press/2003/april. ,2007.3.10.

活，并过度干预经济运行产生的必然结果，是行政行为经济化的大量产生对法制的客观需求。

（三）把行政垄断纳入反垄断法是现代竞争法的必然产物

在学界普遍认为行政垄断需要通过法律进行规制的同时，不少人质疑反垄断法的作用。原因是行政垄断有其特殊而复杂的原因和背景，它与经济性垄断没有必然的联系和共同的社会经济基础。〔7〕无论从行政垄断的属性（行政性而非经济性）、主体（行政主体而非经营主体）、行为性质（滥用行政权力而非市场权力）来看，反垄断法难以担当此任。反垄断法虽然可能与行政法在限制滥用行政权力上有一定的重合，但决定行政权力的范围和合法性的法律不是反垄断法，而是宪法和行政法。

笔者认为，这种看法并不符合现代法律发展的客观情势。在公法与私法日益融合的今天，对政府滥用权力限制竞争的行为一体适用禁止私人垄断的反垄断法已经是各国共同的不可逆转趋势，是资本主义发展的历史逻辑和辩证逻辑的统一。〔8〕发达国家或地区大多将垄断主体扩大到行政机关的做法证实了这一点。

我国经济改革开放后双重体制的转换，使行政垄断的情况要比各国政府对经济的不当干预严重得多。把这种公权与私权结合的垄断方式纳入反垄断法中，明确规制行政主体滥用公权力限制市场竞争的法律责任，是具有时代性意义的必然选择，绝非权宜之计。它不仅是深化体制改革的需要更是顺应时代发展趋势的需要。

二、对草案关于行政垄断规制的解读

（一）关于“滥用”的解读

草案对行政垄断使用了《反不正当竞争法》“滥用行政权力”的概念，“滥用”就是不正当使用权力，因而是非法的。〔9〕这里关键的问题是如何

〔7〕参见杨仕兵、许艳艳：《对反垄断法中规范行政垄断的质疑》，载《皖西学院学报》2002年第3期。

〔8〕参见王欣新、王斐民：《论政府滥用权力限制竞争的反垄断法制模式》，载 http://www.civillaw.com.cn/，2007年3月12日访问。

〔9〕学界历来对此有不同的理解，因为它涉及行政垄断是不是有合法和非法之分的问题。大多数人认为行政垄断既然是一种滥用行政权力的行为，所以一定非法。但也有人认为，行政垄断只是表明政府凭借公共权力排除或限制竞争的一种行为，这种行为可能依据国家法令而来，并不一定产生消极的市场后果，而且政府的正当行政行为不受反垄断法规制是天经地义的。因此，行政垄断应当包括合法的和非法的两种，不能界定它一定是非法的。

正确理解“滥用行政权力”，认定行政权力“滥用”的边界和标准是什么？是超越行政权限的滥用还是违反执行程序的滥用，抑或是两者均无不当，只是行使权力的动机不当？〔10〕《反不正当竞争法》和草案均未对“滥用”进行界定。笔者认为，从广义上讲，行政垄断涵盖合法的垄断与非法的垄断，从狭义上讲，应该仅指滥用行政权力限制竞争的行为，是非法的。这可以区别国家垄断和合理的行政垄断。

草案以“滥用行政权力”作为区分的界限是妥当的，因为这些行为既不属于政府为实现对国民经济的宏观调控而采取的产业政策和社会政策，也不是政府为维护社会经济秩序进行的正常管理活动，而是出于限制竞争和排除竞争的目的，或者为了实现自身或地区、集团的某种利益，对经济竞争进行干预。这些行政行为往往打着“为社会公共利益考虑”的招牌，迷惑人们。事实上，政府正当的管理行为与限制竞争的行政垄断联系甚为密切，且有不少相似之处，不当行使就是行政垄断产生的根源。

反垄断法应该首先基于行政权力运用的目的，即“以限制和排除竞争为目的”作为其违法性考察的基点，我国草案中的“滥用”应该作此理解，但应在以后的司法判例或者法律的实施细则中加以具体化。

（二）关于行政垄断限制竞争的解读

草案中为了界定行政垄断，除了在总则中规定了禁止性的条款以外，还在分则中反复使用“限制竞争”的词语。〔11〕一方面，确定了构成行政垄断的客观要件是对竞争的实质性限制和损害，即垄断行为危害性的共性；另一方面，也区分行政垄断主要是通过设置“市场准入门槛”的行政行为，其危害比市场垄断更为严重。首先，市场垄断是市场主体滥用市场优势的结果，这种优势是市场主体在竞争过程中取得的。竞争的动态性、阶段性决定了这种优势是非永久性和可替代性。从这个角度来看，市场垄断是一种相对的垄断。行政垄断源于行政权力的滥用。取得这种行政权力支持的企业在市场中获得的控制市场的优势地位自然就不是源于市场竞争。由于行政权是宪法和法律所赋予的，因而具有永久的独占性。如果行政权

〔10〕 参见杨品兰：《行政垄断问题研究述评》，载《经济评论》2005年第6期。

〔11〕 如“妨碍商品在地区之间自由流通和充分竞争”“限制外地商品进入本地市场”“限制外地经营者参加本地的招标投标活动”等表明行政垄断可能导致的“限制竞争后果”等语句。参见《反垄断法（草案）》第二章。

力优势的占有者借行使行政权制造所辖企业的虚假市场优势,设置障碍限制竞争,由此形成的企业市场优势就相应地具有了极大的稳定性和不可替代性。其次,市场垄断导致的市场竞争限制主要表现为滥用市场优势,强制竞争者进行不公平的交易和竞争,即使是独占市场,这种优势也可能因市场机制的完善而被有效遏制,高额利润会吸引新的进入者。而行政垄断导致的市场准入限制,主要表现为利用行政权占有客观存在的进入市场竞争机会,而后在“给予”经营者这些机会时施以不平等的待遇,造成经营者失去通过竞争应该获得的进入市场的机会,反而变为经营者被给予进入市场机会的怪现象。经营者以这种方式获得的对市场的独占无法随着市场机制的成熟而有效抑制。

由此看到,行政垄断是一种以抽象行政行为为主,具有稳定性、无法随着市场经济的完善而自行完善的绝对权力垄断,对竞争具有更大的危害。比如,界定限制竞争应该通过受惠方与受害方(获得行政庇护的行业企业与受到排挤的行业企业)之间的损益关系进行确定,消除限制竞争后果的方式以撤销行政规定为主。草案在这方面并没有作出具体规定,在司法和行政执法实践中需要探索。

(三)关于行政垄断法律责任的解读

从草案对行政垄断表现形式的罗列中可以看出,行政垄断是以抽象行政行为为主的。因此,法律责任的规制显然与市场垄断行为不同。但草案对法律责任的规定显得过于薄弱。关注各国关于行政行为限制竞争的规制可以发现,俄罗斯、乌克兰、罗马尼亚、保加利亚、匈牙利等国对行政垄断的责任都作了专门的规定。

由此可见,我们必须在草案的修改中增加关于法律责任的规定。首先,纠正关于行政垄断与其他法律、行政法规间的关系。草案规定:对本法规定的垄断行为,有关法律、行政法规规定应当由有关部门或者监管机构调查处理的,依照其规定。也即当行政垄断与行政管理法规有冲突时,以行政法规的处理为优先。这种规定有悖常理。且不说行政垄断中的行业垄断大多有行政法规作为管理的依据,而行业立法又常常是部门保护主义的产物。这些立法在体现和保障市场公平竞争的立法宗旨方面往往考虑不足,这样的规定一定会影响法律的有效实施。而且,草案的规定把反垄断法这一有经济宪法之称的重要法律置于行政法规之下,就是错误之举。

其次,纠正法律救济措施过于单一问题。草案规定:行政机关和公共组织滥用行政权力,实施排除、限制竞争行为的,由上级机关责令改正;情节严重的,由同级或者上级机关对直接负责的主管人员和其他直接责任人员,依法给予处分。法律、行政法规另有规定的,依照其规定。这仅仅规定了法律救济的行政途径,是一种相当于行政法中行政复议制度的行政系统内部的自我监督措施,是由行政机关的上级部门对下级部门进行的一种行政体制监督。对行政性垄断的行政责任和刑事责任的具体形式缺乏规定,应该针对不同的情况规定不同的处罚方法。关于行政垄断的民事责任,世界上几乎所有发达国家的反垄断法都规定了垄断权益受害方有权得到相应补偿的制度,包括惩罚性赔偿和实际赔偿两种原则。实际赔偿原则适用于政府赔偿诉讼,即受害方若为政府,按实际所受损失获得赔偿。应根据我国的实际情况,确定赔偿的原则。最后,明确纠正抽象行政行为的法律规定。根据多数国家的规定,对于构成垄断的行政措施,可以通过司法审查作无效或非存在处理。〔12〕但在草案中明显缺乏关于抽象行政行为司法审查的法律救济措施(当然涉及抽象行政行为的可诉性和行政诉讼法的修改问题),对违法活动不能予以纠正,并对由此给公民、法人或其他组织权益造成的损害也没有给予相应补救的法律制度。反垄断法的程序法应该赋予垄断行为受害者诉讼请求权,使反垄断实体法确立的原则和内容在诉讼中得以实现。

结束语

虽然,近年来我国对行政垄断行为的规制已作了很多尝试,但是问题并没有得到根本解决。要巩固改革成效,促进垄断问题的根本解决,最可靠、最有力的途径就是完善反垄断立法,以法律来打击垄断,保护竞争。此外,另一个重要的方面是竞争文化的普及。从这个角度考虑,行政垄断的规制需要全社会各方面的努力才能奏效。

---

〔12〕 See Eleanor M. Fox, "An Anti-Monopoly Law for China-Scaling the Walls of Protectionist Administrative Restraints", *Antitrust Law Journal*, Vol. 75, 2008, No. 1, p. 190.

竞争文化的法律研究*

随着市场经济的飞速发展和竞争法制的不断建立健全，竞争文化的培育和发展问题日益受到各国（地区）政府和有关国际组织的重视。在1996年12月新加坡举行的世界贸易组织（World Trade Organization，WTO）第一次部长会议后成立的WTO贸易与竞争政策关系工作组，其主要任务不仅包括研究和论证在WTO框架内进行竞争法国际协调的必要性和可能性，还包括在WTO成员中进行竞争法和竞争文化的教育。中国已于2001年12月11日正式加入世界贸易组织，无论从国际竞争环境还是从自身市场经济的发展需求来看，培育与发展良好的竞争文化都成为我国必然的选择。我国政府已经清醒地意识到这一点，国家有关部门也在各种官方文件和公开场合提出要大力培育中国的竞争文化以促进中国竞争法律制度的发展与完善。但目前为止，我国对竞争文化的认识还比较模糊，缺乏系统性与科学性。这在很大程度上严重制约了中国竞争文化的培育及其发展进程与竞争文化对竞争法制的促进功效发挥。因此，积极研究竞争文化及其建设问题，不仅具有非常重要的理论意义，同时也具有非常重要的实践价值。本文对竞争文化的外延内涵作了尝试性的探索，并且对我国如何进行竞争文化对建设提出了一些初步设想，希望在推动我国竞争文化方面作出一点努力。

一、竞争文化基本分析

竞争是个抽象概念，它既不是具体的“存在物”，也不是一个“自然”范畴，而是一个文化构造（cultural construct）。[1] 为了对内容庞大而又复杂

---

* 本文系作者携华东政法大学2004级硕士研究生丁茂中合作完成；载符启林：《暨南大学法律评论》，法律出版社2007年版，第53～70页。

〔1〕 参见［美］戴维·J.格伯尔：《二十世纪欧洲的法律与竞争——捍卫普罗米修斯》，冯克利、魏志梅译，中国社会科学出版社2004年版，第12页。

的竞争文化进行研究,应首先对竞争文化的基本范畴有所界定。[2]

(一)竞争文化释义

虽然竞争文化一词在我国各种媒体上开始频频出现,但对于竞争文化的内涵与外延至今鲜有界定。笔者认为,竞争文化主要是人们对竞争的观念和意识。以澳大利亚新南威尔士大学的迪勒赫教授的话来讲,竞争文化就是"社会民众对一件事情的看法"。[3] 竞争意识是竞争文化的内涵。如果市场参与者没有良好的市场竞争意识,竞争文化也就失去其存在的底蕴。竞争意识是法律主体公平参与或积极创造并维护市场竞争活动秩序的内在自我要求与共性认识。它不仅直接影响有关主体的具体行为,而且还严重影响着有关竞争规则和法律制度的产生进程和具体内容设计以及这些内容的实施。因此,市场竞争意识对竞争文化的建设具有基础性作用。培育竞争文化在很大程度上归结于对人们的市场竞争意识培育。

竞争文化外延是竞争文化内涵的客观表现,是外化了的市场竞争意识。竞争文化的外延基本包含以下三个方面内容:一是竞争法律制度的构建活动,这里的竞争法律制度既包括在成熟的市场竞争意识催生下诞生的竞争法律,也包括为培育竞争意识而超前颁布的竞争法律;二是全社会对建立公平竞争秩序的监督活动,它既包括政府和司法机关的积极主动的执法活动,也包括社会公众对违反公平竞争制度行为的社会监督与抵制活动;三是市场主体(经营者)的竞争行为,这里的竞争行为不仅涵盖经营者之间相互争夺市场与利益的竞争行为,也包括在更高层面上所进行的竞争者之间的相互协助行为。[4]

(二)竞争文化与竞争法律制度关系辨析

受各种因素的影响,竞争文化和竞争法律制度之间的具体关系在不同国家和不同地区的具体表现是有所不同。

在通常情况下,竞争文化自然孕育出市场竞争法律制度。竞争文化形

---

[2] 由于竞争是市场的灵魂,我们通常意义上所讲的竞争是指市场竞争,因此本文所研究的竞争文化仅局限于市场领域,而不包括其他领域的竞争文化。

[3] 在2007年5月北京竞争法与竞争政策国际研讨会上笔者与迪勒赫教授的交谈中获得的信息。

[4] 据报道,当一家企业濒临倒闭时,其竞争对手及时施以援手使之得以重生。当后者被问及为什么要救助竞争对手时,回答是:如果我不帮助它渡过难关,下一个倒闭的将是我们。这种将市场竞争的压力视为企业发展的动力的观念,应该称得上时"竞争文化"的较高境界了。

成的过程事实上就是市场经济走向成熟、竞争法制不断建立与完善的过程。[5] 在这种情况下产生的竞争法律制度，无论是在立法还是法的实施上，都具有高度的科学性与效率性；它不仅是该国竞争文化的重要组成部分，而且还可以进一步醇化该国的竞争文化。值得指出的是，有竞争文化的国家并不一定必然存在竞争法律制度。例如新加坡，虽然新加坡目前没有专门调整竞争的立法，但它始终坚持自由市场经济，并认为竞争（包括国内竞争和国际竞争）是经济发展所必需的以及健康的途径。[6] 对于现已存在竞争文化而是否有必要建立竞争法律制度这个问题，不同的国家和地区有不同看法。例如我国香港特区认为其已有竞争文化而不需竞争法，欧盟则不认为不需竞争法即可建立竞争文化。但从目前发展趋势来看，制定成文的竞争法成为大多数国家的理想选择。我国香港特区竞争政策委员会也在 2003 年制定了可为评估我国香港特区整体竞争环境和界定违反竞争行为等提供客观基准一套指引。

在很多国家和地区，竞争法律制度通常先于竞争文化而存在。在这种情况下，不是竞争文化孕育竞争法律制度，而是竞争法律制度培育了竞争文化。这通常发生在竞争法律移植的国家，最为典型的是日本。日本在 1947 年以美国反垄断法为蓝本制定了反垄断法，并以此为基础经过六十多年努力终于培育出日本当前优秀的竞争文化。值得指出的是：竞争法律制度对竞争文化的培育并不是自发的，其培育过程长短与成熟程度取决于政府对竞争文化重要性的认识与工作投入。如果政府对竞争文化的重要性认识不到位，竞争法律制度不仅可能培育不出基本必需的竞争文化，而且竞争法律制度本身很可能因没有生存土壤而夭折，即法律移植失败。原因在于形式上的竞争规则不能替代竞争文化，竞争文化是竞争规则得以有效实施的保障。[7] 国内外历史经验和现实告诉我们：发展市场经济不仅必须有健全的竞争立法和强有力的竞争执法，还必须培育良好的竞争文

[5] 参见徐士英：《竞争文化与和谐社会——论中国反垄断立法的社会基础》，载《江西财经大学学报》2005 年第 10 期。

[6] 参见王先林：《WTO 竞争政策与中国反垄断立法》，北京大学出版社 2005 年版，第 35 页。

[7] 参见［德］E. －J. 麦斯特麦克、方小敏：《全球化中的欧洲竞争法》，载《环球法律评论》2003 年第 1 期。

化。[8] 这点对于我国市场竞争法律制度的建立与发展具有非常重要的现实指导意义。

尽管竞争文化与竞争法律制度在微观上因具体环境的差异而存在不同的表现,但从宏观的历史范畴来讲,竞争文化与竞争法律制度之间不存在"先有蛋还是先有鸡"之争。竞争文化先于竞争法律制度存在,竞争法律制度是竞争文化发展的结果。后发国家对先发国家竞争法律制度的移植是对人类社会已经客观存在的竞争文化的肯定与认定,该行为的结果将进一步促进竞争文化在世界范围的传播与发展。

二、竞争文化内容分析

竞争文化主要是人们对竞争的观念和意识。从应然的范畴来讲,它包括四个方面的基本认识。

(一)政府营造良好的竞争环境

为了推进市场经济的发展,各国政府都必须努力营造有效的市场竞争环境,无论是在制度建设上还是在引导思想意识上。这种市场竞争环境的营造包括三方面。

1.积极推行竞争型产业政策

在成熟的竞争文化中,政府首先要在宏观的产业政策上贯彻市场竞争原则,积极推进科学的竞争型产业政策。宏观的竞争环境通常带动微观市场竞争机制的发展。日本韩国等国家在竞争机制引入的初期,由于竞争文化薄弱,产业政策往往与竞争政策产生矛盾,政府的重心也常常以产业政策优先于竞争政策的实施。随着市场经济的深入发展,竞争文化逐渐成熟,竞争政策为经济发展所提供的环境为社会大众所认同,竞争政策也逐渐成为制定产业政策的依据和标准。事实证明,只有在坚持竞争政策的前提下,一国经济才具有可持续发展的潜力。不仅发达国家如此,发展中国家的实践也从另外一个角度证明,在缺少科学的竞争型产业政策的宏观环境下,微观市场层面上的竞争通常是难以展开的,常常充斥着各种权力寻租现象和行政性垄断行为,导致市场畸形发展。

2.合理放松市场主体的进入管制

政府放松对市场管制的核心在于放松行业的进入管制。取得市场准

---

[8] 参见孔祥俊:《竞争法维护商业伦理和竞争自由的基本法》,载《法制日报》1999年9月9日,第7版。

入资格是经营者参与市场竞争活动的必要前提。社会实践证明:由于政府不合理的进入管制,导致很多行业市场因为参与竞争主体的不足而得不到充分的发展。例如,20 世纪 80 年代英国的电信行业,1983 年英国政府颁布了《双寡头垄断政策》,确立了英国石油公司和莫克瑞公司在固定电信业务的双寡头垄断竞争格局。但由于这种市场结构严重影响了英国固定电信的发展,因此仅在时隔 8 年的 1991 年,英国政府就决定结束这种局面,全面开放英国的国内长途和本地电信业务。[9]

3. 限制政府行为以维护竞争环境

在成熟的竞争文化中,法律制度不仅对经营者提出了诸多的法律要求,同时也规制政府及其有关部门不得滥用行政权力实施限制和排除竞争的行政垄断行为。由于行政垄断既不会促进竞争,更无法将竞争导向高级化,它始终与竞争处于一种对抗的紧张状态。因此,在行政性垄断与竞争之间永远找不到经济垄断中垄断(结构)与竞争那样的合题。[10] 行政性垄断对市场竞争机制产生实质性的损害。因此,政府及其部门应清醒地意识到行政性垄断行为对市场的影响,并自觉地依法定权限和程序行使对市场的干预和监管权力。

(二)经营者实施公平有序的竞争行为

经营者的良好竞争意识与公平有序的竞争行为是竞争文化的核心内容,它在很大程度上直接代表着一个国家竞争文化的发展程度。作为经营者(竞争者),他们以营利为目的的竞争行为基本上是自发的,是被动地受竞争法律强制性规制的。但是,在一个具有成熟竞争文化的国度里,竞争者也具有自我约束、公平竞争的愿望和能力,他们懂得竞争是市场的灵魂,没有竞争市场也就失去了发展的动力。保持市场竞争是经营者基本的生存环境,只有这样,经济的发展才真正有可持续的源泉。

1. 保持市场竞争的存在

根据主观意识和与具体行为的差异,可以将经营者对市场竞争的维持分为消极型和积极型两类。消极型是指经营者做到不从事竞争法律制度所禁止的垄断行为,从而保持市场的竞争活力的情形。消极型是对市场竞

〔9〕 参见杨永忠:《自然垄断产业有效市场研究》,经济科学出版社 2004 年版,第 60 页。

〔10〕 参见郑鹏程:《行政垄断的法律控制研究》,北京大学出版社 2002 年版,第 104 ~ 105 页。

争维护的最低层次,法律制度具有强制性。积极型则是指当特定范围内的竞争对手遭遇到经营上严重困难而即将可能被市场淘汰出局的情况下,经营者主动采取各种措施援助竞争对手以帮助竞争对手渡过市场难关,使其可以继续参与市场竞争活动,从而保持相关市场存在竞争活力。积极型维护市场竞争是经营者对竞争自我认识升华而产生的更高层次社会价值取向表现。

2. 正当参与市场竞争

经营者不仅要保持市场存在竞争,而且还要保证参与市场竞争的正当性。正当参与市场竞争活动就是要求经营者不从事法律所禁止的不正当竞争行为,即经营者不得为了争夺市场竞争优势而违反法律和公认的商业道德,实施欺诈、混淆等手段扰乱正常的市场竞争秩序并损害其他经营者和消费者合法利益。虽然不正当竞争行为并没有像垄断行为那样直接破坏市场结构,但由于其发生在几乎所有的领域,是大量存在、经常出现的商业现象。这可能使市场经济规律无法发挥作用,对经济秩序造成严重破坏,甚至从根本上动摇一个国家市场经济的基础。因此其危害性也是不容低估的。〔11〕

3. 适度展开竞争

虽然竞争是市场经济的基本要义,但是竞争并不是最终目的。现代社会强调竞争的反垄断政策的主要着眼点是增进效率。〔12〕社会实践证明,过度的市场竞争也可能是非效率的。对于某些特定的行业,更要注意竞争的适度性。比如,探讨我国电信行业改革时必须注意“一定要引入竞争,但引入的不能是完全竞争,而是适度竞争、有效竞争”。〔13〕即使是竞争性的行业,适度竞争仍然需要维护。过多的市场禁入不仅会影响竞争者自身的效率,还会导致社会资源的无端浪费。因此,经营者一方面要与竞争对手展开竞争,但也要避免出现竞争过度、两败俱伤的局面。市场竞争的效率也应该是竞争文化应有的内涵。

---

〔11〕 参见徐士英:《竞争法论》,世界图书出版公司2000年版,第145页。

〔12〕 参见文学国:《滥用与规制——反垄断法对企业滥用市场优势地位行为之规制》,法律出版社2003年版,第1页。

〔13〕 宁南、王晓玲、王强、袭祥德:《中国改革走到三岔路口》,载《商务周刊》2004年第16期。

（三）竞争执法机关积极执法

市场秩序规制法的适用是以被规制对象行为发生偏差为前提，这就决定了竞争执法制度在整个竞争法中的重要地位。竞争执法机关的积极执法不仅是竞争文化的重要组成部分，而且也是培育和发展竞争文化的重要途径与方式。

1. 严格规制损害竞争秩序的行为

我国的竞争文化处于培育阶段，因此，执法机关"积极"执法是关键所在。笔者认为，竞争执法机关的积极执法包括两个方面：一是对法律明确规定的反竞争行为予以依法查处，克服现有的地方和部门保护倾向，以社会长远和整体利益为出发点，积极维护市场秩序；二是对法律并不明确或绝对禁止的竞争行为进行合乎公平竞争价值的性质审查，并作出合理的决定，引导市场主体的竞争行为。如对大型零售商对于供应商的不合理收费问题的审理等。通过对典型案例进行讨论宣传，达到推进竞争文化向社会渗透的作用。

2. 审查并调整不利于竞争的政府决策

竞争政策是产业政策的基础与起点，产业政策是竞争政策的辅助和补充，二者的目的都是实现资源的合理配置，〔14〕但事实上竞争政策与产业政策在特定领域与时间上往往产生分野。当一项产业政策与竞争政策目标不完全一致时，竞争执法机关应审视产业政策的科学性。如发现产业政策有严重影响市场竞争对可能性，应有权采取合理的方法调整改政策，或者阻止政府政策的继续实施。经济合作与发展组织最近研究制定的《政府行为评估工具书》为我们评价政府行为是否违背竞争政策提供了有益的参考，通过评估政府行为，尤其是抽象行政行为，把法令、规章和政策等反映政府意志的公权力行为提前约束在竞争法的框架下，而不必等到产生不良后果之后再来消除，〔15〕这实际上是把公权力的监督置于一国竞争文化之下，具有极为重要的意义。

3. 积极宣传与完善竞争法律制度

狭义上的竞争执法仅包括对违法行为的监督检查行为，广义上的竞争

〔14〕 参见吕明瑜：《以科学发展观指导中国竞争法政策目标的选择》，载《河南省政法管理干部学院学报》2005年第5期。

〔15〕 参见经济合作与发展组织编写的《政府行为评估工具书》。

执法还包括对竞争法律制度的宣传。对竞争法律制度的广泛宣传可以为公众提供理解竞争政策的机遇与平台，使他们领悟到竞争执法对其所能带来的好处，从而为竞争执法提供良好的环境。有的国家甚至还将对竞争法的研究与完善纳入竞争执法机关的法定职责范围，如澳大利亚和瑞典等国家。澳大利亚竞争与消费者保护局长期把对经营者的公平竞争观念培育作为该政府机关的主要工作开展，对国家的经济发展产生了十分有效的成果。

（四）消费者积极抵制损害市场竞争秩序的行为

消费者是市场的有机组成部分，消费者的意识形态与行为表现是竞争文化不可缺少的部分。在一个成熟的竞争文化中，消费者应具备较强的自我保护意识和对经营者公平竞争的监督意识并积极践行。

1. 通过合法途径主张维护消费者权益

在日常的生活中，经营者侵害消费者合法权益的情形经常发生，例如具有市场优势地位的企业在向消费者提供产品或者服务时搭售和附加不合理的交易条件。为保护消费者的合法权益，大多数国家制定了专门的消费者权益保护法，明确规定了消费者的基本权利。因此当消费者在自己合法权益遭到侵害时，可以而且应该积极通过一定途径寻求救济。考虑到消费者与经营者之间的力量失衡问题，很多国家还成立了消费者组织，支持消费者保护运动。消费者在权利受到侵害时，则应该合理利用这些资源进行自我权利保护。这是竞争文化对最基础层面的体现。

2. 积极举报经营者违法竞争行为

虽然消费者与经营者是市场经济中两大利益对立集团，但是特定的侵权行为所涉及的对象并不具有对称性。按照竞争文化的内涵要求，受到侵害的消费者应积极通过相关途径主张权利，未受到侵害的知情消费者理想的表现是积极举报经营者的违反竞争法的行为。为了培育消费者良好的竞争文化，很多国家建立了消费者举报激励机制，不仅在相关法律中明确规定消费者有权检举、控告侵害消费者权益的行为，有的还规定了举报奖励办法。国际社会也已经充分注意到竞争法与消费者保护之间的密切联系，表示如果没有消费者的监督，公平竞争秩序的建立是不可能的。[16]

---

〔16〕 参见2006年9月在韩国釜山举行的联合国第四届公平竞争法律国际会议中美国联邦贸易委员会代表的发言。

3. 拒绝不正当竞争经营者的产品和服务

在市场营销学理论中,消费者总和等于市场。如果经营者的行为或者产品得不到消费者的认可与支持,那么这些企业也就失去在市场立足的空间。因此,消费者如果能够放弃自身短期的利益而坚决抵制有害于市场竞争秩序的所有经营者的违法行为,那么不正当竞争现象也将不复存在。消费者拒绝不正当竞争的经营者所提供的产品或服务是竞争文化高度发达的表现。事实上,在不少发达国家,拒绝盗版软件的使用和出版物的购买已经逐渐成为公民的共识。当然由于各种利害关系的冲突影响,在发展中国家的竞争文化要达到这种程度并不容易,我们必须通过积极的立法和执法来推动竞争文化的发展和提升。

竞争文化的存在和发展程度是个从“量”到“质”的演变过程,人类社会自古就有竞争,但是古罗马争夺奴隶的血腥搏杀和自由放任时期攫夺剩余劳动的尔虞我诈、弱肉强食,并不是我们追求的竞争文化。竞争文化在理论上所应涵盖的内容具有高度的文明性,在社会实践中,由于受到各种因素的影响尤其是社会生产力发展水平的制约,竞争文化的建设是一个长期的过程,我国目前尚未达到理想状态,但必须看到,竞争文化直接影响一国市场的健康发展,我们要做的是如何在现有条件下,尽最大努力建立与完善本国的竞争文化并积极提升之,以使市场竞争早日摆脱原始的状态,进入文化层面的有序竞争形态。

三、竞争文化价值分析

竞争文化价值是研究竞争文化对一个国家发展所起的积极作用与促进程度。根据理论研究与发达国家的实践经验表明,良好的竞争文化不仅能够有效地推动一个国家市场竞争法律制度的建立与完善,更加可以促进经济的发展与社会全面进步。

(一)竞争文化的法律价值

竞争文化的价值首先表现在竞争文化对一个国家市场竞争法律制度建立与完善以及法律有效实施的促进作用上。

1. 立法价值

从立法上看,竞争文化对竞争法律制度的产生具有重要的影响。首先,竞争文化的渗透孕育竞争法律制度(基础性)。人的意识先于制度存在,制度是意识成熟的产物。竞争法律制度不是从来就存在的,它是人类

社会对市场经济认识不断深化的必然结果。竞争文化在其自身形成与发展过程中逐步孕育了竞争法律制度。其次,竞争文化保障立法的科学性(主导性)。竞争文化是社会对市场规律把握,它能够有效地保障竞争法律制度立法本身的科学性。到目前已有一百多年历史的《谢尔曼法》之所以仍然能够美国保持强大生命力的原因就在于其本身立法的高度科学性,而这种高度科学性恰恰得益于孕育其的美国早期相对比较成熟的竞争文化。最后,竞争文化能够使立法成本最小化(效率性)。竞争法律制度的制定本身就是一项巨大的社会工程,其必然存在成本问题。竞争法律制度的立法成本大小与竞争文化的存在与否及其成熟度具有密切的关系。成熟竞争文化所孕育竞争法律制度的成本相对较低;而在缺少竞争文化环境下的单独制定或者直接移植竞争法律制度的成本很高,我国反垄断法的立法成本就是一例。

2. 法的实施价值

竞争文化对市场竞争法制度的执法、守法与相关纠纷的审判具有一定的积极意义。首先,它有利于促进竞争执法科学化与效率性。在良好的竞争文化熏陶下,竞争执法机关通常会严格依照相关法律的授权和程序对有害于市场健康发展的所有行为进行规制。这从基本层面上保证了竞争执法机制的科学性。在保证竞争执法科学性的前提下,实现执法效率的最大化成为必然的追求目标。执法效率高低依赖于竞争执法主体在法律允许的条件下其主观积极性的发挥程度。其次,它有利于降低守法成本。根据法理学研究,守法可以分为三个层次,即守法初级层次、守法中级层次和守法高级层次。[17] 不同层次的守法,其成本也是有所不同的。在缺少竞争文化环境下,经营者对市场竞争法律制度的遵守通常是处于初级层次。这种情况的守法成本通常很高,原因在于守法主体因对法律的畏惧心理而导致其行为活动范围的自我缩小。最后,它有利于推动相关司法工作发展。竞争文化是影响竞争法制司法工作的重要因素之一,它的存在与否在很大程度上直接影响竞争法制的司法效果。在存在良好竞争文化的西方国家,一般侵权行为条款中的几个词语就可能形成一种有限的不公平竞争制度的足够依据,这是司法审判采取积极竞争政策的结果;[18] 而"反观中国社

[17] 参见徐永康主编:《法理学》,上海人民出版社2003年版,第332页。

[18] 参见郑友德、田志龙:《反不正当竞争法世界现状分析》,载《知识产权》1994年第4期。

会中公用企业优势地位的滥用与行政垄断的泛滥成灾，我们不能不说中国司法审判机关的消极和对垄断地位的取得及优势地位的滥用的不作为，是中国反垄断法规范成为'没有牙齿的怪物'，客观上助长了垄断，破坏了司法统一的基础"。[19]

（二）竞争文化的经济价值

经济价值是竞争文化价值的深层次内容，它展示了竞争文化对人类社会经济发展所作出的贡献。这可以从市场内外两个方面来看。

1. 竞争文化是促进社会财富增长的内在动力

从市场经济本身发展看，竞争文化是市场的灵魂，是促进社会财富增长的精神动力。社会发展实践证明，竞争文化通过市场竞争机制有效地推动人类社会财富的迅速增长。从早期的商品经济社会看，由于市场竞争机制发展缓慢，竞争文化浅薄，生产力水平低下。随着资产阶级的崛起和登上历史的政治舞台，西方国家进入了资本主义社会阶段之后，在"无形之手"理论的影响下，市场竞争机制使社会生产力极大发展，这是竞争文化发展的初期，虽然竞争规则逐渐建立，但仍然不足。它导致了20世纪上半叶资本主义的尖锐矛盾与市场严重失灵。20世纪中期，战后资本主义国家处于一片废墟状态，但是竞争文化的建设却在经验和教训的双重作用下繁荣起来。随着人类对自身行为所造成恶果的不断反思，政治家和思想家们对社会发展规律的总结，竞争法律制度建设的勃然兴起，竞争开始形成一种文化层面的东西，成为人类文明的重要内容。尽管市场竞争依然激烈无比，但对大众利益的关注、对经济民主的维护、对社会整体效率的追求已经赋予竞争新的内涵，并成为检验竞争是否合乎国家法律的标准。市场竞争，从最初纯粹的私利争夺纷乱中渐渐蜕变，成为推动社会和谐发展的强大动力。在短短几十年期间不仅恢复了发展水平，而且经济有大幅度的发展与进步。澳大利亚、韩国等国家的经验也证明，重视竞争文化的建设是加快经济发展的主要手段。

2. 竞争文化是最大限度减少资源浪费的可靠保障

竞争文化通过对偏离竞争机制行为的矫正，保证了人类社会在发展过程中社会资源量浪费的最小化。一方面，通过适度竞争的控制减少过度竞

〔19〕 王艳林：《中国经济法理论问题》，中国政法大学出版社2001年版，第90页。

争带来的资源浪费。因为虽然竞争是社会财富创造的源泉，但是竞争必须适度。过度的市场竞争在创造社会财富的同时往往也在造成人类有限的资源浪费，这在很大程度上降低了竞争机制经济价值。为了提升和保障市场竞争机制在社会财富创造中应有的作用，很多国家相关法律在强调市场竞争机制的重要性同时还对特定领域的市场可竞争程度作了适当调整与控制，其具体措施很多，如设立严格的产业进入管制、建立了反垄断法的豁免制度和控制企业设立终端销售密集程度等。另一方面，通过严厉的立法规制不正当竞争产生的负面影响。社会实践证明，各种不正当竞争行为将导致社会竞争机制的崩溃[20] 使诚实经营者付出的代价但得不到补偿，不劳而获的风气蔓延，消费者真假难辨而对市场失去信心。竞争文化除了通过法律禁止不正当竞争行为之外，还通过培育良好的商业道德从深层次上防范和减少各种不正当竞争行为体现了其对经济社会的主要价值。

（三）竞争文化的社会价值

社会价值是竞争文化的终极价值，它是竞争文化法律价值与经济价值在社发展过程中所产生的综合积极效应的概括与总结。

1. 竞争文化在推进物质社会发展方面的价值

物质条件是社会存在的基础，物质内容的丰富与质量的提高是社会发展的绝对标志。离开物质水平的进步来谈一个国家或者社会的发展无任何实质意义。因此，无论是现代哲学还是其他学科，都十分强调物质的基础性地位。竞争文化存在的终极价值就是促进人类社会物质水平的不断提高，它是通过竞争传导机制来完成的。竞争表象上是一种资源的争夺，但本质上是一种社会创新的激励机制。参与竞争的利益主体为了在特定资源的争夺中取胜，必须尽量做到“他无我有，他有我优”；而达到这种状态唯一的方法就是保持不断的技术创新与革命。社会发展实践证明，个体的技术发明与创新在最终效果上普遍惠及整个人类社会。也正是如此，科学技术的不断创新与进步造就了人类社会目前相对高度发达的物质文明。而现行的物质水平又为社会的进一步发展奠定了坚实的物质基础。

2. 竞争文化在推进社会精神文明发展方面的价值

虽然物质对意识形态具有决定的基础作用，但是意识形态对物质也有

〔20〕 参见孔祥俊：《反不正当竞争法的适应与完善》，法律出版社 2000 年版，第 102 页。

一定的反作用。物质与意识的辩证关系要求各国在发展经济同时,必须采取各种措施来积极推进精神文明的建设,以实现社会硬件与软件的平衡发展,保证本国社会的稳定。竞争文化不仅能够有效地推动一个国家的经济发展与科学技术的进步,而且对一个国家相关的精神文明建设同样具有非常重要的意义。首先,竞争本身就是一种积极向上的精神风貌,它能够在内在上驱动个体不断地自我努力与进步,有效克服因人本性懒惰而可能导致的沉沦堕落倾向。其次,由于正当竞争的要求本身不仅涵盖了法律公平与正义具体化标准,而且还包含了部分道德成分。因此,它不仅有利于法律制度本身的建设,而且还能够培育出更高层次的商业道德。最后,适度竞争的意识能够创造出和谐高效的社会。在竞争文化中,竞争是一种适度有效的竞争。无论是过度的竞争还是不正当的竞争都可能导致社会发展秩序的紊乱,人类社会的两次世界大战就是最好的佐证。在某种程度上讲,现代人类社会最迫切需要的是和谐与安宁,而不是恶性的竞争。因此,适度竞争对于现代社会的发展具有非常重要的指导价值。正如笔者曾经指出的:“竞争文化的内涵与和谐社会本质上是完全一致的,没有成熟的竞争文化,就不可能有和谐的社会建设,反之亦然,社会不和谐,竞争必然是低效的、不公平的。”[21] 其道理亦在于此。

四、我国竞争文化的建设

竞争文化的诸多价值凸显了培育竞争文化的社会意义,建设符合中国特色的竞争文化是我国当前的紧迫任务。

(一)竞争文化的现状

自改革开放以来,随着我国市场经济的发展与国际贸易的往来,竞争意识逐步深入广大人民群众思想中,竞争文化有所起步与发展。这个不仅表现在《反不正当竞争法》的出台与实施上面,而且可以从不少行业中市场上如火如荼的竞争景象得到证实。在充分肯定改革开放以来有关竞争文化建设方面取得的成就基础上,我们也必须深刻地意识到我国当前的竞争文化发展水平还是非常低的。这突出表现在以下三个方面:

1. 政府维护市场竞争的意识薄弱。在现代市场经济中,政府是市场竞争秩序的重要创造者和维持者。但在 2007 年的我国,政府经常扮演着相

〔21〕 徐士英:《竞争文化与和谐社会——论中国反垄断立法的社会基础》,载《江西财经大学学报》2005 年第 10 期。

反的角色。行政性垄断遍及我国经济生活中的各个行业和领域,表现形式繁杂,有关这方面的案屡见不鲜。例如,"南京市卫生防疫站滥用行政权力限制企业正当竞争案"、"湖南省新化县天龙山乡人民政府滥用行政权力限制竞争案"、"古田县平湖镇财政所开店买货者减税"事件、"永春照相馆等38人诉江都市教育局、江都市教育实业公司不正当竞争案"等。此时政府的竞争意识形态严重制约着我国竞争文化发展。从我国加入WTO后承担的义务来看,从某种意义上说,WTO是一种竞争文化,[22]为适应新的竞争形势,国家应当通过综合性的竞争政策以及反垄断法及其执法,强化政府正当竞争的意识,使现代市场经济的竞争文化深入人心,为市场经济发展提供强劲的后劲。

2. 经营者的竞争意识残缺。随着我国市场的不断发展,经营者参与市场竞争的意识逐步确立,但是当前经营者的竞争意识存在残缺。对于竞争只知其一,不知全部。很多企业或者谋求不当垄断,或者实施限制竞争行为,把竞争仅看作关乎个体的行为,忽视了竞争对于整体社会的意义。如中国农机工业协会农用运输车分会以不执行行业自律价格为由对山东时风集团罚款事件等。不正当竞争行为日益增多。据统计,1993年12月至2003年9月,全国工商行政管理机关共查处各类不正当竞争案件19.5万多件,案值150.27亿元,罚没金额21.89亿元。查处不正当竞争案件的数量逐年上升,所查案件的种类已涉及《反不正当竞争法》规定的各类不正当竞争行为。[23]随着竞争不断升级,为争夺市场,拳脚相加、血洒街头的暴力事件也常有发生。[24]

3. 相关主体的竞争意识不强。首先是相关执法机关的意识有待提高,例如,在有关国内彩电价格联盟案件处理上,国家计委直到这些企业第三次峰会结束后并间隔将近一个月才宣布该峰会的最低限价违法。其次是司法机关对于垄断等行为的审判力度不够,有的学者指出:"反观中国社会中公用企业优势地位的滥用与行政垄断的泛滥成灾,我们不能不说中国司法审判机关的消极和对垄断地的取得及优势地位的滥用的不作为,是中国

---

〔22〕 参见孔祥俊:《"入世"后竞争政策和竞争法制之展望》,载《法制日报》2001年11月11日,第3版。

〔23〕 参见《中国竞争政策接轨国际 反不正当竞争十年查处案件19.5万案值150亿元》,载http://www.sina.com.cn/,2003年11月29日访问。

〔24〕 参见崔世海:《啤酒战争里的竞争文化》,载《中国经济快讯周刊》2003年第41期。

反垄断法规范成为‘没有牙齿的怪物’，客观上助长了垄断，破坏了司法统一的基础。”[25]最后是消费者对正当竞争支持力度不够。很多消费者知假买假，这在一定程度上鼓励和支持了不正当经营者反竞争行为。

(二)竞争文化现状的成因分析

我国当前市场竞争文化落后的局面并不是偶然形成的，它有深刻的社会根源。

1. 封建社会的影响

在我国漫长历史进程中，封建社会占据着主导地位。在两千余年的漫长封建社会中，自给自足的自然经济一直占据主导地位。由于自然经济不是以交换为目的，而是为了满足生产者或经济单位本身需要而生产的经济形式；再加上历代封建王朝大多数奉行重农抑商和闭关锁国的政策，以及许多重要产品实行政府专营专卖官商垄断政策，这造成了商品生产和商品交换非常落后，使商品经济在封建社会中发展步履维艰。封建社会对商品经济发展的制约因素对我国当前的市场竞争文化建设产生直接影响：一方面，在封建自然经济与闭关锁国政策长期熏陶下，社会大众缺乏参与市场竞争的基础意识；另一方面，诸多行业官商垄断的深厚历史为现代国家垄断和行政性垄断提供滑入轨迹。这也是中国行政性垄断至今还是非常严重的根本原因。

2. 计划经济体制的影响

中华人民共和国成立后的前30年，中国政府一直推行计划经济体制。在计划经济体制下，由于地方、企业及劳动者个人等参与者在计划经济体制下实际上都不是独立的经济主体，因此，他们根本不存在竞争意识。几十年的计划经济体制钝化了民间在晚清以后逐步萌发的脆弱竞争意识，这造成了我国在改革开放后几十年后的今天，社会大众的竞争意识依然非常单薄的局面。当相关利益团体暴露于市场竞争之下并处于劣势时，通常不是积极采取措施去迎接竞争，而是寻求行政权力的庇护或者通过其他不正当途径损害竞争者。这严重影响了市场竞争秩序的正常发展。

3. 市场经济体制尚不成熟

从1981年起算，市场经济在我国的历史也就几十年。虽然在这几十

[25] 王艳林：《中国经济法理论问题》，中国政法大学出版社2001年版，第90页。

年中,我国的市场经济取得了长足的发展,竞争法律制度也不断建立健全;但是正如有的人指出的,一个国家竞争文化的培育需要长期市场经济的陶冶,不是一蹴而就的事,我国走出几千年的封建小农经济还不到一百年,而且,真正市场化发展的时间也只有1912年到1949年和十一届三中全会至今两个时期,在这么短的时间内要培育出与成熟市场经济国家相媲美的竞争文化近乎是不可能的。[26] 因此,我国当前的市场竞争文化比较落后是历史的必然,本身也无可厚非。

(三)竞争文化培育路径

从世界发达国家相关建设经验来看,竞争文化的培育有三种模式或途径,即内源式、半内源式和外源式。竞争文化内源式途径是指社会在发展过程中逐渐自发形成了有关市场竞争的良好意识形态,并在此基础上催生出相关成文的法律制度或社会政策,从而为市场经济发展提供良好外在环境的一种历史演进过程,这种模式以美国最为典型。竞争文化半内源式途径是指社会虽然存在一定的自由竞争意识基础,但是由于受到各种因素的影响和制约,其未能在该意识基础之上自我独立孕育出竞争法律制度,而借助了一定外在力量来完成的历史演变模式,这以德国最为典型。竞争文化外源式是指社会在缺少自由竞争意识的情况下,通过移植先发国家竞争法律制度并以此为基础培育出本国竞争文化的一种发展模式,这以日本最为典型。我国的国情客观上决定了我国竞争文化的建设只能走外源式,即在充分考虑本国具体社会情况基础上,科学借鉴发达国家相关竞争法律制度,建立适合本国的发展需求的相关法律制度, 以此为基础推动本国竞争文化发展,促进竞争法律制度的有效实施。

从我国的具体情况来看,我们主要是采用外源式路径来培育和建设竞争文化,当务之急是加快建立健全竞争法律制度。从相关竞争法律制度入手进行竞争文化的培育是外源式的重要路径,认识到这点对于我国竞争文化建设具有非常重要的现实意义。虽然我国目前已经出台了不少有关规范市场竞争秩序的法律、行政法规等,一定程度上初构了竞争法律框架。但是素有"经济宪法"的反垄断法在我国的缺失使我国竞争法律制度尚处于初级的层次。这在很大程度上影响了竞争文化在我国的传播与发展。

---

〔26〕 参见崔世海:《啤酒战争里的竞争文化》,载《中国经济快讯周刊》2003年第41期。

因此，我们应该抓住反垄断法制定这个大好契机，积极来推动竞争文化在社会大众的广泛传播与深化。在我国，立法讨论的过程是一个民众学习法律精神的过程，经济立法大多经历了这样一个过程。反垄断法要成为一个国家自觉的选择，并相应地通过立法价值反映出来也是需要一个过程的，我们应该充分利用反垄断立法的广泛讨论来推进中国竞争文化的建设和发展，就如合同法律的讨论推进了诚信文化的建设一样，反垄断法的讨论一定会推动竞争文化的发育。

其次，要有计划地展开专项竞争文化宣传活动。为了保证竞争政策和具体制度能够在具体实践中的落实，我国香港特区政府采取了很多措施来开展竞争文化宣传工作，值得借鉴。例如，竞争政策咨询委员会认识到要在社会上推广竞争的文化，须由学生及青少年作起。为此，该委员会已展开宣传计划以提高学生和青少年对竞争概念的认识，包括透过网站（www. hkedcity. net）推出以小学高年级学生和初中学生为对象的互动游戏，把竞争概念纳入高中综合人文科的课程范围内，让学生从小就接受公平竞争和有序竞争的概念。为进一步推动我国香港特区私人企业重视竞争，竞争政策咨询委员会颁布了《维持竞争环境及界定和处理反竞争行为的指引》。该指引不但为私营机构提供客观指标和准则，以便评估我国香港特区整体竞争环境及界定和处理反竞争行为，并确保竞争政策能在各行业中一致地推行。该指引对政府行政行为也进行有针对性的测试，以决定政府行为是否符合竞争机制，提高市民对政府竞争政策的认识。我国应该以我国香港特区的经验为参考，把对公众和政府对竞争意识的培养作为长期的工作来进行，使竞争意识、公平竞争理念渗透到社会各界和各个层面。

最后，执法机关积极维护竞争政策和相关具体法律制度。在法治的框架范围内，竞争文化的培育进程在很大程度上与相关执法机关执法态度有关。日本之所以能够在战后短短几十年内完成其本土化的竞争文化培育，公平交易委员会是功不可没的。从成立之日起，公正交易委员会投入了巨大的努力为反垄断政策辩护，特别是强调反垄断法通过保障自由公平的竞争，对保护中小企业、改善消费者福利所起到的重要作用。在 1957 年，当产业政策的鼓吹者建议大幅度放松反垄断法时，公正交易委员会在其年度报告中指出，反竞争行为或垄断行为正在增加，并介绍了西方国家的反垄断法是如何制定的。此后，公正交易委员会经常向公众竭力宣传有关豁免

卡特尔的活动，包括政府对某一行业所作的建议如缩减产量。日本公平交易委员会的这些做法非常值得我国有关执法部门学习。在我国实践中，很多情况下执法者未能投入足够的力量与勇气来严格保证竞争政策与相关具体法律制度的实施，如对地方政府垄断行为的处理。在缺少强力的公共机关表率作用的环境下，竞争文化很难在本来竞争意识就比较差的广大人民群众中得到深入的传播。因此，为了能够加速我国竞争文化的培育进程，竞争法律制度的执法部门应当在执法过程中积极起到表率作用，严格保证竞争政策和相关具体法律制度的有效实施。

结束语

竞争文化自发形成需要一个漫长的历史过程，因此，除了英美等少数先发国家是通过这种内源式来完成本国的竞争文化建设外，更多国家和地区则是通过政府外在力量介入来培育本国的竞争文化。日本在这一方面是比较成功的，其公正交易委员会在竞争文化的培育中起到了重要作用。[27] 日本前公正交易委员会委员伊从宽教授对日本竞争文化的政府培育作了详细的介绍。目前，我国香港特区和我国台湾地区正在积极通过各种途径来培育与完善相应的竞争文化。我国香港特区在其相关文件中明确提出要推广竞争文化并作了具体部署，我国台湾地区在1995年就将竞争文化培育列为其工作重点目标并作了四项具体规划。这些对于我们的竞争文化建设都具有非常重要的参考价值和借鉴意义。我国竞争文化建设代表着一个古老民族朝着符合世界潮流走向繁荣、自由与公平的道路。众多经济转型国家发展的历程也显示，在社会化大生产的条件下，在建立以市场经济为主、政府适度干预为辅的资源配置模式的同时，必须加强对竞争文化的建设和推动，作为一项不可忽视的重要任务应该进入国家的视野。因为转型成本的高低、转型的成功与否在一点程度上取决于社会公众对市场机制作用的认识和认同，即取决于一国的竞争文化的建设。中国应借反垄断法立法这一大好契机积极推动中国竞争文化的建设和发展，为中国市场经济的健康发展和和谐社会构建提供应有的文化保障。

---

〔27〕 参见2004年5月笔者在中南大学法学院举行的WTO竞争政策和中国反垄断立法研讨会上的发言。

相对市场优势地位理论研究*

引言

随着市场经济发展的不断深入，世界各国越来越认识到竞争的重要性，由此，以维护公平竞争秩序为目的的反垄断法日益受到关注。这一被誉为经济宪法的法律部门，主要包含三个实体领域：企业合并、限制竞争协议以及滥用市场支配地位。在滥用市场支配地位理论体系中，从市场支配地位的认定标准上看，过去各国主要以市场份额作为基本判断依据，然而事实证明这一标准不足以反映企业的真实实力，各国越来越多地考虑新竞争者进入市场的障碍以及下游企业对某竞争者的依赖程度等其他因素，由此，受反垄断法约束的对象从具有绝对市场支配地位的企业扩大至具有相对优势地位的竞争者。借鉴与吸收这一理论发展，对相对市场优势地位进行研究，对完善我国竞争法律制度有重要意义。

一、相对市场优势地位与市场支配地位的关系

滥用市场支配地位行为是传统反垄断法的规制对象，从各国立法及司法实践来看，认定市场支配地位首先要考察企业在相关市场中的市场地位，但是，在相关市场中与其他竞争者相比不占有优势地位的企业不一定就完全没有市场控制力。在有些情况下，企业在市场份额方面并不处于优势地位，但在与交易对方进行交易时却表现出一定的市场优势，可称之为“相对市场优势”。〔1〕 所谓企业市场支配地位，指的是这样一种状态：第一，企业在相关市场中不需考虑竞争者、顾客和消费者的反映；第二，支配地位本身并非与竞争天生排斥，只有当企业无视竞争者、顾客和消费者的

---

* 本文系作者携华东政法学院2004级经济法学硕士研究生荣中华合作完成，载《经济法研究》2007年第00期。

〔1〕 参见文学国：《滥用与规制——反垄断法对企业滥用市场优势地位行为之规制》，法律出版社2003年版，第137页。

反映，妨碍市场有效竞争的维持，才受到法律的规制。[2] 相对市场优势地位与市场支配地位一样，其本身并不会直接影响竞争秩序，只有当交易相对人在市场交易中对于交易对象和交易内容的选择权受到限制的时候，才需要法律的介入。

相对市场优势地位产生于交易之中，享有这一地位的当事人虽没有绝对的市场支配力，但其所拥有的资源使其有足够的力量从交易方手中掠夺更多的利益。因此，笔者认为，在市场支配地位理论的研究中，有必要将眼光拓展到相对市场优势地位上。明确相对市场优势地位与市场支配地位的关系，是在反垄断法中定位相对市场优势地位理论的关键所在。

但相对市场优势地位也不同于市场支配地位。首先，后者要求企业在相关市场中拥有排他性的支配地位，而前者只要求企业具有交易中的优势地位即可。判断一个企业是否拥有支配地位，首先要考察的是企业的市场占有率，然后综合考虑企业本身的财力、采购或销售市场的进出难易程度等。而判断企业是否享有交易中的优势地位，则主要考察交易一方是否对另一方有某种程度上的经济依赖性。

其次，一个市场主体是否拥有市场支配地位，是相对他的竞争对手而言的，是竞争者之间的市场力量的对比，是市场经济中竞争者与竞争者之间的关系；而一个市场主体是否拥有相对优势地位，是针对他的交易相对人而言的，是市场主体与其交易对象之间的市场力量的对比。[3]

最后，对于某企业是否具有市场支配地位的结论，可以适用于整个产品相关市场，但判断企业是否享有相对市场优势地位则需要进行个案分析，具体实践中很可能出现同一主体与甲交易时拥有相对优势地位，但与乙交易时却不具备任何优势的情形，这时候就需要具体问题具体分析。

综上，市场支配地位与相对市场优势地位同属于市场优势，它们都是对企业市场力量状态的描述，都与其他企业自由选择权直接相关，但同时它们又是相互独立的两个概念。正如有的学者所说："交易中优势地位滥用的规制几乎就是垄断力滥用规制的孪生兄弟，它们都以拥有特殊经济地

---

〔2〕 参见文学国：《滥用与规制——反垄断法对企业滥用市场优势地位行为之规制》，法律出版社2003年版，第111页。

〔3〕 参见孟雁北：《滥用相对经济优势地位行为的反垄断法研究》，载《法学家》2004年第6期。

位的企业为关注对象，都以几乎完全相同的滥用行为为打击对象。两者唯一的区别在于，一个要求企业只需拥有交易中优势地位，而另一个要求企业必须拥有市场支配地位。"[4]

二、境外反垄断法对滥用相对市场优势地位的规制

市场支配地位滥用规制是各国（地区）反垄断法的必要内容，但相对市场优势地位滥用规制仍是一个较新的研究领域，目前有明确规定的国家和地区是德国、法国、日本、葡萄牙、美国与我国台湾地区，总体来看，已有相关规定的国家（地区）对此问题有三种不同的态度。

（一）独立规制

有的国家认为，滥用相对优势地位行为对竞争优势有质上的损害，在反垄断法上对"滥用相对优势地位行为"进行明确的界定并加以规制，典型的如日本和法国。

法国20世纪80年代引进了德国"经济依赖状态滥用"概念，并在新竞争法中将相对市场优势地位滥用确立为一项独立的反竞争行为类型。日本《不公正交易方法》第14条是关于优势地位滥用的专门规定。[5]

（二）统一规制

有的国家认为，滥用相对优势地位行为对竞争优势质上的损害，需要用反垄断法加以规制，但是在立法上没有必要对"相对优势地位"和"市场支配地位"作出明确的区分，采取这种态度的主要是德国和美国。

相对市场优势地位理论本身起源于德国，德国《反对限制竞争法》第19条第2款被认为是该理论在立法上的反映。美国竞争法中没有直接对"相对优势地位滥用"进行规制的条款，对滥用相对优势地位的行为是作为私人垄断和不正当竞争限制加以禁止的。

（三）扩充规制

扩充规制说，即承认相对优势地位的存在，并认为应该用反垄断法加

[4] 曹士兵：《反垄断法研究》，法律出版社1996年版，第148页。

[5] 该条规定为"以下行为是受到法律禁止的：利用自己比相对方优越的交易地位，违背正常商业习惯，而不当地实施下列行为：(1)对继续交易的相对方，使之购入有关该交易的商品或劳务之外的商品或劳务的；(2)对继续交易的相对方，使之为自己提供金钱、劳务及其他经济利益的；(3)设定或变更的交易条件对相对方不利的；(4)使交易的条件或实施给相对方带来不利的；(5)对于交易相对方的公司，使之按照自己的意愿选任该公司的高级管理人员，或者使之就该公司高级管理人员的选任必须取得自己的同意"。

以规制,但没有进行新的立法,而是通过司法实践对原有的反垄断法条款作出扩充性解释,采取这一种做法的主要是我国台湾地区。2000 年 10 月,我国台湾地区"公平交易委员会"通过第 467 次委员会决议,认为我国台湾地区家乐福公司滥用相对优势地位,向供货厂商不当收取附加费用,为足以影响交易秩序之显失公平行为,违反我国台湾地区"公平交易法"第 2 条的规定,处以新台币 400 万罚款。而其"公平交易法"第 2 条实际上是一个兜底条款,[6]法院在审判中以相对优势地位理论为依据,对"其他行为"作了扩充性的解释,赋予了它新的内涵。

三、相对市场优势地位的基础——依赖性

(一)依赖性的法律含义

相对市场优势地位理论中的核心概念是"依赖性"。这一理论源自德国,该国的立法与判例无疑有重要的研究价值。在德国,依赖性理论指的是这样一种情况,交易对方没有可合理期待的可能性转向,从而使企业对另一企业产生交易商的依赖。所谓"可能性转向",是指企业的交易方拒绝与企业进行交易时,该企业可以选择与其他企业进行交易。没有这种可合理期待的可能性转向,企业之间的交易即存在依赖性。[7]

(二)依赖性的判断要件

1. 相对人转向其他交易管道的可能性

相对人转向与其他主体交易的可能性被称为转向可能性。所谓转向可能性,即指其他交易途径的存在,也就是企业存在其他可能的交易对象。[8] 如果企业即便被断绝交易关系,还仍有其他供给或需求的途径,便具备转向可能性;反之,对特定商品或服务的供给或需求仅能透过特定企业来满足的时候,企业则没有转向可能性。

2. 相对人转向其他交易管道的合理性

一个固然存在却不够充足的转向可能性,尚未能否定弱势企业的依赖性,因为并不是每一个可转向的交易机会都与原来的供给具有等价性。因

---

〔6〕 该条规定为:除本"法"另有规定者外,企业亦不得为其他足以影响交易秩序之欺罔或显失公平之行为。

〔7〕 参见文学国:《滥用与规制——反垄断法对企业滥用市场优势地位行为之规制》,法律出版社 2003 年版,第 138 页。

〔8〕 参见吴秀明:《从依赖性理论探讨相对市场优势地位》,载《竞争法制之发轫与展开》,台北,元照出版有限公司 2004 年版,第 477 页。

此转向的可能性是否合理,不仅要看市场上是否存在其他交易管道,还要看这种管道与原来的供给方式对于交易相对人来说是否具有功能上的可替代性。也就是说,可转向的交易管道在价格、质量、性能、商誉以及经由广告所打下的市场知名度等诸因素,是否足以与原管道匹敌抗衡,并且在市场上能够与原来获得的产品或服务具有等价的地位。〔9〕

3. 相对人转向其他交易管道的可行性

所谓期待可能性,是指其他的交易管道对于弱势企业来说是可以期待其成功的路径,也就是说,并非每一个取代原有供给的其他交易机会,均能被圆满利用而无损弱势企业的竞争力。判断是否具有期待可能性,主要应考察依赖企业使用其他交易管道时,所必须承受的负担与风险,以及使用该管道对于其竞争能力的影响。

综上,如果相对弱势企业具有"可合理期待的可能性转向",那么其与交易对方之间不存在反垄断法上的依赖关系;反之,则交易双方之间很可能存在依赖关系。当然,与市场支配地位的判断不同,相对市场优势地位发生于交易之间,因此必须在实践中进行具体的个案分析。

四、滥用相对市场优势地位的典型情形

根据国外的有关学说和判例,滥用相对市场优势地位一般可以分为两大类:一是基于需方对供方的依赖而形成的依赖关系;二是基于供方对需方的依赖而形成依赖关系。前者一般可以分为四类:对名牌产品的依赖,因物资短缺产生的依赖,因长期合同关系产生的依赖,以及必要设备依赖。后者主要是指中小生产企业对大型零售商的依赖。

(一)因依赖于名牌产品而生的相对市场优势地位

名牌产品依赖指的是这样一种情形,经销商为了维持竞争力,有必要为客户提供齐全的货物品种以便于选择,如果某些具有卓越质量和良好商誉的名牌产品对客户来说替代性很小,那么经销商是否能够提供这种名牌产品对其竞争力的影响是非常大的。当名牌产品的供货商断绝产品供给时,经销商就可能因为无法向客户提供这一名牌产品,竞争力受到严重影响。在这种情况下,经销商对名牌产品供应者的依赖关系就出现了,名牌

〔9〕 Westrick/Loewenheim, in: Loewenheim/Belke, a. a. O., §26Rdnr. 59ff.; Carlhoff, in: Frankfurter Kommentar, §26Tz. 131ff. 转引自吴秀明:《从依赖性理论探讨相对市场优势地位》,载《竞争法制之发轫与展开》,台北,元照出版有限公司2004年版,第477页。

产品的供应者相对于经销商就具有相对市场优势地位。名牌产品依赖最常见于某些专业产品经营店与供货商之间。[10]

（二）因物资短缺而生的相对市场优势地位

假设某一供货商的产品长期供给一家经销商，当该产品因市场价格波动或产量骤减而发生供不应求时，该供货商与经销商之间就会存在经济依赖关系。这种依赖一般发生于某种突发事件之后，如国际封锁造成的石油危机、严重自然灾害或者大型罢工事件等，在这些情况下原料或者产品的供应大幅萎缩，从而形成需求者为了获得维持生存所必要的供给，而依赖于供给者的产品供应。

（三）因长期合同关系而生的相对市场优势地位

供需双方之间建立的商业往来关系，有时也可能成为依赖关系发生的基础。一个企业如果与另一企业缔结涉及经营基本事项的长期契约关系，则会有针对性地在资本投资、技术发展、人员培训、商业信誉以及客户网络等方面投入主要资源，这种企业早已适应的供货管道与模式如果突然被迫停止，可能会使已经投入的资本无法收回，这个时候就形成一种需方对于供方的依赖状态。

（四）因必要设施依赖而生的相对市场优势地位

必要设施（essential facility）依赖状态是由于重建必要设施是不可能或者极端困难而产生的，被依赖者掌握着其他竞争者进入市场的瓶颈，潜在竞争者在必要设施的限制下束手无策。必要设施的基本特征就是，要进入一个特定市场必须使用这一设施，换言之，市场的潜在竞争者依赖于必要设施，依赖于必要设施的拥有者，必要设施依赖由此产生。

在实际案例中，必要设施涉及的范围很广，包括铁路、港口以及电信等

---

〔10〕 德国Rossignol滑雪板案中，法国滑雪板制造商Rossignol是一家拥有8%市场占有率的企业，它拒绝对一家巴伐利亚零售商（全部营业额为300万马克，销售Rossignol滑雪板部分仅为10万马克）继续供应产品。对此案，德国联邦高等法院认为，Rossignol滑雪板因广告得法、质量优越，是具有高度声誉的产品，因此，如果制造商拒绝供应，那么零售商就会因无法销售名牌产品而在商誉上受到严重损失。联邦最高法院同意上述判决，认为在这种情况下，零售商对制造商具有经济依赖关系。至于零售商还可以销售其他名牌滑雪板，Rossignol滑雪板仅占全部滑雪板市场的比例很小，以及零售商销售Rossignol滑雪板的营业额仅占总营业额极小比例等因素，都不影响依赖关系的成立。

运输网络设施、金融部门中的支付系统等，目前还扩展到知识产权领域。〔11〕

（五）因供方依赖需方而形成的相对市场优势地位

供方依赖是指上游供应企业在其产品的销售上，必须依靠下游购买企业的情形，其与前面所提到的需方依赖正好相反。供方依赖的形成，是市场经济从卖方市场转向买方市场的必然结果，也是现代商品流通方式变革后所不可避免的。

由于大型零售商拥有强大的销售管道，中小产品为了打开市场不得不依赖于它，这种依赖关系是典型的供方依赖。在这种关系下，大型零售商就可能滥用其他公司对其的依赖附加不合理条件，这种行为在现实中主要表现为向供货商收取"通道费"（或称上架费、进场费）等费用。除了进场费、新品上架费、新店开业赞助费、损耗补偿等费用外，还有五花八门巧立名目的持续性的收费。

供货商对于大型零售超市的依赖很有可能导致市场竞争的不公平，在我国同样存在大型连锁超市滥用优势地位的情况，因此，研究这个问题对国家竞争法律制度的建立和完善有重要现实意义。

五、相对市场优势地位理论与我国反垄断立法

（一）我国滥用相对市场优势地位行为的现状

某些企业在交易中享有相对市场优势地位是市场经济中的必然现象，我国社会主义市场经济发展到现阶段也不可避免地出现了企业滥用优势地位的行为。

上海人本汽车工程有限公司的一份市场调研报告显示：整车厂频繁地调整整车价格的时候，降价压力基本上转移到了零部件商，主机厂利润缩水幅度只在5%左右，而零部件商的利润缩水幅度平均在20%。〔12〕 汽车

---

〔11〕 在欧盟，Magill案被认为是必要设施原则适用的最典型案件。RTE是一家爱尔兰的官方广播电视机构，在爱尔兰独家发布其所属频道的电视节目预告。Magill是当地一家公司，打算推出一个新的项目，即将所有频道的节目进行汇总，出版专门的电视节目预告。RTE认为此举是非法的，主张Magill侵犯了它的知识产权。欧盟委员会认为此案构成第82条下的滥用优势地位的行为。RTE起诉至初审法院。初审法院认为，欧盟的有关法律确实保护当事人的知识产权，当事人维护自己的作品的专属权本身并不构成对优势地位的滥用。然而，对知识产权的保护仍然不能超过一定的界限，即不得与第82条的规定相背离。

〔12〕 车亮：《整车厂商持续降价压迫零部件商利润大幅缩水》，载http://www.capac.com.cn/，2007年1月30日访问。

制造厂在与零部件商的交易中享有的是相对市场优势地位，由于我国尚无相关法律规定，所以厂商很有可能滥用这种优势地位，通过压低零部件商的价格降低成本，转嫁风险，极大地影响了上游企业的公平竞争秩序。

与此同时，随着我国经济的国际化进程，跨国公司利用我国企业对其先进技术的依赖，滥用知识产权优势的情况也日益严重。尤其是在中国加入世界贸易组织（World Trade Organization，WTO）后，传统的关税壁垒和非关税壁垒逐步淡化，技术壁垒的力量日益凸显。跨国公司不只是把知识产权当作一个法律手段运用，而是当作一种市场策略在使用。其主要目的是从市场日益扩大的中国企业手中分取一部分利润，通过收缴专利费提高中国企业的产品成本，削弱中国企业的成本优势，以此打压中国竞争对手。[13]

（二）关于建立我国滥用相对市场优势地位行为规制体系的建议

1. 在反垄断法中单列条文规制滥用相对优势行为

如前所述，我国某些市场主体滥用相对市场优势地位的行为极大地影响了公平竞争的有序开展，如果任其发展而不加以规制，在强势主体的上游或下游行业中的竞争就无法充分进行，这对于我国社会主义市场经济的发展是非常不利的。法律是维护社会秩序的基本手段之一，为了平衡交易双方的不对称地位，有必要通过建立相关制度予以规制。目前，我国的反垄断法尚未出台，在这方面，我国的相关规定主要有：2003 年 11 月实施的《制止价格垄断行为暂行规定》第 3 条、[14]上海出台的《关于规范超市收费的意见》第 3 条[15]以及 2006 年商务部、发展改革委、公安部、税务总局、工商总局联合公布的适用于全国范围的针对零售行业的《零售商供应商公

〔13〕 王先林等：《跨国公司在华知识产权垄断》，载 http://business.sohu.com/20051103/，2007 年 1 月 30 日访问。

〔14〕 该条规定为“市场支配地位主要依据经营者在相关市场占有市场份额、所经营商品的可替代程度和新的竞争者进入市场的难易程度判定”。

〔15〕 该条规定：超市不得利用市场优势地位向供货商收取不当费用。超市要依据《反不正当竞争法》《合同法》等现行法律、法规和超市收费原则，对收费情况进行清理，对违反法律、法规规定或显属不当的收费项目必须取消。下列行为属不当收费：(1)要求供货商负担与其商品销售无直接关联性的费用；(2)要求供货商负担的费用金额，已超过供货商可直接获得的商业利益；(3)完全出于达到超市本身则务指标的目的，而要求供货商负担的费用；(4)假借各种名目向供货商滥收费用，从中获取不当收费；(5)借罚款名义，向供货商收取费用；(6)其他不当收费行为。

平交易管理办法》。[16] 这些规定虽然在一定程度上看到了中国现今市场秩序中的问题，并希望进行调整，但一个普遍特点是立法层次太低，适用的范围有限；而且在我国现有的执法环境和水平中，因为缺乏一个有效而完整的执行体系，无法对相对抽象的条文结合实际的经济、社会情况作出规范。

本文第二部分介绍了滥用相对市场优势地位行为的三种规制模式，分别是单独规制、统一规制以及扩充规制，鉴于我国市场上滥用相对市场优势地位的行为较为严重，经济转轨时期对明确制度规定的需求以及市场主体竞争法意识不强等原因，应当采取第一种模式，也就是在反垄断法中单列一条针对滥用相对优势地位行为的规定。《反垄断法（草案）》在第三章专章规定禁止“滥用市场支配地位”，该章规定认定经营者具有市场支配地位，应当依据下列因素：（1）该经营者在相关市场的市场份额，以及相关市场的竞争状况；（2）该经营者控制销售市场或者原材料采购市场的能力；（3）该经营者的财力和技术条件；（4）其他经营者对该经营者在交易上的依赖关系及其程度；（5）其他经营者进入相关市场的难易程度；（6）与该经营者市场支配地位有关的其他因素。从这条规定来看，立法部门意识到了交易中的依赖关系对交易公平性的影响，认为享有优势的一方具有市场支配地位。笔者认为，两者不可混为一谈，不然在适用的时候可能会出现矛盾，即有的企业与其交易对方虽有依赖关系，但并未构成市场支配地位，此时案件会陷入僵局。因此，笔者建议，在反垄断法中单列一条关于相对市场优势地位的规定，明确在某些情形下市场主体享有相对市场优势地位，如果其滥用这种优势将受到法律的规制。

---

〔16〕 该办法的调整对象是直接向消费者销售商品，年销售额1000万元以上的企业及其分支机构，与直接向零售商提供商品及相应服务的企业及其分支机构、个体工商户。根据该办法的规定，零售商与供货商的交易活动应当遵循合法、自愿、公平、诚实信用的原则，不得妨碍公平竞争的市场交易秩序，不得侵害交易对方的合法权益。零售商不得滥用优势地位从事下列三类不正当交易行为：第一类是在合同中强加义务给供货商，如与供货商签订特定商品的供货合同，双方就商品的特定规格、型号、款式等达成一致后，又拒绝接收该商品（但具有可归责于供货商的事由，或经供货商同意、零售商负责承担由此产生的损失的除外），要求供货商承担事先未约定的商品损耗责任，强迫供货商购买指定的商品或接受指定的服务等。第二类是限制产品、服务价格或者限制供货商通过其他管道销售货物。第三类是滥收费用，如以签订或续签合同为由收取费用，向使用店内码的供货商收取超过实际成本的条形码费，店铺改造、装修时，向供货商收取的未专门用于该供货商特定商品销售区域的装修、装饰费，未提供促销服务，以节庆、店庆、新店开业、重新开业、企业上市、合并等为由收取的费用。

2. 借鉴他国经验引入必要设备理论

我国的反垄断法正在审议当中，从送审稿来看并未将必要设备理论纳入其中。笔者认为，有必要借鉴美国、欧盟、韩国的做法，将这一理论规定到滥用市场优势地位的制度中去，因为考虑我国目前的情况，必要设备理论有助于我们解决一些现实问题。如前文所提到的跨国公司滥用知识产权优势的情形，如果我国引入必要设备理论，相信能够缓解中国企业与跨国公司的不公平竞争地位。

必要设备理论在适用的时候应满足以下条件：首先，优势企业必须持有设备，即非经其许可他人无法获得使用。其次，该设备是必须的。"必须性"是判定必须设备的性质所在，其含义是指没有替代设备的情况下（不可替代性）对该设备"无法复制"要求接触设备的企业，除了证明不存在替代设备外，还要证明其自身没有复制该设备的能力。再次，优势企业拒绝"竞争性企业"接触设备。必须设备理论的性质在于拒绝交易，因此，拒绝竞争者接触该必须设备是其行为的关键所在。最后，优势企业拒绝接触缺乏正当理由。构成滥用必须设备的行为要件，还需要"无正当理由"拒绝接触或提供。

上述四项要件构成"必须设备"持有人滥用市场支配地位的反垄断性质的行为。实际上，在司法实践中还有不少细节的认定需要研究，如必须设备对前、后方市场的竞争是否必要的问题，要素的竞争性（替代性）的问题，必须设备持有人的抗辩理由（投资损失如何计算）等，都必须在个案处理中加以认定。

3. 逐步建立听证、大型零售商选址等相关配套制度

从国外经验来看，反垄断法对禁止滥用市场相对优势地位的作用是显著的，但事后禁止的方式并不能周全地避免劣势一方所受到的负面影响，我国应当逐步建立听证、大型零售商选址等相关制度，使之与反垄断法相配套。

为了防止大型零售企业，尤其是大型连锁集团争抢地盘，导致恶性竞争，促进各种商业业态的协调发展、城市商业网点的有序规划、流通领域有序竞争，我国商务部引入并逐步推广听证会制度。但从目前来看，对于大型连锁超市设立的听证制度尚不细化，对于超市来说并不是一个严格并且强有力的约束，因此，笔者建议，应当延续相关听证制度并进行细化，同时

运用国家行政力量予以贯彻执行。

关于大型零售商选址，笔者认为，可以借鉴日本《大店店址法》的立法经验，在大型连锁店选址的时候考察其对市场竞争潜在的影响，以保证社会经济的可持续性发展为目的，进行大型店的准入规制，这样的思路与反垄断法的精神殊途同归，两者相互配合，一定可以收到良好的效果。

4. 构建滥用相对优势地位行为的法律责任制度

在法律上明确滥用行为的种类之后必须设置相应的责任体系，才能保障法律制度的正常运行。对滥用相对市场优势地位行为的法律责任可以适用滥用市场支配地位的规定，针对其对有效竞争的损害及其普遍性，笔者认为，根据情节轻重，可以追究其民事责任、行政责任和刑事责任。民事责任是优势企业对受损的劣势企业所承担的责任。根据各国反垄断法的规定，对于侵权行为的民事救济，应首先制止该行为，然后要求侵权人赔偿损害。行政责任主要表现为对该类侵权行为的行政制裁，其基本方式是发布禁令、宣布合同无效、强制许可及罚款。刑事责任是最严厉的法律责任，我国《反垄断法（草案）》已规定：违反本法规定的行为，构成犯罪的，依法追究刑事责任，但这一条文过于单薄，不但需要进一步明确何种情况下启动刑事责任追究程序，由哪个机关来启动等问题，还需刑法、刑事诉讼法的配套规定。

法律的有效实施除了以上完善的制度机制以外，很重要的条件是公民的法律意识，它的存在与否在很大程度上直接影响法制的效果。竞争法领域同样如此，在存在良好竞争文化的西方国家，一般侵权行为条款中的几个词语就可能形成一种有限的不公平竞争制度的足够依据，这是司法审判采取积极竞争政策的结果；〔17〕而"反观中国社会中公用企业优势地位的滥用与行政垄断的泛滥成灾，我们不能不说中国司法审判机关的消极和对垄断地位的取得及优势地位的滥用的不作为，使中国反垄断法规范成为'没有牙齿的怪物'，客观上助长了垄断，破坏了司法统一的基础"。〔18〕

此外，还有学者〔19〕认为，如果从更广的视角来规制滥用相对经济优势

〔17〕 参见漆多俊主编：《经济法论丛》（第1卷），方正出版社1999年版，第29页。

〔18〕 王艳林：《中国经济法理论问题》，中国政法大学出版社2001年版，第90页。

〔19〕 参见孟雁北：《滥用相对经济优势地位行为的反垄断法研究》，载《法学家》2004年第6期。

地位行为，反垄断法在规制滥用相对经济优势地位行为时除了需要在立法上进行明确的规定外，还应当借助于自律规范来完成立法目的。笔者赞同这一看法，因为交易中优势地位具有特定性和时间性的特点，相对于市场支配地位来说较难认定，行业协会对本行业的情况比较熟悉，如果自律规范能够发挥一定作用，对法律的实施有很大帮助。

综上，建立滥用相对优势地位行为的规范体系是一个系统工程，所有的制度都围绕一个中心，那就是在保证市场自由与限制优势企业行为之间寻求平衡。我国市场经济正处在飞速发展的阶段，特别是加入 WTO 以后，国内市场逐步与国际接轨，此时非常需要反垄断法这一保证经济可持续发展的重要杠杆。我国反垄断法已处在全国人大的立法进程之中，笔者希望该法在制定过程中能够充分考虑现有国情，关注滥用相对市场优势地位所可能带来的严重后果，最终作出最佳的选择。

行业协会限制竞争行为的法律调整

——解读《反垄断法》对行业协会的规制*

近年来,行业协会在组织成员企业进行限制竞争方面的活动可谓十分活跃,无论是乳品行业联合取消赠品的"南京宣言",〔1〕还是餐饮服务行业收取开瓶费的业内规定,行业协会联合限制竞争的行为频频发生,严重影响了社会经济生活。尤其是在所谓的世界拉面协会中国分会"协调"下的方便面生产企业集体提价,将行业协会限制竞争的功能发挥到了极致。〔2〕这不仅引起了全国人民的密切关注,也直接导致审议中的我国《反垄断法(草案)》增加了对行业协会的特别规定。〔3〕"方便面事件"竟成了原本极具争议的《反垄断法》得以高票通过的一道催化剂。《反垄断法》中设定专门条文直接与行业协会的限制和排除竞争行为对接,充分反映了社会民意对强化竞争秩序法制的迫切需求。

一、必须正视行业协会的反竞争功能

行业协会是由同一行业的经营者组成,以保护和增进全体成员的共同利益为目的的一种社会组织。作为历史悠久的民间商业团体,早在中世纪的欧洲就已存在。鉴于行业协会具有的中介性、自律性和社会性的特征,它在市场、政府和社会组织三元主体构成的现代市场经济框架中的功能越

---

* 载《法学》2007 年第 12 期。

〔1〕 2007 年 6 月 21 日,中国奶业协会乳品企业共同签署了《乳品企业自律南京宣言》,联合取消所有涉及产品的捆绑、搭赠和特价、降价销售行为。并对于拒不遵守该宣言和实施方案的企业,将视情况采取必要的处罚措施,列入不诚信企业名单,在行业内通报,在媒体上向社会曝光,必要时取消会员资格。

〔2〕 据报道,到 2007 年 7 月 26 日,占国内市场份额 95% 以上的各大知名方便面企业的价格涨幅超过 10% 。

〔3〕《反垄断法》第 11 条规定:"行业协会应当加强行业自律,引导本行业的经营者依法竞争,维护市场竞争秩序。"

来越受到重视。[4] 制度经济学理论甚至认为，行业协会是一种组织化了的"私序"，它是被作为"私益政府"在社会经济运行中发挥作用的。[5] 我国社会主义市场经济发展以来，行业协会的积极作用有目共睹。[6] 但是，犹如一柄集优势和劣势于一身的"双刃剑"，行业协会在发挥其正面功能的同时又具有阻碍竞争、增加社会成本的市场负面功能。[7] 通过行业协会可能形成排他性限制竞争的共谋，最终降低市场经济的效率。

行业协会组织的限制竞争行为主要分为两类：一类是以交易对手为目标的消除行业内部相互竞争的联合一致行动；另一类则是以排挤某一竞争对手为目标的联合抵制行为。

行业协会联合一致行动最常见的是行业协会统一定（限）价，统一限产和统一分配市场。行业协会通过"对进行买或卖的范围协商一致，将支付或收取的价格确定在特定的水平或者上下幅度，确定统一的价格，或通过多种公式确定价格"是典型的价格垄断。[8] 在我国，行业协会涉嫌价格垄断限制竞争的行为已不是个别现象，除了众所周知的彩电价格联盟之外，2001 年上海黄金饰品行业协会也引起了社会的注意。该协会召集主要会员单位商议行业自律价，确定了黄金饰品千足金每克 96 元的零售基准价。协会于 2004 年又出台了《上海黄金饰品行业黄金、铂金价格自律暂行办

---

〔4〕 法国是世界上最早通过法律形式确认现代商会合法性的国家。它于 1858 年就颁布了有关商会的法律，将商会置于政府的监督和保护之下，并规定了商会的职能。参见余晖：《寻找自我：转型期自治性行业组织的生发机制》，载 http://paper. usc. cuhk. edu. hk/Details. aspx? id = 534，2007 年 11 月 1 日访问。

〔5〕 经济学家认为，市场经济的有效运行依赖于对交易中的欺骗和机会主义行为的有效约束、阻吓和惩罚。一般有两种类型的制度：一是由政府强制力所支撑的官方法律体制或管制制度所形成的交易秩序，通常称为公序（Public Ordering）；二是交易当事人私下自发形成的自我约束和惩罚的制度安排所形成的交易秩序，通常称为私序（Private Ordering）。"私序"在现代社会经济生活中起着重要的作用。引自郑江淮、李艳东：《私序的功能与转型：一个述评》，载《产业经济研究》2007 年第 1 期。

〔6〕 如 2002 年 3 月温州烟具行业协会组团赴欧盟游说，使行业协会的性质和地位不断提升。同年，由日立、松下、东芝、JVC、三菱电机、时代华纳组成的专利保护联盟，即 6C 联盟，向国内 DVD 产业发难，有人预言"国内 DVD 产业将遭灭顶之灾"。中国电子音响工业协会集体参与技术谈判，最终将 6C 联盟的专利要价从 20 美元"砍"到不足 4 美元。中国化纤工业协会代表也曾代表本行业向国外产品提起反倾销诉讼获得成功。参见万建民、连俊：《入世一年经济观察：行业协会的声音日渐响亮》，载《农村水电及电气化经济信息》2003 年第 4 期。

〔7〕 参见余晖：《寻找自我：转型期自治性行业组织的生发机制》，载 http://paper. usc. cuhk. edu. hk/Details. aspx? id = 534，2007 年 11 月 1 日访问。

〔8〕 United States v. Socony-Vacuum Oil Co. ,310U. S. 150(1940).

法》,不仅规定会员单位的饰金价要以协会制定的中间价为基准(上下浮动不超过3%),而且对违反者还规定了视情况给予业内通报批评、媒体曝光等处罚措施。

除了固定价格行为之外,行业协会还往往通过分配市场建立起封闭的垄断区域,避免在价格、服务和产品质量等方面的竞争,这对市场竞争机制和社会利益的损害更加严重。因为,在一个没有竞争的封闭市场里,必定是价格上升、服务下降,消费者无法进行选择和评判,经营者的创新和激励都会因垄断利润的保证而减弱甚至消退,从而最终影响到市场的效率。2007 年 5 月,中国电信与中国网通达成互不竞争协议,形成南北寡头分治的局面,接着就是北京地区的包月费用直线上升。[9] 由于通过协会进行限制竞争的可能性要比在各家经营者之间签订合作协议容易得多,行业协会在促成市场划分协议中常常起着主要的作用。

联合抵制交易是行业协会用来制裁同业竞争者的另一种手段,它们或制定标准设置市场进入壁垒,或利用行业协会代表大多数成员企业的优势,给那些不合作的竞争者的经营活动设置障碍,[10] 将竞争对手置于不利的地位。由于行业协会拥有内部的"惩罚规定",往往使行业协会限制竞争具有独特的"优势条件"。如果有企业不顺从协会的决定或规则,就可能受到"不准参与新技术开发""不准共享信息和利益"等措施的惩罚。这种行业协会联合的集体抵制加强了其反竞争行为的坚固性。在日本的玩具枪协会案中,玩具枪协会制定了玩具枪的新安全标准,并将批发商组织成三个团体,Dejikon 公司是非协会成员,销售的玩具枪安全标准比玩具枪协会规定的标准还高。但玩具枪协会要求其成员及批发商团体制止零售商购买 Dejikon 生产的玩具枪,甚至向某些零售商发信函威胁,如不遵守玩具枪协会的要求,玩具枪协会成员将不再向其供应玩具枪。日本东京地区法院判决指出,玩具枪协会的行为违反了反垄断法关于实质性限制竞争和妨碍公平竞争可能性的要件。[11] 发生在我国广州的"平价眼镜超市"被封杀事件同样如此。"平价眼镜超市"——"眼镜直通车"开业仅一周时

---

〔9〕 参见彭兴庭:《双寡模型下的互不竞争协议》,载《中国经济时报》2007 年 5 月 24 日,第 6 版。

〔10〕 参见梁上上:《论行业协会的反竞争行为》,载《法学研究》1998 年第 4 期。

〔11〕 参见[日]村上政博:《日本独占禁止法》,商事法务株式会社 2003 年版,第 24 ~25 页。

间，就因相同品牌价格只有同行的一半左右之缘故遭到广州市眼镜商会的发文封杀。〔12〕商会迫使供应商或者客户中断与该竞争对手进行交易的手段，实际上是实施了一种私人型的伤害或限制，〔13〕必而这种伤害或限制并非是竞争对手违反了什么法律，只是因为没有接受行业规则。

其实，行业协会这种限制竞争的负面功能是与其性质紧密相联，可以说是与生俱来的。从行业协会设立的目的来看，它是以实现本行业利益最大化为最高追求的；从行业协会自身的职能来看，它是以组织本行业成员占领市场优势、提升行业整体竞争能力为天职的，等到行业强大到一定程度时，它对市场的影响是必然的。协会组织在遇到社会利益、消费者利益，甚至国家利益与其利益冲突的时候，一般都把行业的利益置于首位。遇到行业利益受损的情况下，协会必定要与政府进行交涉或寻求帮助。这表明，行业协会具有限制竞争的内在冲动和客观的必然性，有达成和严格实施联合垄断的强烈意愿，这也是为什么行业协会实施垄断协议更有效率的原因所在。由于行业协会拥有成员企业详细的经营信息，掌握着内部惩罚的协调能力，当该行业的企业处于激烈的市场竞争时，就会把行业协会的协调能力转化为共谋的能力，实施有损于竞争者、客户、消费者以及协会内部弱小企业的利益的行为。正如18世纪著名经济学家亚当·斯密在其巨著《国富论》中曾经一针见血地指出："同业者往往很少聚在一起，但他们一旦聚在一起，其结果就是商讨对付公众的合谋，或者是某种提高价格的计谋。"〔14〕这种"共谋能力"使行业协会有可能成为一种强大的反竞争力量。通过行业协会进行限制市场竞争的行为无论在限制竞争的性质上，还是在损害市场竞争机制的后果上，都比其他限制竞争的联盟更为严重。因此，人们在注重充分发挥行业协会积极功能的同时，必须正视行业协会存

---

〔12〕 2005年1月28日下午，广州市眼镜商会零售委员会主任宋某主持召开了全体零售商会议，在会议中决定，"广州市眼镜协会以广大会员的利益为出发点，呼吁全体零售商和批发商对'眼镜直通车'超市所经营的各种眼镜的牌子做一次实地调查"，"在调查过程中如发现自己所经营或者批发的牌子与眼镜直通车销售的牌子雷同，我商会呼吁各会员最好能抵制这些牌子，维护自己的利益"。载http://news.sina.com.cn/o/2005-02-19/18425145141s.shtml，2007年2月20日访问。

〔13〕 Robert Heidt, "Industry Self-regulation and Useless Concept 'Group Boycott'", *Vanderbilt Law Review*, Vol. 39, 1986, p. 1507. 转引自鲁篱：《行业协会经济自治权研究》，法律出版社2003年版，第202页。

〔14〕 曼昆：《经济学原理》，梁小民译，北京大学出版社1999年版，第368页。

在的反竞争功能所致的经济外部性。我国《反垄断法》针对行业协会的负面功能设计了专门的制度：首先，在“总则”中规定行业协会加强行业自律、引导本行业经营者依法竞争、维护市场竞争秩序的义务，确认了行业协会组织成员企业限制或排除竞争行为的违法性；其次，通过《反垄断法》第16条的规定，禁止行业协会不得从事该法第13、14条详细列举的“垄断协议”行为（行业协会作为同业竞争者的组织，被禁止的主要是横向的垄断协议行为）。《反垄断法》的这些规定是符合维护市场经济秩序的重要立法对策。

二、行业协会限制竞争行为违法性的分析与认定

一般认为，只要某一个行业中的从业者在竞争中存在共同的利益，他们就能对调整其自身行为的规则达成共识并自愿建立协会，从事自认为对他们具有利益的限制竞争的行为。由于市场竞争日益激烈，竞争者之间通过相互承诺不开展竞争的协议来避免遭受失败的命运，行业协会的联合行为可看成是具有社会合法性的，是“合同自由权利”的行使。这本来并无不是之处，在国家权力未及之处，他们完全有理由凭借这种“社会合法性”从事各种行为。[15] 但是，行业协会的这种社会意义上的合法性，并不能成为其限制市场竞争、破坏市场秩序的理由。因为行业协会的行为在实质上改变了市场的结构，让消费者面对一个没有竞争的垄断市场。竞争者之间的竞争消失了，市场经济发展的原动力——由竞争产生的创新力量和资源配置的高效率也必随之而去，消费者的利益就无从谈起。因此，人们还必须对行业协会的“法律合法性”进行分析，对于其限制竞争的行为应确认其违法的性质。

各国法律规制行业协会限制竞争的理论是建立在将这种行业协同行为定性为“契约自由权利的滥用”之上，行业协会的自由契约权利损害了其他企业的自由经营权利和消费者的选择权利。[16] 美国联邦最高法院在1897年对密苏里铁路运输案的审理中，首次确立了“契约自由”，与“限制契约自由”之间冲突的竞争法处理原则。主审法官对几家经过激烈竞争之后达成统一收费协议的铁路公司（被告）关于“稳定的统一收费是自由合

〔15〕 参见余晖：《寻找自我：转型期自治性行业组织的生发机制》，载 http://paper.usc.cuhk.edu.hk/Details.aspx? id = 534，2007年11月1日访问。

〔16〕 United States v. Traqbs-Missouri Freight Assn.，166Y. S.

法的契约权利"的申辩进行了反驳,认为"统一收费这种契约自由限制了第三方的自由,窒息了被告之间的竞争"。法官对被告关于"统一收费有利于托运人"的言辞表示了坚决的反对,"联合组织拥有了定价权就等于拥有了决定小企业命运的权力",即使联合起来降价也要反对,因为"人为的降价会将小企业驱逐出该市场"。〔17〕这种对联合限制竞争契约严厉斥责的司法立场,开创了对所有垄断协议处理的法律后果。

然而,行业协会并非完全等同于企业间的联合协议。行业协会作为一个独立的法律主体(我国正式登记的行业协会都是独立的社团法人),其限制竞争的行为大多是以行业内部的"决议"、"宣言"和"建议"等文件形式出现。从形式上看,它只是一个组织内部文件,不同于企业间签订的协议。作为调整社会关系的法律一般不会对一个组织内部的文件加以强制性规制,除非法律明确规定这种内部"决定"具有违法性。因此,认定行业协会具有垄断协议性质成了确定其违法性的关键。对此,美国硬木行业协会案件的判例显示了这种认定在早期所遇到的挑战。〔18〕美国联邦最高法院经过审理后认为,行业内详细广泛的报告、信息交流极易使成员达成各种实际的或潜在的协议。尽管在协会成员中没有一个具体的限制竞争的协议,但"计划"限制竞争的目的是非常明显的,而正常的经营者是不会向竞争对手提供如此详细信息交流的。事实证明了"计划"的实施确实造成了木材价格的大幅度上涨。因此,法院认定该协会的行为超越了协会应发挥的作用,行业协会的"计划"与签订赤裸裸的限制竞争的协议几乎没有任何区别。此案被联邦最高法院认定为违反了美国反托拉斯法。这样的司法实践在以后的审判中得到运用,也为其他国家司法实践所认同。

由此可见,行业协会"垄断协议"的认定并不以形式上是否具有协议为判断标准,而是以其行为实质上是否是企业间的共同意志,并实质上限制了市场竞争为判断依据。行业协会的"内部文件"表面上是以单个主体意

---

〔17〕 Phillip Areeda and Louis Kaplow, *Antitrust Analysis*, Citic publishing House, 2003, p. 175.

〔18〕 美国硬木行业协会的力量非常强,其成员数量仅占美国硬木行业的5%,但产量却占1/3之多。硬木生产商协会执行了一个所谓的"公开竞争计划"(以下简称"计划"),名义上说并不强制要求成员参加,但在400个成员中有365个参加了"计划"。"计划"的目的是"使协会成员充分快速地了解到其他成员的信息,旨在使贸易行为保持某种统一性"。"计划"要求每个成员向协会秘书报告所有的销售信息(包括销售额、价格及其变化清单等)。该"计划"规定,不向协会报告有关信息者将不能从协会接到汇总后的信息报告;在6个月内有12天不向协会报告有关信息者,将被开除出协会。America Column&Lumber Co. v. United States, 257U. S. 377(1921).

思的形式表现的，但在这些“决议”“建议”的背后，却隐藏着团体成员复数的意思表示，反映的是行业内竞争者的共同意志。正是由于行业协会的这种隐蔽性特征，使之有可能远离市场竞争法律的视野，因此有必要在法律中进行明确的规定。

我国《反垄断法》吸收了各国的经验，把单个法律主体（行业协会）的限制竞争行为明确定为多个法律主体（成员企业）之间签订垄断协议的性质，把“垄断协议”的外延从单纯的“协议”形式扩大为“排除、限制竞争的协议、决定或其他协同行为”。[19] 这为有效遏制利用协会组织来规避法律对垄断协议的制约提供了法律依据。

在认定行业协会限制竞争行为的违法性问题上，适用什么原则是个关键的问题。各国在司法实践中确立了“自身违法原则”和“合理原则”两大基本判定原则。[20] 从理论上讲，任何协议都对市场竞争具有一定程度的限制，但考虑到整体上有利于技术进步、经济发展和社会公共利益的缘故，只对那些对市场竞争造成实质性损害的协议才应受到法律的制裁。因此对某些经营者达成的协议虽然具有限制竞争的结果，也并不追究其法律责任。我国《反垄断法》在全面禁止垄断协议的前提下也规定了对垄断协议的豁免：经营者达成的某些具有限制竞争效果的协议，如果经营者能够证明是为了改进技术、研究开发新产品、提高中小经营者经营效率、增强中小经营者竞争力、保障对外贸易和经济合作中的正当利益等目的，则不予禁止。[21] 这说明我国《反垄断法》对于垄断协议是适用“合理原则”的。但

〔19〕 参见《反垄断法》第13条第2款。

〔20〕 “自身违法原则”缘于1897年美国密苏里运输协会案件的审理。它的基本含义是指只要是限制竞争的协议和联合行为，无论是否具有合理性，都将构成对美国《谢尔曼法》第1条的违反。这个原则排除了一切有关经济效率方面的合理性抗辩，表明了法律对限制竞争行为的严厉态度。在后来的案件中，法官对该原则进行了一定程度的修正，主张分析限制竞争的协议还要分析行为人的目的、行为人的市场力量和实际的行为后果等因素，换句话说，如果该行为对市场竞争没有造成实质性限制的影响，对这类协议可采用豁免的处理方式。这样的判断原则被称为“合理原则”。

〔21〕 参见《反垄断法》第15条规定。经营者若能证明所达成的协议是有正当理由的就不适用禁止规定。它包括：为改进技术、研究开发新产品的；为提高产品质量、降低成本、增进效率，统一产品规格、标准或者实行专业化分工的；为提高中小经营者经营效率，增强中小经营者竞争力的；为实现节约能源、保护环境、窗体顶端保护环境、救灾救助等社会公共利益的；因经济不景气，为缓解销售量严重下降或者生产明显过剩的；为保障对外贸易和对外经济合作中的正当利益的；以及法律和国务院规定的其他情形。

是该法第16条针对行业协会的规定是"行业协会不得组织本行业的经营者从事本章禁止的垄断行为",这表明对行业协会形成的垄断协议是一律禁止的,似乎适用的是"自身违法"原则。在这里,第15条的豁免规定是否覆盖行业协会的行为,《反垄断法》并没有明确。笔者认为,行业协会所实施的限制竞争行为常常与其职能的行使相联系,协会的成员之间紧密的联系使协会的决议具有权威性和稳固性。作为一个紧密性、稳定性都较强的社会团体,与其他的企业间联合垄断协议相比,行业企业之间达成垄断意愿更加容易,实施垄断协议也更有效率。通过行业协会进行限制市场竞争的行为无论在限制竞争的性质上,还是在损害市场竞争机制的后果上,都比其他限制竞争的联盟更为严重。为了防止行业协会的负面作用,各国都对其进行较为严厉的规范。日本《禁止私人垄断法》中将行业协会限制竞争行为和一般的限制竞争行为加以区分,法律设专章加以特别规定。在反垄断法中特别规定关于商会活动的规制条款。日本公平交易委员会还制定了商会的活动准则,比如,决定商会成员最低销售价格、利率和涨价数量;建立作为标准适用的价格体系,如标准价格、基础价格和目标价格等22种具体行为是被禁止的对象。欧共体竞争法对行业协会有特别的规制,根据《欧共体条约》第81条第1项的规定,行业协会如果限制经营者之间的竞争,对商品或服务的价格、产量、创新、选择或品质足以产生负面影响,一律加以禁止。美国除了《谢尔曼法》等反垄断法律之外,也还专门发布了关于规制竞争者之间协同行为的规定。[22] 因此,我国法律的规定体现了对行业协会规制的特殊需要。但是,是不是对行业协会限制竞争的行为一律不能得到豁免需采取谨慎态度。尤其是在我国行业协会的积极功能需要加强和完善的时候,应当考虑一定的弹性。

三、规制行业协会的反竞争行为需要完善的具体制度

根据我国《反垄断法》对行业协会反竞争行为的规定,在有些制度的具体操作上还需进一步细化和完善。

第一,关于反垄断法规制的"行业协会"范围。虽然《反垄断法》对于行业协会限制竞争行为作出了较为明确的规定,但是根据我国的实际情况,"行业协会"一词并不能涵盖所有的企业协会的类型。比如,中国工商

---

〔22〕 参见美国司法部和联邦贸易委员会于1999年10月发布的《关于竞争者之间协同行为的反托拉斯指南》。

联下属的各种“商会”组织，众多的专业性协会等，它们其实在很大程度上具有与行业协会同样的性质，实施着同样的功能。但由于体制的关系，它们并没有以行业协会的身份而被纳入法律规制的范围。事实上，为了防止利用单个法律主体的形式来规避法律规制的可能性，多数国家对此进行了缜密的规定。如日本的《禁止垄断法》就把反竞争的行为主体（事业者）扩大为囊括了企业、商会、行业协会等组织。1979年，日本公正交易委员会根据这一界定，认定一个“经理协会”为其成员提供固定价格表的行为违反反垄断法。1980年再次对一个“医师协会”适用了同样的规定，并专门颁布了《关于日本医师协会的指南》，其中规定这种“职业协会”是被作为“事业者”（经营者）同样对待的。[23] 因此，在我国《反垄断法》在实施细则制定过程中应考虑把商会、各种专业联合会、各类职业协会的限制竞争行为（如律师协会或会计师协会对收费标准的规定等）纳入行业协会的规制范围。[24]

第二，关于政府指导下的行业协会限制竞争行为的规制。在我国的行业协会中有不少是在政府的培育和指导下开展工作的，这在改革进程中是不可避免的。但是，政府的产业政策往往会对行业协会实施限制竞争行为产生影响，当行业协会某些限制竞争的行为是在得到政府的支持、默许或政策允许的情况下进行的，如何认定其违法性将会成为难题。这样的问题在其他国家同样存在，如韩国的国际电话服务供应商行业统一制定了向中国、日本和美国提供国际长途折扣费率，[25] 当国家公平交易委员会进行查处时，这几家公司争辩说他们的协议是合法的，因为他们只是按国际信息通信部的行政指南行事，企业没有其他选择。然而，公平交易委员会并没有接受他们的辩解。执法者认为，企业有权自己决定费率水准、具体电话服务和其他事项，除非政府的“指导”是强制性的行政命令和决定。因此，

---

〔23〕 实际上立法技术有可以改进的地方，如在总则中采用经营者扩大解释，或把行业协会视为经营者。如日本法律把反垄断法的对象界定为“事业者”，它不仅包括企业，还包括商会等。1979年根据反垄断法发布的一个命令，因为一个“经理协会”为其成员提供固定价格表，被认定为是违反反垄断法的。1980年再次将该法令适用于一个医师协会，并在一个《关于日本医师协会的指南》中规定：“任何限制新的竞争者进入，制定统一收费表和限制广告的行为都可能违反法律（反垄断法）。”由此可以认为，这种“职业协会”被作为事业者进行处理了。

〔24〕 这一问题最近有了逐渐明朗化的变化趋势，“中国行业协会·商会网”已经把两者联系起来讨论；国务院办公厅发布的2007年第36号文也把行业协会和商会等同起来。

〔25〕 主要是KT、Dacom和OnseTelecom三家寡头企业。

公平交易委员会命令上述公司在主要日报上公布矫正措施，并判处缴纳53.79亿韩元的课征金。[26] 由此笔者建议，在我国《反垄断法》的实施过程中，必须确立以竞争法为主导处理政府的指导政策与行业协会作用之间的关系。首先，明确保持行业协会与政府组织的适度联系，尽可能减少政府对市场行为的微观干预，确保《反垄断法》在规制行业协会中的作用得到正常发挥。其次，行业协会的限制竞争行为必须得到制约，只要不是政府的强制性命令，就不能以政府的指导性意见为借口主张豁免。

第三，关于行业协会成员是否参与“达成”和“实施”垄断协议的判定。按照《反垄断法》规定，经营者达成并实施垄断协议的，由反垄断执法机构责令停止违法行为，没收违法所得，并处上一年度销售额1%以上10%以下的罚款；如果尚未实施所达成的垄断协议的，可以处50万元以下的罚款；对行业协会组织本行业的经营者达成垄断协议的，反垄断执法机构可以处50万元以下的罚款。由于行业协会限制竞争行为并不完全等同于其他协议形式，有些成员企业是积极的倡导者和发起者，有些则是被动的跟随者，还有一些只是盲目的服从者。那些接受“协会通知”的“被动跟随者”认为，自己并没有参与“达成”协议，不应该承担法律责任。因此，如何合理判定“跟随者”的责任必须加以明确。根据各国的实践，对当事人的“合意”行为的认定是取宽泛意义的。包括有法律拘束力的意思表示和并不具有法律形式效力的其他合意表示。当事人订有书面契约或有明示的口头约定时，固然可以直接证明该限制竞争行为的存在。但由于实践中参与限制竞争协议的行为人常常故意隐瞒事实证据，有必要引入其他方法加以证实。这种方法包括：考察形成共谋动机的商业条件是否存在（如在限制竞争行为发生前是否曾经发生价格竞争，使获利下降），是否存在可以证明产生共谋机会的情景证据（如在缺乏合理解释情况下的聚集、电话往来记录记载或备忘录，[27] 成员企业是否实施了提高价格或者分配市场的实质上影响市场竞争秩序的行为等，通过这些来判断行业协会的决定是否有“合意”的表示。事实上，以行为的后果而非仅仅考察主观故意来承担法律责任的客观归责原则已经成为经济法责任的重要特征。[28]

---

〔26〕 引自《韩国公平交易委员会2006年度报告》。

〔27〕 参见徐士英：《竞争法论》，世界图书出版公司2002年版，第90页。

〔28〕 参见陈婉玲：《经济法责任论》，中国检察出版社2005年版，第261页。

第四，关于行业协会的法律责任。《反垄断法》规定，行业协会的法律责任包括行政罚款和依法撤销行业协会的社团资格。这是我国第一次对于行业协会的竞争行为进行行政法律责任的规定。除了罚款以外，还设置了“撤销登记”的行政处罚，这对行业协会组织反竞争行为起到了较为严厉的威慑作用。但在实施中尚有值得研究的需要。

首先是关于行政罚款的对象。法律对行业协会限制竞争的行为规定了罚款，但对于参与行业协会限制竞争的成员企业的处罚规定得不够直接和明确。根据立法者的解释，要通过第 46 条第 1 款的规定来进行处理。〔29〕参考各国的法律规定，行业协会违反了竞争法，除了对行业协会本身进行处罚之外，对于参与行业协会密谋的单个企业（经营者）也明确规定了应该承担的责任。如日本法律规定，应当采取针对单个成员公司的法律行动，对参与限制竞争协议的经营者要进行不同程度的处罚。这不仅有利于警示成员企业，也有利于消除行业协会成员联合一致行为所带来的影响。行业协会承担的是组织共谋的责任，而协会成员承担的是参与共谋的责任。对此，在我国《反垄断法》的实施细则中应予以明确，否则容易引起模糊的理解。

其次是关于罚款的数额。根据法律规定，行业协会组织本行业的经营者达成垄断协议，处以 50 万元以下的罚款。对比非行业协会的规定，它只相当于一个不参与实施垄断协议的成员的罚款数额。这样的处罚不足以威慑行业协会的反竞争组织冲动，起不到足够的警戒作用。世界各国把卡特尔行为作为最严重的违法行为，就是基于其巨大的市场危害性，因此都采用重罚制度。〔30〕我国应当借鉴欧盟对于行业协会的做法，明确规定罚款数额应视违法行为的严重程度和持续时间而定，当行业协会没有支付能力时，其成员企业有义务承担这一罚款。事实证明，只有采用重罚制度，剥夺（甚至超过）垄断协议之下所获得的垄断利润才可能起到应有的效果。

〔29〕全国人大常委会法制委员会经济法室编写的《反垄断法条文说明、立法理由及相关规定》一书中对此作了如下说明：需要指出的是，经营者和参加行业协会组织的垄断协议的，同样要按照本法第 1、2 款的规定承担相应的法律责任，不能以行业协会的组织行为为由要求减轻或者免除处罚。

〔30〕如韩国针对卡特尔的执法特别严格，尤其是针对寡头垄断的电信等行业的卡特尔行为。2005 年审理的违反反垄断法案件比 2004 年增加了 21.8%（达到 717 件），征收的课征金比 2004 年增加了 621.4%，行业限制竞争的行为得到了有效的制止。

最后是关于“撤销登记”的处罚。这是《反垄断法》行政责任的一个创新之处。但对于行业协会的撤销具有“双刃剑”的作用：一方面它可以打击甚至摧毁行业限制竞争的力量，另一方面也会削弱行业协会在促进行业整体发展中的作用。因此，在实施中对于怎样的行业协会行为属于“情节严重”是一个必须慎重等待的问题。更何况行业协会本身是一个不确定的概念，有些行业协会并不进行登记，如我国工商联下面具有行业协会功能的“商会”其实都不是独立的社团法人，对这样的“行业协会”如何进行“撤销”也是需要考虑的。印度尼西亚竞争法在实施中的做法对我们可以有所启示。2005 年印度尼西亚的水泥行业实施了限制竞争的行为，基于所获得的证据，10 家批发商达成了维持转售价格协议、排他性交易协议，印度尼西亚竞争法执法机关监督商业竞争共同体委员会（Indonesia Competion Commission，KPPU）〔31〕认定这 10 家批发商已经违反了竞争法的规定。〔32〕因此，KPPU 责令“解散”批发商联盟，同时对 10 家批发商分别处以罚金共 10 亿卢比（近 100 万美元）。〔33〕

第五，关于“宽恕制度”〔34〕的实施。宽恕制度是鉴于卡特尔行为的严重危害和隐蔽性，为了便于调查和减少社会的危害性而鼓励当事人背叛协议，揭发密谋，减轻处罚的一种措施。我国借鉴了国外实施的宽恕制度，在《反垄断法》第 46 条规定，经营者主动向反垄断执法机构报告达成垄断协议的有关情况并提供重要证据的，反垄断执法机构可以酌情减轻或者免除

〔31〕 KPPU 是一个指定的独立机构，负责对《禁止垄断和不公平商业竞争第五号法令》的执行。

〔32〕 包括价格卡特尔（A5）、掠夺性卡特尔（A5）、区域性卡特尔（A9）、生产和市场卡特尔（A11）。然而，第五号法令也可以用于未列举形式的卡特尔，只要其在印尼造成了不公平的商业竞争或是垄断。

〔33〕 在印尼爪哇东部的水泥经营商（SG）与 10 家批发商在次区域签订了批发商协议和循环销售、购买协议。协议中规定，SG 有权决定零售价格，批发商负有义务稳定零售价格，并不允许销售 SG 水泥以外的水泥。而且 SG 将东爪哇划分为 8 个独立的市场，将他们分别分配给了 10 家批发商。每一个批发商有其自己指定的 LT（常规客户），每一个批发商不能向非指定客户销售水泥，每个 LT 有指定的商店，无论 LT 还是商店，都不允许交叉销售。在实践中，协议没有被严格执行，因而使 LT 转换自己指定的批发商，最终造成了批发商之间的价格战。鉴于此情况，SG 开始加强批发商之间的会议，并在 4 区达成批发商联盟。目的在于加强协议的执行，在批发商间减少价格战。

〔34〕 宽恕制度也称告发制度，最早由美国反托拉斯法实施机构提出的，现在在不少国家都已实施。这种制度在攻破“牢不可破”的限制竞争协议中发挥了巨大的作用。2007 年韩国就运用该规定，一举破获了保险行业价格联盟的大案。

对该经营者的处罚。这个规定有利于分化瓦解违法者联盟，提高反垄断执法的效率。但对于如何进行宽恕，还需要进一步细化。首先，告发者的先后顺序应当作为责任减免的依据，这方面韩国的经验值得借鉴。韩国公平交易委员会在 1997 年就开始实施宽恕制度，当告发者符合一定的要求时可以自动适用一定数量的课征金减免，但直到 2004 年，该制度的实施都不尽如人意。2005 年修改了实施减收课征金标准和具体程序。以前，第一位告发者可以申请减收 75% 的课征金，也可能更多；第二位告发者能获得 50% 的减免。按照新近改变的规定，第一位告发者可以获得 100% 的免除处罚，第二位只能获得 30% 减免，第三位将无法获得任何减免。〔35〕这样的规定有利于激励协议参与者及早告发和对卡特尔的查处。其次，调查期间要相应地保护坦白者的私人信息，我国《反垄断法》在第 38 条中规定，对涉嫌垄断行为，任何单位和个人有权向反垄断执法机构举报，反垄断执法机构应当为举报人保密。在未来的实施细则中，对于在有些案件中，由于泄露了告发者的信息而使告发者反而受到同业竞争者的排挤等情况应该作出规定。最后，如果告发者在调查期间还提供了其他卡特尔行为的证据，还应该规定可以获得大赦的额外宽大处理。关于其他人的举报行为，还应该规定奖励举报人的制度。比如韩国 2004 年 12 月引入了奖励举报人制度，向那些报告不正当共谋、商业联合行为的人提供奖金，还详细规定了标准和奖金支付程序。但是，如果所揭发的案件已经在诉讼中，或者所提供的证据不充分，举报者都不能获得奖金。如果对于相同案例有多个举报者，只有第一个举报者有权获得奖金。〔36〕

四、结语

我国《反垄断法》的颁布不仅对行业协会的行为提出了明确的界限，也为经营者自由行使经济权利确定了重要的原则。企业必须清醒地认识到，自主经营不等于放任自由，联合行动必须小心谨慎。合同的自由是有限度的，行业协会的反竞争行为必须得到有效制止。一不注意，就会越过界限构成权利的滥用。同时，行业协会应当制定公平竞争的规则，以更好的自律形式避免盲目进入竞争法的禁区，在维护市场秩序负面发挥行业协会应有的作用。

〔35〕 参见 http://ftc. go. kr/data/hwp/kftcnews(2005may). doc，2007 年 11 月 1 日访问。

〔36〕 参见 http://ftc. go. kr/data/hwp/rewardsystem. doc，2007 年 11 月 1 日访问。

经济法的体制效率价值与和谐社会构建*

一、关于社会公平与经济公平

就公平来说，存在多种意义和角度上的理解，[1]马克思主义的观点告诉我们，公平是具体的、相对的和历史的，而绝非抽象的、绝对的和永恒不变的。[2] 因此，区分不同意义上对公平的理解对于我们正确理解公平和效率的关系是十分有益的。目前我国收入差距过大的社会公平问题，表面上看是社会分配公平的问题，但从实质上看，在很大程度上是人们在对社会资源和公共财富的占有上的机会不公平而造成的，也就是经济不公平导致的问题。人民大众所痛恨的正是这种由经济不公平形成的贫富分化，而腐败和垄断则是这种经济不公平的主要根源。目前的社会经济现状是：行政权力在转型过程中顽固地渗透于资源市场，主要资源和公共产品很大程度上呈行政性市场垄断，即行政权力和市场化改革扭合成的垄断。如信贷资源的配置不同程度受到政府的影响，大规模的土地批租权掌握在各级政府官员手中；行政部门对企业微观经济活动的控制还在加强，有的上市公司演变成"圈钱"工具，有的垄断企业（部门）利用对公共资源的专用权获取暴利。[3] 这种种非市场、反市场的因素带来了利益结构的严重失衡，而且随着市场化程度的深化，这种失衡趋势还要加大。资源享有的不公导致收入差距的扩大，经济公平成为影响社会分配公平的主要因素，严重阻碍了市场机制效率的提高，也影响了社会的和谐发展。

---

* 载顾功耘主编：《和谐社会的构建与中国经济法》，北京大学出版社 2007 年版，第 12 ~ 20 页。

〔1〕 有机会的公平、结果的公平、形式的公平、事实的公平、经济的公平、社会分配的公平等。

〔2〕 张宇：《"效率优先、兼顾公平"的提法需要调整》，载《经济学动态》2005 年第 12 期。

〔3〕 20 世纪 90 年代后期之前，中国各级政府曾在大约 30 个产业分别设置了程度不等的进入限制，部分企业由此获得了大量垄断性暴利。

法学家狄骥认为，“社会生活的基本事实就是由相同的需求和作用的差异而引起的社会连带关系”。在这些利益关系中，最重要的是生产资料（资源）所形成的利益结构关系。利益结构是社会结构的最基本的内容，是决定该社会和谐程度的决定性因素。利益关系如果形成对抗性，则意味着社会的和谐发生了不同程度的矛盾和冲突。从理论上讲，一个社会不可能没有利益矛盾冲突。但是要建立一个和谐社会，必须具有化解社会利益冲突的能力，尤其是在化解和协调资源拥有和利用上出现严重失衡的能力。要使社会的利益结构趋于均衡，重要的前提就是对于拥有社会资源的权利（权力）分配要公平合理，这谓之“经济公平”。经济公平是市场机制的内在要求，它是指市场主体在获取和利用市场资源的机会和权利公平，强调市场主体应具有同等的地位和机会支配社会资源，有同等的机会参与经济活动，竞争过程中享有同样的规则，收入应与其效益相适应。经济公平所强调的机会均等、规则公正和以效取酬是实现效率所追求的效用和利润最大化的基本条件，因此，经济公平与效率并不矛盾，它们都是以靠市场机制来实现的，两者呈正相关的关系。在市场进入和获得资源的机会均等的情况下出现的收入差距和经营盈亏的不均衡是正常的，这也正是我们的经济体制所要追求的效率，否则就会回到平均主义的老路上去，只有这样才能使社会的整体效率得到提高。经济公平与我们所指的分配公平是有区别的，社会分配公平是结果公平，它是指社会成员享受社会经济发展成果的权利，对于社会生活中出现的由于能力、禀赋和机会不公平所导致的弱者，政府通过社会保障，救助和调节的制度，使大多数人都能享受社会经济发展的成果。我国传统计划体制的分配格局是超经济强制规则下的绝对公平以及由此造就的低效率和普遍贫困。经济体制改革后改变了规则，资源配置方式基本上要由“行政手段”转向“市场调节”，提高资源配置的效率；与此同时，要建立新的社会利益公平共享机制，让全体人民共同富裕。这就是我们要实现的“效率和公平”的全部内容。经济法要研究的公平和效率的关系应该是在第一层意义上展开，即经济公平，而不应该与结果公平混淆起来，否则将有损市场经济的进一步发展。

二、实现经济公平必须维护竞争机制

如前所说，经济公平是市场主体拥有社会资源的权利（权力）的公平，但是经济公平并不是市场自由竞争必然能达到的结果。近百年来，随着人

类对自由竞争行为所造成恶果的反思，政治家和思想家们对社会发展规律的总结，以维护竞争机制为宗旨的竞争法律制度勃然兴起，竞争改变了以往血淋淋的形象，开始成了人类文明社会的重要内容。尽管市场竞争依然激烈无比，但对大众利益的关注、对经济民主的维护、对社会整体效率的追求已经赋予竞争新的内涵，并成为检验竞争是否合乎国家法律的标准。市场竞争，从最初纯粹的私利纷争中渐渐蜕变，成为推动社会和谐发展的强大动力。

中国的市场经济发展历程中，政府的主动推进是重要特征。20 世纪的民族灾难使我们的经济失去了自然循序演进的机会，经济全球化带来的自由化和贸易一体化又使我们面临国际竞争的环境，我们在跨越式发展中更加需要关注发展的制度保障，在积极推进经济发展的同时应该主动推进竞争文化的建设。教育民众了解竞争、普及公平竞争理念，让现代竞争文化尽快渗透到社会经济生活的方方面面中去。目前正在紧锣密鼓讨论的反垄断法的制定就是一个极好的契机。在我国，立法讨论的过程是一个民众学习法律精神的过程，经济立法大多经历了这样一个过程。反垄断法要成为一个国家自觉的选择，并相应地通过立法价值反映出来也是需要一个过程的，我们应该充分利用反垄断立法的广泛讨论来推进中国竞争文化的建设和发展，就如合同法律的讨论推进了诚信文化的建设一样，反垄断法的讨论一定会推动竞争文化的发育。其实，即使是竞争文化相对发达的国家也在投入大量的精力，目的是培育一种文化，努力采取措施让人们守法，而不是为了启动司法程序。只有这样，法律制度才有存续和发展的根本基础。

我国的反垄断立法就是典型。从反不正当竞争法的制定到现在经历了近二十年的时间，其间多少次起起落落，反复变化。究其原因主要是对反垄断法制定的必要性和可行性的质疑。这一方面反映了我国市场发育的曲折，另一方面也反映了竞争文化的淡薄。因此，分析中国反垄断法制定的社会基础，是培育竞争文化的重要组成部分。

首先，从法哲学的意义上讲，法律的社会经济基础是法律诞生的前提。在传统的计划经济体制之下，由国家和行政力量实施的垄断被认为是合理的、必然的，这种观念在一定程度上的滞留，使人们无法态度坚决地反对行政性垄断。而当市场经济处于发展初期，由市场力量自发形成的垄断，还不足以严重危害社会经济的整体运行，因而，在社会整体范围内对垄断危害尚未达成共识，市场主体普遍缺乏良好的竞争素养，人们并不认同公平竞争的规则。不仅市场主体缺乏对公平竞争的信仰，政府本身也不完全理解竞争法的精髓，强大的地方保护就是明证。随着市场经济的进一步发展，尤其是我国加入世界贸易组织(World Trade Organization，WTO)以后，经济运行已经纳入国际经济的轨道。从现实生活中可以观察到，市场竞争日益激烈，以各种方式设置市场进入障碍和限制竞争的行为大量出现，其中尤以地方和行业性力量介入形成的垄断最为普遍，这种行政力量与市场行为扭合在一起，使经济遭到条块分割，资源要素无法自由流动，影响了经济效率的进一步提高，成为我国经济民主发展的主要障碍。在当前，竞争不足的垄断和竞争过度的恶性竞争同时存在，它们都需要竞争法的调整。根据各国经验，当法律主动调整尚未酿成社会范围内的尖锐矛盾，往往能够避免社会经济的动荡，减少维护市场秩序成本；而到了垄断行为的危害严重时再进行追惩，不仅执法司法成本巨大，而且可能会影响经济发展的稳定性和连续性。因此，提供法律上的依据对垄断进行控制，反垄断立法宜早不宜迟，这已成为越来越多国人的共识。可以认为中国已具备反垄断法的思想基础条件。

其次，从法学理论的角度来讲，一部法律的出台必须具有理论研究方面的准备，以便让社会民众能够普遍接受。这些年来我国竞争法理论研究经历了不断深化的过程。改革初期，竞争法理论的研究比较薄弱，对垄断行为的界定以及行政性垄断是否需要和可以由反垄断法规制等问题，在学界缺乏完整的通说。学术理论框架的缺乏对应的只能是有缺憾的法律。但庆幸的是我们一直没有停下研究的步伐，近年来中国竞争法学研究逐渐走向成熟，现在已经基本具备能够支撑起完善这个法律的能力，可以为法律的制定和完善提供足够的理论支持。

最后，从社会民众的可接受程度来看，在现阶段对垄断行为进行禁止和限制的社会呼声已经变得十分强烈，尤其是对公用企业垄断的不满已经到了十分严重的地步，要求改革、消除垄断、维护社会公共利益和消费者利益已经成为一种共识。在《反不正当竞争法》对垄断行为进行一定程度规制的这些年里，虽然其效果并不令人满意，但就是这些年的法律实施历程，市场主体和普通百姓接受了一场竞争文化的培育。时至今日，市场主体的

公平竞争的法律意识有了明显的进步,他们对合法竞争、公平竞争有了深入的理解,开始信仰为法律所认同的交易规则和竞争规则。这表明我国法律的进一步完善有了比以往任何时候都好的社会基础,反垄断法也到了它出台的当口。

中国的反垄断法即将进入实质性审议阶段,这为市场经济深入发展形成竞争文化带来了佳音。但是,立法的道路依然艰难。一方面,对反垄断法在我国当前实施的条件是否成熟存在众多异议;另一方面,对正在审议的草案的具体条款提出了不同的意见。这些意见不仅涉及立法技术的问题,实际上反映了不同的价值取向。笔者认为,一国的法律制度均是为本国的经济发展目标服务的,国内和国际的形势决定了我国反垄断法所面临的是不同于他国的形势,需要承载更为艰巨的任务。这就是:不仅要面对西方国家在反垄断领域面临的问题,同时还需要面对体制转轨中产生的特殊问题。因此,社会的和谐与稳定是当前极为重要的大事。但是,我们要以竞争的姿态构建和谐社会,以积极推进竞争文化的努力使和谐社会的建设更加顺利。

这就需要建立一个标准,一个理想的尺度。而经济法的价值——动态优化体制效率与经济公平的价值——将是现代社会中实现这种权利配置的理想尺度。

三、优化体制效率才能实现公平——兼论经济法的本质

关于经济法的本质,近年来的研究逐渐趋于科学。由于中国经济法产生和发展的社会根源与西方国家有具体历史条件和道路的显著不同,所以大量的研究成果开始寻求不同的共性。这都是由于生产社会化和国家经济职能(国家调节)的出现和发达引起的,要解决的都是经济体制的效率低下问题。西方国家经济法是在自由市场经济向社会市场经济转变中产生和发展的,中国经济法则是在国家经济体制改革,即由计划经济向社会主义市场经济转轨中发展起来的,两者的发展进程是两条相向运动的轨迹,都是追求体制效率的优化。

发达国家的经济法的历史发展,可以看出其真正的本质是由于市场经济体制效率下跌的缺陷。19 世纪后期,由于市场的缺陷,市场失灵和外部性造成社会经济的矛盾加剧,整个社会效率下降,使政府及其经济学家们开始考虑克服的方法,税收、国家介入等制度逐渐建立。从那时开始,世界各国可归入经济法部门的成文法律都带有政府介入经济生活的或隐或显的特征。尤其在第二次世界大战之后,第一次大规模的经济立法在美国罗斯福新政时期出现,其结果是确立了联邦政府对原本由市场自行调节的经济事务的全面的干预权、调整权和控制权,而后经济法就在西方全面勃兴。由此可以看出,国家权力介入市场资源的配置,变换资源配置的体制,以适应需要。但是,20 世纪 70 年代,随着政府管制制度的缺陷出现,新的自由放任主义重又崛起。这种理论重新肯定了"看不见的手"的信条,认为政府本身亦有缺陷,强调纠正市场缺陷的正确途径是完善市场体制本身。在重商主义—自由放任主义—凯恩斯主义—新自由主义的演变中,西方经济思想完成了一个两极互换的历史逻辑图式。其形式表征是政府和市场二者交替成为经济的主角,而其实质则是人们力图构建一种能够带来更多利益、更高效率的经济体制。

而这一点恰恰证明了社会主义国家,即经济转型国家的经济法产生的原因,即政府体制的低效。转型经济国家原来的经济系统处于政府的全面管制之下,行政命令成为经济运行的基本准则,一切与经济有关的法律都与政府干预有关。转型经济国家的经济现状,不是市场高度发达,而是市场发育不充分;阻碍经济发展的不是市场的内在缺陷,而是政府的过度存在;经济体制变革的目标,不是克服市场的缺陷,而是政府的淡出和市场的渐入。重申这些情况,是为了明确经济转型国家与经济法发展史上西方曾面临的情况是非常不同的。在这种情况下,用"政府干预调控说"来解释经济法发生和发展的动因、过程、途径,或描述其特征、功能、地位时,势必造成理论上的摩擦。我国经济法基础理论研究中有些难题也皆由此而来。

因此,经济法诞生于体制效率低下时期,即经济体制改革的时期,在社会发展的变化中始终坚持体制效率优先的价值取向。经济法的创生和发展正是以经济体制效率的提高为价值的。为了实现这一价值,增进体制效率,通过立法来加强或削弱政府的干预和介入,这正是经济法成文法形式化的特征。我们已经习惯于通过立法加强政府的介入,但是明确了经济法以体制的调节来求得效率的根本点之后,就可以明白,为什么即使是以立法来限制、减少或者削弱政府的干预和介入,也意味着经济法在整个法律框架内的能动作用。因为减少干预和介入与加强干预和介入的成文法一样,都是对体制效率的特征,都是经济法内涵的应有之义。这也就是学者

们提到的国家干预和干预国家都是经济法的理论之源。

人类历史上关于资源配置的体制有两种，市场体制和政府体制。完全的政府体制，权力中心居于顶端，规则、命令、监督推动经济组织运转。完全的市场体制，各主体居于同等地位，意思自治，自由地进出市场并处于相互竞争的地位，为实现利益最大化而策动经济组织运转。不同的经济体制具有不同的构造特征，其功能的效率优劣分布也不同，从而对不同经济现状的效率提高拥有不同的能力。在现实社会经济生活中，经济体制的表现形态是呈不同的谱系，是两者以不同的对比度结合在一起的。无论哪个历史时期的经济系统，都需要政府和市场两种体制共同作用。即使亚当·斯密也没有完全排斥过政府的体制。所谓的“市场失效”和“政府失效”问题，都是由于政府和市场两种体制模型在现实体制中的对比度不恰当而造成的。中国目前的情况也是如此。而无论行政法和民商法都是针对政府效率和市场效率的典型法律，其效率价值的发挥和利用也是最适合这两种体制的，现代市场经济是混合经济，政府和市场的体制需要不断进行调节，经济法的价值——体制调节的效率就自然成为最需要的了。

20 世纪 80 年代改革以来，我国经济生活中面临的主要问题是普遍缺乏有效的激励机制，大锅饭和平均主义遗留的分配机制成为发展的障碍。体制中的“激励”功能就应该多于“限制”和“保障”的功能。这就是说，市场调节的成分要高于政府调节功能。但随着市场经济体制改革的深入，情况发生了重大的变化。各类激励机制（包括政府本身的激励）已经基本形成，人们在市场上追逐利润的动力大大提高，甚至到了不计手段的地步（这当然包括政府参与的垄断竞争），而随着激励机制的建立，争夺资源所引起的差距（包括机会和结果）越来越成为经济增长最主要的制约因素。在这种情况下，分配差距对经济增长的制约和影响越来越大。如果分配差距持续扩大形成两极分化，将危及社会的和谐与稳定。因此，在体制内各项功能需要进行及时的调节。在经济公平的层面上，政府在参与资源配置方面的能力要进一步削弱，权力让位于市场。而在收入分配中的政府再次调节的主导作用要加强，使市场与政府之间的比例得到合适的调整。充分发挥经济法追求更好的配置和利用资源的体制效率价值目标的作用，为社会主义市场经济的发展和和谐社会的构建提供制度保障。

最后，引用我国著名法学家漆多俊先生的话来结束本文：我站在世纪之交的高山之巅，俯瞰人类社会法之长河，它从莽莽荒原流来，破石穿岩，曲折跌宕；而今正从我脚下绕过，向远方奔腾而去。远处烟雾迷茫，我无法看清它的身影，只知道那更远处便是大海。

政府干预与市场运行之间的防火墙

——《反垄断法》对滥用行政权力限制竞争的规制*

一、充分认识《反垄断法》规制行政性垄断的意义

滥用行政权力排除和限制竞争（为行文方便，将“滥用行政权力排除和限制竞争”简称为“行政性垄断”）是中国市场经济发展的重大障碍。消除行政性垄断的过程，实际上就是市场经济国家不断改善政府调节经济职能、实现和维护经济民主的过程。因此，在政府行政干预和市场竞争机制之间设立一道防火墙不仅必要，而且可行。而以反垄断法对滥用行政权力限制竞争行为进行直接规制是一种有效的制度安排，它已成为各国竞争法治的共同趋势。认识这些有利于法律的具体实施并弥补立法的不足。中国《反垄断法》以专章形式规制滥用行政权力排除和限制竞争的行为，创立了反垄断立法史上较为独特的模式。这不仅是我国深化市场经济体制、加快行政管理体制改革的重要立法选择，也是经济民主制度走向更加健全的必要法治保障。

---

* 载《法治研究》2008年第5期。

根据《反垄断法》的规定,[1]行政性垄断的主体被规定为是“政府机关和法律、法规授权的具有管理公共事务职能的组织”;行政性垄断的行为是上述主体“滥用行政权力排除和限制竞争”,其中既包含具体的行政行为,也包括抽象的行政行为。行政性垄断的主要表现形式包括:政府通过滥用行政权力,以设定歧视性资质要求、评审标准或者不依法发布信息等方式,排斥或者限制外地经营者参加本地的经营活动;采取与本地经营者不平等待遇等方式,排斥或者限制外地经营者在本地投资或者设立分支机构;强制经营者从事本法所规定的垄断行为。《反垄断法》重点列举的行政性垄断以地方保护为最甚。这种行为大多是通过政府制定和发布不公平的文件实施的。地方政府采取贸易壁垒阻止外地商品进入本地市场进行竞争。以行政权力分割市场、设置障碍,利用税收、价格、信贷、工商管制、质量监督等行政手段,对商品流通的地域、资金、技术、人员的流动和企业跨地区联合进行限制。政府行政权力大量进入市场层面,使原本并不利于企业自主经营的行政干预,这时却成了本地企业的保护神。政府机关以合法拥有的投资权、资源权、财政权限制外地经营者的活动,使其支持的企

〔1〕《反垄断法》第一章“总则”对行政性垄断进行了原则规定:行政机关和法律、法规授权的具有管理公共事务职能的组织不得滥用行政权力,排除、限制竞争。国家依法加强和完善对行政权力运行的规范和监督,并通过深化改革,转变政府职能,防止和消除滥用行政权力排除、限制竞争的行为。第32条规定:行政机关和法律、法规授权的具有管理公共事务职能的组织不得滥用行政权力,限定或者变相限定单位或者个人经营、购买、使用其指定的经营者提供的商品。第33条规定:行政机关和法律、法规授权的具有管理公共事务职能的组织不得滥用行政权力,实施下列行为,妨碍商品在地区之间的自由流通:(1)对外地商品设定歧视性收费项目、实行歧视性收费标准,或者规定歧视性价格;(2)对外地商品规定与本地同类商品不同的技术要求、检验标准,或者对外地商品采取重复检验、重复认证等歧视性技术措施,限制外地商品进入本地市场;(3)采取专门针对外地商品的行政许可,限制外地商品进入本地市场;(4)设置关卡或者采取其他手段,阻碍外地商品进入或者本地商品运出;(5)妨碍商品在地区之间自由流通的其他行为。第34条规定:行政机关和法律、法规授权的具有管理公共事务职能的组织不得滥用行政权力,以设定歧视性资质要求、评审标准或者不依法发布信息等方式,排斥或者限制外地经营者参加本地的招标投标活动。第35条规定:行政机关和法律、法规授权的具有管理公共事务职能的组织不得滥用行政权力,采取与本地经营者不平等待遇等方式,排斥或者限制外地经营者在本地投资或者设立分支机构。第36条规定:行政机关和法律、法规授权的具有管理公共事务职能的组织不得滥用行政权力,强制经营者从事本法规定的垄断行为。第37条规定:行政机关不得滥用行政权力,制定含有排除、限制竞争内容的规定。

业得以垄断经营,并获取高额利润。[2] 这种行政性垄断给社会经济秩序和消费者带来的损害与市场垄断没有什么两样。

由此可见,《反垄断法》上规定的行政性垄断其实已经不是传统意义上的行政行为,而是一种与地区或部门的经济利益紧密相连的、带有行政性质的市场行为。只要仔细观察我们身边滥用行政权力限制排除竞争的现象就可看到,凡是行政性垄断肆虐的地方和部门,就一定存在政府庇护下的利益集团私利的膨胀,否则就不会存在行政性垄断。[3] 某市旧车回收市场垄断的案例就是典型。[4] 行政性垄断表面上是政府的行政行为,但公权力的行使带有明显的经济目的,为了实现一定利益团体(地方或部门)的私有利益,政府的行政权力超越了其应有的界限,向市场进行行政性垄断实质上是政府不当干预市场经济的典型表现,是为了一定的私利而动用公权的一种异化的行政行为。从本质上讲,行政性垄断是一种公权力与私权利结合谋取不当利益的反竞争行为,它肇始于私权获取垄断利益的需要,却借助了公权的力量得以实现。在"形式合法""程序正当"的掩盖下所出台的具有限制竞争和排除竞争效力的政府法规、行政命令或措施,使市场竞争机制受到了远比经济性垄断更甚的损害,对于这些看似行政、又非行政的垄断行为,人们没有理由不怀疑隐藏其形式背后的真实目的。

上述情况表明,政府行政行为已深深渗透到市场经济领域,这种行政行为不能通过简单的行政命令方式予以制止,但又非依靠市场竞争的机制可以自行消除。正由于它兼有公权力和市场力量的双重性能,才必须要以维护市场竞争机制为宗旨的法律——现代竞争法对其进行规制才最为有

---

〔2〕 两个典型的例子就是:1998年电信行业引入竞争后,由一家垄断变为多家企业相互竞争的局面。但垄断仍然存在。电信服务的定价权、市场分配权、消费方式指定权等仍由一两家国有独资的超大型公司决定,切断了进入市场的可能。这些权力是政府赋予它们的。尽管技术问题早就解决,单向收费的套餐已经比比皆是,但是该部门还是表示,单向收费要两年之后才能完成。

〔3〕 "经济人"的有限理性告诉我们,在争取利益的过程中企业会不择手段,包括俘虏政府行政机关。正如经济学家詹姆斯·布坎南指出的,"选民总是把选票投给能为他们带来最大预期利益的人"。因为他们懂得,获得政府的政策援助要比得到某些直接的经济支持更为重要。

〔4〕 市政府经济管理部门以整顿汽车报废后的回收市场竞争秩序为名,通过颁布政府规章撤销了该市所有的旧车回收拆解企业,单独批准成立一家与政府具有密切利益关系的、原来并无回收拆解资格的企业,把旧车回收权给了政府支持下组建的垄断企业。这不仅使原有的回收企业丧失了开展正常的回收报废汽车的竞争机制,而且还由于垄断企业在分配拆卸旧车的交易过程中增加了不公平的交易条件而导致利益受损。该垄断企业在短短一年多时间里,仅凭回收垄断权力就获利一千多万元,而事实上它并不真正实施回收拆解汽车的具体业务。

效，也具实际意义。[5]

二、《反垄断法》规制行政性垄断是市场经济的客观需求

曾经有人主张，行政性垄断只是经济转型国家在经济转轨过程中特有的现象，以此质疑《反垄断法》规定"行政性垄断"的必要性。以笔者的研究表明，政府公权力和市场力量在限制竞争方面相互结合的现象是所有市场经济国家所共有的。即使是市场经济相当成熟的国家，也同样不可避免地出现这种公权力与私权利结合产生的政府限制竞争行为（我们所说的行政性垄断）。日本在地方建筑项目的招投标中频频出现政府指定招标，或者政府与某些投标者勾结的事件，遭到公平交易委员会（Japan Fair Trade Commission，JFTC）的制裁已经不是偶尔的现象。由于政府官员的行为被认为构成了"在操纵投标过程中的限制或防止行为"定义下的操纵投标行为，JFTC 要求市长依据《独占禁止法》的规定，采取必要措施来确定并防止所涉限制竞争的行为。[6] 美国在反托拉斯法诉讼中概括了公权力和市场力量结合限制竞争的几种类型，如私人引诱政府作出的限制竞争的行为、政府部门制定限制竞争的政策和制度的行为及经政府批准同意的由私人实施的限制竞争行为。它们都被纳入了反托拉斯法的规制范围。[7] 欧共体对政府权力滥用的规制更加凸显，在《欧盟竞争法》（《罗马条约》）第 86 条中，规定成员国不得对其国有企业以及其他享有特权或者专有权的企业采取背离欧共体条约，特别是背离欧共体竞争政策的任何措施。[8] 从国际竞争的角度来看，国家的公权力和私人垄断结合的垄断行为更是受到密切的关注，私人企业游说政府通过有利于少数利益集团的政策就是这种权力结合的典型，[9] 国际社会出现以竞争法律约束滥用政府权力和私人权

---

〔5〕 参见徐士英：《反垄断法规制行政性垄断是我国的必然选择》，载《中国工商行政管理》2007 年第 6 期。

〔6〕 JFTC 关于参与岩见泽市建筑合同的招投标者以及应岩见泽市市长请求采取的纠正措施的建议。参见"第五届竞争法与竞争政策国际研讨会"资料。

〔7〕 See Ernest Gellhorn, William E. Kovacic, *Antitrust Law and Economics In A Nutshell* (*fourth edition*), West Group, 1981, p. 481.

〔8〕 《欧盟竞争法》第 87 条明确规定，成员国不得利用国家财源优待个别企业或者个别生产部门，损害共同体市场上的公平竞争。参见尚明主编：《主要国家（地区）反垄断法律汇编》，法律出版社 2004 年版，第 896 页。

〔9〕 如为了抵制美国产品进入日本，日本政府赋予富士胶卷垄断国内市场的权利。转引自王欣新、王斐民：《论政府滥用权力限制竞争的反垄断法规制模式》，载 http://old.civillaw.com.cn/，2007 年 6 月 15 日访问。

利结合限制竞争的发展趋势。[10] 在世界贸易组织（World Trade Organization，WTO）谈判中对于在WTO的框架下建立竞争规则的提议，正是对这种趋势的回应。

反对行政性垄断之所以是世界性的共同话题，其原因在于现代国家职能转变过程中出现的“政府失灵”——政府不当干预经济。虽然在“市场失灵”之后，人们看到政府可以成为调节经济的力量，但政府职能的全面转变造成的另外一个后果就是直接导致行政权力有机会进入市场。一旦政府的公权力普遍且深度介入市场时，[11] 政府（或其授权的组织）就有足够的能力去夸大和促进与它有利益关系的经济单位的发展。“潜在地存在着严重扰乱经济生活和扭曲资源配置的可能性，造成市场经济的效率降低”。[12] 正如经济学家詹姆斯·布坎南指出的，“选民总是把选票投给能为他们带来最大预期利益的人”。[13] 因为他们懂得，获得政府的政策援助要比得到某些直接的经济支持更为重要。因此，不管在哪个国家，经营者都具有这种向政府靠拢的意愿和实践。同时由于政府决策者与市场决策者一样，也是由“理性人”组成的经济人，政府官员同样会运用他们的权力谋求自身利益最大化。在经济学理论看来，政府的公共选择与私人选择并没有实质性的差别。那种把政府及其官员视为完美无缺的假设是错误的，政府在决策过程中向利益集团靠拢的倾向也十分明显。当双方的利益互相吸引并达成一致时，就会出现我们最不愿意看到的地方保护主义等行政性垄断现象。表面上看，政府通过某些形式合法的“法令”等促进某些地区（或行业）企业的发展，但“实际上可以将它看作是政府官员和私人团体之间达成的限制竞争的协议”。

与我国相似的经济转型国家普遍把行政性垄断纳入《反垄断法》的规制范围，其根本原因也正是在这一大背景下产生的。把这种公权与私权结合的垄断方式规定进去，直接明确行政主体滥用公权力限制市场竞争的法

---

〔10〕 欧洲制药工业对于政府制定在药品专利到期之前不允许测试的立法施加压力和游说就是典型的例子。

〔11〕 不管这种利益是经济还是政治的，政治利益最终也将转换为经济利益。

〔12〕 See U. S. Supreme Court Columbia v. Omni Outdoor Advertising Inc. 499 U. S. 365（1999）Certiorari to United State court of appeals for the fourth circuit No. 89 – 1671。

〔13〕 [美]詹姆斯·布坎南：《自由、市场和国家》，吴良健等译，北京经济学院出版社1988年版，第59页。

律责任，而不必仅因关注行政行为程序和形式的合法性导致难以确定其限制竞争性质的违法性，这是具有时代性意义的必然选择，绝非权宜之计。我们注意到俄罗斯、匈牙利、乌克兰等国家的《反垄断法》中把联邦政府和部门都纳入了法律规制的范围，表明了这不仅是深化体制改革的需要，更是顺应时代发展趋势的需要。正如著名竞争法专家、美国纽约州立大学福克斯教授所评价的，反垄断法规制行政性垄断体现了法律发展的趋势，中国规制行政性垄断的立法算得上是真正意义上的现代反垄断法。[14]

我们的结论就是：只要一个国家的政府对经济进行干预和调节，就有可能存在政府失灵。而当这种"政府失败"与"市场失败"一样严重影响市场的竞争秩序时，[15] 政府机关、国有企业以及各种授权承担管理职能的公共组织就应当顺理成章地成为竞争法的调整对象。[16] 这是政府干预经济造成的行政行为经济化对法制的客观需求。在政府干预和市场运行之间砌起一道防火墙是必不可少的。关键问题是如何有效规制行政性垄断，事实证明，反垄断法是规制行政性垄断的有效途径。[17] 中国在《反垄断法》中专章规制行政性垄断无疑是必然的选择，从而也是一种明智和正确的选择。

三、有效规制行政性垄断的制度诉求

由于立法传统和国情不同，各国对行政性垄断采取的规制方式也不同。可分为"统一规制型"和"分别规制型"。前者并不区分行政性垄断与其他垄断之间的差异，一并适用反垄断法，因为他们认为政府的限制竞争措施和私人限制竞争措施在性质和后果上完全一样；后者设定专门章节或条款，单独规制行政性垄断。大多数经济转型国家几乎一致地采用后者，这表明在这些国家由于体制的原因，在现有宪法与行政法律框架内尚不足以有效约束行政权力在经济领域中的扩张而引起的限制市场竞争行为，对行政性垄断的规制成为共同而迫切的任务。把行政性垄断单独列出进行

〔14〕 See Eleanor M. Fox, "An Anti-Monopoly Law for China-Scaling the Walls of Protectionist Administrative Restraints", *Antitrust Law Journal*, Vol. 75, No. 1, 2008, p. 190.

〔15〕 参见徐士英：《反垄断法规制行政性垄断是我国的必然选择》，载《中国工商行政管理》2007 年第 6 期。

〔16〕 载 http://www.jftc.go.jp/e-page/press/2003/april.，2007 年 8 月 7 日访问。

〔17〕 载 http://www.jftc.go.jp/e-page/press/2003/april.，2007 年 8 月 7 日访问。

规制，是因为它是实现经济转型、建立市场竞争机制的最大障碍，[18]有理由在《反垄断法》中设计直接对应的条款，以该行为对市场竞争造成的实质性影响为标准来判断该行政行为的性质，从而对限制竞争的政府行为（包括政府文件）进行审查和处理。竞争法要比以“授权和控权”为核心的行政法律更加有效地判断行政权力是正当行使抑或滥用。毫无疑问，通过分别立法规制行政权力滥用的模式对中国反行政性垄断具有重要意义。把《反垄断法》作为反行政性垄断最直接的制度依托，通过对权利义务、法律责任、诉讼程序、赔偿制度等设计，激励社会公众抵抗行政权力不当进入市场的热情，有效遏制滥用行政权力限制竞争。如美国著名竞争法学者艾琳娜教授认为，“当制订者对限制行政权力滥用的规则应该放在法律体系中的什么位置不很确定的话，那么将该条款放在反垄断法中可能是最有效的做法”。[19]

要有效实施《反垄断法》对行政性垄断的规制，在制定实施细则和未来的执法和司法中还存在需要弥补和完善的地方。

（一）关于确定行政性垄断的适用范围

《反垄断法》规定了两类主体适用行政性垄断：一是行政机关，二是法律、法规授权的具有管理公共事务职能的组织。但是从中国社会经济的实践来看，实施行政性垄断的主体似乎还要复杂些。

第一，自然垄断行业与行政垄断的关系。《反垄断法》规定了“国有经济占控制地位的关系国民经济命脉和国家安全的行业”可以得到豁免；同时，法律又规定了该等企业“不得利用其控制地位损害消费者利益”，“国家对其经营活动进行监管”。[20] 众所周知，自然垄断行业大多属于上述豁免范围，而且普遍政企不分。国家的行业监管部门监管并不奏效。不仅因为监管者与经营者存在直接的利益关系，还因为市场化的改革使它们比私人企业具有更强烈的垄断趋势。这里行政性垄断和市场垄断交织在一起，不易区分。当垄断行为发生时，是实施豁免还是作为行政性垄断处理？是由监管部门处理还是由反垄断执法部门处理？如果是共同管辖，又以哪个

---

〔18〕 See Eleanor M. Fox, “An Anti-Monopoly Law for China-Scaling the Walls of Protectionist Administrative Restraints”, *Antitrust Law Journal*, Vol. 75, No. 1, 2008, p. 190.

〔19〕 Eleanor M. Fox, “An Anti-Monopoly Law for China-Scaling the Walls of Protectionist Administrative Restraints”, *Antitrust Law Journal*, Vol. 75, No. 1, 2008, p. 190.

〔20〕 不得利用其控制地位或者专营专卖地位损害消费者利益。

为主？这些在未来法律实施中需要进一步明确。

第二，行业协会与行政垄断的关系。《反垄断法》规定“行业协会不得组织本行业的经营者从事本章禁止的垄断行为”，可见对行业协会限制竞争的负面功能保持了足够的警惕。但目前大部分行业协会与政府有千丝万缕的关系，是国家职能部门的延伸或其组成部分。行业协会大多采用“内部决议”“不服从将受行业处罚”的方式实施统一行为，对成员企业具有很强的约束力。这种与行政性垄断有异曲同工之妙的性质，实际上应当列入行政性垄断的主体，即“法律、法规授权的具有管理公共事务职能的组织”。以不能“滥用行政权力，强制经营者从事本法规定的垄断行为”的名义对之加以规制，有利于预防行业协会组织限制竞争行为的发生。

(二)关于行政垄断行为的法律责任

《反垄断法》第51条规定，违法者将被上级机关责令改正这种行为，对直接负责的主管人员和其他直接责任人员依法给予处分。显然，这仅仅是在行政系统内的自我监督责任形态，而《反不正当竞争法》实施的经验表明了这种责任形态的作用是有限的，应当采用更加有效的责任形式。

首先，当行政机构对经济活动实施了不当干预时，应当借鉴俄罗斯的经验，赋予反垄断法执法机构有直接提起诉讼的权力，通过司法纠正行政行为。尤其是对于政府抽象行政行为的撤销更为重要，[21]因为行政垄断“赋予”某些经营者的“市场地位”是通过行政程序进行的，具有永久(至少是长久)性和不可替代性。它无法随市场机制的成熟而消除。因此，必须在行政性垄断诉讼中，通过司法审查制度加以消除，才能有效制止和防范。

其次，处罚依靠行政性垄断获益的经营者。设定对“受益者”的罚没违法所得和行政罚款的责任，[22]有利于使那些已经或者企图依傍行政权力的庇护或指定交易进行不公平交易从而获取高额利润的经营者受到足够的阻却，起到制止行政性垄断的效果。[23]

〔21〕 俄罗斯新修订的反垄断法设专章对政府部门行政行为及其诉讼程序作了规定，当行政机构对经济活动不当干预时，反垄断法机构有权将地方政府领导告上法庭。转引自桑林：《行政性垄断的表现形式及其法律规制》，载《中国工商管理研究》2007年第6期。

〔22〕 参见《反不正当竞争法》第30条规定：“被指定的经营者借此销售质次价高商品或者滥收费用的，监督检查部门应当没收违法所得，可以根据情节处以违法所得一倍以上三倍以下的罚款。”

〔23〕 参见桑林：《行政性垄断的表现形式及其法律规制》，载《中国工商管理研究》2007年第6期。

最后,建立受害者的民事赔偿制度。依照《反垄断法》第 50 条规定:"经营者实施垄断行为,给他人造成损失的,依法承担民事责任。"实施细则可以当然地解释为该条适用于行政权力滥用限制竞争的行为。如果可以这么解释的话,消费者和被排挤的生产者就有动力去检举违法行为并且诉诸《反垄断法》的保护,这会大大提高救济的效率。

(三)关于《反垄断法》执法机构的处罚建议权

《反垄断法》对行政性垄断行为规定了反垄断执法机构的处罚建议权,"反垄断执法机构可以向有关上级机关提出依法处理的建议"。但反垄断执法机构如何运用权力来鉴别认定对市场竞争进行排除和限制的违法行政行为需要明确。在界定限制竞争后果时,建议应根据受惠方与受害方(获得行政庇护的行业企业与受到排挤的行业企业)之间的损益关系进行确定。对限制竞争后果的消除方式应以撤销行政规定为主。

四、结束语

《反垄断法》的颁布,为规制行政垄断提供了明确的界限和可行的手段,但是,《反垄断法》实施的任务相当繁重。要有效实施这一法律,尚需建立一系列配套的制度。笔者认为,有两个方面是需要加强的:一是对于政府行政行为的事前检查审议制度,经济合作与发展组织国家运用竞争法原则作为工具,对政府文件和产业政策等进行审查的经验值得借鉴;二是竞争文化的建设与普及,努力培育政府和企业公平竞争的理念,消除经济特权。如果缺失对行政垄断加以约束和制裁的社会文化认同,行政性垄断的规制是不会有效的。

论自然垄断行业中企业合并的法律控制标准问题*

由于自然垄断行业诸多的特殊性，有关这些行业中企业合并的法律控制标准问题相对比较复杂。它不仅涉及反垄断法上控制标准与行业法上控制标准的适用，而且还涉及因自然垄断行业的公益性而产生对控制标准的特殊需求。美国、加拿大、俄罗斯、巴西等国家经过长期的探索，在此方面初步建立了比较完善的法律制度。我国目前自然垄断行业中的企业合并主要是由国家发展与改革委员会和相关行业监管部门依据产业政策需求来加以调整的，尚不存在反垄断法与行业法的适用问题。但是美国司法部与联邦通信委员会就 SBC & Ameritech 并购案上适用标准的巨大分歧表明，在我国反垄断法生效后，有关自然垄断行业中企业合并控制标准的适用上必然会产生不同程度的冲突。而这些冲突能否得到科学的解决，不仅影响着法律实施，而且直接影响着相关行业的发展。因此，深入研究自然垄断行业中企业合并的法律控制标准问题对我国具有非常重要的现实意义。

一、反垄断法控制标准与行业法控制标准的并存

目前，不少国家和地区在自然垄断行业中企业合并的控制标准上存在反垄断法与行业法并行局面。

（一）反垄断法中的控制标准

虽然现代反垄断法以行为主义为指导思想，但是为了防止市场力量的过度集中，大多数国家和地区在反垄断法中建立了企业合并控制制度。在合并控制标准方面，以实质性减少竞争为基本标准，以经济效率为例外标

* 本文系作者携华东政法大学经济法博士研究生丁茂中合作完成，国家社会科学基金项目“自然垄断企业反垄断法调整机制研究”（04BFX032）的阶段性成果，载《时代法学》2008 年第 2 期。

准是目前大多数国家的主流做法。

美国在《克莱顿法》第7条中规定,如果可能实质上削弱竞争或造成垄断,那么一个公司通过购买另一竞争公司的全部或大部分股票而吞并该公司的做法是法律禁止的。但是随着反垄断法对经济效率的追求,美国自20世纪80年代开始对实质性减少竞争的标准进行了调整。司法部在其颁布的多个合并指南中,更加重视合并对市场经济效率影响的评估。

加拿大在《竞争法》第92条中规定,依据竞争局局长的请求,法院可以禁止那些可能实质性减少竞争的企业合并。但是该法第96条规定,如果合并的效率成果大于或者足以抵消合并带来的对竞争的损害,则法院不得发出禁止合并或者撤销合并法令。

我国《反垄断法》也以减少竞争为审查基本标准,以经济效率或社会公共利益为例外标准。该法第28条规定,经营者集中具有或者可能具有排除、限制竞争效果的,反垄断执法机构应当作出禁止经营者集中的决定。但是,经营者能够证明该集中对竞争产生的有利影响明显大于不利影响或者符合社会公共利益的,反垄断执法机构可以作出对经营者集中不予禁止的决定。

(二)行业法中的控制标准

从当前实践来看,大多数国家在电信、电力等自然垄断行业上还存在专门的行业法。在这些行业立法中,不少对相关行业中企业合并的控制标准作了规定。

美国1935年的《联邦电力法》(Federal Power Act,FPA)第203条确立了公共利益标准(Public interest)。[1] 该条(a)款规定,在没有获得联邦能源规制委员会(Federal Energy Regulatory Commission,FERC)准许的情况下,禁止出售、出租或者采取其他方式处理委员会管辖的公共设施整体或者价值超出五万美元的部分,禁止通过直接或者间接方式将这些公共设施或者其中部分与他人进行合并或者兼并,禁止收购、获得或者取得其他公共设施的股份。如果当时提出申请,FERC应该以恰当的书面方式通知设施所在州的监管部门与州委员会以及相关当事人。在经过通知和听证程序后,如果FERC认为这些行为符合公共利益的,则应当批准。

---

〔1〕 Federal Power Act,Section203(16USCE824b).

加拿大在1993年的《电信法》中确立了本土经营标准。合格的公共电信服务经营者必须是依据加拿大法律或加拿大任何一个省法律由加拿大人拥有并控制的公司。非加拿大人最多可以拥有一家加拿大电信企业表决股的20%;非加拿大人通过在加拿大国内设立公司进行间接投资不得超过33%。服务经营者不能以其他的方式被非加拿大公民控制。[2] 加拿大《电信法》第2条第1款将"控制"定义为"用任何导致实际上的控制的方式,无论直接通过拥有股票或间接通过信托、协议或协商,控制任何法人团体的所有权"。

我国现行有关自然垄断行业的专门立法如《电力法》《邮政法》《铁路法》《电信条例》等基本上都没有对相关行业内企业合并的控制标准作出明确规定,而是一般授权给监管部门依据产业政策需要来具体处理。例如,我国《铁路法》第3条规定,国务院铁路主管部门主管全国铁路工作,对国家铁路实行高度集中、统一指挥的运输管理体制。目前,我国铁道部依据产业政策来推动和指导铁路行业进行改革。

二、行业法控制标准与反垄断法控制标准之间的冲突

(一)冲突的理论分析

1.美国《联邦电力法》控制标准与《克莱顿法》控制标准之间的冲突

公共利益是个不确定的范畴,[3] 具体内容的弹性空间非常大。美国有的学者甚至认为"公共利益是空洞的,对于管制机关的行为,既没有提供指导,也没能施加约束",[4] 当美国FERC依据公共利益标准来审查该领域内的企业合并案件时,市场竞争状况与经济效率可能是其考虑的重要因素,也可能不是其考虑因素;在特殊情况下,不排除以牺牲市场竞争与经济效率最大化为代价来换取所谓的"公共利益"。

2.加拿大《电信法》控制标准与《竞争法》控制标准之间的冲突

加拿大《电信法》确立的本土经营标准考虑的核心因素是本国对电信行业的控制情况,市场竞争与行业运行效率只是其中参考因素。即使国外

〔2〕 龚微、洪永红:《一般竞争管制与行业竞争管制在电信管制中的冲突与协调——加拿大电信管制的经验及对我国的启示》,载《法学论坛》2005年第1期。

〔3〕 胡锦光、王锴:《论公共利益概念的界定》,载《法学论坛》2005年第1期。

〔4〕 Glen O. Robinson, "Title I, The Federal Communications Act: An Essay on Origins and Regulatory Purpose", in Max D. Paglin (ed.), *A Legislative History of the Communications Act of 1934 – 1989*, Oxford University Press, 1989(4): 284.

电信经营者的进一步参与能够更好地促进加拿大电信行业的发展，但是出于对本国电信行业控制的追求，行业监管机关可能会依据本土经营标准对潜在或者现实发生的企业合并加以阻止。但是在实质性减少竞争标准和经济效率标准下，如果这种合并没有足以威胁到国家产业安全且能够促进相关产业更为有效竞争，则这些合并往往是得到准许的。

3. 我国产业政策与《反垄断法》控制标准之间的冲突

“产业政策则是指国家对具体产业实施的政策，目的是加强产业的竞争力。然而，任何产业政策都会导致对市场现存结构的改变，影响市场竞争。”[5] 在我国铁路和邮政等传统行业中，当监管部门在依据产业政策对相关领域的企业进行重组时，往往最大限度上减少产业集团内部之间的竞争来提升集团对外的竞争力，如铁路运输企业对公路和水路运输企业在货运方面的竞争力。这个明显违背了反垄断法有关企业合并的实质性减少竞争标准，同时也不符合经济效率标准或公共利益标准。

（二）冲突的案例实证——以 SBC & Ameritech 并购案为例

在 1996 年以前，美国联邦通信委员会（Federal Communications Commission，FCC）依据 1934 年《电信法》或自己的监管标准对电信行业中企业合并案件享有专门的管辖权；1996 年新《电信法》颁布以后，FCC 不再享有此方面的专属管辖权，司法部和联邦贸易委员会也有权审查电信市场上企业合并案件。由于存在双重管辖与适用标准多元化，两大执法机构常常发生冲突，1999 年 SBC communications Inc.（SBC）& Ameritech corporation（Ameritech）合并案件就是典型。

对于 SBC 与 Ameritech 并购案，FCC 认为，单纯从并购的本身来看，它不会对无线电话市场产生危害，但是会对消费者的通讯服务产生以下 3 个方面的不利影响：第一，合并将导致消费者无法享受到从两者之间竞争中产生的好处；第二，合并将降低管制者和竞争者执行 1996 年《电信法》确立的“放松管制、促进地方电信竞争”框架的能力；第三，合并增加了 SBC 设置市场进入壁垒的动机与能力。因此，为了实现公共利益以下 5 个核心目标，FCC 对合并案件附加了 30 个条件。第一，促进充足高效优质服务的发展；第二，确保地方市场的开放性；第三，培育贝尔公司以外的区域竞争；

[5] 王晓晔：《竞争政策优先——欧共体产业政策与竞争政策》，载《国际贸易》2002 年第 10 期。

第四，改善地方通信服务；第五，确保遵守和执行这些条件。FCC 认为，在这些条件的约束下，SBC 与 Ameritech 的合并是符合电信法上有关企业合并的公共利益审查标准的。[6]

而司法部依据《克莱顿法》第 7 条标准，则认为该合并应该禁止。司法部在提起的反托拉斯诉讼中声称，该合并将严重削弱伊利诺伊州、印第安纳州和密苏里州地区十七个无线电话服务市场上的竞争。SBC 与 Ameritech 都向它们交叉重叠的市场提供移动电话服务，如果以用户数量来计算，它们各自的市场份额大概在 30% ~50% 之间，两者加起来的市场份额达到 80% ~90% 。以 HHI 指数来计算，该市场上原先的集中度已经在 3200 ~4100，远超过 1800 这个基本标准，合并后的市场集中指数则达到 6400 ~8100，市场力量集中程度非常高。另外，SBC 和 Ameritech 合并后，两者之间原先存在的竞争就消失了。由于竞争的消失，SBC 和 Ameritech 可能通过合并后的公司来提高价格，减少服务提供的数量或者质量，限制在网络改善上的投资，可能通过对现存竞争者之间的协调来限制市场。因此，SBC 与 Ameritech 合并案件最有可能造成的后果就是两者交叉市场上价格的上涨与服务的质量、数量以及网络投资方面的降低。[7]因此，司法部要求依据实质性减少竞争标准予以禁止该并购。

三、行业法控制标准与反垄断法控制标准之间冲突的解决

（一）发达国家和地区的做法

由于具体情况的差异，不同国家和地区在这个方面的做法也不尽相同。总体上讲有三种基本做法。

第一，明确反垄断法的优先适用。有些国家如巴西，反垄断执法机构和监管机构共享被监管行业竞争案件的管辖权；但在这种情况下，监管者处理被监管行业竞争案件的法律依据是竞争法，而不是与之相冲突的其他法律。[8]

〔6〕 FCC Approves SBC-AMERITECH Merger Subject To Competition-Enhancing Conditions, https://transition. fcc. gov/Bureaus/Common _ Carrier/News _ Releases/1999/nrcc9077. html, Aug. 29, 2007.

〔7〕 United Statesv. SBC Communications Inc. And Ameritech Corporation, http://www. usdoj. gov/atr/cases/indx123. htm, Aug. 26, 2007.

〔8〕 参见王晓晔：《论反垄断执法机构与行业监管机构的关系》，载《中国经济时报》2006 年 8 月 14 日，第 5 版。

第二，行业立法竞争法化。我国台湾地区“公平交易法”第46条的规定：事业关于竞争之行为，另有其他法律规定者，于不抵触本“法”立法意旨之范围内，优先适用该其他法律之规定。

第三，确立竞争执法机构单一管辖。有的国家通过将企业合并案件管辖权统一授予竞争执法机构来间接解决两个审查标准的适用冲突问题。这种做法在实践中又分为两种具体情形：一是竞争执法机关对竞争案件实行统一管辖，新西兰是目前采取这种做法的典型代表。新西兰撤销了各专业性管制机构，由商业委员会依据《商业法》统一来对市场进行规制。〔9〕二是竞争执法机构对企业合并案件实行统一管辖，德国是这个方面的典型代表。德国联邦卡特尔局在处理电信和邮政市场上的企业并购案件方面享有专属管辖权。〔10〕

从上面相关国家和地区的基本做法可以看出，自然垄断行业中企业合并的审查标准的竞争法化已经成为当前世界的主流。在SBC & Ameritech案件后，美国国会开始考虑适度缩小FCC的相关执法权力。2000年6月，众议院通过了《2000年电信并购审查法》改革法案，大大限制FCC并购审查权。〔11〕美国学者认为，随着美国电信市场的竞争越来越充分，监管电信市场的职权从FCC转移到司法部和联邦贸易委员会只是一个时间问题。〔12〕

（二）我国适宜采取的做法

虽然自然垄断行业中企业合并的审查标准的竞争法化是我国发展的必然趋势，但是我国的国情客观上决定我们不可能完全照搬发达国家和地区的做法。首先，我国自然垄断行业管制权力分配现状与我国以往体制改革的进程表明，将自然垄断行业中企业合并的控制权统一交给竞争执法机构来行使在我国很长一段时间内难以实施。其次，我国现行立法对部分法律冲突问题的解决方法作出了强制性规定，执法机关与法院必须严格遵

---

〔9〕参见黄海波、何琳：《“轻手管制”——新西兰电信业管制改革》，载《技术经济》2001年第11期。

〔10〕See The 2003 Hand book of Competition Enforcement Agencies, *Global Competition Review*, p. 57.

〔11〕参见刘和平：《美国反托拉斯法上的外资并购控制及启示》，载《现代法学》2006年第5期。

〔12〕参见王晓晔：《论反垄断执法机构与行业监管机构的关系》，载《中国经济时报》2006年8月14日，第5版。

守。目前,我国适宜采取的方法有两个,即法律位阶适用与行业立法竞争法化。

我国2000年《立法法》第83条规定了我国法律冲突的基本解决方法,"同一机关制定的法律、行政法规、地方性法规、自治条例和单行条例、规章、特别规定与一般规定不一致的、适用特别规定;新的规定与旧的规定不一致的,适用新的规定"。我国目前有关自然垄断行业的立法,有的是以法律形式存在的,如《铁路法》;有的是以条例、部门规则形式存在的,如《电信条例》。依据2000年《立法法》第83条规定,以法律形式存在的行业法则属于特殊法,应当优先适用于普通法《反垄断法》;但是以条例、部门规章等形式存在的行业法,则优先适用位阶更高的《反垄断法》。

但是以法律形式存在的行业特别法的适用应当以不损害竞争和不抵触《反垄断法》立法意旨为限。〔13〕如果此类特别法上有关企业合并控制标准有悖于《反垄断法》的立法宗旨,则应当适用《反垄断法》有关规定。

四、自然垄断行业的公益性与服务性对企业合并控制标准的特殊需求

"公用企业,通常包括从事电力、自来水、热力、煤气、通信、公共交通等行业经营管理的企业、事业单位。他们所经营管理的企业属于基础工业,是非常重要的能源和公共事业部门,对一个国家来说是极其重要,与人民群众的日常生活也密切相关。"〔14〕因此,"自然垄断行业主要是为社会公众提供公共服务的行业,具有明显的社会公益性和服务性"。〔15〕自然垄断行业的公益性与服务性对该领域中的企业合并控制标准提出了特殊的要求,即在审查自然垄断行业中企业合并案件时,执法机关不仅要考虑到相关合并对市场竞争、经济效率或者社会公共利益的影响,更要考虑到特定时期自然垄断行业中企业向社会提供公益性服务的情况。

权利与义务是一致的,相关主体在享有特殊权利的同时应当履行特殊的义务。自然垄断行业中的企业在享有垄断经营权的同时,应当积极履行向社会公众提供充足优质商品或者服务的义务。从发达国家的实践来看,这些行业中的企业能否向社会公众提供充足优质商品或者服务在很大程

---

〔13〕 参见史际春、肖竹:《反垄断法与行业立法、反垄断机构与行业监管机构的关系之比较研究及立法建议》,载《政法论丛》2005年第4期。

〔14〕 孙琬钟主编:《反不正当竞争法实用全书》(1993年分册),中国法律年鉴社1993年版,第35页。

〔15〕 王素君:《我国自然垄断行业的价格行为分析》,载《经济前沿》2003年第8期。

度上取决于相关行业基础性设施建设情况。为了保证能够有效履行向社会提供公益性服务的义务，自然垄断行业中企业应当首先尽量完成必要的基础实施投建。只有在这个前提下，相关企业才可以向其他领域进行多元化投资以取得更多的经济利益。如果经营自然垄断业务的企业在整个行业尚未满足社会对公益性服务需求的情况下对其他企业实施兼并，即使相关合并没有使市场竞争受到实质性影响，该行为仍然应当受到限制甚至禁止。

从目前大多数国家的反垄断实践来看，虽然有关的立法与执法实例还是比较少，但是有的国家反垄断法开始关注这个方面的问题。例如，俄罗斯 1995 年通过的《俄罗斯联邦自然垄断法》就对自然垄断企业向非自然垄断行业的投资作出了限制性规定。[16] 该法第 7 条规定：A. 为了在自然垄断主体活动的范围内有效执行国家政策，自然垄断调控机关对自然垄断主体参与的或针对自然垄断主体的而且有可能产生漠视商品消费者利益的结果的行为依照本联邦法律进行调控，实施监督，或者强制从处于自然垄断状态的商品市场向竞争市场状态移转经济补偿。B. 导致经营主体获得了对自然垄断主体用于生产（销售）对之依照本联邦法律进行调控的商品的主要资产的部分所有权或者占有和（或）利用权的出售、出租或者其他交易，如果此类主要资产的平衡表上的价值超过了依照自然垄断主体的被批准的资产平衡表上的自有资产价值的 10%。

目前，我国很多具有公益性的基础设施建设尚未达到社会需求水平，但是相关行业的企业对其他领域的投资却大量存在。例如，很多的电力企业的“三产”非常发达，从房地产到餐饮娱乐设施一应俱全，有的甚至还养起了专业足球队。[17] 这客观上导致了这些企业向社会公众提供商品或者服务的能力不足，直接影响着我国日常的生产与生活。即使到目前为止，由于电力行业的基础性投入不足，我国还存在限制供电现象，部分企业被迫调整生产时间，部分地区居民只能在特定时间段内享受电力带来的生活便捷与舒适。“为了公众利益，政府应该超越和驾驭利益集团。”[18] 我国

---

〔16〕 参见漆多俊主编：《经济法论丛》（第 10 卷），中国方正出版社 2005 年版，第 385 ~ 386 页。

〔17〕 参见文学国主编：《滥用与规制——反垄断法对企业滥用市场优势地位行为之规制》，法律出版社 2003 年版，第 211 页。

〔18〕 迟福林：《处在十字路口的中国基础领域改革》，中国经济出版社 2004 年版，第 11 页。

应当通过立法或者具体执法来强制自然垄断企业优先完成对必要基础设施的建设与改善,合理控制这些企业对非公益性产品或者服务领域的投资,确保自然垄断企业能够向社会公众提供充足优质商品或者服务,克服这些本身具有公益性职责的特殊企业因对经济利益的追逐而导致出现“缺位”与“错位”现象的发生。从我国目前的反垄断法相关规定来看,现行的企业合并审查标准无法完全满足对自然垄断行业中企业合并控制的特殊需求,需要在以后的立法或者执法中进一步完善。

滥用相对支配地位行为的法律规制研究*

近年来，大型连锁超市利用经营上的优势迫使中小供应商接受不合理交易条件的事件不断发生。[1] 同时，其他网络型的产业，如公共交通、名牌产品代理销售等行业也出现了以强凌弱的不公平交易诉讼。这一社会现象引起了法学界的广泛重视。虽然有学者认为，这是市场竞争的自然结果，应由市场自己去解决；但更多的学者认为，这是一种对市场上占有相对市场支配地位滥用的行为，它与滥用市场支配地位行为在损害公平交易和市场竞争秩序上具有相同的危害性，应当受到法律尤其是反垄断法的规制。2006年，我国商务部、发改委等多个政府部门联合出台了《零售商供应商公平交易管理办法》，旨在通过立法来规制这种不公平的交易现象，但是由于该办法的位阶较低，收效甚微。第十届人大常委会第二十九次会议通过的《反垄断法》可以看作对这种行为有了原则性规定。本文就反垄断法如何对滥用相对优势行为进行法律规制略作探讨，以期对规制该种行为有所裨益。

一、市场支配地位概念的扩展优势的相对性

（一）相对支配地位的含义

在传统的反垄断法中，滥用市场优势支配地位（abusing dominant market power）是规制垄断行为的重要方面，即当一个企业对某一种产品在相关的产品市场、地域市场以及时间市场上，具有决定产品价格、数量和销售等方面的控制力时，该企业就被认为是具有了市场支配地位。而如果具有这种支配地位的企业在市场竞争中利用其优势进行不公平的交易，则属

---

* 本文系作者携华东政法大学经济法专业硕士研究生唐茂军合作完成，载《东方法学》2008年第3期。

〔1〕 据上海市虹口区法院的资料显示，自2005年起该院受理的该类案件大幅度上升，仅2006年上半年受理的该类案件同比增长160%，涉及的纠纷主要是供应商和零售超市之间的不公平交易条件。

于滥用市场支配地位。具有支配地位本身并不违法，相反可能是经营效率的表现。在反垄断法中，支配地位的认定是认定违法垄断的前提条件。而衡量市场支配地位最重要的因素是企业的市场份额（market share），各国反垄断法都对这种衡量规定了标准，即以市场份额作为基本判断依据来认定市场支配地位。具体来说，就是在对某一行为作法律性质的认定时，在市场份额的基础上，加上对企业的财力、采购或销售市场的进出难易程度，以及潜在竞争者进入市场的法律上或事实上的限制等因素进行综合考虑。

然而，事实证明这一标准尚不足以完全真实地反映企业的市场地位。实践中，越来越多的做法是把重点放在考虑新竞争者进入市场的障碍、对于交易相对人的依赖程度等因素上。因此，受反垄断法约束的对象也就从具有绝对市场支配地位的企业扩展至具有相对支配地位的企业。〔2〕一个企业，虽然不具有很高的市场占有率，但却拥有较其他竞争者优越的市场地位，也可能被认定为具有市场支配地位或垄断地位。〔3〕

因此，相对支配地位，或称相对优势地位，是指在特殊情况下，如果其交易相对人拒绝其供给或需求条件，就无法在市场中找到合理的出路，这时，该企业对于依赖其生存的交易相对人来讲就具有“相对”的支配地位。〔4〕如长期合作形成固定交易关系的代理双方，由于代理人（或销售商）不允诺委托人（或供应商）的不合理条件，后者突然停止供应和合作，如果代理商（销售商）已经进行了专项投资，难改变经营，则只能遭受巨大的损失，这里的委托商（供应商）相对于后者来讲就具有相对优势。

这里所称的相对支配地位并不指市场主体对于其水平场面上的竞争对手的竞争优势，而是一种垂直交易中的优势，一种处于产业上下游企业之间在交易中的相对优势，当一方当事人具有这样的经济优势时，与其交易的对方当事人（买方或者卖方）就处于相对的劣势，不得不接受优势主体提出的不合理的交易条件。因此，所谓滥用相对支配（优势）地位的行为是指具有相对支配地位的企业，在特殊的交易环境中，不合理地利用其支配地位，损害交易相对人的利益，破坏了自由与公平的市场竞争秩序，应

〔2〕参见徐士英：《中国反垄断法应当引入必须设备理论》，载杨紫煊主编：《经济法研究》，北京大学出版社2007年版，第4页。

〔3〕参见种明钊：《竞争法学》，高等教育出版社2002年版，第225页。

〔4〕参见单骥等：《从依赖性理论探讨相对市场支配地位——以公平法立场之研析适用》，载《我国台湾地区“行政院”公平交易委员会报告》1999年版，第27页。

受反垄断法规制的行为。

（二）滥用相对支配地位的行为

滥用相对支配地位可以分为卖方滥用相对支配地位和买方滥用相对支配地位两类。

1. 卖方滥用相对支配地位

卖方滥用相对支配地位是一种传统意义上的相对支配地位滥用行为，这里的卖方包括商品和服务的提供者，其多见于由生产者所主导的卖方市场时代。卖方处于"只要生产出来就能销售出去"的支配地位。经营者所实施的滥用行为包括提出不合理的交易条件、实施不合理的差别待遇等。

前一种情况，如供应商凭借其品牌的知名度和畅销度持续向购买方搭售交易商品或服务之外的商品或服务，或设定对交易相对人不利的其他交易条件等；后一种情况，即卖方在无实质合理理由的情况下，直接或者间接给予某一买方不同于其同类企业的待遇，包括差别价格、拒卖、因交易相对人拒绝接受不合理交易条件而断绝既有的商业关系等。

2. 买方滥用相对支配地位

买方滥用相对支配地位是当前市场上最为常见的一种相对支配地位滥用行为，是伴随买方市场时代的来临而产生并日益突出的一种现象。在买方市场背景下，产品供应相对过剩，生产者生产的产品"必须通过努力的推销，才能销售出去"，因此生产者便成了极度依赖流通渠道（零售商、批发商等）的依赖主体。这里的买方包括商品和服务的购买者。买方优势，或称需求方优势，即购买方相对于其交易人处于支配地位。在买方市场背景下，买方优势更为普遍常见，在现实生活中，买方滥用相对支配地位的行为类型主要有两种。

（1）大型零售商滥收进场费

所谓"进场费"，又称入场费、通道费、渠道费，是指供应商为使商品进入零售商终端的销售渠道而向销售商支付的商品价款以外的费用。[5] 进场费最早出现在20年前的美国，当时称为上架费（slotting allowance），随后与收取上架费用性质相同的费用的行业越来越多，越来越普遍，并成为一

〔5〕 参见詹云燕：《零售终端进场费问题的法律规制》，载游劝荣主编：《反垄断法比较研究》，人民法院出版社2006年版，第215页。

种“国际惯例”。[6] 但是这种“国际惯例”发展到我国就变了样。美国的上架费虽然也内容庞杂,但其主要以新产品的推介为中心、以促进产品销售为目的;而我国的进场费范围远远超过了“国际惯例”所认可的范围。

以我国为例,当前零售商向供应商收取的费用更是名目繁多,且不同的零售商对性质相同的收费也有不同的称谓,概括起来大致可以分为三类:一是常规收费(或称进场费),即获取销售机会的收费,如新品费、条码费、信息费、一次性赞助费、新店开张费等;二是特殊服务收费,即促销服务收费,如海报广告费、堆台促销费、节假日促销费等;三是返利,包括无条件返利和达到预定销售额后的返利。(见下表)例如,在2003年上海家乐福事件中,上海家乐福对供应商的收费项目高达17项之多。[7] 因此供应商与零售商的矛盾非常尖锐。

上海市虹口区内三大超市收费情况一览表[8]

费用名称	华联吉买盛	世纪联华	家乐福
折扣	报价折扣:14% 周年庆特殊折扣:3% 新店开业折扣:3%	排面设计商品:20%	4%
返利	2%/年,至少5000元半年结算	4%(若年度销售额达到120万元则为5%)	3%
进场费	首次进场品种数:15种总部:8万元 门店:3000元/店	—	—
新品上架费	1000元/只/店	—	—
堆垛(台)费	1000元/店/两周	1000元/店	1500元/店
端架陈列费	1000元/次/两周	—	—

[6] 参见李剑:《“家乐福”超市收费的法律分析》,载《法学论坛》2004年第5期。

[7] 参见《家乐福发邀请函意在各个击破众协会声援怒炒》,载 http://www.jinghua.cn/,2013年7月3日访问。

[8] 源自2007年5月上海市某区人民法院“超市与供应商交易关系的经济分析与法律判断”研讨会交流发言稿。

续表

费用名称	华联吉买盛	世纪联华	家乐福
海报(DM)制作费	3000 元/次/店	2000 元/次	2000 元/店/五次
周年庆促消费	1000 元/店	—	—
门店店庆	500 元/店	—	—
重大节庆	100 元/店/次	—	8% 折扣
门店翻新促销	3000 元/店	—	—
新店开业	5000 元/店，外加400～600 元祝贺条幅费	—	10000 元/店
促销区劳务	—	1000 元/店	—
新品排面设计	—	1000 元/店	—
现有店商品排面设计	—	20000 元/店	—
老店翻新排面设计	—	10000 元/店	—
结算期	45 天，新供应店首次为 100 天，新门店首次延长 45 天	60 天	60 天

注：上表中的收费项目和数额系查询各超市与供应商合同所得，超市对各具体供应商的具体收费可能在项目和数额度上都有所差异。

（2）对交易相对方实施明显不合理的对待

首先是明显不合理的差别待遇。这里所讲的差别待遇是指买方在无实质合理理由的情况下，直接或者间接给予某一卖方不同于其同类企业的待遇，包括差别价格、回扣、拒买、因交易相对人拒绝接受不合理交易条件而断绝既有的商业关系等。实践中，买方往往会根据交易对方（卖方）的规模大小、是否名牌产品、产品的畅销度等因素对不同企业给予不同的待遇。但是，应该明确，并非所有的差别待遇都是违法的，某些情况下的差别待遇就是因为其合理性而应该受到豁免，例如，基于卖方供货运输成本的不同而支付不同的价格则是合理的。

其次是明显不合理的交易条件。即买方违背诚实信用原则和平等互利原则向卖方强加的明显不公平、不合理的交易条件。其表现如买方单方面格式化合同中的“霸王条款”,例如,某大型连锁超市与一供应商之间的销售合同中就约定“供货商承诺给予最低的价格,如高于供货给任何第三方的价格,视作违约,供应商应补偿差价并支付违约金一万元”。这些合同条款使合同双方利益明显不平等,实质上是向供应商转嫁经营风险,以保证自己最大限度地获取商业利润。

应当指出,我国看起来是一个制造业的大国,但是大多数制造企业都处于中小规模,市场门槛低,吸引了众多的进入者,导致市场集中度低,产品同质化严重,竞争异常激烈,形成了对零售业的过多依赖。而另一方面,零售业在中国却已经出现了许多专业或综合连锁超市巨头,如家乐福、世纪联华、国美电器等,作为现代商品流通业的典型业态,它们具备了雄厚的资金实力和遍布城乡的销售网络。大型零售商由于其行业的特殊性(一是它们处于销售终端,直接服务于一定区域的消费者;二是该行业由为数不多的大型连锁超市所主导,市场集中度较高),〔9〕其竞争激烈程度远不及制造业。由于这些网络资源成稀缺状态,而且越来越集中在少数大型零售商手里,产业链的上下游市场的竞争程度就有了明显的区别。现代商品流通的特征就是争夺并确立销售渠道主导权,处于渠道主导地位的一方必然会将其支配地位资本化,将无形的相对甚至绝对商业支配地位转化为自身实实在在的现金或其他物质利益。为了争取进入有限的销售网络,制造商不得不接受零售商提出的不合理交易条件,尤其是极其依赖销售网络的中小制造商在与其进行谈判时明显处于劣势。因而,滥用相对支配地位的行为也就成为我国目前流通领域不可避免的经济现象。

二、滥用相对支配地位行为的成因分析

对于滥用相对支配地位的形成原因,目前在理论上比较统一的认识是“依赖性理论”。依赖性理论是德国反垄断法管制滥用相对支配地位行为的理论基础和判断标准,并逐渐为理论和实务上所接受。依赖性理论是相对优势理论中的核心概念,其含义是指:某一个或多个企业对另一个企业

〔9〕 根据商务部商业改革发展司和中国连锁经营协会的调查统计,2006 年“中国连锁经营 100 强”销售规模达到 8552 亿元,“连锁 100 强”的总销售规模占社会消费品零售总额的比重达到 11.2%,行业集中度逐年提高。载 http://www.cgcc.org.cn/,2007 年 3 月 30 日访问。

存在“依赖关系”，如果该另一个企业突然断绝与之的交易关系，该一个或多个企业将由于没有足够且合理的选择转向与其他企业交易，从而不得不接受该另一个企业提出的各种不合理的交易条件。笔者认为，依赖性理论基于其形成“依赖”原因的不同，又可以分为基于供求关系倾斜形成的依赖、基于专属性投资形成的依赖以及基于必需设备形成的依赖等三种。

(一)基于供求关系倾斜形成的依赖

法国竞争法学者贝达蒙认为，之所以产生某一市场主体滥用其在交易中的支配地位，原因在于，该市场主体与另一市场主体之间或该市场主体与多个市场主体之间存在“供求关系的倾斜”。判断是否存在供求关系倾斜的标准是：如果一个企业拒绝与另一个企业进行交易而致使后一个企业在另行选择交易对象时缺乏足够的合理的选择性，那么前一个企业就具有交易中支配地位。简而言之，当市场交易企业之间的依赖关系存在时，即供求关系倾斜时，被依赖者享有交易中支配地位。这种供求关系的依赖主要有以下几种表现：[10] (1)对名牌产品的依赖；(2)因物资短缺的依赖；(3)因长期契约的依赖；(4)对优势购买力量的依赖；(5)对有利店址或商业圈的依赖；(6)其他依赖。

一个典型的案例就是德国联邦最高法院对BMW滥用相对支配地位所作出的判决。[11] 德国BMW滥用相对市场支配地位案是该法院审理的重要案件。BMW规定经销商不得与BMW的竞争对手从事交易，如果要同时经销其他品牌的汽车，必须得到BMW的书面同意。经销商Rems-Murr-Kreis已经与BMW有五十多年的合作关系，由于与另外一家汽车厂商Peogeot签订了独家经销的合同后(Rems-Murr-Kreis在多次询问BMW关于与Peogeot签署经销合同没有得到明确答复后，与Peogeot签署了合同)，被BMW以未获允许擅自经销其他品牌汽车为由单方解除合约关系，并将Rems-Murr-Kreis告上了法庭。BMW在地方法院以及高等法院均胜诉，理由是被告未获得BMW的同意就从事该项业务，违反经销合同的规定。但在联邦最高法院BMW却被判败诉，联邦最高法院认为，如果两之间具有依赖关系，而且BMW的行为构成无正当理由的差别待遇，那么BMW就不

---

〔10〕 参见曹士兵：《反垄断法研究》，法律出版社1996年版，第149页。

〔11〕 转引自吴秀明：《竞争法制之发轫与展开》，台北，元照出版有限公司2004年版，第504页。

得任意终止合同。联邦最高法院鉴于两企业将近50年的合同关系以及BMW的商誉和市场地位，而肯定了依赖性的存在。联邦最高法院还考虑到本案的被告一方面并未获得Rems-Murr-Kreis地区的独家经销权，另一方面未经BMW同意还不得经营其他品牌，因此合同本身对被告有不公平之处。由此，德国联邦最高法院认为BMW以此为由解除合同，构成对依赖企业无正当理由的差别待遇。

由此可见，一个企业如果与另一企业缔结涉及经营基本事项的长期契约关系，则会有针对性地在资本投资、技术发展、人员培训、商业信誉以及客户网络等方面投入主要资源，这种企业早已适应的供货渠道与模式如果突然被迫停止，可能会使已经投入的资本无法收回，此时就形成一种需方对于供方的依赖状态，不仅汽车工业，其他行业如石油等行业都存在这种因供求关系倾斜而产生的依赖性相对优势。

（二）基于专属性投资而形成的依赖〔12〕

我国台湾地区的黄铭杰教授认为相对支配地位有无可能遭致滥用，与交易形态有密切关联，因此，他将交易形态区分为一次性或零星式的交易及长期性或持续性的交易两种形态。在前一种情况下，交易当事人在交易前都拥有缔约或不缔约的自由，即使双方事实上存在资本、规模等方面的悬殊，但是只要契约对象、内容等选择自由没有受到不当限制，则依据科斯定律，在双方的自由交涉之下是可以实现帕雷托效率的。相反，在后一种情况下，交易当事人因抱着对未来长期交易的期待，时而必须作出一定的投资，以节约交易成本，并创造一种信赖关系，令对方相信其有诚意长期延续双方之间的交易关系，从而促进整体效率的提高。但是由于这一投资往往具有专属性，无法转作他用，因而一旦对方违约或终止契约，则该项投资即成为“沉淀成本”，从而从事此项投资的当事人就被“锁住”（lock-in）于此交易关系中而难以脱身了。如此，没有进行专属性投资或投资相对较小的另一方当事人即可随意提出或者变更不合理的交易条件，迫使对方接受。

20世纪70年代石油危机时，德国卡特尔局曾以滥用相对支配地位为由查处过石油公司拒绝向自由加油站供油的行为。当时在德国，除了石油

〔12〕 黄铭杰：《公平交易法之理论与实际》，台北，学林文化事业有限公司2002年版，第11～19页。

公司设立的具有自己品牌的加油站之外,还允许成立不属于任何石油公司的独立经营的加油站。由于法律严格规定出售石油的品质,所以自由加油站都是从品牌石油公司进货,而不得从不明渠道购进石油。1972 年阿以战争后发生石油危机,炼油厂趁机停止了对自由加油站的石油供应。其理由是石油供应紧张。石油公司将自由加油站排除在市场之外的行为导致那些自由加油站的退市,因为加油站的投资是专属性的,很难转换到其他投资。德国卡特尔局介入了该案,认为自由加油站对石油公司存在依赖性,石油公司停止供应石油是滥用相对支配地位的行为,因而判令其在石油危机时期也必须继续向自由加油站供应石油,以避免石油公司达到排除竞争的目的。[13]

(三)基于对必需设备形成的依赖

对必需设备(essential facility)的依赖性是基于重建必需设备不可能或极端困难所形成的。必需设备的拥有者掌握着其他竞争者进入市场的瓶颈,潜在竞争者在必须设备的限制下是束手无策的。欧共体委员会是这样定义"必需设备"的:"在从事经营过程中,为了送达客户或者成为有能力的竞争者,这些要素是关键性的,并且其不能通过一些合理的方法进行复制。"[14]"必需设备的拥有者没有正当理由拒绝竞争者接入'必需设备',或者以歧视性的条件给予接入,将意味着违反欧共体条约第 86 条。"[15]

必需设备的基本特征就是:要进入一个特定的市场必须使用这一设施,市场的潜在竞争者依赖于这一必需设备,从而依赖于必需设备的拥有者,必需设备的依赖性由此产生。利用必需设备拒绝交易的行为大多产生于网络型产业的基础设施拥有者中,在美国法院所审理的案件中,大部分的必需设备为机场、电线网、港口设备、天然气煤气灶、铁路、原油净化设备、竞技场及电力通信网等相当于基础设施的设备,它们是构成滥用相对支配地位的主要领域。从美国法院对美国世界通信公司诉美国电话电报公司的案件的审理中可以看到,法院关于因必需设备而拒绝交易的行为认定就是按照依赖性理论进行的,并第一次提出了该类行为的构成要件,即

〔13〕 转引自文学国:《滥用与规制——反垄断法对企业滥用市场支配地位行为之规制》,法律出版社 2003 年版,第 143 页。

〔14〕 参见欧盟官方网站 http://www.europa.eu.int.net,2007 年 2 月 28 日访问。

〔15〕 Kirsty Middleton, *Cases and Materials on UK and EC Competition Law*, Oxford University Press, 2003, p. 350.

"MCI 要件"。美国电话电报公司掌控地区电话服务的特权，美国世界通信公司和美国电话电报公司在长途通话业务市场中具有竞争关系，但是要连接到最终的用户，美国世界通信公司需要使用美国电话电报公司的地区线路，事实上，通过美国电话电报公司现有的线路比重复建设一条新的线路要省钱得多。美国世界通信公司诉称，美国电话电报公司拒绝其使用必需设备违反了《谢尔曼法》。考虑到这一点，联邦上诉法院提出了该行为的构成要件（也称为"MCI 要件"）：一是垄断者控制着必需设备；二是竞争者对此设备具有高度依赖性（重复建设这项设施不合理或者不可行）；三是垄断者拒绝向竞争者提供此项设备；四是提供此项设备是可行的。法院通过这些标准确认了美国电话电报公司没有向美国世界通信公司提供必需设备的行为构成滥用支配地位的垄断行为。"MCI 要件"后来在许多判决中被用作判断是否适用必需设备原理的标准。

综上所述，相对支配地位滥用行为被规制进一步表明了反垄断理论从结构主义向行为主义的转变，也更加清晰地反映了反垄断法的实质是反对人为的市场进入壁垒。即使不占有较高的市场份额，哪怕是利用合法拥有的关键设施，或者不适当地掌控供应链中的有利环节，只要导致不公平交易，对市场竞争秩序造成消极影响，都会被作为垄断行为来对待，受到反垄断法的制约。

三、对滥用相对支配地位行为的法律规制

一种行为是否会受到法律的规制取决于法律对该行为的价值评判，而规制的方式却依各国及地区立法传统和现状的不同而各异。滥用相对优势地位的行为被法律作否定性评判是获得共识的，正是由于它所具有的社会危害性，有损于市场公平竞争的秩序，法律才加以规制，目的就在于矫正由于经济力量明显失衡而导致的交易和竞争机制破损的后果。在大部分国家及地区，反垄断法都是规制相对优势地位滥用行为的有效手段。除此之外，不少国家及地区还专门制定了针对零售商与供应商不公平交易这种典型的滥用相对优势地位行为的法律法规。

在反垄断法中，对于滥用相对优势地位的规制有两种方式可供选择。第一种方式将相对支配地位滥用规定为独立条文进行专门规制；第二种方式是在反垄断法规制滥用市场支配地位的条款中涵盖或加入对相对支配地位滥用的规定。但是无论哪一种规制方式，它们所遵循的理论是一

致的。

（一）在反垄断法中设专门条款规制

德国是这种立法模式的典型。在1973年第三次修订《反对限制竞争法》时，该法对滥用相对优势地位作了明确的规定。该法第20条第2款规定：中小企业作为商品或服务的供应者或需求者依赖于某企业或企业联合组织，以致没有足够的、合理可期待的可能性转向其他企业的，被依赖的企业或企业联合组织不得在无实质合理理由的情况下直接或者间接地给予另一企业不同于同类企业的待遇。某种商品或服务的需求者在供应者处除得到交易上通行的折扣或其他给付报酬外，还长期例外地取得不同于同类需求者的特别优惠的，推定该供应者在本款第一句意义上依赖于需求者。[16] 值得注意的是，德国法律对于依赖者主体的规定仅限制中小企业，显然，目的是使之免遭大企业的强权欺压。这种立法模式强调的是两种市场支配地位在规制上的区别，德国的这一规定对其他国家产生了不小的影响。

（二）反垄断法对“滥用市场优势地位”行为一并规制

这是指把对相对优势地位滥用行为的规制置于对市场支配地位滥用行为的框架之下统一进行的立法模式。法国的立法就是这种模式。在《关于价格和竞争自由的法律》的第8条“控制地位滥用的禁止”[17] 第1款中明确规定：企业或企业集团具备下列地位而有滥用行为者，应同受禁止，其中第2点规定：“在需求或供给企业处于无其他可替代解决途径而对其有经济依赖状态。”同时对包括拒卖、搭售或出售条件的歧视，以及其因交易相对人拒绝接受不当条件而断绝既存的商业关系作了规定。这表明法律认可相对的市场优势力量在一定情况下，与控制市场的企业同样需要有法律监督其滥用的行为。[18]

---

〔16〕 参见德国反垄断法的具体规定，尚明主编：《主要国家（地区）反垄断法律汇编》，法律出版社2004年版，第3~59页。

〔17〕《关于价格和竞争自由的法律》第8条“控制地位滥用的禁止”规定：(1)企业或者企业集团具备下列地位而有滥用行为者，应同受禁止：①在国内市场或者其重要部分居控制地位；②在需求或者供给企业处于无其他可能替代解决途径而对其有经济依赖状态。(2)滥用行为特别可能包括拒卖、搭售或者出售条件的歧视，及只因交易相对人拒绝接受不当的交易条件而断决既存的商业关系。

〔18〕 转引自吴秀明：《竞争法制之发轫与展开》，台北，元照出版有限公司2004年版，第468页。

（三）双重立法模式

日本规制滥用相对优势地位行为是通过反垄断法和专项法律同时进行的。首先，在其《禁止私人垄断及确保公平交易法》第2条第9款第5项的"不公正的交易方法"中，规定的第5项行为是"不正当地利用自己的交易地位而与对方进行交易的"行为；在《不公正交易方法》的第14条"支配地位的滥用"中又规定："利用自己比相对方优越的交易地位违背正常商业习惯，而不当实施的行为。"

与此同时，日本于1965年制定了《承包价金给付迟延等防止法》，禁止大规模的制造商不当利用其相对支配地位，对零件承包商的中小企业设定不利的交易条件。该法针对的就是大规模制造商在长期性、持续性的交易关系中所产生的相对支配地位。[19]

（四）单独反垄断法规制模式

我国台湾地区相关规定即属于这种模式。我国台湾地区对相对支配地位滥用的规定主要涉及所谓"公平交易法""公平交易法实施细则""公平交易相关行为处理原则"等。值得一提的是，我国台湾地区对相对支配地位滥用进行规制的相关规定虽然深受德国法影响，但是"可以肯定的是，德国法意义下的依赖性理论目前尚未在公平法的法规层面与法律适用层面，占有一席之地"。唯另一方面，有关事业间依赖性的理论与外国法制，也随公平法在我国台湾地区日益精致之发展，而在理论与实务界逐渐受到重视。[20] 正因为如此，在我国台湾地区相关规定中，看不到诸如德国法与法国法那样明显地对相对支配地位滥用的判断标准。

我国台湾地区"公平交易法"第19条对滥用相对支配地位作出了禁止规定："有下列各款行为之一，而有限制竞争或妨碍公平竞争之虞者，事业不得为之。"

同时"公平交易实施细则"之第27条又对"公平交易法"中所称之"限制"作了解释：本"法"第19条所称的限制，指搭售、独家交易、地域、顾客或使用之限制及其他限制事业活动之情形。此外，许多我国台湾地区学者还试图对如何将依赖性理论纳入我国台湾地区"公平交易法"第19条之运

〔19〕 黄铭杰：《公平交易法之理论与实际》，台北，学林文化事业有限公司2002年版，第215页。

〔20〕 吴秀明：《竞争法制之发轫与展开》，台北，元照出版有限公司2004年版，第512～513页。

用中进行了激烈的讨论。学者一般认为我国台湾地区“公平交易法”第19条第2款、第3款以及第24条与依赖性理论具有较直接的关联。

四、我国现行立法对滥用相对支配地位的规制

在我国的现实经济活动中，优势企业在交易过程中对交易相对方滥用相对优势地位的行为时有发生，尤其是近些年来，大型连锁超市对供应商滥用相对支配地位的事件频繁发生并引发了广泛的争议，但是与之相比，我国的相关立法却显得滞后。直到2006年，才由商务部等五部门联合颁布了《零售商供应商公平交易管理办法》，但这也仅是一部部门规章，效力层次较低。2007年8月30日颁布的《反垄断法》则为规制相对支配地位滥用行为提供了较原则的法律依据。

《零售商供应商公平交易管理办法》是首部由国家行政部门制定的规制零售商供应商关系的适用于全国的法律文件。其主要对零售商向供货商的收费行为、支付结算行为、商品下架、撤柜以及退货行为作了较为详细的规定，同时也对相关的监督执法、法律责任作了简单的规定。

从刚刚颁布的《反垄断法》规定来看，我国显然是选择了第一种方式。即没有明确提出“相对优势地位”的概念并加以区别规制，而是在该法的第三章“滥用市场支配地位”中一并加以规定了。我们注意到，在我国《反垄断法》中对经营者的市场优势地位的判断分两种方式进行，一是“认定”方式，即不考虑市场结构，而是通过对若干相关因素的考虑加以确认；二是“推定”方式，即以市场结构为依据进行确认。《反垄断法》第18条规定“认定经营者具有市场支配地位，应当依据下列因素”，法条列举了6种因素。其中的三种情况是与认定滥用相对优势地位行为相关的：(1)其他经营者对该经营者在交易上的依赖程度；(2)其他经营者进入相关市场的难易程度；(3)与该经营者市场支配地位有关的其他因素（概括性的兜底规定）。第19条规定，经营者在达到一定市场份额时，就可以推定其具有市场支配地位，并不需要考虑其他因素。[21] 可以认为，根据第18条的规定，

---

〔21〕 参见《反垄断法》第19条：有下列情形之一的，可以推定经营者具有市场支配地位：(1)一个经营者在相关市场的市场份额达到二分之一的；(2)两个经营者在相关市场的市场份额合计达到三分之二的；(3)三个经营者在相关市场的市场份额合计达到四分之三的。有前款第2项、第3项规定的情形，其中有的经营者市场份额不足十分之一的，不应当推定该经营者具有市场支配地位。被推定具有市场支配地位的经营者，有证据证明不具有市场支配地位的，不应当认定其具有市场支配地位。

即使经营者的市场份额并没有占到绝对优势地位，但如果考虑到上述因素，就可以认定经营者拥有市场支配地位。

（一）规制理论依据的选择

以何种理论为依据进行法律规范对设计十分重要。从现有域外立法来看，对相对支配地位的法律规制是以“依赖性理论”作为理论依据的，无论是德国还是法国，都以“经济依赖状态”为基础。而我国台湾地区的“公平交易法”虽未能从表面看出其所依之理论基础，但是学者们普遍认为与“依赖性理论”有直接的关联性。为相对支配地位的立法确立一种基础理论的好处在于该理论能为我们相关立法和执法提供指导作用，也能为界定相对支配地位提供判断标准，相关的立法也会随着该理论的不断发展而不断完善。

从我国对《反垄断法》第 18 条的规定中可以看到，我国实际上也是以“依赖性理论”作为规制相对市场优势地位滥用行为的理论依据。在对依赖性因素进行分析评价后，再来确定支配地位的存在及其滥用的构成。

（二）相对优势地位滥用的判断条件

违法行为的判断是《反垄断法》必须要认真解决的首要问题。目前我国已经有了对滥用相对优势地位行为规制的法律依据，关键是如何操作。反垄断法的现行规定比较原则，缺乏具体明确的判断标准。立法上的粗线条给法律的实施带来了困难。因此，我们应当借鉴其他国家的经验，研究在我国如何有效根治滥用相对优势地位的行为。

根据各国的执法检验，滥用相对优势地位行为的认定一般需要具备四方面条件。

1. 主体条件

受反垄断法规制的主体必须具有相对的市场优势地位。而优势地位认定的关键是其“相对性”和“被依赖性”。

第一，优势地位具有相对性。它不同于按照市场结构进行推定的市场支配地位，即只要达到一定的市场份额，该经营者对任何其他竞争者来说都被推定拥有支配地位，所以也可认为是一种绝对的优势。以微软公司搭售为例，具有绝对优势地位的微软公司有能力要求所有 Windows 操作系统的购买者必须同时购买其生产的 Internet 浏览器等附属产品，在这里无论购买者其地位有多高，或者规模有多大，都别无选择。而相对优势则应当

通过个案比较进行判断,如甲企业可能对乙企业具有相对优势,但甲企业可能对丙企业却无相对优势。因此,优势的相对性也导致了主体的不确定性。如宝洁公司可以要求某些中小零售企业在购买其公司的某一种畅销产品时,必须同时购买其公司新开发的另一种新产品;然而,宝洁公司却不能向沃尔玛、家乐福这样大零售企业提出类似的条件,因为宝洁公司不具有优势地位。相反,沃尔玛、家乐福具有市场优势。

第二,优势地位缘于交易相对人的"依赖关系"。认定滥用相对优势地位主体的判断依据是有无被依赖性,而不是其他标准,如企业规模、市场份额等。有学者主张,滥用相对优势地位的依赖主体仅限于中小企业,而不包括大企业。〔22〕对于此种观点,笔者不敢苟同。首先,"中小企业"概念本身就是模糊的,而且不同的行业有不同的标准,我们应该如何去界定?其次,在买方具有优势地位的情况下,如零售行业之与制造业,即使是大企业也难逃被讹的命运,〔23〕而且当大企业因蒙受滥用相对优势地位行为而无法成为有效竞争主体时,其对市场竞争或开放的影响,较中小企业更大。因此,只要存在依赖关系,大企业也不能排除在法律适用范围之外。

2. 行为条件

相对优势地位行为的构成是市场经济发展的自然结果,法律本身不会禁止市场主体拥有这种优势地位。只有在优势地位主体滥用了这种相对优势时才会受到反垄断法的规制。"滥用"的判断标准就是交易双方的交易条件是否公平合理,是否能够实现实质上的公平正义。

3. 后果条件

滥用相对优势地位的行为必须可能或者已经破坏了其上下游市场的公平自由的市场竞争秩序,降低了市场运行效率,并最终损害了消费者的利益。就后果而言,相对优势地位滥用所产生的危害要比绝对优势地位滥用所产生的后果影响更大,后者危害的是其本身所属行业的发展。而相对优势主体对依赖主体实施不公平交易而产生的后果将影响到上下游产业相关市场的竞争与发展。

---

〔22〕 转引自吴秀明:《竞争法制之发轫与展开》,台北,元照出版有限公司2004年版,第431页。

〔23〕 2006年10月底,作为国内牛奶行业龙头的"蒙牛"已经将所有产品从青岛家乐福超市撤柜,原因是超市开出的过高的返利、促销费让蒙牛有些吃不消。转引自《家乐福费用高,厂商纷纷撤柜》,载 http://www.redsh.com/,2006年10月24日访问。

4. 目的条件

目的条件是否应当成为滥用相对优势地位行为的认定条件,不同的学者有不同的观点。笔者认为,目的条件能够帮助执法者区分优势主体所实施的某些行为是相对优势地位的滥用还是合理使用。例如,如果是为了保证产品质量或者有其他合理目的的,则应得到反垄断法允许。这一点在德国《反对限制竞争法》第20条第4款中就有规定。

(三)法律责任

法律责任是体现反垄断法权威和威慑力的重要组成部分。通常认为滥用相对支配地位行为的法律责任有民事责任、行政责任、刑事责任。民事责任以提供法律救济赔偿损失为目的;行政责任主要表现为行政制裁,其基本方法如警告、发布禁止令、宣布合同无效和罚款等;刑事责任是最严厉的法律责任,主要有罚金和自由刑,但是大多数国家只规定了罚金,少数国家(如日本)和地区也规定了监禁和有期徒刑。〔24〕

结束语

市场经济条件下,企业间经济实力的悬殊导致某些企业在交易中拥有相对市场支配地位是不可避免的。在相关制度缺失的情况下,滥用相对支配地位行为在我国已经变得较为常见。大型制造商利用长期合同中的依赖关系迫使零售商供应商接受不利要求、外资企业滥用知识产权优势攫取高额利润、大型零售商对中小型产品供应商附加不合理条件等不公平交易的反竞争行为与滥用市场支配地位的行为在损害公平自由的市场竞争秩序上同样具有危害性,已经对市场竞争体制以及消费者权益造成了非常不利的影响,亟待建立适当的竞争法律制度对其进行规制。2006年,商务部、发改委、公安部、税务总局、工商总局联合公布了适用于全国范围的针对零售行业的《零售商供应商公平交易管理办法》,但是该办法的调整对象是有限的,尚不能覆盖所有的滥用相对支配地位的行为。我们期待《反垄断法》的颁布能够对规范滥用相对支配地位的行为起到巨大的推动作用。

---

〔24〕 2000年10月,我国台湾地区"公平交易委员会"通过第467次委员会决议,认为我国台湾地区家乐福公司滥用相对支配地位,向供货厂商不当收取附加费用,为足以影响交易秩序之显失公平行为,违反我国台湾地区"公平交易法"第24条的规定,处以新台币400万罚款。转引自章冠萍:《台湾贩量店向供应商收取上架费用之研究》,彰化,彰化师范大学出版社2000年版,第45页。

反垄断法实施的关键：垄断行为认定的核心词汇*

《反垄断法》于2008年8月开始实施，如何认定某种市场行为违反《反垄断法》，将是反垄断执法机关和司法部门关注的实质性问题。由于反垄断法的实施具有很强的经济政策性，导致法律中的一些基本概念界定只能是原则的。比如，什么是反垄断法的规制对象——"经营者"，它是否包括行政机关和国有企业的经营性行为，怎么认定市场行为是"实质性限制了市场竞争"，在哪些情况下可以确认是"违反了社会公共利益"，等等。执法部门必须在适用法律时对上述概念作出确定的解释，这既是反垄断法实施的关键，也充分反映了现代竞争法与传统法律的重要区别。在反垄断法实施的过程中各国积累了丰富的经验，尤其是日本对于反垄断法中核心概念的界定，对我国法律实施具有重要的参考价值。

一、反垄断法的规制对象：经营者的界定

反垄断法的规制对象在我国从一开始就颇具争议。关键问题在于是否要将行政性垄断纳入反垄断法规制的范围。2007年8月通过的《反垄断法》最终确定了以"经营者"作为法律规制的主体，〔1〕并在第12条对"经营者"的概念作了界定："本法所称经营者，是指从事商品生产、经营或者提供服务的自然人、法人和其他组织。"此外，还规定了另外一类主体"行政机关和法律、法规授权的具有管理公共事务职能的组织"一定程度上适用《反垄断法》。〔2〕 这种区分不同对象进行规制的二元规制模式，表

---

* 载《经济法论丛》2008年第2期。

〔1〕 从《反垄断法》第2条和第3条的规定来看，法律规制的垄断行为是由经营者实施的。

〔2〕 之所以认为是"一定程度上"，是因为该法对行政性垄断行为的规制力度极其微弱，虽然规定了如果上述主体实施了"滥用行政权力，排除或限制竞争"的行为，但反垄断法的执法机关并没有对之加以处罚的权力，只具有对行为者的上级主管部门依法进行处理时提出建议的权力。参见《反垄断法》第51条。

明了我国《反垄断法》对垄断主体的行为没有采用统一的认定和规制标准。本文无意讨论该种立法模式的利弊长短，但认为必须对《反垄断法》中规制的对象——“经营者”进行明确界定。

考察各国反垄断法的规制对象，基本上都是针对行为（垄断行为和限制竞争行为）的性质进行规定的，以美国《谢尔曼法》为代表的立法模式仅对垄断行为作出禁止性规定，不涉及行为主体的界定。凡是订立含有限制竞争的协议或者垄断或企图垄断市场的行为，都在反托拉斯法的调整范围之内。〔3〕虽然对国家主权实施的限制竞争行为规定了豁免制度，但也严格规定了豁免的条件。〔4〕然而，有些国家除了对垄断行为进行界定之外，还专门规定了行为主体的范围。如日本的《禁止私人垄断及确保公平交易法》（下称日本反垄断法）在禁止垄断行为之外，还规定了行为主体——事业者的范围（这里可以等同于我国的“经营者”）。

在立法之初，日本采取概括加列举的方式对“事业者”进行了明确定义：“事业者是指从事商业、工业、金融业和其他事业者。”不难看出，所谓“事业者”就是覆盖于诸如采掘业、农业、林业、运输、仓储和服务业之类的经济活动领域的经营实体，〔5〕而对于其他主体是否属于事业者的范畴是存在疑问的，如职业服务者、职业运动员、演员、艺术家、教育事业的从业者等提供劳务的主体行为是被划定在事业者经济活动领域之外的，国家及地方政府所设立的公共团体、宗教团体等更是不在反垄断法的规制范围之内。因为根据法律规定，一个单位如果不被认定为是“事业者”是不能适用反垄断法的。

但在以后六十多年的实施中，日本执法机关逐步扩大了对“事业者”的适用范围，从单纯的经济实体扩大到包括政府及其公共组织从事的经营性行为在内的更宽泛的范围。而影响这个变化的是在反垄断法的实施中引入了一个重要的法律概念——“固有行为”。

〔3〕美国《谢尔曼法》第1条和第2条规定。尚明主编：《主要国家（地区）反垄断法律汇编》，法律出版社2004年版，第186页。

〔4〕美国地方政府反垄断法规定主权行为的豁免必须符合两个条件：一是必须明确宣示限制竞争作为一项政府的政策，二是这一政策的执行必须受到政府积极而有效的监控。引自陈懿华：《行政垄断：美国反垄断法中的政府行为理论》，载王晓晔：《反垄断立法热点问题》，社会科学文献出版社2007年版，第127页。

〔5〕参见《禁止私人垄断及确保公正交易法》第1条，尚明主编：《主要国家（地区）反垄断法律汇编》，法律出版社2004年版，第425页。

“固有行为”是指“事业者”与“事业”〔6〕之间的固有逻辑关系，只有从事法定事业的主体，才有可能被判定为“事业者”。言下之意，一个被控违反反垄断法的人如果以主体资格缺乏为由而寻求反垄断法的豁免，就必须先行证明自己所从事的业务不属于法定事业的“固有范围”，因而不是反垄断法规制的对象。这就表明日本反垄断法对于“事业者”概念的定义决定了法律对于行为者的考察可以不必着眼于其社会身份，而是直接关注其行为的性质即可判断。“固有行为”这一概念在法律实施中被频繁适用，对反垄断法调整对象的界定产生了重大的影响。

首先，行业协会被纳入了法律调整的范围。在反垄断法开始实施时，日本公正交易委员会（Japan Fair Trade Commission，JFTC）对是否将行业协会纳入“事业者”的范畴十分谨慎。1979 年，JFTC 发布命令，责成一个因其经理成员提供价格固定表而被认定为违反反垄断法的“经理协会”纠正其行为，从此案开始，行业协会成了反垄断法的适用对象。1980 年，JFTC 再次将该法令适用于一个医师协会，并在 1981 年发布的《关于日本医师协会指南》中规定：“任何限制新的竞争者进入，制定统一收费表和限制广告的行为都是违反反垄断法的。”虽然由于职业服务者的特殊性，日本学者对于是否将行业协会一概归于“事业者”仍然存在疑问，事实上，JFTC 在执法实践中也允许一些例外存在，如律师的收费标准、医疗保障的收费标准等已有其他法律作出规定而不适用日本反垄断法。但有一点是十分明确的，如果医师所提供的服务属于非医疗保障服务范畴，其固定收费标准的行为就是违反日本反垄断法规定的行为。由此可以认为，这种“行业协会”在一定程度上已经被作为“事业者”进行处理了。

其次，把国营企业视为“事业者”纳入反垄断法规制范围。1989 年，国营（日报称为“官营”——作者注）的日本屠宰场与私营屠宰场公司在竞争中发生矛盾，日本法院就对与此相类似的问题采取了以下的立场：任何社会机构，只要参与商业经营活动，就成为“事业者”，国家及地方政府所设立的公共团体也不例外。1998 年上诉到日本最高法院的关于私营明信片

〔6〕 至于什么是“事业”，后来的判例所作的解释是：“事业是指对于某些经济利益的供给，反复持续地获得对等支付的经济活动。”See H. Iyori and A. Uesugi, *The Anti-monopoly Laws and Policies of Japan*, Federal Legal Publications, Inc. 1994, p. 3.

一案,[7]更是典型地表明了这一变化。在该案中,以印制、销售明信片为业的私营业主(原告,上诉人)以国家垄断并廉卖明信片侵害私人营业权为由,对国家的行为提出损害赔偿的诉讼请求。[8] 对此,国家认为:(1)反垄断法是以促进私营业主之间的竞争为目的,国家及其地方公共团体的营业不适用于垄断的事业。(2)邮政法指出包括官营明信片的发行在内的"邮政业务"作为国家的垄断事业,另外,私营明信片和官营明信片性质不同,它们之间不存在竞争关系。所以国家不是"事业者",不适用于反垄断法。(3)本案的销售额符合了邮政的规定,不属于不正当销售(廉卖)。一审大阪地方法院首次肯定了对国家也适用反垄断法,即认为邮政法上对私人印制明信片是许可的,它的制造、销售是自由的。虽然"官营明信片的发行和销售是国家的'固有行为'",承认国家的垄断不适用于反垄断法,但在其垄断事业的"固有行为"以外的行为则应该适用于反垄断法。然而"任何被附加了图案、色彩等的明信片都将不再是法定的垄断事业",因而"在那些垄断事业者附加了不是固有行为的行为,提高官营明信片的价值,其发行、销售导致它与私营明信片的竞争","被告(国家)作为邮政事业活动的主体,是反垄断法第2条第1款所指的'事业者'"。另外,法院认为,对购买这些明信片的人来讲,上述官营明信片与私营明信片有反垄断法上的竞争关系,因而适用于反垄断法。

因此,大阪地方法院的结论是:除非明信片的发行与销售可以解释成为邮票之类的相应业务(法定垄断事业),否则明信片的发行与销售仍然不能被解释成为属于国家法定垄断的范畴。言下之意,即使发行和销售明信片是国家的法定垄断事业,但明信片一旦被附加了彩票号码或图画之后,就已经超出了其法定垄断事业的范围。因此,国家可以成为反垄断法的适用对象。

十分有意思的是,在后来的上诉审理中,日本最高法院不仅支持了大阪高等法院关于"附加了(彩色、号码)的明信片不是法定垄断事业"的判决,甚至对明信片事业是否是国家法定垄断事业还持有了保留意见。法院

[7] "贺年明信行业主提出损害赔偿请求权案",日本最高法院平成十年(1998年)12月18日第三小法庭判决,1995年第423号损害赔偿等请求上告事件,《审判集》第45卷第467页。厚谷襄儿、稗贯俊文编:《独占禁止法审决、判例百选》,有斐阁2002年第3版,案例2。

[8] 案件中国家的行为是:暑期慰问明信片以41日元销售将印有彩票号码及载有彩票号码的图画的贺年明信片和(扣除福利基金3日元)。

认为:“官营明信片”一词的正当性值得质疑,“属于国家垄断的邮政业务仅限于书信的邮递以及与其相应的邮票之类的发行与销售”。由此可见,以从事“固有业务”为由主张法定垄断从业者免于适用反垄断法的借口已被日本法院所否决,法院从另外一个角度对“固有业务”作出了理解。[9]笔者认为,日本法律实施中对于垄断主体的认定,直接关注其行为的性质而淡化其社会身份的做法值得我们借鉴。

最后,把政府及其公共组织也纳入了反垄断法的“事业者”范围,从而成为反垄断法的适用对象。东京高等法院 2001 年 2 月 16 日作出的判决表明了法院的这种立场。在该案中,原告三丰郡医师协会是日本香川市观音寺三丰郡地区的区域性医师从业者联合组织,它限制了新加入的医师而被日本公正交易委员会认定为限制竞争行为,并受到对违法行为进行排除的判决。[10] 原告对上述判决不服,向东京高等法院请求取消上述判决。原告三丰郡医师协会所持的一个主要抗辩理由是:“根据医疗法,县知事(县长)具有劝告相关当事人进行前述事项的法定权力,而原告已行使的被控行为属于为县知事提供相关咨询意见的性质,因此不应当对其适用反垄断法。”即使形式上符合限制竞争的行为特征,但如果被认定为违反反垄断法则是一种非难,与反垄断法的目的和宗旨也是相悖的。

对于此抗辩,东京高等法院作出最后判决认为:对价格竞争施加限制是反垄断法所规制的固有对象。由于各医疗机构在从业人员的专业水平、设备、水准、治疗方法、用药方法上存在差异,医疗质量上的竞争在所难免。因此,作为一项业务,医疗事业属于反垄断法所确定的“事业”范畴是无可争议的。对于相关医疗事项提供劝告意见确实是医疗法赋予县政府的固有权力,但是采用超出医疗法所规定的手段和范围,特别是当一个团体根据自主制定的规则作出限制竞争的行为之时,这种行为理应接受反垄断法的规制是毋庸置疑的。[11]

---

〔9〕 参见[日]厚谷襄儿、稗贯俊文编:《独占禁止法审决、判例百选》,有斐阁 2002 年第 3 版,案例 44,神户大学教授泉水文雄释。

〔10〕 日本执法机构认为,医师协会的功能只应局限于诸如为会员提供医疗信息,或者在合理的范围内提出附有一定压力的建议与指导意见。原告的做法不仅限制了事业者的数量,而且不正当地限制了事业者的功能和活动,显然已经超出了这一范围。参见[日]厚谷襄儿、稗贯俊文编:《独占禁止法审决、判例百选》,有斐阁 2002 年第 3 版,案例 44。

〔11〕 参见[日]厚谷襄儿、稗贯俊文编:《独占禁止法审决、判例百选》,有斐阁 2002 年第 3 版,案例 44,神户大学教授泉水文雄释。

此外要指出的是，根据日本反垄断法对“事业者”所下的定义，任何为事业者的利益提供服务的人员，包括政府官员、雇员、代理人等，均应被视同为事业者。比如，高级职员的规制，高级职员虽然不是事业者，但却同样是日本反垄断法所规制的重要对象。公正交易委员会可以在必要的情况下对“事业者”之外的高级职员采取修正措施。[12]

二、关于“实质性限制竞争行为”的界定

反垄断法的发展历史告诉我们，结构主义的规制准则已经逐渐让位于对行为的规制，某一市场主体是否违反反垄断法，就看其行为（包括联合行为、企业并购行为等）是否对竞争造成了实质性的限制。实质性的限制竞争不仅对垄断协议的判断具有意义，还表现在对经营者集中（合并）方面进行判断的标准上，尤其是对持股、连锁董事会、并购等案件是否构成违法的重要标准。与支配地位滥用的垄断行为和某些垄断协议明显损害竞争秩序的行为不同，这些行为本身并不为反垄断法所一概禁止，只有当这些行为造成实质性地限制竞争的后果之时，才可以判定其行为违反反垄断法。

我国《反垄断法》对于虽然符合法律禁止的条件但并不实质性限制竞争的行为同样作了规定，如第二章关于“垄断协议”第15条第2款规定垄断协议的豁免条件时，规定：经营者应当证明所达成的协议不会严重限制相关市场的竞争，并且能够使消费者分享由此产生的利益。这里的“不会严重影响相关市场的竞争”是需要根据案件具体情况加以认定的。同时，在第四章“经营者集中”中规定，“具有或者可能具有排除、限制竞争效果的，国务院反垄断执法机构应当作出禁止经营者集中的决定。但是，经营者能够证明该集中对竞争产生的有利影响明显大于不利影响，或者符合社会公共利益的，国务院反垄断执法机构可以作出对经营者集中不予禁止的决定”。此外，在第55条规定，“经营者依照有关知识产权的法律、行政法规规定行使知识产权的行为，不适用本法；但是，经营者滥用知识产权，排除、限制竞争的行为，适用本法”，同样，对于什么是“限制竞争”也要进行界定。

要判断是否实质性限制竞争，必须首先确定“竞争”的定义。我国《反

〔12〕 高级职员一般仅指董事会成员、合伙者或任何地位类似的人员。特殊情况下业务主管或者负责主要部门的雇员也被认为属于高级职员。

垄断法》并未对"竞争"加以定义，根据日本反垄断法规定："竞争一般是指：(1)两个或更多事业者在商业活动的范围内从事同种类商业活动的行为；(2)向同一消费者群或同一顾客提供相同或类似的商品或服务，或从同一供应者处获得相同或类似的商品或服务。"〔13〕很明显，该定义下的"竞争"，既包含了实际竞争又包括了潜在竞争。认定竞争的存在与否不仅要考虑相同的商品和服务，而且还必须考虑类似的商品和服务。在认定有关潜在竞争的存在与否时，不仅要考虑各种商品和服务的因素，还必须考察有关商业设施和行为种类的问题。事实上，竞争者能否在其正常业务范围内开展竞争，是否需要作出重大改变才能进入竞争的市场，对认定潜在竞争是否存在至关重要。日本法律这一定义不仅对于判断企业间是否存在现实的竞争十分重要，对判定是否存在潜在竞争更是起着决定性作用。比如，对于不合理的限制交易行为来说，公正交易委员会并不需要考虑潜在竞争是否存在就可以判定违法的存在。因为，一方面，"容易进入市场"并不能使卡特尔合法化，另一方面，存在潜在的竞争也并不意味着不公平交易行为以及私人垄断就合法了；而在并购的情形下，公正交易委员会要考察潜在的竞争是否存在，新的进入者进入市场是否容易等相关因素。

但尽管如此，日本公正交易委员会和法院的执法实践还是表明了，认定竞争是否存在，在不同的情形下所遵循的判断标准可以是完全不同的。在1951年的TOHO-SUBARU一案中，东京高等法院给"实质性的限制竞争"下了一个明确的定义(从此以后该定义一直为日本公正交易委员会和法院所遵循)：实质性的限制竞争是指对于竞争的有效限制，或指有效竞争不可能产生的情形。在解释该定义时，东京高等法院进一步指出："实质性的限制竞争不是指单个市场行为本身，而是指竞争本身在减弱，或者一个或一组事业者可以依其意愿操纵市场的价格、数量、质量或其他条件，以至于已经在一定程度上控制了市场。因此，一方面，竞争者数目的减少，竞争手段的减少……这些必然会限制竞争；另一方面，光有前述这些独立的事实并不意味着实质性的限制竞争一定存在。这也就是说，要判断限制是否是实质性的，必须判定竞争者数目的减少，竞争手段的减少等情况是否是一个或一组企业操纵市场的必然结果。"

---

〔13〕"竞争"的概念是由日本1949年的反垄断法修正案所列加的。

在1953年的另一个案件中，东京高等法院再次宣称："实质性限制竞争"可以被定义为是"建立、维持和加强市场控制的行为。"至于何种情况才算建立了"市场控制"，法院认为这是一个相对而言的问题，应当具体情况具体分析，总的来说取决于"案件本身的实际状况，而不能仅仅根据事业者所分享的一个市场上的供应或需求的情况而定。商业的总规模，融资能力、市场营销能力、竞争能力，新进入的可能性，以及买者或卖者的抵制能力等都是应当考虑的因素"。这也就是说，市场控制不仅可能由于事业者在市场上采取诸如价格限制、数量限制等限制竞争的行为所造成，或者阻止或者排除其他竞争者的进入等积极行为而产生，而且特定区域内某些特定事件的客观存在之类的消极因素，在认定市场是否已经被事业者所控制之时也可能起到决定性的作用。正是遵循这种思路，东京高等法院在TOHO和SHIN-TOHO一案的判决中再次认定日本电影业市场由被告控制1/3并不意味着竞争已受到了实质性的限制。〔14〕

日本理论界对法律概念的界定有重要的影响，在关于"实质性的限制竞争"的定义上，学者们的观点也受到重视。大多数学者认为，法院的界定是过于严格和僵硬了。认为在对于"实质性的限制竞争"定义把握时，必须考虑具体法规所置身的背景。比如，对于市场力量集中的法律所确定的实质性竞争限制来说，应该补充有关经济理论的内容；关于核心卡特尔协议所覆盖的产品范围，在日本必须考虑相关产品市场。也就是说，一个发生在相关市场的实质性竞争限制是可以由其强烈的反竞争性质来加以推定的。〔15〕 1996年东京高等法院关于AOSHI KOUM ATSU一案的裁决就是一个典型的例子。在该案中，协议涉及了相关但几乎是完全独立的两个产品市场——两个在各自市场上相互独立的垄断公司达成协议不再进入对方的产品市场。问题在于，当时它们根本没有进入对方市场的可能性。即便如此，东京高等法院仍然还是支持了日本公正交易委员会的决定，即认为相关协议违反了反垄断法第3条关于禁止不合理的交易限制的规定。〔16〕

〔14〕 See H. Iyori and A. Uesugi, *The Anti-monopoly Laws and Policies of Japan*, Federal Legal Publications, Inc. 1994, p. 3.

〔15〕 ［日］村上政博：《日本独占禁止法》，株式会社商事法务2003年版，第225～226页。

〔16〕 ［日］村上政博：《日本独占禁止法》，株式会社商事法务2003年版，第225～226页。

日本公正交易委员会的执法实践表明，当被告拥有80%或更多的市场占有率时，它们任何有关价格的协议将导致限制竞争的假定是具有可信力的。而当市场份额只有50%左右之时，公正交易委员会将会考虑其他的一些相关因素，比如事业者所面对的竞争者的竞争条件、事业者在市场上的影响，等等。由此可见，市场份额始终是一个重要的因素。执法实践表明，日本公正交易委员会所判定的关于实质性限制竞争的案例中很少有被告的总市场份额是低于50%的。

上述日本关于“实质性限制竞争”的讨论和实践表明，要确定垄断行为影响竞争是需要根据实际情况加以认定的，只有将我国法律中一些原则性的规定需要通过案例进一步细化为具体的实施规则，并综合考虑竞争环境和其他因素才能作出正确判断。

三、“违反公共利益”的界定

“违反公共利益”是认定违法垄断以及实质性限制竞争时所使用的概念，也是垄断行为是否真正应该得到规制、承担法律责任的认定的关键。我国《反垄断法》开宗明义规定：为了预防和制止垄断行为，保护市场公平竞争，提高经济运行效率，维护消费者利益和社会公共利益，促进社会主义市场经济健康发展，制定本法。同时，在规制“垄断协议的豁免”时，第15条第4项规定：如果经营者能够证明所达成的协议是“为实现节约能源、保护环境、救灾救助等社会公共利益的”，不适用禁止垄断协议的规定。第28条关于“经营者集中”的条款中，还规定了即使某项经营者集中“具有或者可能具有排除、限制竞争效果”的，如果经营者能够证明该集中“符合社会公共利益的，国务院反垄断执法机关可以作出对经营者集中不予禁止的决定”。由此可见，“公共利益”在我国的反垄断法实施过程中确实具有至关重要的作用。但是，公共利益的概念十分宽泛，某项行为是否符合“违反公共利益”实际上是较难确定的。

日本反垄断法中也规定了“公共利益”这一概念，在日本反垄断法第2条关于“私人垄断”和“不正当交易限制”中，明确提出了“违反公共利益”的概念。〔17〕但对于什么情况下可以认定是“违反公共利益”存在不同的解释。从日本执法机关在实施中的观点来看，笔者把这种不确定分为两类

---

〔17〕 参见日本《禁止私人垄断以及确保公平交易法》第2条第5项、第6项规定私人垄断和不敢再交易方法中的界定，都使用了“……，从而违反公共利益的”的提法。

观点：一类是“自动满足违法条件说”，另一类是“非自动满足违法条件说”。其分界线在于：被法律确定为违法的行为（限制竞争或垄断行为）是否必然构成“违反公共利益”。限制竞争的行为是否允许例外（不作为违反公共利益）的情况存在。如果可以，具体的例外又有哪些。

持有“自动满足违法条件说”的学者认为，“公共利益”是指向自由竞争市场秩序的维持和促进的，当垄断和限制竞争行为发生时，它本身就已经违反了社会的公共利益，即实质性限制竞争的行为是必然违反并损害公共利益的，不需要额外的证明，违法行为自动满足“违反公共利益”的条件。日本公正交易委员会是坚持运用“自动满足违法条件说”解释立场的，以抵制任何使卡特尔行为合法化的企图。在 1949 年的 YUASA LUMBER 一案中，JFTC 指出：在公开竞价情形下的联合竞价行为，与反垄断法所倡导的自由竞争精神相违背。因此，当诸如定价协议之类与反垄断法的宗旨不相符合的行为发生时，应当将其视为违反公共利益，而无论其所定的价格是否合理，也不论国民经济是否因此而遭受损失。

对于上述“只要自由竞争的经济秩序遭到破坏，公共利益即遭受损害”的观点，持有“非自动满足违法条件说”观点的学者认为，“违反公共利益”的情形是非常复杂的，有些例外情况应当被排除在“违反公共利益”之外。尤其是那些对反垄断法持反对意见的人，试图通过解释“违反公共利益”来支持他们的立场。其逻辑是：很多卡特尔并不违反公共利益，因此不应被认定为违反反垄断法。比如有人认为，过度竞争是不合理的，而且会影响国民经济实力。因此，减少过度竞争的卡特尔并不违反公共利益；[18] 还有人认为，反垄断法执行过程中对产业政策的因素进行合理考虑是必须的，公共利益其实等同于国民经济的整体，因此自然应当包括对生产者利益的保护。所以，有些行为形式上虽然属于法律所禁止的行为，但是并不因此而破坏了法律的目的。应当仔细考察与这类行为所涉及的相关利益以及法律的目标，这才是确定是否“违反公共利益”的关键。

对于“公共利益”在理解上的分歧，极大地影响了司法实践。1984 年

〔18〕 见前述“反垄断法的放宽执行”。事实上，许多反垄断政策的反对者都以过度竞争损害公共利益为由来反对反垄断法的执行。

在石油危机中出现的石油价格卡特尔案件就是典型。[19] 由于卡特尔联合定价所引发的石油危机的影响快速上升,当时的日本通产省对此作出了行政指导,要求在石油行业划定一个最高限价。12 个经营石油的公司经过协商共同把石油产品的价格涨到了最高价(这个价格后来得到了通产省的认可和批准)。[20] 对于本案中执法者根据日本反垄断法第 2 条第 6 项"违反公共利益"而作出的指控,被告们的抗辩是:"违反公共利益"是违法的构成要件,其含义为违反"包括生产者、消费者双方在内的国民经济全体的利益"。而从石油业法的立法目的和关于标准价格规定的宗旨来看,为了达到保证石油的稳定供应等目的,经营者在一定范围内可以合法限制竞争。因为可以把这一价格认为是根据上述目标相关的规定而采取的措施,并是在通产省的行政指导下所设定的价格。在合法行政指导下的行政合作措施应该并不违反公共利益。本案中最高法院关于"公共利益"的理解是:"(违反)公共利益"的含义依法律第 1 条立法目的构成,本案虽然违反作为原则的自由竞争经济秩序的维持,但是在没有违反"确保一般消费者利益"这一最终目标的情况下,可以例外地作为没有违法处理。日本最高法院在该石油定价卡特尔案中所作出的判决,被认为具有里程碑式的意义。

要理解日本法院的判决,必须理解日本学者根据日本反垄断法立法宗旨归纳的关于"公共利益"的含义。日本反垄断法第 1 条规定的立法宗旨包括"促进公正并且自由的竞争""确保一般消费者利益""促进国民经济民主、健康发展"等多元目标。这与在"公共利益"问题上的不同解释直接相关。日本学者把对"公共利益"的不同理解归纳为三类:第一类理解称为"宣言性作用说",即"公共利益"是指"维持自由竞争秩序",只起到训示性宣言性作用,它并不具有任何实质性的意义。第二类理解称为"法定构成要件说",即"违反公共利益"就是违反反垄断法。因此,指控人要证

---

〔19〕 本案发生在昭和四十八年(1973 年)石油危机时,利用石油输出国组织(Organization of Petroleum Exporting Countries,OPPC)提高原油价格的时机,专营石油批发的 12 家公司的负责人经过 5 次关于各自所属公司的业务商讨,签订了共同抬高石油制品价格的协定。本案是专营石油批发的 12 个公司的 14 名董事因涉嫌日本《反垄断法》第 89 条第 1 项第 1 号的不当交易限制罪而 12 家专营石油批发的公司因违反日本《反垄断法》第 95 条的两罚规定而被起诉的案件。关于本案中涉及的许多焦点发生了不少争论。

〔20〕 参见[日]厚谷襄儿、稗贯俊文编:《独占禁止法审决、判例百选》,有斐阁 2002 年第 3 版,案例 8。

明违法行为违反了公共利益，必须负有举证的责任。第三类理解是“法定抗辩理由说”，即“公共利益”包括生产者和消费者双方的利益，被指控人要证明被控行为并不违反“公共利益”，必须承担举证责任，即“违反公共利益”可以构成阻却违法的法定抗辩理由。

在该案中法院认为，首先，竞争对手之间对提高价格达成共识是以牺牲“针对不合理的交易限制的互相约束机制”为代价的。其次，在本案中卡特尔形成的同时，不合理的交易限制大量地出现了。甚至可以认为，在真正采取行动之前或对真实的价格产生影响之前，卡特尔行为就已经违反了日本反垄断法关于禁止不合理的交易限制的规定。最后，针对被告（被控的12家专营石油批发的公司及其14名董事）关于“从石油业法的立法目的和关于标准价格的立法宗旨来看，为了达到保证石油供应的目的，在一定范围内限制竞争是合法的，因此没有违反公共利益”，以及“从保护生产者和消费者双方的共同利益着眼，认定被告的违法行为成立的规定并不合适”的主张，法院指出，关于“违反公共利益”这一理由，只有在极端的情形下才可以运用，因此并不能构成本案有关裁定的抗辩。〔21〕显然，法院在这里既排斥了被告们提出的第三种学说（包含生产者、消费者双方的国民经济整体利益的学说），也没采纳第一种学说（维持自由竞争经济秩序的学说），而是采用了第二种观点。

由此可见，关于什么是违反公共利益的理解和判断，与反垄断法的立法宗旨直接相关。我国的立法宗旨也是多元的，尤其是在涉及产业政策与竞争政策关系时，如何确定是否“违反公共利益”，不可避免会产生不同理解，因此，对这一问题的探讨是有意义的。

四、结论

反垄断法作为竞争政策的主要内容，必须随着市场经济体制的逐渐确立和完善而不断发展。我国反垄断法的颁布及其立法过程中的一系列疑惑和争议，使我国的竞争法律制度已成为国内外极为关注的重要事件，现在反垄断法的实施指日可待，但法律的操作性并不强。而日本从开始时全面受美国反垄断法的影响，经过半个多世纪的实践，从接受、磨合、变迁、创新，到植入本国的土壤，形成具有鲜明特色的制度，并在促进经济的增长中

〔21〕 至今为止，日本尚不存在以此为抗辩理由的成功案例。

发挥了显著的作用,竞争政策和产业政策这两个轮子共同推进了日本经济的高速增长,得到了世人的认同。[22] 其反垄断法实施的经验,值得我国认真研究并借鉴,我国应当在结合国情的前提下制定有效的实施规则,以发挥反垄断法应有的功能。

---

〔22〕 参见[日]稗贯俊文:《关于日本竞争法实体规定构造上的特征》,载韩国竞争法研究所编:《2005年汉城大学反垄断法国际研讨会论文集》2005年6月。

法学和经济学的聚焦

——"经济法本质"之我见*

从经济学专业毕业进入经济法的教学研究领域,笔者被认为是走了一条合乎理想的道路。近三十年的学术生涯,笔者与经济法相伴,自得其乐地畅游在经济学与法学的交汇处:以经济学的目光审视法律制度,以法学的理念解释经济现象。虽然研究尚浅,但是心得不少。如果说有什么值得书写的话,那就是对"经济法"的本质和价值问题作了些微探索,并有了自己认为可以自圆其说的逻辑结论。初识经济法时,为有机会进入管理学和法学的特定领域而感到新奇;再识经济法时,为能够认识经济法的本质价值而有了自信;而今重识经济法,为经济法已成为市场经济社会的主流法制理念而倍感光明。在庆祝经济法学研究三十年的活动中,自诩作为经济法学术百花园中的一叶花瓣,愿在满园浓艳的芬芳中沁入淡淡的清香一缕,是学者的义务,也是人生之一乐。

一、初识经济法:调整间接的经济管理关系之法

20 世纪 80 年代初刚刚接触经济法这一名词,[1]就迎面遇上了热闹非凡的"民经论战",即使是经济法学界内部也是意见纷呈,令人隐约感觉到了法律调整范围的争夺。这让笔者首次见识了学术信仰的执着和观点争论的尖刻。初识经济法的迷茫使笔者不得不思考,经济法究竟是什么?是创新还是异端?是合乎历史发展的必然产物,还是随意杜撰的应景语汇?凭着对经济学理论的基本了解,又在法学的深邃海洋中漫游了几年,笔者渐渐形成了对经济法的一点见解:经济法是人类社会合乎发展规律的法律

---

* 载中国法学会经济法学研究会编:《海阔天高——中国经济法(学)的过去、现在和未来》,上海财经大学出版社 2008 年版,第 253 ~ 259 页。

〔1〕 1983 年初笔者从上海财经大学经济系毕业分配到华东政法大学经济法教研室任教。

现象，它不同于人们熟悉的现有制度，但也不是可解决所有经济问题的法律思想。笔者认同“经济法是调整国家经济管理关系之法”的观点，但笔者有自己的诠释。在一次经济法学界召开的研讨会上，笔者提出了“对经济管理关系”不应作狭义的理解，并对“经济法调整经济管理关系就等同于调整纵向关系，从而削弱经济法调整范围”的观点表示值得商榷。因为经济学理论认为，“经济管理关系”不仅包括计划、命令、指挥等国家直接干预经济的管理关系，还包括国家以组织、协调、调节等手段进行调控而产生的间接管理关系。尤其是在现代市场经济中，国家管理经济基本上是以后者为主。经济法正是调整这种新型的、以间接调控为主的经济管理关系的法律形式。那种把经济管理关系理解成仅仅是指令性计划管理的观点是片面的。也许这样的观点在当时并不合时宜，但笔者衷心感谢李昌麒教授，他给了一个初学者极大的鼓励，也对笔者的见解表示兴趣，并诚意邀笔者在《经济法制》上公开发表此观点。[2] 正是由于这样的鼓励，使笔者在以后对经济法理论的思考中敢于大胆深入。1988 年，当笔者有机会主编国家电视中专教材《经济法概论》一书[3]时，就将上述观点写入了教材。尽管是中等教材，但笔者把它作为研习经济法的起点。书中阐述了第二次世界大战后各国运用金融、财政、产业政策以及反垄断法等各项调控手段调节国民经济，并将这些手段上升为法律（经济法）的事实，论证了“经济法是调整以国民经济宏观管理为主、并以间接管理为主的经济管理关系”的宽泛经济关系的调节器。[4] 笔者认为，调整间接管理关系的法律是经济法的常态，而国家直接干预经济手段的运用则是经济法在特定时期（如战争等）、特定行业（如自然垄断行业）中的特殊形式，我们不能把特殊状态当作经济法的常态进行研究，更多地应当研究在正常形态中的经济法现象。因此，经济法学界应少谈“纵向”或“横向”问题，而应研究管理关系的多元性和调节性。

二、再识经济法：维护和提高经济体制效率之法

20 世纪 90 年代后，经济法学界的研究重点已经转到探索经济法最本质的东西的轨道上来。从考察发达国家的经济法现象入手寻找答案是经

---

〔2〕 后因学术环境变化，《经济法制》杂志停刊而未能刊登。

〔3〕 参见徐士英主编：《经济法概论》，高等教育出版社 1992 年版。

〔4〕 参见徐士英主编：《经济法概论》，高等教育出版社 1992 年版，第 18 页。

济法学界研究的基本方法，尽管路径相同，结论却可以大相径庭。多年后再识经济法，笔者对经济法的本质有了更加深入的理解：经济法乃是维护和提高经济体制效率之法。

经常遇到学生这样的提问：以“市场缺陷＋国家干预”的路径来解释西方国家经济法的产生，可谓顺理成章；可对于中国经济法的产生和发展，无论是社会根源还是现实条件，都显示出与前者迥然不同的背景。如果因循上述思路研究我国的经济法，答出的结论难免南辕北辙：我国经济体制的目标是减少“国家干预”，而经济法却要研究如何加强“国家干预”。这促使笔者思考，要建立科学的经济法理论体系，必须寻求经济法的本质，探索不同国家经济法个性中的共性，特殊中的一般。这是经济法学者不可回避的首要任务。

法律的目标以公平、正义为主旨，经济学的目标则侧重于效率的维护。在笔者看来，某些法律现象之所以被称为“经济法”，并不仅仅是因为它调整“经济关系”的缘故，一定是与市场经济的效率有关，而且一定与其产生的时代——垄断资本主义时期的经济效率有关。按照法律发展史的规律，如果没有新的社会矛盾产生，不会在原有的法律体系中诞生新的法律意识和法律制度。因此，在极为庞大完整、根深蒂固的民商法体系中萌生出被称为“经济法”的法律现象，绝不是因为民商事法律制度在其自身体系框架内的缺失或遗漏，而是这些传统立法对于“效率”目标的实现力不能逮，或者是飘忽不定的价值定位所致。当市场经济进入资本主义垄断时期，垄断资本的腐朽性导致了社会经济效率的下降，尤其是垄断企业对创新效率和社会资源分配效率产生的严重负面影响，才引发了以关注社会经济效率为宗旨的大规模立法活动。而这种整体性的社会经济效率的维护，就是为了提高社会资源的配置和利用的效率，最终实现社会的持续发展。〔5〕从那时开始，各国可归入经济法的成文法律都带有政府介入市场经济的或隐或显的特征。尤其在第二次世界大战的前后，大规模的经济立法在美国罗斯福新政时期出现，其结果是确立了美国联邦政府对原本由市场自行调节的经济事务的全面干预权和调节权。经济法在西方各国全面勃兴的事实

〔5〕 限于字数，这里简要表述。详细论述可参见：徐士英、魏琼、瞿向：《论经济法的价值》，载《经济法论丛》1999 年第 1 期；徐士英：《经济法的体制效率价值与和谐社会构建》，载顾功耘主编：《和谐社会的构建与中国经济法》，北京大学出版社 2007 年版，第 12～20 页。

表明，国家权力介入市场机制的本质是变换资源配置的方式，以适应社会矛盾缓解之需要。这是经济法的源头，但是只是源头之一，抑或经济法产生和发展的态势之一。

值得感叹的是，随着“政府管制制度可以制止经济衰退”神话的破灭，“政府干预亦有缺陷”成为了发达国家的又一个共识。西方经济学重新肯定“看不见的手”的作用，强调纠正市场缺陷的正确途径是完善市场机制本身而非寄望于政府。20 世纪 70 年代新自由主义重又崛起的事实，正是在政府体制效率下降后对市场体制的呼唤。从重商主义的国家强权统制经济，到完全竞争时期的自由放任主义，再到凯恩斯主义的国家介入市场，再到新自由主义的重提市场调节，西方经济体制的改革始终在进行一个两极互换的历史逻辑图式，从形式表征上看，是政府和市场二者交替成为经济调节的主角，然而，实质上带给我们的深思则是这一系列变化背后的深刻内涵，即人们力图要构建一种能够使社会经济持续发展的、有更高效率的资源配置方式，这就是维护和提高经济体制的效率。一切围绕这个目标的立法应当被称为经济法。

如果以此逻辑来分析和解释经济转型国家经济法产生的根本动因，那就变得与西方发达国家一样的顺理成章。我们进行经济体制改革的目的是改变政府集中配置资源产生的低效率。而所有与提高体制效率相关的立法就是我们转型经济国家所称谓的经济法。这就可以解释为什么几乎所有实行计划经济体制的国家都在体制改革中产生了经济法现象，这就是这一结论的最好注释。因为，转型经济国家的经济现状并不是市场高度发达，而是市场发育不充分；阻碍经济发展的障碍不是市场的内在缺陷，而是政府的过度干预；经济体制变革的目标不是主要克服市场缺陷，而是政府的淡出和市场的渐入。这些与经济法发展史上西方曾经面临的情况完全不同，如果沿用“市场缺陷 + 国家干预”来解释社会主义国家经济法发生和发展的动因、过程、途径，或描述其特征、功能、地位，势必造成理论上的摩擦。我国经济法学界研究中的诸多难题也皆由此而来。而以“维护和提高体制的效率”为目标，来解释社会主义国家的经济法才是最接近其本质的。

事实上，不同国家的经济法现象其实都诞生于经济体制改革时期（或称转型时期），要解决的问题都是优化体制效率。只是东西方国家发展进程呈现为两条相向运动的轨迹。西方是从完全的市场体制转向有国家干预的市场经济体制，发展中的社会主义国家都是从完全的计划经济体制转向有宏观调控下的市场调节经济。一个重要的结论是：正是因为经济法的创生和发展是以经济体制效率的提高为目标，所以，经济法的显著特征表现为既包括加强政府干预，也包括削弱政府干预两大类立法，其本质就是政府调节与市场调节的有效结合。我们习惯于认为加强政府干预市场的立法是经济法，但当我们明确了经济法是以变换体制来追求效率的本质之后就可以明白，即使是通过立法来减少或者削弱政府对市场经济的干预，也意味着经济法在整个法律框架内的能动作用。因为减少政府干预和加强政府干预的成文法一样，都是对经济体制的调整和对体制效率的追求，都是经济法内涵中的应有之意。这与后来某些经济法学者提出的"经济法不仅是国家干预之法，也是干预国家之法"的观点有殊途同归、异曲同工的意味。

市场体制和政府体制是人类社会资源配置的两种不同的方法。〔6〕无论哪个历史时期的经济系统，都需要政府和市场两种体制共同作用。即使亚当·斯密也没有完全排斥过政府的体制，更何况在现实经济生活中上述极端的形式已经极为少见。各国的经济运行都是这两种体制以不同的对比度结合在一起，呈不同谱系的形式存在。所谓的"市场失败"和"政府缺陷"，实质上都是由于政府和市场两种体制在现实经济生活中的对比度不恰当而造成的。现代市场经济的发展日益复杂，对体制效率的调节就更加需要了，即使在同一国家的不同时期，抑或在同一时期的不同行业，政府和市场体制之间的比例也需要不断进行调节。因此，动态地调节经济体制的效率应该就是经济法研究最核心的本质。〔7〕充分发挥经济法在调节体制

〔6〕 完全的政府体制，权力中心居于顶端，规则、命令、监督推动经济组织运转。完全的市场体制，各主体居于同等地位，意思自治，自由地进出市场并处于相互竞争的地位，为实现利益最大化而策动经济组织运转。

〔7〕 经济学研究表明，经济体制具有激励、保障、分配和制约等多种功能，这些功能的不同构造形成体制的特征，从而对不同经济现状的效率提高产生不同的影响。20 世纪 80 年代，我国经济生活中面临的主要问题是普遍缺乏有效的激励机制，恰恰是市场经济体制的特点。也就是说，对市场调节的需求要高于政府调节政府体制就应该削弱。但随着市场经济体制改革的深入，情况发生了重大的变化。各类激励机制（包括政府本身的激励）已经基本形成，人们在市场上追逐利润的动力大大提高，甚至到了不计手段的地步（包括政府参与的垄断与竞争）。随着激励机制的建立，争夺资源所引起的差距（包括机会和结果）越来越成为经济增长最主要的制约因素。如果分配差距持续扩大形成两极分化，将危及社会的和谐与稳定。因此，在体制内各项功能需要进行及时的调节。政府在参与资源配置方面的能力要进一步削弱，让位与市场。而在收入分配中的政府调节主导作用则应加强。使市场与政府之间的比例得到合适的调整。

效率方面的作用，为社会主义市场经济的发展和和谐社会的构建提供制度保障。

三、重识经济法：经济法是“思想或理念”之法

关于经济法是不是一个独立法律部门的争议延续了相当长的时期，以调整对象、调整方法、法律责任等进行分析和研究不一而足，但还是不能清晰地勾画出经济法部门法的特征。为什么不能改变研究思路，摒弃传统的纯理论讨论方式对经济法进行立体的考察呢？不少学者开拓性的研究给我们提供了创新的思路。[8] 笔者认为，要改变经济法研究中一直延续的解释理论的方法，要从现实的立法活动和实际的法规范中抽象出经济法的特质。笔者尝试在教学中开展“经济法价值体现”的讨论，试图在更加广泛的领域中去发现经济法、领悟经济法、总结经济法。让经济法理论的研究成果渗透到各个部门法中去，也让部门法的实践来印证（或检验）经济法理论，更可以改变部门法研究中脱离经济法理论的现象。这种“寻找经济法”的讨论卓有成效，不仅市场竞争法、产品质量法、消费者保护法、社会保障法、公司法、证券法、保险法、环境法、产业政策法等法律中，那种以提升体制效率的调节性的法规范比比皆是，即使是财税法，合同法、物权法等典型的行政法和民事法律中，都可以发现体现现代经济法思想的法规范。[9] 这又让我们对经济法有了重新认识。经济法其实是一种思想，一种理念，它不属于哪个部门法，却存在于各个部门法之中；它并不表现为某个具体的法律，但在现代市场经济的各种经济关系中都能找到它的影子。如果我们再以部门法的思路来研究经济法，是与经济法本身的价值不相符合的，也会束缚经济法理论的发展。与其沿袭传统方法去苦苦探求作为一个部门的经济法，不如抛弃这种努力，转而研究作为现代法律思想的经济法。

社会发展的现状已经再明确不过地告诉我们，经济法理念（思想）已经成为当今社会的主流意识。市场运行难免需要政府介入，而政府调控又不能与市场形成对立，现代市场经济的三大元素，无一不在经济法制度建设的视野之中。企业组织要承担社会责任、自由交换万不可随心所欲、市场

[8] 依照传统法律部门划分的理论看待经济法显然过时了，史济春、王源扩等教授的学术观点对于笔者具有醍醐灌顶的意义。

[9] 实际上笔者整理的法律法规远不止这些。

竞争被禁止弱肉强食、政府调节需遵循市场规律，社会的每一个领域都能够见到经济法的影子。市场经济已不再依赖单一的调节机制；经济集中与经济民主，社会和谐与有序竞争已成为现代法哲学的主要贡献；“在动态中追求效率，在变换中持续发展”的经济法思想在各国都取得共识。这就是经济法，不需要以部门法冠名的经济法。我记得儿时唱的歌曲中有这样的比喻：春，不在杨柳条上唱，春，不在杏花枝头闹。春在哪里，春在我们心里笑。经济法就如同春天的信息一般，它播撒在现代市场经济的每一个地方。

最后，允许笔者引用著名经济法学家漆多俊先生的话结束本文：我站在世纪之交的高山之巅，俯瞰人类社会法律之长河，它从莽莽荒原流来，破石穿岩，曲折跌宕；而今正从我脚下冲过，向远方奔腾而去。远处烟雾迷茫，我无法看清它的身影，只知道那更远处便是大海。

中国竞争政策目标的选择*

始于1978年的经济体制改革使中国的社会经济发生了巨大的变化，在市场经济体制建立过程中，尽管曾经面临很多障碍和挑战，但可以肯定的是，中国的竞争政策已经起步并初见成效，但随着经济转型的逐步深入，市场竞争导致的秩序问题逐渐成为经济社会的主要矛盾。当市场中占有优势地位（不管是体制遗留的还是竞争中产生的）的利益集团意识到竞争政策有可能会阻碍他们维持原有利益时，就会试图对竞争政策的决定和实施施加压力，尽管民众和广大消费者都希望加强对那些由市场支配力带来的不公平竞争进行更严厉的限制。上述问题表明，竞争政策的进一步确定和推进，对于完善市场经济体制、持续发展经济显得十分迫切。事实证明，一个国家如果缺少明确的竞争政策及准确定位，市场竞争的过程很有可能受到来自利益集团或政府行为的阻碍或扭曲。这就是为什么全球已有一百多个国家在实现经济发展的同时相继提出竞争政策问题，并把它上升为经济战略的高度加以积极推进。

一、竞争政策的含义与内容

竞争是市场经济的基本现象和本质内涵。但是，作为经营者行为的"竞争"现象与作为市场体制发挥作用的"竞争机制"是两个既相互联系又相互区别的概念，理解这两者的区别对于研究竞争政策具有至关重要的意义。竞争行为是经营者争夺资源或市场的较量过程，鉴于这种自发行为在增进自身利益的同时，也可能损害社会整体利益，因此，当竞争行为不受约束时，社会整体的市场竞争就会呈失范状态，竞争或被消除或被限制。这种竞争行为的消极作用使竞争的过程反而偏离竞争机制的功能。〔1〕这就

---

* 本文是商务部2009年研究课题"竞争政策问题研究"的中期成果；载吴弘主编：《转变经济发展方式与经济法》，立信会计出版社2010年版，第56页。

〔1〕 参见徐士英：《竞争法论》，世界图书出版公司2000年版，第3页。

是为什么堪称完美的自由竞争会导致经济发展的停滞甚至倒退的根本原因。"竞争机制"则不同于"竞争行为",它是要把个体的竞争行为最大限度地导向在增进个体利益的同时增进社会整体利益这一目标,而竞争政策所关注的正是作为市场机制意义上理解的竞争。

竞争机制对于市场经济来说至关重要,但社会经济发展的历史和经济学研究的成果告诉我们,竞争机制也不是在任何情况下都可以有效发挥作用的,它可能存在一些要克服的弊端,在有些经济领域还必须在外力帮助下才能更好地起作用。因此,竞争机制有时候需要作些修正,但绝不能被替代。即使是在自然垄断、公共产品供应及信息不对称的领域中,竞争机制的地位仍然不能被完全替代,必须引入竞争的元素。这就是为什么需要明确国家的竞争政策及其调整的缘由。对竞争机制的优势进行发扬,对其缺陷予以匡正,并在特定的经济领域对竞争机制给予必要的助力,以达到让竞争机制充分发挥有效配置资源的作用。因此,竞争政策就是指政府制定和执行的有关市场竞争机制运作条件的一系列制度与规则的总和。其目标就是通过约束各种限制竞争、可能导致垄断的市场结构和行为,尽可能通过调节竞争与垄断的关系,促进和维护市场竞争,实现市场的效率的提高。竞争政策被视为一个国家市场经济的基本制度。

竞争政策有狭义和广义之分。狭义上的竞争政策往往通过立法获得制度化的体现,因此,那些鼓励竞争、限制垄断的竞争法是竞争政策的主要内容,它作为对市场竞争结果的"事后调节"措施存在。但作为维护市场竞争机制的基础性政策,它可以被视为覆盖社会经济生活方方面面、无处不加以考虑和体现的基本经济国策或指导原则。〔2〕 各国竞争政策实施的实践表明,除了刚性的竞争法之外,还需要运用多种其他的政策手段或工具才能达到保护竞争的最终目的,这就形成了广义上的竞争政策概念。

广义的竞争政策是指为确保一个竞争市场体系的维持和发展所采取的各种公共措施,包括国有经济的私有或民营化政策;对垄断行业的规制改革与引入竞争政策;对政府制定经济政策与经济法规的竞争审查(如政

〔2〕 See Michael Wise,"Competition Law and Policy in Germany; Merger Remedies",*OECD Journal of Competition Law and Policy*,Vol.7, No. 2, 2005,p.4.

府补贴、外国经营者政策等),都可以视为相互作用的竞争政策的组成部分。[3] 还包括竞争推进与竞争文化的建设等。[4] 在竞争政策广泛的内容中,最重要也是最基础的是建立一套有效的竞争法律制度。一国竞争政策目标的选择与确定是竞争法有效实施的前提条件,将实质性地影响竞争法实施中具体标准和规范的确定;另外,竞争法的众多控制标准和行为规范的制定,也是竞争政策目标的具体体现。

二、我国竞争政策的目标定位

我国是一个朝着市场经济体制发展的转型经济国家,虽然经济发展速度惊人,但商品经济发展的历史和文化传统,仍然与发达的市场经济国家有不小的距离。因此,我国竞争政策的目标选择应该与完善社会主义市场经济体制的战略目标相一致,同时考虑影响竞争政策目标的其他因素,包括我国的市场化程度、政府管制的情况、竞争文化的发育程度以及国际经济环境的动态变化等。综合考虑以上因素,我国目前阶段的竞争政策目标应定位于"在大多数行业实现有效竞争"(以下简称有效竞争目标)。[5] 将"在大多数行业实现有效竞争"作为我国竞争法的总体目标,理由简述如下。

(一)符合当前经济形势和一贯政策传统

有效竞争所追求的规模经济与竞争机制之间的平衡,是经济效率和消费者利益目标得以实现的基本前提,也是自由、公平和整体经济健康发展这样的社会目标得以实现的基本保障。我国作为发展中国家,为了实现经济的发展甚至赶超,国家发展战略及政府推动在一国经济的发展中占有举

---

[3] 世界贸易组织(World Trade Organization, WTO)认为,竞争政策的概念包括竞争法和其他旨在促进经济发展的竞争的相关措施,如部门管制和私有化政策等。联合国贸易和发展会议(United Nations Conference on Trade and Development, UNCTAD)对竞争政策的定义更为宽泛,认为广义的竞争政策应包括与市场调控政策和政府为处理私营或公共企业的反竞争政策所采取的各种政策。

[4] 如澳大利亚的竞争政策有两项支柱:完善和具有综合性的竞争法律框架的有效执行;旨在推进竞争的政府监管和干预的改革(其中包括结构性改革)。欧盟的竞争政策以竞争法为核心,除了传统的三大支柱(限制性措施、滥用市场支配地位、控制合并)以外,还包括规制政府行为的国家援助。联合国贸发会议也提出了竞争政策的两大内容,即竞争推进和竞争法律的实施。

[5] 所谓有效竞争,则是指从一国整体经济运行效率的角度出发,考察竞争与垄断之间的适度协调。所谓"大多数行业",是指除了出于国家安全等社会公共利益的因素而不能引入竞争的特殊行业之外的所有可以引入竞争的行业(具体哪些行业属于"大多数行业"的例外情况,课题组于"中国竞争政策的具体实施标准"中另行阐述)。

足轻重的作用，因此竞争法的目标定位不可避免地要体现战略和体制改革的需求。有效竞争目标恰能体现我国当前的战略目标和改革的发展趋势。[6] 要实现完善社会主义市场经济体制的战略目标，一方面，必须重视市场的基础性配置作用，而有效竞争目标正是要求在大多数能够引入竞争的行业放开市场准入，发挥市场的基础性调节功能；另一方面，必须要促进经济结构调整和实现经济增长方式从粗放型向集约型进行转变，如果说以资金和资源的投入为前提的粗放型增长方式在政府主导下仍然能够实现的话，那么以科技进步和劳动者素质的提高为代表的集约型增长方式就只有在市场竞争的情况下才会不断前进。在当今世界，科技创新和技术进步已成为推动经济增长的决定性力量。贯彻落实科学发展观，转变经济增长方式，实现经济又好又快发展，意味着必须重视以有效竞争为目标的竞争法对完善社会主义市场经济体制发挥的基础性作用。

（二）符合我国经济体制改革方向

有效竞争的目标能够最大限度地推动建立“完善的社会主义市场经济体制”。[7] 尽管我国的社会主义市场经济体制已经初步建立，[8] 影响经济可持续发展的结构性矛盾和改革阻力仍然存在。[9] 在经济结构上，公

〔6〕 党的十六大提出了“全面建设小康社会的奋斗目标”，要求在2020年建成“完善的社会主义市场经济体制和更具活力、更加开放的经济体系”。党的十七大报告进一步指出，“实现未来经济发展目标，关键要在加快转变经济发展方式、完善社会主义市场经济体制方面取得重大进展……要深化对社会主义市场经济规律的认识，从制度上更好发挥市场在资源配置中的基础性作用”；但是我国经济发展到现阶段仍然呈现出来一系列阶段性特征：“经济实力显著增强，同时生产力水平总体上还不高，自主创新能力还不强，长期形成的结构性矛盾和粗放型增长方式尚未根本改变；社会主义市场经济体制初步建立，同时影响发展的机制体制障碍依然存在，改革攻坚面临深层次矛盾和问题。”

〔7〕 参见《中共中央关于完善社会主义市场经济体制若干问题的决定》，社会主义市场经济体制的目标之一即是“更大程度地发挥市场在资源配置中的基础性作用”，并将“建设统一开放竞争有序的现代市场体系”作为完善社会主义市场经济体制的主要任务之一。有效竞争目标是对市场作用的充分肯定，也是建立统一开放竞争有序的现代市场体系不可或缺的要素。

〔8〕 参见我国《发展和改革蓝皮书》，“以2003年党的十六届三中全会作出《关于完善社会主义市场经济体制若干重大问题的决定》为标志，我国的社会主义市场经济体制初步建立，开始进入完善社会主义市场经济体制的新阶段”。

〔9〕 参见《中国共产党十七大报告》，“我国发展呈现一系列新的阶段性特征，主要是：经济实力显著增强，同时生产力水平总体上还不高，自主创新能力还不强，长期形成的结构性矛盾和粗放型增长方式尚未根本改变；社会主义市场经济体制初步建立，同时影响发展的体制障碍依然存在，改革攻坚面临深层次矛盾和问题”。

有制经济和非公有制经济的比例仍然存在大幅度失调,[10] 国有企业改革依然阻力重重。一方面,我国近年来仍然在努力加强国有企业在经济中的地位,[11] 使如何将国有企业纳入竞争法的框架成为一个巨大挑战;另一方面,国家又出台了系列政策打破国有企业的垄断地位,积极放开市场准入,[12] 使竞争法得以有效实施的阻力和动力同时存在。在垄断行业的改革方面,我国经济运行中已经形成了自然垄断、经济垄断和行政垄断"三位一体"的交缠局面,使对行政垄断、自然垄断和经济垄断的规制成为关乎一系列法律和体制改革的系统工程。在政府管制改革方面,尽管经历了从"政府所有"到"政府管制"的历史性巨变,但是在一些重大行业仍然存在行业主管机构既当裁判员又当运动员的双重角色,严重影响了中国市场经

〔10〕 尽管非公有制经济在中国经济体系中的地位在不断提高,但是规模仍然很小。实际上,中国99%的企业都是中小型企业,其中绝大多数是私人企业。参见刘迎秋:《民营经济发展的总体走向及其矛盾与冲突》,载《中国社会科学院要报·领导参阅》2003 年第 4 期。截至 2006 年,中央企业 80% 以上的资产集中在石油石化、电力等八大行业,承担着几乎全部的原油、天然气和乙烯生产;提供了全部的基础电信服务和大部分增值服务;发电量约占全国的 55%;民航运输周转量约占全国的 82%。参见苗俊杰、王玉娟:《国企改革 破除垄断仍是焦点》,载《瞭望新闻周刊》2006 年第 50 期。国家统计局《2008 年国民经济和社会发展统计公报》显示,在 2008 年 1 ~ 11 月规模以上工业企业中国有及国有控制企业实现的利润总额为 24,066 亿元,私人企业的利润总额为 5495 亿元,仅为前者的四分之一不到。参见 http://www.stats.gov.cn/tjgb/ndtjgb/qgndtjgb/t20090226_402540710.htm,2009 年 5 月 21 日访问。

〔11〕 通过行政的或法律的手段支持和鼓励国有企业的兼并重组一向是我国产业政策的重要组成部分。比如 2001 年,国家经贸委等 6 个部门联合发布了《关于发展具有国际竞争力的大型企业集团的指导意见》;2004 年,商务部等 8 个部门又提出了《关于培育流通领域大公司大企业集团的意见》;2006 年国资委《关于推进国有资本调整和国有企业重组的指导意见》;2006 年 12 月 18 日,国资委又首次明确了"国有经济要对关系国家安全和国民经济命脉的重要行业和关键领域保持绝对控制力,包括军工、电网电力、石油石化、电信、煤炭、民航、航运等七大行业;要对基础性和支柱产业领域的重要骨干企业保持较强控制力;要对其他行业和领域保持必要影响力"。参见《国资委:国有经济应保持对 7 个行业的绝对控制力》,http://www.china.com.cn/,2006 年 12 月 20 日访问。

〔12〕 2005 年国务院《关于鼓励支持和引导个体私营等非公有制经济发展的若干意见》提出了"放宽非公有制经济市场准入"的要求,允许私人资本进入电力、通信、铁路、民航、石油、公共事业和基础设施、金融服务、社会服务和国防等领域,特别是允许非公有资本进入法律法规未禁入的行业和领域。发改委《关于 2009 年深化经济体制改革工作的意见》,"加快研究鼓励民间资本进入石油、铁路、电力、电信、市政公用设施等重要领域的相关政策,带动社会投资;抓紧研究制订铁路体制改革方案,加快推进铁路投融资体制改革;继续深化电信体制改革,制定出台配套监管政策,加快形成有效的市场竞争格局;深化邮政体制改革,推动邮政速递物流业务重组改制;落实国家相关规定,实现广电和电信企业的双向进入,推动'三网融合'取得实质性进展;加快推进电网企业主辅分离和农电体制改革;制订出台盐业管理体制改革方案;加快推进市政公用事业改革,扩大城市供水供热供气、污水处理、垃圾处理等特许经营范围"。

济的可持续发展。[13] 要建成“完善的社会主义市场经济体制”，就必须在以上这些改革领域取得突破。尽管中国是否有必要在战略的或者重要的经济部门保持国有企业的控制地位在理论上仍然存在争议，[14] 但是有效竞争目标与保持国有企业在特定部门的控制地位并不矛盾。只要确保经济结构同时符合国有控制和促进竞争的双重目标需求，完全可以在一个产业内既实现国有企业的控制地位，又满足有效竞争的要求。[15] 有效竞争目标下的竞争法还是我国经济体制改革包括垄断行业改革的强大助推器，能够有效化解垄断行业资源配置效率的低下、分配秩序的失衡以及由此引发的广大人民群众的不满情绪。有效竞争目标所坚持的经济体制改革的“综合治理观”，[16] 将竞争法的有效实施和国有企业改革、垄断行业改革和政府管制改革等各项措施结合起来，能够最大限度地帮助经济体制改革取得成功。

（三）符合国际发展潮流

有效竞争目标直接以“竞争”作为竞争法的目标归宿，不会引起多元标准的冲突，最能体现竞争政策作为基础性经济政策的本质属性。[17] 经济合作与发展组织（Organization for Economic Co-operation and Development, OECD）的一项调查显示，很多国家确实存在明确的非竞争目标，比如，促进就业、区域发展、国家竞争力、国家所有权和经济稳定等，或者将非竞争

〔13〕 Bruce M. Owen, Su Sun and Wentong Zheng, “China's Competition Policy Reforms: The Antimonopoly Law and Beyond”, *Antitrust Law Journal*, Vol. 75, No. 1, 2008, pp. 231 -265.

〔14〕 比如有人认为，除了保持国有企业的控制地位，政府有很多其他手段控制企业，有法律上的手段如《反垄断法》，还有监管的手段等，并不需要用控股的手段。政府不需要拥有超过50%的股份，甚至不需要持有股份，对企业的控制通过严格的政府规制和法律执行即可实现。参见刘遵义：《国企改革双重难题》，载《财经》2005年第22期。

〔15〕 比如，在该产业内国有产权分散在大量的国有企业手中，在他们之间完全可以展开竞争。但是也有人认为国有企业相对而言更有采取反竞争行为的动机。See David E. M. Sappington and J. Gregory Sidak, “Competition Law for State-Owned Enterprises”, *Antitrust Law Journal*, Vol. 71, 2003, No. 2, pp. 479 -523.

〔16〕 有效竞争目标不仅仅局限于竞争法领域，而是将竞争法的触角延伸到市场重组、监管改革、私有化、市场准入等经济体制改革的领域，力图通过多角度多方位的竞争引入实现有效竞争的目标。

〔17〕 竞争政策作为一项经济政策，在目标定位上也应尽可能以经济目标为主。在很多国家的法律制度中，竞争法也会明显地涉及其他的非经济目的。例如，竞争的公平或公正，进入市场的平等性以及个体行为的自由，或者依据定义宽泛的公共利益标准（政治目标）来衡量竞争。但是适用政治、社会或道德标准，很可能会引起主观性和缺乏一致性的问题。

目标体现在有关"公共利益"的法律条文中；但是，在竞争决策中取消"公共利益考虑"已经成为 OECD 国家的一个明显趋势，在已经取得一定发展水平的国家尤为如此。〔18〕利用竞争法或竞争政策去追求竞争以外的其他目标在操作上是不效率的，因此把保护和促进有效竞争作为实施竞争法的直接手段是一个较为明智的选择。〔19〕而且，有效竞争目标下竞争法的范围涵盖了包括竞争法、行业法中涉及竞争的规则、促进竞争的改革措施（包括国有企业改革、垄断行业改革和监管改革等）以及其他经济和社会政策中有关竞争的政策措施（包括宏观调控政策、产业政策、贸易政策、知识产权政策、外资政策和环境政策等）与推动有效竞争有关的一切竞争法律和政策，这既是对我国当前复杂的经济形势的一个有益回应，也体现了国际竞争法的发展趋势。〔20〕此外，有效竞争的目标模式主要是从规范竞争性市场结构出发，与人们难以掌握的市场行为以及市场绩效比较起来，在实践操作中更具有可行性。〔21〕

（四）有利于推动我国竞争文化

竞争文化，概括地说就是关于市场竞争的一系列思想观念、商业规则和法律制度的总称；〔22〕其在内容上表现为：政府营造良好的竞争环境；经营者实施公平有序的竞争行为；竞争执法机关积极执法；消费者积极抵制损害市场竞争秩序的行为。〔23〕我国历史上长期存在的"重农抑商"思想，以及新中国成立以来一段时间内对非公有制经济的敌视态度，都对我国竞

---

〔18〕 OECD, "The Goals of Competition Law and Policy and the Design of Competition Lawand Policy Institutions", *OECD Journal of Competition Law & Policy*, Vol. 6, No. 1 & 2, 2004, p. 78.

〔19〕 Kurt Stockmann and Alberto Pera, Building Competition Policy in China: An EU Approach, April 2005, p. 3.

〔20〕 行政垄断已经成为我国经济体制改革中的一大难题。有效竞争意味着必须要打破行政权力对经济的过度干预，还市场经济本来面目。正如 CUTS 报告中指出的，过去二十年竞争政策的角色已经扩展到包括对政府干预经济的行为进行规制；与此同时，私有化、贸易和资本控制的自由化以及放松管制在发展中国家也已经成为一个普遍的政策趋势。See CUTS, Towards a Healthy Competition Culture, http://www.cuts-international.org/THC.pdf, p. 1, 18. 2007 年 12 月 15 日访问。

〔21〕 参见王晓晔：《有效竞争——我国竞争政策和反垄断法的目标模式》，载《法学家》1998 年第 2 期。

〔22〕 参见徐士英：《竞争文化与和谐社会——论中国反垄断法立法的社会基础》，载《江西财经大学学报》2005 年第 12 期。

〔23〕 参见徐士英、丁茂中：《市场竞争文化的法律研究》，载符启林：《暨南大学法律评论》，法律出版社 2007 年版，第 53 ~ 70 页。

争文化的培育造成了严重影响。时至今日,在世界范围内,利用政府(主要是竞争主管机构)的作用推动竞争文化已经成为了普遍做法和发展潮流。[24] 有效竞争目标能够最大限度地推动竞争推进,[25]并进而在政府、经营者、消费者和社会公众等各个层面传播和推广竞争文化。因为"在大多数行业实现有效竞争"意味着竞争主管机构必须与其他承担有经济规制或相关规则制定权的公共机构在竞争规则的制定、特定行业竞争形势的调查和规制以及规制权限的配置等方面不断博弈,[26]并积极推动竞争法在国有企业和垄断行业领域的有效适用。从这个角度看,如果广义上的竞争政策不能得到有效实施,狭义上的竞争法就不可能产生良好的效果。[27] 对于以经营者和消费者为代表的社会公众而言,在大多数行业实现有效竞争也能够使他们受益,并在社会层面形成良好的竞争文化。消费者能够因此获得更低的价格、更好的质量和更多的选择;经营者则能够更加容易地进入原先受到限制的市场,同时经营活动也因竞争的有效性变得更有效率;竞争性的市场环境还会迫使经营者投资于新产品和新工艺的研发创造,所有这些都将促进经济增长和提高社会福利。[28]

三、我国竞争政策目标的实施

在对竞争政策的目标定位之后,就需要将其转化为具体的竞争法律制度和实施的标准。通过设定具体的标准,使竞争政策的目标具有"可实现性",并为执法机构和市场主体提供可参照的准则,更加有效地贯彻竞争

〔24〕 See William J. Kolasky, "A Culture of Competition for North America", https://www.justice.gov/atr/file/519781/download, Jul. 22, 2002.

〔25〕 See Advocacy Working Group, International Competition Network, Advocacy and Competition Policy Report 25 (2002), http://www.internationalcompetitionnetwork.org/OutreachToolkit/media/assets/resources/advocacy_report.pdf., 2008 年 3 月 17 日访问。

〔26〕 一般认为,竞争推进有两个组成部分:(1)针对其他承担有经济规制或相关规则制定权的公共机构的推进措施;(2)针对全体社会成员的推进措施,以提高他们对竞争的优势以及竞争政策在促进经济增长、保护竞争方面的作用的意识。其中,对于发展中国家和转型经济国家而言,针对前者的竞争推进尤为重要。See Report prepared by the Advocacy Working Group, *ICN's Conference Naples*, Italy, 2002, pp. Ⅰ – Ⅴ, http://www.internationalcompetitionnetwork.org/uploads/liberary/doc358.pdf, 2008 年 1 月 10 日访问。

〔27〕 See Michael Krakowski, Competition Policy Works: The Effect of Competition Policy on the Intensity of Competition - An International Cross-Country Comparison (September 2005). HWWA Discussion Paper No. 332. http://ssrn.com/abstract=854908, 2008 年 3 月 15 日访问。

〔28〕 See OECD: "Implementing Competition Policy in Developing Countries, 2006", http://www.oecd.org/dataoecd/24/45/36563626.pdf., 2008 年 3 月 20 日访问。

政策。

中国竞争法律实施需要重视三个方面考虑：第一，与发达国家的竞争法有显著区别，中国竞争法实施的最大难题是行政性限制竞争与垄断行业的改革，而非来源于市场竞争本身所产生的私人垄断。第二，与大多数发达竞争法国家不同，中国的市场经济发展水平还不是很高，区域经济发展很不平衡，规模经济特别是民间资本的规模经济还远未形成，必须为其留下健康发展的空间。第三，面对国际贸易和交流的全球化，竞争法的制定和实施也必须与国际接轨，从而搭建交流合作的平台。一言以蔽之，根据竞争法的应然性目标而构建的竞争法律的界限和标准，应该体现出当前我国竞争法选择的"度"与"量"。

竞争法律实施有很多方面：(1)竞争法的适用范围，即竞争法的适用除外与豁免标准；(2)竞争法实施的具体指标，包括相关市场界定的标准、经营者集中的控制标准、安全港的界定标准以及市场支配地位的界定标准等；(3)竞争主管机构与行业主管机构之间的管辖权配置标准。本文就竞争法律的适用范围进行讨论。

(一)竞争法适用范围的模式选择

竞争法对经济领域的覆盖有两种模式：一是竞争法的"统一适用、例外豁免"模式，即竞争法统一适用于一国经济的所有领域，然后根据特别的"社会公益"理由对特定的行业或行为实施豁免；二是竞争法的"有限适用"模式，即竞争法在与其他政策、法律和规则相冲突时，竞争法让位于后者，仅在竞争法律和规则所确定的有限范围内适用。美国和欧盟等主要国家和地区都以"统一适用、例外豁免"作为竞争法的适用模式。[29] 这是因为，竞争是市场经济的基本规则，竞争法是维持竞争的主要手段。社会经济的平等和自由等基本原则确立了这个竞争法的优先地位。[30] 但是在我国，从现有的相关规定和一些做法来看，竞争法的适用还处于"有限适用"的阶段。我国的相关法律如价格法、招投标法、铁路法等都包含某些反垄断的规则，某些行业条例如电信条例也是如此。根据特别法优于一般法的

---

〔29〕 根据《欧盟条约》第3条的规定，欧共体竞争法是普遍适用的，当竞争法与其他政策发生冲突时，前者具有优先地位。在美国，反托拉斯法也是普遍适用的。在此基础上，才根据个别需要确定有限的豁免。See Aurelio Pappalardo and Huang Yong, Exemptions in Competition Policy: Evolution of the EU System and Prospects for China, January 2008, p. 35.

〔30〕 John Agnew, *Competition Law*, Nanking University Press, 1992, p. 188.

法律规则,规制市场准入和定价的部门法往往会使反垄断法边缘化,导致依据部门法成立的垄断性企业将不会受到反垄断法的规制。特别是在《反垄断法》出台以后,对第7条的理解一度成为了大家关注的焦点。[31] 争议焦点在于:"国有经济占控制地位的关系国民经济命脉和国家安全的行业以及依法实行专营专卖的行业"[32]是否属于反垄断法的适用范围。毫无疑问的是,大量的自然垄断行业和政策性垄断行业都属于这个范围。一旦将这些行业统统排除在反垄断法的适用范围之外,将严重阻碍相关行业的规制改革以及我国经济的可持续发展。[33] 在这种情况下,最糟糕的局面是一个统一的竞争法将永远得不到形成,最终出现分割国内市场、规则混乱的场景,而国家追求的完善的社会主义市场经济体制不能真正实现。

对此我们的建议是,为了完善我国当前的社会主义市场经济体制,实现在大多数行业形成有效竞争的竞争法目标,我国当前应明确竞争法"统一适用、例外豁免"的适用模式,同时对《反垄断法》第7条作出明确的立法解释,通过明确列举的方式将某些确实关系国计民生的重要行业排除在竞争法的适用范围之外,除此之外的行业则应该普遍适用竞争法,借由豁免制度对其"公益性"进行个案分析。否则,对法律条文的理解和解释极易朝消极方向发展,严重阻碍我国竞争法目标的实现。

(二)竞争法适用豁免的内容

竞争法在多大范围内得以适用,是通过竞争法的适用除外和豁免制度加以体现的。适用除外和豁免,是从竞争之外的"社会公益"角度出发,对特定的行业或行为直接不适用或豁免适用反垄断法。适用除外和豁免的范围越广,意味着竞争法作用的范围越窄。因此一国的适用除外和豁免制

[31] 《反垄断法》第7条规定:国有经济占控制地位的关系国民经济命脉和国家安全的行业以及依法实行专营专卖的行业,国家对其经营者的合法经营活动予以保护,并对经营者的经营行为及其商品和服务的价格依法实施监管和调控,维护消费者利益,促进技术进步。

[32] 国资委在《关于推进国有资本调整和国有企业重组的指导意见》中指出,国有经济占控制地位的关系国民经济命脉和国家安全的行业主要包括:(1)涉及国家安全的行业;(2)重大基础设施和重要矿产资源;(3)提供重要公共产品和服务的行业;(4)支柱产业和高新技术产业中的重要骨干企业。目前依法实行专营专卖的行业主要有四种:(1)烟草业;(2)食盐;(3)甘草和麻黄草;(4)化肥、农药、农膜。

[33] 如果其他法律和法规优先于反垄断法,那么就无法形成一个统一适用反垄断问题的法律标准。在今天的中国,由独立的政府机构制定的部门法规,在合法性确定方面存在不一致的情形,部门法规的很可能只服务于本部门利益,这给反垄断法的有效执行增加了巨大风险。

度非常能够体现一国竞争法的地位，以及一定时期该国对竞争法适用的具体选择。

竞争法的豁免可以分为法定豁免和酌定豁免两大类。其中，法定豁免的内容主要包括：行业豁免、特定组织和人员的豁免、特定行为豁免以及知识产权豁免。酌定豁免的内容则主要包括垄断协议豁免和经营者集中豁免，我国的《反垄断法》已经对其确立了相关规则。鉴于篇幅所限，且考虑到关乎中国竞争法标准选择的豁免主要是集中于法定豁免中的行业豁免领域，[34] 从现有的世界各国立法例来看，行业豁免对象主要包括两大类：一是自然垄断行业，[35] 主要包括电信、电力、铁路运输、煤气和自来水供应等具有网络性质的产业；二是政策性垄断，[36] 主要包括国防、石油、媒体、烟草、农业和金融等涉及国家安全和国计民生的相关行业。我国当前经济中的自然垄断行业和政策性垄断行业的总体情况可参见表1。

表1　中国经济中的自然垄断性行业和政策性垄断行业[37]

自然垄断性行业	政策性垄断行业
1. 电力行业　2. 电信行业 3. 铁路行业　4. 民航行业 5. 高速公路　6. 水运港口设施 7. 邮政行业　8. 天然气管道运输 9. 城市自来水　10. 城市燃气供应 11. 城市居民供热　12. 城市排污	1. 涉及国家安全的特殊行业如国防工业 2. 石油、成品油　3. 广播电台 4. 无线、有线电视台　5. 烟草专卖 6. 食盐专卖　7. 甘草和麻黄草专卖 8. 化肥、农药、农膜专卖 9. 农业　10. 金融业

[34] 行业豁免涉及对包括电信、电力、邮政、铁路运输等在内的自然垄断行业和关系国家安全和国计民生的政策性垄断业务是否适用竞争法的问题，关乎我国国企改革、垄断行业改革和政府管制改革的一系列内容，与我国经济体制改革的成败休戚相关，因此在我国竞争政策选择的内容中尤为重要。

[35] 自然垄断的经典概念来源于鲍莫尔的成本次可加性（Subadditivity），即在一个市场上，只由一个企业在进行生产的成本最低。See Baumol W. J.，"On the Proper Cost Test for Natural Monopoly in a Multi-product Industry"，*American Economic Review*，Vol. 67，1977，pp. 809－822. 我国也有学者认为，自然垄断是指是指在同时具备了规模经济、范围经济、网络经济时自然形成的垄断。于立、肖兴志、姜春海：《自然垄断的"三位一体"理论》，载《当代财经》2004年第8期。

[36] 政策性垄断是指国家基于国家安全和国计民生的总体考虑，对于某些特定行业的垄断予以例外许可。

[37] 根据我国的行业现状和相关规定编制，并参考了王学庆：《垄断性行业的政府管制问题研究》，载《管理世界》2003年第8期。

在自然垄断行业领域，从世界范围来看，对自然垄断行业的政府规制已经发生了两个巨变：第一，规制范式的转变。在垄断的层次上，开始从由一家国有企业实行一体化垄断经营转向在上游的网络行业实施垄断、在下游市场实现竞争；[38] 在规制的目标上，开始从防止自然垄断企业利用市场势力肆意抬高产品价格，转向在这些行业内推动竞争，包括在网络产业的下游市场和不同的网络间实现竞争。[39] 第二，区分自然垄断业务与竞争性业务，并实施不同的规制手段。从整体而言，电信、电力、铁路运输、煤气和自来水供应等产业都属于自然垄断产业，但这并不等于这些产业的所有业务都具有自然垄断性质。[40] 要在自然垄断产业实现有效竞争，就必须区分自然垄断性业务和竞争性业务，把自然垄断性业务从其他业务中独立出来，政府继续对其严格管制；而对于大量竞争性业务，则应允许多家企业进入并使其展开竞争性经营。在我国，自然垄断与经济垄断和行政垄断"三位一体"的交缠局面，更是使对自然垄断、经济垄断和行政垄断的规制成为关乎一系列法律和体制改革的系统工程。只有坚持垄断行业改革的"综合治理观"，将深化经济体制改革和竞争法的有效实施结合起来，才能够实现"在大多数行业引入有效竞争"的政策目标。关于自然垄断行业中自然垄断业务与竞争性业务的区分，可参见表2。

表2 自然垄断性行业的自然垄断业务与竞争性业务[41]

产业名称	自然垄断业务	（潜在）竞争性业务
电信	有线通信网络、本地电话	移动电话、长途电话、各种增值服务等
电力	高压输电、区域性低压配电	电力生产、销售业务、电力市场交易业务等

〔38〕 See Alfred E. Kahn, *The Economics of Regulation: Principles and Institutions*, New York, Wiley, 1971, p. 3.

〔39〕 See Martin Hellwig, Competition Policy and Sector-Specific Regulation for Network Industries, July 2008, http://ssrn.com/abstract=1275285, 2009 年 1 月 2 日访问。

〔40〕 例如，电力产业包括电力设备供应、电力生产（发电）、高压输电、低压配电和电力供应等业务领域，其中只有高压输电和低压配电属于自然垄断性业务，而电力设备供应、电力生产和供应则是非自然垄断性业务（竞争性业务）。从大量的国内外文献资料看，多数学者认为，自然垄断性业务是指那些固定网络性操作业务，如电力、煤气和自来水供应产业中的线路、管道等输送网络业务，电信产业中的有线通信网络业务和铁路运输中的铁轨网络业务。其他则属于非自然垄断性业务。

〔41〕 参见王俊豪：《中国垄断性产业结构重组分类管制与协调政策》，商务印书馆 2005 年版，第 76 页。

续表

产业名称	自然垄断业务	(潜在)竞争性业务
铁路运输	铁轨网络、信号基础设施	铁轨网的建设、列车的运行、设备生产与维修等
航空	空中交通管制、机场服务	航空运输服务、航空保障服务、航空延伸服务、航空维修服务和飞行员培训等
邮政	邮政分拣网络	邮政快递、大件包裹、邮政汇兑等
自来水	自来水管道网络	自来水生产、储存、销售业务等
管道燃气	燃气管道网络	燃气生产、储存、销售业务等

(三)政策性垄断的变化性

在政策性垄断行业领域,对涉及国家安全的特殊行业如国防工业,以及各国竞争法中普遍豁免的行业如农业等领域的豁免,并不存在争议。但是对于某些专营专卖行业如烟草业,以及可能引发系统性风险的行业如金融业,竞争法是否适用以及在多大程度上适用却一直争议不断。[42] 实际上,政策性垄断的范围往往会随着时代变迁、技术进步以及各国和地区产业结构和市场竞争能力状况的变化而不断改变。而且,由于不同国家和地区在经济与社会发展水平、自然地理环境、收入与消费需求水平等方面存在较大的差异,使各国和地区对政策性垄断的取舍会有不同的认识。比如,在烟草专卖领域,从世界同行业的发展来看,20 世纪 80 年代共有 70 余个国家和地区实行烟草专卖制度,到 2003 年仅余 20 个。[43] 以日本为例,

---

〔42〕 关于烟草行业是否需要纳入竞争法的适用范围的争议,可参见刘建华:《论中国烟草专卖体制下的行政垄断》,载《经济与管理研究》2004 年第 4 期;陈家乾:《烟草专卖若干法律问题探讨》,载《政法论坛》2003 年第 5 期;叶克林:《入世后我国烟草产业的发展趋势与战略取向》,载《产业经济研究》2004 年第 6 期。关于金融行业的竞争法适用,可参见杨小平:《金融反垄断制度——资本市场新动力》,载《经济界》2009 年第 1 期;邢会强、李光禄:《并购问题金融机构与反垄断法》,载《政法论丛》2005 年第 1 期;Michael Krakowski: Competition Policy Works: The Effect of Competition Policy on the Intensity of Competition - An International Cross-Country Comparison (September 2005). HWWA Discussion Paper No. 332. https://www.econstor.eu/bitstream/10419/19300/1/332.pdf. ,2009 年 4 月 1 日访问。

〔43〕 参见张晨颖:《反垄断法的适用与豁免——兼论我国烟草专卖制度的存与废》,载《法学》2006 年第 7 期。

在经济全球化的压力下，日本政府在1985年取消了烟草专卖制度，代之以经济性垄断，最终改革持续了十年才基本完成；[44] 而韩国于1999年开始进行烟草行业的私有化，我国台湾地区也在2002年完成了改革。[45] 在金融领域，尽管金融部门本身并非属于必不可少的公共品，但是其常常被排除在竞争法的严格适用之外。[46] 因为尽管单个银行的失败与一个公司的破产并无特别不同，但是其可能造成的系统性风险常常被视为造成对其区别对待的理由。[47] 实际上，各国都不同程度地出现过对银行保险等金融行业的竞争法豁免。[48] 在过去，竞争法的实施并非是金融监管要考虑的因素，但是，随着政府放松管制和私有化进程的推进，以及外国金融机构的出现和不断壮大，在金融领域重视竞争法的作用已经越发成为共识。[49] 竞争法已经成为国际组织要求进行银行业监管的一大支柱性内容。[50] 在我国目前，将银行保险业有限地纳入反垄断法的豁免范畴，具有一定的合理性。[51] 但是这种豁免不一定要以法定豁免的形式予以体现，在依靠竞

〔44〕 参见唐翔羽：《论我国烟草专卖制度及其改革》，载《湖南行政学院学报》2006年第2期。

〔45〕 参见张德荣：《烟草专卖制度的两难选择：财政效率还是市场效率》，载《当代财经》2005年第7期。

〔46〕 See Mamiko Yokoi-Arai, *Financial Stability Issues: The Case of East Asia*, Kluwer Law International, 2002, chapter 5.

〔47〕 See C. A. E. Goodhart, *The Evolution of Central Banks*, MIT Press, 1988, p. 61. George Kaufman, "Bank Failures, Systemic Risk, and Bank Regulation", *Cato Journal*, Vol. 16, No. 1, 1996, pp. 17 – 45.

〔48〕 例如，美国曾于1913年制定《联邦储备法》以允许银行在信贷政策及利率方面采取合作行动，但1960年的《银行兼并法》、1970年的《银行持股公司法》又对银行业的各种不当限制竞争行为予以严格限制。日本银行法也规定，没有主管大臣批准，银行的合并不发生效力。美国1945年《麦克卡兰—飞古森法》曾授权州政府对保险业进行规制，规定只有在州政府没有规制保险业时，反垄断法豁免制度才适用保险行业，但保险业中的联合抵制、强迫、威胁行为或协议，不能豁免适用联邦反垄断法。但近年来，保险业正受到国会的调查以确定是否撤销对他的适用除外。

〔49〕 Takeshi Kawanaka and Mamiko Yokoi-Arai, Competition Policy in the Banking Sector of Asia, http://www.fsa.go.jp/frtc/seika/discussion/2007/20071204 – 1.pdf. Financial Services Agency of Japan Discussion Paper, http://ssrn.com/abstract=1360358, 2009年2月3日访问。

〔50〕 比如，国际货币基金组织的金融部门评估程序（Financial Sector Assessment Program）就将竞争法作为其评估的关键性因素之一。See Chapter 2 of IMF and World Bank, Financial Sector Assessment Program—Review, Lessons, and Issues Going Forward: A Handbook, http://www.imf.org/External/np/fsap/2005/022205.pdf, p. 24, 2009年2月3日访问。

〔51〕 参见马俊：《银行保险业的反垄断法适用除外问题探讨》，载《实事求是》2009年第2期。

争执法机构依据一般的竞争规制进行个案分析足以解决竞争法适用问题的情况下，利用酌定豁免的方式对一个行业的特定行为进行个案分析更能实现有效竞争的政策目标。[52]

四、结论和政策建议

首先，为了完善我国当前的社会主义市场经济体制，实现在大多数行业形成有效竞争的竞争法目标，我国当前应该确立竞争法"统一适用、例外豁免"的模式，明确竞争法适用于所有经济领域，然后在此基础上通过立法或个案分析的方式对特定行业或行为实施豁免。

其次，对《反垄断法》第7条作出明确的立法解释，通过明确列举的方式将某些确实关系国计民生的重要行业排除在竞争法的适用范围之外，也可以在《反垄断法》之外以特别法的形式在相关法律文件中规定予以豁免的行业。除此之外的行业则应该普遍适用竞争法，借由豁免制度对其"公益性"进行个案分析。

再次，对于法定豁免的内容，应该通过立法或者指南的方式予以明确，消除竞争法适用的不确定性，为执法机构和社会公众提供可预期的准则；对于酌定豁免的内容，则应根据"合理原则"进行个案的"公益性"分析，只有在满足了适用豁免相对于适用竞争法更有利于社会公益的情况下，才能够予以豁免。

最后，豁免的范围应随着时间和条件的变化而作相应改变。总体的趋势是逐步缩小豁免的范围，在绝大多数自然垄断行业和政策性垄断行业引入竞争，扩大市场准入，允许非公有制资本进入法律并未明确禁止的行业展开竞争。对于暂时还不宜引入竞争的垄断性业务，则应实行严格的政府管制，特别是采取激励性政府管制，引入"对市场的竞争"。[53]

---

〔52〕 参见钟刚：《反垄断法中的"豁免"及其体系》，载《江西社会科学》2009年第6期。

〔53〕 "对市场的竞争"，是指即便是对自然垄断业务和政策性垄断行业的政府管制，也并非完全地排斥竞争，而是可以引入替代性的竞争机制。比如，仍然存在特许投标制度、区域间竞争制度、社会契约制度以及价格上限制度等激励性管制措施，这些激励性措施也能够起到促进竞争和效率的作用。参见吴光芸：《分类适度管制：放松管制背景下的我国政府管制结构重构》，载《当代经济管理》2008年第7期；王俊豪、王建明：《中国垄断性产业的行政垄断及其管制政策》，载《中国工业经济》2007年第12期。

竞争政策与反垄断法实施*

一、问题的提出：由金融危机中各国竞争法实施引发的思考

在2008年开始的这场严重国际金融危机中，主要市场经济国家和地区在竞争法实施中异乎寻常的表现发人深思。这些国家和地区一反历史上经济衰退时期放松甚至放弃竞争法实施的做法，有些国家甚至加强了反垄断法的实施。美国司法部反托拉斯局根据《复苏与再投资法案》提供超过5000亿美元的政府投资项目资金，并采取决断的防范措施，以防止在这类资金快速支出的同时，潜在的共谋和欺诈风险的急剧增加。[1] 同时，美国司法部反托拉斯局还撤回了以宽松的执法政策为标志的《谢尔曼法第2条的实施报告》，因为这一报告的执法政策导向被指责为"把企业的利益放到了消费者利益之前"。[2]

日本认为"竞争法的缺失和过分倚重产业政策导致了1997年亚洲金融危机的爆发"，[3]因而在危机期间重新修改了《禁止私人垄断与维护公平竞争法》(以下简称《独占禁止法》)，进一步扩大了课征金的适用范围，加大了刑事责任的处罚。日本公正交易委员会(Japan Fair Trade Commission，JFTC)也在2009年10月对在电视显像管销售中缔结价格联盟的松下集团(旗下三家企业)、韩国三星公司LG集团(旗下的一家公司)处以总额为33.21亿日元的罚金，这是JFTC首次因涉嫌缔结价格联盟而命令外国企业缴纳罚金。

---

* 本文系2010年教育部人文社会科学研究规划基金项目"文化产业竞争秩序的规制研究——以竞争法的适用为视角"(项目号10YJA820116)的阶段性研究成果，载《华东政法大学学报》2011年第2期。

〔1〕 https://www.justice.gov, Jun.20,2011.

〔2〕 Federal Trade Commission/Department of Justice Hearings on Single-firm Conduct to Begin June.20,http://www.ftc.gov,Jun.20,2011.

〔3〕 参见冯晓琦、万军：《从产业政策到竞争政策：东亚地区政府干预方式的转型及对中国的启示》，载《南开经济》2005年第5期。

欧盟在这次金融危机中对竞争法的实施给予了高度关注,为了使欧盟委员会和各成员国政府在介入危机处理过程中能有较大的合法空间,欧盟委员会就竞争规则的实施赋予了实施机关充分的灵活性。但欧盟委员会也特别提出,面对与金融危机有关的竞争问题,要确保竞争规则实施的一致性与稳定性,防止由于采取应对措施而破坏或扭曲了欧盟统一市场自由竞争的环境。换句话说,欧盟竞争政策的基本规则不变,虽然在执行上可以相对灵活。欧盟委员会竞争事务委员尼莉·克罗斯在多次会议上提出:"竞争规则坚持如一地执行是非常必要的,即便是在危机时期。当年美国罗斯福新政时期将反垄断法束之高阁的做法,足足使大萧条延长了七年时间。"〔4〕保持市场的竞争性在经济衰退时期并非比在经济正常时期更不重要。"竞争规则是解决危机的一部分,而不是问题的一部分。"〔5〕这表明竞争法的适当灵活实施只是欧盟应对金融危机的方式之一,但坚守竞争执法的底线则是目标明确、始终不变的。

上述事实表明,这些国家和地区在维护市场竞争方面已经形成了一贯的立场,竞争政策目标在任何情形下都不会发生根本性动摇。正是因为有了这一底线,这些国家和地区在应对经济危机时才会仍然坚持最大限度地以维护市场竞争机制来解决问题。因为,经济萧条导致市场机会减少,经营者为了保持经营利润将更有动力达成共谋或协调行为;拥有市场支配地位的企业也更倾向于实施排他性的垄断行为,以打击竞争对手,维护自身地位;同时,危机的困难情形也为企业并购提供了很好的理由。而所有这一切对于克服危机、使经济持续发展都具有直接或潜在的危害。显然,这与历史上经济衰退总是伴随反垄断执法和司法的妥协相比,发生了根本性的变化。这种变化背后的深层次原因给我国竞争政策的制定和竞争法的实施提供了极为重要的启示。

二、我国竞争政策的形成及其目标选择

(一)竞争政策的基本问题

狭义的竞争政策仅指以鼓励竞争、限制垄断为目的的反垄断政策,作

---

〔4〕 See Neelie Kroes, "EU State aid rules—part of the solution", http://ec. europa. Eu/competition / speeches /index_2008. html, Jun. 15, 2011.

〔5〕 See Neelie Kroes, Competition policy and the financial / banking crisis: taking action, http://ec. europa. eu/commission/barroso/kroes/financial_crisis_en. html, Feb. 15, 2011.

为对竞争结果进行“事后调节“的措施，狭义的竞争政策通常以法律形式（竞争法或反垄断法）出现；而广义的竞争政策则是指“为确保一个竞争性市场体系的发展所采取的各种公共措施”。[6] 一切有利于竞争的经济政策，包括反垄断政策、政府对国有企业的改革政策、垄断行业的规制政策，政府反竞争行为的规制政策、国际贸易政策、金融投资政策以及知识产权保护政策，只要涉及保护竞争、反对限制竞争或排除竞争的，都应当视为相互作用的竞争政策的组成部分。

20 世纪 90 年代之后，许多发展中国家尤其是经济转型国家伴随着市场化经济体制改革开始重视竞争政策问题，这使竞争政策的研究和实施进入了一个快速发展时期。与此同时，还出现了国际竞争政策的协调机制的探索。竞争政策把竞争行为作为实现利益最大化的关键手段。竞争政策的目标就是：保护竞争性的过程，尽可能通过调节竞争与垄断的关系，提高市场资源的配置效率、生产效率和动态效率。在政府赖以调节的各项经济政策中，竞争政策处于基础性的地位。在与其他经济政策，尤其是产业政策的协调过程中，竞争政策逐渐成为主角，那些试图通过限制竞争扭曲市场而获利的行为得到了更加广泛的制约。可以得出结论，各国在建立和发展市场经济的过程中，竞争政策扮演了重要的角色。

虽然竞争政策的基本目标，即维护自由公平的市场竞争、促进提高经济资源的配置效率，以及消费者福利整体增长是基本相同的，但各国必须结合其本国国情和国际发展的环境作出适合本国发展的目标选择。影响一国竞争政策目标选择的因素很多，而一国的经济社会发展战略、市场经济发展程度、政府管制宽松程度、竞争文化发育水平、经济危机以及国际经济环境等六大因素尤为关键。不仅不同国家之间存在区别，即便是同一个国家，在不同的社会经济发展阶段，竞争政策的目标也应有所不同。这就产生了竞争政策目标及其阶段性选择问题。竞争政策的不同阶段的目标对竞争法的实施产生着重要的影响。

（二）我国竞争政策的发展

始于 1987 年的经济体制改革政策启动时，中国就已经启动了竞争政

[6] United Nations Empirical evidence of the benefits from applying competition law and policy principle to economic development in order to attain greater efficiency in international trade and development, http://www.unctad.org/en/docs/c2emd10r1.en.pdf, Jun. 20, 2011.

策的建设历程。我国竞争政策的发展经历了从孕育、起步到逐步形成的艰难过程，包括萌芽阶段、起步阶段和发展阶段，现已开始进入完善的阶段。

1978 年改革开放开始，我国传统经济体制解冻，逐步引入市场竞争机制，竞争在促使优胜劣汰、实现资源有效配置方面发挥了积极作用。但与此同时也产生了不正当竞争和排除、限制竞争等行为。为了保证市场竞争机制能够在一种有效、合理、良性的状态下运行，我国加强了竞争方面的立法。如 1980 年，国务院颁布了我国最早的关于保护市场竞争的行政性法规——《关于开展和保护社会主义竞争的暂行规定》。在经济权力高度集中的萧瑟硬土上，开始孕育"竞争利于经济发展"的政策导向。这可视为中国竞争政策的起源和萌芽。

从 1982 年中共十四大提出建立社会主义市场经济体制的目标开始，尤其是党的十四届三中全会通过《中共中央关于建立社会主义市场经济体制若干问题的决定》，竞争机制作用于越来越多的领域。竞争政策的制定也日益受到重视。为了保护和促进有效竞争，维护消费者利益和社会公共利益，一系列规制滥用市场地位、串通投标、垄断高价、地区封锁等行为的竞争立法成为法制建设的重要任务。真正具有竞争政策意义上的制度建设开始起步。如 1993 年通过《反不正当竞争法》《消费者权益保护法》，1997 年通过的《价格法》，1999 年通过《招标投标法》，2000 年国务院颁布的《电信条例》，2001 年国务院颁布实施《关于禁止在市场经济活动中实行地区封锁的规定》，2001 年国务院发布《关于整顿和规范市场经济秩序的决定》等。此外，通过《外国投资者并购境内企业暂行规定》(2003 年)等规章，企业并购也开始纳入竞争法的审查范围。这意味着我国的竞争政策建设已经起步，并朝着体系化的方向发展。

2007 年 8 月 30 日通过的《反垄断法》是我国竞争政策体系形成的重要标志。《反垄断法》是我国为预防和制止垄断行为、保护市场公平竞争、提高经济运行效率、维护消费者利益和社会公共利益，促进社会主义市场经济健康发展而制定的重要法律。在它出台之后，相关的配套法律法规和实施指南也逐步完善，这标志着被称为竞争政策的政策法律体系逐渐形成。更为重要的是，竞争政策问题的研究也开始受到重视。《反垄断法》第 9 条明确规定了国务院反垄断委员会的首要职责是"研究拟定有关竞争政策"，这意味着《反垄断法》的实施已经成为我国竞争政策重要内容，并对我国竞争政策的体系化产生重要影响。

（三）我国竞争政策目标选择和实施途径

我国竞争政策目标的选择必须体现我国当前市场经济发展水平的阶段性特征。既要与本国的国情及具体的经济环境相适应，也要考虑世界上其他国家在相关领域的发展趋势。综合考虑我国当前的具体国情和影响竞争政策的因素，以及竞争政策的世界发展趋势，笔者认为我国可以分层次、分阶段地确立竞争政策的目标体系。

1. 竞争政策目标的层次性

竞争政策可分为终极目标和直接目标。从世界各国的竞争政策的目标来看，大多数国家的竞争政策把终极目标定位在提高经济效率和消费者利益之上，而消费者福利更是其最终目标的真正落脚点，因为消费者福利最大化的目标与经济效率最大化目标相比，更具有可操作性。消费者既是“转嫁竞争损失的终端”，也是竞争政策的最终受益者。在竞争政策中对消费者利益加以保护，能够刺激竞争的“正外部性”，为社会提供更多更好的产品和服务；同时抑制竞争的“负外部性”，减少排除和限制竞争，使产品或服务的价格维持在一个相对合理的范围内。因此，笔者认为，我国竞争政策的终极目标可以表述为“完善市场经济体制，提高社会经济效率和消费者利益”。

竞争政策的终极目标必须在直接目标实现的基础上才能得以实现。通过竞争政策的实施，在大多数行业内形成有效竞争，可以视为我国竞争政策的直接目标（以下简称有效竞争目标）。〔7〕尽管我国的社会主义市场经济体制已经初步建立，但影响经济可持续发展的结构性矛盾和改革阻力仍然存在。经济运行中自然垄断、经济垄断和行政性垄断“三位一体”的交缠局面，使对行政性垄断、自然垄断和经济垄断的规制成为关乎一系列法律和体制改革的系统工程。一些重大行业仍然存在行业主管机构既当裁判员又当运动员的情况，严重影响了中国市场经济的可持续发展。〔8〕

〔7〕 所谓“大多数行业”，是指除了出于国家安全等的社会公益因素而不能引入竞争的特殊行业之外的所有可以引入竞争的行业；所谓有效竞争，则是指从一国整体经济运行效率的角度出发考察竞争与垄断之间的适度协调。

〔8〕 Bruce M. Owen, Su Sun and Wentong Zheng: China's Competition Policy Reforms: The Antimonopoly Law and Beyond, 75 *Autitrust L. J.* 231 (2008), http://scholarship. law. ufl. edn/facultypnb/223.

要建成“完善市场经济体制”,就必须在以上这些改革领域取得突破。

2. 竞争政策目标的阶段性

对竞争政策目标还可以进行有阶段性的设计和划分,实施竞争政策所带来的社会福利。在长远和近期阶段,在消费者群体和企业群体之间的分配是不同的。从长远看,消费者群体应当从社会福利的提升中获得更多的好处,这才是竞争政策的终极目标,而在一定时期内,企业的发展必须得到重视,相应地,企业要从社会整体福利的分配中占据较多的部分。由于竞争政策在推进过程中还有些许阻力,体制改革还有待进一步推进,企业规模也有待壮大,这个阶段的社会福利分配可能无法完全倾向于消费者群体,而是要关注企业成长的需求,竞争执法也可能适度放宽,但这也是世界各国在引入竞争政策初期阶段所体现出的共同特点。待到我国整体经济实力有了显著提升,竞争机制得到了体制、文化等多个层面的确立之后,竞争政策目标就会相应地进入新的阶段,社会福利的分配则应当更倾向于消费者群体,消费者也将成为市场竞争最大的受益者。

3. 我国竞争政策的主要内容

竞争政策对于经济发展具有十分重要的作用,但在内容上各国尚没有完全统一的规定,仍然存在一定的差别。根据我国的实际情况,笔者认为,我国竞争政策的主要内容可以概括为四大部分:竞争法律制度的有效实施(以反垄断法为核心);垄断行业的竞争性规制;政府反竞争行为的规制;竞争推进与竞争文化建设。

三、竞争政策对反垄断法实施的影响

竞争政策被定位为市场经济的基础性政策,这已经得到市场经济国家的普遍认同。反垄断法作为竞争政策体系中最为核心的部分,直接体现竞争政策理念,理所当然地,它的实施必须与竞争政策的目标保持一致,这就是必须要把反垄断法的实施纳入竞争政策的体系中加以研究的根本原因。

(一)通过竞争政策协调反垄断法多元的立法宗旨

反垄断法实施的不确定性源于其立法宗旨的多元化。我国的《反垄断法》是多元化目标的代表。尽管这些目标(保护竞争、提高效率、保护社会公共利益和消费者利益)在大多数情况下是趋于一致的,但也可能存在冲突。当各种目标之间出现冲突时应该如何权衡和取舍,法律并未规定,也不可能作出明确规定,而只能依赖于法律实施中的政策性引导和解释。例如，对经营者集中的控制程度，就可能在“维护竞争”与“提高效率”之间产生冲突并需要选择；又如，提高效率与保护消费者利益，在大多数情况下能够画上等号，但在具体的实施过程中，经营者在多大程度上将获得的经济效率转移给消费者，就会在增强或减弱经营者提高效率的动机问题上进行权衡。此外，还需要考虑消费者的利益是否足以代表整个社会的整体利益。有时候经营者对效率的吸收，在效用上高于消费者。因此，当反垄断法的目标之间冲突时应该作出合理的权衡。

这就需要对国家的竞争政策及其阶段性目标进行明确定位。由于我国执法体制的特殊性，存在竞争执法与行业监管协调、执法机构之间的协调、行政执法与司法衔接等现象。这就尤其需要在竞争政策的统一影响下，统一执法理念和政策选择，并在竞争政策的统一指导下实施反垄断法和其他经济政策，以形成对垄断行业的规制合力，防止因冲突而降低执法的效率。

（二）通过竞争政策确定反垄断法在垄断行业中实施的边界

在市场经济体制中，不同利益主体出于自身利益的考虑，对竞争的态度是矛盾的。当竞争能为其带来利益时就欢迎竞争；而当竞争可能使其失去利益时就反对竞争。因而，保护竞争的各项政策（与立法）就不可避免地要在多种利益主体的角逐中产生。而行业管制中的权力寻租行为则往往会加剧这种部门利益之间的冲突。发达国家无一例外都是通过竞争政策的制定和实施，厘清行业“合法垄断”的边界，确定反垄断法在垄断行业中实施的空间，合理地对具有垄断行业竞争行为规制权的各部门进行权力配置，最大限度地提高资源效率和社会福利。

我国垄断行业在经济结构中占了较大比重，对社会经济生活有重大影响。虽然，改革开放以来，我国在垄断行业中逐步引入竞争，但《反垄断法》对垄断行业的规制空间仍然极为有限。垄断行业引入竞争机制的效率与现实的管制政策的实施产生了严重的冲突，而解除抑或放松管制又难以抑制垄断行业巨大的市场力量。如何在行业管制中引入和发挥竞争法律的调整作用，这在世界各国都出现了不同程度的困境，而由于经济体制、文化传统、所有制等各种因素的渗入，这个问题在我国就变得尤其复杂。因此，必须随着垄断行业市场竞争范围的日益扩大，政府直接管制范围的逐渐减少，使《反垄断法》的适用从“一般除外，例外适用”逐步转向“一般适

用,例外豁免”的格局。从而在竞争政策的指导影响下,使反垄断执法机构进入行业监管机构全面统制的领地,解决规制机构之间的权力配置的难题。

(三)通过竞争政策影响具体实施标准和制度的确定

在《反垄断法》的实施中,许多判断标准需要界定,如“社会公共利益”“实质性影响竞争”等;有许多控制标准需要明确,如经营者集中的审查标准、“安全港”(safe harbor)的标准等;有许多具体制度需要细化,如宽恕制度、承诺制度、豁免制度等;还有许多数额需要确定,如行政罚款数额、民事赔偿数额等。在各国竞争法实施的实践中,上述标准的确定和界限的划分,无一不是与其国家的竞争政策目标相吻合的。我国在决定这些标准和界限时,同样离不开对竞争政策的整体把握。从本质上讲,反垄断法对竞争政策的遵循,是成文法在应对社会快速变迁环境时必然出现的现象。任何超前或者滞后于竞争政策目标的标准都将削弱反垄断法实施的效率。

以《反垄断法》的适用范围的确定为例,竞争法在多大范围内得以适用,是通过竞争法的适用除外和豁免制度加以体现的。适用除外和豁免的范围越广,意味着竞争法作用的范围越窄。因此,一定时期该国对竞争法适用范围的具体选择,特别能够体现一国竞争政策的目标和竞争法的地位。我国《反垄断法》在垄断协议的豁免条件方面作了相当宽泛的规定,[9]这符合我国目前阶段的竞争政策的选择。但随着竞争政策在垄断行业改革中的逐步推进,市场准入放宽、非公资本进入垄断行业内竞争性业务的竞争,反垄断法的适用范围也将相应变化。

再以经营者集中控制标准的确定来加以分析。经营者集中的控制标准包括两方面内容:一是经营者集中的申报标准;二是经营者集中的审查标准。经营者集中申报标准的高低,与一国对经营者集中反垄断规制的宽严程度直接相关,它直接取决于国家的竞争政策。国务院于2008年颁布了《关于经营者集中申报标准的规定》,我国经营者集中申报采用的是“营业额”标准,除了操作易行性的考虑以外,主要是基于我国经济规模貌似较大,但规模经济并不强大的特殊国情所作出的选择。尽管如此,当前设定的标准还是引起了外国经营者和相关机构的一些担忧,认为国务院《关于

---

〔9〕 参见《反垄断法》第15条。

经营者集中申报标准的规定》并没有要求目标经营者在中国有经营行为或者销售行为,[10]使与中国市场有极少联系的交易也必须进行申报。笔者认为,这恰恰与我国市场容量大、企业数量多的情况相符合,也与我国鼓励企业做大做强的产业政策目标相吻合。待我国的产业结构和经济实力发生重大变化之后,经营者集中的申报标准也将根据届时的竞争政策作相应的调整。经营者集中审查标准是反垄断执法机关判定集中企业是否构成了违反反垄断法的情节,从而是否需要对其集中行为予以阻止或限制的实质性标准。主要国家的反垄断法律制度中对经营者集中的审查标准主要有"市场支配地位标准""实质性减少竞争标准""严重妨碍有效竞争标准"等模式。这些模式也几经变化,以符合这些国家的竞争政策的变化。我国制定了《经营者集中审查办法》,规定为了消除或减少经营者集中具有或者可能具有的排除、限制竞争的效果,竞争当局可以否决该项集中的申请,或者可以对集中附加限制性的条件。对比这些国际经验,我国的相关标准在实践中还可以进一步完善。

(四)通过竞争政策约束行政性排除和限制竞争行为

滥用行政权力排除和限制竞争行为(行政性垄断)的主要形式是通过政府制定行政规定的形式,维护或助长行业或企业在相关市场中的垄断地位。此外,还包括行政机关通过影响行业协会的行为排除和限制竞争。随着市场化的深入,各种利益集团会为了避免失去特权而游说决策当局,从而影响政府部门制定反竞争的行政规定。在国有垄断领域,由于政企合一,市场垄断与行政垄断并不区分;在自然垄断行业,以"自然垄断为名"而行"行政性垄断"之实。行政机关谋求自身利益最大化,运用权力为企业获取垄断利益提供机会。[11] 私人企业也倾向于寻求政府的援助,企图通过"腐蚀权力"的方式,利用政府力量建立人为的市场壁垒,从而形成或巩固自己的垄断地位。因此,行政性垄断实际上是利用公共权力维护私人

〔10〕 See Joint Submission of the American Bar Association's Sections of Antitrust Law, Intellectual Property Law and International Law on the Proposed Anti - Monopoly Law of the People's Republic of China(2005), http://www.abanet.org/intlaw/committees/business_regulation/antitrust/chinacommentsantimonopoly.pdf, Jun. 20, 2011.

〔11〕 于良春主编:《反行政性垄断与促进竞争政策前沿问题研究》,经济科学出版社2008年版,第2页。

利益。[12]

我国在维护市场竞争机制方面，最严重的障碍是来自政府的反竞争行为。由于各种垄断形式的耦合交叉使来自政府的限制竞争行为很难确定，体制的原因又使我国《反垄断法》在规制行政权力排除限制竞争方面的效力十分有限。这就必须从竞争执法以外的途径寻求解决之道。各国竞争政策中普遍实施的对行政行为（特别是抽象行政行为）进行以竞争法为视角的审查——"竞争性审查制度"给我们提供了十分有益的经验和措施。经济合作与发展组织（Organization for Economic Co-operation and Development，OECD）国家采用"竞争工具"，对政府的立法和政策进行检验，减少政府对市场竞争的不当干预，削弱和消除行政性垄断。与我国有相似文化传统的韩国、日本等国家，已经有了这方面的成功经验。

为此，我国应该根据国际经验和改革的现实需要，在现行法律体系规定的框架内，考虑如何赋予反垄断执法机构对反竞争的行政行为进行包括劝告、审查、纠正等在内的权力，以及如何赋予受害方从垄断受益方获得赔偿等一系列权利。

---

〔12〕 参见徐士英：《政府干预经济与市场机制运行的防火墙——〈反垄断法〉对行政性垄断的规制》，载《华东政法大学学报》2008年第1期。

仿冒混淆行为法律规制的完善

——对《反不正当竞争法》引入商业标识的思考*

随着市场经济的深入发展,经营者之间的竞争也日趋激烈。市场竞争的主流是企业在包括技术创新、产品更新等方面进行的正面交锋,不断丰富市场供给,消费者也从竞争中获得更大的利益。但同时不正当竞争的行为也层出不穷,搭便车、傍名牌的现象不仅更加严重,而且手法不断翻新,对工商行政管理部门的执法工作带来新的挑战。《反不正当竞争法(修改建议稿)》引入了"商业标识"的概念,为加强对仿冒行为的规制提供了进一步完善的制度保障。

一、规制仿冒行为呼唤"商业标识"概念

仿冒行为的实质是导致市场混淆,误导消费者或者用户,使其作出错误的消费决策。我国过去的仿冒行为主要表现在:一是将商标注册作为企业字号使用,即把与他人已经注册的知名商标(甚至驰名商标)相同或相近似的文字注册为自己的企业名称;二是将企业字号注册为商标使用,即把与别人已经登记注册的知名字号相同或相近似的文字注册为自己的商标。在市场经济发展的初期,这种以注册商标(或驰名商标)为对象实施的不正当竞争,被称为典型的搭便车或"傍名牌"行为。这些仿冒行为对市场竞争秩序产生了极为消极的影响,因而受到竞争法律的严厉规制。我国通过《反不正当竞争法》第 5 条对其进行规制。但随着市场经济的深入发展,经营者之间的竞争越来越激烈,不正当仿冒行为也不断变化翻新。仿冒的对象(客体)已经从原来只是针对商标仿冒转向对其他各种商业标识的仿冒,从同类别商品的仿冒发展到跨类别、跨行业的商品和服务的仿冒;仿冒的手法也更加隐蔽难辨。但由于我国法律中只规定了"注册商

---

* 载《中国工商管理研究》2011 年第 4 期。

标”“企业名称或者姓名”,以及特定的“认证标志、名优标志等质量标志和产地”等,在其他具有区别商品或者服务来源的显著特征的,还可以在《反不正当竞争法》第5条第2项规定的“特有的名称、包装、装潢”中寻求保护。此外,对那些由经营者营业场所的装饰、营业用具的式样、营业人员的服饰等构成的具有独特风格的整体营业形象,如果具有独特性,也解释为属于上述“装潢”之列。在商品经营中使用的自然人的姓名、具有一定的市场知名度、为相关公众所知悉的自然人笔名、艺名等,也解释为《反不正当竞争法》第5条第3项规定的“姓名”。但这个范围仍然不能覆盖故意仿冒其他显著标识导致混淆的其他情形,远远不足以包含仿冒商业标识导致混淆的现象。在这种情况下,如果法律制度不及时发展变化,就不能满足对不正当竞争行为规制的需要。我国《反不正当竞争法(修改建议稿)》引入“商业标识”,正是体现了法律的这种发展变化与适应。

二、商业标识的引入是竞争法的完善之举

我国《反不正当竞争法(送审稿)》引入了商业标识的概念,规定经营者不得“擅自使用与他人在先使用的为相关公众所知悉的其他商业标识相同或者相近似的商业标识,造成市场混淆”。这既能够将包括商标、企业字号等在内统一纳入商业标识的框架予以保护,解决他们之间的权利冲突问题,又可以把不正当竞争行为的范围扩大到仿冒注册商标和企业名称以外的其他商业标识。

商业标识是经营者付出投资、时间和金钱基础上产生的信誉载体,是一种无形的财产。独特显著的商业标识的价值是长期使用过程中产生的,也是产品质量和服务标准的体现,是消费者不用花费时间比较,可以直接信赖的保障。正是由于商业标识的这种在特定经营者与消费者之间的内在联系,使竞争法必须保护商业标识不被混淆,防止市场秩序混乱和消费者受到损害。为了更好地维护市场竞争秩序和保护消费者与经营者的利益,对于显著的商业标识的仿冒,应当纳入我国反不正当竞争法的调整范围,这实际上也符合国际惯例。

1883年,《保护工业产权巴黎公约》为不正当竞争行为下定义为“凡在工商活动中违反诚实经营的竞争行为即构成不正当的竞争行为”。《保护工业产权巴黎公约》将“不正当竞争”表述为:凡在工商业活动中违反诚实经营的行为,即构成不正当竞争的行为。其中,特别禁止“对同行的营业所、商品或工商业活动造成具有混同性质的一切行为”，这表明涉及的范围十分广泛，包括商品商标、标记、记号、标签、广告语、包装、形状或色彩，或者商人使用的各种其他显著性标记。显然这里混淆商业标识既包括对商品标识的混淆行为，也包括对营业标识的混淆行为。

世界知识产权组织不正当竞争保护示范条款中对《保护工业产权巴黎公约》中的上述规定进行了进一步的解释，将不正当竞争行为界定为：在工商业活动中，与他人的企业或者其活动，尤其是该企业提供的商品或服务，产生或者可能产生混淆的任何行为或做法，构成不正当竞争行为。根据世界知识产权组织的解释：商标、商品或者任何其他商业标识，在消费者眼里是与特定的商业来源或出处连在一起的，对来源或出处产生或者可能产生混淆的任何行为都将可能构成不正当竞争行为。因此，混淆的概念不应当仅仅限制在与商业来源或出处的混淆，还应当包括对能够识别商业关系的任何东西的混淆。即便商品或服务不是同一出处，但因其相似性可能导致消费者的误解，使人认为有关商品或服务上的商标使用已得到另一企业的同意。

从《保护工业产权巴黎公约》的规定和世界知识产权组织的解释中可以看出，不正当竞争行为的客体具有广泛性，包括了商标、商号及任何其他商业标识，并且由仿冒假冒行为导致的混淆也是广义的，包括能够识别商业关系的任何东西的混淆，不管这种混淆是现实的混淆还是潜在的可能混淆。

在我国，对广义上的商业标识的仿冒混淆现象已经不在少数，亟须立法加以规制。因为过去的仿冒者在进行商标注册时，一般选择与其他企业原有的知名商标同属于一类的商品进行，并在商标内容上通过细微变化（增加或者减少其他符号）的方式加以区别。但新兴的仿冒行为在跨类别的商品或服务上进行，一旦注册成功，仿冒者便跨类别使用该注册商标，并通过包装装潢等方式故意凸显原有的他人知名商标的特征，以达到混淆的目的。如杭州奥普电器有限公司（以下简称奥普公司）便遭遇了这样的升级版傍名牌。奥普公司创建于 1993 年，其奥普品牌也先后被认定为“浙江名牌产品”和“中国驰名商标”。浙江一家公司将“aopu 奥普”和“凌峰奥普”注册为商标，并授权一家电器公司使用，并在其推出的集成吊顶用照明、取暖等产品的外包装上放大了“奥普”两字，缩小了“aopu”的字样。这

样的行为明显会造成消费者在购买过程中的混淆。

2010 年 11 月的另外一个案例,使我们对法律修改中引入"商业标识"的必要性更加清楚。国投恒泰投资担保有限公司在自己的企业字号中使用了"国投恒泰",这与国家开发投资公司(以下简称国投)这一知名公司名称十分相近。不仅如此,"国投恒泰"还故意将其经营地址迁至国投的原办公地点国投大厦。该行为是仿冒的一种新形式,之所以认为它构成不正当竞争,是因为其造成或可能造成他人误以为国投恒泰与国投存在紧密联系(母子公司关系或其他关联关系),从而造成混淆的后果。在本案中,经营地址的迁移行为本身并非不正当商业行为,因而也不是不正当竞争法所规制的不正当竞争行为。但由于该公司所迁入的地址国投大厦与国投存在紧密的内在联系,而迁址行为的主体又使用了与国投十分接近的"国投恒泰",两个行为联系在一起就构成不正当竞争。

由此可见,把仿冒的范围扩大到注册商标之外的企业显著的商业标识是十分必要的,这是对规制仿冒行为、呼唤法律发展的一种积极回应,是我国反不正当竞争法的完善之举。

三、商业标识的引入有利于全面维护市场竞争秩序

(一)有利于保护未注册知名商标

《反不正当竞争法》作为经济立法,其立法目的在于建立公平的市场竞争秩序,从而保护竞争者利益、消费者利益乃至社会利益。就我国现行法律而言,驰名注册商标的反淡化偏重于商标法的保护。因为商标法授予驰名商标以排他性专用权,为驰名商标提供广泛的跨类保护。因此,对驰名商标的反淡化保护既不要求有混淆之虞,也不要求存在同类产品的竞争关系。但未注册知名商标的反混淆反假冒则以反不正当竞争法为主,只要存在竞争关系,对他人知名标记作相同或近似的擅自使用,即构成仿冒混淆,为反不正当竞争法所禁止。

《反不正当竞争法(送审稿)》规定:经营者不得擅自使用与他人在先使用的为相关公众所知悉的其他商业标识相同或者近似的商业标识,以免造成市场混淆。这是一个重大进步。这意味着即便一个标识未在中国注册或在中国并不知名,其也可能会受到保护,从而使其免于受到假冒风险。上述保护范围较之现行法律更加广泛,现行法律要求只有在中国知名的未注册标识才会受到保护。此外,较之现行《商标法》规定的保护范围,上述

保护范围也广泛得多，现行《商标法》仅保护注册标识和知名标识（《保护工业产权巴黎公约》规定）。对于那些尚未在中国注册其标识，可能难以证明其标识在中国知名，但能够确立使用以及可能证明其标识“为公众所知”的外国公司来说，上述拟议的保护范围拓宽可能会使它们从中受益。

（二）有利于进一步保护注册商标

如百度在线网络技术（北京）有限公司等诉深圳市三木电器有限公司等侵犯商标权和不正当竞争纠纷案中，被告三木公司、百度数码公司未经许可，生产模仿“百度”商标的 MP3、MP4 侵权产品，并在其产品上突出使用“百度”商标。借“百度”驰名商标混淆社会大众，误导消费者认为原告与被告具有相当程度关系，可能致使原告利益受到损害。被告为达到“傍名牌，搭便车”之目的，专门设立百度网站，以不正当竞争手段利用原告“百度”驰名商标的市场声誉，违反了诚实信用的商业原则和《反不正当竞争法》第 2 条的规定，构成了不正当竞争，依法应当承担停止不正当竞争行为、赔偿损失的民事责任。《反不正当竞争法（送审稿）》的规定进一步明确了对“傍名牌”行为的规制，有利于对注册商标的保护。

（三）有利于规制反向假冒行为

《反不正当竞争法（送审稿）》禁止了“擅自更换他人商品的商业标识，并将更换商业标识后的商品投入市场的”反向假冒行为。这相较于《商标法》第 52 条第 4 款“未经商标注册人同意，更换其注册商标并将该更换商标的商品又投入市场的”，扩大了现行《商标法》规定的品牌保护范围，现行《商标法》仅禁止经营者擅自将他人标识附着于自己的产品之上。

综上所述，我国《反不正当竞争法（修改建议稿）》的修改在商业标识的引入上适应了市场经济发展的需求，扩大了商标权的保护范围，在反不正当竞争法中对注册商标之外的未注册商标、商业外观以及商号、域名等进行统一保护。同时，将假冒行为延伸至以储存、展示、运输、出口、进口等方式使用他人商业标识，或者带有商业标识的产品的行为，是立法上的一大进步。它对不同部门制定的效力等级不一、适用范围各异的规范性文件中有关商业标识权利冲突的规定进行了总结和归纳，将商业标识的保护提升到反不正当竞争法中统一协调解决。这将更为有效地打击仿冒混淆行为，更好地保护经营者和消费者的合法权益，维护公平竞争的市场秩序，保证经济的健康、有序发展。

竞争文化的培育和发展

——从日本竞争主管机关竞争执法、竞争推进谈起*

竞争文化,概括地说就是关于市场竞争的一系列思想观念、商业规则和法律制度的总称。[1] 竞争文化的作用,可能难以在短时间内被人们所认识,尤其是难以被人们精确地量化评估,然而国际实践经验告诉我们,在一个相对长远的周期里,竞争文化一旦扎根于一国的文化禀赋当中,将对该国经济的可持续发展发挥难以估量的巨大作用。

日本和中国同处东亚,具有同源性的文化基础。在文化传统上,两国都曾长期排斥竞争的观念,奉行儒家的“和合文化”而非西方式的“竞争文化”。在社会制度上,中央集权式的统治模式使等级观念根深蒂固,呈现出典型的“纵式社会结构”和“序列意识”,极大地排斥了内部竞争。更为重要的是,竞争法律制度对于两国而言都是舶来品,竞争政策长期以来优先于竞争文化而存在。但是,尽管日本竞争法最初是出于军事原因被强行引入的,在第二次世界大战后的很长一段时间内,日本的竞争政策也不是其经济政策的主流,但从20世纪90年代开始,日本经济发展迅速是在竞争政策的指导下达成的这一观点逐渐成为主流观点。这意味着日本的竞争文化并非是自发自生的,而是存在一个培育和主动推进的过程。在这个过程中,竞争法的实施对于竞争文化的传播起到了决定性的作用。而作为竞争法执法机构的日本公正交易委员会的作用异常卓著,其独创性的执法模式对促进竞争文化的发育成熟,从而推动市场经济发展功不可没。对比日

---

* 本文系作者携华东政法大学2009级博士研究生应品广合作完成,载《江苏大学学报》(社会科学版)2011年第5期。

〔1〕 参见徐士英:《竞争文化与和谐社会———论中国反垄断立法的社会基础》,载樊杰、白光润主编:《城市经济与微区位研究——全国城市经济地理与微区位学术研讨会论文集》,中华地图学社2005年版,第204页。

本竞争法六十多年的发展历程，我国的竞争法律制度尚处于初创阶段。在法律的实施过程中，出于文化特质和发展历程的相似性，很可能会遇到与日本类似的问题。因此，日本竞争主管机关在竞争文化建设和竞争法制推进上所作出的努力和获得的经验，对中国反垄断法的实施和竞争文化的传播无疑具有极大的借鉴和指导意义。

一、日本竞争主管机关的独特地位和功能

（一）机构设置的独立性

从行政隶属上看，日本公正交易委员会自1947年成立至2001年设置于首相办公室之下；2001年至2003年，置于政府的公共事务部；自2003年5月起，则隶属于内阁办公室。可见，日本公正交易委员会自始至终都隶属于行政系统，内阁能在机构预算和人事安排等方面对公正交易委员会形成间接制约。但是，公正交易委员会在执行反垄断法时仍可独立行使职权，不像通常的行政机关那样需要接受上级机关的指挥监督。为了确保公正交易委员会的委员长和委员们能够在其任职期间内依法独立地行使其职权，日本还设立了“合法身份保障制度”和“报酬保障制度”，〔2〕即委员长及委员们在其任职期间内除非遇到特定法定事由，其合法身份不受罢免，亦不得违背本人意愿而减少其报酬或收入。与德国经济部长、联邦卡特尔局、州最高机关的三级、双重管理模式不同，日本反垄断机构所建立的是中央和地方两级垂直领导体制，完全独立于省、都道、府、县，保证其独立执法不受干扰。〔3〕上述这些措施，确保了隶属于行政系统的竞争主管机关在行使与竞争法相关的事务时能保持较高的独立性。

（二）权能设置的权威性

日本公正交易委员会有一个特点，即除了拥有作为一个独立的行政机构应具备的职权以外，还拥有使内部条例生效的准立法权和执行听证程序的准司法权。〔4〕就行政权而言，日本公正交易委员会有权独立进行有关案件的调查，提出劝告、签发申诉书并开始听证程序，直至最后作出正式的决定。就准立法权而言，日本公正交易委员会有权通过立法指定容许维持

---

〔2〕 参见王为农、叶通明：《日本公正交易委员会：机构、权限与特性——对日本禁止垄断法主要实施机关的评价》，载《财经问题研究》2004年第1期。

〔3〕 参见林志强：《日本与德国反垄断模式比较》，载《甘肃行政学院学报》2002年第1期。

〔4〕 参见孙荣玲、吕春燕：《日本公正交易委员会评价》，载《法学杂志》2001年第1期。

转售价格的商品范围，有权依法认定不公平的贸易做法，有权规定案件处理的程序和听证程序。就准司法权而言，日本公正交易委员会有权在听证程序结束后作出正式的决定，若对日本公正交易委员会的决定不服，当事人只能直接并排他性地向东京高级法院进行申诉。日本公正交易委员会就反垄断刑事案件还享有“专属告发权”，如果其不向总检察长进行检举，针对反垄断法违法行为的刑事程序就无法启动。日本公正交易委员会的权威性还典型地体现在其与司法部门之间的关系上。在反垄断私人诉讼中，日本公正交易委员会对案件本身作出的“事实认定”是受害人提起损害赔偿诉讼的前提条件，法院在确认损害赔偿的数额时一般也会向委员会征求意见。〔5〕在针对公正交易委员会提起的行政诉讼中，法院更是一般性地尊重其所作出的“事实认定”，几乎不会推倒重来。

（三）执法手段的多样性

出于程序正义的考虑，垄断案件的行政处理一般需要历经“案件启动—调查—行政审判—审决—执行”这一正式程序。但是在日本，公正交易委员会在正式程序之外还发展出了劝告决定、同意判决等诸多非正式程序，大大地提升了反垄断法的实施效率。实际上，自日本《禁止垄断法》于 1977 年修正之后，日本公正交易委员会依据正式程序处理的案件数量就大大地减少了。对于发生在 1977 年以前的案件，一旦当事人自动停止被指控的行为，日本公正交易委员会就不再采取任何救济措施。以劝告决定为例，在发现当事人违反反垄断法的行为之后，日本公正交易委员会可以劝告当事人采取适当的救济措施。当劝告被有关当事人接受时，日本公正交易委员会可以不诉诸进一步的裁决程序并作出案件终结的决定。在日本公正交易委员会所判决的案件中，劝告决定占据了大约 75% 的比例，劝告决定的受欢迎程度可见一斑。诸如“劝告决定”之类的非正式措施对于日本公正交易委员会以有限的人力处理尽可能多的案件也十分有利。在反垄断政策难以为商业政策所完全理解的情况下，非正式的实施措施也更易于为商业界所接受。

日本公正交易委员会在机构设置和实际运作中的上述特征，不仅为日本竞争主管机关地位的不断提升（一定程度上也意味着竞争政策地位的不断

---

〔5〕 在 2009 年之前，日本反垄断法规定，对于损害赔偿诉讼，法院“有义务”向公正交易委员会征求意见，但是 2009 年的修订将该项义务改成了法院在认为有必要的情况下“可以”向公正交易委员会征求意见。这意味着司法的地位相对提高了。

提升)创造了条件,也为其在单纯的竞争执法之外开展竞争推进和竞争宣传创造了巨大空间。在很长一段时间里,日本公正交易委员会的机构首脑与工业部的机构首脑同级,薪水也相同,但级别却低于各部的副部长,这使其在与工业部就放开管制和行政指导问题上进行谈判时处于不利地位。为了提升自身的行政级别以实现竞争执法和竞争推进的有效性,公正交易委员会进行了长期的努力。1996 年 6 月,其诉求终于得到了实现,日本出台了一项旨在加强公正交易委员会职能的法律,公正交易委员会机构首脑也被提升为委员长,即级别提高到了副部长级。值得一提的是,自 1995 年开始,公正交易委员会的工作人员(特别是调查人员)数目和预算就几乎一直处于不断增长的趋势(详见下表),极明显地反映出了其地位的不断提升之势。伴随着地位的提升,日本公正交易委员会在竞争文化培育方面的作用与功能也愈发突出了。

日本公正交易委员会人员与预算情况表

年份	工作人员总数(人)	调查人员数(人)	预算(10 亿日元)
1995	520	220	5.24
1996	534	236	5.38
1997	545	248	5.56
1998	552	254	5.62
1999	558	260	5.78
2000	564	263	5.90
2001	571	269	6.04
2002	607	294	6.16
2003	643	318	7.85
2004	672	331	7.82
2005	706	360	8.13
2006	737	383	8.34
2007	765	409	8.42
2008	795	429	8.66
2009	779	442	8.45

资料来源:本表数据来源于日本公正交易委员会网站:http://www.jftc.go.jp/e-page/reports/statistics/staff_budget.html/。

二、日本竞争主管机关培育竞争文化的具体做法

(一)竞争执法

1. 现实主义的态度

日本反垄断法最初是在美国占领军的强制推行下得以实施的,因此"一旦日本恢复其立法自主权后,独占禁止政策之走向便逐渐后退,甚至名存而实亡"。[6] 在此背景下,日本公正交易委员会表现出了顽强的毅力和决心,以极其现实的态度对待所面临的困境。比如,尽管日本公正交易委员会反对任何"反竞争的行政指导",但针对各种各样的行政指导,日本公正交易委员会明智地采取了区别对待的方式:面对势力强大的通产省所推行的行政指导,尽管不大愿意,日本公正交易委员会大致都予以默认了,而对其他政府部门所推行的行政指导,却未必遵守或默认;又如,在反垄断法产生之初,尽管日本公正交易委员会对于该法很少适用,但在有关的固定价格案件中仍然确立了以下原则:固定价格案件应适用本身违法原则而非合理原则;再如,尽管日本公正交易委员会在日本反垄断法执行之初放弃了其所承担的部分职责,但由于其不懈努力,使弹性相当大的不公平交易行为这一领域,即使在后来放宽反垄断法执行的时期,也始终处于公正交易委员会的牢牢控制之下。这种现实主义的工作态度,最终使日本反垄断法积累了基础力量,从而在20世纪70年代借助石油危机所引发的消费者权益运动得以复兴。

2. 逐步推进的工作作风

第二次世界大战以后的日本反垄断法接受了许多反垄断规制的例外,并经常受到因行政指导而产生的"合法的"卡特尔行为的冲击,甚至遭受了执法机构对于法律概念的异样阐释,到了20世纪50年代后期其执行更是几乎已经完全停止。即便在这种形势下,日本公正交易委员会仍积极行使自己的职责。比如,为了应对20世纪50年代的经济萧条,日本纺织企业在通产省的"行政指导"下实施了限产行为,公正交易委员会随即向通产省发布了通知,知会其重新考虑撤回劝告,但是未取得成功。在20世纪70年代的石油危机中,日本12家石油公司在通产省的指导下结成了地下卡特尔,一年之中达成了5项涨价协定,公正交易委员会又给予了"立即停

---

〔6〕 赖源河:《公平交易法新论》,台北,元照出版有限公司2005年版,第68页。

止”的劝告。在公正交易委员会的检举之下，日本检察厅还对12家石油公司和石油联盟提起了公诉，迫使最高法院作出了“生产调整无罪，价格卡特尔有罪”这一模棱两可的判决。[7] 正是由于日本公正交易委员会如此持续不断的努力，在2008年开始的席卷世界的金融危机中，日本才顽强地坚守住了竞争执法的底线。一方面，日本在危机时期修改了《禁止垄断法》，并于2010年1月正式实施。此次修订大幅提升了的课征金的适用范围和幅度，扩展了企业合并事前申报的内容，加重了不当限制交易罪的刑事制裁，可谓是在立法方面提升竞争政策的一大举措。[8] 另一方面，日本的反垄断执法也呈现出了从紧的趋势。比如，日本公正交易委员会在2009年10月以涉嫌违反日本反垄断法，在电视显像管销售方面缔结价格联盟为由，对日本松下集团旗下三家企业、韩国三星及LG集团旗下各一家企业处以了总额33.21亿日元的罚金。[9] 这也是日本公正交易委员会首次因涉嫌缔结价格联盟而命令外国企业交纳罚金。可以说，日本公正交易委员会持续不断的努力以及逐步推进的工作作风最终为日本竞争政策地位的不断提升作出了卓越贡献。

3. 灵活多样的操作手法

除了上文提及的非正式程序之外，日本公正交易委员会在实际操作中还引入了充分的事先协商与事后谈判制度，其中的很多独创性做法为日本竞争文化的普及创造了良好条件。首先，日本公正交易委员会在立法之前，总是设立由政府官员、专家、学者组成的调查小组或委员会，对产业界和消费者进行调查，调查报告提出的立法建议多数最终被立法采纳。其次，日本不仅是世界上最早在反垄断法上采用呈报制度的国家，而且其呈报制度的内容较其他国家而言更为广泛，不仅涉及企业合并的内容需要呈报，涉及进出口、技术和商标版权许可以及与价格、数量、区域限制等相关的协议都需呈报。再次，日本公正交易委员会还公布了关于专利与专有技术许可协议的指南，将专利与专有技术许可协议的条款划分为“白色条款”、“灰色条款”和“黑色条款”三种，其中“白色条款”和“黑色条款”分别

〔7〕 参见吴小丁：《日本竞争政策过程的制度特征》，载《日本学刊》2001年第2期。

〔8〕 参见代高洁、戴武堂：《日本反垄断法的新发展及其对中国的借鉴意义》，载《内蒙古财经学院学报》2009年第6期。

〔9〕 参见《日本反垄断机构对松下三星LG处以33亿日元罚金》，载http://finance.people.com.cn/，2011年3月15日访问。

是指法律、法规明确允可和明确禁止订立的条款，而“灰色条款”则是需要依据具体情况而确定其合法与否的条款。企业可就“灰色条款”申请公正交易委员会加以确认。一经确认，公正交易委员会将不会对其采取任何法律行动，除非这种确认本身被取消。最后，公正交易委员会在竞争执法时通常赋予企业与政府协商谈判的空间，双方在互相沟通理解的情况下推动法律的实施。概而言之，“日本通过运用以政府官僚为主导、民众参与、信息共享、协商谈判的决策与执行机制创设灵活的制度，通过具有行政色彩的非正式和半正式处理措施，通过网开一面的实用方法，还通过吸收英美法法律技术，使反垄断法逐步嵌入了日本社会、经济、政治、文化结构中，并开始在其本土社会制度体系中发挥其影响”。[10]

（二）竞争推进

1. 针对社会公众的推进措施

通过实施针对社会公众的竞争推进措施，日本公正交易委员会提高了公众对“竞争有益经济”观念的理解与支持，从文化建设的角度把竞争文化提升到了一国主流文化的高度。

在成立之初，日本公正交易委员会就在一般公共关系方面投入了巨大的努力，为反垄断政策（竞争政策）辩护。在对违法行为提起诉讼时，公正交易委员会总是公开对其行动进行解释，以此警示他人。比如在 1947 年和 1948 年的年度报告中，公正交易委员会指出，反垄断法是塑造战后日本经济的基本法律之一，为了使反垄断法能顺利地适用，公众的理解和支持是必要的，因此必须进行宣传。必要的时候，委员会在大城市举行了会议，向公众解释反垄断法；通过广播事业团体宣传反垄断法；而且在 1948 年出版了评论书籍和公报，并创建了研究会。[11] 日本公正交易委员会还采取了大量的竞争宣传，普及竞争政策的知识和理念。他们分门别类，为不同行业的经营者准备了该行业的从业者应如何遵守反垄断法的小册子，编写了许多学习宣传的书籍和通俗易懂、图文并茂的材料，务求使经营者和消费者了解反垄断法对其日常生活和经营活动的影响，从而自觉守法。[12]

---

〔10〕 徐士英：《反垄断法在日本实现“本土化”的启示》，载《法商研究》1999 年第 4 期。

〔11〕 参见［日］伊从宽：《竞争文化和竞争法的目标》，载《经济法论丛》2005 年第 1 期。

〔12〕 参见陈晓玲：《日本反垄断法“本土化”过程对中国的启示》，载《时代经贸》2007 年第 5 期。

这其中，一个很重要的方面即推动企业合规制度的建设。所谓合规，就是使企业的行为符合法律规定，避免出现为法律所限制或禁止的行为，降低违规成本。公正交易委员会通过指导企业确立最佳的商业实践，使企业明白哪些行为是为竞争法所允许的，哪些行为很可能会招致调查和处罚，从而培养企业的“合规文化”，尽量降低反竞争行为的发生，营造公平有序的竞争环境。

此外，公正交易委员会还在自身机构设置及信息公开方面作出了努力。比如，公正交易委员会设立了“咨询指导室”，向企业界提供各种咨询服务，并定期归纳咨询实例，予以公布。[13] 公正交易委员会还通过案例集及互联网等媒介对反垄断案例进行了及时公开和解释。自 1993 年到 2009 年，日本总共公布了 178 个案例，每个案例都详细介绍审查的情况和原因。在 2001 年以前，用日语公布相关审查信息的情况比较多，但是从 2002 年开始，相关重要案例都是用英文进行披露。[14] 上述措施不仅在国内普及了竞争法的知识和理念，而且采用世界共通的语言进行交流和分析，有助于进行国际比较，进一步促进了日本竞争推进措施的完善。

2. 针对公共机构的推进措施

实施针对公共机构的竞争推进措施是希望通过与承担规制职能的公共机构进行协调和沟通，实现竞争政策与其他经济政策的互相连接。日本公正交易委员会在此问题上至少作出了如下努力：

第一，推动反垄断豁免范围的缩小化。反垄断法豁免范围之大小直观地反映了竞争政策在一国经济政策体系中的地位。豁免范围越大，意味着竞争之外的其他因素相比于竞争而言更占据主导地位。自 20 世纪 50 年代日本重新掌握立法主动权以来，在立法中扩展反垄断豁免的范围曾一度成为了主流做法。到 1991 年 6 月，日本已经有 37 个法案规定了多达 56 种的卡特尔豁免行为。这些豁免卡特尔的法律大部分产生于 20 世纪 50 年代，基本上是第二次世界大战之前相关法律规则或者强制性卡特尔的翻版。尽管日本公正交易委员会对这些豁免性的法律一贯持反对的态度，但

[13] 参见张丽霞：《日本反垄断法执法模式及其法文化考察》，载《湘潭大学学报》（哲学社会科学版）2008 年第 5 期。

[14] 参见日本公正交易委员会事务总局前局长上杉秋则教授于 2009 年 12 月 19 日在“人大反垄断法高峰论坛：后金融危机时代反垄断法实施国际研讨会”中的发言，载 http://www.antimonopolylaw.org/，2009 年 12 月 30 日访问。

这些法律条款在20世纪50年代还是毫无阻碍地得到了应用。为改变这种局面以解决反垄断法的适用问题，日本公正交易委员会作出了卓越的努力：首先，推动废除行政指导下的卡特尔。由于这种方式的卡特尔并没有直接获得卡特尔豁免法律的支持，因此日本公正交易委员会的努力在20世纪60年代中期取得了成功。其次，推动在卡特尔豁免法律中规定政府主管部门的事先协商义务，即大多数卡特尔的批准需要与日本公正交易委员会进行协商，在协商过程中尽量避免卡特尔豁免条款的适用。最后，将在反垄断法及相关事业法中减少反垄断豁免的范围提上立法议程。1995年，日本政府制定了"推动规制改革计划"（Program for Promoting Regulatory Reform），提出大多数反垄断豁免应当被废除。此后，国会又分别在1997年、1999年和2000年通过了3个废除反垄断法豁免的系列法案；在还存在豁免的领域，则引入了与日本公正交易委员会的事先商议机制。至此，卡特尔反垄断豁免的范围也从1966年最高峰时期的1079起降到了2010年的28起。[15] 这意味着竞争法作为政府调节经济的一般性法律，其所作用的经济领域已经大大扩展了。

第二，推动规制法的竞争法化。所谓规制法的竞争法化，是指在规制法里面引入竞争法的内容，使之成为"个别的竞争法"，以实现"规制法（政策）与竞争法（政策）的相互渗透"。其目的在于渐进式地推动规制法向一般性竞争法演变，从而扩大竞争法的适用范围，提升竞争政策在一国经济政策中的地位。例如，在日本公正交易委员会的努力下，日本于1984年制定了《电信法》，在电信部门推动私有化改革并导入竞争机制，准许新的企业进入电信行业；2003年日本又修改了《电信法》，进一步放松管制，规定除了设置大规模电线设备之外，一般企业进入电信产业只需要事后登记即可。在推动规制法竞争法化的同时，公正交易委员会还积极寻求与行业主管部门展开合作。2001年，公正交易委员会和电信产业的主管部门——总务省联合制定了《电信产业促进竞争指南》。该指南明确规定，对于电信产业的限制竞争行为，公正交易委员会和总务省尽最大可能进行协调，减少法律适用的混乱和可能给企业造成的不必要负担，确立了两者合作共管电信业限制竞争行为的体制。除了电信产业之外，在电力、天然气等公

---

〔15〕 详见日本公正交易委员会网站：http://www.jftc.go.jp/。

共领域,日本也基本上确立了相似的机制。[16] 通过立法和执法的双重渗透,日本竞争政策与其他经济政策形成了有效互动,从而大大减少了法律实施及部门之间的摩擦。

第三,推动竞争评估制度的建立。所谓竞争评估是指在政府立法之前或之后,由竞争主管机关对相应的法律草案或已颁布实施的法律法规按照竞争法的理念进行评估,以观其是否存在限制竞争的内容。早在2001年6月,日本就颁布了《政府政策评估法》(Government Policy Evaluation Act),在立法上确立了针对政府政策的竞争评估机制。2010年4月,日本政府又引入了经济合作与发展组织《竞争评估手册》中的竞争评估制度,作为日本政府政策事前评估的一部分。自此,绝大多数新制定或修订的法律法规都要接受竞争评估。在实施竞争评估时,一方面,日本公正交易委员要发布评估报告,重点阐述两部分内容:一是就所评估法律法规的成本——收益进行比较,二是与其他可替代方案进行比较;另一方面,如果经由竞争评估认为需要对规制的反竞争效果进行进一步分析,规制机关在制定新的规定之前必须要提供一份"竞争评估清单",对规制是否会对市场竞争产生影响以及会产生什么影响作出详细解答。通过这种方式,竞争主管机关和承担规制职能的其他公共机构之间形成了有效的协调和合作机制。

三、日本竞争主管机关培育和发展竞争文化的经验启示

(一)日本培育和发展竞争文化的经验

日本竞争政策的施行,从最初被动接受竞争法,到中间延缓甚至废弃竞争法的实施,再到20世纪70年代竞争法的复兴,呈现出明显的阶段性特征,竞争文化的培育也体现出波动性特质。但不可否认的是,随着竞争文化的不断传播和竞争理念的不断渗透,竞争政策在日本越来越受重视。

日本竞争主管机关能够在一个长期奉行儒家文化的国度培育出竞争文化并使之深入民心,除了与日本的官僚主导型行政模式相关之外,还与日本竞争主管机关的定位与决心直接相关。确实,竞争政策与其他经济政策在日本之所以能够得到协调与共生,很大程度上得益于日本独特的官僚统治模式。一方面,执法中的各项协商机制和正式或非正式的处理措施都仰赖于政府与企业之间独特的"合作模式",官僚主导型的行政模式为这

〔16〕 参见栗田诚:《日本的规制改革与反垄断法及竞争政策》,载《经济法论丛》2005年第1期。

种合作创造了极佳条件；另一方面，政策之间的上传下达以及平衡协调，在日本的官僚主导型行政模式下发挥到了极致。

但是，单纯依靠强势的官僚势力以及各势力之间的互相掣肘，竞争政策的推行和竞争文化的传播不可能一如既往得以实施，也无法形成燎原之势。日本竞争文化培育的成功，更应该归功于日本竞争主管机关的自我定位与决心。日本公正交易委员会鲜明的独立性和权威性为其开展竞争执法和实施竞争推进创造了空间，其竞争执法和竞争推进手段的多样性则为其传播竞争文化开拓了更多道路。更为重要的是，日本公正交易委员会还进行了鲜明的竞争政策设计，"为了振兴经济，通过促进公平和自由竞争提升消费者利益，日本公正交易委员会将重点采取以下措施，积极实施竞争政策：一为严格且适当的竞争执法，二为不断改进竞争环境，三为加强竞争政策的基础设施建设"。〔17〕据此，竞争主管机关就不仅仅囿于执行法律，还必须在规制改革、提升自身能力、推动竞争政策的社会共识以及展开国际合作等方面作出努力。明确的目标、严格的执法、不懈的努力使日本竞争政策与其他经济政策形成了有效合力，最终促进了日本经济的快速和可持续发展，并逐步使竞争文化深入日本民众心中。

（二）日本竞争主管机关培育和发展竞争文化的经验对我国的启示

对我国而言，由于"中国文化中存在的深层结构"以及"计划经济体制下的惯性"的综合作用，固有文化在短期内可能还难以内生竞争意识。〔18〕但日本的经验表明，竞争文化的生成仍然是可以培育的。为此，学界研究有必要从重点关注制度转向关注制度与文化的交互作用；立法及行政机关则应更加重视竞争主管机关塑造竞争文化的作用，赋予其更多执法之外的竞争推进职能。在具体措施上，我国应重点关注以下内容：

1. 明确我国竞争政策的目标，以明晰的目标带动竞争执法和竞争推进的实施。日本竞争主管机关自其成立之日起，就以推动竞争执法为己任，并在竞争执法之外积极开展竞争推进和竞争文化建设。我国当前也亟须建立一个明晰的竞争政策目标，以指引竞争执法和竞争推进的实施。笔者

---

〔17〕 详见日本公正交易委员会网站：http：// www. jftc. go. jp/e-page/policyupdates/granddesign. pdf/。

〔18〕 参见黄勇、江山：《反垄断法实施的文化维度论纲——以竞争文化、诉讼文化与权利文化为中心》，载《江西社会科学》2008 年第 7 期。

认为，我国可以分层次、分阶段地确立竞争政策的目标体系。竞争政策目标的层次性表现为终极目标和直接目标之间的区分：终极目标可以表述为“完善市场经济体制，提高社会经济效率和消费者利益”；直接目标则可以表述为“在大多数行业内形成有效竞争”。竞争政策目标的阶段性则是指实施竞争政策所带来的社会福利在长远和近期阶段，在消费者群体和企业群体之间的分配是不同的。从长远看，消费者群体应当从社会福利的提升中获得更多的好处，这才是竞争政策的终极目标，而在一定时期内，企业的发展必须得到重视，相应地，企业要从社会整体福利的分配中占据较多的部分。这意味着竞争政策的目标本身也要经历一个不断发展和升级的过程。

2. 逐步增强竞争主管机关的独立性，尽量避免其他规制部门对其施加压力和影响。我国当前的竞争执法部门从行政隶属上看并不具备独立性，而是隶属于国务院部委。在中国当前的官僚体制和文化之下，要求其对其他政府部门作出的或支持的反竞争行为进行审查是几乎不可能的。但是应当看到，日本竞争主管机关在相当长的一段时间里也并不具备当前的独立性，其与其他政府机构的行政级别相比甚至还略逊一筹。但是通过长期的努力，其地位得到了明显的提升，竞争主管机关委员长的级别也被提到了副部长级。这与其长期不懈地开展竞争推进措施是密不可分的。让公众了解并支持竞争主管机关的工作，会形成强大的舆论压力，促使政府机构作出变革；针对其他政府部门开展竞争推进措施，积极开展法律法规的“竞争性审查”并行使“建议权”，也有助于在实质上提升竞争主管机关的地位，并与其他政府部门之间形成良好的协调。所有这一切，都将会逐步地提升竞争主管机关的独立性，使其在面对其他政府部门的压力之时游刃有余。

3. 反垄断委员会积极推动竞争政策问题的研究，对典型行业展开竞争分析和评估，指导竞争执法和竞争推进的实施。我国《反垄断法》总则第9条规定了“国务院设立反垄断委员会”，其首要职责是“研究拟定有关竞争政策”。这是我国首次以立法形式提出关于研究竞争政策问题的任务，并明确将反垄断法的实施纳入了竞争政策的体系。在此背景下，须从单纯的制度构建和法律解释提升到“竞争政策”的高度，综合考虑如何在竞争政策的统领下建立法律实施的一系列标准（如相关市场的界定标准、经营者

集中的审查标准、市场支配地位的认定标准和反垄断分析的"安全港"标准等)和一系列制度(如适用除外与豁免制度、效率抗辩制度、宽恕制度和承诺制度等),并从单纯的理论分析迈向具体的行业性的竞争评估,对典型行业或产业(如自然垄断行业、政策性垄断行业、互联网行业、文化产业等)分门别类地展开竞争分析,同时在各行业各部门加紧实施竞争推进,弘扬竞争理念和竞争文化。

4.竞争主管机关不断完善执法,积累经验,借助于竞争执法推广竞争理念和竞争文化。发达国家大多从广义的竞争政策出发,确立清晰的阶段性竞争政策目标,再聚焦到狭义竞争政策即竞争法的实施;而发展中国家和经济转型国家的普遍做法是,通过竞争立法及其实施再到逐步实现广义竞争政策目标的全面推行。中国和日本一样,都是在一个普遍没有竞争文化的国度试图构建一个有效竞争的市场机制。由于普遍缺乏竞争理念的传统,政府管制较强,并在市场经济和竞争文化相对不够成熟的条件下实施法律,因此普遍缺乏执法的社会基础,更加需要通过法律实施来带动执法之外的措施的开展。而且,考虑到我国目前执法机构的人员配置和经验值都还有所欠缺,赋予其过多的职能反而可能顾此失彼,因此在执法初期专注于竞争执法,通过竞争执法逐步带动执法之外竞争推进措施的开展,不失为一个相对合理的选择。

5.竞争主管机关以竞争推进为支点,尝试与其他行业主管部门联合发布规则和指南,逐步推动规制法的竞争法化,并积极参与规制改革、培育商业文化、鼓励消费者运动、构筑维护市场经济的法治环境。若上述措施能够一如既往地实施和推行,在我国实现竞争文化的培育和传播亦是大有希望。

金融行业垄断行为的法律规制

——论竞争执法与金融监管的关系*

一、反垄断执法机构与金融监管机构的关系

反垄断执法机构的主要职能就是确保市场竞争机制的维持与实现。除了锁定反垄断法的三大任务，即“控制经营者集中、禁止垄断协议及滥用市场支配地位的行为”进行执法以外，往往还通过其他方式达到反垄断法的既定目标，如加强事前的竞争宣传指导、事中检查监督、事后鼓励整改等，发挥反垄断规范的强大威慑作用。反垄断执法的威慑力源于其不受任何市场参与者或政府机构的干预和影响，可以在几乎所有的领域适用相同的标准，从而显现其高度的独立性、客观性和权威性。但是竞争执法机构的执法也存在一定的劣势，即缺乏具体行业的专业人员，对特定行业内的技术性难题很难突破。〔1〕

金融监管机构的职能在于依据一定的规则，对行业内市场主体经济的活动进行的干预和限制，也称为行业监管。本着“市场体制不能正确发挥作用，就当用政府监管进行纠正”的理念，行业监管部门对行业的经济活动进行必要的干预。因此，通常认为引入监管原因和目的就是纠正各种市场失灵的现象。〔2〕虽然会产生合法垄断的企业，但同时通过监管来控制垄断力量可能被滥用的行为。这是公用事业领域广泛适用监管的原因，行业监管在一定程度上替代了市场机制。由于各个国家金融自由化程度不同，

---

* 载《2013 铭传大学两岸暨国际财金法学学术研讨会论文集》，第 97 ~ 112 页。

〔1〕 参见杨小平、李震：《中国金融反垄断执法机构设置浅析》，载 http://article.chinalawinfo.com/，2012 年 2 月 1 日访问。

〔2〕 [美]理查德·吉尔伯特：《产业监管的范式及其政治经济学》，载《比较》2004 年第 13 期。转引自许石慧：《论竞争主管机构与产业监管部门的权力配置》，载《时代法学》2007 年第 5 期。

监管机构的监管职责差异也较大，对金融活动的干预程度也有不同，但是监管的职能和手段是具有共性的。如市场准入、金融消费者保护、直接实施价格、数量和质量的监控。行业监管的优势在于符合专业性要求，熟悉行业经营技术和经营信息等，有利于分析判断行业发展的问题和趋势。但是行业监管也存在行政管理成本和监管者易被“俘获”等不利因素。〔3〕

随着经济发展的变化，上述两者具有不同监管思路和职能的机构之间产生了互相交叉和冲突，〔4〕由此，也引出了反垄断执法机构和金融监管机构之间的管辖权上的界定问题和职能上的权限划分问题。〔5〕

二、金融行业反垄断管辖权配置的模式比较

反垄断执法机构与金融监管机构在金融反垄断职能上具有共同的维护竞争的职责，这为两机构的合作与协调奠定了基础。但两者的侧重点并不尽相同，在功能上既有互补，也有重叠，还有冲突，反映了两者特色鲜明、各有侧重的执法路径。首先，反垄断执法机构所关注的是公平竞争的恢复和经济运行效率的提高，并且此目标明显地优于其他目标，而金融监管机构更看重金融业的稳健运行以及特定政策目标的实现，如普遍服务等。从这个意义上来说，反垄断执法机构的执法更能立足于社会整体利益的角度，而金融监管机构更侧重金融业自身的发展，更加注重对经营者个别行为的规制而忽视了对整个市场结构和竞争力的考虑。〔6〕其次，在程序上，反垄断执法机构注重事后监管，是对金融业中经营者损害竞争的行为进行纠正，而金融监管机构进行的是一种持续性的一线监管，包括事前、事中和事后监管，使其可以根据经济发展的状况及时地调整监管标准。再次，在执法范围和方法上，反垄断执法机构虽然可以在整个经济领域内执法，但限于反垄断法明文规定的垄断行为，目的是规制影响或可能影响竞争的行为；而金融监管机构仅针对金融行业的行为，更注重直接干预的手段，金融监管机构往往比反垄断执法机构对金融业经营者有更大的影响力，尤其体

---

〔3〕 参见杨小平、李震：《中国金融反垄断执法机构设置浅析》，载 http://article.chinalawinfo.com/，2012 年 2 月 1 日访问。

〔4〕 例如，有时由于竞争缺乏而必须采取价格控制的行业监管手段。

〔5〕 参见杨小平、李震：《中国金融反垄断执法机构设置浅析》，载 http://article.chinalawinfo.com/，2012 年 2 月 1 日访问。

〔6〕 参见何玉群：《反垄断执法机构与行业监管机构关系之研究——以银行业反垄断执法为例》，载 http://cdmd.cnki.com.cn/，2012 年 2 月 21 日访问。

现在盈利能力的调节上。最后,在独立性上,反垄断执法机构的独立性更强,因为其与金融业的经营者没有直接的利益联系,更能超脱部门利益。“俘获”可能性较少。[7]

根据各国金融行业反垄断执法权配置模式的实践来看,反垄断执法机构与金融行业监管机构的权限划分主要有三种类型。金融行业监管机构排他性监管模式、反垄断执法机构与金融行业监管机构双重执法模式、反垄断执法机构独享金融行业领域的反垄断执法权。

(一)金融行业监管机构排他性监管模式

这是指反垄断执法权配置给金融监管机构,并且监管机构就竞争问题作出的决定也豁免反垄断机构的审查和反垄断法律的适用。[8] 根据联合国贸易和发展会议(United Nations Conference on Trade and Development, UNCTAD)就会员国行业监管和反垄断执法相互关系的调查报告显示,[9] 市场经济发展相对比较落后的国家,它们或者是尚未实施反垄断法,或者是反垄断执法机构在国家体制中的地位位于行业监管机构之下,无权对受管制的行业行使反垄断执法权,而由行业监管机构负责执行本行业的包括反垄断执法在内的全部行业监管,其中尤以肯尼亚最为典型。

在排他性监管模式下,行业监管机构全面负责反垄断监管,但由于其并不具备竞争法的专业知识,不利于竞争政策和竞争文化的推进与发展。并且,行业监管机构全面负责反垄断执法职能,这种模式与现代金融行业竞争性定位格格不入,市场经济发达的国家基本都已经不再采用这种模式来监管和发展金融行业。对于肯尼亚来说,由于目前其金融行业处于寡头垄断的市场结构,行业竞争水平非常低下,反垄断执法机构的执法空间相对较小,所以由行业监管机构全面负责包括反垄断执法在内的行业监管也是与其国情相适应的。不过,随着经济的发展和金融行业全球化的普及,肯尼亚金融行业也面临着国际竞争力的挑战,国内的金融机构必须提高自

〔7〕 参见王晓晔:《反垄断法实施中的重大问题》,社会科学文献出版社2010年版,第210页。

〔8〕 参见史际春:《反垄断法与行业立法、反垄断机构与行业监管机构的关系之比较研究及立法建议》,载《政法论丛》2005年第4期。

〔9〕 UNCTAD, Best practices for defining respective competences and settling of cases, which involve jointaction by competition authorities and regulatory bodies, pp. 5 - 8, http://www.unctad.org/en/docs/c2clpd44_en.pdf, Feb. 2, 2012.

身的竞争能力才能应对全球化的挑战,而创建一个具有良好竞争秩序的金融市场的职能也必将由反垄断执法机构来承担。反垄断竞争执法也必将有一个巨大的改变。

(二)反垄断执法机构完全管辖模式

在一些国家,包括金融行业被认定为是竞争性行业,反垄断执法机构享有全面的反垄断执法权,政府不另设行业监管机构,而是以国家反垄断执法权代替行业监管权,简称为"完全管辖模式",新西兰和澳大利亚是这种模式的典型。

新西兰是唯一彻底采用反垄断执法机构完全管辖模式的国家。[10] 新西兰曾是一个国有经济占主导地位的国家,政府直接管理国有经济并实行高福利政策,金融业也有相应的主管机构实行汇率、利率方面的监管。但是20世纪70年代以后,新西兰遭遇了两次石油危机,经济问题日益严重,国库空虚,外债比例增大,经济增长停滞。因而新西兰政府在财政、金融、国有企业等多方面开展了一系列的改革,取消了专门的行业监管部门,将统一监管职能交由商业委员会行使。[11] 新西兰商业委员会是根据1986年《商业行为法》设立的,是金融领域反垄断和竞争执法的唯一机关。

澳大利亚虽然有一套完备的金融监管体系,对金融行业进行分业监管,但是金融领域的反垄断执法权却和其他行业一样,全部由竞争与消费者委员会统一行使。[12] 该委员会是全国唯一的处理竞争事务的机构,也是唯一负责实行贸易行为法的法定机构。

完全管辖模式的优点非常明显。通过反垄断执法机构统一执法权,不仅精简了过多的执法机构,降低了监管成本,将行业监管机关与反垄断执法机构的冲突降低到最少,有利于竞争法适用上的统一,而且更有利于全面贯彻执行一国的竞争政策,推进竞争文化。因此,有观点认为这种管辖模式很值得提倡,因为它们不仅考虑到行业的特殊性,也考虑到了行业改

---

〔10〕 See Lan Walden and John Angel, *Telecommunications Law and Regulation*, 2ed, Oxford University Press, 2005, p. 19.

〔11〕 参见张广宁、唐要家:《垄断与行业管制的体制冲突与改革路径》,载《经济与管理研究》2011年第4期。

〔12〕 参见王晓晔:《关于我国反垄断执法机构的几个问题》,载《东岳论丛》2007年第1期。

革的方向，从而把监管的指导思想定位在打破垄断和推动竞争方面。[13] 但是完全管辖模式的实施需要满足若干前提：市场经济发育比较成熟，金融市场竞争充分；竞争法制建设完备，可以替代行业监管法有效控制行业垄断行为；反垄断执法机构具备丰富的执法经验和必要的金融专业知识。如果不具备这些条件，以竞争执法完全代替行业监管的完全管辖模式的运行将是困难的，其执法成本也会是巨大的。[14] 因此，反垄断法的普遍适用性与行业监管的制度个性的冲突在所难免，从而导致竞争执法司法上的低效率。[15]

由上可知，虽然金融行业的管制也在不同程度上予以放松，但是放松行业管制并不意味着行业管制的消亡，而是对监管的重新定位。定位重点不是讨论监管存在必要与否，而是讨论如何改善监管体制，促使监管机关与反垄断执法机构更好地合作以促进市场竞争。这就是为什么至今全世界只有极少数的几个国家采取完全管辖模式的原因。[16]

（三）反垄断执法机构与金融行业监管机构双重管辖

最近的二三十年来，越来越多的国家在金融监管模式中采用集合监管的思路，截至 2006 年年底，至少有 22 个国家已采取了统一的监管模式，[17] 并且这一模式吸引着许多正在着手改革本国金融监管体制的新兴国家。因此，分析统一的金融监管模式下，金融监管当局与反垄断执法机构在涉及反垄断管辖权问题上的权限配置，为着手改革本国金融体制的新兴国家比如我国提供经验借鉴，就显得格外重要。金融行业的反垄断监管需要监管机关有能力进行长期性、周期性的监管，并且需要监管机构充分了解金融行业的专业知识，从而促使监管机构所作的反垄断决定不仅能维

〔13〕 参见许石慧：《论竞争主管机构与产业监管部门的权力配置》，载《时代法学》2007 年第 5 期。

〔14〕 参见许石慧：《论竞争主管机构与产业监管部门的权力配置》，载《时代法学》2007 年第 5 期。

〔15〕 参见张占江：《企业滥用市场支配地位的法律规制——以自然垄断行业为分析视阈》，载《经济法论丛》2008 年第 2 期。

〔16〕 See "Competition Authorities And Sector Regulators: What Is the Best Operational Framework?" p. 1, http://www.cuts-international.org/pdf/VP-CompAuthoritiesSecRegulators.pdf, Feb. 2, 2012.

〔17〕 参见祁斌、王欧：《国际金融监管体制的演变及发展趋势》，载《上海证券报》2007 年 2 月 12 日，C01 版。

护并促进市场竞争,还能适应金融行业的全球化发展趋势,促进金融行业长足发展。因此,目前大多数国家都采用双重管辖模式,将金融行业的反垄断监管权同时赋予反垄断执法机构与金融行业监管机构,以充分发挥两机构各自的优势,其中又以美国和英国最为典型。

美国行业监管机构与反垄断执法机构共同行使反垄断管辖权模式,是双重管辖模式中非常成功的制度典范。行业监管属于事前监管模式,有能力完成长期性、全方位的监管工作,而且行业监管机关具备专业的行业知识,授予行业监管机关管辖权有利于其迅速地发现垄断问题并予以及时解决,并且保证解决方案有利于行业增长;而反垄断执法机构是反垄断法实施的主管机关,具备丰富的反垄断执法经验,是市场经济体制中负责各个行业竞争政策执行的当然机构。因此,授予行业监管机构和反垄断执法机构合作管辖权,可以充分发挥两机构各自的优势,以促进行业在公平的竞争秩序中健康地发展。

双重管辖模式中最重要的是管辖权的冲突解决机制。美国通过法律规定了银行业监管机构与反垄断执法机构各自在竞争规制方面的管辖范围,并要求两机构在共同行使银行业反垄断监管权时所需要遵守的七个原则,这对于应对复杂的管辖冲突非常有利。大多数国家采用美国式的双重管辖模式,采用通过立法划分两类机构各自管辖范围来解决管辖冲突问题。

英国并没有通过明确立法进行管辖范围的分割,其竞争法仅仅规定了协商的程序以及协商不成的解决方法,在具体个案的基础上进行执法权的协商。英国的冲突解决的协商机制实行得比较成功。英国金融行业由金融服务局(Financial Services Authority,FSA,于1997年10月由证券投资委员会改制而成)实行统一监管。统一监管模式,成为英国金融市场统一的监管机构。根据2000年《金融和市场服务法》,其履行的金融监督职能既然涉及对金融市场行为的监督,也必然包括对金融单位涉嫌卡特尔等垄断行为的监督管理,从而与英国反垄断执法机关(公平贸易办公室和竞争委员会)的反垄断职权产生了重叠。解决这一问题的途径就是建立了FSA与英国反垄断执法机构双重执法的合作模式。两机构的合作模式包括两类,一类是基于《竞争法》所规定的,适用于英国所有行业的普遍合作模式;另一类是基于英国公平交易局(Office of Fair Trading,OFT)与FSA专门签订的,仅适用于金融行业的专有合作模式。

1. 普遍合作模式。2000 年《竞争法规定》第 5 条可以说是确定了反垄断执法机构与行业监管机关的双重管辖模式的基本框架。根据该条规定,所有行业的行业监管机关与反垄断执法机构权力配置模式认定为“行业监管机关负责技术性规制和经济性规制,和反垄断执法机构共享竞争执法权,并确保相互的协调一致”。〔18〕 OFT 与行业监管机关之间就竞争执法而言,具有案件受理后的通知义务、行业监管机关的执法告知义务以及管辖权协商义务。〔19〕

2. 专有合作模式。OFT 与 FSA 在共同竞争执法时需要遵从 2000 年《竞争法规定》所设置的普遍合作模式之外,还需要遵守两机构签署的《共同行使合作协议》[A Concordat between the Office of Fair Trading (OFT), and the Financial Services Authority (FSA) 2009]。〔20〕 上述《共同行使合作协议》,规定 FSA 负责监管“贷款业务、保险业务、银行、养老金、投资等领域”的不公平竞争问题;OFT 负责受理违反 1998 年《竞争法》和 2000 年《金融服务与市场法》的不正当竞争行为的投诉。接到投诉的机关负责考虑应由 OFT 或者 FSA 中哪一主体最终行使竞争执法权,考虑的主要因素是哪个机关更适合处理某一个案件。协议还规定了在相互合作时应当遵守的原则,包括“加强沟通减少重复劳动”、“主要机关权威原则”以及“本土权威原则”。〔21〕《共同出台实施指南》等,使机构合作更加具有效率。

〔18〕 UNCTAD Best practices for defining respective competences and settling of cases, which involve jointaction by competition authorities and regulatory bodies, pp. 5 – 8, http://www. unctad. org/en/docs/c2clpd44_en. pdf, Feb. 2, 2012.

〔19〕 The Competition Act 1998 (Concurrency) Regulation 2000, http://www. legislation. gov. uk/uksi/2000/260/contents/made, Feb. 2, 2012.

〔20〕 Concordat between the OFT and the FSA, http://www. fsa. gov. uk/pubs/other/concordat_fsa_oft_08. pdf, Feb. 2, 2012.

〔21〕 根据英国伦敦政府网站上的解释,“Primary Authority Principle”指的是地区中主要政府机构的指令享有较高的权威性;“Home Authority Principle”指的是地区中负责某一领域的主管机关的指令享有较高的权威性,参见 http://www. enfield. gov. uk/info/200000/business_advice_and_support/68/home_authority_and_primary_authority_schemes/3, 2012 年 2 月 2 日访问。应用到本文中,笔者认为“Primary Authority Principle”应当指在处理某一个案时,不论是 OFT 还是 FSA 负责实施竞争执法权,都应当参考该案所在地区的主要政府机构的指令;“Home Authority Principle”应当指在处理个案时,竞争执法权的实施机关应当参考该案所在地区的政府出台的与该案有关的制度安排。

三、中国反垄断执法机构与金融监管机构管辖权配置之思考

(一)影响我国金融行业竞争管辖权配置的因素

1. 金融市场竞争状况。反垄断执法的前提是行业内的市场具有竞争性,因此才有通过反垄断执法机构维护行业竞争秩序的必要。反垄断执法机构与行业监管机构的关系,本质上受市场竞争性的影响。[22] 以前述肯尼亚国的金融行业为例,其采取金融监管机构排他性管辖模式与其金融业市场竞争程度有关。行业内十余家最大的银行占据了银行业近80%的存款数额,无疑是寡头垄断的市场结构。正由于金融机构之间几乎不存在竞争关系,反垄断执法机构的执法空间也就相应狭小,行业监管就成为主导的执法机构。但随着市场的开放和竞争的加剧,这种模式已越来越不能适应金融业的发展,竞争执法与金融监管执法之间的矛盾和协调的必要也已浮出水面。我国金融市场目前处于高速发展时期,金融市场不断引入竞争,虽然从总体上来说,该行业的市场竞争是不足的。金融业的垄断使整个金融体系效率低下、金融功能残缺、发展与创新的竞争力减弱或者丧失。金融业存在的垄断和不正当竞争已经影响到金融业的持续发展,这些问题都与我国金融业存在的一个基本事实——金融业的垄断和缺乏有效竞争有关。金融行业垄断所带来的低效率,加上外国金融机构疯狂并购国内企业的风险传递这两大问题,始终存在引发市场高度集中的结构性风险。现有的金融监管模式并不能有效解决这些潜在的风险,必须加强在金融监管之外的竞争法律规制,针对过度集中的金融市场,建立"以金融法为特殊规制,反垄断法为一般规制的双轨并行的协调法律机制",并合理配置两种执法机构的权力结构和管辖范围。

2. 金融政策与竞争政策的关系。反垄断执法机构与行业监管机构的管辖权划分问题,实际上是一个产业政策与竞争政策的关系问题,产业政策往往会直接影响行业的反垄断执法模式。一般来说,在产业发展的初级阶段,国家为了快速发展该行业,往往通过产业政策加大对该行业的扶持,使其免受竞争冲击,赋予竞争法适用豁免的特殊待遇。这在金融行业中较为普遍。如德国的《反限制竞争法》在2005年之前对于"信用和保险行

〔22〕 See Joel Monéger, competition, regulation and system coherence. Hanns Ullrich, *The evolution of European competition law: Whose regulation, which competition?* Edward Elgar, 2006, p. 287.

业”都给予豁免，排除适用竞争法，该行业的竞争行为主要由行业监管机关来完成。此外，经济危机的发生也可能因涉及国家经济安全等因素，即使本国金融业发展已经相当成熟，也可能会给予一定程度的适用除外或豁免。这种产业政策优先于竞争政策实施的情况，往往直接影响反垄断执法权权限的归属。中国金融市场长期以来由中央银行及其他金融监管机构规制，国家金融主权思想深深影响着我国的金融政策制定与实施。因此，促使竞争政策和金融政策的协调一致，共同推动金融业的健康稳定发展是十分重要的。然而至今为止，对此问题的认识尚未完全取得一致。笔者认为，随着中央政府对整个经济体制改革发展思路的定位，竞争政策优先的政策选择是确定的，它既是我国金融业发展的客观要求，也是应对国际竞争压力的必然选择。

3. 竞争规制的效率。影响竞争规制管辖权配置的因素除了宏观政策环境之外，还包含规制机构自身的因素，如竞争执法的经验，竞争执法和金融监管机构的地位等。它们都会对反垄断管辖权配置模式产生影响。虽然中国反垄断执法重在维护市场竞争秩序，因而执法思路清晰、专业，加上执法手段多样，因而拥有行业监管机构在竞争法实施方面所不具有的优势。但由于执法历史尚短，缺乏对行业特征和运营实践的深入了解，经验不足，对全面判定行为对行业的整体影响是具有一定难度的，因而可能影响执法的效率。[23] 相反，金融行业监管机构在长期的监管中了解行业运营状况，在促进行业发展、提高竞争水平方面更具有优势，然而，金融监管机构因与行业密不可分而可能导致的在监管公正性上的问题，同样会影响执法的效率。更何况金融监管机构当下更注重金融产业政策，往往忽视竞争政策的重要地位。因此，以监管效率为考量因素确定管辖机构权限配置，也是解决金融监管与竞争执法机构管辖权冲突的关键。中国国家发改委对中国电信和中国联通的反垄断调查案，已经显露出竞争执法机构与行

〔23〕 美国电信企业 Verizon 违反与新进电信业经营者共用网络设施，既违反了电信企业在电信法上的义务，也违反了竞争法上的义务。上诉法院根据反垄断执法机构的报告认定 Verizon 违反《谢尔曼法》，构成反竞争行为。但联邦最高法院推翻了上诉法院的判决，认为反垄断执法机构是为处理一般反竞争行为而设立的，并不具备对特定行业的专业知识及进行连续监督的资源。因此并不适合介入处理这类需要频繁、复杂并需持续性的监督的竞争争议。既然行业监管部门可以有效处理这类竞争争议，就无须反垄断执法机构根据一般竞争法提供另外的救济途径，从而防止机构间出现见解冲突，更进一步导致行政资源的浪费。See Richard A. Posner, “Antitrust in the New Economy”, *Antitrust Law Journal*, Vol. 68, No. 3, 2001, p. 925.

业监管机构之间在管辖权的问题上引发的思考。根据法律规定,两者俱享有对行业竞争行为的规制职能,如何正确划分执法权限才有利于产业发展和市场秩序,是需要认真研究的。这方面法院在美国电信业 Verizon v. Trinko 案件中[24]对于监管效率的考虑值得我们借鉴。

(二)中国反垄断执法机构与金融监管机构管辖权的立法

以"放松进入管制、引入竞争机制"为核心的中国经济体制改革的深化,使诸多垄断性行业的立法一开始就涉及对竞争行为的规范,行业监管机构也被赋予"打破垄断结构、维护有效竞争、规制垄断行为"的职权。而《反垄断法》的实施,则将散落在各个行业立法中规制竞争行为的法律规范框架化了,禁止垄断协议、滥用市场支配地位以及具有或者可能具有排除、限制竞争效果的经营者集中等垄断行为都集中在《反垄断法》中。同时还设立了专门的反垄断执法机构。这就在法律层面上形成了行业监管机构与反垄断执法机构共同拥有反垄断管辖权的构架,金融行业的情况与其他垄断行业基本相似。

《反垄断法》实施前,金融业督管机构根据金融行业立法,一直以来就负有保护金融业公平竞争的义务,依法对金融业违法违规的行为进行查处的职责。金融业的竞争行为的法律规制融合在监管机构的金融监管中,基本由金融监管机构(银监会、证监会、保监会等)行使。《反垄断法》实施之后,反垄断执法机构依法对金融行业的垄断行为进行规制是其当然的职责。这就使金融业监管机构与反垄断执法机构共有了金融业垄断规制的管辖权,当反垄断法规制与行业监管这两种独立的力量共同介入到相同的市场领域和经营者的经营活动中时,管辖与执法权限中的交错、冲突和真空就可能出现,甚至有可能出现对同一市场行为得出相反结论的情形。因此,厘清反垄断执法机构与金融业监管机构关系,避免管辖冲突和权力真空,确保金融市场的有效竞争秩序就成为当务之急。

然而,现行的立法并没有对反垄断执法机构与监管机构之间管辖权的具体划分作出明确的规定。根据《反垄断法》的规定,金融业的竞争行为包括在《反垄断法》的适用范围之内,不仅在经营者集中方面需要向商务部申报,其他垄断行为也应当受《反垄断法》的规制。《反垄断法》第 7 条,

---

〔24〕 参见肖竹:《竞争政策与政府规制——关系、协调及竞争法的制度构建》,中国法制出版社 2009 年版,第 180 页。

也已经明确国有金融企业并非是《反垄断法》的豁免或适用除外。该条在强调国家对这些特殊行业的“合法经营”进行保护和监管的规定中，实际上是包括遵守《反垄断法》的经营活动。其实，反垄断执法机构与包括金融行业在内的行业监管部门早在反垄断法立法时期，就已经对未来的执行协调进行了反复的考虑，草案也几易其稿，“国务院反垄断委员会”的主要功能恐怕就在于这样的执法协调。[25] 但当法律正式通过时最终也未就两类执法机构之间的权限划分与协调作出安排。[26]

(三)中国金融行业竞争执法模式选择及构想

在当前我国竞争政策的目标定位尚未明确的情况下，无论行业监管机构或反垄断执法机构完全管辖的模式，是并不适应我国社会经济发展状况的。从《反垄断法》的规定来看，其已将金融行业纳入它的适用范畴，这不仅已经直接否定了行业监管机构完全管辖模式的可能性，同时也肯定了反垄断执法机构的完全管辖权。但我们也必须看到，单纯依靠《反垄断法》的实施，也难以满足对金融业垄断行为进行专业性调查分析的需要。实行竞争执法机构完全管辖模式的条件至少明确尚未完全具备。因此，赋予两类机构共同管辖是我国金融行业反垄断执法模式的现实选择。具体分析如下：

1. 央行承担金融反垄断职能的可行性。中国人民银行是中国中央银行，主要执行国家货币政策的制定职能。对于央行执行金融反垄断职能，笔者认为：

第一，金融反垄断可作为央行法定职能的延伸。美国中央银行即美联储承担着在金融领域反垄断的职能，可以说垄断导致的规模不经济已得到发达国家认同，美联储的三大目标和功能监管均同“竞争”密切相关。

第二，央行对宏观经济的掌握有利于反垄断职能的承担。央行执行制定国家货币政策的职能，对宏观经济有比较全面的把握，其承担金融反垄

[25] 《〈中华人民共和国反垄断法草案〉(全文)及立法说明》第44条第1款规定："对本法规定的垄断行为，有关法律、行政法规规定应当由有关部门或者监管机构调查处理的，依照其规定。有关部门或者监管机构应当将调查处理结果通报国务院反垄断委员会。"第2款规定："有关部门或者监管机构对本法规定的垄断行为未调查处理，反垄断执法机构可以调查处理。反垄断执法机构调查处理应当征求有关部门或者监管机构的意见。"载 http://wenku.baidu.com/，2012年2月12日访问。

[26] 参见时建中：《反垄断立法中的几次"减法"》，载 http://news.xinhuanet.com/，2011年2月12日访问。

断职能能有效确保金融秩序的稳定及国家经济的良好运行。

第三,央行缺乏竞争执法理念。一方面,人民银行是我国的货币政策制定机关,然而自从将监管职能剥离后,其执法职能大为削弱。另一方面,竞争执法需要有先进的竞争理念,而从当前来看,央行更多是从宏观经济角度分析市场,微观执法并非其特长。

2."三会"承担金融反垄断职能的可行性。"三会"即国务院银行业监督管理委员会、证券业监督管理委员会及保险业监督管理委员会,执行对金融业监管的职能。对于"三会"承担金融业反垄断职能,笔者认为:

一方面,"三会"的成立是出于对金融分业监管的考虑,但由于金融创新和混业经营,金融反垄断职能若由"三会"分别承担将引起监管的社会成本提高、职责重叠,甚至监管漏洞频发;另一方面,"三会"虽有可以开展与银行、证券、保险业监督管理有关的国际交流、合作活动的法定职能,但对经济全球化进程中处理突发事件的应变能力和经验不足。可预见的是,未来资本跨境运作所引发的金融反垄断域外效率是金融监管当局必然要面对的重要问题,参与此问题解决的主体应具备更强的对外协作能力和更丰富的国际经验。[27]

3.竞争执法机关承担金融反垄断职能的可行性。

第一,竞争执法机关竞争观念较为先进。我国刚刚实施《反垄断法》,竞争理念在我国并未得到大多数民众乃至政府官员的认同,因此,各级政府在履行职责时往往对市场竞争并不予以考虑,而与此相反,竞争执法机关在设立之初就将维护市场竞争作为自己的基本任务,其竞争理念更为先进,能够更为彻底在行业中贯彻鼓励竞争的宗旨。

第二,竞争执法机关不易被"俘获"。行业监管机关在对行业进行监管时面临一个重大的问题就是容易被"俘获",即由于行业中企业的游说或贿赂行为导致其不能严格按照法律的要求执法。而竞争执法机关是对整个市场的竞争负责,其与个别市场的企业联系并不紧密,因此其相对于行业监管机关来说较难被"俘获"。

第三,我国现实要求竞争执法机关承担金融行业反垄断执法职能。我国市场经济是由计划经济转化而来,政企分开仍是当前需面临的一大改革

〔27〕 参见葛明饮、李震:《中国金融反垄断机制探析——中国金融宪法与中国人民银行职能创新》,载 http://www.chinavalue.net/,2010 年 5 月 2 日访问。

难题，而行业监管机关往往是竞争的阻碍者（通过行政性垄断），而不是竞争的推动者，如电信重组忽视竞争、民航总局“限折令”等，从这一层面上讲，应当由竞争执法机关承担金融行业反垄断执法职能。

综上所述，笔者认为在金融领域，仍然应当由竞争执法机关承担反垄断执法职能，但鉴于央行及“三会”对金融业在宏观及微观上的把握，我国有必要针对过度集中的金融市场，建立“以金融法为特殊规制，反垄断法为一般规制的双轨并行的协调法律机制”，并合理配置两种执法机构的权力结构和管辖范围。

（四）反垄断执法机构与金融监管机构管辖权的静态划分——职能法定

现阶段中国应采取以反垄断执法机构为主导的共同管辖模式。在执法中建立良性的动态协调机制，实现法律实施效率的最大化。为了避免反垄断执法机构与金融监管机构之间的职能冲突，需要通过立法在两者之间进行必要的权责划分。建议反垄断执法机构在金融行业的竞争行为规制上享有主导性管辖权；金融监管机构在承担辅助性管辖的同时，鉴于金融行业竞争行为的某些特殊性而享有部分专属管辖权。具体来说，反垄断执法机构对经营者集中的竞争行为享有排他性的审查权。而金融监管机构对滥用市场支配地位、垄断协议案件拥有在法律明文规定范围内的管辖权，但这一管辖权并不排除反垄断执法机构的基本管辖权，[28]而且不能与反垄断法的基本原则相违背。

1. 反垄断执法机构主导性管辖

把金融行业垄断行为的规制主导权赋予反垄断执法机构有深刻的现实需求和历史必然性。反垄断执法机构因其与生俱来的维护市场有效竞争的功能而具有规制垄断行为的权威性和威慑力，由其主导对垄断行为的规制无疑是最佳的选择。反垄断执法机构有权依据《反垄断法》的规定对金融行业出现的垄断协议、滥用市场支配地位、经营者集中、行政垄断等典型垄断行为予以规制，包括启动反垄断调查、作出反垄断处罚、移交司法机关追究刑事责任等权力；反垄断执法机构在执行反垄断调查事宜时，根据案件的需要，有权要求金融监管机构予以配合，提供相关行业信息资料；反垄断执法机构也可以委托金融监管机构对垄断行为展开初步或局部甚至

〔28〕 参见张占江、徐士英：《自然垄断行业反垄断规制模式构建》，载《比较法研究》2010年第3期。

整体调查。[29]

2. 金融行业监管机构辅助性管辖

竞争执法机构的主导性管辖并不排斥金融监管机构在反垄断执法实施中的重要作用。金融监管机构的性质与特点决定了其在维护有效竞争中所负担的首要职能是事前的监管，包括市场准入、普遍服务、互联互通、消费者保护等，这是基于宏观竞争政策层面的职能；与此同时，金融监管机构在对金融行业内可能产生的垄断行为，如经营者集中、垄断协议和滥用市场支配地位也需要进行事先的监督和事后的规制，而且可以也应当发挥重要的作用。这些事前监管和事后调查处理的职能，应当在反垄断法律的权力配置中得以具体体现。首先，金融监管机构有权依据行业法中明确规定的权限规制行业内的垄断行为，这在各国立法中都有不同程度的体现。尤其是滥用市场支配地位、垄断协议等行为，监管机构由于对行业发展动态更加清楚，其调查也应当更加顺利和便捷。其次，金融监管机构可以在集中执法机关授权下参与规制反垄断法的实施，比如根据授权范围对垄断行为进行初步或局部调查、根据执法机关要求提供相关行业信息资料，以及作出合乎行业惯例的处罚等。

反垄断法关注的是价格是否在有效竞争中形成，因此，反垄断执法机构优先管辖关于垄断和限制竞争的价格案件，包括对固定价格行为、维持转售价格限制竞争等行为以及具有市场支配力的企业通过掠夺性定价、价格歧视等限制竞争的行为作出判断；而金融行业法中的价格监管是判断价格自身是否合理的规范，因此，监管机构对具有支配地位的企业涉嫌从事滥用行为所提出的抗辩，需要基于行业技术信息才能判定其合理性。这样的案件建议由监管机构参与调查和决定。

3. 集中执法机关与金融监管机构共同实施反垄断法的前提

竞争执法机构的主导性管辖权还表现在事先参与金融行业竞争政策的制定和实施。如金融行业发展和改革的政策与决定的竞争性审查、在金

---

〔29〕 其实，行业监管机构配合反垄断执法机构的反垄断执法工作，在国外一些国家的反垄断立法中早已有所规定。例如，韩国的《规制垄断与公平交易法》第 64 条第 2、3 款分别规定："（二）公平交易委员会为了实施本法，必要时，可以委托行政主管机关、其他机关或者团体的长官进行必要的调查和要求提供相关资料。（三）公平交易委员会为了确保本法规定的纠正措施的遵守，必要时，可以要求行政主管机关、其他机构或者团体的长官提供一切必要的协助。"参见时建中：《三十一国竞争法典》，中国政法大学出版社 2009 年版，第 216 页。

融业中的竞争推进、竞争合规实施等。但从历史上讲，行业监管机构负有扶植产业发展的重大职能，行业监管机构与行业经营者的利益具有重合性与互补性。因此，我国的诸多行业监管机构并不具有利益上的独立性，这与发达国家的行业监管机构是不同的。反垄断执法机构还不能直接对行业发展（如金融业）中的竞争事务决策进行实质性的审查，不具有对行业政策是否符合竞争政策进行评判的权力。所以，在实行以竞争执法机构主导型管辖、金融监管机构辅助性管辖的模式下，必须强调金融监管机构实施专属管辖的前提是“不能与反垄断法宗旨相悖”的原则。反垄断执法机构规制垄断行为的强大功能，在加快垄断性行业的改革进程，凸显竞争政策在国民经济发展战略中的重要地位具有十分关键的作用。因为反垄断执法机构能从反垄断案件的调查处理中发现金融监管机构监管中的缺陷，它有权向金融监管机构提出相关的补救性意见；对于跨行业竞争事务监管协调问题，反垄断执法机构有权作出指导性意见

（五）反垄断执法机构与金融监管机构管辖权的动态协调

由于竞争执法机构与金融监管机构在竞争执法中的重叠，尤其是滥用市场支配地位与限制竞争协议的案件。因此，必须对两类机构进行合理的权限分工，以减少不必要的权限重叠，实现职能互补。具体来讲，反垄断执法机构与金融监管机构之间有必要建立起协调合作机制。这也是实现两者有机互动的必然要求。

1. 信息交换共享机制

日常性工作中，金融监管机构应定期向反垄断执法机构如实通报以本行业有关企业生产经营行为、市场竞争状态、事前监管措施等为主要内容的行业市场竞争评估报告，便于反垄断执法机构全面、系统地把握行业相关信息，及时、准确地预判行业的竞争发展趋势。反垄断执法机构也应定期向金融监管机构通报整个市场体系反垄断执法的状况、存在的问题、竞争政策动态以及近期将对市场采取的措施等事项。双方的信息沟通、资源共享机制能为双方的行为提供预期，便于增强双方行动的协调性。

2. 意见征询协调机制

反垄断执法机构往往能从反垄断案件的调查处理中发现事前监管方面出现的漏洞或者缺陷，它能为金融监管机构的事前监管提出宝贵的建设性意见；反垄断执法机构的职能决定了它比金融监管机构更有大局观，能

对金融监管机构作出的决策是否符合国民经济整体发展作出参考性评价；同时，对于涉及跨行业监管问题，除了将来通过大部制改革途径予以实现外，反垄断执法机构亦能对此作出指导性计划。

建立两类机构在法律规范制定、修订阶段的意见征询、协调机制。对于涉及对方管辖事项，应事前与对方进行必要的沟通、磋商，征求对方的意见，更加充分了解立法现实背景，以期形成有机协调的规范，从源头将矛盾冲突的概率降至最低。另外，应强化两类机构在执法阶段的沟通、协调。立法并不能穷尽一切，面对现实出现的新情况新问题，两类机构的沟通、协调有利于问题的妥善解决，并能使决定得以尽快实施。此外，两类机构在事前、事后管辖方面各具优势，征询意见、沟通协调更有利于保障决策的合理性。例如，必要时，反垄断执法机构在公布反垄断案件调查处理决定前，应征询金融监管机构对相关问题的意见。同样，金融监管机构在反垄断执法机构的委托授权下负责对某些反垄断案件调查处理时，在公布处理决定前，它应征询反垄断执法机构的意见，以免反垄断执法机构在处理决定公布后行使否决权，影响反垄断执法的效率。

3. 制定备忘录或工作指南

反垄断执法机构与金融监管机构在事前监管和事后规制阶段均涉及各方面的权力协调与程序衔接。两机构可以通过签订备忘录等形式将协调合作机制化、常态化，并就协调合作的方式、程序等作出规定，还通过各种可行的正式或非正式的渠道进行协调与合作，如联合制定有关竞争监管的指南，细化两机构的管辖权划分，互相通报行业内垄断行为的情况等。例如，日本公正交易委员会与经济产业省就曾经共同发布了《关于适当的电力交易的指南》(2002 年 7 月 25 日)、《关于适当的煤气交易的指南》(2004 年 8 月 6 日)、《关于促进电信事业领域竞争的指南》(2002 年 12 月 25 日)等工作指南。[30] 加强两类机构动态合作辅助机制的建设，既有利于实现管辖效益最大化，又有利于实现互相制约，从而形成运行顺畅的权力配置格局。

结束语

由于反垄断执法机构所执行的竞争政策和金融监管机构所代表的政

〔30〕 参见杨东：《论反垄断法与行业监管法的协调关系》，载《法学家》2008 年第 1 期。

府监管都是政府调控经济必不可缺少的手段，目前这两类手段在目标任务调控方式等各方面存在较大差异性，因此，反垄断执法机构和金融监管机构的管辖权冲突存在客观必然性。为解决管辖权冲突问题，国外金融行业的反垄断管辖权配置模式值得借鉴，影响管辖权配置的要素更加值得考虑。结合中国的实际情况和发展趋势，笔者认为金融行业应当采取以竞争执法机构的主导性管辖与金融监管机构辅助性管辖相结合的合作执法模式，在该模式下建立充分有效的协调合作机制。在实现向市场经济转型的国家，竞争政策与产业政策的协调决定了我们必须采取这样的模式。关键在于，金融监管机构尚未成为独立的监管者。反垄断法及其执法仍处于蹒跚学步时期，赋予反垄断执法机构和金融行业监管机构共同管辖权的意义，在于促使负有竞争维护职能的行业监管机构在制定和推行产业政策时，将竞争政策理念铭记于心，将公平良好的竞争理念体现在产业政策中，从而促进竞争政策和产业政策的协调发展。

中国竞争政策论纲*

在现代市场经济条件下，竞争政策通常被视为一个国家的基本经济政策。我国《反垄断法》也以立法的形式明确了"竞争政策"的概念，赋予了国务院反垄断委员会"研究拟定有关竞争政策"的职责。由于经济的转轨性，我国《反垄断法》的实施不仅关乎反垄断法本身，还关乎一系列法律和体制改革的系统工程。在这种形势下，如果缺乏明确的竞争政策理论指导和清晰的竞争政策目标，不仅《反垄断法》的实施会增加不确定性，其他经济法律和政策对竞争问题的规制也难以形成合力，甚至自相矛盾。这将严重影响竞争政策实施的效力，进而影响市场经济的持续发展。在此背景下，从中国问题出发重新定位竞争政策及其功能和体系，并提出中国竞争政策存在的问题及未来努力的方向，就显得具有重要意义。

一、竞争政策的概念

大多数人理解的竞争政策主要是指竞争法律制度。它以竞争法为核心，通过具体的法律规则对限制竞争行为和不正当竞争行为加以规制。但是，各国竞争政策的实践表明，仅仅发挥竞争法的"事后调节"功能是无法达到保护竞争的最终目的的。因此，在许多国家，竞争政策被赋予了单纯的竞争法律制度之外更加广义的内涵。特别是 20 世纪 80 年代以来，在垄断行业（特别是自然垄断行业）引入竞争机制被纳入了竞争政策的范围。同时，随着政府在制定经济政策中的反竞争行为日益受到重视，对政府的各项经济政策与经济立法进行竞争审查也成为竞争政策的重要内容。在这个意义上，一切有利于竞争的政策都可以被视为相互作用的竞争政策的重要组成部分。

然而，在维持和促进竞争的政策之外，还存在促进垄断或限制竞争的

---

* 本文为教育部人文社会科学研究规划基金项目"文化产业竞争秩序的规制研究——以竞争法的适用为视角"（10YJA820116）的阶段性成果，载《经济法论丛》2013 年第 2 期。

政策,如政府对贸易施加关税或非关税壁垒、对外国投资设立障碍、对市场交易及其价格进行控制、提供国家补贴等。这些“为了促进垄断的政策,或是为了限制竞争的政策,也可称之为有关竞争的政策”。[1] 这就引发一个问题:促进竞争之竞争政策与限制竞争之竞争政策之间如何进行有效协调?由于相关的经济政策中广泛存在限制竞争因素,这些限制竞争的政策必然要与促进竞争的政策发生冲突,而如何通过有效协调尽量防止基于公共利益的理由排除竞争政策的适用,就成为一国经济政策制定和实施中不可回避的问题。

因此,国际社会普遍使用的“竞争政策”具有三个层面含义:一为狭义竞争政策,专指鼓励竞争、限制垄断的竞争法律;二为广义竞争政策,涵盖了为维持和发展竞争性市场机制所采取的各种公共措施,乃“促进竞争”之竞争政策;三为最广义竞争政策,泛指一切与竞争有关的政策措施,涵盖了一切“促进竞争”以及“限制竞争”的政策。

区分竞争政策在上述三个层面的理解具有显著意义。首先,竞争政策的以上三个层次在外延上依次扩大,并在不同的国家呈现出不同的理解和侧重。在发达国家,大多是从广义竞争政策出发,确立清晰的竞争政策目标,再聚焦到狭义竞争政策即竞争法的实施;而在发展中国家和转型经济国家,则普遍通过竞争立法及其实施再逐步实现广义竞争政策的全面推行。因此,发达国家的竞争政策发展到今天,已经走过了竞争政策的理念和制度被广泛接受的阶段,开始在具体竞争法律制度的精细化方面继续发展;而包括我国在内的发展中国家和转型经济国家,竞争政策发展面临的首要问题仍然是消除竞争政策中“不利于竞争”的那一面,而要消除不利于竞争的政策因素,通过严格的竞争法实施积累社会认同就显得至关重要。

其次,我国对于“竞争政策”的理解长期以来存在偏差——要么,对于竞争政策的理解过于狭隘,仅从竞争法律的角度理解竞争政策;要么,对于竞争政策的理解过于宽泛,将所有与竞争有关的都视为值得追求的竞争政策,结果导致以“促进竞争”为目的的竞争政策的最本来面目模糊不清。尽管自改革开放以来,我国逐步引入了市场竞争机制,颁布了一系列促进

〔1〕[日]金泽良雄:《经济法概论》,满达人译,中国法制出版社2005年版,第165页。

市场竞争的法律法规,以促进竞争为目标的"竞争政策"取得了举世瞩目的成就;但是从经济运行的整体情况来看,政府主导仍然是我国发展经济的主要特征。在此过程中,一切促进竞争之"竞争政策"与具有典型限制竞争因素的产业政策、贸易政策和外资政策等相抵牾,往往以牺牲前者为代价。这也从另一个侧面反映出了我国当前的竞争政策本身还处于"初级阶段",需要特别注意防止仅从竞争法律的角度理解竞争政策,或者将促进竞争之竞争政策与限制竞争之竞争政策人为地割裂。

从本质上讲,竞争政策就是政府使用的、决定市场竞争机制运作条件的一系列方法和制度工具。这些方法和工具既可能是促进竞争的,也可能是限制竞争的。出于维护和弘扬市场竞争机制的考虑,竞争政策的最主要功能应该是对促进竞争的机制予以弘扬,对限制竞争的机制予以防范。因此本文所指之"竞争政策",除另有说明外,都是从促进竞争的角度来理解,泛指"一系列有利于促进竞争的公共政策"。

二、竞争政策的功能

从广义上理解竞争政策,我国竞争政策在经济发展方面的作用被大大低估了,对其经济政策的统领性功能亦被埋没了,其对市场经济运行中的保障性功能更是未能得到发挥。

(一)竞争政策促进经济发展的功能

竞争政策作为一国的基础性经济政策,其中很重要的一个功能即在于为经济发展服务。20 世纪 90 年代以来,很多发展中国家陆续引入竞争法,就在于认为竞争政策对其经济的持续发展具有重要支撑作用。实践中,已有经济学的研究表明,在市场竞争与经济发展这两大变量之间存在倒 U 形的关系。[2] 这意味着竞争的增加会促进经济增长,但是竞争超过一定限度又会阻碍经济增长。竞争政策的作用恰是在没有竞争与过度竞争之间寻求有效竞争的中间状态,使竞争机制得以持续维持。

理论上的上述假设也已经为经济学数据和大多数国家的经验所证实。比如有学者考察了 12 个经济合作与发展组织(Organization for Economic Co-operation and Development,OECD)国家的 22 个产业在 10 年间(1995 ~ 2005 年)全要素生产率的增长情况,发现竞争政策的有效实施与一个国家

〔2〕 See BUCCI Alberto,"An Inverted-U Relationship between Product Market Competition and Growth in an Extended Romerian Model",*Working Paper of CUTS*,2004,p. 26.

的长期经济发展之间具有正相关关系。[3] 长期以来，学界一贯认为决定德国、日本以及一些东亚国家经济发展的关键因素是政府积极推行产业政策。但是经过多年的反思，越来越多的人开始发现政府的产业政策并未产生持续威力，曾经受惠于产业政策的企业由于存在卡特尔和其他限制竞争的约束并没有成功过。[4] 相比之下，“日本经济高速增长是在竞争政策的指导下达成的”这种说法反而逐渐成为日本学界的主流观点。[5] 因此，决定德日经济成功的关键，并非世人之前所强调的仅仅依靠产业政策，而是充满活力的竞争和以维护竞争为宗旨的竞争政策，使他们成为产业界创新与变革的摇篮。

我国市场经济体制改革的过程实际上也正是催生竞争政策的过程。从1980年国务院颁布《关于开展和保护社会主义市场竞争的暂行规定》到2007年《反垄断法》的发布，将近30年的时间里我国发布了大量促进和保护竞争的规范性法律文件。这些法律法规的出台不仅给市场经济带来了活力，也推动了更有效率的资源分配，提高了人民的生活水平。尽管在很长一段时间内我国并没有“竞争政策”概念，但是事实上的对外开放、国企改革、放松管制以及引导民营经济健康发展等措施，已经是竞争政策的具体体现。这种“事实上”的竞争政策，不仅受益了全体消费者，也使我国经济取得了举世瞩目的巨大成就。探寻其中成功的原因，竞争政策对于经济社会的发展所起的作用不可估量。

（二）竞争政策统领经济政策的功能

众所周知，一个国家的经济政策是包含竞争政策、产业政策、贸易政策、外资政策、财政政策等一系列与经济相关的政策措施的总和。在克服市场失灵这一问题上，竞争政策与其他经济政策具有共同的目标；但是在具体运行过程中，其他经济政策常常会直接影响到竞争政策的有效性。比如，激烈的市场竞争可能带来不公平的结果，因此人们往往会为了纠正市

〔3〕 See Paolo Buccirossi, Lorenzo Ciari, Tomaso Duso, Giancarlo Spagnolo and Cristiana Vitale, “Competition Policy and Productivity Growth: An Empirical Assessment, October 12, 2009”, *WZB Working Paper* No. SPII 2009 12.

〔4〕 参见[美]迈克尔·波特：《国家竞争优势》，李明轩、邱如美译，郑风田校，华夏出版社2008年版，第398页。

〔5〕 参见[日]伊从宽：《日本的竞争政策和竞争法》，载漆多俊主编：《经济法论丛》（第10卷），中国方正出版社2005年版，第50～58页。

场机会的不公平而要求制定重新分配资源的政策，这些政策可能与竞争政策直接冲突。政府鉴于各种原因（如增加就业、提升国际竞争力等）可能会出台行业保护政策或产业政策，在特定产业中直接配置资源使其取得竞争优势，这些措施也与竞争政策的目标相违背。上述这些经济政策之间的冲突，在一个实行市场经济的民主国家出现本来是正常的。因为政策本身即民意的反映，而民意诉求的多元化必然导致政策目标的分散性。问题是，出于民意协调的考虑，必须要建立一套政策协调的机制。竞争法学界的通识是：竞争政策作为"维护和推动市场竞争，敦促其他经济政策改善竞争环境的经济政策"，[6]应当被定位为市场经济的基础性经济政策。竞争政策的理念应当贯穿于其他经济政策，影响和约束其他经济政策的制定和实施。竞争政策和其他经济政策都是为经济发展服务的，竞争政策和其他经济政策具有协同性和互补性，但是竞争政策始终是起基础性作用且具有长期意义的。因此，在承认政策之间存在互相博弈合理性的同时，应建立竞争政策的"优先"机制，积极推动在其他经济政策制定和实施过程中充分考虑竞争政策的因素。

（三）竞争政策保障经济运行的功能

竞争政策通过打击垄断和促进竞争，为市场经济的健康和有序运行创造了良好环境。在经济繁荣时期，达成上述共识相对容易。但是一旦经济运行困难，是否需要严格实施竞争政策就立刻成为一个有争议的问题。因为经济衰退时期的经济低迷、出口降低、失业率上升，全都为加强政府管制提供了极好的理由。比如，有学者就认为，在金融危机期间产业政策应当优先适用，根据反垄断法作出的裁决还应当进行产业政策审查。[7] 而在历史上的经济衰退时期，几乎所有的国家也都选择了放松甚至废弃竞争执法。[8] 然而，在2008年开始蔓延全球的金融危机中，各国竞争政策的实施理念却突然出现了转向：除了少数国家如中国没有在竞争政策实施上坚

[6] United Nations , Empirical evidence of the benefits from applying competition law and policy principles to economic development in order to attain greater efficiency in international trade and developmenthttp://unctad.org/en/Docs/c2em_d10.en.pdf, Jul. 10,2013.

[7] 参见肖彦山：《国际金融危机与中国反垄断法实施——以竞争政策与产业政策和贸易政策的关系为视角》，载《石家庄经济学院学报》2009年第4期。

[8] See Daniel Crane, "Antitrust Enforcement during National Crises: an Unhappy History", *Global Competition Review*, www.Globalcompetitionpolicy.org, Jul. 10,2010.

定表明态度外，大多数国家都坚守了竞争执法底线，在有些国家如美国甚至出现了政府管制与竞争政策同时加强的情况。[9] 这不得不引起反思。

实际上，竞争政策实施理念的这种转变具有深刻原因。不仅因为各国普遍经历了放松竞争执法带来的惨痛教训，更源于经过多年竞争政策实施的经验，竞争政策在各国的地位已经得到大幅提升。首先，随着经济萧条和市场机会的减少，经营者为了保持经营利润将更有动力达成共谋或协调；拥有市场支配地位企业为了打击竞争对手，也更倾向于实施排他性垄断行为；危机情况也为企业集中提供了很好的借口。所有这些——垄断协议、滥用市场支配地位以及经营者集中，都将阻碍而非促进经济的增长。其次，面对着政府直接管制和宏观经济干预的加强，竞争政策必须在维护市场竞争机制方面起到平衡协调的作用，防止政府强化监管和加强调控给市场竞争带来的负面影响。竞争政策尽管并不直接介入经济运行，但却能够在防范危机方面起到重要的防护伞作用，化解可能产生的结构性风险。

三、中国竞争政策的体系

对于中国而言，竞争政策的体系应该主要包括五大部分：一是有效的竞争法律制度（以反垄断法为核心）；二是垄断行业的竞争性改革；三是政府反竞争行为的规制；四是国有企业垄断行为的规制；五是竞争推进和竞争文化建设。这是根据中国竞争政策当前已经面临或以后将要面临的棘手问题而构建的一套体系。

在竞争法律制度方面，我国当前已经拥有《反垄断法》和《反不正当竞争法》。我国当前仍然有很多实施机制需要加以完善：一方面，很多法律实施的标准和制度尚未确立，前者如参与集中的经营者的认定标准、反竞争影响的评估标准、原被告资格的确定以及举证责任的分配等；后者如明晰的适用除外与豁免制度、宽恕制度、效率抗辩制度和经营者承诺制度等。另一方面，反垄断执法机构之间、反垄断执法机构与行业监管机构之间以及反垄断执法机构与司法机关之间的管辖权配置关系还需理顺，否则极易引发“管辖冲突”或“管辖落空”。

在垄断行业的竞争性改革方面，不仅要关注具有网络特性的自然垄断行业，如电力、电信、铁路、民航、邮政等，也要关注因某种经济的、社会的或

[9] 参见应品广：《金融危机下竞争政策变化的比较考察和机理剖析》，载漆多俊主编：《经济法论丛》（第18卷），武汉大学出版社2010年版，第140~162页。

者政治的原因，政府或法律规定只有获得特许才能进入的政策性垄断行业，如烟草、盐业等。相比于市场垄断，由于政府行政权力管制而导致的非市场性垄断对市场竞争机制造成的破坏可能更加严重。笔者的基本观点是：区分垄断行业的垄断性业务和竞争性业务，在竞争性业务领域引入竞争政策，在垄断性业务领域加强政府监管，并协调好竞争主管机关与行业主管机关之间的权力配置关系。但是，在转型经济国家，垄断行业的情况可能还要相对复杂。垄断行业问题聚集了国有资本影响、行政权力滥用、自然垄断特征等各种元素的相互杂糅，互为因果，导致了改革的难度和成本极高。对策是：在竞争政策的统领下，推动垄断行业改革与市场结构调整、国有资产布局调整相结合的行政体制改革，使垄断行业改革、削弱行政垄断和推动国有企业改革三方面互动前行。

政府利用行政权力不当干预市场竞争的行为（政府反竞争行为）已经越来越成为阻碍市场经济持续发展的主要障碍。作为国家（政府）控制、干预市场的一种形式，政府实施的限制竞争行为具有普遍性和必然性，并不是中国经济转型时期特有的现象。从本质上讲，政府反竞争行为"作为一种公权力与私权利结合谋取不当利益的反竞争行为，肇始于私权获取垄断利益的需要，却借助了公权的力量得以实现"。〔10〕正由于它兼有公权力和市场力量的双重性能，才必须要以维护市场竞争机制为宗旨的法律——现代竞争法对其进行规制才最为有效。俄罗斯、匈牙利、乌克兰等国家的《反垄断法》中把联邦政府和部门都纳入了法律规制的范围，表明了这不仅是深化体制改革的需要，更是顺应时代发展趋势的需要。作为转型经济国家和长期以来奉行政府干预经济的国家，我国的政府反竞争行为比其他许多国家更为突出。对于政府反竞争行为的规范，除了完善事后规制措施之外，更应关注事前规制措施的开展，比如借鉴其他国家的经验开展规范性法律文件的竞争审查和评估制度，从源头上杜绝政府反竞争行为的产生。

在国有企业的竞争规制问题上，"竞争中立"（competitive

---

〔10〕 徐士英：《政府干预与市场运行之间的防火墙——〈反垄断法〉对滥用行政权力限制竞争的规制》，载《法治研究》2008 年第 5 期。

neutrality)〔11〕作为竞争政策的重要组成部分,要求公平对待国有企业和私营企业的竞争,将国有企业的不合理竞争优势消解到最低。在关系国家安全和国民经济命脉行业及关键领域中的企业(包含国有企业和非国有企业)与其他行业和领域的企业一样同等适用《反垄断法》,并不存在排除《反垄断法》对特定行业或者国有企业的适用。而且,从政策上看,国家明确提出要创造民营企业和国有企业公平竞争的市场环境。早在2005年2月25日,国务院就发布了《关于鼓励支持和引导个体私营等非公有制经济发展的若干意见》("非公经济36条"),2010年5月7日,国务院又再次发布了《关于鼓励和引导民间投资健康发展的若干意见》("新36条"),鼓励和引导民间资本进入基础产业和基础设施、市政公用事业和政策性住房建设、社会事业,以及法律法规未明确禁止准入的行业和领域。在党的十八大报告中,更是明确了经济体制改革的核心和关键是"处理好政府和市场的关系",还强调了"要毫不动摇鼓励、支持、引导非公有制经济发展"。因此,对国有企业的垄断行为进行竞争规制应当坚持竞争政策指引下的"综合治理",综合化解垄断弊端。

自20世纪后期"竞争推进"的理念在发达国家诞生后,已经成为许多国际组织(如联合国贸易与发展会议、经济合作组织等)所认可和推行的构建竞争文化的重要机制。按照国际竞争网络的定义,竞争推进是"由竞争主管机构采取非执法机制所实施的,旨在活跃国内经济而与促进国内竞争环境有关的措施"。〔12〕竞争推进并非是借助对企业行为的惩戒来实现其目标,而是从两大方面实现优化竞争环境:一是通过与政府经济管理部门的沟通实现其他经济政策与竞争政策的互相联接;二是通过教育宣传提高公众对"竞争有益经济"观念的理解与支持,从文化建设的角度进一步把竞争政策提升为一国主流文化的组成部分。"竞争推进"的最终目的则是建设整体竞争文化,使社会公众能够较为清晰地理解竞争政策的内容,为竞争主管机关坚定地执行竞争法律提供舆论支持,也给企图进行垄断和限制竞争的企业施加舆论压力。竞争文化建设会随着竞争推进的具体实

〔11〕 所谓竞争中立,是指国家在市场竞争这一问题上对国有企业和私营企业一视同仁。所谓竞争中立政策,则是确保经营者不因所有制而产生竞争优势的一系列制度工具。参见Deborah Healey,http://unctad.org/Sections/ditc_ccpb/docs/ditc_ccpb0038_Healey_en.pdf,Jul. 10,2013。

〔12〕 Report prepared by the Advocacy Working Group, ICN's Conference Naples, Italy, 2002, pp. I – V.

施而逐步显现效果，它对整体经济运转起到的作用可能在短时间内难以为人们所认识，然而竞争文化一旦扎根于一国的文化禀赋当中，那么它将对该国经济的可持续发展发挥难以估量的巨大作用。

四、中国竞争政策的目标

综合考虑我国当前的具体国情和影响竞争政策的因素，以及竞争政策的世界发展趋势，笔者认为我国可以分层次、分阶段地确立竞争政策的目标体系。

（一）竞争政策目标的层次性

竞争政策可分为终极目标和直接目标。从世界各国的竞争政策的目标来看，大多数国家的竞争政策把终极目标定位在提高经济效率和消费者利益之上，其中消费者福利是最终目标的真正落脚点。我国竞争政策的终极目标可以表述为“完善市场经济体制，提高社会经济效率和消费者利益”。其中，“提高经济效率和消费者福利”是竞争政策最终目标中的价值追求层面。完善社会主义市场经济体制是竞争政策最终目标中的体制追求层面。

竞争政策的终极目标必须在直接目标实现的基础上才能得以实现。通过竞争政策的实施，在大多数行业内形成有效竞争，可以视为我国争政策的直接目标（以下简称有效竞争目标）。〔13〕只有通过垄断行业的竞争性改革、减少政府对经济领域的干预以及国有企业改革等措施，在大多数行业引入市场竞争，才能实现竞争政策的最终目标。

有效竞争目标不仅符合竞争政策的内在含义，能够体现竞争政策的世界发展趋势，也与我国当前的经济形势和体制改革的方向相一致。首先，有效竞争目标符合当前经济形势和一贯政策传统。有效竞争所追求的规模经济与竞争机制之间的平衡，兼顾了我国实现经济的发展甚至赶超的要求以及在大多数行业引入竞争的要求。其次，有效竞争的目标能够最大限度地推动建立“完善的社会主义市场经济体制”。通过在大多数行业引入有效竞争，能够在经济结构上协调公有制经济和非公有制经济的比例，推动国有企业和垄断行业的改革，并化解垄断行业资源配置效率的低下、分

---

〔13〕 这里所谓的“大多数行业”，是指除了出于国家安全等的社会利益因素而不能引入竞争的特殊行业之外的所有可以引入竞争的行业。所谓的“有效竞争”，则是指从一国整体经济运行效率的角度出发考察竞争与垄断之间的适度协调。

配秩序的失衡以及由此引发的广大人民群众的不满情绪。最后,有效竞争目标符合国际发展潮流。有效竞争目标直接以"竞争"作为竞争政策的目标归宿,不会引起多元标准的冲突,最能体现竞争政策作为基础性经济政策的本质属性,符合竞争政策尽量远离非经济目标和政治影响的国际发展趋势。

(二)竞争政策目标的阶段性

对竞争政策目标还可以进行有阶段性的设计和划分。实施竞争政策所带来的社会福利在长远和近期阶段,在消费者群体和企业群体之间的分配是不同的。从长远看,消费者群体应当从社会福利的提升中获得更多的好处,这才是竞争政策的终极目标,而在一定时期内企业的发展必须得到重视,相应地,企业要从社会整体福利的分配中占据较多的部分。

特别是对发展中国家而言,生产力的提高可能是最重要的,此时经济效率最大化最能代表社会公共利益;对我国而言,很长一段时间内仍不可避免要优先考虑效率因素;但是在具体实施过程中,可考虑将"社会本位基础上的消费者福利导向标准"作为我国竞争政策努力的方向,以实现竞争政策的福利导向从"企业"转向"消费者"。这意味着效率提高必须有益社会整体利益,而不仅以生产者或消费者利益作为最终归宿。

五、中国竞争政策的发展方向

当前我国的竞争政策仍处于"初级阶段"——以产业政策为代表的不平衡发展战略仍是我国经济和社会发展的主流,市场经济发展程度仍处于"转型阶段",政府管制在很大程度上依然严厉,竞争文化的发育先天不足,受国际经济环境和经济危机的影响也非常显著。在此背景下,要实现上述层次性和阶段性的竞争政策目标,需在以下几方面持续努力。

(一)提升竞争政策的地位

竞争政策作为一项基础性的经济政策,在其他国家常常是制定和实施其他经济和社会政策的基础。这表现为:一方面,其他经济和社会政策的制定和实施不得与竞争政策相抵触,否则可以借助于竞争审查和评估机制阻却此类反竞争性质的公共政策出台;另一方面,一旦其他经济和社会政策在实施过程中出现与竞争政策相抵牾的情况,通过政策之间的协调机制尽量将冲突降到最低。

在我国,竞争政策相比于其他经济政策(如产业政策、贸易政策、外资

政策等）和社会政策（如劳动和社会保障政策、环境政策、食品安全政策等）一直处于弱势地位。不仅没有建立正式的竞争政策审查、评估和协调机制，而且在其他经济和社会政策的制定和施行过程中基本不考虑是否有可能对竞争机制造成损害。这就导致竞争政策的三大功能——推动经济发展的功能、统领经济政策的功能以及保障经济运行的功能——在我国都被大大低估了。

在现有的经济体制下，我国竞争政策发挥的空间应该逐步增大。特别是，从现阶段起，就应当把有关产业政策、贸易政策、投资政策等其他经济政策的出台与竞争政策相衔接，垄断行业的管制和改革也应与竞争政策相协调。并且，通过竞争推进的努力和竞争文化的推广，逐步减轻政府对经济的过度干预，放松垄断行业的准入门槛，引导竞争秩序的健康发展。

（二）以竞争推进带动法律实施和垄断行业改革

面对我国当前竞争文化发育不足、竞争政策认识缺乏的问题，有必要借助于“竞争推进”的手段加以克服。竞争推进主要针对两大对象：一为公共机构，二为全体社会成员。但是，在不同的阶段侧重点是不同的。一般来说，针对政府的推进措施是竞争推进的重点和关键。但对于我国而言，考虑到竞争主管机构在独立性、影响力和经验值上都有所欠缺，首先面向广大公众积极宣传竞争的优势，继而逐步影响政府行为和经济立法，不失为相对合理的选择。在竞争推进中更多依靠社会组织的力量也是国际竞争推进实践的重要共识。在国际上，消费者运动已经成为公民社会对抗垄断资本的有效武器，而我国现已建立的消费者组织多为同级工商部门下属的单位，在消费者心目中的影响力也仅限于购买伪劣产品之后的维权层面。改变消费者群体的“弱势”地位，借助于社会团体的力量与优势企业相抗衡，将是竞争主管机构弥补市场缺陷的新兴力量。

当然，竞争推进的另一主要目标仍然是影响政府的经济政策，使之与竞争政策相衔接，消除影响市场竞争的政府行为。该目标得以实现的关键在于是否能够建立立法的咨询、审查和评估制度。联合国贸易和发展会议制定的《竞争法范本》（2010 年）第7 章第1 条对此有完整规定：“由执行机构、地方自治机构或拥有政府授权的机构颁布的经济和行政条例，尤其是在此类条例涉及基础设施业经营的部门时，在通过之前，应由竞争管理机构进行公开的审查。如果这一条例限制经济主体行动的独立性和自由，或造成对一公营或私营公司活动的歧视，或恰恰相反，为其创造了有利条件，或导致或可能导致限制竞争或侵犯公司或公民的利益，尤其应当进行此种审查。”〔14〕我国法律并未就此问题作出规定，但是在法律没有强制要求下，更加迫切需要竞争主管部门发挥积极主动的作用，以便向政府机构和广大公众提供有关竞争影响的见解和观点。因此将来的发展方向应是赋予竞争执法机构对其他部门拟定的涉及竞争政策事项的规定提出修改建议的权力，行业主管机构在制定、修改以限制竞争事项为内容的规则和政策时，也应该事先与竞争执法机构进行协商。

“竞争推进”也是迄今为止为各国所推崇并证明行之有效的推动垄断行业改革的有效工具。通过竞争推进措施的开展，能够推动实现“规制法的竞争法化”，即在规制法里面引入竞争法的内容，使之成为“个别的竞争法”，以实现“规制法（政策）与竞争法（政策）的相互渗透”。〔15〕在垄断行业开展竞争推进，能够渐进式地推动规制法向一般性竞争法演变，从而扩大竞争法的适用范围，提升竞争政策在一国经济政策中的地位。国外的经验表明，竞争主管机关以竞争推进为支点，通过尝试与其他行业主管部门（特别是垄断行业主管部门）联合发布规则和指南，逐步推动规制法的竞争法化，能够带动竞争法律的有效实施以及垄断行业的竞争性改革。

（三）建立和完善执法机构之间的协调机制

在我国当前的执法体制下，要提升我国竞争政策的实施水准，还需要在以下三个方面构建有效协调机制：第一，竞争执法机构之间的协调机制；第二，竞争执法机构与行业管制机构之间的协调机制；第三，竞争执法机构与司法机关之间的协调机制。

首先，在竞争执法机构的设置上，尽管多数意见支持设立一个高度独立的准司法性执法机构，但现实是《反垄断法》的三个执法部门——商务部、国家发改委、国家工商总局都已经完成机构设置。这种设置方式是我国目前体制下一种妥协的选择，具有相对合理性。但是，多部门执法必然会存在一定的冲突。对此可以借鉴美国经验，美国也是两个部门（司法部

〔14〕 See Model Law on Competition (2010)-Chapter Ⅶ-The relationship between competition authority and regulatory bodies, including sectoral regulators, http://unctad.org/en/Docs/tdrbpconf7L7_en.pdf, Jul. 10, 2011.

〔15〕 参见［日］栗田诚：《日本的规制改革与反垄断法及竞争政策》，载漆多俊主编：《经济法论丛》（第10卷），中国方正出版社2005年版，第368页。

和联邦贸易委员会)分别执法,但是它们之间通过共同发布指南和信息公开等方式实现了有效合作。若我国3个执法机构之间也能够建立有效的沟通和协调机制,并共同发布反垄断法实施的指南,从而形成执法过程中的一致理解和认识,将极大地提高反垄断执法的稳定性和当事人对其行为法律后果的可预期性。

其次,竞争执法机构和行业监管机构共享竞争案件管辖权已经是国际社会的主流做法,我国实践中也是如此操作的。问题是,如何在合作管辖的机制下防止出现的"过度"管辖或"空白"管辖的情况,并体现竞争政策的优先地位。可以在以下几个方面作出努力:第一,明确法律适用的基本原则。比如,可以借鉴美国的做法,规定竞争法就一般性地适用于自然垄断行业。[16] 第二,建立立法咨询制度。建议赋予竞争执法机构对其他部门拟定的涉及竞争事项的政策和规章提出修改建议的权力。第三,建立意见征询机制。对某些行业特有的技术问题,反垄断执法机构应尊重监管机构的意见;监管机构处理竞争案件时,涉及与一般竞争行业具有的共性的竞争问题(如相关市场的界定或市场支配地位的认定),则应首先征求反垄断执法机构的意见。

最后,不管是从法律条文还是法律实践来看,我国的竞争法实施都属于"行政主导模式"。但是,我国的《反垄断法》并未如日本一样建立私人诉讼的"行政前置程序",因此竞争法的公共实施和私人实施是可以同时进行的。这就使竞争执法机构和司法机关之间的相互协调成为必需。协调的内容包括反垄断执法机构正在调查的涉嫌垄断行为私人是否可以提起诉讼,如果提起诉讼法院是否应当中止审理,法院应当在多大程度上接受行政认定的结果等。虽然我国《反垄断法》没有明确规定法院有权向反垄断执法机构提供其所掌握的信息,但是在实践中,对于一些疑难案件,法院往往会与相关单位沟通,反垄断案件也不例外。对此有学者认为,"在未来反垄断执法程序设计中,可以要求法院派相关法官参与到行政执法的裁决过程中",同样,"在司法程序的设计上,也要求反垄断执法机关派员参

---

〔16〕 比如美国《电信法》明确规定,"本法中的任何规定及其修订都不得被解释为对适用反托拉斯法的修正、损害或者取代"。

加”。[17] 通过长期的实践，有望在竞争法的公共实施与私人实施之间建立有效连结点，从而促进以竞争法律为核心的竞争政策的进一步发展。

六、结语

中国的竞争政策已经初具框架，并进入了实质性实施阶段，这为市场经济的深入发展创造了重要的前提条件。但是道路依然艰难。尽管《反垄断法》实施以来，反垄断执法和司法机构在细化规则和积累经验方面已经作出了巨大努力，并取得了有目共睹的成就，但是国内和国际的形势决定了我国竞争政策需要承载更为艰巨的任务。不仅要面对西方发达国家在竞争政策的制定和实施中面临的共性问题，还需要面对转型经济中产生的特殊问题。在此意义上，规范化分析和条文解析已经不能从根本上解决我国竞争政策实施的瓶颈性问题。对反垄断法的认识也已经不能仅仅局限于法律本身，而是应该上升到“竞争政策”的高度。对于我国当前面言，特别是需要借助于属于竞争政策范畴的竞争推进之理念和措施，通过针对社会公众和政府部门的一系列竞争宣传、竞争咨询乃至竞争审查，引导市场经济体制的渐进式变革。

〔17〕 刘水林、王波：《反垄断法实施的“结点”问题研究》，载《上海财经大学学报》2010 年第 5 期。

中国竞争文化建设的路径探寻*

一、竞争文化的形成与发展

（一）竞争从自然状态向人类文明的蜕变

竞争被认为是“获致繁荣和保证繁荣的最有效手段，它保证随生产力提高而俱来的种种利益最终归于众生的享受”。[1] 但是人类社会的竞争经历了从野蛮到文明的蜕变。尤其是到了资本主义自由竞争时期，垄断资本之间的搏杀留给我们的印象已经是“表现为动物的本能”，大有谈虎色变的威慑。近百年来，人类社会对竞争行为所造成的恶果进行了深刻反思，在总结经验教训的同时，对市场竞争行为进行规制。尽管市场中竞争依旧激烈无比，但是“竞争”被赋予了新的内涵。竞争被认为犹如江河之水，可以载舟，也可以覆舟。完全自发性的竞争行为可能导致在增进竞争者自身利益的同时，却可能损害社会整体利益。对公众利益的关注、对市场秩序的重视、对整体效率的促进，使竞争脱离自然状态的野蛮，成为人类文明的组成部分。检验竞争行为是否合乎国家法律的标准得以改变，竞争的正当性不再是与财产权利的“自由性”相连，而是与利益的社会性紧密相连。今天我们所讨论的市场竞争，已经从最初纯粹的私利争纷过程中逐渐蜕变，成为推动社会持续发展的强大推动力。这些关于竞争的一系列思想观念、商业规则和法律制度的总称，形成了我们所讨论的竞争文化。而重视竞争文化的营造和建设，也成为当今各国推动经济体制改革的重要内容。

（二）竞争文化伴随市场经济的发展而成熟

在通常情况下，竞争文化是市场经济的自然孕育过程，与竞争法律制

---

* 载《中国物价》2014 年第 1 期。

〔1〕［德］路德维希·艾哈德：《来自竞争的繁荣》，祝世康，穆家骥译，商务印书馆 1983 年版，第 11 页。

度相辅相成。竞争文化所鼓励的竞争本身不是目的,竞争只是目前为止实现有限资源的优化配置的最佳途径。从制度经济学视角看,只有有了一个合理的制度设置,才能有效地推动经济的发展。市场经济体制是在目前阶段,能最有效推动经济发展的体制,而竞争文化则是有利于市场经济体制生存和完善的文化背景。发展中国家适用竞争法缓慢的原因,绝大部分可以归结为缺乏对竞争法需求的认识,即竞争文化的薄弱。

由于近代中国无论在商业制度上还是商业文化上都历经波折和更迭,因此从整体上说,我国社会中的竞争文化,抑或商业文化是比较淡薄的,如"重农抑商"思想导致商人群体难以形成规模,"重义轻利"思想导致谋求商业利润的动力缺乏,"礼法融合"导致产权依附于人身关系,"差序格局"导致商业规则的平等性不足等。现代契约精神和商业伦理的规则意识远未深入国民内心深处,并演化为个人的自觉行为。中华人民共和国建立以后很长时期内,市场竞争被长期排除在我国经济发展的体制之外,我国对非公经济一直持排斥态度,资源配置长期采用计划手段,导致资源配置与利用的效率严重低下,国民经济一度走到了崩溃的边缘,这些都对我国竞争文化产生了严重影响。随着改革开放政策的实行,在逐步引入市场竞争、经济发展充满活力的同时,不正当竞争和排除限制竞争的行为也接踵出现,造假售假、商业贿赂、恃强凌弱、共谋垄断等现象,犹如市场竞争的共生体,已经成为阻碍经济持续发展的严重桎梏。历史教训告诉我们:没有竞争的经济是缺乏效率的经济,而不加规制的竞争则是破坏经济的竞争。

但是,我国传统社会的发展过程中也存在一些适宜市场经济发展的因素,如传统礼仪文化有利于现代商业文化的良性发展,传统主流财富观有利于资本积聚,社会伦理的集体本位有利于遏制利益团体,而且近代以来西方文化在我国的传播和移植也在一定程度上改变了我国的商业文化,历史上著名的晋商、徽商、浙商、粤商等地域性商人群体的兴起和地方商业文化的兴盛,都是我们着手构建现代竞争文化的重要资源。

改革开放开始彻底改变我们的商业环境,但由于采取了一种渐进式改革路径,在市场机制的健全程度和市场发育程度上,存在地域差异、城乡差异和产业差异等,使民众对竞争的认同程度不同,竞争文化存在明显的群体之差。社会群体背景不同会影响对竞争文化的认同,如政商差异,政府官员出于政绩考核的目的会比较看重 GDP 提升的结果,而对达到 GDP 增

长过程的内涵和质量则不够重视，个别政府官员甚至宁愿牺牲市场竞争，通过扶植个别垄断企业达到经济的高速增长。相比之下，商人群体则更愿意接受市场机制（当然不包括既得利益集团）的调节，在一个公平的竞争环境中赢取市场。又如，国资企业与民营企业的差异，国资背景的企业大多分布在重点产业、未开放产业，享有各种政策优势和政府扶持，作为现行制度的既得利益者，他们会不自觉地站在市场竞争的对立面。相比之下，民营企业大多是作为市场新兴参与者出现的，对于市场竞争持欢迎态度，更加希望通过竞争增长实力。

总之，竞争文化形成的过程也就是市场经济走向成熟、竞争法制不断完善的过程。要使市场既存在竞争，又具有效率，一个非常重要的方面就是加快我国竞争文化的培育和建设。认识上述这些因素对于构造我国市场经济发展的文化环境来说是必要的前提。

二、影响竞争文化的因素剖析

竞争文化是人们对竞争的观念和意识，竞争意识是竞争文化的内涵，它是法律主体公平参与或积极创造并维护市场竞争活动秩序的内在自我要求与共性认识。如果市场参与者没有良好的市场竞争意识，竞争文化也就失去其存在的底蕴。因此，竞争文化的强弱在很大程度上归结于对人们的竞争意识培育。一些发展中国家适用竞争政策缓慢的原因，除了执法经验和技术上的欠缺之外，另一原因就可以归结为缺乏对竞争需求的认识，即竞争文化的薄弱。

（一）传统文化的影响

近代中国无论在制度上还是文化上都历经波折和更迭，我们的传统文化中存在一些适宜市场经济发展的因素，如传统礼仪文化有利于现代商业文化的良性发展，传统主流财富观也有利于资本积聚，社会伦理的集体本位有利于遏制利益团体，等等。但与此同时，传统文化中也蕴含了很多不利于市场竞争的因素，如“重农抑商”思想导致商人群体难以形成规模，“重义轻利”思想导致谋求商业利润的动力缺乏“礼法融合”导致产权依附于人身关系，“差序格局”导致商业规则的平等性不足等。中华人民共和国成立后，在相当长的时期内将计划体制视为社会主义经济的完美纲领，而将以竞争获利为特征的市场体制视为资本主义毒素而予以排斥。尤其是在“公有制为主体”的理论影响下，我国对非公经济长期持排斥态度。

所有这些使我国社会的竞争意识不强，不利于对竞争文化的培育发展，认识这些因素对于重构我国市场经济发展的文化环境来说是必要的前提。

（二）经济体制改革的影响

改革开放政策引入市场竞争机制，尤其是邓小平 1992 年南方讲话指出，“计划经济不等于社会主义，市场经济不等于资本主义”，使竞争机制不再具有性质之别，而仅仅是发展经济的手段之辩。这一变化开启了对市场竞争的全新认识。1993 年，党的十四大报告进一步提出建立社会主义市场经济体制的改革目标，这是推进经济体制改革的行动纲领。可以认为，中国竞争文化的种子从此时开始得以播撒。由于国情关系，我国的改革开放采取了一种渐进式开放的路径。因此在市场机制的健全程度和市场发育程度上，存在东西部差异、沿海和内陆差异、城乡差异及产业差异等。因此，各类群体对于竞争的认同程度也不同，竞争文化存在明显的群体差异。

产权改革问题也是影响竞争文化的重要社会因素，转轨国家的经验表明，从竞争文化的视角看待现有的国有产权问题，应当将其提高到建立竞争机制和培育竞争文化的高度来认识。单一的产权结构难以实现市场竞争，市场就不具活力。国资背景的企业大多分布在重点产业、未开放产业，享有某些政策优势和政府扶持，作为现行制度的既得利益者，一般都会不自觉地站在市场竞争的对立面。相比之下，民营企业大多是作为市场新兴参与者出现的，对于市场竞争持欢迎态度，更加希望通过公平竞争增长实力。

（三）竞争政策定位的影响

竞争政策的定位是竞争文化发育的源泉。竞争政策作为一项基础性的经济政策，在其他国家常常是制定和实施其他经济和社会政策的基础。这表现为：一方面，其他经济和社会政策的制定和实施不得与竞争政策相抵触，否则可以借助于竞争审查和评估机制阻却此类反竞争性质的公共政策出台；另一方面，一旦其他经济和社会政策在实施过程中出现与竞争政策相抵牾的情况，通过政策之间的协调机制尽量将冲突降到最低。在我国，竞争政策相比于其他经济政策（如产业政策、贸易政策、外资政策等）和社会政策（如劳动和社会保障政策、环境政策、食品安全政策等）一直处于弱势地位。不仅没有建立正式的竞争政策审查、评估和协调机制，而且

在其他经济和社会政策的制定和施行过程中基本不考虑是否有可能对竞争机制造成损害。这就导致竞争政策的三大功能(推动经济发展的功能、统领经济政策的功能和保障经济运行的功能)在我国都被大大低估了。在现有的经济体制下,我国竞争政策发挥的空间应该逐步增大。中国共产党十八届三中全会明确提出,"经济体制改革的核心问题是处理好政府和市场的关系",并提出要让市场在资源配置中起决定性作用。这一论断,一针见血地把新一轮改革的目标直指经济体制本身。政府是有力地推动,还是消极地影响,甚至不当地阻碍市场,已经成为直接左右经济体制改革能否成功的核心问题。因此,从现阶段起,就应当把有关产业政策、贸易政策、投资政策等其他经济政策的出台与竞争政策相衔接,垄断行业的管制和改革也应与竞争政策相协调。并且,通过竞争推进的努力和竞争文化的推广,逐步减轻政府对经济的过度干预,放松垄断行业的准入门槛,引导竞争秩序的健康发展。

(四)消费者运动的影响

市场机制的缺陷之一便是资源和资本由于各种原因可能向少数优势企业集中,而消费者作为市场竞争的受影响者,则陷入越来越弱势的地位,消费选择的自由权利会受到侵害。但如果消费者群体壮大实力后与优势企业形成对抗,情况就会截然不同。从国际经验看,消费者运动的兴起,可以对抗实力强大的垄断集团,因为在消费者组织的推动下,消费者权益保护不再是个人单独行为,而是具有日益明显的组织化、制度化意义的行为,实力悬殊从根本上得到扭转才是纠正市场缺陷的治本之策。中国的消费者运动正在兴起,消费者的竞争意识与行为表现是竞争文化不可缺少的部分。在一个成熟的竞争文化中,消费者应具备较强的自我保护意识和对经营者公平竞争的监督意识并积极践行。通过合法途径主张维护自己的权益、积极举报经营者违法竞争行为、拒绝不正当竞争经营者的产品和服务,这些都是竞争文化最基础层面的体现。如果经营者的行为或者产品得不到消费者的认可与支持,那么,不正当竞争的现象也将不复存在。从这一角度上讲,消费者全面自觉地抵制经营者不正当竞争行为,是一个社会竞争文化高度发达的表现。如在不少发达国家,拒绝购买和使用盗版软件已经成为公民的共识,这种从"量"到"质"的竞争文化发育程度的演变,才使人类社会的竞争具有了高度的文明性。在国际上,消费者运动已经成为公民社会对抗垄断资本的有效武器,而我国现已建立的消费者组织多为同级工商部门下属的单位,在消费者心目中的影响力也仅限于购买伪劣产品之后的维权层面。改变消费者群体的“弱势”地位,借助于社会团体的力量与优势企业相抗衡,将是影响我国竞争文化的新兴力量。

三、竞争推进是构建竞争文化的重要途径

竞争文化作为支配人类社会市场竞争实践活动的价值基础及其被社会化的运行状态即竞争实践活动[2],其在内容上表现为四个方面:政府营造良好的竞争环境,经营者实施公平有序的竞争行为,竞争执法机关积极执法,消费者积极抵制损害市场竞争秩序的行为。在世界范围内,利用政府(主要是竞争主管机构)的作用推动竞争文化已经成为普遍做法和发展潮流。面对我国竞争文化发育不足、竞争政策认识缺乏的问题,有必要借助于“竞争推进”的手段加以克服。竞争推进是构建竞争文化的有效政策手段,也是竞争政策有效实施的强大助推器。

(一)竞争推进的含义

竞争推进(competition advocacy)是许多国际组织所认可的构建竞争文化的重要机制,它指“由竞争主管机构采取非执法机制所实施的,旨在国内经济活跃的目的,而与促进国内竞争环境有关的措施,它所依赖的主要途径是通过协调竞争主管机构与其他政府机构之间的关系,以及不断增进公众对竞争能带来利益的意识”。[3] 一般认为竞争推进有两个组成部分:(1)针对其他承担有经济规制或相关规则制定权的公共机构的推进措施;(2)针对全体社会成员的推进措施,以提高他们对竞争的优势以及竞争政策在促进经济增长、保护竞争方面的作用的意识。因此,竞争推进机制的目的和对象主要是两类:一为公共机构,通过影响能对经济产生影响作用的机构,包括立法机构、政府经济管制部门,乃至司法机关,使国家权力的运用都能够以一种“竞争友好型”的方式去实施;二为全体社会成员,通过教育公众提高他们对竞争能带来效率的认识水平。而所有这些措施最后的落脚点都是构建良好的“竞争文化”的环境。

---

〔2〕 李长健、徐海萍:《论竞争文化与反不正当竞争法律制度》,载《北方论丛》2007 年第 4 期。

〔3〕 Report prepared by the Advocacy Working Group, ICN's Conference Naples, Italy, 2002, pp. Ⅰ-Ⅴ.

当然,在不同的阶段竞争推进的侧重点是不同的。一般来说,针对政府的推进措施是竞争推进的重点和关键。但对于我国而言,考虑到竞争主管机构在独立性、影响力和经验上都有所欠缺,首先面向广大公众积极宣传竞争的优势,继而逐步影响政府行为和经济立法,不失为相对合理的选择。在竞争推进中更多依靠社会组织的力量也是国际竞争推进实践中的重要共识。

(二)对竞争文化构建的意义

竞争推进的目标是从宏观到微观层面影响政府立法、企业行为和民众意识,实现竞争法律环境的优化。它对于我国竞争文化的构建具有重要意义:第一,竞争推进有利于消除影响政府的限制竞争行为。竞争推进的目标之一是影响政府(行业)的经济政策,使之与竞争政策和法律相衔接,消除影响市场竞争的政府行为(政策法律法规)。如澳大利亚通过对政府法令、规章和条例进行全面审查修改,消除可能存在的有损市场竞争的规定,这将在政府行政层面上弘扬竞争文化,对我国具有特别重要的借鉴意义。第二,竞争推进有利于进行垄断行业的一体化改革。各国垄断行业审查实行竞争推进的事实证明,不仅垄断行业改革有重大突破,国有经济改革也大有进展,更可喜的是竞争政策向其他经济政策渗透,使新的垄断也得到全面预防。这就在市场与市场主体层面上普及了竞争文化。第三,竞争推进有利于向社会民众全面渗透竞争文化。竞争文化是一国实施竞争政策的重要条件。在竞争推进中通过教育宣传,使民众了解竞争带来的经济优势,提高公众对“竞争有益经济”观念的理解与支持,营造和培育竞争文化。

(三)竞争推进的具体实施

竞争推进的影响范围涵盖了政府立法、企业行为以及民众意识,是一项宏大的工程,仅仅依靠政府的力量会限制竞争推进的效果。因此竞争推进中更多地依靠社会组织的力量是国际竞争推进实践中的一项重要共识。国外的一些社会组织在竞争推进方面的运作和经验给予了我们诸多启示。如美国联邦贸易委员会与司法部通常会向可能对消费者和市场竞争产生影响的联邦政府和各州的立法机构与法院提供他们的意见,尽量在限制竞争的行为危害消费者之前得到铲除,将其“消灭在萌芽状态”。“如果任凭这些限制实施‘开花结果’,其危害将更难的消除,而政府强加的行政限制更像杂草一样，对竞争的限制更加持续和危害程度更高。”[4] 又如创立于1983年的印度的消费者联合与诚信协会（Consumer Unity Trust Society International，CUTS），专门从事有关的研究和竞争推进工作，每年的预算超过250万美元，员工超过130人。作为一个研究、宣传的网络组织，CUTS所涉领域包括消费者保护、国际贸易与发展、竞争研究、投资和经济管理、人类发展等。在竞争推进领域，CUTS参与了印度新竞争机制的建立（包括起草印度竞争法及其修订，参与印度国家竞争政策的发布等）；帮助发展中国家（埃塞俄比亚、肯尼亚、加纳、越南和赞比亚）竞争当局提高竞争执法能力；开发了独特的自下而上的研究发展中国家竞争问题的“7-Up”模式；为发展中国家研究建立了竞争、规制与发展研究论坛。再以澳大利亚与新西兰政府学校为例，这是一家由澳大利亚和新西兰的政府、大学和商学院组成，致力于创造世界领先的教育机构，向公共部门的领导人教授战略管理和高层政策，致力于深化政府、社会、学术团体对公共行政、政策和管理的理解的重大研究计划的场所。经过十多年的发展，该学校已经成为政府信任的辅助者，帮助政府找到现实世界中公共问题的解决途径。前澳大利亚竞争与消费者委员会主席担任校长以来，该学校在竞争推进方面取得了巨大的进展。

结束语

由于受到各种因素的影响尤其是社会生产力发展水平的制约，竞争文化的建设是一个长期的过程，我国目前尚未达到理想状态，但必须看到，竞争文化直接影响一国市场的健康发展，我们要做的是如何在现有条件下，尽最大努力建立与完善本国的竞争文化并积极提升之，以使市场竞争早日摆脱原始的状态，进入文化层面的有序竞争形态。

〔4〕 美国联邦贸易委员会主席德博拉·普拉特·梅杰斯在中国社会科学院的讲话。Promoting a Culture of Competition，2006年4月。

中国关于垄断协议的立法与实施

——竞争文化视角的分析*

一、前言

在中国传统的计划经济体制下，企业经营者之间没有竞争，政府指导或者计划规定下的企业之间统一行为被认为是天经地义的事情，没有人会怀疑垄断协议行为的违法性。直到20世纪80年代开始的经济体制改革，人们开始以市场的眼光审视企业之间的关系。1992年邓小平南方讲话后使竞争机制不再具有关乎“主义性质之别”，宪法修改又正式明确了改革的目标是确立市场经济体制。〔1〕这一变化开启了中国社会大众对市场竞争的全新认识。但是，中国的改革复杂而又纠结，一方面要朝着市场化的方向实现改革，另一方面又要兼顾传统体制下已有的利益格局。柔弱的市场体制与强势的计划体制出现了激烈的冲突。这种冲突不可避免地出现在对于“垄断协议”这一经济现象的法律规制中。

二、垄断协议及其法律规制的演变：经济体制转型

中国对于垄断协议的规制可以概括为一个“初步认识—立法规制—严厉打击”的过程，从1993年的《反不正当竞争法》对于串通投标行为的规制开始；〔2〕1998年的《价格法》对包括价格共谋在内的所有价格垄断进行规制；〔3〕再到2007年《反垄断法》的出台，实现了对于各种形式垄断协议的全面规制，〔4〕从而建立了对于卡特尔行为完整的制度体系。这不仅是

---

* 载《法治研究》2014年第3期，本文的英文版发表在Thomas Cheng，*Katel in Asia*：*Law And Practice*，Wolters Kluwer Hong Kong Limiter，2015，pp. 255－293。

〔1〕 参见《中国共产党第十四届三中全会决议》与《宪法》第15条。

〔2〕 参见《反不正当竞争法》。

〔3〕 参见《价格法》。

〔4〕 参见《反垄断法》。

一个制度完善的过程,更是一个不断实施竞争政策、逐步培育竞争文化、大力弘扬竞争推进的过程。

这一过程可以概括为对垄断协议的“初步认识—加强规制—严厉处罚”的三个阶段。

(一)对垄断协议的初步认识(1978~1994年)

始于1978年的改革开放政策已经在市场竞争方面有所涉及,但是,竞争的通道仍未畅通。虽然国务院为了促进市场竞争,颁布了若干促进竞争、禁止垄断、打破封锁等方面的规定,但是它们多数都是比较原则的政府文件和宣示性口号,无法严格实施。1993~1994年,是中国市场经济发展的重要时期,也是市场经济立法的集中发展时期。在这两年中,中国颁布实施了《反不正当竞争法》《消费者权益保护法》《产品质量法》等至今仍然发挥着重要作用的法律制度。正是这些法律,20年来推动了中国市场经济的健康发展。1993年年底实施的《反不正当竞争法》可以说是第一次涉及垄断协议行为,在此之前,没有任何法律对经营者之间的价格和其他方面的共谋行为作出过禁止性的规定。可以认为,这是中国社会对经营者之间的共谋行为不利于市场经济的初步认识在制度建设上的反映。但是《反不正当竞争法》侧重于规定不正当竞争行为,仅仅对具有卡特尔性质的“串通投标”行为作了规定,并没有对垄断协议进行全面的规制。该法第15条规定:投标者不得串通投标,抬高标价或者压低标价。投标者和招标者不得相互勾结,以排挤竞争对手的公平竞争。这一条在后来的《刑法》1997年的修正案中增设了相应的条文(第223条)。

由于社会整体历史文化因素的影响,对于“共谋”这一危害市场竞争机制的反竞争行为并没有引起足够的重视,相反,“以和为贵”“团结就是力量”“统一思想统一行动”等计划经济的意识与思维却是深入人心,主导着经营者的市场行为。尤其是在政府指导或者安排下的联合行为,人们甚至认为是有利于经济发展的值得鼓励和倡导的合法行为。因此,尽管“共谋”普遍存在,其实并没有多少案件被调查或者被起诉。

(二)对价格垄断协议的立法(1994~2007年)

在经过了近十多年的改革之后,市场竞争机制在促进经济发展效率方面的优越性已经获得民众的共识,竞争文化也随着商品交换的深入发展而逐渐发育。但是,市场竞争的加剧不可避免地出现了各式限制竞争协议、

垄断协议的行为,其中固定价格(price fixing)是其主要的形式。人们对于共谋行为危害性的认识逐渐增强,开始进行否定与抵制经营者的共谋行为。尤其是消费者和中小企业,对于多元竞争格局中能够享受低价、优质的产品和服务充满了期待,而经营者同行之间相互承诺不开展竞争的行为对于消费者的选择权和公平交易权的行使具有极大的伤害性。1998 年实施的《价格法》,对通过价格形式实施共谋的行为进行了明确的禁止。《价格法》第 14 条中明确规定:经营者不得有下列不正当价格行为:相互串通,操纵市场价格,损害其他经营者或者消费者的合法权益等。在《价格法》的基础上,1999 年还通过了《招标投标法》,进一步明确了串通投标的违法性,以与已经实施的刑法相匹配。

《价格法》的规定被认为是我国规制价格卡特尔的重要法律依据,其不仅规定了行为的表现形式,还在责任追究上规定了价格垄断协议的民事责任和行政责任。然而,《价格法》对于行业协会组织的垄断协议在法律适用上却遭遇困境。首先,因为《价格法》将“操纵市场价格”的行为主体限定为经营者,行业协会显然不在此列;其次,由于大部分企业(尤其是国有企业)与行业协会以及政府机构仍然保持着密切的联系,《价格法》在遏制行业协会或者政府主导下的垄断协议方面的作用是十分有限的,甚至那些公开宣称要联合的行为也没有得到有效的改观。以上海黄金饰品行业协会的价格协议为例,2003 年,上海市物价监督管理部门就依据《价格法》的规定,对于协会统一制定黄金饰品的价格行为立案调查,认为行业协会通过制定定价公式,强行在全行业企业中加以推行的做法,使上海市的黄金饰品价格始终高于其他地区。除了加工技术和款式因素导致价格偏高之外,黄金原料的基本价格是完全一致、没有竞争的。但是此案并没有进行下去,因为政府部门认为,这是行业协会在稳定物价、协调竞争,避免恶性竞争方面的积极作用。不仅没有进行处罚,相反还在全国行业中进行了所谓的“经验介绍”,试图加以推广。这一典型案例使人们认识到,虽然经济体制改革使社会民众的市场经济意识逐渐得到增强,但是,如果不改革政府的行为,以及与政府行为密切相连的行业协会的行为,市场竞争机制仍然不能发挥应有的作用。仅仅依据《价格法》、《招标投标法》以及《反不正当竞争法》中规制垄断协议的薄弱的条文规定,远远不足以规制垄断行为。市场竞争越是激烈,行业协会在组织成员企业进行限制竞争方面的活动越是频繁活跃。2005年发生在中国广州的“平价眼镜超市”被封杀事件是一个极为典型的案例。“平价眼镜超市——眼镜直通车”开业仅一周时间，就因同样品牌价格只有同行的一半左右之缘故遭到广州市眼镜协会的发文封杀。〔5〕2007年间，这种活跃达到了顶峰。从乳品行业联合取消赠品的“南京宣言”，〔6〕到餐饮服务行业统一收取开瓶费的“业内规定”，〔7〕尤其是在所谓的世界拉面协会中国分会“协调”下形成的方便面生产企业集体提价的“方便面事件”，将行业协会限制竞争的功能发挥到了极致，严重影响社会经济生活。〔8〕《反垄断法》就是在这些社会思潮的推动下，在人民大众的呼唤下，于2007年8月颁布，并于次年实施。《反垄断法》增加了对行业协会的特别规定，〔9〕直接与行业协会的限制和排除竞争行为对接，体现了社会民意对法制的迫切需求。〔10〕

(三)对垄断协议全面严厉规制(2008年至今)

经过二十多年的努力和博弈，中国颁布了《反垄断法》，开始全面规制包括卡特尔在内的所有垄断与限制竞争的行为。这充分反映了中国市场经济立法已经到了必须强化竞争秩序的关键时刻。《反垄断法》中设定关于行业协会的规定和政府排除限制竞争的行为的专门条文，为有效规制垄断协议提供了制度前提。

《反垄断法》对于横向垄断协议的界定包括定性和列举两部分。法律

〔5〕 2005年1月28日下午，广州市眼镜商会零售委员会主任宋某主持召开了全体零售商会议，在会议中决定，“广州市眼镜协会以广大会员的利益为出发点，呼吁全体零售商和批发商对‘眼镜直通车’超市所经营的各种眼镜的牌子做一次实地调查”，“在调查过程中如发现自己所经营或者批发的牌子与眼镜直通车销售的牌子雷同，我商会呼吁各会员最好能抵制这些牌子，维护自己的利益”。载http://news.sina.com.cn/o/2005-02-19/18425145141s.shtml，2015年2月20日访问。

〔6〕 2007年6月至7月，中国奶业协会理事长单位共同签署了《乳品企业自律南京宣言》并加强落实该宣言。对于拒不遵守该宣言及其实施方案的企业，将视情况采取必要的处罚措施，列入不诚信企业名单，在行业内通报，必要时取消会员资格。

〔7〕 2006年9月占沪上国产平板彩电市场份额八成以上的6家企业宣布在国庆黄金周期间都不得降价到“价格生死线”以下。如果家电连锁企业单方面降价到“价格生死线”品牌供货商将以不供货相惩罚，另外还有如银行联合跨行查询收费协议等。

〔8〕 据报道，到7月26日占国内市场份额95%以上的各大知名方便面企业的价格涨幅超过10%。

〔9〕 参见《反垄断法》第11条规定：“行业协会应当加强行业自律，引导本行业的经营者依法竞争，维护市场竞争秩序。”

〔10〕 人大常委会投票结果表明：150人赞成，2人弃权，1人未按投票器，0票反对。

首先,界定了横向垄断协议是“指具有竞争关系的经营者之间达成的排除、限制竞争的协议、决定或者其他协同行为”。这是借鉴了国外的立法经验和司法实践,在垄断协议的形式上作了详细的规定,包括合同,也包括竞争者之间的协同行为,还包括合作组织的共同决定等形式。其次,《反垄断法》还对可能严重影响市场竞争的典型垄断协议(hard core cartel)进行了明确的列举,而且为了避免遗漏之处和新型的垄断协议形式,《反垄断法》特地设置了兜底条款。〔11〕最后,为了更好地认定垄断协议,国家竞争执法机构分别制定了调查垄断协议的行政规定,〔12〕以便细化认定垄断协议的具体标准和应该考虑的因素,如国家发改委对于价格垄断协议的认定规定了若干具体的表现形式;〔13〕国家工商总局对于如何界定“协同行为”规定了具体的判断标准。〔14〕

在针对行业协会垄断协议的规制上,国家工商总局的行政规定明确指出:禁止行业协会以下列方式组织本行业的经营者从事本规定禁止的垄断协议行为:(1)制定、发布含有排除、限制竞争内容的行业协会章程、规则、决定、通知、标准等;(2)召集、组织或者推动本行业的经营者达成含有排除、限制竞争内容的协议、决议、纪要、备忘录等。国家发改委也特别针对行业协会的价格垄断行为作出规定:(1)禁止行业协会制定排除、限制价格竞争的规则、决定、通知等;(2)禁止行业协会组织经营者达成本规定所禁止的价格垄断协议;(3)禁止行业协会组织经营者达成或者实施价格垄断协议的其他行为。

---

〔11〕 参见《反垄断法》第13条,禁止具有竞争关系的经营者达成下列垄断协议:(1)固定或者变更商品价格;(2)限制商品的生产数量或者销售数量;(3)分割销售市场或者原材料采购市场;(4)限制购买新技术、新设备或者限制开发新技术、新产品;(5)联合抵制交易;(6)国务院反垄断执法机构认定的其他垄断协议。

〔12〕 参见国家发展改革委员会《关于反价格垄断规定》与《工商行政管理机关禁止垄断协议行为的规定》等规定。

〔13〕 禁止具有竞争关系的经营者达成下列价格垄断协议:(1)固定或者变更商品和服务(以下统称商品)的价格水平;(2)固定或者变更价格变动幅度;(3)固定或者变更对价格有影响的手续费、折扣或者其他费用;(4)使用约定的价格作为与第三方交易的基础;(5)约定采用据以计算价格的标准公式;(6)约定未经参加协议的其他经营者同意不得变更价格;(7)通过其他方式变相固定或者变更价格;(8)国务院价格主管部门认定的其他价格垄断协议。

〔14〕 认定其他协同行为,应当考虑下列因素:(1)经营者的市场行为是否具有一致性;(2)经营者之间是否进行过意思联络或者信息交流;(3)经营者能否对一致行为作出合理的解释。认定其他协同行为,还应当考虑相关市场的结构情况、竞争状况、市场变化情况、行业情况等。

五年来的实践证明,上述这些指导性的行政执法规章,对于确定垄断协议的违法行为发挥了现实意义。《反垄断法》自 2008 年 8 月 1 日开始实施,该法实施的第一天,法院就收到了关于保险行业协会组织的价格垄断协议案件。重庆一位律师将重庆市保险行业协会告上法庭,理由是所有的保险公司根据保险行业协会的规定,进行了最低价格的限制。[15] 这一案件直接挑战《反垄断法》的实施,虽然在法院的调解下,原被告双方实现了和解,但是此案却给社会大众一个鲜明的信号:《反垄断法》对于垄断协议规制的序幕正式拉开了,而以后的一系列案例表明,处于中国反垄断法实施风口浪尖上的首要对象正是各类行业协会。[16]

三、规制行业协会垄断协议与竞争文化的影响

(一)从政府的角度

由于长期的计划管理体制的影响,在向市场经济体制转换过程中的中国行业协会,其运行带有严重的行政色彩。[17] 在市场竞争中,行业协会的负面作用绝对不能轻视,2013 年上海黄金饰品协会再次实施价格固定的案例就是很好的说明。

依照《上海市黄金饰品行业价格自律细则》中规定的测算公式及浮动范围,行业协会制作了黄、铂金饰品零售测算价格及浮动范围表,经测算比对,上海多家老字号金饰品企业的黄、铂金饰品零售牌价全部落在测算公式规定的浮动范围内,并且调价时间、调价幅度以及牌价高度一致。上海

[15] 重庆市保险行业协会制定了《重庆市机动车辆保险行业自律公约》和《机动车辆保险行业自律公约实施细则》,其中规定各财产保险机构必须严格执行重庆市机动车辆保险行业市场指导费率。而根据原告了解到的信息,保险公司目前执行的费率为八折。原告认为,这些规定都是和刚刚出台的《反垄断法》相抵触的,根据《反垄断法》第 16 条规定行业协会不得组织本行业的经营者从事本章禁止的垄断行为。本章禁止的垄断行业行为,是指禁止具有竞争关系的经营者达成下列垄断协议第一项固定或者变更商品价格的行为。

[16] 2008 年,广东省海沙协会决定海沙资源开采的费率的价格垄断协议,并制定了惩罚措施;2009 年 3 月富阳纸业行业协会的价格固定垄断协议(Fu-Yang paper-making price fixing of white paper cartel);2010 年 4 月福建餐饮行业协会价格固定垄断协议(Fujian tableware increasing product price cartel);2010 年 4 月山西炊具行业协会价格垄断协议(Shanxi coke industry enterprise price cartel);2011 年浙江江山市水泥行业协会价格垄断协议(Zhejiang jiangshan three concrete manufacturers price fixing);2012 年生产 LCD、LED 的三星、LG、我国台湾地区四家企业组成国际卡特尔(Manufacturers:Price-fixing cartel);2013 年上海黄金饰品行业协会价格垄断协议(Shanghai Golden jewelry trade association price fixing)。

[17] 人们称这种行业协会为“二政府”,因为它们习惯于把以前的下属企业召来,统一行动、统一价格,还美其名为“防止恶性竞争”。

市发改委价格监督检查与反垄断局根据《反垄断法》规定与上述行政规定,认定了行业协会及几家企业的违法行为,除了对参与行业价格共谋的五大饰品企业进行处罚之外,对上海市黄金饰品行业协会本身也进行了严厉处罚。[18] 这种双罚制的规定表明了行业协会承担的是组织共谋的责任。十分有意思的是,在被调查时,行业协会的部分负责人以及相关的政府行业管理部门都表示不理解,它们认为行业协会是在维护市场竞争秩序,所定的价格并没有损害消费者利益,因而是合理的。对于这些抗辩,执法者的回答颇为强硬,正如当年美国法院处理相似案例(陶瓷洁具案)时指出的:任何一项固定价格协议的目的和结果都是一种竞争方式的取消。不能得出这样的推论:因为价格本身是合理的,所以确定价格或者维持价格的协议就是合理的。创设这种潜在力量的协议,完全可以被认为其自身就是不合理的或违法的限制,而不必再详细考察每一特定价格合理与否。

上述案例发人深思。对中国垄断协议行为的规制,与其他国家相比要复杂得多。该案件向社会传递了一个重要信息:行业协会的行为不能游离于竞争法之外,"好心"未必能够办"好事",政府再也不能通过行业协会的渠道延续以前的管理模式和思维方式,竞争文化建设必须关注行业协会自身的建设。

(二)从经营者的角度

经营者的良好竞争意识与公平有序的竞争行为是社会竞争文化的核心内容,它在很大程度上直接代表着一个国家竞争文化的发展程度。作为经营者(竞争者),他们以营利为目的的竞争行为基本上是自发的,是被动地受竞争法律强制性规制的。但是,在一个具有成熟竞争文化的国度里,竞争者也具有自我约束、公平竞争的愿望和能力。他们懂得竞争是市场的灵魂,没有竞争市场也就失去了发展的动力。保持市场竞争是经营者基本的生存环境,只有这样,经济的发展才真正有可持续的源泉。中国经营者竞争意识孕育缓慢的原因,可以归结为缺乏对竞争需求的认识,即竞争文化的薄弱。

近代中国无论在制度上还是文化上都历经波折和更迭,我们的传统文化中存在一些不利于市场竞争的因素,如"重农抑商"思想导致商人群体

---

〔18〕 根据《反垄断法》的规定,上海黄金饰品行业协会被处以人民币 50 万元的最高罚款,5 家金店因垄断价格被处以上一年度相关销售额 1% 的罚款,共计人民币 1009.37 万元。

难以形成规模,"重义轻利"思想导致谋求商业利润的动力缺乏,"礼法融合"导致产权依附于人身关系,"差序格局"导致商业规则的平等性不足等。中华人民共和国成立后,在相当长的时期内将计划体制视为社会主义经济的完美纲领,而将以竞争获利为特征的市场体制视为资本主义毒素而予以排斥。尤其是在"公有制为主体"的理论影响下,我国对非公经济长期持排斥态度。所有这些使我国社会的竞争意识不强,不利于对竞争文化的培育发展,认识这些因素对于重构我国市场经济发展的文化环境来说是必要的前提。

由于国情关系,中国的改革开放采取了一种渐进式开放的路径。因此在市场机制的健全程度和市场发育程度上,存在东西部差异、沿海和内地差异以及城乡差异和产业差异等。因此,各类群体对于竞争的认同程度也不同,竞争文化存在明显的群体差异。如政商差异,政府官员出于政绩考核的目的会比较看重 GDP 提升的结果,而对达到 GDP 增长过程的内涵和质量则不够重视,甚至宁愿牺牲市场竞争,通过扶植个别垄断企业达到经济的高速增长。相比之下,商人群体则更愿意接受市场机制(当然不包括既得利益集团)的调节,在一个公平的竞争环境中赢取市场。产权改革问题也是影响竞争文化的重要社会因素,国资背景的企业大多分布在重点产业、未开放产业,享有某些政策优势和政府扶持,作为现行制度的既得利益者,一般都会不自觉地站在市场竞争的对立面。相比之下,民营企业大多是作为市场新兴参与者出现的,对于市场竞争持欢迎态度,更加希望通过公平竞争增强实力。2013 年 11 月 28 日,北京京深海鲜批发市场的个体户娄某将北京市水产批发行业协会(以下简称水产批发协会)告上法庭,认为对方构成垄断行为。北京市第二中级人民法院判决确认《北京市水产批发行业协会手册》中"奖罚规定"第 1 条、第 2 条规定无效,水产批发协会停止组织会员达成变更和固定"獐子岛扇贝价格"的垄断协议的行为。这是《反垄断法》实施以来,法院认定被诉侵权行为构成横向垄断协议的全国第一案。目前该案二审正在进一步审理中。[19] 笔者认为,单一的产权结构难以实现市场竞争,从竞争文化的视角看,应当将国有产权问题提高到建立竞争机制和培育竞争文化的高度来认识。

---

〔19〕 参见《行业协会固定商品价格行为被叫停》,载 http://www.legaldaily.com.cn/,2013 年 11 月 22 日访问。

（三）从消费者角度

竞争文化是人们对竞争的观念和意识，是“社会民众对一件事情的看法”。如果市场参与者没有良好的竞争意识，竞争文化也就失去其存在的底蕴。因此，竞争文化的强弱在很大程度上归结于对人们的竞争意识的培育。与政府与企业相比，中国消费者的市场竞争意识最为强烈，人们渴望从市场竞争中获得福利。1993 年中国颁布了《消费者权益保护法》，多年来在改变消费者群体的“弱势”地位，借助于社会团体的力量与优势企业相抗衡方面发挥了重要的作用，是影响中国竞争文化的一股新兴力量。因为在消费者组织的推动下，中国普通消费者权益保护不再是个人的单独行为，而是具有组织化、制度化意义的群体行为。2013 年《消费者权益保护法》进行修改，修改案进一步扩大了消费者组织的权利，它们将可以授权代表消费者进行诉讼，与《反垄断法》对接。《反垄断法》规定，“经营者实施垄断行为，给他人造成损失的，依法承担民事责任”。[20] 这意味着受到垄断行为损害的消费者可以提起损害赔偿的民事诉讼，而这类诉讼也可以由消费者组织代表提起。事实上，中国的《反垄断法》实施以来，已经有一百二十多起民事诉讼案件，大部分是由消费者个人提起，但是绝大多数由于举证责任等原因而以败诉或撤诉告终。（见下表）

2008 年 8 月～2010 年 8 月全国法院受理的 10 起反垄断民事案件表[21]

案名	受案法院	标的诉由	结案结果
刘某某诉重庆市保险行业协会垄断纠纷案	重庆市第五中级人民法院	1 元	撤诉
重庆西部破产清算有限公司诉中国建设银行重庆南坪支行垄断纠纷案	重庆市第五中级人民法院	100 元	和解撤诉
周某诉中国移动通信集团公司垄断案	北京市第二中级人民法院	—	和解撤诉

〔20〕 参见《反垄断法》第 50 条。

〔21〕 参见王斗斗：《两年全国受理反垄断民事案件仅 10 件》，载《法制日报》2010 年 8 月 30 日，第 5 版。

续表

案名	受案法院	标的诉由	结案结果
李某某诉中国网通（集团）有限公司北京市分公司案	北京市中级人民法院 北京市高级人民法院	1元	驳回诉讼请求
唐山人人信息服务有限公司诉北京百度网讯科技有限公司垄断纠纷案	北京市第一中级人民法院 北京市高级人民法院	110.6万元	一审败诉 二审未结果
北京中经纵横信息咨询中心诉北京百度网讯科技有限公司案	北京市第一中级人民法院	50万元	未结案
北京书生电子技术有限公司诉上海盛大网络发展有限公司案	上海市中级人民法院 上海市高级人民法院	220万元	一审驳回 二审维持
湖州一亭白蚁防治服务有限公司诉湖州市白蚁防治研究所案	杭州市中级人民法院	—	驳回诉讼请求
郑某某诉威瑞信数字服务技术（中国）有限公司和互联网名称与数字地址分配机构（ICANN）案	因管辖异议裁定移送	a～z开头的.com域名注册遭拒	未结案
郑某某诉威瑞信数字服务技术（中国）有限公司和互联网名称与数字地址分配机构（ICANN）案	因管辖异议裁定移送	0～9开头的.com域名注册遭拒	未结案

从中国的社会现实可以看到，消费者的竞争意识与行为表现是竞争文化的重要渊源，消费者自我保护意识和对经营者公平竞争的监督意识的增

强是竞争文化最基础层面的体现,要完善中国的竞争文化建设需要从消费者保护着手。

四、问题与挑战

一般来讲,横向垄断协议(卡特尔)对于市场竞争的影响是负面的,因此并不具有可谅解性,中国对于卡特尔的法律态度也是如此。但是这种规制并非一帆风顺,实践中还是面临不少严峻的挑战。

(一)必须克服行业协会的消极作用

中国的垄断协议大多与行业协会组织有关,这是因为行业协会的职能是多重的。中国目前大概有362个国家级的行业协会,由于历史体制的原因,他们中大部分都是由原来的政府主管部门演变而来,保留了相当多的行政职能,还要兼顾到对于行业管理、产业发展政策等的考虑。因此,维护行业的利益是行业协会的主要职责,而限制和排除竞争就成了维护行业利益的重要手段,这与《反垄断法》的实施形成鲜明反差。据2013年11月22日中国保险行业协会召开的保险法律工作联席会议资料统计,自2012年以来的两年中,多个地区的保险行业协会因为自律公约构成垄断协议而受到反垄断调查和处罚,包括湖南、新疆、浙江、河南、辽宁、安徽等地保险行业协会。这一事实引起了业内的广泛重视,但是,得出的结论并非是加强竞争合规管理,宣传竞争法律,而是呼吁应当考虑行业的特殊性,要求在反垄断法适用上予以豁免。[22] 除了保险业,其他金融业等垄断行业也存在同样的趋势。处于激烈市场竞争情况下,经营者对于行业协会排除竞争的需求十分旺盛,而行业协会在竞争问题上的认识不清、姿态徘徊值得重视。

行业协会也在走向市场化,另外一个案例颇能说明此问题。2009年7月,广东省足球协会(以下简称广东省足协)与广州珠超联塞体育经营管理有限公司(以下简称珠超公司)签订了《新广东省室内五人制足球联赛协议书》,批准珠超公司独家拥有广东省室内五人制足球联赛相关的知识产权和一切商业的经营开发权利,每年收取10万元劳务费。广东省足协给珠超公司颁发了《举办广东省室内五人制足球联赛批准书》,批准珠超公司独家实行在广东省境内投资、组织、管理、运营和举办广东省室内五人

〔22〕 参见辛红:《多地保险行业协会受到反垄断处罚》,载《法制日报》2013年11月22日,第6版。

制足球联赛。广东粤超体育经营管理股份有限公司(以下简称粤超公司)为此起诉广东省足协和珠超公司,认为该“协议书”“批准书”具有排他性,限制了同行业之间的竞争,这被称为“中国体育反垄断第一案”。广州市中级人民法院驳回了原告粤超公司的诉讼请求。判决认为,广东省足协有权自己办赛、与第三方办赛或授权第三方举办赛事,其授权珠超公司举办室内五人制足球赛无可指责。广东省足协授权珠超公司办赛并未对粤超公司造成任何损失,因此不存在垄断行为。此案尚未结案,但是对于行业协会市场化过程中可能存在的限制竞争行为引发了人们的思考。

(二)规制政府主导下的出口卡特尔

国家产业政策对行业实施限制竞争行为具有重大影响,有不少垄断协议是在政府的指导或者授意下形成的,尤其是发展中国家的出口卡特尔。当行业限制竞争的行为是得到政府的支持、默许,或政策允许的情况下进行的,如何认定其违法性将成为中国反垄断法实施的难题。2013 年 4 月,中国维生素 C 行业协会在政府主导下联合提高出口价格的行为,被认为违反了美国的《谢尔曼法》,从而受到纽约法庭 1.6 亿美元巨额罚款,该事件引起了国内外的广泛关注。商务部证明说这是中国政府的行为,但遭到法庭的否认。

出口卡特尔问题是否可以得到《反垄断法》的豁免,国外有值得借鉴的经验。韩国的国际电话服务供应商行业统一制定了向中国、日本和美国提供国际长途折扣费率,[23] 当国家公平交易委员会进行查处时,这几家公司争辩说他们只是按国际信息通信部的行政指南行事,并没有其他选择。然而,公平交易委员会认为,企业有权自己决定费率水准、具体电话服务和其他事项,除非政府的“指导”是强制性的行政命令和决定。[24] 在中国《反垄断法》实施过程中,同样应该遵循这样的原则,只要不是政府的强制性命令,企业和行业协会限制竞争行为必须得到制约,而不能以政府的指导性意见为借口主张豁免。但是,中国的传统文化影响下的现实是政府往往不需要强制命令,也许只要一次会议、一个通话,就足以使行业形成垄断协议

〔23〕 主要是 KT、Dacom 和 Onse Telecom 三家寡头企业。

〔24〕 这种方法包括:考察形成共谋动机的商业条件是否存在(如在限制竞争行为发生前是否曾经发生价格竞争,使获利下降);是否存在可以证明产生共谋机会的其他证据(如在缺乏充分合理解释情况下的经常聚集);是否有参与企业之间频繁往来的证据(如电话记录记载或备忘录等)。引自《韩国公平交易委员会 2006 年度报告》。

的合意。

（三）竞争政策影响下的垄断协议豁免

竞争执法过程中相关标准的选择与竞争政策密切相关。如果产业政策的考虑优先于竞争政策或者培育“国家冠军”成为经济政策的首选，那么竞争执法的广度和力度必然十分有限，相关标准的选择也会倾向于保守。反之，如若竞争政策是一个国家的基础性经济政策，竞争执法的相关标准也会趋向精密和严格。中国目前处于竞争法实施的初期，产业政策与竞争政策相互呼应，大量适用豁免的规定对于推动经济发展具有重要意义。鉴于上述考虑，《反垄断法》在垄断协议豁免条件方面作了相当宽泛的规定，这被认为符合中国现阶段竞争政策的目标选择。

《反垄断法》第 13 ~ 15 条规定了垄断协议违法性的判定规则。其中第 13 条和第 14 条分别对横向垄断协议和纵向垄断协议作出了原则性禁止，第 15 条列举了豁免适用的共性要件和特性要件。共性要件包含：（1）不严重限制市场竞争；（2）消费者分享利益，这两项条件与欧盟竞争法垄断协议豁免条件中“不消除竞争”和“消费者获得公平份额”的内涵相同。特性的要件可以简要概括为：（1）有利于成本效率；（2）有利于质量效率；（3）中小企业卡特尔；（4）为了社会公共利益；（5）结构危机卡特尔；（6）外贸卡特尔。其中第 3、5、6 项三种类型化的豁免情形是基于中国市场经济现实国情作出的选择，体现了竞争政策与产业政策、贸易政策的协调。值得注意的是，在这三种被予以豁免的垄断协议类型中，中小企业卡特尔和结构危机卡特尔的豁免适用仍需满足共性条件，即不消除竞争并且和消费者分享利益，而外贸卡特尔的豁免适用则无需满足共性条件。虽然美国、德国、日本等国也规定了外贸卡特尔的豁免，但同时要求豁免适用必须符合特定的程序要求或者实质要件，[25] 一般都以不能实质性影响国内市场竞争为基准。由此可见，我国《反垄断法》对外贸卡特尔豁免适用的宽松程度要超过其他国家。

笔者认为，《反垄断法》对垄断协议豁免条件作出的宽泛规定是为了回应我国现阶段竞争政策目标的选择，但是随着我国市场经济逐步成熟，竞争机制被全社会视为推动经济发展的基本手段，经营者应对竞争的能力越

---

〔25〕 比如，德国《反对限制竞争法》要求特定类型的垄断协议豁免必须同时满足有利于效率收益、消费者获得公平份额、对经济利益的获得必不可少和不消除竞争这四项条件。

来越强。当竞争政策已经统领其他经济政策尤其是产业政策的时候,《反垄断法》中的"豁免"规定将逐步减少。

(四)垄断协议补偿性赔偿责任的选择

中国《反垄断法》规定了以行政执法为主导的实施体制,但《反垄断法》第50条也原则性规定了实施垄断行为的经营者应当承担的民事责任。在《民法通则》规定的十种民事责任中,[26] 损害赔偿是对垄断行为民事责任最为适宜且最有价值的民事责任类型。[27] 需要注意的是,《反垄断法》中的损害赔偿制度突破了私法中仅以赔偿个人损害为直接目的的局限性,不仅可以实现矫正正义,还能起到威慑作用,从而维护市场竞争秩序。作为典型的大陆法系国家,我国《反垄断法》第50条采取的是补偿性赔偿责任,即以受到的实际损害额为限进行赔偿。然而在所有的垄断行为中,作为竞争危害最大、实施最为隐秘、查证最为困难的垄断协议,其固有性质导致补偿性赔偿责任无法遏制经营者达成垄断协议。只有借助惩罚性赔偿责任才能起到威慑作用,这就是一些国家对实施垄断协议的经营者实施多倍赔偿的根本原因。[28] 但是多倍赔偿不符合损害赔偿在民法传统上的"赔偿"功能,因此与大陆法系国家传统民法的法律制度不相兼容。

除了大陆法系国家引入多倍赔偿倍数面临的共性障碍外,我国《反垄断法》对赔偿责任的选择与我国竞争文化中的传统因素以及现阶段竞争政策目标的选择不无关系。我国传统文化推崇礼制与中庸之道,法律在调整社会关系时往往无法摆脱对各种"关系"和现存利益格局的协调,协调文化被中国社会长期崇尚并成为一种社会运行机制。另一方面,目前中国正处于经济转型过程中,协调好竞争政策与包括产业政策、外贸政策在内的其他社会政策的关系,对于将政府干预经济的水平维持在最优从而保证经济又好又快发展至关重要,这也是我国民事赔偿制度"相对宽松"(较之其他国家更为宽松)的原因,也制约了对垄断协议的行政处罚力度。受到这

[26] 《民法通则》第134条规定,承担民事责任的方式主要有:(1)停止侵害;(2)排除妨碍;(3)消除危险;(4)返还财产;(5)恢复原状;(6)修理、重作、更换;(7)赔偿损失;(8)支付违约金;(9)消除影响、恢复名誉;(10)赔礼道歉。以上承担民事责任的方式,可以单独适用,也可以合并适用。

[27] 时建中:《反垄断法草案应进一步完善法律责任规定》,载《经济观察报》2007年8月20日,第15版。

[28] 美国和土耳其规定了绝对三倍损害赔偿,同为转型国家的乌克兰规定了绝对双倍损害赔偿,中国台湾地区规定了酌定三倍损害赔偿。

个大背景的影响，不鼓励反垄断损害赔偿是现阶段的必然选择，这也决定了整个反垄断法的私人执行之路不会通畅，不利于竞争文化的普及和渗透。

五、结束语

中国的《反垄断法》是一个典型的移植法，而中国又是一个经济转型的国家，法律的条文本身及其实施情况都因经济的转轨而呈现出了明显的中国个性。因此，在实施过程中，我们必须关注当前的实施现状以及将来实施可能遭遇的困难和阻力。使《反垄断法》的实施不仅关乎《反垄断法》本身，还关乎一系列法律和体制改革的系统工程。如果缺乏明确的竞争政策理论指导和清晰的竞争政策目标，不仅《反垄断法》的实施会增加不确定性，其他经济法律和政策对竞争问题的规制也难以形成合力，甚至自相矛盾。这将严重影响竞争政策实施的效力，进而影响市场经济的持续发展。因此，单纯的对法律条文的解析和规范化分析，已经不能从根本上解决我国经济竞争所面临的瓶颈问题，对垄断协议的规制，也已经不能仅仅局限于法律制度本身，而应该上升到“竞争政策”的高度加以透视。中国当前所面临的经济和社会环境，国内和国际的形势决定了我国竞争政策需要承载更为艰巨的任务，注定了竞争政策必须更加注重竞争法律实施之外的意义。中国要积极实施《反垄断法》对于垄断协议的规制，必须推行竞争型产业政策，加快促进竞争文化的成熟，宏观的竞争环境会带动微观市场竞争机制的发展。随着市场经济的深入发展，竞争文化逐渐成熟，竞争政策为经济发展所提供的环境为社会大众所认同，竞争法律的实施也会逐渐成为促进整个经济发展的动力。

中国竞争文化的培育与成熟

——反垄断法实施的思考*

竞争是获致繁荣和保证繁荣最有效的手段。

——[德]路德维希·艾哈德

中国反垄断法实施已近6年，毋庸置疑，该法律的实施对于我国经济体制的转型正在产生深刻的影响，一系列重大案件直接冲击和改变着社会各界的传统思维和观察问题的视角。原来，经济体制转型竟是如此激烈、迅速甚至令人措手不及！一贯以国有经济命脉自居老大的垄断行业，会因滥用市场支配地位而受到谴责；政府部门为发展经济所作出的决定竟然也因限制了市场竞争而被迫撤销；行业协会好心组织的企业联合行为却因涉嫌垄断协议而被处罚；经营者长期实施的经销商限制的商业模式也因违法而被叫停；企业自愿达成的并购活动因其可能减损竞争而备受调查……反垄断法实施至今无论是官方还是民间都感受到了不同程度的震撼。人们开始深入理解"市场经济"与"体制转型"，它不仅仅只是形式上的开放市场与自主经营，其深刻的内涵还应当包含与市场经济相适应的制度规范与伦理约束，社会的商业文化正在悄然发生变化。反垄断法从立法到实施历时20年，原先淡薄的竞争文化得以迅速发育、生长。"发展依赖竞争，竞争需要规则"，逐渐成为人们必须接受的理念，并开始得到更广阔更深层的渗透、弘扬。

一、竞争文化是现代市场经济的必然产物

竞争文化，概括地说就是关于市场竞争的一系列思想观念、商业规则和法律制度的总称。19世纪末20世纪初的市场竞争给我们留下了极为深

* 载《中国价格监管与反垄断》2014年第5期。

刻的印象。曾几何时,竞争使社会经济陷入重重矛盾之中,弱肉强食的残酷争斗、不择手段的强取豪夺,几乎把"自由竞争带来社会福祉"的神话彻底粉碎。近百年来,随着人类对自身竞争行为所造成恶果的深入反思,在对"市场竞争"作为社会经济发展的原动力的基础上,为缓解和消除垄断及不正当竞争的危害,各国展开了大规模的、持续不断的竞争立法活动。通过制定一系列竞争法律制度,约束了那些危害社会持续发展的经济行为,从而赋予了竞争全新的内涵:竞争必须关注消费者利益、竞争不能危害经济民主,竞争不可损害竞争机制。这些关于竞争的新的理念,后来都成了检验市场竞争行为是否合乎国家法律的实质性标准。市场竞争不再是纯粹的私利争夺,而逐渐成为推动社会和谐发展的强大动力。制度的变迁进一步促进了整个社会关于市场竞争的价值观的蜕变,竞争在促进个体经营者利益增进的同时,应当同时促进社会整体利益的增进,否则,不仅会受到法律的制裁,更为社会伦理所不容。规制垄断行为、维护经济民主、倡导公平竞争、保护中小企业和消费者的文化精神得以确立、发扬。为了把竞争对社会的消极影响限制到最小的程度,现代市场经济国家更是把维护竞争秩序的制度提到了至关重要的地位,进一步推动了竞争文化的发育、成熟。这是顺应市场经济发展的必然产物,也是作为与现代市场经济相适应的文化发展的必然产物。市场竞争脱离野蛮,走向文明,具有了先进文化的内容,成为人类文明的重要组成部分。

竞争文化形成的过程,实际上就是市场经济走向成熟、竞争法制不断完善的过程。随着发展中国家纷纷进行经济体制的转型和改革,竞争政策作为优化资源配置的以市场公平竞争为目标的制度设计,已经成为发展中国家和转型经济国家关注的重要问题。竞争文化比较薄弱的中国,从经济体制改革开始引入竞争,市场竞争以前所未有的势态在全国范围内展开。由竞争引起的利益争夺随着主体的产权独立而日益激烈,公用企业利用其垄断地位排斥竞争、强制交易,以独占市场利益;行业协会沿袭传统做法,自觉或不自觉地组织联合限制竞争行为,还美其名为防止"恶性竞争";跨国公司利用其强大的经济实力在竞争对手力量悬殊的中国市场内称霸获利,将不能在本国实施的垄断行为在投资国大行其道。不仅如此,地方政府间的利益之战随着财政格局的变化,形成独特的地域垄断现象。对于这样的市场竞争状态,社会公众强烈要求限制垄断市场,呼唤公平竞争。

2000 年起连续三年全国人大的立法提案中，关于制定反垄断法的建议竟然都是一号提案，民众对制度的渴望说到底是一种对文化的追求。事实上，当中国的体制改革深化到“市场在资源配置方面起决定性作用”时，企业民营化、国企市场化、产权分散化、竞争国际化的变化，使市场竞争发生了根本性的转变——从个体的“竞争行为”，转变成整个经济体制依赖的“竞争机制”，因为虽然个体自发性的“竞争行为”在增进自身利益的同时也可能增进了社会整体利益，但也有可能在竞争中增进自身利益的同时却损害了社会整体利益。而后者则是促进社会资源配置的一种方式，它由一系列的制度、规则、规范所组成，竞争机制是把市场主体的竞争行为导向增进社会整体利益这一目标的驱动力，是个体利益的增进与社会整体利益增进的协调。无数的事实告诉我们，当市场竞争行为偏离竞争机制时就会损害资源配置的效率和社会整体利益。因此，中国目前正在经历的这种转变，是彻底从“计划文化”向“竞争文化”的转变，这也是我国从市场经济初级阶段走向成熟市场经济的重要标志。

党的十八届三中全会报告指出，“体制改革的核心是处理好市场与政府的关系”，就是“要更加尊重市场规律，更好发挥政府作用”。使市场在资源配置方面起决定性作用，不仅要将市场体制放到政府体制的前面，首先发挥基础性作用，而且进一步要求在政府与市场的关系中，市场永远是第一性的。更好地发挥政府作用，显然不是要更多、更强、更大地发挥，而是尽可能让权力退出市场，让市场决定大局。由此可见，经济体制的转型已经到了实质性变化的时刻，关系到改革的最终目标是否能够水到渠成，最终得以实现。要做到这一点，必须大力弘扬市场文化、竞争文化，要让市场竞争的意识渗透到社会的方方面面；有效地实施竞争法，这将会对经济转型起到非常积极的推动作用。事实上，中国的经济体制改革的过程可以看成一个“弘扬竞争、反对垄断”的转变过程，竞争文化也在这一过程中得到孕育发展。

二、反垄断法实施是竞争文化培育和成熟的重要路径：市场行为的视角

根据反垄断法的规定，主要规制对市场竞争具有重大影响的垄断行为包括：竞争者共谋决策的垄断协议，具有市场优势地位的经营者限制竞争或滥用市场支配地位的行为，可能导致市场力量过度集中的经营者联合或合并行为三类。这些行为是在计划经济时期大多或得到肯定（如垄断协

议、经营者集中等),或得到默许(如区别对待、独家交易等)。体制改革过程中,利益意识得以复苏,传统理念却十分坚固,出现了大量垄断性行业为谋利益而排除竞争、经营者为避免竞争而结同盟,这些竞争行为并不是市场真正需要的,而恰恰是危害市场持续发展的。究其根源,还在于社会整体上尚未形成具有共识的商业伦理,是计划文化在体制转型过程中的残留。作为转型经济国家,我国的体制改革和发展市场经济的路径是在政府主导下进行的,通过制度变迁,推进转型发展。竞争文化的培育与发展同样也出现了相应的效应。现实已经证明,反垄断法的实施,不仅严格规范了市场竞争行为,更是营造竞争环境、培育竞争文化的有效路径。与此同时,其在市场资源配置方面起决定性作用,在正确解决政府与市场的关系问题上发挥着实质性的作用。

以反垄断法规制垄断协议为例,就能够感受到反垄断法实施对于培育竞争文化的重要影响。中国对于垄断协议的规制可以概括为经历了"初步认识—立法规制—严厉打击"的过程。从 1993 年的《反不正当竞争法》对于串通投标行为的规制开始;1997 年通过的《价格法》对包括价格共谋在内的所有价格垄断进行规制;再到 2007 年《反垄断法》的出台,实现了对于各种形式垄断协议的全面规制。虽然建立了规制垄断协议的完整的制度体系,但由于社会文化的影响,对于"共谋"这一严重危害市场竞争机制的行为,从来就没有引起重视。相反,传统历史文化中的"以和为贵",计划经济时代的"统一行动"等思维却仍然是深入人心,主导着人们的市场行为。尤其是在政府指导或者安排下的联合行为,甚至被认为是有利于经济发展的值得鼓励的行为。人们对于共谋行为的否定与抵制始于改革开放后,消费者从多元竞争格局中体验了低价、优质产品和服务,这种期待使人们开始痛恨经营者同行之间相互承诺不竞争,以致消费者丧失选择权和公平交易权的行为。这种源于商业伦理的价值判断,使严厉规制垄断协议得到社会的认可。2008 年 8 月 1 号(《反垄断法》实施第一天)重庆保险行业协会组织价格垄断协议的案件,更是向社会发布了鲜明的信号:行业协会是反垄断法实施中必须重点关注的对象,国家竞争执法机关受理和处罚的垄断协议案件大多与行业协会有关。长期的计划体制影响,使体制转换中的行业协会带有严重的行政色彩,总想把企业的行为统一在政府认为的"秩序"之内,而经营者也习惯于集体行为,以避免市场风险。2013 年上海黄金饰品协会价格固定案是又一个例证。该案当事人(行业协会)受到处罚之后坦言,他们一直认为是在尽力维护正常的市场竞争秩序,避免形成恶性竞争,却根本没有意识到这种固定价格的协议,其目的和结果都是取消竞争的违法行为。由此可见,对垄断协议的规制,中国要比其他市场经济国家复杂得多,政府通过行业协会的渠道延续传统管理模式积弊颇深,传统的计划文化影响还将持续。但反垄断法的实施,犹如猛击一掌,使人幡然梦醒,是再好不过的抓手。

三、反垄断法实施是竞争文化培育和成熟的重要路径:政府行为的视角

在传统计划经济体制之下,由国家和行政力量实施的垄断被认为是当然合理的,政府为纠正市场偏差进行的干预,即便是限制竞争的行政性垄断行为,更被认为是天经地义的。这种观念在很大程度上的滞留,使人们无法态度坚决地反对行政性垄断,即使到了反垄断法实施数年之后仍然如此。市场化改革的深入必然触动利益格局的调整,为谋求局部利益或者避免失去固有特权而影响政府决策的现象不可忽视。而政府在这些利益的驱动下,也会以“发展”“创新”等为由固化这些利益格局,置市场竞争于不顾。仔细观察身边那些滥用行政权力限制排除竞争的现象就知道,凡是行政性垄断肆虐的地方和部门,就一定存在政府庇护下的利益集团的私利。行政性垄断表面上是政府的行政行为,但公权力的行使带有明显的经济目的,为了实现一定利益团体(地方或部门)的私的利益,行政权力超越了其应有的边界。因此,从本质上讲,行政性垄断是一种公权力与私利益相结合、共同谋取各自利益的行为。私权获取垄断利益的需要,却借助了公权得以实现。在“形式合法”“程序正当”的掩盖下出台限制竞争和排除竞争的政府规定或措施,使市场竞争受到了比经济性垄断更甚的损害。对于这些现象,中央政府曾经三令五申,禁止地方保护,禁止区域垄断,但是成效甚微。行政权力对利益的追求已经难以再用行政权力加以克服,只有发展市场才是抗衡行政权力不当干预的最有效的方法。党的十八届三中全会提出要更加尊重市场的作用,实际上就要尽量减少政府不必要的干预。《反垄断法》实施以来状况的改变,让我们看到在规制行政力量不当干预市场方面,反垄断法是可以有所作为的。从被称为反垄断法第一案的国家质检总局被诉案到广东省工商局行使“反垄断法处罚建议权”第一案,我们可以看到反垄断法在规制行政性垄断方面的积极效应。虽然我国反垄

断法没有对政府排除限制竞争行为规定反垄断法上的责任,但这类排除限制竞争的政府行为从被鼓励和赞赏到受到质疑,再到受谴责,显然,人们加深了对于竞争的理解,把政府的行为与市场竞争联系起来加以考察。无论政府出于什么目的,政府行为如何符合程序与规范,只要是有损于市场竞争,其正当性就会受到质疑。这就使长期以来通过"三令五申"不能解决的地方保护主义、行业垄断行为、强制交易行为等,在反垄断法实施中得到了"整容",再不能以动机与目的来为自己的行为辩解,人们需要看到的"市场效果"。这里不能不归功于市场经济发育过程中竞争文化在行政领域的渗透效应。因为克服行政性垄断的不再是沿袭传统的行政手段,而是人们信任市场、渴望竞争的内在需求和全新的判断标准,这些需求与标准水到渠成地融入了制度设计及其实施过程。文化以柔克刚地在融化那些生硬、强制的行政命令。因为人们已经用市场的视角来观察和考核政府的行为,政府如果充当了私人限制竞争的角色,就不能代表国家的利益,从而应该适用竞争法,这已经是发达市场经济国家的共识。

各国竞争政策中普遍实施的对行政行为进行以竞争法为视角的审查——"竞争审查"(competition review)给我们规制和防范行政性垄断提供了十分有益的经验和措施。完善的竞争审查制度包括:(1)对现行法律法规是否符合竞争机制的审查;(2)对正在审议中的法律法规是否符合竞争原则进行审查;(3)赋予竞争主管机构行使独立竞争审查权,包括咨询、参与和指导等权力。根据国际经验[1]和我国改革的现实要求,我国可通过国务院赋予反垄断委员会竞争审查的职责,规定"国务院各部委和地方各级政府在制定含有限制竞争因素的规定和政策时,应当事前征求反垄断委员会的意见"。反垄断委员会收到相关规定和政策草案后,应及时开展审查,并提出意见。在反垄断委员会提出意见之前,相关规定和政策的制定机关不得实施该规定和政策。

---

〔1〕 经合组织(Organization for Co-operation and Development, OECD)国家采用"竞争工具",对政府的立法和政策进行检验,减少政府对市场竞争的不当干预。与我国有相似文化传统的韩国、日本等国家已经有了这方面的成功经验。为此,我国在现行法律体系规定的框架内,考虑如何对反竞争的行政行为进行包括劝告、审查、纠正等在内的权力。我国《反垄断法》第9条规定,国务院反垄断委员会的职责包括"国务院规定的其他职责"。这为设立竞争审查制度预留了法律空间。

结语

在市场经济发达的国家，随着市场经济发展竞争文化逐渐孕育成熟，随之有了社会达成共识的竞争法律制度；但我国作为转型经济国家，与大多数发展中国家一样，竞争文化主要通过政府主导型的模式培育。为了推进市场经济的发展，先制定了竞争法律制度，在法律实施的过程中逐渐培育竞争文化。这是后发展国家不可忽视的重要任务。对于没有竞争法律传统和竞争文化比较薄弱的我国来说，反垄断的实施，实际上是引入了一种新的商业道德观：为维护社会整体利益和消费者福祉，禁止任何破坏竞争机制的商业竞争行为。这一理念将影响全社会的价值判断标准。因此，反垄断法的实施肩负着一项重要的任务，即让公众不断增强对竞争基本原则的了解，普及"竞争有利于社会整体福利增长"的理念，让公众接受竞争和市场经济作为基本的价值取向，促进经济体制转型。

《反垄断法》从立法讨论到实施的二十年里，政府部门、市场经营者、普通消费者都接受了一场市场竞争的洗礼，在竞争文化的熏陶下逐渐成熟。时至今日，市场主体的公平竞争的法律意识有了明显的进步，他们对合法竞争、公平竞争有了深入的理解，开始认同法律所规定的竞争规则，这表明我国的市场竞争有了比以往任何时候都好的竞争文化基础。当然，反垄断法实施的任务还很重，人们从被动认同竞争规则到自觉信仰竞争规则，还依赖于全社会营造良好的竞争文化，抑或是只有当竞争文化足够丰富浓厚时，人们的这种信仰才会真正树立，而最根本还是取决于是市场经济体制是否得到坚持，市场在资源配置方面发挥决定性作用的程度。

我们的最终目标是：构建起良好的竞争环境和整体性的竞争文化，以给垄断企业和企图垄断的行为施加舆论压力，以为竞争政策的实施和竞争主管机关的执法提供舆论支持，以对国民经济的持续发展提供源源不断的动力。

互联网行业竞争行为的法律适用*

引言

市场竞争就是各类市场主体为赢得有利的市场地位，实现自身既定的经济目标而进行相互较量的动态过程。[1] 这种较量是全方位的，包括在产品（服务）的质量、价格、技术、售前宣传、售后服务等各个方面，都可以看到竞争者们忙碌紧张的身影。互联网行业中的竞争同样符合这一定义，不过，由于在信息优势、技术更新、双边市场等方面的特征，使互联网行业"较量"更具色彩，也更为激烈，对社会的影响就更广、更深。当前，网络市场的竞争已经从暗中使劲发展到对簿公堂，恶意相向。作为新经济发展的标志，互联网行业的竞争一开始就遭受严重破坏，不由令人担忧。仔细分析互联网行业这些市场行为，其实与传统产业的竞争行为并无本质区别。但为什么对这些网络竞争，法律却显得力不从心呢？本文拟从不正当竞争行为与《反不正当竞争法》的性质出发，对互联网行业竞争行为的法律适用略作探讨。

一、侵权还是不正当竞争：竞争行为定性与《反不正当竞争法》的立法宗旨

在处理互联网行业纠纷中有这样的说法，知识产权法（商标法、专利法、著作权法）是浮在海面上的三座冰山，反不正当竞争法是托着冰山的海水。意思是说，如果商标法等知识产权有规定的，案件就适用知识产权法；当知识产权法没有具体规定的时候，则由反不正当竞争法调整。这实际上是将《反不正当竞争法》作为侵权的托底法。其实这种对行为的定性与《反不正当竞争法》的立法宗旨的理解是错位的。

现代市场经济发展的成果表明，竞争机制的作用，一方面促进技术进

---

* 载《中国版权》2014 年第 3 期。

〔1〕 参见徐士英：《新编竞争法教程》，北京大学出版社 2009 年版，第 1 页。

步，调节社会需求，导致企业优胜劣汰，使资源的配置与利用得到优化。但另一方面，竞争也暴露出“经济人”有限的理性。在追求自己私利的同时，“附带性”地损害他人利益，对这种竞争的“外部性”，不能全部指望经营者自我约束，必须依靠法律制度进行规制。反不正当竞争法正是这样一部以维护市场竞争秩序为宗旨，把竞争者的市场行为强制性地限制在“诚实信用的商业道德，不以损害他人利益和公共秩序的行为获取自己利益”的行为模式上。〔2〕我国《反不正当竞争法》对法的立法宗旨作了明确规定，“为保障社会主义市场经济健康发展，鼓励和保护公平竞争，制止不正当竞争行为，保护经营者和消费者的合法利益”。可见法律保护的利益具有社会性和公共性，强调法律在维护市场秩序方面的定位。

观察互联网行业的争议，大多数案件是因为权利（利益）受到侵害，要求损害赔偿，而非基于对市场竞争秩序的破坏。当然，经营者的市场行为可以从多个角度加以定性，是交易行为，又是竞争行为，还可能是侵害他人利益的侵权行为。在适用法律时应依据行为最显著的特征给予定性，方能有效地依法规制。分析网络行业广遭诟病的行为，一类以“仿冒”“混淆”为特征的行为，如抢注域名、视框链接、设置元标记等；另一类以“散布不实信息”为特征的行为，如虚假宣传、自我标榜、诋毁同行等。从事这些行为的核心目的就是“争夺竞争优势”，以《反不正当竞争法》进行规制最为贴切，也最能反应该行为的本来特质。

如“域名抢注”，域名因其易记便用，被广泛用作商业标识，因而承载了很大的商业价值。于是就有人跨越界限，擅自将其他经营者的知名商标、商号、企业名称等商业标识注册成自己的域名。《反不正当竞争法》之所以规制这行为，并非仅仅是因为权利人受到了利益损害，更重要的是“域名抢注”造成了严重的市场混淆，误导了用户。如果仅仅从保护知识产权着眼会遇到障碍。因为市场是自由的，网络更是一个自由的平台，人人都有自由经营活动的权利。而权利的法律保护是必须慎重的，社会创新需要前赴后继，需要传授继承，任何人也不能限制他人的学习模仿发展。考虑公平与自由的关系使权利保护法律精致细微，不容过之。我国的知识产权立法也规定只有当网络域名与驰名商标权发生直接冲突时才可适用商标法，

〔2〕 参见徐士英：《竞争法论》，世界图书出版公司2002年版，第5页。

以他人普通注册商标注册为域名，则很难认定为侵犯商标专用权；更何况以他人的商号或其他商业标识注册域名，更缺乏法律依据加以规范。但是从市场秩序角度看，这种细微却是典型的“混淆”行为，是以他人已经形成竞争优势的商业标识作为自己的商业形象出现，搭车进市，模糊大众。混淆者之所以能够分享他人的劳动成果和竞争优势，就是因为大众陷入了错误认识，作出了非正常的决策。因此，将其纳入《反不正当竞争法》的调整范围，是真正符合这种行为本质的。而法律在这里关注的重点也是市场秩序的偏差。同样的理由可以解释“视框链接”行为，〔3〕这种行为是侵权吗？回答显然是困难的。因为框内的信息权利较难界定。虽然如此，经营者收集编排、整理发布这些信息却是有价值的，应当重视保护他们的利益。但《反不正当竞争法》真正关注的应该是行为人通过设置链接，造成消费者和用户的模糊，然后引诱、误导甚至强制性地影响消费者的浏览、访问和选择的后果，即市场秩序遭到破坏的后果。至于行为人分享其他网络经营者的用户（消费者），以低廉成本获得他人竞争优势的行为，是市场秩序遭损后的物质表现，通过民事法律进行解决。设置信息元标记的行为也是如此，〔4〕这就像潜伏的小偷，随时“搭车”分享他人的利益。但更加重要的一面是导致了用户对网络服务产生模糊，难辨真假。这才是反不正当竞争法的价值所在。

由此可见，反不正当竞争法是一个“纠正偏差”的法律，而不是一个侵权维利的法律。如果将其看成后者，以此作为其他侵权法律解决不了的纠纷，实际上是对立法宗旨理解上的错位。

二、私法还是公法：私利保护的需求与《反不正当竞争法》的性质

传统私法强调通过确认主体的权利和禁止侵犯权利的义务来调整社会经济关系，而反不正当竞争法则是通过明确的禁止性规定对主体行为进行规制，以国家公权力维护市场（应该是私的领域）的运行，因此，其主要的规范和原则应当属于“公法”范畴。它把依“私法”原则不能（不易）规制

---

〔3〕 视框链接是指链接者在自己网站上通过加框的方式将其他网站的内容（往往是重要的信息）引入自己的网站，被加框网站的广告信息却被排除在链接之外。这样就增加了自己的访问量和广告收入，影响被加框网站的义务收入。

〔4〕 行为人在建立自己的网站时，预先在自己的网页源代码中设置他人网站中典型标识（如商业标识等）的关键词，用户使用网上引擎查找他人网站时，电脑会自动跳出预先埋置的字符，甚至会排列在搜索结果的前列。

的行为直接以否定的形式，通过设定强制性的义务来明确其违法性质，并要求承担法律责任。虽然一种市场行为可能同时成为民法与反不正当竞争法共同调整对象，但两者根本性的区别在于宗旨的不同。前者是维护特定的、个别的权利，而后者的重点则是维护市场秩序和公众的利益。

不正当竞争行为的损害效果是一个层层递进的显现过程，某一次不正当竞争行为的危害，止于对个体利益的侵害；如果作为一类经济行为看待，其危害扩大至市场经济的秩序；而从社会整体之处看，将其作为人类行为的一种，则其危害就会深入整个社会道德体系之中。〔5〕之所以称其为“不正当”“违反商业道德和善良风俗”，正是因为其对社会经济运行秩序的破坏和对不良道德的引导蔓延之危害远远甚过对个别竞争者利益的损害。德国1909年颁布了世界上第一部《反不正当竞争法》，在法律中首次引入“善良风俗”这一开放性伦理概念，使《反不正当竞争法》对竞争行为的判断体现出社会公益对个人自由的挤压与限制。虽然社会道德体系始终处于不断变化之中，但法律明确了那些违背当时商业伦理的竞争行为都有可能被视为非法，从而使《反不正当竞争法》“有了摆脱近代侵权法权利法定之倾向”。〔6〕在实施了一个多世纪之后，该法律进一步明确立法宗旨是为了维护“非扭曲竞争中的公共利益”，明确该“公共利益”不仅包括竞争者利益，还更加重视消费者利益和“其他市场参与者”的利益。可见反不正当竞争法律公法化的性质越来越明显，而认为反不正当竞争法是以保护竞争者利益为目标的“私法”的延伸或是其特别法的理解是错位的。

三、私益保护还是公序维护：《反不正当竞争法》的价值功能与对其期望

既然将《反不正当竞争法》定位于公法性质，其核心功能就是维护社会公共利益，在这里，竞争秩序是这一公共利益的代名词，这是最为核心的法益，具体表现在消费者整体利益的保护，即保障消费者能够从市场竞争中获得福利。仿冒混淆、虚假广告、商誉诋毁等行为，如果仅仅考虑对竞争者的损害，完全可以通过私法加以解决。但为什么要将其列入不正当竞争行为的范畴，正是因为这些行为首先不是对特定对象的侵权，而是对社会大多数人的利益的损害，是破坏市场秩序的行为，是遭到全社会谴责的。所

〔5〕 参见徐士英：《新编竞争法教程》，北京大学出版社2009年版，第148页。

〔6〕 何勤华、任超：《德国竞争法的百年演变》，载《河南政法管理干部学院学报》2001年第6期。

以需要动用公权力迅速制止。以“商誉诋毁”行为为例，有些经营者鉴于互联网是充分自由的虚拟空间、传播速度极快的特点，利用社会公众对网络安全的担忧，以职业权利（如安全软件等），貌似公平地对同行的商业信誉、产品质量等“实话实说”地进行“体检”“测评”“比较”等，但实际产生的后果有可能成为攻击竞争对手的工具。这行为首先是使用户受到了干扰，产生对原来软件的不信任，以致作出错误的选择。当这些行为被迅速制止后，市场秩序恢复了，经营者和消费者的利益也就会得到维护。反不正当竞争法的价值与功能就在于此。这也就是为什么在救济手段中，我们旨在“停止行为”的规定和“诉前禁令”的应用显得格外重要的原因。

其实，新型的不正当竞争案件不只是网络行业，近期发生的关于对电影名称、作品标题，以看似实话实说的方式进行诋毁等的行为也需要《反不正当竞争法》加以救济。解决这些争议存在两种思路的选择纠结：知识产权侵权还是反不正当竞争。如前所述，权利保护是需要慎重的，很多案子从知识产权法的适用上难以周全，但放到竞争法律的框架下进行讨论就豁然开朗。违反《反不正当竞争法》的经营者扰乱社会经济秩序的行为是重点。以不道德、不正当的手段进行竞争，什么是不正当？虽然没有精确界定，但有一点是肯定的，借助（或打击）他人竞争优势，谋取自己利益。扰乱市场（竞争秩序），混淆视听。即使没有严重损害竞争者的利益，或者即使没有获得巨大的利益，但仍然不会改变其不正当竞争的性质。

禁止对竞争行为的广告性质进行隐瞒也是一个明证。报纸或杂志未将编辑刊登的稿件与广告经营者付费的广告明确界分的新闻广告就属于这种情况。因为读者会相信，记者撰稿是独立于广告商的，否则读者不会不对内容加以挑剔。显然，商业广告代表了“私益”，但如果在记者文章中夹带广告，隐瞒其广告性质，那就是隐“私益”于“公益”之中，是对公众的欺骗。这些都说明了《反不正当竞争法》关怀的是“受到竞争影响的公众利益”，这是该法律的核心功能，如果将其解释为私益损害赔偿的法律，则是又一个理解上的错位。

四、对完善《反不正当竞争法》的几点建议

（一）明确《反不正当竞争法》一般条款的适用

我国《反不正当竞争法》修改的最主要一点，是明确确立一般条款（也称“帝王条款”）的适用。比起增加新的竞争行为种类，发挥一般条款的堵

漏功能更加重要。我国《反不正当竞争法》规定的"经营者违反本法规定，损害其他经营者的合法权益，扰乱社会经济秩序的行为"，实际上就起到了一般条款的作用，但是实际中应用受到阻碍。为了适应竞争动态性和新型不正当竞争案件，应当重视这一条款的适用。不正当竞争行为是列举不完的，但是核心是"不正当""竞争""竞争的影响"等要素的判断和界定。这里，德国《反不正当竞争法》的修改可以成为我们的借鉴。[7]

德国"新法"[8]对于一般条款的界定是"足以损害竞争者、消费者或其他市场参与者，且不仅非显著地妨碍竞争的不正当竞争行为"。与旧法相比，新的规定有了较大改变。对于"竞争行为"的解释比旧法宽泛了，不再要求存在具体或抽象的竞争关系，这就使那些虽无竞争关系但不利于消费者的误导广告等行为也能纳入该法的调整范围(但竞争者提出排除妨碍和停止侵害请求时仍应证明竞争关系)。对于"不正当"的解释，改变了旧法使用的"善良风俗"一词。专家们认为，判断"不正当"竞争将会聚焦于市场竞争客观后果方面，而不会强调行为人是否"故意"或"明知"，主观标准不会成为判断违法行为的要件。对"竞争影响"的判断标准明显低于旧法的门槛，不再是旧法要求的"严重损害市场竞争"，而只是要求对竞争产生"不局限于显著性影响"，而对于"显著性影响"，必须要考虑该案的全部情形，包括违法的性质与严重程度、对竞争的预期影响、受影响的市场参与者的数量和其他市场参与者仿效非法者行为模式的风险等。由德国法律的修改可以看出，随着市场经济的发展，人们崇尚的商业伦理已提升为基本的法律底线，这也意味着反不正当竞争法的定位越来越向着维护人类社会的普遍利益(包括人类道德伦理的提升)方向发展。因此我国对行为的判断也应以"市场竞争机制有没有受到损害(尤其是消费者利益受损)的结果为标准。竞争手段是否合法，是通过竞争结果来验证的，"竞争行为"无关主观故意，而在乎客观效果。因此，我国应该将"一般条款的适用"作为主要的修改措施加以完善。

(二)贯彻保护消费者利益的立法宗旨并将之具体化

《反不正当竞争法》应该坚定不移地贯彻保护消费者这一目标，在判断

---

〔7〕 参见郑友德、万志前：《德国反不正当竞争法的发展与创新》，载《法商研究》2007年第1期。

〔8〕 这里指德国于2004年7月新发布的《反不正当竞争法》。该法最早于1909年颁布实施，受欧盟法等影响曾经多次修改，这些修改被称为"反不正当竞争法改革"。

不正当竞争行为时，应以消费者利益是否受损作为唯一的衡量标准。如德国法律在列举不正当竞争行为时新提出了“妨碍决定自由”的行为，之所以认为是不正当的竞争行为，是因为经营者“以不适当方式妨碍消费者或其他市场参与者决定自由的行为”。在市场上，理性的消费者或其他市场参者享有应根据自己的判断自主地选择是否以及与谁缔约的自由，但是经营者“非实事求是地影响其决策时，这种自由决策权就受到了侵害”。还有一种是“利用无经验”进行的竞争行为，即利用消费者交易经验的缺乏、轻信、恐惧心理等实施不正当竞争行为。这些行为可以本来从民事法律得到救济（损害赔偿），也可从消费者保护法得到救济（倾斜保护，惩罚性赔偿），但是列入《反不正当竞争法》，则可以通过法律实施，使所有消费者得到一个良好的竞争环境，从而消除受到损害的可能。同时，建议在法律中明确规定，针对不正当竞争行为，给消费者提供独立的直接请求权，与消费者权益保护法的实施相呼应。而不仅仅体现在对消费者提供整体保护。

（三）加大法律救济的力度

关于排除妨碍和停止侵害的请求权。第一，不正当竞争行为是破坏市场竞争秩序的行为，它使受害方基于自由公平竞争环境所期待的利益不再具有持续性，因此，首先应该停止不正当竞争行为，制止通过掠夺竞争优势的盈利通道。这也有利于纠纷的解决和损害赔偿的实施。

第二，损害赔偿请求权。不正当竞争的实施者是“非常积极”地实施了不正当竞争行为，以极低的成本获得极高的受益。尤其是互联网行业，早期投入大，免费服务多，现有法律规定的赔偿数额，对于违法者来说几乎就是九牛一毛。违法成本过低等于激励其继续违法，而执法（司法）的社会效率呈现负值。法律赔偿制度一定要解决激励机制，惩戒违法者使其不再违法，激励守法者参与纠偏。因此建议扩大损害赔偿范围，可得利益的计算应该是损害赔偿的组成部分，采用惩罚性赔偿制度。

结束语

竞争是促进市场繁荣、提高社会资源效率的最重要机制，市场竞争应该双赢，而非恶性战斗，不能越过道德法律的底线。不能为了竞争采用不正当、不道德手段。经营者的市场行为是有语境的，放到市场竞争的语境下看，其损害竞争的违法性才会确定。如商场上的“实话实说”是一种美德，但并非所有的“实话实说”都是正当的。如果实话实说导致市场混淆，误导消费者，就会构成不正当竞争。竞争行为是以市场结果为标准，善意的谎言可以存在，但意在混淆视听的"实话"绝不能容忍。互联网行业的竞争对于社会的影响越来越大，经营者应该以商业伦理道德法律约束自己，培育企业竞争文化，对于经营者自身和行业、社会都具有持续发展的重大意义。

以竞争法规制行政性垄断：把权力关进制度笼子的有效路径*

一、行政性垄断的性质：公权与私权结合限制竞争的行为

中国《反垄断法》根据国情规定了对于滥用行政权力排除限制竞争行为的规制（以下为行文方便简称行政性垄断）。虽然法律并没有界定行政性垄断的概念，但我们从具体的条款中得知，行政性垄断是指行政机关或其授权的公共组织滥用行政权力，排除和限制竞争的行为。从反垄断法规定的行政性垄断的具体内容可知，行政性垄断的主要形式是阻止市场进入，即地方保护、行业部门垄断，以及行政强制交易等行为。由此可见，被称为"行政性垄断"的现象其实并非是传统意义上的纯粹行政行为，它已经是一种融入市场、与市场紧密结合的行政行为，实际上是一种"行政性的市场垄断行为"，[1]其危害性较市场垄断尤为甚之。政府行政机关和公共组织滥用行政权力分割市场、设置障碍和歧视性政策等，对商品、资金、技术、人员的流动进行限制。通过行业监管限制经营活动，使特定企业得以垄断经营，在行政权力庇护下获取高额利润，使市场竞争的自由、公平、公正机制受到重创。2001 年国务院的一个文件，就使全国的石油产品零售专营权落到了中石化和中石油两大成品油寡头垄断手中，消费者和中小企业的利益严重受损。这种行政行为给市场带来的损害与市场垄断完全一样，甚至更加严重。市场垄断是市场主体滥用其市场优势的结果，这种市场优势是市场主体在竞争过程中取得的。即使它们独占市场，也可能因市场机制的完善而被有效遏制，高额利润会吸引新的进入者。竞争的动态性、阶段性决定了这种优势具有非永久性和可替代性。从这个角度看，市

* 载《中国价格监管与反垄断》2015 年第 1 期。

〔1〕 徐士英：《竞争法新论》，北京大学出版社 2006 年版，第 193 页。

场垄断是一种相对的垄断。而行政性垄断源于滥用行政权力“给予”某些经营者进入市场和维持市场的“特殊”待遇，造成其他经营者失去通过竞争获得进入市场的机会。经营者以这种方式获得的对市场的独占地位无法随着市场机制的成熟而有效抑制。受到这种行政权力庇护和支持的企业在市场中获得的优势自然就不是源于竞争。由于行政权是法律所赋予的，因而具有永久（至少是长久）的独占性。利用这种市场优势设置的障碍相应地具有了稳定性和不可替代性。因此，行政性垄断是一种“借行政权力之名，行垄断市场之实”的行为，兼有行政性和市场性（经济性）的双重特性。〔2〕 它是一种公权和私权融合所产生的限制市场竞争的社会现象。

行政性垄断行为不同于政府经济管理行为。它既不属于政府为实现对国民经济的宏观调控而采取的产业政策和社会政策，也不是政府为维护社会经济秩序进行的正常管理活动，而是出于地区或部门的利益限制和排除竞争的目的，或者为了实现某种私人利益，对市场竞争进行的行政干预。但是，政府正当的管理行为与限制竞争的行政性垄断联系甚为密切，且有不少相似之处，有时很难把它们绝对区分开来的。如政府的经济调控行为、政府实施产业政策的行为、政府在经济转型过程中的改革行为等。这些行政行为往往打着“为社会公共利益考虑”的招牌，迷惑人们，不当行使行政权力是行政性垄断产生的根源，这是认识行政性垄断性质的关键。在这方面，美国联邦最高法院的观点也许可以有所启示。在针对某州政府关于“反垄断法只适用于保护公众利益不受私人企业垄断的危害，而并不适用为公众服务而存在的政府行为”的观点时，法院表明了立场：政府行为的目的不是私利而是为公众服务的论点只是部分正确。因为所有的企业，无论是私营还是公有，都以实现其经营目标而运作。由政府拥有的公共事业企业（水电煤气等）其经营目标是为大众服务，但就其商业运作的性质而言，其最终目的选择依然是为一个范围内的利益全体获取最大的利润。从这一点看，与私营企业为其自身和股东利益为最高准则的经营方式相比，公营企业并非天生具有为公众的广泛利益服务的特性。如果政府在一起商业活动中任意地以其单方面地区利益为中心，而不考虑反竞争的结果，

〔2〕 参见邬健敏：《国有控股公司反垄断初探》，载《法商研究》1997年第1期。

必然会造成严重违反国会为国家利益所设立的反垄断法。[3]

因此,行政性垄断从本质上讲仍然是一种市场垄断,只是垄断力的源头来自行政权力,因而是公权与私权结合限制竞争的垄断行为,[4]它始于垄断市场的需要,目的是占据市场的优势地位,最终的结果是获得排他性的垄断利益。

二、规制行政性垄断是现代市场经济国家的共同目标

滥用行政权力限制竞争的行政性垄断是市场经济不可避免的现象,因此在各国经济生活中都有发生。在经历了从自由放任主义到国家干预主义的演变中,人们看到了政府应该成为与市场一样的调节力量,市场效率的提高有赖于政府对市场的介入。由此,大量体现政府干预市场的成文法律创生,并在战后获得了极大发展,使行政权力有机会普遍向经济领域渗透。在市场失灵受到缓解的同时,政府权力越过边界限制竞争的现象也同时出现。事实上,发达国家从市场失灵到政府失灵的体验和教训一点不比体制转型经济国家来得少。现代经济学理论认为,有形的政府之手同样存在非理性的可能,以公权力谋取私利所导致的非理性政府干预并不少见。在各种利益博弈中,政府(地方或部门)对经济的理性的干预可能导致非理性后果。从发展地方或行业经济的角度讲,其行为可能是理性的,但从统一市场经济秩序看,则是非理性的。行政性垄断作为政府干预经济的行政行为,是典型的不当干预的非理性行为。可以认为,行政性垄断是现代国家职能转变过程中出现的一种异化的现象,只要存在政府对市场的干预和管理,就有发生行政性垄断行为的可能。因此,对于行政性垄断的规制将是现代法治的长期任务。美国作为西方发达国家自由经济体的典型,其反托拉斯法诉讼对于政府限制竞争行为的规制就是例证。

在美国反托拉斯法实施中,实施部门概括了三种行政性垄断的情况:(1)政府部门制定的限制竞争的制度;(2)私人引诱政府作出的限制竞争行为;(3)经政府批准同意由私人实施的限制竞争行为。[5] 由此可见,私人垄断权和公权力在限制竞争方面相互渗透是显而易见的,加强对这两种

---

〔3〕 See Eleanor M. Fox,"An Anti-Monopoly Law for China-Scaling the Walls of Protectionist Administrative Restraints",*Antitrust Law Journal*,Vol. 75,No. 1,2008,p. 190.

〔4〕 参见漆多俊:《中国反垄断立法问题研究》,载《法学评论》1997 年第4 期。

〔5〕 See Ernest Gellhorn, William E. Kovacic, *Antitrust Law and Economics In A Nutshell* (*fourth edition*),West Group,1981,p. 481.

权力相互联系的紧密性和同一性的认识是正确界定行政性垄断的关键。因此,在规制限制竞争行为中,把规制滥用行政权力限制竞争提到与市场垄断同等重要的地位上来对待,运用反垄断法进行规制,是现代市场法制的显著特点。

转型经济国家在经济改革和转换过程中,滥用行政权力实行垄断的情况要比发达国家政府对经济的不当干预严重得多,行政权力全面渗透市场成为普遍现象。随着体制改革的不断深入,利益主体多元变革,地区、部门之间的竞争已与市场主体紧密结合,政府与经营者结成同盟抵制市场竞争,成为改革攻坚克难的桎梏。在转型经济体中,政府对于市场的直接干预往往被视为经济发展的初始动力,而非克服市场机制效率低下的补充。因而,以行政权力排除限制市场竞争的严重存在就不足为奇。笔者认为,在一定程度上和一定范围内这样做是有效率的,但是长期把政府推动作为一种基本力量则会产生孕育行政性垄断的土壤。

结论就是:只要一国政府对经济进行干预和调节,就有可能产生不适当的滥用权力问题。而当这种不当干预行为导致的"政府失败"与"市场失败"一样严重影响市场的竞争秩序时,〔6〕政府机构、国有企业以及各种授权承担管理职能的公共组织就应当顺理成章地成为竞争法的调整对象。〔7〕

三、把行政性垄断纳入反垄断法是有效的制度安排

行政性垄断需要通过法律进行规制,但还是有人质疑反垄断法对规制行政性垄断的效应。原因在于行政性垄断形成的特殊而复杂的原因,它与经济性垄断没有必然的联系和共同的社会经济基础。〔8〕无论从行政性垄断的属性(行政性而非经济性)、主体(行政主体而非经营主体)、行为性质(滥用行政权力而非市场权力)来看,反垄断法难以担当此任。反垄断法虽然可能与行政法在限制滥用行政权力上有一定的重合,但决定行政权力

〔6〕 See Ernest Gellhorn, William E. Kovacic, *Antitrust Law and Economics In A Nutshell* (*fourth edition*), West Group, 1981, p. 483.

〔7〕 载 http://www.jftc.go.jp/e-page/press/2003/april.,2014 年 6 月 7 日访问。

〔8〕 参见杨仕兵、许艳艳:《对反垄断法中规范行政性垄断的质疑》,载《皖西学院学报》2002 年第 3 期。

的范围和合法性的法律不是反垄断法，而是一国的宪法和行政法。〔9〕

其实，上述看法并非完全不符合现代法律发展的客观情势。反垄断法确实以规制市场垄断为主，这是因为反垄断法诞生的时代背景是由于无节制的自由竞争所导致的私人垄断破坏了市场经济秩序。但事实上反垄断法在规制政府行为中发挥着主要的作用。以美国为例，由于地方保护主义极为泛滥，美国反托拉斯法最初也是适用地方政府限制竞争行为的，这可以从美国的《地方政府反托拉斯豁免法》所实施的原则中得到验证。在反托拉斯法制定后的半个多世纪中，政府滥用行政权力限制竞争的行为始终在反垄断法的规制范围之内，后来受"国家行为论"的影响，以原则豁免的形式把政府的主权行为排除在反垄断法之外。〔10〕但是我们注意到，在法律实施的过程中在美国对州政府主权行为进行原则豁免的同时，还有"例外中的例外"，即"市场参与者例外"的原则（market participant exception）。如果政府行为被考虑成市场参与者的行为时，就不能被反托拉斯法所豁免。因为在这种情况下，政府的行为被看作"是一种意图提升某个私人集体利益而不是公共利益的产品"。〔11〕这被认为是十分必要。政府的限制竞争行为可以得到反垄断法的豁免必须在严格特定的条件下才能进行。〔12〕之所以作这样的限制规定，是美国接受了"联邦权力可以肆意凌驾于宪法的教训"，联邦的公平竞争政策不允许这种滥用政府职权干涉市场自主定价的行为。〔13〕因此，从历史渊源和宪法的角度上看，美国的豁免原则绝非表明政府的行政性垄断可以不受反垄断法的规制，地方政府同样不得实施在中国被认为是行政性垄断的那些行为。

《欧共体条约》第 86 条也明确规定，成员国不得对其国有企业以及其

〔9〕参见管斌：《第十四届全国经济法理论研讨会综述》，载中国人民大学书报资料中心：《经济法学、劳动法学》2007 年第 6 期。

〔10〕美国宪法修正案规定，州的权力如果没有让渡给联邦，或者被明文规定的法律所禁止，州政府得保留这部分权力。正是以这一规定为前提，美国最高法院在帕克诉布朗一案中确立了政府行为的反托拉斯豁免条款。

〔11〕See U. S. Supreme Court Columbia v. Omni Outdoor Advertising Inc. 499 U. S. 365（1999）Certiorari to United State court of appeals for the fourth circuit No. 89 – 1671.

〔12〕参见陈懿华：《行政垄断：美国反垄断法中的政府行为理论》，载王晓晔：《反垄断立法热点问题》，社会科学文献出版社 2007 年版，第 127 页。

〔13〕参见陈懿华：《行政垄断：美国反垄断法中的政府行为理论》，载王晓晔：《反垄断立法热点问题》，社会科学文献出版社 2007 年版，第 127 页。

他享有特权或者专有权的企业采取背离《欧共体条约》特别是背离欧共体竞争政策的任何措施；第87条明确规定，成员国不得利用国家财源优待个别企业或者个别生产部门，损害共同体市场上的公平竞争。从国际竞争的角度来看，国家公权力和私人垄断结合的垄断行为更是受到密切的关注，私人企业游说政府通过有利于少数利益集团的政策就是这种权力结合的典型。〔14〕出现了以竞争法律约束滥用政府权力和私人权力结合限制竞争的国际趋势。〔15〕国际社会建议在世界贸易组织框架下建立竞争规则的提议，正是对这种趋势的及时回应。

转型经济国家对行政性垄断的规制比发达国家更要迫切。因为计划体制影响下的"行政性的市场垄断"由来已久，危害严重。不仅有其特有的表现形式，而且在现有的宪法与行政法框架内尚不足以有效地约束这种行政权力在经济领域中扩张限制竞争的行为。这样的国情使这些国家必须考虑把行政性垄断纳入反垄断法的规制范围。不仅因为国家和地方的限制竞争措施和私人限制竞争措施的性质是一样的，而且还因为它是实现经济转型、建立市场竞争的最大的障碍，〔16〕因此，有理由在反垄断法中设计直接对应的条款，可以通过设定对该种行为造成的竞争后果的标准来直接认定其行为的违法性，从而对限制竞争的政府文件进行审查和处理。这在行政法中是不易进行的，因为以授权和控权为核心内容的行政法是难以事先判断行政权力在市场领域中的正当行使和滥用的界限从而进行明确的规定，只有通过竞争法的实施，以结构—行为—绩效的市场垄断模式的分析才能作出结论。

不少转型经济国家在竞争法中设计了规制行政性垄断的条款，对行政机构抑制竞争的抽象行政行为（法令）和具体行政行为进行了详尽的规制。如俄罗斯《反垄断法》明文规定：若是联邦各部门的行政权力机构、各市政当局发布的法令或采取的行动，限制经济实体的自主权、歧视或偏袒

〔14〕 如为了抵制美国产品进入日本，日本政府赋予富士胶卷垄断国内市场的权利。王欣新、王斐民：《论政府滥用权力限制竞争的反垄断法制模式》，载 http://www.civillaw.com.cn/，2007年3月12日访问。

〔15〕 欧洲制药工业对于政府制定在药品专利到期之前不允许测试的立法施加压力和游说就是典型的例子。

〔16〕 See Eleanor M. Fox, "An Anti-Monopoly Law for China-Scaling the Walls of Protectionist Administrative Restraints", *Antitrust Law Journal*, Vol. 75, No. 1, 2008, p. 190.

特定的经济实体的，导致或可能导致抑制竞争或损害经济实体或公民利益的，应予禁止。这些法令或行动包括：在任何行业或产业中限制创建新的经济实体，对实施某种活动、制造某些类型的商品强加禁令。联邦行政权力机构、联邦部门的行政权力机构、市政当局间达成的任何形式的协议，如果导致或可能导致抑制竞争或损害其他经济实体或自然人的利益时，可根据已建立的程序被全部或部分禁止，或被宣布为无效。[17] 匈牙利和乌克兰等国家也有类似的规定。

在中国，公权力的经济化趋势所产生的市场力量妨碍公平竞争的现象十分严重，而以规制行政权力为唯一宗旨的行政法又难以有效规制这种公私权力融合限制竞争的行为反垄断法直接与维护竞争性的市场机制相联系，是反行政性垄断最直接的制度依托。反垄断法着眼于宏观体制，着手于具体行为，通过对权利义务、法律责任、诉讼程序、赔偿制度等具体制度的设计，能够激励社会公众抵抗不当行政权力进入市场的热情，是一种有效遏制滥用行政权力限制竞争的明智选择。正如著名竞争法学者所认为的，“当制订者对限制行政权力滥用的规则应该放在法律体系中的什么位置不很确定的话，那么将该条款放在反垄断法中可能是最有效的做法”。因此，我国反垄断法将公权与私权结合形成的行政性垄断行为纳入反垄断法规制范围，是具有时代意义的选择，而绝非权宜之计。它不仅是深化体制改革的需要，更是顺应时代发展趋势的需要。正如著名竞争法专家所评价的，“反垄断法规制行政性垄断体现了法律发展的趋势，中国规制行政性垄断的立法算得上是真正意义上的现代反垄断法”。[18] 行政行为已深深地渗透到并影响了市场经济领域，政府（或公共组织）有足够的能力去夸大和促进与它有相互关系的经济单位的发展，这样就“潜在存在着严重扰乱经济生活和扭曲资源配置的可能性，造成市场经济的效率降低”。[19] 从表面上看，政府的法令是促进某些地区的企业（行业）发展的，但是“实际

---

〔17〕《俄罗斯关于竞争与商品市场中限制垄断活动的法律》第7条、第8条规定。参见尚明：《主要国家地区反垄断法律汇编》，法律出版社2004年版，第142页。

〔18〕 Eleanor M. Fox, "An Anti-Monopoly Law for China-Scaling the Walls of Protectionist Administrative Restraints", *Antitrust Law Journal*, Vol. 75, No. 1, 2008, p. 190.

〔19〕 See U. S. Supreme Court Columbia v. Omni Outdoor Advertising Inc. 499 U. S. 365 (1999) Certiorari to United State court of appeals for the fourth circuit No. 89 – 1671.

上可以将它看作是政府官员和私人团体之间达成的限制竞争的协议”。[20] 因此,这种行政行为既不可能通过简单的行政方式加以制止,也不可能依靠市场竞争机制的作用让它自行修正。正由于它兼有公权力和市场力量的双重能量,才必须要以直接维护市场竞争机制为宗旨的法律——现代竞争法对其进行规制才是最为有效的,也具有实际意义。

结束语

反垄断法的实施使全社会对垄断的关注达到一个新的高潮。在公法与私法日益融合的今天,对政府滥用权力限制竞争的行为适用禁止市场垄断的反垄断法已经是各国的共识。即使在行政法制比较完善的市场经济国家和地区,反垄断法的适用主体也扩大到了政府权力干预经济生活的行为,这实际上反映了现代“资本主义发展的历史逻辑和辩证逻辑的统一”。[21] 然而,要促进行政性垄断的根本解决,需要对于约束行政性垄断的社会认同。因此,最可靠的途径还是需要全面推进竞争政策的制定和实施,不仅包括完善反垄断法本身对于行政性垄断法律责任的规定,还包括在行业监管、国有经济改革、垄断行业竞争化改革、政府经济政策和法律的竞争性审查和竞争评估制度的建立和完善等。让竞争文化在全社会得到普及和弘扬,让经济民主的土壤培育出合规的权力之树。

〔20〕 See U. S. Supreme Court Columbia v. Omni Outdoor Advertising Inc. 499 U. S. 365(1999) Certiorari to United State court of appeals for the fourth circuit No. 89 - 1671.

〔21〕 王欣新、王斐民:《论政府滥用权力限制竞争的反垄断法制模式》,载 http://www.civillaw.com.cn/,2007 年 3 月 12 日访问。

反垄断法实施面临功能性挑战

——兼论竞争政策与产业政策的协调*

一段时间以来，有关产业发展的经济政策引起了社会的热议。针对诸如“南车”与“北车”的合并、“中电投”与“国家核电”的重组、“三桶油”（中石化、中石油与中海油）与“两条线”（中移动和中联通）的重组传闻等事件，各种观点各抒己见，相互碰撞。有的从国家产业政策出发认为，通过战略性重组，有助于迅速培育具有全球影响力的产业，全面提高我国产业的国际竞争力。〔1〕 有的则从竞争政策的角度认为，拥有垄断地位的央企借助合并易形成超级垄断，对市场结构产生的影响有悖于目前市场化改革的目标，反而不利于产业发展与国际竞争力的提高。〔2〕 2015 年 3 月，新华社发布的中共中央、国务院《关于深化体制机制改革加快实施创新驱动发展战略的若干意见》，已经发出了要“发挥市场竞争激励创新的根本性作用，营造公平、开放、透明的市场环境，强化竞争政策和产业政策对创新的引导，促进优胜劣汰，增强市场主体创新动力”的信号。〔3〕 如何认识竞争政策与产业政策的关系，作为竞争政策和产业政策重要载体，《反垄断法》在实施中如何进行政策协调，又如何在政策协调中坚守“市场在资源配置中起决定性作用”的底线，是当前中国竞争政策需要研究的重要课题。

---

* 本文是 2010 年教育部人文社会科学研究规划基金项目“文化产业竞争秩序的规制研究——以竞争法的适用为视角”（项目号 10YJA820116）的阶段性研究成果；浙江理工大学创新学科“竞争法”的研究成果。载《竞争政策研究》2015 年第 1 期。

〔1〕 参见刘兴国：《从更高层次看央企合并》，载《经济日报》2015 年 4 月 21 日，第 13 版；傅子恒：《央企整合向何处去？》，载《新京报》2015 年 5 月 6 日，B02 版。

〔2〕 参见杨楠：《国企合并：审慎而行》，载 http://www.cien.com.cn/，2015 年 5 月 22 日访问。该文认为中国高铁技术的世界领先地位来自“香槟加拳脚”的竞争，合并只能导致创新激励衰减，创新动力缺失的后果。

〔3〕 参见新华社：《中共中央国务院关于深化体制机制改革加快实施创新驱动发展战略的若干意见》，载 http://www.gov.cn/，2015 年 5 月 22 日访问。

一、竞争政策与产业政策的关系及发展趋势

(一)竞争政策与产业政策的基本含义

竞争是市场经济的本质要求,因此,以约束各种限制竞争行为、规制可能导致垄断的市场结构和行为、维护和促进市场竞争为目的的竞争政策被视为市场经济的基本经济政策。[4] "竞争政策"在三个层面上被广泛使用。狭义的竞争政策专指那些鼓励竞争、限制垄断的反垄断政策,作为对竞争结果的"事后调节"措施,它通常以法律的形式存在。广义的竞争政策涵盖了为维持和发展市场竞争机制所采取的各种公共措施,包括产权改革政策、垄断行业管制政策、政府补贴政策、贸易自由化政策等,都可视为相互作用的竞争政策的组成部分。最广义理解上的竞争政策指一切与竞争有关的政策措施,包括"促进竞争"的政策,也包括"限制竞争"的政策。因为维护竞争机制并非是经济政策的唯一目标,"为了促进垄断的政策,或为了限制竞争的政策,也可称之为有关竞争的政策",如政府对贸易施加关税或非关税壁垒、对外国投资设立必要障碍、对市场交易及其产品价格进行控制、提供国家补贴等。[5] 区分竞争政策在上述三个层面的理解,对研究产业政策与竞争政策的关系是有意义的。不能仅从竞争法律的角度理解竞争政策,也不能将促进竞争的政策与限制竞争的政策人为地割裂。[6] 如此,在具体制度的构建中不能仅以狭义的竞争政策为主要依归,竞争法的实施唯有在广义竞争政策的视野下展开才能有效发挥作用。

产业政策的概念产生于第二次世界大战之后,虽然在此之前产业政策的思想和实践已初见端倪。[7] 产业政策同样有不同含义的理解。广义的产业政策是指政府为实现一定的经济和社会目标而对产业的形成和发展进行干预的各种政策的总和,主要包括产业结构政策、产业组织政策、产业技术政策和产业布局政策,以及其他对产业发展有重大影响的政策和法规。[8] 广义的产业政策也包括以产业组织理论为基础的竞争政策。而狭

〔4〕 参见徐士英:《竞争政策研究:国际比较与中国选择》,法律出版社 2013 年版,第 3 页;许昆林:《逐步确立竞争政策的基础性地位》,载《价格理论与实践》2013 年第 10 期。

〔5〕 参见[日]金泽良雄:《经济法概论》,满达人译,中国法制出版社 2005 年版,第 165 页。

〔6〕 参见徐士英:《中国竞争政策论纲》,载《经济法论丛》2013 年第 2 期。

〔7〕 19 世纪 40 年代,德国学者李斯特已经在他的名著《政治经济学的国民体系》一书中提出了这一概念。

〔8〕 参见石俊华:《日本产业政策与竞争政策的关系及其对中国的启示》,载《经济研究》2008 年第 3 期。

义的产业政策指的则是国家针对产业结构状况而制定的政策，表现为政府为改变产业之间的资源分配或特定目的主动扶持战略产业和新兴产业等，缩短产业结构的演进过程，以实现经济赶超的目标。[9] 这种形式的产业政策便是与竞争政策直接发生冲突的、更加具体的、以列举产业实施的经济政策，[10] 在特殊情况下政府可以对选定的产业直接进行配置资源，发挥推进经济结构调整的作用。当然，还存在更广泛意义上的产业政策，如欧共体中对经济和社会协调发展的支持和高水平环境保护的实现政策，包括价格、财政、税收政策，以及提高教育水平的政策等也都可以理解为产业政策，它们并不直接针对特殊产业，而是以间接的方式制定的产业措施。

（二）竞争政策与产业政策关系及其发展趋势

经济学研究表明，政府与市场是两种经济资源配置的不同方式，即两种经济体制。"改革经济体制"的目的是追求经济体制的更高效率。因此，解决"政府与市场的关系"，本质上就是追求资源配置方式（经济体制）的效率问题，[11] 从这个意义上看，协调产业政策与竞争政策正是对政府和市场两种体制配置资源方式的选择与权衡。竞争政策与产业政策在各国的经济发展中都有举足轻重的地位。一般认为，两类政策之间存在既相互统一又相互冲突的复杂关系，要实现国家社会经济发展的目标，必须要对两者关系加以动态协调。[12] 即在不同国家及同一国家的不同发展阶段，两者的关系随着经济发展阶段而产生变化。

在市场经济发达国家，对竞争政策与产业政策的关系已经基本形成共识：竞争政策作为一国的基本经济政策，深刻影响着其他的经济政策，[13] 当两者遇到冲突时，应优先适用竞争政策。在美国的政策体系中，反垄断

---

〔9〕 参见刘慷、王彩霞：《从产业政策到竞争政策——由日本学者对产业政策的质疑说起》，载《黑龙江对外经贸》2008 年第 11 期。

〔10〕 包含在《欧共体条约》第 157 条中的产业，它赋予了欧共体和成员国提供它们产业政策的必要手段。实务中，煤炭和钢铁业、纺织业、汽车业和轮船建筑业可能被提及，特别在航空航天业上是符合政府的利益。这种选择性工业政策在一般意义上有两个目的，支持不稳定的企业，在它们困难时对它们进行结构调整和加强龙头产业的国际竞争或者是给予国家的支持。

〔11〕 参见徐士英、魏琼、瞿向前：《经济法的价值问题》，载《经济法论丛》1999 年第 1 期。

〔12〕 参见徐士英：《竞争政策研究：国际比较和中国选择》，法律出版社 2013 年版，第 24 ~ 27 页。

〔13〕 See United Nations, Empirical, evidence of the benefits from applying competition law and policy principles to economic development in order to attain greater efficiency in international trade and development, http://unctad.org/en/Docs/c2em_d10.en.pdf, May 20, 2015.

政策以产业组织政策及其法律化的形式发挥了重要的作用，甚至有人坦言“一个世纪以来，反托拉斯法已成为美国的一项具有连贯性的政策。它被用来改善产业的行为——这是我们唯一的产业政策”。〔14〕 由此可见美国竞争政策的绝对优先地位。在欧盟及其成员国，同样体现了竞争政策优先适用的地位。正如专家所言，“这种优先适用的地位是由这些国家的市场经济制度以及平等、自由等市场经济的基本原则所决定的”。〔15〕 日本在第二次世界大战以后一直到20世纪90年代，在产业政策与竞争政策之间经历了此消彼长的变化。〔16〕 从其对第二次世界大战以后过分倚重产业政策的发展路径进行的反思中可以看出，对于受到产业政策赋予的特殊资源优势获得快速发展的代价正在逐步调整，在充分意识到更为长远的持续发展不能过分依赖产业政策的实施之后，〔17〕日本政府逐步加强了竞争政策在整个经济政策体系中的地位，以反垄断法为中心的竞争政策成为经济政策的主导性政策。〔18〕

发展中国家和经济转型国家的经验更值得我们关注。在实施“赶超战略”时期，发展中国家普遍倚重产业政策，以期借助产业政策快速推动工业化的实现。由政府而非市场对经济资源进行的直接配置在经济发展初期显然是必要的，但最近十多年来发生的变化更值得重视。资料表明，在大多数发展中国家和经济转型国家，竞争政策已被视为对国民经济产生深刻影响的重要经济政策。〔19〕 当“赶超战略”向“可持续发展和包容性发展战略”转变时，社会逐渐形成共识：竞争能够提高效率、促进创新和产出并提供更多的产品选择和更好的质量，从而提高消费者的福利。适当的产业和

〔14〕 Robert Solo, "Industrial Policy", *Journal of Economic Issues*, Vol. 18, No. 3 (Sep., 1984), p. 698.

〔15〕 王晓晔：《竞争政策优先——欧共体产业政策与竞争政策》，载《国际贸易》2001年第10期。

〔16〕 1975年以前以恢复战后经济、促进经济发展为以产业政策为主；而1975年至20世纪90年代初，逐步倡导竞争政策；20世纪90年代开始，因实施产业政策的弊端逐渐显露，企业的竞争力明显减弱，开始反思两类政策之间的关系，确立竞争政策的优先地位。参见刘劲松、舒玲敏：《论产业政策与竞争政策的战略搭配——以日本为例》，载《当代财经》2006年第7期。

〔17〕 参见戴龙：《日本反垄断法研究》，中国政法大学出版社2014年版，第89页。

〔18〕 参见［日］根岸哲、舟田正之：《日本禁止垄断法概论》（第3版），王为农、陈杰译，中国法制出版社2007年版，第6页。

〔19〕 See UNCTAD, The relationship between competition and industrial policies in promoting economic development, http://unctad.org/en/Docs/ciclpd3_en.pdf, May 20, 2015.

贸易政策是必要的,但不是充分条件。在政府赖以调节经济运行的各项政策中,竞争政策占有基础的地位。[20] 不仅如此,多年的实践进一步证明,相比产业政策(无论是选择性产业政策还是功能性产业政策),竞争政策的实施更有利于产业政策目标的实现。[21]

在我国,在竞争政策优先还是产业政策优先的问题上尚未形成共识,理论和现实存在不一致的情况。这与我国长期以来"政府主导型"的经济发展体制相关。党的十八大以后,国家的发展战略思想发生了重大变化。"让市场在资源配置中起决定性作用"改革目标的提出,为正确处理政府与市场关系提供了基本的原则,也使竞争政策与产业政策的关系到了认真研究的当口,而推进《反垄断法》实施中的政策协调功能,则是研究这一问题的重要窗口。

二、反垄断法与生俱来的政策协调功能

反垄断法是一国竞争政策的法律化形式,是实施竞争政策的直接载体。但反垄断法的实施也是与其他经济政策相互碰撞和相互协调的过程。大多数国家的反垄断立法都赋予了其政策协调的功能,尤其是竞争政策与产业政策的协调。反垄断法的政策协调功能主要是通过以下几个方面得到体现:一是反垄断法的多元立法宗旨;二是各项除外适用和豁免规定;三是对于垄断行为的审查标准;四是反垄断法与其他行业监管法律的管辖权限划分和执法权限的配置和协调。[22] 除此之外,各国反垄断法还通过建立竞争执法机构、对于反垄断法的实施进行指导和协调、执法机构功能的设置使法律的政策协调功能更为确定。[23]

---

〔20〕 See UNCTAD, The role of competition policy in promoting sustainable and inclusive growth, http://unctad.org/meetings/en/SessionalDocuments/tdrbpconf8d6_en.pdf, May 19, 2015.

〔21〕 See UNCTAD, The role of competition policy in promoting sustainable and inclusive growth, http://unctad.org/meetings/en/SessionalDocuments/tdrbpconf8d6_en.pdf, May 19, 2015.

〔22〕 参见许昆林:《逐步确立竞争政策的基础性地位》,载《价格理论与实践》2013 年第 10 期;孟雁北:《我国反垄断执法机构与政府产业规制部门的关系》,载《中国人民大学学报》2015 年第 2 期;丁良春、张伟:《产业政策与竞争政策的关系与协调问题研究》,载《中国物价》2013 年第 9 期;王志强、陆夏:《试论反垄断政策与产业政策的协调途径》,载《价格理论与实践》2014 年第 11 期;王先林、丁国峰:《反垄断法实施中对竞争政策与产业政策的协调》,载《法学》2010 年第 9 期;石俊华:《论反垄断法实施后我国产业政策与竞争政策的协调》,载《云南社会科学》2009 年第 1 期;李黎:《浅议产业扶持措施与竞争政策实施》,载《中国工商管理研究》2014 年第 9 期。

〔23〕 参见《反垄断法》第 9 条规定:"国务院设立反垄断委员会,负责组织、协调、指导反垄断工作,履行下列职责:(一)研究拟订有关竞争政策;(二)组织调查、评估市场总体竞争状况,发布评估报告;(三)制定、发布反垄断指南;(四)协调反垄断行政执法工作;(五)国务院规定的其他职责。国务院反垄断委员会的组成和工作规则由国务院规定。"

（一）反垄断法多元立法宗旨的协调

虽然各国竞争立法模式各异，但是赋予该法多元的立法目标却成为大多数国家共同的选择，[24] 这实际上是反垄断法本质属性的体现。国家的各项经济政策犹如条渠水流，来自各方，在反垄断法的实施过程中相遇相交，这表明，政策协调是反垄断法与生俱来的功能，尤其是在发展中国家。自20世纪后期始，大多数发展中国家都经历了经济体制改革，竞争法的制定和实施成为这一世界性潮流中的标志性成果。这些国家的反垄断法立法宗旨都呈现了多元化的特征：保护公平竞争、提高经济效率、增加消费者福利、维护社会整体利益等社会性、经济性、政治性目标。反垄断法几乎承载了社会发展的所有目标，以至于引发了“不能承受之重”之感叹。[25] 这种现象固然与后发展国家在社会变革和发展中所追求的目标多元化有关，但更为深层次的原因还在于，作为“市场经济大宪章”的反垄断法是经济资源配置效率得以持续提升的保障，被各国政府视为实现各项社会经济乃至政治目标的基础性政策，对其寄予厚望是理所当然的。从我国《反垄断法》的立法宗旨中，我们也可以明显地感受到《反垄断法》所承载的使命。该法第1条即开宗明义指出，“为了预防和制止垄断行为，保护市场公平竞争，提高经济运行效率，维护消费者利益和社会公共利益，促进社会主义市场经济健康发展，制定本法”。多元的、相互冲突的立法目标规定，意味着《反垄断法》一出台便被赋予了政策协调的重要功能，这在立法机关对《反垄断法（草案）》进行审议的说明中可以明确看出。[26] 因此，在《反垄断法》实施中面对政策冲突时所表现出的迟疑、犹豫和不确定是难免之事，执法机构不能简单地作出支持还是反对的决定。比如，在《反垄断法》实施

[24] 日本、加拿大、瑞典、俄罗斯、韩国等反垄断立法中关于立法目标的规定大多是多元的。参见时建中主编：《三十一国竞争法典》，中国政法大学出版社2009年版，第1、155、191、230、563页。

[25] 参见侯立阳：《我国反垄断不能承受之重——我国反垄断法执法五周年回顾与展望》，载《交大法学》2013年第2期。

[26] 时任国务院法制办公室主任曹康泰于2006年6月24日在第十届全国人民代表大会常务委员会第二十二次会议上所作的《关于〈中华人民共和国反垄断法（草案）〉的说明》中指出，“反垄断法律制度既要有利于保护市场竞争，创造和维护良好的市场竞争环境，更要与国家现行有关产业政策相协调，有利于企业做大做强和规模经济的发展。要发挥反垄断制度的导向功能和约束功能，使反垄断法成为制止垄断、鼓励竞争、提高引进外资质量、促进经济结构调整的有力的政策工具”。参见曹康泰：《关于〈中华人民共和国反垄断法（草案）〉的说明》，载 http://www.npc.gov.cn/，2015年6月2日访问。

后，面对国务院国资委根据2006年发布的《关于推进国有资本调整和国有企业重组的指导意见》的规定，作出在重要行业和关键领域通过行政手段推行企业合并和"强强联合"的举措时，[27] 虽然会感到与竞争政策的目标相悖，但其却必须兼顾产业政策的目标。对于《反垄断法》面临的政策冲突，应当建立政策评价机制与公众选择机制，通过独立的政策评估部门的分析和评价，组织有代表性的社会公众权衡利弊后作出最终选择，这是发挥反垄断法协调功能的最佳路径。韩国的经验可能值得借鉴。韩国《规制垄断与公平交易法》规定的目标也是多元的，[28] 在经济增长中充分发挥了反垄断法及其执法机构在政策协调中的作用，如对企业集团的法律控制很说明问题。面对大企业集团的迅速增长、对社会经济的影响越来越大的事实，韩国公平交易委员会从1986年到2007年间数次提出并具体实施对反垄断法进行修改，从竞争政策与产业政策的协调的角度将控股公司的规定步步深入，使相关规定日趋合理，[29] 以尽可能让动态的竞争机制发挥作用，鼓励促进形成竞争性企业的发展，同时又能发挥大集团在经济发展中的核心作用。其实，这反而对产业政策的实施进行了积极补充，也体现了竞争政策是经济结构转型所需要的持续发展动力。更多来自亚洲和其他国家的经验也值得借鉴。[30]

(二)反垄断法除外适用或豁免适用的协调

从理论上讲，反垄断法应适用于所有的行业和企业，以及所有的商业行为。但实际上由于社会、经济或政治方面的原因，尤其是为实现国家经济政策(产业政策是主要的)的目标，各国竞争法都规定了不同范围的除外与豁免制度。除外与豁免制度在应用上的灵活性使其成为各国实现竞争政策与产业政策协调的基本方式。[31] 除外适用和豁免制度的设计是反垄断法协调竞争政策与产业政策的相对静态的方式，通过法律的明文规定，使这种协调可以有确定的

---

〔27〕 参见国务院国有资产监督管理委员会2006年12月5日制定的《关于推进国有资本调整和国有企业重组的指导意见》。

〔28〕 参见《韩国规制垄断与公平交易法》第1条：防止经营者滥用市场支配地位和经济力量的过度集中，规制不正当的协同行为及不公平的交易行为，促进公平自由竞争，鼓励创造性的经营活动，保护消费者，确保规模经济的均衡发展。

〔29〕 参见[韩]权五乘：《韩国经济法》，崔吉子译，北京大学出版社2009年版，第52~54页。

〔30〕 See UNCTAD, The role of competition policy in promoting sustainable and inclusive growth, http://unctad.org/meetings/en/SessionalDocuments/tdrbpconf8d6_en.pdf, May 19, 2015.

〔31〕 参见刘桂清：《反垄断法如何兼容产业政策——适用除外与适用豁免的协调机制分析》，载《学术论坛》2010年第3期。

标准和可预期的效果。所以,关于除外和豁免等规定应该尽可能清晰和具体,如南非《竞争法》(Competition Act 1989)中明确和具体的规定,“如果某项协议或者行为有利于以下方面的,应当予以豁免适用竞争法:(1)维护或者促进出口;(2)能够提升小企业或那些被历来处于不利地位的人所拥有的或经营的公司的能力,使之变得具有竞争力的;(3)在阻止产业衰退方面具有改变行业生产能力必要性的;(4)在征得经济部长的意见后被指派承担稳定产业经济任务的”。〔32〕

产业政策是对市场力量的补充(或者“扭曲”),它们会加强或抵消现有市场以其他方式产生的资源配置效率。反垄断法的政策协调要达到的目的,就是要为实施产业政策确定一个框架,在此框架内使其对经济增长产生最大化的效用,同时最小化产生废物和寻租行为的可能性。〔33〕作为政策协调机制,除外与豁免制度在实施中仍然需要以市场为最基本的出发点进行动态的考察与评判。日本和德国的竞争法曾经规定了大量除外和豁免的情形,但是,随着市场经济机制的确立,当经济资源的配置主要依赖市场交换和竞争机制进行时,这种豁免制度将严重抵消配置效率。减少和消除这种例外成了21世纪的发展趋势。我国《反垄断法》基本确立了上述机制,该法第15条关于垄断协议的豁免、第27条和第28条关于经营者集中审查的豁免以及第55条对于知识产权适用反垄断法的规定等,〔34〕大部

〔32〕 See Competition Act of South Africa, Article10(3).

〔33〕 See Rodrik, Dani, Industrial Policy for the Twenty-First Century (November 2004). CEPR Discussion Paper No. 4767.

〔34〕 参见《反垄断法》第15条规定:“经营者能够证明所达成的协议属于下列情形之一的,不适用本法第十三条、第十四条的规定:(一)为改进技术、研究开发新产品的;(二)为提高产品质量、降低成本、增进效率,统一产品规格、标准或者实行专业化分工的;(三)为提高中小经营者经营效率,增强中小经营者竞争力的;(四)为实现节约能源、保护环境、救灾救助等社会公共利益的;(五)因经济不景气,为缓解销售量严重下降或者生产明显过剩的;(六)为保障对外贸易和对外经济合作中的正当利益的;(七)法律和国务院规定的其他情形。属于前款第一项至第五项情形,不适用本法第十三条、第十四条规定的,经营者还应当证明所达成的协议不会严重限制相关市场的竞争,并且能够使消费者分享由此产生的利益。”第27条:“审查经营者集中,应当考虑下列因素:(一)参与集中的经营者在相关市场的市场份额及其对市场的控制力;(二)相关市场的市场集中度;(三)经营者集中对市场进入、技术进步的影响;(四)经营者集中对消费者和其他有关经营者的影响;(五)经营者集中对国民经济发展的影响;(六)国务院反垄断执法机构认为应当考虑的影响市场竞争的其他因素。”第28条:“经营者集中具有或者可能具有排除、限制竞争效果的,国务院反垄断执法机构应当作出禁止经营者集中的决定。但是,经营者能够证明该集中对竞争产生的有利影响明显大于不利影响,或者符合社会公共利益的,国务院反垄断执法机构可以作出对经营者集中不予禁止的决定。”第55条:“经营者依照有关知识产权的法律、行政法规规定行使知识产权的行为,不适用本法;但是,经营者滥用知识产权,排除、限制竞争的行为,适用本法。”第56条:“农业生产者及农村经济组织在农产品生产、加工、销售、运输、储存等经营活动中实施的联合或者协同行为,不适用本法。”

分内容都为政府实施产业政策预留了空间。但是,法律对经营者赋予的证明责任(行为对市场竞争的影响,消费者能够分享利益等),使产业政策考虑的空间有所限制。这表明我国反垄断立法在政策协调中已经隐含了竞争政策的地位,产业政策的实施应该止步于"未严重影响市场竞争"的门槛之外。

(三)反垄断法实施的各项标准的协调

反垄断法的实施直接面对与产业政策的协调,通过对垄断行为的审查标准、对竞争影响的评估标准等内容的确立与调整,使反垄断法在实施过程中必须在充分考虑和合理评价竞争行为对市场产生的后果之后再判断行为的正当性与合法性。这其中就包含了对于产业政策实施所引起的后果的考量。把产业政策作为竞争政策体系的一部分加以考虑是时代的要求。[35]

1. 垄断协议。垄断协议的危害十分明显,但从产业政策的角度来看其存在的意义也显而易见。因此,垄断协议是市场经济中产业政策与竞争政策冲突和协调的重心之一。联合国贸易和发展会议资料表明,很多国家已经关注到垄断协议问题已成为制定产业政策必须考虑的内容。而不少国家,如韩国与南非等处理产业政策制度与实施中的卡特尔现象已经取得了积极成果。[36] 他们的竞争执法机构通过一些特别程序来考量卡特尔的影响,如出口卡特尔、结构调整卡特尔或其他形式的垄断协议等,以做到在发挥产业政策意义的同时,基本控制其限制竞争的消极影响。但据对发展中国家和地区,以及组织,如肯尼亚、牙买加、突尼斯、西非经济货币联盟、贝宁和塞内加尔、哥斯达黎加等进行考察的结果显示,这些国家、地区及组织的卡特尔案件具有复杂性和隐秘性,竞争性行业又往往通过行业协会进行,因此很难应付在政府产业政策(包括地方性经济政策)指导或者默许下的案件。我国在出口卡特尔问题上正经历着同样的问题。四家维生素

〔35〕 See Report of The Working Group on The Interaction between Trade and Competition Policy to The General Council, https://www.wto.org/english/tratop_e/comp_e/wgtcp_docs_e.htm, May 19, 2015.

〔36〕 参见联合国贸易与发展会议对各国竞争政策的调查报告:肯尼亚(UNCTAD/DITC/CLP/2005/6),牙买加(UNCTAD/DTIC/CLP/2005/5),西非经济货币联盟,贝宁和塞内加尔(UNCTAD/DITC/CLP2007/1),哥斯达黎加(UNCTAD/DITC/CLP/2008/1)等。

生产企业在美国被起诉"价格共谋"的案件提示我们思考,[37] 面对行业发展中激烈的价格竞争,政府的产业政策是帮助行业转型升级,还是帮助消除所谓的"恶性竞争"进行价格协调。类似的案例还包括地方性的经济政策,有不少垄断协议的产生都与此相关。在浙江省保险行业协会价格垄断协议案、[38] 造纸行业协会价格垄断协议案、[39] 上海黄金饰品行业协会价格共谋案中,[40] 难免都有政府或者通过行业协会进行协调的影子。产业的发展需要产业政策的激励和调节,但是产业政策调节应当以竞争政策为基本出发点。

2. 滥用市场支配地位。滥用行为与垄断协议对产业政策的影响不同,它是减少市场竞争或妨碍市场进入的行为,几乎所有滥用行为都不具有正当性。在大多数情况下,滥用行为是无法与"公共利益"理由相关而得到反垄断法的豁免。以南非的"电杆案"为例,一家木质电杆小型生产商(电杆公司)向南非竞争委员会提起投诉,要求根据《南非竞争法案》禁止萨索尔公司的价格歧视行为。竞争委员会驳回了该公司的申请。电杆公司随即向法院提出了审查此案的申请。原告在起诉中称,萨索尔公司设定的木材防腐剂(杂酚油)的价格结构构成了价格歧视,请求法院判决萨索尔公司以同样的价格标准向它和其他更强大的竞争者提供杂酚油。[41] 南非竞争法的立法宗旨中有"保证中小型企业有平等机会参与竞争"的规定。因此法院在其判决中认定了萨索尔公司对原告及其他小企业实行了价格歧视的事实,并认定萨索尔公司的行为削弱了这些小企业在市场中竞争的能力,而它们本来是有能力与更大的竞争者有效竞争的。萨索尔公司违反了竞争法案的"禁止价格歧视"条款。法院表示,其同时也考虑了产业政策中"促进小企业发展"的目标。上诉法院支持了原法院的如下观点:竞争

[37] Animal Science Products, Inc. v. China Minmetals Corp. F. 3d, 2011WL3606995, C. A. 3 (N. J.). 2011.

[38] 国家发展改革委价监局:《浙江保险行业违反〈反垄断法〉被处1.1亿元罚款》,载《中国价格监管与反垄断》2014年第9期。

[39] 国家发改委价检司反垄断处:《富阳市造纸行业协会组织经营者达成价格垄断协议受到严厉处罚》,载《中国价格监督检查》2011年第2期。

[40] 徐小波:《行业协会组织网吧经营者制定价格垄断协议案》,载《中国价格监督检查》2012年第6期。

[41] 参见法院对第72号案的裁判,载 http://www.saflii.org/za/cases/ZACT/2005/17.rtf,竞争上诉法院对第49号案的裁判,载 www.comptrib.co.za,2015年5月19日访问。

法要求竞争监管机构关注“保证中小企业能够利用该法案保护其公平自由竞争的能力的必要性”。[42] 由此可见,竞争政策与产业政策在终极目标上的一致性已经得到重视,也使两者的协调变得更具可能。

3.经营者集中的控制。控制经营者集中的目的就是避免市场力量的过度集中,是阻止垄断形成的防范性措施。但产业政策往往基于建立和保护“龙头企业”的目的而鼓励合并。因此,经营者集中问题是产业政策与竞争政策形成对立的主要领域,自然也是协调的重心,在垄断行业中尤为突出。如2002年,德国经济部基于建立“龙头企业”的理由通过了意昂电力公司和鲁尔天然气公司的兼并案,然而,德国联邦卡特尔管理局和垄断委员会却分别基于“影响竞争”和“影响竞争和公共利益”的理由反对此项兼并。[43] 通过反垄断法的实施有效防范了产业政策可能削弱竞争的发生。另外一个案例则显示了对产业政策与竞争政策的综合考量。众所周知,波音与麦克唐纳-道格拉斯的合并是一桩涉及产业政策和竞争政策冲突的典型事件。[44] 两家飞机生产商合并的结果导致了市场占有率达到了65%(波音60%,麦克唐纳-道格拉斯5%),而欧洲空中客车的市场占有率仅为30%。美国联邦贸易委员会批准了这一有巨大争议的合并,但欧共体委员会则倾向于禁止它。[45] 这个不同的评价差点导致大西洋两岸贸易战的危险。美国政府向欧共体委员会说明了出于产业政策如国防工业、劳动力市场等方面的考虑及合并后的效果,最终,欧共体委员会采纳了这一考虑。显然,在这个案例中产业政策及其他经济政策影响了竞争法的实施。虽然航空器生产市场中竞争仍然存在而且相当激烈,但是对于这一特殊产业关注的目光却从竞争政策移到了产业政策。竞争执法机构需要做的是高度警惕寡头之间的共谋可能。这在一定程度上解释了在特殊产业中国家或是地区间利益潜在的矛盾也是竞争政策需要的,甚至有时连企业反竞争的行为也将被容忍。

---

〔42〕 参见法院对第72号案的裁判,载 http://www.saflii.org/za/cases/ZACT/2005/17.rtf,竞争上诉法院对第49号案的裁判,载 www.comptrib.co.za,2015年5月22日访问。

〔43〕 See UNCTAD, The role of competition policy in promoting sustainable and inclusive growth, http://unctad.org/meetings/en/SessionalDocuments/tdrbpconf8d6_en.pdf, May 19, 2015.

〔44〕 Case IV/M.877 - Boeing/Mc Donnell Douglas, 1997O.J.(L336).

〔45〕 参见[德]乌尔里希·伊蒙伽、田泽:《合并控制在欧洲和德国的新发展》,载《环球法律评论》2003年第1期。

我国《反垄断法》第27条规定了经营者集中应当考量的因素，包括对国民经济发展的影响以及国务院反垄断执法机构认为应当考虑的影响市场竞争的其他因素，这些都为反垄断执法机构在全面考量竞争政策和产业政策的基础上进行执法提供了协调的权力和裁量的空间。[46] 反垄断法的实施要有利于实现“在大多数行业引入有效竞争”的政策目标，[47] 必须在自然垄断行业中明确行业豁免的范围，划分竞争性行业与非竞争性行业，在非竞争性行业中还需划分竞争性业务与垄断性业务。[48] 而在政策性垄断行业领域，由于对于某些专营专卖行业和可能引发系统性风险的行业，反垄断法是否适用以及在多大程度上适用一直存在争议，因此，随着时代变迁和技术进步以及竞争状况的变化，《反垄断法》的适用范围也要及时调整。以金融法为例，在金融领域重视竞争法的作用已经成为共识，[49] 竞争法已经成为国际组织要求进行银行业监管的一大支柱性内容。[50]

在国有经济领域，虽然对我国《反垄断法》第7条规定[51] 是否排除了“国有经济占控制地位的关系国民经济命脉和国家安全的行业以及依法实行专营专卖的行业”的反垄断适用还有不同理解，[52] 但至少可以看出该条规定是含有产业政策考量因素的，反垄断执法机构在适用反垄断法时必须考虑相应的产业政策。该条文没有列举关系国计民生的重要行业，体现了协调的空间与灵活性。当初美国、日本的电信产业也不是在反垄断法出台

〔46〕 See UNCTAD, The role of competition policy in promoting sustainable and inclusive growth, http://unctad.org/meetings/en/SessionalDocuments/tdrbpconf8d6_en.pdf, May 19, 2015.

〔47〕 徐士英：《竞争政策研究—国际比较和中国选择》，法律出版社2013年版，第90页。

〔48〕 Martin Hellwig: Competition Policy and Sector-Specific Regulation for Network Industries, http://www.konkurrensverket.se/globalassets/english/research/martin-hellwigthe-relation-between-competition-policy-and-sector-specific-regulation-for-network-industries.pdf, May 19, 2015.

〔49〕 Takeshi Kawanaka and Mamiko Yokoi-Arai, Competition Policy in the Banking Sector of Asia, http://www.fsa.go.jp/frtc/seika/discussion/2007/20071204-1.pdf, May 19, 2015.

〔50〕 比如，国际货币基金组织的金融部门评估程序（Financial Sector Assessment Program）就将竞争法作为其评估的关键性因素之一。See Chapter 2 of IMF and World Bank, Financial Sector Assessment Program—Review, Lessons, and Issues Going Forward, http://www.imf.org/External/np/fsap/2005/022205.pdf, p.24 Feb. 22, 2005.

〔51〕 我国《反垄断法》第7条规定：“国有经济占控制地位的关系国民经济命脉和国家安全的行业以及依法实行专营专卖的行业，国家对其经营者的合法经营活动予以保护，并对经营者的经营行为及其商品和服务的价格依法实施监管和调控，维护消费者利益，促进技术进步。”

〔52〕 学者们对于《反垄断法》第7条的理解不一。参见韩立余：《反垄断法对产业政策的拾遗补缺作用》，载《法学家》2008年第1期。

之初就受到规制的。产业政策不是排除反垄断法适用的理由,但它是限制反垄断法适用的一个条件。[53]

（四）反垄断法与其他行业监管法律的管辖权限划分和执法权限的配置和协调

有效处理反垄断执法机构与行业监管机构的管辖权及其协调是动态融合竞争政策和产业政策的外部协调机制,旨在逐渐增强竞争政策对产业政策的影响。根据各国经验,自然垄断行业的竞争性变化决定了反垄断执法机构与行业监管机构之间的管辖权边界的动态性;两类机构之间权限配置恰当均衡,才能使规制效率最大化。韩国公平交易委员会自1994年后从国家经济计划部下的附属部门分离出来,成为一个独立的并享有对经济计划部制定的经济政策进行监管和审查权力的独立部门。如果审查的意见与政策制定者相左时,内阁将通过有各方代表和社会公众参与的评价审查机构进行充分讨论,最终作出"最符合社会公共利益"的选择。这一战略性举措对以竞争政策为主导来协调与产业政策的关系起到了极为重要的作用。日本的做法同样值得借鉴,2001年日本废除了关于自然垄断行业的豁免规定,原本完全属于部门法管辖的公共服务领域,正式进入反垄断法的视野。部门法和反垄断法共同管辖公共服务领域的经营活动,而竞争行为方面的管辖则以竞争执法机构行使为主。[54]

目前,我国航空、电信、电力、邮政行业内某些业务领域存在一定程度的竞争,铁路、石油等行业还完全或者基本是垄断经营。各个行业参差不齐的改革进度,较低的行业竞争性决定了这些行业并不具备将竞争管辖权限配置完全交给反垄断执法机构的条件,但由行业监管机构实施的规制又明显落后于改革实践。在垄断行业限制竞争行为的管辖权配置上没有现成模式可搬,可以在借鉴各国经验教训的基础上,随着体制改革的进程作出个性化的选择。当前情况下采用竞争执法机构与行业监管机构分享管辖权的模式是可行的。[55] 但是必须逐步明确竞争执法机构的主导性。管辖权配置并不完全依赖静态上划分相应机构的权限范围,还必须通过机构

---

〔53〕 参见刘继峰:《论我国反垄断法中竞争政策与产业政策的协调》,载《宏观经济研究》2008年第4期。

〔54〕 参见戴龙:《日本反垄断法研究》,中国政法大学出版社2014年版,第239页。

〔55〕 参见徐士英:《竞争政策研究:国际比较与中国选择》,法律出版社2013年版,第161页。

之间紧密合作和有效的司法制约，在动态上协调不同机构的权限行使。随着市场竞争性的增强，行业监管的收益逐渐减少，而监管成本并未相应降低，甚至还有所增加，所以就未来的目标和趋势而言，由反垄断执法机构统一规制会更有效率。

除了上述之外，根据我国《反垄断法》规定而建立的国务院反垄断委员会在竞争政策与产业政策的关系协调方面发挥着不可替代的重要作用。首先，《反垄断法》规定了国务院反垄断委员会的首要职能为“研究拟定有关竞争政策”“协调反垄断行政执法工作”；其次，反垄断委员会本身组成包括了产业政策的制定者和实施者，承担着协调竞争政策与产业政策关系的角色。因此，有理由相信，国务院反垄断委员会在研究拟订竞争政策时，必然要考虑与产业政策的冲突，抑或协调与融合，推动在更广泛范围内实施竞争政策，确立竞争政策的根本性地位，在更高层级上协调经济决策过程中竞争政策与产业政策的关系。[56]

三、反垄断法的政策协调应当坚守“市场起决定性作用”的底线

产业政策的目标可能和竞争政策产生严重的冲突，产业政策的某些措施可能会削弱甚至抹杀竞争政策的积极影响。如政府补贴可以改变刺激企业发展的因素，获得政府补贴的企业往往是以牺牲其他竞争者为代价在市场中扩展其份额的，这些企业可能会迫使未获补贴的经营者退出市场，其在市场中的扩张可能使经济福利总量减少。这与竞争政策的目标是相冲突的，[57] 从长远角度看，这也损害了竞争。因此必须认真解决。

（一）政策协调的基础：确立竞争政策地位

竞争政策与产业政策是调节经济的两种形式——市场调节和国家干预，而通过反垄断法的实施推进竞争政策和产业政策协调，其实质是推进市场机制在资源配置方面发挥决定性作用。竞争政策的作用是维护市场机制的正常运行；而产业政策的作用正是在尊重市场的基础上对市场的基

〔56〕 参见许昆林：《逐步确立竞争政策的基础性地位》，载《价格理论与实践》2013 年第 10 期；肖竹：《论竞争法主管机关与产业监管机关的管辖权划分》，载《行政法学研究》2009 年第 2 期；孟雁北：《我国反垄断法机构与政府产业规制部门的关系》，载《中国人民大学学报》2015 年第 2 期。

〔57〕 当其他企业获得政府补贴时，那些没有获得补贴的企业就会改变其发展前景。一般来说，那些改变了发展前景的企业往往会作出冒险的决定，而一旦决定错误，其很有可能面临经济困难的境地而需政府救助。

础资源配置机制予以补充,尤其是针对市场失灵领域。但是产业结构的合理化最终还是要依靠市场机制的调节,这是产业政策无法离开的基础。市场机制发挥作用需要市场竞争的正常进行,垄断和不正当竞争行为使市场失去活力,竞争法正是通过消除市场障碍,使市场机制得以正常发挥作用。从这个角度讲,竞争政策可以促进产业政策目标的实现,为产业政策发挥作用创造基础性条件。所以反垄断法的实施必须守住市场机制为主导的底线。要将竞争政策作为制定产业政策的基本出发点,即产业政策在市场经济的条件下要具有符合市场经济要求的目标,即使不能如欧共体那样在不同政策间规定竞争政策的优先权,也要明确竞争政策的基础性地位。具体案例也许更能帮助理解这一点。欧共体关于合并禁止的一场讨论中,一个德国和西班牙合资的企业打算兼并一家波音公司的子公司(德哈威德),由于此兼并将导致涡轮式飞机很高的市场份额,欧共体委员会没有批准它。法国政府起诉了欧共体委员会,理由是委员会在作出否决时并没有考虑到在航空业方面欧洲和国家的利益。[58] 显然,在这一案例中委员会坚持了竞争机制,而没有为国家利益或者欧洲利益而动摇。在经济危机中各国竞争法实施也说明了这一点。越来越多的人认识到,在经济萧条期,市场机会减少,经营者为了保持经营利润将更有动力达成共谋或进行价格协同;拥有市场支配地位的企业为了打击竞争对手,也更倾向于实施排他性的垄断行为;而且危机的发生往往给企业并购和集中提供了很好的借口和理由。所有这些垄断协议、滥用市场支配地位以及经营者集中,都将可能阻碍而非促进经济的有效增长。有人甚至断言正是竞争法的缺失和过分倚重产业政策导致了1997年亚洲金融危机的爆发,[59] 还有人总结了当年美国罗斯福新政时期削弱反垄断法实施做法,“足足使美国的大萧条延长了七年”。[60] 这些都表明了坚守市场机制和竞争政策的底线,应当成为协调各种经济政策的基本原则,即便是危机时期。

---

〔58〕 CaseIV/M. 53 – Aerospatiale/alenia/DeHaviland,1991O. J. (L334)42.

〔59〕 比如,在东亚国家和地区,普遍不存在竞争法或者竞争法名存实亡,在韩国、中国香港特区、菲律宾、印度尼西亚和泰国这五个遭受亚洲金融危机影响最为严重的东亚国家和地区中,只有韩国和泰国有竞争法,但在此以前从未被严格执行过。参见冯晓琦、万军:《从产业政策到竞争政策:东亚地区政府干预方式的转型及对中国的启示》,载《南开经济研究》2005年第5期。

〔60〕 Neelie Kroes, EU State aid rules-part of the solution, speech delivered at the EStALI Conference, Luxembourg, December 5,2008, http://ec.europa.eu/competition/speeches/index_2008.html, May 19,2015.

(二)政策协调的标准:确立公共利益标准

效率往往是产业政策所关注的重要因素,可能被用来作为国家利益来提高国际竞争力的标准。但效率标准必须在最严格意义上进行运用,符合社会公众利益的效率标准才是最合适的。因此,“公共利益”作为标准的考虑是十分重要的,不同部门、不同地区对待“公共利益”考虑有所不同,所以,政府的利益(地方和部门的利益)不应当被夸大和预测。与此同时,特殊行业和行为的例外豁免需要谨慎,通常情况下太多的豁免是不可取的。事实上,作为基本原则的竞争会受到非经济因素的干扰。在政策协调过程中发生争论,当政府权力机构不采纳竞争执法机构的意见时,应当对这种“不采纳”作出公开的解释,而竞争执法机构则应当具有对公共利益进行解释的权威性。

(三)政策协调的路径:运行机构设置制度

建立有效的协调机制,运行机构是主要的。在这方面,邻国日本和韩国提供了可资借鉴的做法。韩国的竞争执法机构和行业监管当局保持着密切联系,共同实施着国家产业发展的战略与政策。韩国公平贸易委员会的经济规划委员会,与大型企业有良好的沟通,鼓励企业达成产业发展目标,把企业间的竞争作为重要的国家战略,让动态的竞争起到了激励和惩戒的作用。这一战略对企业的投资和生产决定影响重大,提升了大型企业集团的竞争力。日本公平交易委员会与产业政策的主要实施者通产省之间经过长时间的磨合,形成很好的合作关系。在颁布指南和修改法律上取得共识,从制度上确立了日本公平交易委员会在处理公共服务领域限制竞争行为方面的权威地位。这些对于我国国务院反垄断委员会胜任政策协调的功能应该有所启示。

四、结语

我国改革开放战略的实施实际上就是引入和实施竞争政策的过程,改革已经进入“深水区”,但在以“竞争政策”统领和解释其他经济政策方面尚未达成共识,经济体制改革的理论和措施不能在一个统一的思想体系形成合力。这方面,拉丁美洲国家的教训值得借鉴。很多拉美国家较早引入了市场竞争机制,短时间内也实现了市场经济的初步繁荣,但是却迟迟无法步入经济发达国家的行列,人民生活水平徘徊不前。其中很重要的一个原因,就是其国内的垄断势力在获得竞争带来的阶段性利益之后,成为阻

碍竞争政策进一步实施的反力量。这就是为什么竞争政策在其施行初期比较顺利,而到改革深入之后就变得十分艰难的重要原因。[61] 这个教训值得每一个走在市场经济和竞争机制探索之路上的国家和民族深思。我国已经明确了"强化竞争政策和产业政策对创新的引导,促进优胜劣汰,增强市场主体创新动力"的战略目标,[62] 因此,对反垄断法实施的功能认识就不能局限于个案的执法,而应该上升到协调"竞争政策与其他经济政策"的层面,在政策协调方面发挥重要功能。我国当前所面临的经济和社会环境及国际形势变化,注定了竞争政策必须发挥更为基础的作用,承载更为艰巨的任务。重视和研究《反垄断法》在协调经济政策方面的功能性挑战,可以更好地推进创新驱动这一宏伟发展战略的实施。

---

〔61〕 参见张志伟、应品广:《中国反垄断法实施的现状评析与路径探寻》,载《求实》2013 年第 1 期。

〔62〕 参见《中共中央国务院关于深化体制机制改革加快实施创新驱动发展战略的若干意见》,载 http://www.gov.cn/,2015 年 5 月 22 日访问。Union to horizontal co-operation agreements (Text with EEA relevance)(2011/C11/01)。

竞争政策视野下知识产权领域的竞争法实施*

美国高通公司(Qualcomm Incorporated)因在无线通信行业中凭借标准必要专利许可市场的支配地位,违反中国《反垄断法》,受到中国竞争执法机构的处罚。此案(以下简称"高通案")引起了全球性的关注,随着中国国家发展改革委2015年第1号行政处罚决定书的发布,以及高通公司承认违法、接受处罚,交纳罚款的迅速举动,这一震动世界的反垄断大案似乎画上了句号。但是该案引发的思考和研究还在继续。本文从知识产权与竞争法的关系入手,以"高通案"为典型,分析知识产权优势地位的滥用行为,追踪经济权利向经济权力的蜕变。探索在技术创新为主导的新经济时代知识产权适用竞争法的挑战及思考。

一、知识产权适用反垄断法的发展历程

(一)知识产权几乎不受约束的特权时代

17世纪中叶正是资本主义自由竞争理念充分孕育时期,第一部专利法英国《专利法》的诞生极大地强化了私有财产神圣不可侵犯的理念,成为牢不可破的权利经济的象征。二百六十多年之后,美国《谢尔曼法》登上历史舞台,被誉为"自由企业大宪章"的反托拉斯法明确表示,其目的是保证"无限制的竞争力量的互相作用产生最佳经济资源分配和最大的物质进步",要消除垄断产生的反竞争行为,保障企业平等的进入市场的自由权利。〔1〕这与当年专利法的宗旨全然不同。前者被认为是维护垄断行为的(或至少在某些情况下赋予排除竞争的权利);而后者则是限制和禁止垄断行为的。知识产权是私权,以维护私益为目标;而反垄断法则是以社会

---

* 载《中国价格监管与反垄断》2015年第4期。

〔1〕 转引自马歇尔·C.霍华德:《美国反垄断法与贸易法规》,孙南申译,中国社科院出版社1991年版,第12页。

为本位，以维护社会公益为目标。当面对竞争法和知识产权法的事实相冲突时，在个体权利与社会整体利益之间，法庭倾向于通过优先考虑知识产权拥有者的特权来解决争议。这种几近没有约束的特权，甚至扩张到了专利许可的限制竞争。这在当时不仅很少受到非议，而且还作为奉行"契约自由"原则所衍生的权利的典型。[2] 在美国早期案例"拜门特公司诉联邦耙子公司"一案法官的判决中，最高法院的解释是"原则上专利法通常保护使用和销售知识产权的绝对自由。……通过合同形成的垄断或价格固定都会被认为是合法的"。[3] 知识产权权利人所拥有的特权被扩大到了包括建立价格固定卡特尔协议的权利，以致一群"守法"的垄断者可以协调一致地"合法地"实施专利垄断权利，尽管当时《谢尔曼法》已经存在。[4]

（二）知识产权与竞争法水火不容的相持冲突时代

20 世纪 20 年代开始，知识产权法与反垄断法进入了相持阶段，两者处于关系紧张、冲突分立的阶段。垄断被理解为是知识产权的目的，这一定义与反垄断法对垄断的否定背道而驰，反垄断法与知识产权法被理解为两个互不相容的法律。正如美国专利法庭在 1917 年的一个动画片案件中所解释的那样，"知识产权所形成的垄断成了《谢尔曼反垄断法》在镜子里的影像"。[5] 随着反垄断法在纠正市场结构失衡、制约市场力量滥用、维护消费者利益等方面越来越显著的功能，社会正义观的变化促进了权利行使的绝对性开始受到质疑与约束，知识产权不受制约的特权现象引起了社会的关注与重视。为了解决冲突，立法者提出，专利垄断应该是一种有限制

---

〔2〕 See "Antitrust and Intellectual Property: From Separate Spheres to Unified Field", *Antitrust Law Journal* , Vo1. 66, 1997.

〔3〕 该案是由一项专利共享协议引起的。经过几年的专利侵权的诉讼，"浮动弹性齿耙子"的制造商解决了它们的争议：将它们所有的弹性齿耙子的专利让与联邦耙子公司，作为交换，它们将占有联邦耙子公司的股份以及联邦公司赋予他们制造、使用、销售霸主的许可。这种共享的规模很快扩展到了 22 个公司，大约占了美国所有生产、销售弹性耙子厂商的 90% 之多。在这些共享成员的义务中，由两项是由特殊利益的：第一，每个公司都被要求在销售许可制造的商品时遵守统一的价目表；第二，每个公司都只能使用共享技术中的制造技术。当联邦耙子公司起诉拜门特公司（专利共享成员之一）以低于价目表的价格销售耙子破坏许可协议时，拜门特公司辩解说，共享协议是不合法的，是没有执行力的，因为它违反了《谢尔曼法》。

〔4〕 See Priest, supra note 9, at 331 and authorities cited therein.

〔5〕 See "Antitrust and Intellectual Property: From Separate Spheres to Unified Field", *Antitrust Law Journal*, Vo1. 66, 1997.

的权利,比如授予专利的地域性、时间性等限制。这可以认为在对于专利权的限制中已经跨出了重要的第一步,专利权人实际上已经开始自然地承担起潜在的反垄断责任,抑或已经开始承担起在实施专利时由于滥用专利权利所带来的损失。但是,这种限制与现代意义上的竞争法对于知识产权滥用的规制是有重大区别的,在专利权的范围之内,权利人的权利仍然是绝对的、不受限制的。

(三)保护知识产权与限制权利滥用的协调共生时代

20 世纪 70 年代开始的一系列理论研究从根本上影响了反垄断法与知识产权法的水火不容的关系。以芝加哥学派为代表的效率主义理论促进了这种统一。沃德·鲍曼 1973 年出版了《专利和反托拉斯法》一书,反对反垄断法和专利法处于对立地位的观点。他认为这两个法律领域有共同的目标,即保护效率。"反垄断法和专利法两者有着一个共同的核心的经济目标:通过以最低成本生产消费者所需来实现财富最大化。"[6] 以 1995 年美国《知识产权许可的反托拉斯指南》所确立的知识产权与反垄断法关系的三项基本原则为标志,[7] 促进竞争的反垄断法与推进创新的知识产权法开始趋于和谐与统一。这些原则有效地改变了传统思考知识产权法律的方式,两个法律中"非此即彼"的对立开始消失,这三个原则被认为是有效地确立了知识产权适用竞争法的理论基础。知识产权本身赋予的垄断权利,仅仅是一种"为排除他人抄袭这一特殊工艺、产品或设计之需要"的权利,这是"与其他财产权没有任何区别的"权利。[8] 因此,反垄断法的有关原则不仅适用于有形财产权利,也适用于知识产权的权利。只要限制市场竞争与妨碍社会效率的持续提高,知识产权同样应该纳入竞争法的规制范围。

然而,随着高科技和互联网时代的到来,人类社会对技术创新与知识产权的依赖越来越突出,知识产权与竞争法的关系也变得越来越敏感。虽

---

〔6〕 Ward Bowman, *Patent and Antitrust Law: A Legal and Economic Appraised*, Chicago: University of Chicago Press, 1973, p. 37.

〔7〕 三个原则的核心内容是:知识产权与其他形式的财产具有可比性,所有权提供了相同的权利和义务;知识产权的存在并不自动意味着拥有的市场力量;知识产权许可往往是必要的,以便所有权人有效地结合具有补充性的生产要素,从而可能有利于竞争的。

〔8〕 See Joel. M. Cohen and Arthur J. Burke, "An Overview of the Antitrust Analysis of Suppression of Technology", *Antitrust Law Journal*, Vol. 66, No. 2, 1998, pp. 421 - 439.

然反垄断法和知识产权法有共同的目标已经成为共识，但对两类法律的冲突也不能回避与否认。[9] 权利人凭借技术优势，尤其是当某项专利非常成功以至于成为行业进入的壁垒（标准必要专利）产生出独有的市场时，知识产权法和反垄断法的目标就会直接冲突。知识产权权利人借此进行不公平交易和不正当竞争，已经成为技术转让与国际贸易中的突出问题，集中表现在以附加不合理交易条件为核心的价格谈判之中。昔日的微软技术垄断案、IDC、高通标准必要专利垄断案等已经充分表明了这种趋势。联合国贸易和发展会议在《竞争政策如何影响知识产权实施的初步报告》中，强调了知识产权保护对市场竞争的危险，尤其是同独占权相联的市场支配性地位的滥用。[10] 在笔者看来，对于知识产权限制竞争行为如何适用竞争法，不仅是竞争执法机关在个案中对于保护知识产权与维护市场竞争之间的权衡取舍，更是一国竞争政策与知识产权政策及其他经济政策的协调与选择。笔者认为，尊重知识产权与保护市场竞争之间的关系，应当置于国家的竞争政策和国际环境的变化这一更为宽阔的视野下加以讨论才能有答案。

二、竞争政策视野下透视知识产权适用竞争法

（一）竞争政策影响法律的实施标准

“高通”案的处罚决定引起对执法标准的质疑与讨论。对此，笔者认为，由于市场经济发展与成熟的程度不同，各国的竞争政策目标也各不相同，这一定会影响竞争法实施的标准。不仅经营者集中的控制标准各异，在认定违法行为和法律救济方面也存在差异。事实上在竞争法实施方面不存在全球统一的标准。[11] 这是由一国的竞争政策、产业政策以及其他经济政策方面的目标所决定的，从根本上讲取决于不同国家在现阶段要解决的主要社会经济矛盾。正如安德鲁斯教授在“WTO 贸易与竞争政策”工作小组研究报告中指出的，“与知识产权相关的限制竞争行为不能简单地

---

〔9〕 当企业采用在知识产权保护本身所预计之外的方式，以反竞争的手法来使用知识产权，就会引起大量的问题。在这种情形下挑战在于，在减少反竞争影响的同时，要尊重知识产权的存在和知识产权意图促进的公共目标。

〔10〕 See Andreas Heinemann, “Intellectual Property and Competition Policy—WTO workshop on Trade and Competition”, *Cancer Treatment Reviews*, 19 Suppl A (13), 1993, pp. 73 – 84.

〔11〕 See Micheal Kling, Latest Development regarding the Application of article102 TFEU and the merger control in European and German Competition law, *Journal of Korean Competition Law*, Mar. 3, 2015, pp. 64 – 84.

被认为是本身非法或本身合法，恰恰相反，与之相关的整个法律的和经济的因素都应予以考虑”。[12]

我国现阶段国家发展的目标是为了实现“市场在资源配置方面起决定性作用”，并借此达到建设小康社会的目标。显然，国家竞争政策的目标是加快建立一个竞争性市场机制，鼓励创新，公平竞争，市场竞争秩序的维护成了首要任务。[13] 在这一目标主导下的知识产权政策的根本目标也是为了实现经济增长和国家实力的提高，个体利益保护只是其实现目标的手段。知识产权政策的目标需要通过在市场经济环境中运营的经营者竞争性行为才能得以实现，竞争政策为知识产权政策的实现创造基础性的市场环境，通过竞争使市场主体的个体利益最大化符合社会公共利益的提高。如果对个体利益的“过度保护”会损害社会公共利益，不能实现知识产权政策的根本目标时，知识产权政策自然也不会支持这种利益发展。所以，在个体权利发展和实现可能影响竞争机制，市场自身无法进行纠正之时，竞争政策的规制是极为必要的。竞争政策对知识产权政策的“保护力度和方向”有基础性指导作用。“高通案”中，因技术专利成为标准之后已经不存在竞争者。其对“独占”权利的不当行使成为竞争法高度警惕和严厉规制的对象是必然的。

现代社会已经进入知识经济时代，科学技术成为推动社会发展的第一生产力。但是在全球化经济体系中，也出现了利用知识产权进行不公平竞争行为。争取国际竞争公平是发展中国家竞争法实施的目标之一。[14] 纵观国际性产业链的现状，发展中国家大多处于产业链的末端，在产品价值链中所占比重极低。知识产权不是一个孤立的问题。就业问题、产业政策问题，以及与此相联系的其他社会问题都应成为影响竞争法实施的因素。德国著名竞争法学者迪利亚教授称“竞争法的政治目标”是符合实际的。[15] 美国当年《谢尔曼法》也就是带着这样的政治目标诞生的。

〔12〕 See Andreas Heinemann, “Intellectual Property and Competition Policy—WTO workshop on Trade and Competition”, *Cancer Treatment Reviews*, 19 Suppl A (13), 1993, pp. 73 – 84.

〔13〕 参见中国共产党第十八次代表大会报告、十八届三中全会决议、十八届四中全会决议内容。

〔14〕 这也是大多数发展中国家在实行发展改革的同时，都大力推进竞争法与竞争政策实施的共同趋势。参见联合国贸易发展会议竞争与消费者政策政府间专家会议历年年度报告。

〔15〕 See Meinrad Dreher, “The Formation and Development of EU competition Law”, Speech in International Conference in Seoul National University, Mar. 26, 2015.

（二）竞争政策对国际组织与协议的影响

如果说在知识产权与市场竞争关系问题上，国内标准只是一国国情需要的体现，那么，国际组织及其协议与原则的变化，则是体现了竞争政策在传统权利保护领域所产生的重大影响在《与贸易有关的知识产权协议》（Agreement on Trade-Related Aspects of Intellectual Property Rights，TRIPs）和国际标准化组织的 FRAND 原则变化中，我们可以明显地感觉到上述影响。

1. 世界知识产权组织的 TRIPs 协议。以保护知识产权为核心的 TRIPs 协议中引入了竞争法条款，对于知识产权适用竞争法作了比较明确的规定。其"序言"中指出"实施知识产权的措施和程序本身不应是合法贸易的障碍"；第 8（2）条又规定"可以采取适当的措施防止知识产权被权利人滥用，或者防止不合理地限制贸易或对国际技术交易有不利影响的行为"；同时还清楚地阐明了，世界贸易组织成员不被禁止采取行动对抗知识产权的滥用，显然，在竞争法律领域内的国家主权是仍被保留的。第 31 条还直接规定了对专利权的限制，如"如果未获授权的（专利）使用是用来补偿已通过司法或行政程序认定为反竞争行为的，这些严格的条件可以有例外"（C 款和 K 款）。显然，在 TRIPs 协议中对竞争的保护被提到了很高的地位。[16] 尤其值得注意的是，TRIPs 协议第 40 条对许可合同中的限制竞争条款进行了专门的规定，这是 TRIPs 协议中对竞争问题规定得最为详细的一条。第 40（2）条规定，"如果一个许可行为对相关市场的竞争产生负面影响，在一定条件下构成知识产权的滥用，那么它就会被禁止"。该条明确举出了三类典型行为："独占性返授条件"、"禁止对有关知识产权的有效性提出异议的条件"和"强迫性的一揽子许可证"，都是应当禁止的行为。这些条款为成员国在知识产权领域适用竞争法提供了依据，自然也成为我国执法机构对高通案件实施处罚的基本依据。

2. 国际标准化组织的 FRAND 原则。FRAND（fair，reasonable，and non-discriminatory terms）原则，即"公平、合理、无歧视"原则，是国际标准化组织在维护权利与限制权力之间的平衡性产物，也可以视为在知识产权政策与竞争政策之间的进行协调的标志。高科技的发展使技术标准与专利权的结合成为无法回避的趋势，能够进入技术标准中的专利技术必须是此技

〔16〕 See Andreas Heinemann，"Intellectual Property and Competition Policy—WTO workshop on Trade and Competition"，*Cancer Treatment Reviews*，19 Suppl A（13），1993，pp. 73 – 84.

术标准必不可少的技术内容。这一专利技术就当前的技术水平而言没有可替代性。FRAND原则的内涵就是标准制定组织在将专利权人专利权纳入技术标准时,要求权利持有人必须进行声明,“一旦技术标准采用其专利技术,他将按照公平、合理、无歧视原则许可标准使用者实施其专利技术”,以此来规制标准中专利权人的许可授权行为。该原则已成为解决标准化中专利许可的基本准则,在满足公众对技术标准需求与保护合理竞争秩序,防止专利权人滥用许可(如专利授权的拒绝许可或歧视性许可)之间可以找到一个平衡。因此。FRAND许可原则在技术标准领域被公认为是与社会公共利益需求相吻合的。但由于依据FRAND原则并不能直接有效地制约标准必要专利人的滥用行为,因此,反垄断法的实施就是必然的选择。

由上述简介可了解知识产权与竞争法关系的时代变迁和发展趋势,明确在这样背景下“高通案”的意义所在。当科学技术与知识产权越来越成为社会发展的主要动力,权利人的市场支配地位日益增强的情况下,知识产权领域适用竞争法,以此来调节“权利”通向“权力”的闸门,这是社会发展必然的选择。

(三)简短的小结:社会整体利益应当优先考虑

知识产权制度的目标是通过明确权利人运用法定排他性权利(亦即垄断)的边界,限制静态的竞争来创造市场力量,以提高其在动态竞争上的投入,从而提高市场效率和社会公共利益。然而,理想与现实往往不一致,在这个过程中,个体利益可能与公共利益产生冲突,个体在追求和实现权利的过程中,可能产生一些不正当的行为,侵害市场竞争及消费者的合法权利,影响市场秩序,进而损害社会公共利益。竞争政策的目标在于市场效率和社会公共利益的提高,其手段主要是维护正常的竞争秩序,使市场机制发挥资源配置的功能,优化资源利用。可见,竞争政策和知识产权政策的冲突实质是特定情况下,个体利益与社会公共利益的冲突。这时,直接维护竞争机制的竞争政策应当优于知识产权政策。在这里强调优先竞争政策,并不是强调对任何个体利益进行直接的、倾向性的保护,而是对正常竞争秩序和市场机制的弥补和维护,真正保护的是竞争。所以,竞争政策的优先是对市场经济体制的充分肯定。知识产权保护实际上是将公共产品转变为了私人物品,因此,知识产权的最佳保护范围和保护时间应该归

纳为是一个经济利益的权衡问题。如果加强保护的社会利益大于它的社会成本,知识产权保护就应当得到拓展。反之,就应该适可而止。只有当社会利益和社会成本之差是正值的时候,加强知识产权保护才能符合社会公共福利。这些原则给予两者之间的平衡提供了基本标准。知识产权的定义越宽,它就越可能获得市场力量或者影响次级市场。例如,如果对汽车设计的保护包括备用件,甚至包括维修,知识产权保护和竞争法之间的冲突就会加剧。在决定行为是否构成支配地位的滥用时必须考虑所有法律和经济的因素,包括短期和长期影响都应考虑。欧洲法院根据欧洲法院条约裁决的著名案例 Magill 案件中,〔17〕不予许可使用版权保护的电视节目单被认为是支配力的滥用。Magill 案被视为欧洲知识产权保护法中向形式主义思维的最后告别,权利保护不能超越了竞争规则的适用。

三、"高通案"的警示:防范经济权利向经济权力的蜕变

"高通案"被认为是一宗知识产权适用反垄断法的典型案例。其之所以受到反垄断法的规制,并不在于其获得和拥有的知识产权。关键在于高通公司在市场中将商品(技术)交换中的财产权利(经济权利)变成了权力,将平等交换关系变成了不平等支配关系,"权利"与"权力"只一字之别,性质却完全不同。在市场经济中,权利交换本质上是意志的交换,〔18〕平等自由是商品交换的本质特征。但是在社会经济发展到一定时期,市场主体的市场地位日益悬殊,交换逐渐变得不再那么平等。强者的"权利"向着"权力"演变,原本权利交换的横向关系逐渐倾斜,最终可能就变成纵向关系。市场规则由强者制定,经济民主不再存在。市场经济不再持续发展。这就需要以另一种"权力"对蜕变的"经济权力"进行矫正,让市场交易回复到其应有的状态。反垄断法的出现正是对这种社会现象的回应。在知识产权适用竞争法问题上,必须遵循竞争法的一般原则,防止"权利"向"权力"的蜕变。

(一)拥有市场支配地位:经济权力的存在

在"高通案"中,中国执法机关首先分析了其拥有市场的支配力,这主

---

〔17〕 参见单晓光、江清云主编:《欧洲知识产权典型案例》,知识产权出版社 2011 年版,第 5 页。

〔18〕 参见马克思:《资本论》,人民出版社 2004 年版,第 22 页。商品交换表面上是物与物的交换,实质上是人与人的一致的交换。

要包括两个方面，即高市场份额与严进入壁垒。一般来讲，高市场份额是认定市场支配地位的主要依据。如微软案件中，微软的竞争优势源于它的知识产权，但是，美国联邦地区法院认定微软具有市场支配地位的，却不是直接基于它拥有的著作权本身，而是其在全球个人电脑操作系统产品市场上95%的份额。〔19〕同样的道理，执法机关认定高通公司的市场支配地位，也非直接因为其拥有标准必要专利，而是遵循了竞争法的原则，对其市场份额作了详细的分析后作出了认定。〔20〕市场份额的大小尚不足以实际反映市场支配力，往往还要取决于企业面临的实际竞争和竞争者进入市场的难易程度。由于高通公司的技术专利已经成为CDMA、WCDMA和LTE技术标准的无线标准必要专利，其他竞争性技术已经被完全排除在了该技术标准之外，所以难以进入高通公司持有的无线标准必要专利组合许可构成的相关市场。从专利许可费和许可条件的控制力、阻碍和影响其他经营者进入相关市场的能力，以及无线通信终端制造商对高通公司无线标准必要专利组合许可的高度依赖性，其他经营者进入相关市场的技术难度等方面的分析，最终得出结论，高通公司在无线标准必要专利许可市场具有市场支配力。由此可见，真正衡量高通公司市场地位的是其控制相关市场的经济实力，即它可以不顾及市场其他竞争者（该案中根本没有）和消费者的影响而作出定价和其他的决策。在高通案中，无线通信标准必要专利许可市场中不存在可替代性，知识产权赋予所有者在相关市场上的支配地位就确定无疑了。不过即便如此，还不能就此断定它违背了反垄断的原则，还必须认定其不适当地行使了此经济权力，影响了市场竞争才予以规制。

（二）滥用市场支配地位：经济权力的不当行使

虽然对于已经拥有市场支配力的权利人并不一定实施滥用行为。但由于获得和维持市场垄断的可能性率急速上升，对竞争产生的不当影响也在增强，所以往往成为反垄断执行机构的关注对象。为此，大多数国家的竞争法都保留了对排他性权利拥有者（拥有受国家法律保护的知识产权的人）进行规制的权力。一旦支配市场的意图和行为同时露出端倪，竞争法

〔19〕郭建安：《微软讼案》，法律出版社2000年版，第2页。

〔20〕在CDMA、WCDMA和LTE在内的无线通信技术标准必要专利的许可市场中（每一项无线标准必要专利许可均构成独立的相关产品市场）都占有100%的市场份额，以及在该无线标准必要专利组合许可市场中也占有100%的市场份额的事实。在这样的市场结构中根本不存在竞争。

律将会严厉适用,高通公司的行为不幸被列入了“滥用”之列。

从执法机构的调查分析中可知,高通公司违法的判定在于其滥用已经拥有的市场支配地位,实施了限制竞争的行为。其通过直接或者间接地收取不公平的高价专利许可费,要求交易相对人专利免费反向许可,要求专利免费反向许可,对过期无线标准必要专利收取许可费,要求被许可人将专利进行免费反向许可,在无线标准必要专利许可中,没有正当理由搭售非无线标准必要专利许可等。正是这些以经济权力进行交易的行为,在获得巨大利益的同时,损害了市场交易和竞争的一般原则。[21] 执法机关责令高通公司停止违法行为,调整计费方式,这是对过往做法进行纠正和救济的必然结果。

(三)简单的结论:竞争政策的主导性

“高通案”的处理结果表明,企业拥有市场优势是市场竞争的结果,拥有知识产权方面的优势更是社会进步的标志与动力。但是,将这种经济权利向经济权力的转换则是可以避免的,否则就会适得其反。知识产权人利用知识产权优势牟取合法的知识产权范围以外的利益,其结果对市场竞争带来了不应有的限制,以致不被竞争法所容忍而需要由其加以调整。[22] 因市场本身不具有遏制经济权力不当行使的能力,因此需要通过制度的外力加以约束。在针对知识产权滥用行为的规制中,有可能会出现竞争政策和知识产权政策的冲突,而如何通过处理竞争政策和知识产权政策之间的关系来指导这一冲突的解决,笔者同意这样的说法,与其说这两类法律之间是和谐统一的关系,还不如说它们是一种互为补充的关系更为恰当:知识产权构成财产权,竞争法为它们的交易提供规则。[23]

结束语

“高通案”至少让我们明白了:市场经济是竞争的经济,竞争能够促进创新,创新不能阻碍竞争,然而,市场本身并不能够自动维持这种竞争机

---

〔21〕 参见国家发展和改革委员会行政处罚决定书〔2015〕1号行政处罚决定书。

〔22〕 冯晓青:《论知识产权法与竞争法在促进有效竞争方面的平衡与协调》,载《河北法学》2008年第7期。

〔23〕 美国联邦巡回上诉法院明确地谈到了这一补充:“当专利产品仅仅是在市场上激烈竞争的众多产品之一时,专利人的知识产权和反垄断法之间很少产生问题。……可是,当专利产品如此成功以致产生出它独有的经济市场,或者占据了现存市场的大部分时,从表面上看,专利法和反垄断法的目标就完全相反。可是,这两个法实际上是互补的,它们的目标都在于鼓励革新、勤勉和竞争。”

制。必须要有规制市场竞争行为的法律制度,将竞争者的行为约束在合理的框架内,才能保证市场经济持续发展;各国反垄断实践证明,对迅速发展的高科技行业的垄断行为的规制不但没有淡出,相反更严厉地得到实施,才能有效地维护市场安全和人类安全;我国反垄断法实施已经步入常态,反垄断法的原则在适用于一般的财产权的同时,应同样适用于知识产权领域,在知识产权法和反垄断法的双重调整下,推动整个社会的革新和发展。根据中国的历史和现实,我们最重要的目标(也是政治目标)是建立市场经济体制,改变传统经济体制影响下的权力主导一切的体制。这意味着对于市场中经济权力(无论是来自政府权力还是市场权力)限制竞争的行为必须加倍重视。警惕和遏制“权利”向“权力”的蜕变通道,是当前体制改革的首要任务。也是竞争政策现阶段的目标任务,知识产权问题同样应当纳入这一视野下进行讨论。

竞争政策视野下行政性垄断行为规制路径新探*

一、问题的提出：规制行政性垄断的制度困境

市场经济国家都在一定程度上存在政府通过行政干预排除限制市场竞争的现象，在转型经济国家尤为严重。我国《反垄断法》实施至今，最难查处的就是滥用行政权力排除限制竞争的行政性垄断案件，即"行政性垄断"。[1] 长期以来，我国经济管理权力过于集中，政府与市场相互渗透，造成严重的政企不分，这既是经济体制改革问题，也是政治体制改革问题。[2] 正因如此，行政性垄断的纠正常常被置于体制改革的框架内加以考虑。《反垄断法》的制定与实施，虽然将行政性垄断纳入了《反垄断法》的框架，但基本上沿袭了在行政系统内自我纠偏的路径。[3] 隔靴搔痒的制度设计减弱了竞争法律对于政府经济权力运行的有效规制。传统法学理论从形式法治的角度出发，以权力控制作为解决行政性垄断的根本办法。[4] 但试图通过控制行政权力达到解决行政性垄断的路径往往事与愿违，尤其在行政立法盛行的当下，政府通过频繁的"立法"活动，并在"依法

* 载《华东政法大学学报》2015 年第 4 期。

〔1〕"行政性垄断"是我国学界和实务界对于"滥用行政权力排除限制竞争行为"约定俗成的称呼，笔者为行文方便直接采用此名称。根据我国《反垄断法》第 8 条和第五章规定的内容，完整的提法应该是"行政机关和法律、行政法规授权的具有管理公共事务职能的组织滥用行政权力排除限制竞争的行为"。

〔2〕参见李平：《邓小平经济民主思想及其现实意义》，载《毛泽东思想研究》2008 年第 1 期。

〔3〕例如，《反垄断法》第 51 条规定："行政机关和法律、法规授权的具有管理公共事务职能的组织滥用行政权力，实施排除、限制竞争行为的，由上级机关责令改正；对直接负责的主管人员和其他直接责任人员依法给予处分。反垄断执法机构可以向有关上级机关提出依法处理的建议。"

〔4〕参见李洪雷：《中国行政法（学）的发展趋势——兼评"新行政法"的兴起》，载《行政法学研究》2014 年第 1 期。

行政”的名义下,限制竞争的行为就可因其形式的“合法性”而具有了正当性。那些“合法”的垄断者实施着并不具有正当性行为的现象屡见不鲜。[5] 事实证明,单一的行政系统内通过控权规制行政性垄断的路径,已不能有效解决政府通过行政权力对市场机制的侵蚀,从而影响“经济体制效率”的持续提高。

二、行政性垄断规制制度创新的必要性

经济学关于“政府在克服市场缺陷方面能够发挥重要作用”的理论被普遍接受之后,现代政府就逐渐渗透到市场运行之中。[6] 然而,随着政府干预带来的种种缺陷的暴露,人们开始高度警惕政府的“失灵”现象。尤其是当政府通过行政权力直接排除限制市场竞争机制作用时,其对于社会经济和公共社会利益的损害更甚于市场垄断。因此,揭示行政性垄断的性质有利于规制行政性垄断的制度完善与创新。

(一)行政性垄断的性质

从大量行政性垄断的表现来看,行政性垄断具有行政与经济的双重性质。行使行政权力是形式,谋取经济利益是本质。因此,行政性垄断是一种“公权”与“私利”相结合,影响资源配置效率的具有行政性质的市场力量。这既是行政性垄断产生的根源,也是其本质特征。

首先,行政性垄断具有确定的利益取向。行政性垄断行为大多以制定行政规定的形式谋取经济利益,[7] 如以“促进经济发展”为由制定限制商品与资源自由流动的规定,以“吸引投资”为名设定政策歧视的规定,以“促进特定产业发展”为名制定排他性独家垄断的经营者。凡是通过行政

〔5〕 我国国家发改委与国家工商总局查处的涉嫌行政性垄断的案件为数不少,典型案件为:河北省高速公路收费歧视案;山东省交通运输厅滥用行政权力排除限制竞争案;云南省通信管理局滥用行政权力排除限制竞争案。参见国家发展改革委办公厅《关于建议纠正山东省交通运输厅滥用行政权力排除限制竞争有关行为的函》,发改办价监〔2015〕501 号;《国家发展改革委依法建议河北省人民政府纠正交通运输厅等部门违反〈反垄断法〉滥用行政权力排除限制竞争行为》,载 http//jjs. ndrc. gov. cn/gzdt/201409/t20140926_626773. html,2015 年 5 月 22 日访问;《云南省通信管理局违反〈反垄断法〉滥用行政权力排除限制竞争被依法纠正》,载 http://jjs. ndrc. gov. cn/gzdt/201506/t20150602_694801. html,2015 年 5 月 22 日访问。

〔6〕 参见[英]约翰·梅纳德·凯恩斯:《就业、利息和货币通论》,徐毓枬译,商务印书馆 1997 年版,第 324 ~326 页。

〔7〕 行政规定在广义上包括行政法规、地方法规、政府规章、规范性文件等行政性规定,在我国的行政管理体制下还包括政府的经济政策与会议纪要等。在我国经济管理体制下,这些政府文件往往与行政规定一样具有效力。

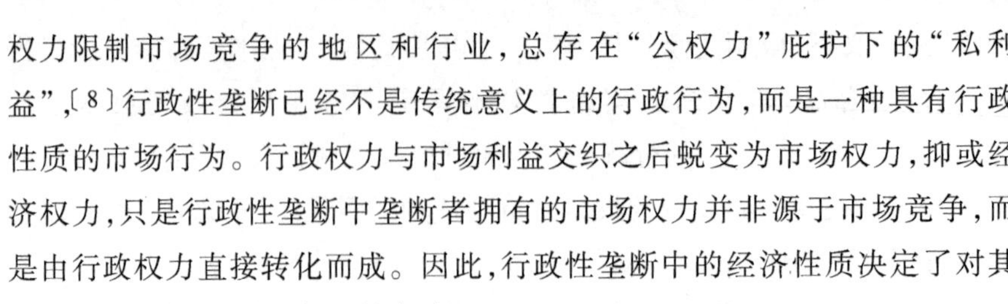

权力限制市场竞争的地区和行业，总存在“公权力”庇护下的“私利益”，〔8〕行政性垄断已经不是传统意义上的行政行为，而是一种具有行政性质的市场行为。行政权力与市场利益交织之后蜕变为市场权力，抑或经济权力，只是行政性垄断中垄断者拥有的市场权力并非源于市场竞争，而是由行政权力直接转化而成。因此，行政性垄断中的经济性质决定了对其的规制必须加入利益方面的考虑。

其次，行政性垄断是行政行为的异化。公共选择理论研究表明，作为理性人的政府同样具有其自身利益。〔9〕就像厂商被看作利润最大化者一样，作为政府间竞争的主体，行政权力的行使也要谋取利益最大化，不仅获取经济利益，同时也获取政治利益。〔10〕行政性垄断的“公权”与“私利”的双重性质使之成为夹杂了私利的权力，成为“权力支撑下的市场力量”。〔11〕权力在那些“有利益的地方永远是在越位，没有利益的地方永远是缺位，实际上是一个利益机制在驱动”。〔12〕显然，这是行政行为的异化，是行政机会主义与市场机会主义的同盟，导致交易效率的下降，并因此严重地制约着劳动分工与专业化的发展。〔13〕

最后，行政性垄断影响资源配置的效率。政府限制竞争实质上是政府替代市场直接进行资源配置，〔14〕行政性垄断的现象大多是分割市场、地域保护、行业垄断、政企不分、强制交易等为典型。“瓶颈”设施（关键设施）具有天然的垄断地位，为维护现有垄断地位和垄断利润，垄断企业就有通

---

〔8〕这里所说的“私利”不仅仅指个人私利，而更多的是相对于整体社会公共利益而言，包括不顾全局的地域利益和部门利益。

〔9〕参见[美]詹姆斯·M. 布坎南：《自由、市场与国家》，吴良健等译，北京经济学院出版社1988年版，第87～92页。

〔10〕[美]萨缪尔森、诺德豪斯编著：《经济学》（下册）（第12版），杜月升等译，中国发展出版社1992年版，第1172页。

〔11〕Eleanor M. Fox, AnAnti-Monopoly Law for China-Scaling the Walls of Protection the Administrative Restraints, *Antitrust Law Journal*, Vol. 75, 2008, p. 173.

〔12〕参见《龙永图：要把官员权力从香饽饽变为烫手山芋》，载 http://finance. sina. com. cn，2015年4月6日访问。

〔13〕参见宋功德：《论经济行政法的制度结构：交易费用的视角》，北京大学出版社2003年版，第4、9页。该书认为，行政机会主义是指立法中的行政寻租与执法中的行政设租行为，市场机会主义是指市场主体在利益最大化驱动下利用信息不对称获取利益的行为。

〔14〕参见刘桂清：《竞争政策与产业政策：谁更优先?》，载《经济法研究》2008年第1期。

过拒绝交易、歧视性接入等行为排斥竞争的动力。[15] 国有垄断行业政企不分，在市场竞争中享尽优势并实现收入最大化，[16] 其竞争优势使其有能力实施反竞争行为，[17] 交叉补贴、市场封锁，排斥新企业进入，在竞争环节和垄断环节之间实现利润转移等。[18] 这些现象的共同之处就是对经济资源的合理流动产生直接的影响。在"利益与权力结合"的刚性影响下，资源配置的效率被扭曲。[19]

这就给行政性垄断行为的规制提出了挑战，需要新的思考。一方面，作为行政权力的运行，在行政系统内加以监督和纠偏是行政法题中应有之意；另一方面，权力运行在经济领域产生的实质性影响是以资源配置效率的降低为基本特征，决定了必须以纠正市场运行失灵为目标进行纠偏。正是这种双重性的特征，对于行政权力限制竞争的行为规制不能停留在行政体制内自我纠偏的路径依赖，需要从公权力制约和私利益调整的两个维度加以考虑，寻求根本性的解决路径。

（二）行政性垄断规制理论与制度的局限性

传统法学关于行政行为的规制路径依赖一般从政治学、行政法学切入，研究对象主要是政府权力分配、运行以及监督、救济，试图构建完整有效的自我规制体系。规制的视角是通过行政程序的设计解决行政权力运行，关注的重点是控制行政权力的法律规范的解释与应用，[20] 但这种行政系统内自我纠偏路径的封闭性和自足性，在对政府经济权力运行规制问题

---

〔15〕 See Hart and Tirole, "Vertical Integration and Market Foreclosure", *Brookings Papers on Economic Activity, Microeconomics*, Vol. 1990 (1990), p. 253.

〔16〕 "邮政服务不再为了填补公共服务的缝隙，而是寻求将当前的或新兴的业务从私营企业当中剥离出来"。See Andre Blais and Stephane Dion, *The Budget-Maximizing Bureaucrat: Appraisals and Evidence*, University of Pittsburgh Press, 1991, pp. Ⅶ, 366.

〔17〕 See Corones, Stephen G, "Strategic Entry Deterrence: Does it Constitute a Misuse of Market Power?", *Australian Business Law Review* , Vol. 42, No. 3, 2014, p. 234; Thomas G. Krattenmaker and Steven C. Salop, "Anticompetitive Exclusion: Raising Rivals' Costs to Achieve Power Over Price", 96 *YALEL. J.* 209 (1986); Steven C. Salop & David T. Scheffman, "Cost-Raising Strategies", *The Journal of Industrial Economics*, Vol. 36, No. 1, 1987, p. 19.

〔18〕 See Brennan, "Cross-subsidizationand Cost Misallocation by Regulated Monopolists", *Journal of Regulatory Economics*, Vol. 2, No. 1, 1990, p. 37.

〔19〕 参见江飞涛等：《地区竞争、体制扭曲与产能过剩的形成机理》，载《中国工业经济》2012 年第 6 期；林毅夫：《新结构经济学——重构发展经济学的框架》，载《经济学》（季刊）2011 年第 1 期；李承政等：《官员行为、信息结构与地方保护》，载《系统管理学报》2015 年第 3 期。

〔20〕 参见刘刚：《德国的新行政法学》，载《清华法律评论》2014 年第 2 期。

上显得力不从心。

1.规制效果的不确定性

行政性垄断更多的是权力寻租、管制俘获所致,其行政属性和经济属性同时显现。在这种情形下,期待政府自我革命具有极大的不确定性。从公共选择理论与人的有限理性出发,这一规制路径与公权力的私益诉求性质是相悖的。因此,纯粹依赖权力的道德意识、职责意识、法律意识去完成对行政权力在市场中的价值定位,进而完成政府职能的自抑性转变,这样的路径在规制效果上有很大的不确定性。我国《反垄断法》以"滥用行政权力"为行政性垄断的判断标准,那些非滥用行为却无法纳入反垄断法的规制范围,这实际上是沿袭了传统行政法律的思维。即使一些显性的行政性垄断在一定程度上可能得到纠正,但大量存在的隐性的政府反竞争行为却难以规制。如政府作为竞争者通过行政权力扶持特定主体,直接或间接排挤、限制竞争,导致主体之间的不公平竞争等。

2.易导致对权力的过度依赖

在行政系统内自我纠偏的规制路径是通过行政强制的方式纠正权力主体,实际上是权力之间的直接冲突,是硬碰硬的权力冲撞。这一方面会使被纠正的权力主体(往往是改革的主导者本身)产生负面的激励,因削减权力而导致改革动力的下降;另一方面,对政府权力的依赖过重会导致权力的进一步诉求,规制者将更加强化权力依赖。因此,在行政体制内自我纠偏的规制路径发展的结果,很可能是政府越发强大,而市场越发弱小,行政干预市场色彩反而更加强烈,虽然市场具有天然的抗衡权力的能力,但权力过于强大则会抑制市场的发育。市场机制充分发挥作用的基础培育会遭到轻视和忽略,无法实现市场机制对政府权力的监督和限制的效果。

3.缺乏有效的衡量标准

行政系统内自我纠偏的路径重心在于"规则之治",合法性与正当性直接挂钩,只要有法可依,行政行为就具有正当性。而行政性垄断的主要形式是抽象行政行为,通过立法使政府限制竞争的行为成为"依法行政"的依据。[21] 行政性垄断由于其行政行为在形式和程序上具有合法性,其正当性

〔21〕 参见李洪雷:《中国行政法(学)的发展趋势——兼评"新行政法"的兴起》,载《行政法学研究》2014年第1期;何海波:《行政法治,我们还有多远》,载《政法论坛》2013年第6期。

似乎毋庸置疑，这常常成为垄断者要求反垄断豁免的抗辩理由。可是反观权力行使的结果，却使市场的竞争机制遭受了危害。[22] 涉案行为是否正当是行政权力在经济领域中运行的真实评价，仅以行政程序和行政效率作为评判的出发点，依“合法性”作为评判标准，缺乏市场体制效率因素的考虑是难以真正确定行政行为正当性的。权力的正当性应当建立在对实质目的、实质正义的保证之上，在行政系统内自我纠偏过于强调形式要求，可能会限制权力对实质目的、实质正义的保证，因而也可能会使权力失去正当性。[23]

4. 不利于竞争法的统一实施

行政法视野下的政府权力运行是“公益性行为”，竞争法视野下的政府限制竞争行为是“私益性行为”。按照欧盟、美国等司法辖区的规定，排除、限制竞争的行为不论主体，只问行为，只要是限制竞争谋取私益而实施的行为，就应该视为是“私主体”的“私行为”，应该受竞争法的统一规制，这就是在竞争政策视野下的法律逻辑。政府虽然有权决定实施合法的国家垄断，但不能认为一切国家垄断都是合理的，[24] 如俄罗斯反垄断法中所规定的，政府竞争行为应该包括“行政权力机构、各部门行政权力机构所从事的与反垄断法规相抵触的行为”。[25] 行政权力在政府监管部门的配置，其初衷重在行政管理的专业化与行政效率的提高，但在部门利益的驱动下却产生了权力膨胀乃至专权统治的后果，更加严重的是监管俘获还产生严重腐败。[26] 对于这些形式上具有合法性而实质上不具有正当性的潜在的垄断行为，行政体制内不能形成一整套持续有效的，从源头、过程、结果等环节对政府权力运行进行具有稳定性的规制制度，因此，无论如何也达不到对限制竞争的政府行为进行统一规制的目的。

〔22〕 在最近发生的广东省教育厅（被告）在省级“工程造价基本技能赛项”比赛中指定独家产品作为参赛软件审理中，当事人始终在行政程序与行政文件的效力上纠缠，而该行为对市场竞争的影响却未能达到充分重视，与反垄断诉讼的目的南辕北辙。参见万静：《广东省现首例行政垄断司法判决，教育厅被判违法》，载 http://www.people.com.cn/，2015 年 3 月 9 日访问。

〔23〕 参见龚蔚红、孙一平：《以权力正当性的形式要求为基础的形式法治——对罗尔斯〈正义论〉中法治理论的解读》，载《求是学刊》2012 年第 4 期。

〔24〕 参见郭宗杰：《特殊行业与领域的垄断问题——兼论反垄断法草案相关条款的设置》，载《法治研究》2007 年第 5 期。

〔25〕 焦海涛：《反垄断执法和解中的利益平衡》，载《西南政法大学学报》2007 年第 2 期；戴冠来：《我国〈反垄断法〉反行政垄断的效果评析》，载《中国物价》2013 年第 12 期。

〔26〕 参见石佑启：《论法治视野下行政权力的合理配置》，载《学术研究》2010 年第 7 期。

(三)行政性垄断规制的理论与制度发展

1. 行政法学研究的发展:关于行政行为正当性的判断标准

如何判断行政行为的合法性(legitimacy),是形式上符合现行法的规定,还是结果上促进实质正义,还是程序上保障当事人参与,这是近年来中国行政法学讨论的热点问题。[27] 对于行政权力在经济领域中的运行的评价,其评判标准的出发点和路径发生了重要变化:从单一的行政程序效率发展到还要考虑市场体制的效率。德国"新行政法学"的引领者、联邦宪法法院院长、弗莱堡大学法学院福斯库教授提出,德国行政法以资源有效配置和行政效率提升作为新的行政任务,力图改革行政组织法的内在规制结构,帮助行政机关作出正确的行政决定。[28] 我国行政法学研究在传统理论的基础上也有长足的发展。如沈岿提出的"开放反思"的理论,将法律的价值内置于行政行为正当性判断的"合法性"之中;[29] 王锡锌提出的"行政正当性需求的回归"的思考,进一步提出传统行政法通过形式合法性向行政活动"传送"正当性的模式在当代社会面临功能障碍,应当建立"新行政法"的制度框架,即"面向行政过程的合法化框架",其特点为"以形式合法化、理性合法化、民主合法化为路径的复合式行政合法化框架";[30] 宋功德提出了应当以"交易费用的视角"研究"经济行政法的制度结构",直接将经济效率因素作为出发点。更多的研究如"以权力运行对社会经济发展的影响为标准",[31] 进行法律法规的制定与修订"应体现市场经济发展的需要"等。[32] 界定政府经济行为的内涵,最关键的不是争

---

〔27〕 参见李洪雷:《中国行政法(学)的发展趋势——兼评"新行政法"的兴起》,载《行政法学研究》2014 年第 1 期。

〔28〕 参见于立深:《多元行政任务下的行政机关自我规制》,载《当代法学》2014 年第 1 期。

〔29〕 沈岿教授认为形式法治是重要的,应当通过各种形式的实在法建制及执行予以促进;实在法具有假定的可适用性,但这种假定应当建立在开放的实在法建制过程的基础之上;实在法的执行应当与一个开放的过程紧密勾连;针对实在法本身以及实在法执行结果的异议,应当由一个富有意义的反思过程予以处理,并通过该过程,使有关的政府行为获得"一时"的可接受性。参见沈岿:《公法变迁与合法性》,法律出版社 2010 年版,第 10 页。

〔30〕 王锡锌:《行政正当性需求的回归——中国新行政法概念的提出、逻辑与制度框架》,载《清华法学》2009 年第 2 期。

〔31〕 和沁:《民族自治县政府经济职能的变迁与转型》,载《思想战线》2012 年第 6 期。

〔32〕 参见应松年:《在中国法学会行政法学研究会 2003 年年会上的讲话》,载《行政法学研究》2003 年第 4 期;姜明安:《追求法治政府:〈行政许可法〉的贡献》,载《法学》2003 年第 10 期;于安:《政府活动的合同革命——读卡罗尔·哈洛和理查德·罗林斯:〈法与行政〉一书"酝酿中的革命"部分》,载《比较法研究》2003 年第 1 期。

论市场与政府之间孰优孰劣，而是如何在以市场作为资源配置的基础上，提高政府经济行为的有效性，以更好地与市场的运作机理相配合，形成二者良性互动的局面。[33] 何海波认为，形式法治最大的问题在于对法律的理解褊狭，形式合法与实质合法相背离，并明确提出要在形式法治与实质法治对立的框架下，论证一种行政行为合法性的主张应为实质合法。[34]

2. 经济法学的研究：改变单一的控权规制路径

经济法学界以问题为导向，首先对行政性垄断的控权规制路径提出了新的标准与界限。如吕忠梅认为控制政府经济权力的标准应以经济权利为价值边界；[35] 孙晋提出要从"为政府经济权力划界标准"的角度确定"公共利益"的实体标准和"民众参与"的程序标准；[36] 叶卫平认为"基于行政力量和行政性安排在中国过度存在的社会现实，必须寻找制度根基，从基础制度和环境出发遏制行政性垄断"。[37] 其次，在评判行政权力的正当性问题上，学者直接提出，不能仅以行政程序与形式为标准，而应以对市场机制是否造成影响为标准进行，这与行政法学的研究发展相呼应。[38] 最后，越来越多的经济法学研究主张将行政性垄断纳入竞争政策的视野下进行全面规制，尤其是行政性垄断中的抽象行政行为。应当在国家竞争政策的目标下，确立反垄断法实施的各项标准，建立行政规定的竞争影响审查与评估制度，建立不同企业和行业的竞争中立制度、大力弘扬竞争倡导

〔33〕 参见孙秋枫、李健：《行政权力与经济权力的博弈对建设服务型政府的启示》，载徐传谌、邵学峰主编：《第五届国有经济论坛"海峡两岸企业改革与重组"学术研讨会论文集》，吉林大学出版社2006年版，第340页。

〔34〕 何海波主张应当从实质法治的立场出发，认为合法不仅是符合法律的字面要求，它本身包含着合理、合宪；它也不仅是机械地使用法律，而是本身就要求考虑社会效果。在此基础上，他主张建立以多元法律渊源为评价标准、以司法为重心的统一的合法性评价制度。何海波：《实质法治：寻求行政判决的合法性》，法律出版社2009年版，第18页。

〔35〕 参见吕忠梅、陈虹：《政府经济行为的法律规制》，载《经济法学评论》2001年第1期。

〔36〕 参见孙晋：《经济法视角下政府经济权力边界的审读——以政府职能转变为考察中心》，载《武汉大学学报》（哲学社会科学版）2014年第2期。

〔37〕 叶卫平：《竞争立法与竞争秩序建构——以行政垄断规制必要性为中心》，载《深圳大学学报》（人文社会科学版）2007年第1期。

〔38〕 参见史际春、冯辉：《"问责制"研究——兼论问责制在中国经济法中的地位》，载《政治与法律》2009年第1期；张占江：《政府反竞争行为的反垄断法规制路径研究——基于路径适用的逻辑展开》，载《上海财经大学学报》2014年第5期。

制度等,建立一整套对行政性垄断行为全面规制的制度框架。[39] 上述关于行政行为正当性考量标准和规制路径的讨论,为规制行政性垄断的思路拓展提供了重要的理论依据和研究基础,而实践中关于行政性垄断的问题,更是对制度构建和实施路径提出了挑战。行政权力限制竞争行为的规制需要以更广阔的视野、引入更多元的因素加以考虑。[40] 竞争政策视野下构建规制行政性垄断的制度框架,正是回应这一挑战的应有路径。

三、竞争政策视野下规制行政性垄断的制度框架

竞争政策是连接"市场在配置资源中起决定性作用"和"更好发挥政府作用"的纽带,通过竞争政策的拟定和实施,以竞争政策影响其他社会经济政策,是全面制约政府权力运行的基本路径,也是规制行政性垄断的治本之策。

(一)竞争政策的基本理解

竞争是市场经济的本质要求,因此,以约束各种限制竞争、规制可能导致垄断的市场结构和行为、促进和维护市场竞争为目的的竞争政策被视为市场经济的基本经济政策。[41] 狭义的竞争政策专指那些鼓励竞争、限制垄断的反垄断政策,作为对竞争结果的"事后调节"措施,它通常以法律的形式存在;广义的竞争政策涵盖了为维持和发展市场竞争机制所采取的各种公共措施,包括产权改革政策、垄断行业管制政策、政府补贴政策、贸易自由化政策等,都可视为相互作用的竞争政策的组成部分。[42] 在现代市

---

〔39〕 参见黄勇:《推进落实竞争政策有效监管行政垄断》,载《中国工商管理研究》2014 年第 9 期;徐士英:《竞争政策与反垄断法实施》,载《华东政法大学学报》2011 年第 2 期;时建中:《论竞争政策在经济政策体系中的地位——兼论反垄断法在管制型产业的适用》,载《价格理论与实践》2014 年第 7 期;应品广:《竞争中立:中国的实践与展望》,载《WTO 经济导刊》2014 年第 6 期。

〔40〕 如我国国家发改委与国家工商总局查处行政性垄断案件:河北省高速公路收费歧视案;山东省交通运输厅滥用行政权力排除限制竞争案;云南省通信管理局滥用行政权力排除限制竞争案。参见国家发展改革委办公厅《关于建议纠正山东省交通运输厅滥用行政权力排除限制竞争有关行为的函》(发改办价监〔2015〕501 号);《国家发展改革委依法建议河北省人民政府纠正交通运输厅等部门违反〈反垄断法〉滥用行政权力排除限制竞争行为》,载 http://jjs. ndrc. gov. cn/,2015 年 5 月 22 日访问。《云南省通信管理局违反〈反垄断法〉滥用行政权力排除限制竞争被依法纠正》,载 http://jjs. ndrc. gov. cn/,2015 年 5 月 22 日访问。

〔41〕 参见徐士英:《竞争政策研究:国际比较与中国选择》,法律出版社 2013 年版,第 3 页;许昆林:《逐步确立竞争政策的基础性地位》,载《价格理论与实践》2013 年第 10 期。

〔42〕 最广义理解上的竞争政策指一切与竞争有关的政策措施,包括"促进竞争"的政策,也包括"限制竞争"的政策。因为维护竞争机制并非是经济政策的唯一目标,"为了促进垄断的政策,或为了限制竞争的政策,也可称之为有关竞争的政策",如政府对贸易施加关税或非关税壁垒、对外国投资设立必要障碍、对市场交易及其产品价格进行控制、提供国家补贴等。参见[日]金泽良雄:《经济法概论》,满达人译,中国法制出版社 2005 年版,第 165 页。

场经济条件下,竞争政策通常被视为可对一国经济产生深刻影响的基本经济政策。竞争政策的实施和调整,通常会使一国的基本经济格局发生重要变化。竞争政策的定位对政府反竞争行为的规制程度起很大作用。在竞争政策的基础性地位得以确立之前,各国对政府反竞争行为的控制并不严厉,或者将重点主要放在市场主体反竞争行为的规制上。但随着竞争政策的强化,各国在竞争推进中更为全面,对政府反竞争行为的规制也逐步加大,并取得了意想不到的成效。如澳大利亚就是一个通过实施竞争政策改变政府经济权力运行,加快经济发展的典型。澳大利亚从 20 世纪 80 年代开始改革政府垄断,全面推进竞争政策的规划与实施。[43] 1995 年的"国家竞争政策"将改革推进到了几乎所有的领域,先后实施了"竞争审查"和"竞争中立"制度,对大量的行政规定和政府政策进行了全面审查,[44] 并通过大力推进竞争政策的宣传和培训,在国民经济受惠的同时,竞争文化也得到了全面普及。[45]

通过制定和实施竞争政策与法律制度,在政府管制的垄断行业引入竞争性改革,倒逼政府行业监管部门改变通过限制竞争扭曲市场机制的做法,也使通过官商结合获得利益的行为得到很大程度的遏制。纽约大学教授福克斯·艾琳娜认为,减少市场壁垒,促进自由流通,在管制行业引入竞争,以及剪除自然垄断产业内的管制法律等,都与政府经济权力的运行相关,因而都应该纳入竞争政策的视野之内。[46]

竞争政策在 20 世纪迅速影响转型经济体和发展中国家。实行集权式管理体制的国家大多经历了经济、政治和社会的转型变革,主要的目标就是在政治体制上建立民主法治国家,经济体制上进行市场化资源配置的改革。将竞争政策与体制改革进行直接联系的研究作为聚焦政治、经济改革

[43] Australia's National Competition Policy: Its Evolution and Operation, http://www.aph.gov.au/About_Parliament/Parliamentary_Departments/Parliamentary_Library/Publications_Archive/archive/ncpebrief, Mar. 13, 2015.

[44] National Competition Policy: Overview and Assessment, http://search.aph.gov.au/search/ParlInfo.ASP? Folder = PRSPUB&Criteria = citation_id: IBL10; &action = bookmark, Mar. 13, 2015.

[45] Government of School, http://www.anzsog.edu.au/userfiles/files/ANZSOG_School_Bklt_2009_web.pdf, Mar. 13, 2015.

[46] Eleanor M. Fox, A Report on the First Annual Conference of The International Competition Network, http://www.antitrustinstitute.org/files/229.pdf, Jun. 10, 2009.

的连接点得到了充分的重视。进入21世纪之后,发展中国家和转型国家对于竞争政策的研究异军突起。后发优势使这种研究表现出三个方面:第一,随着市场经济体制的建立,"规则先行"的重视,保证了促进竞争的意图能成为各项立法的根基。第二,改革的深入使各利益集团为避免失去特权而游说决策者,而竞争主管机构的参与决策和进行竞争影响评估则可以有效地降低行业管制部门被俘获的概率。第三,竞争法律的实施需要对竞争案件的清晰认识与裁判,这对于竞争主管当局以及司法体系来说是大展身手的机会。[47]

(二)竞争政策框架内对行政性垄断的全面规制

1. 竞争政策影响下的反垄断法实施

对政府限制竞争行为进行反垄断法规制是竞争政策宽泛含义中最基本的制度要求。在竞争政策的价值目标影响下,反垄断法对政府行为的规制产生了明显的效果。以美国为例,虽然《谢尔曼法》规定该法适用于"任何人",政府机关也可以作为规制对象,但在1943年的Parker案中确立的"州行为理论"(State Action Doctrine),[48]将各州政府反竞争行为作为主权行为进行了普遍豁免。[49] 随着竞争政策的推进,联邦最高法院不断寻求对运用"州行为理论"的限制。1994年在克拉斯通镇案(C & A Carbone, Inc. v. Town of Clarkstown, New York)中,最高法院通过以商业条款为由排除"州行为理论"适用的做法,确定了"州行为理论"的适用必须全面考虑政府行为对市场竞争的影响,奠定了竞争政策的基础性地位。就在2015年2月25日,美国联邦最高法院在关于北卡罗来纳州牙医管理委员会排除竞争的裁判中再次重申,在由市场参与者组成的拥有管理决策权限的管理委员会不能享受"国家主权豁免"的待遇,除非他们的规定是在严格监管之下作出,而且符合国家一贯的政策原则。[50] 可见,美国"州行为理

---

〔47〕 ICNdoc370.

〔48〕 Clark C. Havighurst, "Contesting Anticompetitive Actions Taken in the Name of State: State Action Immunity and Health Care Markets", *Journal of Health Politics, Policy and Law*, Vol. 31, No. 3, 2006, p. 587.

〔49〕 参见李海涛:《美国行政垄断管制及其启示——兼评我国反垄断法关于行政垄断的规定》,载《东方法学》2008年第3期。

〔50〕 North Carolina State BD. Of Dental Examiners v. Federal Trade Commission certiorari to the United States Court of Appeals for the fourth circuit No. 13 - 534. Argued October14, 2014—Decided February 25, 2015.

论”在反托拉斯法律实施中也明显受到国家竞争政策的影响。

不仅如此，大量事实让竞争执法机构对“仅以限制行政权力作为唯一执法路径”早已产生质疑，认为对于政府限制竞争行为的治理，仅通过反托拉斯法的实施是远远不够的。这种事后规制不仅需要长时间的调查审理，对于等待进入市场的其他竞争者成本太大，而且对付政府行为支持下的垄断，执法的效率是很低的。一个典型案例就是汽车零售商由于在与网络打折销售商的竞争中逐步失去优势，就采取拒绝销售特定款式汽车和限制售后服务的方式加以威胁。这种明显的限制竞争行为理应受到处罚，但由于汽车销售商成功说服了州的立法机构，州政府颁布了“禁止汽车制造商通过网络销售公司直接进行汽车销售法令”，从而令美国联邦贸易委员会的执法成果付之东流。这一结果表明，仅仅重视执法而不强调对于立法者和政府当局进行竞争政策教育是不行的。[51] 由此可见，对政府行为进行事前规制十分必要。

日本在第二次世界大战之后就颁布了《独占禁止法》，但三十多年里产业政策始终是日本最主要的经济政策。直到 20 世纪 80 年代，在经济合作与发展组织（Organization for Economic Co-operation and Development, OECD）关于竞争政策的影响下，日本公平交易委员会（Japan Fair Trade Commission, JFTC）发起了对 16 个政府管制产业的研究，发布了一系列竞争报告，对限制竞争的政府行为，着力引入了“事前咨询”的竞争审查机制，使 JFTC 有权审查政府规定和政策是否有悖竞争政策的问题。[52] 引人注目的是日本废除了长期存在的反垄断豁免的规定，所有产业和企业都在同样的经济条件下公平竞争。在此后的几次经济危机时期，日本不仅没有削弱竞争法的实施以缓和危机带来的影响，反而数次修改独占禁止法，加强垄断行为的处罚力度。现在的日本，竞争政策作为国家基本经济政策并优先适用的地位已经得到确立。

〔51〕 Deborah Platt Majoras, “State Intervention: A State Of Displaced Competition”, 13 *Geo. Mason L. Rev.* Vol. 13, 2006, p. 1175.

〔52〕 Michiyou Hamada, Controlling Anticompetitive Action by the State: the Role of Competition Advocacy/Competition Assessment - Japan's Experience, http://www.jftc.go.jp/en/policy_enforcement/speeches/2011/index.files/110318ControllingAnticompetitiveAction01.pdf, Mar. 13, 2015.

2. 竞争审查制度(competition review)

竞争法的实施只是对行政性垄断进行事后的规制,但行政性垄断造成损害后是很难进行弥补的,因此,竞争政策中的事前规制制度更为有效,"竞争审查"就是这样的一种机制,它是指行政机关在制定涉及影响市场竞争的规定和政策时,事先通过竞争主管机构咨询,竞争主管机构同意后方可实施该规定的制度。韩国《垄断规制和公平贸易法》中明确规定了这一制度。[53] 政府的法律法规和规定一旦确立是极难改变的,因此,预防政府反竞争规定的制定就显得尤为重要。竞争审查有助于提高管制制度的效用,是清理与废止反竞争制度落实的重要参考工具。通过事先竞争审查机制,韩国公平贸易委员会(Korea Fair Trade Commission, KFTC)对总共133件法律法规开展了事先的竞争影响审查,其中10.5%(35件)的法规被认为具有潜在限制市场竞争的效果,向有关部门提出了替代方案,成功预防了政府限制竞争的法规。[54] KFTC还根据OECD的《竞争评估工具书》,编制了《反竞争性法律评估指南》,发送到所有政府部门,希望在行政规定的起草阶段便能有效防止政府限制竞争的可能。[55]

3. 竞争评估制度(competition assessment)

竞争评估制度是竞争主管机构或其他相关机构通过竞争分析,评价现行的公共政策可能或已经产生的竞争影响,针对不合理的政策安排提出既不妨碍政策目标实现,但又能将对竞争损害降低到最小的替代性方案的制

---

〔53〕《韩国垄断规制和公平贸易法》第63条规定,相关行政机关的主管领导在实施制定或者修改含有反竞争因素的规章或批准含有反竞争因素的措施前,如含有固定价格,限制市场进入,限制商业管理,实施不合理的卡特尔等,应当事先向公平贸易委员会征求意见。公平贸易委员会审查后认为该规定或措施含有反竞争条款,委员会有权建议相关行政机关修改上述反竞争条款。以上规定同样适用未事先向委员会征求意见的规章或措施。同时该法第64条规定,为保证法律的实施,公平贸易委员会还有权向其他部门、其他机关或行业组织征求意见。获取材料,以及进行合作。

〔54〕其中,2007年25件,2008年18件,2009年19件。这其中,涉及市场进入的18件,占22%;涉及商业活动规定的10件,占12.2%;涉及价格规定的6件,占7.3%;涉及消费者权利限制的16件,占19.5%;涉及卡特尔的5件,占6.1%;涉及其他方面的27件,占32.9%。KFTC Annual Report 2010, http://www.ftc.go.kr/eng/bbs.do?command=getList&type_cd=53&pageId=0301, Mar. 13, 2015.

〔55〕KFTC Annual Report 2010, http://www.ftc.go.kr/eng/bbs.do?command=getList&type_cd=53&pageId=0301, Mar. 13, 2015.

度。[56] 实际上竞争评估与竞争审查是在政府反竞争规定制定前后两端发挥作用的同类制度，发达国家在近十年内普遍建立了竞争评估制度，在减少政府对竞争的不合理限制、促进经济发展方面取得了巨大的成功。例如，澳大利亚在21世纪初对所有法律、法规、政令以及各州立法机构制定的地方法规、条例进行了竞争评估，发现了近一千八百多项限制竞争法律规则，其中大概85%都进行了修订或废止，显著促进了经济发展，[57] 澳大利亚国内生产总值自2000年以来的增长率都达到了3%至4%。[58] KFTC于2008年引入了"竞争影响评估"，对各部门制定的或修改的法律进行对竞争潜在影响的评估，并向相关部门和管制改革委员会提供评估意见并实质性影响其工作。[59]

4. 国家援助控制制度(state aid control)

国家援助是指政府机关选择性地给予部分经营者某种形式的优势的行政措施。国家援助是政府限制竞争的典型，因此，被认为是政府反竞争行为，而且是一种隐性的形式。对于国家援助，欧盟的竞争政策十分具体也十分有效地进行着控制。根据《欧盟运行条约》的规定，欧盟的国家援助控制目标非常明确，就是为了确保政府干预市场的行为不扭曲竞争，不影响欧盟自由贸易。[60] 对成员国国家援助的审查任务由欧盟委员会承担，委员会有权决定成员国应当在委员会规定的时间内修改或者废除该援助。若成员国政府未能在规定时间内依照委员会的要求废除或者修改该援助的，委员会或者其他任何相关利益成员方都有权依据《欧盟运行条约》第258条和第259条，就该问题提交欧盟法院。就某一项援助是否构成国家援助，条约规定了审查的要点，包括是否以国家资源进行的选择性

[56] OECD, Competition Assessment Guidance, 2010, http://www.oecd.org/daf/competition/assessment-toolkit.htm, Jul. 9, 2015.

[57] Rod Sims, Driving Prosperity Through Effective Competition, https://www.accc.gov.au/speech/driving-prosperity-through-effective-competition, Jan. 12, 2013, p. 10.

[58] OECD, Competition Assessment Principles, 2010, http://www.oecd.org/daf/competition/assessment-toolkit.htm, Jul. 9, 2015.

[59] 根据公布数据，仅2011年KFTC对415限制竞争的行政法规进行竞争评估，其中对13例进行了纠正或清除；2012年，对407例进行评估，其中有26例被纠正或清除；2013年共评估590例，有15例被作出相应的处理；2014年共评估495例，处理了11例。

[60] 《欧盟运行条约》(前身为《欧洲共同体条约》)第107条规定，任何通过成员国或者其他国家资源形式给予某些经营者或者支持某种产品的生产，导致或威胁到竞争机制的扭曲，并影响成员国之间贸易的援助，与欧盟市场不相容。

的、经常的援助，这些援助是否造成扭曲和影响市场竞争的后果等。[61] 委员会通过2005年的"国家援助行动计划"（state aid action plan）引入了"平衡测试法"，来确定该国家援助是否同市场兼容。[62]

5. 竞争中立制度（competitive neutrality）

竞争中立是指政府不能运用其立法权或财政权力使政府的商业活动在与私营企业竞争时获得某些优势，这是澳大利亚联邦政府于20世纪90年代在国有企业改革中首次提出的，在促进市场主体公平竞争方面起到了很大的作用。[63] 实行竞争中立政策的目的在于消除国有企业与私营企业之间扭曲的资源分配机制，为两者创建一个公平的竞争平台。推进竞争中立的实施，要对与国有企业相关的法律法规和行政性文件进行系统性的审查，按照竞争中立的标准进行修正或废除，使国有企业的运营环境尽可能与私营企业相当。竞争中立政策直接对政府行为提出了"在竞争中保持中立与公平"的目标立场，具体表现为税收中立、借贷中立、监管中立等。要达到这些目标，必须要建立必要的监督措施和实施机制。[64] 其中，竞争中立投诉机制（complaints mechanism）是同业监督的主要渠道。根据OECD国家的经验，竞争中立政策并不是适用于所有的国有企业，该政策只适用于"显著的政府商业活动"（significant government business activities），而不适用于非营利性的、非商业性的业务。[65] 澳大利亚《竞争规则协议》中也规定，竞争中立政策的适用对象涉及所有联邦、州及地方政府级别的公有

---

〔61〕 审查内容包括以下四个方面：(1)这一干预来自于国家或者利用了国家资源，此类干预常形式多样；(2)这是一个选择性地干预，仅使部分主体获得了优势或者利益；(3)该干预扭曲了市场竞争；(4)该干预很可能影响了成员国之间的正常贸易。Phedon Nicolaides, The refined economic approach in the state aid action plan, http://www.atj.versenyjog.com/files/issues/2009/2/ATJ_2.pdf, Mar. 13, 2015。

〔62〕 "平衡测试法"分为三个步骤：(1)该援助是否为了共同的利益（如经济增长、就业、环境等）；(2)该援助是否实现某一共同的利益；(3)扭曲竞争机制是否导致了贸易限制，但从整体上看效果还是积极的。

〔63〕 Commonwealth of Australia, Commonwealth Competitive Neutrality Policy Statement, http://archive.treasury.gov.au/documents/275/PDF/cnps.pdf, Mar. 13, 2015.

〔64〕 参见徐士英：《竞争政策研究：国际比较与中国选择》，法律出版社2013年版，第206页。

〔65〕 一个典型的例子是，政府项目如果是通过招投标的方式进行的，中标企业会向政府收取产品或服务的费用，该种情况属于商业活动的范围；而如果政府通过财政拨款的方式直接资助某一国企完成该项目，该行为则不属于商业活动。

贸易企业和公有金融企业。[66]

作为转型经济国家和长期以来奉行政府干预经济的国家，我国政府的限制竞争现象比其他国家更为突出，而且与自然垄断、国家政策性垄断、国有企业垄断都深深交织在一起。不仅如此，一些行业协会或者事业单位凭借与政府的千丝万缕的关系，也在实施着以行政权力限制竞争的行为。我国行政权力在经济领域中限制竞争现象未能得到有效规制，根本原因在于经济体制改革与行政权力的规制始终呈并行的两条线，受到来自行政、经济的两元规制思维的局限。从1980年国务院发布《关于开展和保护社会主义竞争的暂行规定》，到2014年国务院再次发布《关于促进市场公平竞争维护市场正常秩序的若干意见》，三十多年来，行政权力浸润市场利益的状况，没有得到明显的纠正。这恰恰说明继续沿袭行政体制内自我纠偏的模式难以从根本上遏制行政性垄断，因此必须从权力与利益相结合的角度，在竞争政策的视野下进行全面规制。

四、中国规制行政性垄断的路径选择与制度创新

“处理政府与市场关系”的命题重心在于政府权力运行的边界，要让市场在资源配置中起决定性作用，更好地发挥政府的作用，在我国当下就应当弱化不必要的行政干预。因为纠正市场缺陷的正确途径应是完善市场体制本身，而不是制约经济自由。[67] 笔者认为，我国经济发展的现实已经到了确立“竞争政策作为国家基本经济政策”的阶段，应该在竞争政策的统领下全面规制政府经济权力的运行，整合规制行政性垄断的制度资源，改变规制行政性垄断的政策环境，突破行政系统内部救济的思路，拓展规制行政性垄断的有效路径。

（一）强化竞争政策对反垄断法实施的统领作用

我国《反垄断法》实施以来，在规制“滥用行政权力排除限制竞争行

---

〔66〕 在1998年的澳大利亚《经营者竞争中立指南》中指出“显著商业活动”包括了(1)所有政府企业及其子公司;(2)其他股份贸易有限公司;(3)所有指定政府业务部门;(4)其他以商业模式运营并且每年的商业收益超过一千万美元的政府经济活动。Council of Australian Governments, Competition Principles Agreement, http://www.coag.gov.au/about-coag/agreements/competition-principles-agreement, Mar. 13, 2015.

〔67〕 参见[美]诺姆·乔姆斯基:《新自由主义和全球秩序》,徐海铭、季海宏译,江苏人民出版社2000年版,第4页。

为"方面的效果有限的,〔68〕原因在于并未将反垄断法的实施置于国家竞争政策的视野下。因此,笔者认为应当以竞争政策的总体目标〔69〕影响反垄断法在行政性垄断方面的实施,包括实施的范围、标准和法律责任的确定。

1. 行政性垄断范围的确定

我国《反垄断法》对行政性垄断的界定是相对狭隘的,导致了反垄断法在规制行政性垄断时的诸多无奈。《反垄断法》适用于行政性垄断主要是针对"地区性垄断",但是随着改革的深入,行业性垄断成为行政性垄断的主要领域,然而《反垄断法》对此却缺乏明确的规定,导致执法空白和困境;行政性垄断的主要形式是垄断性的制度安排,行政机关通过制定行政规定或立法实施市场垄断,行政机关之所以理直气壮地限制市场竞争,正是依据了行政规定而实施的。但反垄断执法机关并无权力对行政规定进行审查,而导致垄断的抽象行政行为的司法救济也困难重重,因此行政性垄断没有得到有效的制约。〔70〕

上述困境与我国立法时尚未明确国家竞争政策目标直接相关。将行政性垄断仅视为政府行为的改革目标,主要在简政放权、依法行政方面加以推进,而没有看到其"市场行为"的本质,在维护市场竞争机制方面加以考察与推进。日本、美国及欧盟等竞争法实施中,将政府的市场行为视为经营者行为的实践经验值得我们重视。不把行使公权职能的行政机关界定为"经营者",〔71〕就不能像对市场垄断一样对行政性垄断行为进行审查,只能让那些因具有形式上的合法性而获得"免死金牌"的行政性垄断案件漏网。在竞争政策的视野下,凡是产生或可能产生排除、限制竞争效果的政府行为都应当成为反垄断法适用的对象,因此,一切为维护发展市场机制的公共政策也都应该作为制度资源加以运用,改变"行政、市场"两

---

〔68〕 参见徐士英:《政府干预与市场运行之间的防火墙》,载《华东政法大学学报》2008 年第 2 期;王晓晔:《行政垄断问题的再思考》,载《中国社会科学院研究生院学报》2009 年第 4 期;时建中:《我国〈反垄断法〉的特色制度、亮点制度及重大不足》,载《法学家》2008 年第 1 期。

〔69〕 明确的竞争政策目标是一个国家实施竞争政策的出发点,其受到国家经济社会发展的阶段性特征和国际竞争环境等因素的影响,对于竞争法的实施产生的导向值得重视。本文限于篇幅不在此加以详细讨论,请参见徐士英:《中国竞争政策论纲》,载《经济法论丛》2013 年第 2 期。

〔70〕 新修订的《行政诉讼法》仍然将行政诉讼的受案范围限于具体行政行为,包括单纯的具体行政行为和以规范性文件为依据的具体行政行为,仍然无法单纯对抽象行政垄断行为提起诉讼。

〔71〕 参见叶卫平:《司法审查与行政性垄断规制》,载《法学》2009 年第 1 期。

元规制的思路，将反垄断法上的“市场效果原则”引入政府行为的违法性判断之中，注重市场结构、竞争影响等因素分析对确定行政性垄断规制的范围具有重要意义。

2. 调整行政权力的正当性判断标准

如前所述，我国对于行政性垄断正当性的判断基本上是纳入行政法的思路，这就导致限制机关很容易借助“程序合理性”否定“实质合理性”，将形式上符合要求的垄断行为排除在法律规制之外。只要行政行为具有合法依据，哪怕造成限制竞争的效果，也具有正当抗辩理由。但依据反垄断法的市场竞争效果标准，导致排除、限制竞争效果的政府行为都可能被认为具有违法性。因此，若要评判政府行为的正当性，应当调整评判标准，以市场机制是否受到损害为基本标准，突破合法性审查的框架，凸显合理性审查的要求，而这恰恰是竞争政策的标准。行政性垄断行为也需要有认定或确定的过程，通过以市场效果为衡量标准，用量化的工具去权衡政府权力在经济领域中运行的正当性，从而具备直观性、规范性和科学性。判断标准的调整有利于行政执法机关对行政性垄断行为的“处罚建议权”的行使。经验证明，并非所有限制竞争的政府行为都是不正当的，它也需要以市场的效果进行检验；同时，判断标准的调整也有利于“上级主管部门”的处理和最终的司法审查。

3. 完善行政性垄断的法律责任

行政性垄断行为一旦被确定，就应该追究责任者的法律责任。我国反垄断法关于行政性垄断法律责任规定的是单一行政法规制路径。[72] 但是这种责任形式在解决政府限制竞争行为时显然是权宜之计，缺乏持续性。在竞争政策的视野下，行政性垄断的性质既然涉及行政与市场两方面的结合，其法律责任的追究也应当与此相吻合，不应仅限于“行政法责任”，而且更加应该重视反垄断法实施的目的和救济的需求。第一，消除产生市场垄断的源头，如果市场竞争机制受到了损害，应当对行政行为（尤其是抽象行政行为）进行彻底纠正。包括通过行政系统内的纠正和通过司法审查进行纠正。这是“事后控制”所必需的。第二，应该在市场层面上对竞争机制的破坏进行补救。一方面，受到权力庇护的市场主体（行政性垄断的受

〔72〕“由上级主管部门责令改正”，参见《反垄断法》第51条。

惠者)应当依《反垄断法》的规定承担法律责任,如在公共采购中的指定招标或串通行为。墨西哥就处罚了由社会保障机关在人工胰岛素公开招标中与六家制药公司的串通行为。[73] 另一方面,行政机关利用权力实施排除限制竞争行为的,也应当对受到损害的市场主体承担民事责任。通过建立这样的法律责任体系,达到有效约束行政权力对于市场竞争的侵蚀,并将这种侵蚀降到最低程度。

(二)积极推进竞争执法以外的竞争倡导体系

竞争倡导也称竞争推进(competition advocacy),它是在竞争执法以外一系列为促进竞争采取的有效措施和制度,被认为是竞争政策两大支柱之一(竞争法的实施则是另一支柱)。国外的实践证明竞争倡导在竞争政策与其他经济政策的交叉领域显得特别重要,尤其是在处理与行业政策的关系中,更能凸显其作为基本经济政策的统领意义。[74] 我国现在应当尽快推进这些制度的建立和实施。

第一,明确竞争审查与评估的主体与程序,建立正式的竞争审查评估制度。我国目前尚未建立正式的对于政府经济权力运行的竞争影响审查与评估制度,但就实质意义上说,法规政策层面的审查已经开始得到重视。中央政府最近明确指出,“打破地方垄断,清理和废除妨碍全国统一市场的规定和做法,纠正地方政府不当补贴或利用行政权力排除竞争的行为,探索实施公平竞争审查制度”。[75] 这意味着必须对含有不符合竞争政策的政府规定予以清理和废除,这是从根本上削弱规制行政性垄断的制度措施。但是如果缺乏明确的评估主体和程序,没有确定的审查评估标准,这些只能是运动式、一次性的。更重要的还是要建立规范化的实体与程序健全的竞争审查评估制度,从而有利于审查制定中的政府规定,真正做到可以覆盖政府监管和行政立法的全过程。从目前来讲,国务院反垄断委员会具有“研究和拟定竞争政策”和“协调”的职责,可以此为依据对行政规定

---

〔73〕 据联合国贸发会议资料显示,公共采购占全世界国内生产总值的13%至20%。See Organization for Economic Cooperation and Development, http://www. oecd. org/gov/ethics/meetinggofleadingpractitionersonersonpublicprocurement. htm, Mar. 13, 2015.

〔74〕 参见联合国贸发会议 TD/B/C. I/CLP/28,世界银行和经济合作组织,《涉及和实施竞争法和竞争政策的框架》(1998年版)第6章,第93页。

〔75〕 参见中共中央国务院《关于深化体制机制改革加快创新驱动发展战略的若干意见》(中发〔2015〕8号)。

进行事先竞争审查和事后竞争评估，在逐渐取得经验后进行制度规定。《反垄断法》在行政性垄断发生后享有的“处罚建议权”应当考虑前移，对觉察到的限制竞争的行政规定在制定过程中可以通过“咨询”方式加以防范。这有利于对行政性垄断实施主体构成必要的约束。

第二，推进竞争中立制度的实施。由于体制的原因，我国的某些产业和企业，尤其是国有垄断企业，在经营活动中得到政府的各种“补贴”，包括税收、信贷、土地等各个方面。以税收为例，国有企业与民营企业的平均税负最高时相差15%。[76] 加上国有商业银行主导下的信贷体制，在利率、担保等方面，国企占尽竞争优势。产业政策与地方经济政策是政府补贴的依据，由于这些补贴并未经过充分的评估，事后也缺乏有效监督和投诉机制，市场竞争的不公平是显而易见的。在竞争政策的视野下，通过竞争中立制度对这些“隐形”的行政性垄断加约束就显得十分必要。笔者认为，竞争中立是我国经济制度变迁的自身要求，应当积极推进。正如中国共产党的十八大报告中明确指出的，要实现“不同所有制企业平等获得生产要素、公平开展市场竞争、同等受到法律保护”目标，这是中国实施竞争中立制度的最高政策依据。2014年12月，国务院发布了《关于清理规范税收等优惠政策的通知》，[77] 规定“各地区一律不得自行制定税收优惠政策；未经国务院批准，各部门起草其他法律、法规、规章、发展规划和区域政策都不得规定具体税收优惠政策”。根据这样的顶层设计，我国国有企业的改革将进一步深化，竞争性行业进入市场的门槛还要进一步降低，国有行业的各项政策性优势应该进一步取消。其实，竞争中立制度并不只限于不同所有制企业之间的竞争，在竞争政策视野下，还应该关注中小企业的竞争权利，垄断行业的市场进入问题，以及消费者利益的保护问题。投诉机制的建立是必要的，从而使竞争中立制度不断得到完善。

第三，推进竞争机构与行业监管机构的协调关系。在我国，行业与监管机构之间的关系源远流长，行业监管部门并非真正意义上的独立监管者，维护行业利益成为监管部门的主要目标，甚至成为行业利益的代言者。市场化改革中，市场主体要求实施对竞争有抑制作用的监管或立法的需求

---

〔76〕 参见天则经济研究所:《国有企业的性质、表现与改革》，载 http://www.chinaelections.org/NewsInfo.asp? NewsID=204550，2014年11月20日访问。

〔77〕 参见国务院《关于清理规范税收等优惠政策的通知》(国发〔2014〕62号)。

变得突出，这些立法形成的“行业性垄断”，在目前的竞争法实施体制下很难直接受反垄断法规制，如《铁路法》《电信条例》等。由于存在关于市场竞争的规定，行业法的实施使反垄断法无能为力，从而被边缘化。又因为其形式上的合法性，行业性垄断通常被排除在反垄断审查的范围之外。因此，以竞争政策的理念影响行业立法，改造行业监管制度成为解决行业性垄断的重要路径。这种被称为行业法的“竞争法化”的进程，在发达国家已经成为趋势。以电信行业为例，美国、日本等国的电信法律在竞争政策的影响下发生了重大变化，行业法成为促进竞争的“类竞争法”。〔78〕 我国同样可以在行业监管中渗透竞争政策的理念，通过行业法的竞争法化，使行业法成为竞争法在特定领域中的延伸。这种渐进式的推动，将不断扩大竞争法适用的范围，使竞争政策真正起到基础性经济政策的作用，减少行业法实施行政性垄断的空间。这不仅有利于实现竞争法与行业法的接轨，而且更加有利于行业的发展。

五、结语

政府与市场作为资源配置的两种体制，往往交替成为资源配置的主角。〔79〕 但历史发展的事实证明，市场体制始终应该是第一位的，政府体制只能是必要的补充。作为政府经济权力运行“失当”典型的行政性垄断，对我国体制改革进程、社会经济发展和民主法治建设影响极大，其背后聚焦的市场与权力的较量，直接关乎我国经济体制的效率。因此，有效规制行政性垄断是深化经济体制的重心所在，也是实现战略目标的必经之路。经过三十多年的探索实践，我国体制改革的顶层设计已经完成，创新驱动发展战略的提出进一步明确了政府与市场的关系。现在是到了提倡“以竞争政策作为我国基本经济政策”的阶段，规制行政性垄断的视野应当在此基础上拓宽。建立“以竞争政策的制定和实施为政府经济权力运行的规制路径，以市场机制是否受到损害为政府经济权力运行判断的基本标准，制

---

〔78〕 美国《1996 年电信法》规定：本地运营商必须基于成本价向新竞争者出租网络设施，便于后者开展本地业务。日本《1984 年电信法》规定，鼓励新的企业进入电信行业；2003 年进一步通过立法放松管制，规定一般企业进入电信产业只需要事后登记。参见戴龙：《日本反垄断法实施中的竞争政策和产业政策》，载《环球法律评论》2009 年第 3 期。

〔79〕 参见田应奎：《市场与政府作用的理论变迁与政策主张》，载《学习论坛》1998 年第 10 期；吕玮：《转轨过程中的财政职能界定与实现：基于体制的评价与改革》，载《世界经济》2006 年第 11 期。

约行政性垄断的制度体系”的条件已经具备。从制度建设方面看，从 1980 年颁布的《关于开展和保护社会主义竞争的暂行规定》到 2013 年颁布的《关于促进市场公平竞争维护市场正常秩序的若干意见》，再到最近的国务院《关于清理规范税收等优惠政策的通知》，这些规定无不显示出国家建立统一开放、竞争有序市场和规制行政性垄断的愿望。从实施竞争政策的实践来看，一系列重大垄断案得以突破和推进，这表明竞争政策的理念指导着竞争法的实施，但是从更高的层面全面规制行政性垄断的需要仍极为迫切。从社会公众的意识与期待来看，人们对于垄断行为的危害性开始有了足够的认识，逐渐形成了对自身竞争行为的合规意识，与此同时，对消除政府行为形成的市场垄断则表现出无奈与期待。一个以保护市场竞争为核心，让市场机制发挥阶段性作用的理念正在形成。

公平竞争环境的三大保障*

竞争是加快发展、实现繁荣最有效的手段。使市场在资源配置中起决定性作用，首要的便是营造公平竞争的市场环境。营造公平竞争的市场环境，必须加强三大保障。

第一，法治保障。竞争需要确立竞争规则。只有通过法治，使市场行为在偏离竞争规则时会因损害资源配置效率和社会整体利益而付出代价，公平竞争的市场环境才能真正形成。我国反垄断法的实施，为预防和制止垄断行为、维护市场公平竞争、提高经济运行效率、保护消费者权益和社会公共利益作出了突出贡献。一系列案件的查处，不仅直接打击了垄断行为，而且有力推动了经济体制转型，有效改善了社会资源配置格局。一些垄断企业因滥用市场支配地位而受到制裁，一些地方政府为发展经济所制定的规定因限制竞争而被撤销，一些行业协会组织的企业联合因涉嫌垄断协议而被处罚，一些经营者惯用的商业模式因限制竞争而被叫停。更多的案件处理发生在知识产权许可、企业兼并等领域，在令全社会受到震动的同时，一整套竞争规范与商业伦理正在形成。

第二，政策保障。一国的竞争政策是政府制定和实施的、决定市场竞争机制运作条件的一系列行动准则。制定和实施竞争政策，可以使限制竞争、扭曲市场的行为得到遏制，保障国民经济持续健康发展。事实证明，一个国家如果缺少健全的竞争政策，市场竞争过程就会受到阻碍和扭曲。营造公平竞争的市场环境，仅仅依靠一部反垄断法显然不够。要将反垄断法的集中实施转变为常态化的外部监督和内部自律，还必须强化竞争政策对市场行为的引导。如今，一些社会经济现象引起人们广泛关注。调查垄断行业滥用支配地位，引发了对深层次行业改革的思考；处罚市场巨鳄利用

* 载《人民日报》2016 年 1 月 13 日，第 7 版。

经济技术优势盘剥下游企业，触发了对传统商业模式的质疑；撤销政府部门限制竞争的行政行为，推动了政府“竞争合规”的破茧之举；名目繁多的招商引资政策优惠与公平竞争已经格格不入。所有这些妨碍公平竞争的社会现象，都到了必须通过完善国家竞争政策进行全面清理和协调的当口。破除一切制约创新的思想障碍和制度藩篱，必须进一步明确国家竞争政策的理念和目标，出台思路清晰、切中要害的政策举措。

第三，文化保障。文化可以说是非正式制度，对社会成员有润物无声、潜移默化的深刻影响，其作用不可小觑。随着经济体制改革的逐步深入，国家竞争政策与法律的实施可能会影响那些在市场中占有优势地位的利益群体的利益，从而面临一定阻力。在全面深化改革的关键时期，建设竞争文化至关重要，因为这有利于更好地抵制垄断行为、维护经济民主、倡导公平竞争、保护中小企业和消费者的利益。与社会主义市场经济相适应的竞争文化的核心理念是：个体利益的增进应建立在社会整体利益增进的基础上。这一竞争文化不仅是市场竞争走向文明的重要标志，还是凝聚社会共识、推动社会和谐发展的强大动力。长期以来，我国竞争文化比较薄弱，而且没有受到应有重视。应加大竞争文化宣传力度，创新宣传方式。伴随反垄断法的实施和国家竞争政策的落实，竞争理念日益深入人心，竞争文化得到弘扬。这是我国社会主义市场经济走向成熟的重要标志，也是创新驱动发展战略得以实施的根本保障。

国家竞争政策体系基本确立的重要标志

——有感于《公平竞争审查制度》的实施*

国务院发布《关于在市场体系建设中建立公平竞争审查制度的意见》(以下简称《公平竞争审查制度》),恰逢我国《反垄断法》实施八周年纪念。这表明社会各界期待已久的对行政性垄断的规制有了新的有效规制的方式,即政府限制竞争的行为在事先就能得到公平竞争的审查。这一制度在全国范围内得以建立,是我国市场经济体制逐步走向成熟的表现。该制度的出台标志着我国进入了一个历史性的制度变迁阶段,这是在建设市场经济体制的所有努力中一项极为重要的成果。推动历史发展与社会变革,需要长期不懈的努力,但是最关键的几步十分重要。这一制度的推出就是其中艰难的一步。

一、《公平竞争审查制度》是全面构建国家竞争政策体系的关键之举

三十多年的改革历程,我国深化体制改革和实施依法治国的目标开始共同指向解决"政府与市场的关系"问题。政府角色的重新定位,成为能否持续提高经济效率的关键。2007 年《反垄断法》的颁布是在中国经济政策制定史上的一个重大发展。在任何关于《反垄断法》意义的讨论中,建立对于政府行政机关"滥用行政权力排除限制竞争行为"的规制及其方式是最为引人注目的成果。我国正在由混合经济取代传统的指令经济,政府及其主导的国有企业在经济运行中应该扮演什么样的角色,其实并不十分清晰。《反垄断法》关于禁止行政机关制定限制竞争的政策规定,已经表明了政府经济政策与法规的制定必须转变传统的做法和审查的标准,要以市场竞争是否受到影响作为评判的标准。而《公平竞争审查制度》的实施,更是将政府的经济决策和政策制定行为全面纳入国家竞争者政策的框

* 载《中国价格监管与反垄断》2016 年第 7 期。

架中进行观察，不仅政府部门，各类行业管理部门需要及时调整政策规定，以符合社会主义市场经济的发展；所有的利益攸关者都需要考虑，拒绝和抵制来自政府的限制竞争行为，以及与此相关的国有垄断行业的改革进程及其影响。通过《公平竞争审查制度》的实施，协调各项社会、经济领域的公共政策，确保国家的政策法律法规都能为完善市场经济体制的方向发挥共同作用。

二、规制行政性垄断的制度创新之举

由于政府政策制定行为非常复杂，尤其是涉及经济发展的激励政策，直接关乎某一局部地域或部门的效率指标，交织着众多利益相关者的利益，所以，《反垄断法》的实施并没有预期的那样有成效。我国《反垄断法》实施至今，最难查处的就是滥用行政权力排除限制竞争的行政性垄断案件。[1] 作为一种事后救济方式，反垄断执法只能在行政性垄断已经发生的情况下加以提示。即便行政性垄断被纠正，其造成的不良影响和损害也很难得到完全消除。隔靴搔痒的制度设计显露出不能有效解决政府经济权力运行规制的短板之处，而传统的以“权力控制”解决行政性垄断的路径又往往事与愿违[2]，尤其当政府通过制定规定的“立法”活动，在“依法行政”的名义下进行限制竞争的做法，那些限制竞争的行为就可因其形式的“合法性”便具有了正当性。所以，以“正当”的垄断实施着不具有正当性的行为的现象就屡见不鲜。[3] 规制行政权力滥用损害市场机制作用的路径依赖与制度，亟须探索新的规制路径。《公平竞争审查制度》的制定

〔1〕“行政性垄断”是我国学界和实务界对于“滥用行政权力排除限制竞争行为”约定俗成的称呼，笔者为行文方便直接采用此名称。根据我国《反垄断法》第8条和第五章规定的内容，完整的提法应该是“行政机关和法律、行政法规授权的具有管理公共事务职能的组织滥用行政权力排除限制竞争的行为”。

〔2〕参见李洪雷：《中国行政法（学）的发展趋势——兼评“新行政法”的兴起》，载《行政法学研究》2014年第1期。

〔3〕我国国家发改委与国家工商总局查处和未得到查处的涉嫌行政性垄断的案件为数众多，典型案件为：河北省高速公路收费歧视案；山东省交通运输厅滥用行政权力排除限制竞争案；云南省通信管理局滥用行政权力排除限制竞争案。参见国家发展改革委办公厅《关于建议纠正山东省交通运输厅滥用行政权力排除限制竞争有关行为的函》（发改办价监价〔2015〕501号）；《国家发展改革委依法建议河北省人民政府纠正交通运输厅等部门违反〈反垄断法〉滥用行政权力排除限制竞争行为》，载 http://jjs.ndrc.gov.cn/，2015年5月22日访问；《云南省通信管理局违反〈反垄断法〉滥用行政权力排除限制竞争被依法纠正》，载 http://jjs.ndrc.gov.cn/，2015年5月22日访问。

与实施正是这样的制度创新之举。《公平竞争审查制度》以实现上述政策目标为宗旨，以“行政性垄断”的防范与为规制对象，建立了有效的规制路径。不仅是将规制行政性垄断置于全面规制政府经济权力运行的整体目标之下，[4]而且还将把政府经济权力的运行全面纳入竞争政策框架的制度建设中。在国家“竞争政策”的框架内建立规制行政性垄断的制度体系：一方面，国家通过实施《反垄断法》，对行政性垄断实行事后的监督与救济；另一方面，通过“竞争审查制度”的实施，以行政行为对市场竞争的影响为正当性评判的标准，全面防范限制竞争的政府规定与政策出台，实现事先、事中的监督审查。如此形成在竞争政策框架之内规制政府限制竞争行为的两翼，这是从根本上解决政府与市场关系的治本之策。

三、政府行为的“竞争合规”常态化建设之举

“竞争合规”，原来仅指在企业的经营管理活动中需要保持对于违反一国竞争法的风险管理方面的制度建设。在商业竞争日益激烈的当今社会中，经营者的“竞争合规”意识正在逐步加强。但是，政府在“维护竞争机制”方面的意识却远远不如企业。为了达到市场体系有效运行的目的，政府会出台一些限制竞争的法律法规与政策规定。但是达到发展的目标可以有不同的路径和方法。选择正确的方法可以让社会经济持续地发展，而选择限制竞争的做法则是图得一时一地之效果，甚至与发展目标背道而驰。因此，对于实现发展目标的路径方式的决策就变得十分重要。当政府在对可选择的方法路径进行比较的时候，市场竞争影响（效应）的评估与审查机制就是非常必要的。因为竞争可以营造创新和经济持续增长的制度环境。严重限制市场竞争的制度和措施，就有可能达不到政策的根本目的。

《公平竞争审查制度》的实施，实际上就是要求政府的行为也需要进行“竞争合规”方面的常态化建设。政府部门往往过高估计行政配置资源的作用而忽视市场的效率，政策法规也多着眼于局部短期效率的追求，忽视长久竞争机制的激励。在这样的背景下，对于政府经济权力的运行，以“市场能否有效发挥资源配置的作用”为出发点和标准进行评估与审查，让那些有利于鼓励创新、公平竞争环境建设的政策及时实施，防止或修改那些

〔4〕 参见徐士英：《竞争政策视野下行政性垄断行为规制路径新探》，载《华东政法大学学报》2015年第4期。

限制竞争、削弱创新的政策,将是国家治理和依法行政的长久大计。不仅需要研究竞争审查制度的基本理论、制度体系(对象、机构、程序、操作性、透明度等),还需要实现“清理和废除妨碍全国统一市场和公平竞争的各种规定和做法”目标。其中,还应该包括研究国有企业竞争地位的竞争中立制度,研究政府倾斜支持政策的产业政策竞争化,研究垄断行业延长手臂限制竞争的竞争化改革等。要实现“要让不同所有制企业平等获得生产要素、公平开展市场竞争、同等受到法律保护”的目标,建立立法咨询、决策审议、政策评估、民众监督、教育培训等手段,全方位规制行政权力运行,杜绝产生行政性垄断土壤。中国正在实施“大众创业,万众创新”的创新发展战略,必须激发市场中的每一个因子,改变或减少政府限制竞争、影响市场的行为是当务之急。因此,必须建立一系列常规化的具体制度,使政府行为在“竞争合规”方面的制度建设进入常态化。

四、积极探索适合国情的“内部自我审查”制度

《公平竞争审查制定》明确了“内部审查制”,即“政策制定机关在政策制定过程中进行自我审查。经审查认为不具有排除、限制竞争效果的,可以实施;具有排除、限制竞争效果的,应当不予出台或调整至符合相关要求后出台。没有进行公平竞争审查的,不得出台”这是根据我国现阶段的国情作出的合适选择。

首先,现阶段实行公平竞争审查的“内部审查制”具有合理性。根据国际经验,竞争审查制度可以直接审查制,如欧盟对成员国的国家援助行为实行直接审查制。[5] 也有国家组织机构的外部审查,如韩国和澳大利亚对政府管制行为实行外部评估制。韩国公平交易委员会(Korea Fair Trade Commission,KFTC)对各级政府部门的所有管制政策进行竞争评估,进而作出是否具有排除限制竞争效果的意见,并有权提出整改或者替代方案。韩国还借鉴经济合作与发展组织(Organization for Economic Co-operation and Development,OECD)《竞争评估工具书》,制定了本土化的《竞争评估手册》。[6] “澳大利亚建立了专门负责审核新规章制度的国家竞争委员

〔5〕 根据《欧盟运行条约》第108条规定,欧委会竞争总司对成员国的所有国家援助行为进行直接审查,未经批准不得实施。

〔6〕 参见朱凯:《对我国建立公平竞争审查制度的框架性思考》,载《中国物价》2015年第8期。

会,它是一个独立机构,就国家、州或地区法规和规章制度对竞争的影响进行评估、监督。"[7]另外,有的国家在政府机关内部实施自我审查制度,如新加坡对政府的管制政策的评估就是如此。政府管制机构在拟定相关管制政策的同时必须进行管制影响的分析,并向决策机构提交管制影响分析报告,管制影响分析报告必须包括竞争评估报告。[8] 从我国的实际情况看,公共政策的存量浩繁,[9]增量更是巨大。仅根据国务院2016年立法工作计划,所有四个大项目共包含231件。[10] 地方政府层面的2016年立法规划。另外,省、自治区、直辖市所辖各市、区、县级行政单位也都出台本辖区内的立法规划不一而足,还有大量的"红头文件"还没有被列入立法规划,而恰恰就是这些,正是《审查制度》规定的审查对象,即行政机关和法律、法规授权的具有管理公共事务职能的组织制定市场准入、产业发展、招商引资、招标投标、政府采购、经营行为规范、资质标准等涉及市场主体经济活动的规章、规范性文件和其他政策措施。如果由特定机构对这些文件进行逐一审查,不仅没有现行的机构可以负担,从效率上也不能适应当前经济发展的需求。不能尽快矫正市场竞争秩序方面存在的问题。

与此同时,实施内部自我审查也有可行性。我国各级地方政策制定机关在制定政策前都编制年度立法工作计划,详细论述立法项目的重要性、要解决的问题、依据的方针政策,以及拟确立的主要制度等关键信息。同时还有严格的立项、审批、起草、审查、决定与公布等程序。公平竞争审查可以在立项至公布阶段之间的任何一个时间点进行,政策制定机关在立项

---

〔7〕 张占江:《中国法律竞争评估制度的建构》,载《法学》2015年第4期。

〔8〕 新加坡竞争委员会(CCS)一般不会主动对管制政策开展竞争评估,更多地发挥指导和建议的作用:一是制定《竞争评估指南》,为管制机构开展竞争评估提供分析框架和评估工具。二是应管制机构的请求对特定竞争问题提供指导意见。朱凯:《对我国建立公平竞争审查制度的框架性思考》,载《中国物价》2015年第8期。

〔9〕 根据法律查询软件"北大法宝"不完全统计,行政法规有8192篇,部门规章210,071篇,团体规定4662篇,行业规定20,637篇。地方性法规24,581篇,地方政府规章25,526篇。此外,还有大量虽然效力低于法律法规但与消费者利益和社会公共利益息息相关"红头文件","据统计,1949年以来,国发文件约8800件,国办发文件约4700件,总数约1.35万件。其中,1978年至2013年3月,国发文件3391件,国办发文件2892件。1949年至2013年,包括国发、国办发文种在内的16种文种,国务院发文总计约3万件。这些"红头文件"往往根据当时情况制定,已不适应经济发展的新情况。另外,由于出台"红头文件"的程序没有立法程序严格,可能在其制定之初就是为了保护部门利益或者地区利益。

〔10〕《国务院办公厅关于印发国务院2016年立法工作计划的通知》,载http://www.gov.cn/index.htm,2016年6月28日访问。

与起草的同时尽量考虑到政策对市场竞争的影响，并出具竞争影响报告。只要政府部门确立起“维护公平竞争”的理念，清晰界定政府与市场的关系，能够充分利用政策制定部门对政策制定实际情况的了解，制定出既符合政策制定的初衷，又不损害市场公平竞争秩序的公共政策，提高效率，其实也是我国的制度优势之一。

其次，实行“内部审查制”必须加强监督机制。“内部审查制”也存在不能真正起到审查作用的风险。所以在对其进行细化过程中应当设计合理的对策予以克服，以保障公平竞争审查制度落到实处。应当将制定主体和审查主体分离。同一主体不能同时既当运动员又当裁判员，如果同一批人既制定公共政策又对其享有最终审查权，则无法起到实质上的审查作用，公平竞争审查制度也终将流于形式。政策制定部门需要依靠社会专门力量，聘请独立的专业机构把关，或者组织专家论证会等形式进行讨论，避免由于知识与视野、考虑角度等方面的局限导致审查低效。〔11〕新加坡的一个非常重要的经验，就是充分发挥竞争执法机构以及竞争委员会的指导作用。在新加坡的“内部审查制”中，国家竞争委员会（Competition Commission of Singapore，CCS）一般不主动对公共政策进行竞争审查，而是更多地发挥指导和建议的作用。竞争委员会借鉴 OECD 竞争评估工具的经验，制定《竞争评估指南》，为政策制定机关开展竞争评估提供分析框架和评估工具。从公共政策是否限制企业数量和营业范围、是否限制企业竞争能力、是否限制企业竞争积极性三个方面进行评估；应政策制定机关的请求，对特定竞争问题提供独立的指导意见。尽管如此，竞争委员会声明，其提供指导意见并不代表其放弃之后对该管制行为开展反垄断调查的权力。〔12〕

OECD 是推动竞争评估最为积极的国际组织，专门颁布了《竞争评估工具书》《关于竞争评估的建议案》《竞争评估指南》《竞争评估原则》《竞争评估步骤》等文件，阐明了竞争评估范围、方法、流程等制度要素，〔13〕为成员国制度构建提供参考。我国国务院反垄断委员会完全可以在《审查制

〔11〕 参见丁茂中：《产业政策的竞争评估研究》，载《法学杂志》2016 年第 3 期。

〔12〕 参见朱凯：《对我国建立公平竞争审查制度的框架性思考》，载《中国物价》2015 年第 8 期。

〔13〕 参见张占江：《中国（上海）自贸试验区竞争中立制度承诺研究》，载《复旦学报》（社会科学版）2015 年第 1 期；王健：《政府管制的竞争评估》，载《华东政法大学学报》2015 年第 4 期。

度》的实施方面发挥主导作用，适时制定并出台“公平竞争审查指南”，细化和完善公平竞争审查的程序。同时，以此为契机，进一步完善在竞争政策拟定和实施方面的职能。

最后，将公平竞争审查成效纳入领导干部政绩考核指标体系。政绩考核体系一直是官员治理地方的“指挥棒”。中央提出将法治建设成效纳入领导干部政绩考核体系，[14]为公平竞争审查成效作为领导干部考核指标提供了法律基础。要实现领导干部政绩观的转变，减少公平竞争审查制度落实的阻力，进而在全社会传播竞争文化，将新考核指标与现有考核体系有机融合成为关键一环。

根据《公平竞争审查制度》具体内容，可以设“影响交易机会的公共政策数量及比重”“影响经营权义的公共政策的数量及其比重”“审查适用豁免规则的公共政策数量及其比重”三个方面指标进行考核。并将其纳入“法治建设”的一级考核指标之下的二级指标。而法治建设又与经济发展、民生改善、社会和谐、文化建设、生态文明、党的建设等并列作为对领导干部考核评价的一级指标。

结语

中国现阶段的社会、经济和政治各方面改革都到了必须确立竞争政策基础性地位，全面构建国家竞争政策体系的重要当口。从最高当局决策看，顶层设计已然明确方向，市场在资源配置中起决定性作用；从社会民众意识看，在市场竞争能够促进创新、提高资源利用效率、提升国家竞争力和消费者福利方面已形成共识。从制度改革进程看，在处理市场与政府的关系中，改革的重心已经从要素市场的全面开放转移到了对政府权力运行的全面规制，政府改革已成燃眉之急。在这样的时代背景下，将政府的经济政策与管理行为全面纳入竞争政策的视阈，是水到渠成的必然结果。《公平竞争审查制度》的出台与实施，顺应了中国社会改革深化的客观要求，契合了我国市场经济发展的阶段，呼应了体制改革的节点，是国家构建竞争政策体系基本框架中的重要一环。作为处理政府与市场的关系的顶层设计，国家竞争政策的目标定位，不仅会影响《反垄断法》的实施，还将直接影响我国经济体制改革的进一步的深化和未来的走向。

---

〔14〕 参见中共中央第十八届四中全会《中共中央关于全面推进依法治国若干重大问题的决定》。

市场经济走向成熟的重大举措：浅论公平竞争审查制度*

一、规制行政性垄断的制度创新

我国《反垄断法》中关于行政性垄断规制的内容，是关于反垄断法意义的讨论中最为引人注目的。法律中禁止行政机关制定限制竞争的行政规定，首次突破了对政策制定行为进行规制的旧传统，这表明《反垄断法》并不是简单的一部法律，而已经是在更为广阔的国家竞争政策的层面加以规范的。但是《反垄断法》实施至今，关于滥用行政权力排除限制竞争的行政性垄断案件查处还是十分困难。〔1〕 作为一种事后救济方式，反垄断执法只能在行政性垄断已经发生的情况下，以隔靴搔痒的方式在行政系统内部"建议纠正"。即便行政性垄断行为可能被纠正，但其对市场已经产生的影响和损害却很难得到完全消除。制度设计的无奈与缺陷暴露了规制政府经济权力运行的短板。传统的"控权"路径又往往事与愿违，〔2〕限制竞争的政策规定因其形式的"合法性"，往往便具有了正当性。〔3〕 规制滥

---

* 载王先林主编：《竞争法律与政策评论》（第2卷），上海交通大学出版2016年版，第7～10页。

〔1〕 "行政性垄断"是我国学界和实务界对于"滥用行政权力排除限制竞争行为"约定俗成的称呼，笔者为行文力便直接采用此名称。根据我国《反垄断法》第8条和第五章规定的内容，完整的提法应该是"行政机关和法律、行政法规授权的具有管理公共事务职能的组织滥用行政权力排除限制竞争的行为"。

〔2〕 参见李洪雷：《中国行政法（学）的发展趋势——兼评"新行政法"的兴起》，载《行政法学研究》2014年第1期。

〔3〕 我国竞争执法机关查处的典型案件为：河北省高速公路收费歧视案；山东省交通运输厅滥用行政权力排除限制竞争案；云南省通信管理局滥用行政权力排除限制竞争案。参见国家发展改革委办公厅《关于建议纠正山东省交通运输厅滥用行政权力排除限制竞争有关行为的函》（发改办价监〔2015〕501号）；《国家发展改革委依法建议河北省人民政府纠正交通运输厅等部门违反〈反垄断法〉滥用行政权力排除限制竞争行为》，载 http://www. ndrc. gov. cn/，2015年5月22日访问；《云南省通信管理局违反〈反垄断法〉滥用行政权力排除限制竞争被依法纠正》，载 http://jjs. ndrc. gov. cn/，2015年5月22日访问。

用行政权力损害市场竞争的制度亟须探索新的路径和方式。“公平竞争审查制度”正是这样的创新之举，形成了对行政性垄断规制的完整体系。一方面，国家通过实施《反垄断法》，对行政性垄断实行事后的监督与救济；另一方面，通过“竞争审查制度”的实施，以行政行为对市场竞争的影响作为正当性评判的标准，全面防范限制竞争的政府规定与政策出台，实现事先、事中的监督审查。如此形成在竞争政策框架之内规制政府限制竞争行为的两翼，不仅将政府的反竞争行为置于政府经济权力运行的整体目标之下，[4] 而且还将把政府经济权力的运行全面纳入国家竞争政策的制度建设之中，这是从根本上解决政府与市场关系的治本之策。

二、界定“政府与市场关系”明确标尺

公平竞争审查制度是以市场竞争影响（效应）对政府政策法规和众多的行政文件在制定过程中进行评估与审查，这对于界定政府和市场的边界是非常重要的一把标尺。

我国进行经济体制改革以来，各级政府和产业部门最关注的就是发展的效率，其愿望之急切、政策之灵活、办法之创新是有目共睹的。但是，用什么方式和路径来达到发展经济的目标是值得深思的。选择正确的方法路径能够让社会经济持续发展，而选择图一时一地之效果的方法路径，最终可能与发展目标背道而驰。因此，对发展方法路径进行比较选择、正确决策十分重要。我们曾经以制定法规规章、政策文件等形式，通过财政补贴、税收减免、倾斜扶持的方法，用政府的手段发展市场，达到促进部门或地方经济的发展的目的。这些措施在获得一定成效的同时，也产生了严重的弊端和隐患。政府在很大程度上控制资源配置，要素市场的发展受到影响，市场主体的地位差异悬殊，经营者的创新能力不能得到强化。经济短期内呈快速增长，但却不能保持持续发展。三十多年的改革历程，现在已经到了全面解决“政府与市场的关系”的重要时刻，改革的重心已经从要素市场的全面开放转移到了对政府权力运行的全面规制，深化体制改革和实施依法治国的目标共同指向了政府权力运行的规制，尤其是改革政府的政策制定行为已成燃眉之急。中央十八大的决议以及此后的一系列政治文件，更是明确提出要“让市场起决定性作用”，“更好地发挥政府的作

〔4〕 参见徐士英：《竞争政策视野下行政性垄断行为规制路径新探》，载《华东政法大学学报》2015 年第 4 期。

用”。在实施“创新驱动”的发展战略中，要激励市场的每一个主体，通过创新、竞争，达到持续发展的目标。事实证明，经济要持续发展，必须充分发挥市场竞争机制作用，优化资源配置和利用的效率。必须遵循市场经济规律，由市场竞争决定资源的流向，依赖人为配置资源的做法不能继续，各类市场主体应当同样获得市场要素，平等开展市场竞争，同等受到法律保护。公平竞争审查制度的实施，为政府与市场的边界确立了明确的标准，是我国市场经济走向成熟的又一重大举措。

三、促进“政府合规”的常态化制度

公平竞争审查制度的实施，实际上就是将政府政策制定的行为纳入了“竞争合规”的常态化建设。“竞争合规”，原来仅指在企业的经营管理活动中需要保持对于违反一国竞争法的风险管理方面的制度建设。在商业竞争日益激烈的当今社会中，经营者的“竞争合规”意识正在逐步加强。但是，政府在“维护竞争机制”方面的意识却远远不如企业。纵观国家改革进程，中国正在实施“大众创业，万众创新”的创新发展战略，激发市场中每一个因子，释放市场活力，减少或改变政府限制竞争的政策与制度，是时代发展的趋势，在这样的背景下，政府行为必须改弦易辙，进行公平竞争审查，帮助“清理和废除妨碍全国统一市场和公平竞争的各种规定和做法”，将政府的经济政策与管理行为全面纳入市场运行的轨道和框架，这是当前刻不容缓的任务。

实施公平竞争审查制度，不是突击运动，更不是权宜之计，而是一项需要长期进行的治国之策，必须形成常态化的制度体系。由于制度的惯性，我国政府部门往往过高估计行政配置资源的作用而忽视市场的效率，政策法规也多着眼于局部短期效率的追求，忽视长久竞争机制的激励。在这样的背景下，对于政府经济权力的运行，以“市场能否有效发挥资源配置的作用”为出发点和标准进行评估与审查，让那些有利于鼓励创新、公平竞争环境建设的政策及时实施，防止或修改那些限制竞争、削弱创新的政策，将是国家治理和依法行政的长久大计。

公平竞争审查不仅仅是涉及某一项具体的政策法规，而是涉及更为广泛领域的改革与发展，包括国有企业竞争制度、垄断行业改革制度、产业政策竞争化路径，等等。要实现“要让不同所有制企业平等获得生产要素、公平开展市场竞争、同等受到法律保护”的目标，必须建立一系列常规化的具

体制度，通过建立立法咨询、决策审议、政策评估、民众监督、教育培训等方式，全方位地规制行政权力的运行，杜绝产生行政性垄断的土壤，使政府行为在“竞争合规”方面的制度建设常态化。

结语

中国现阶段的社会、经济和政治各方面改革都到了必须确立竞争政策基础性地位，全面构建国家竞争政策体系的重要当口。国家的顶层设计已然明确，市场在资源配置中起决定性作用；社会民众对竞争能够促进创新也已形成共识。无论从制度改革的进程，还是从社会的民意呼声来看，改革政府已成燃眉之急。在这样的时代背景下，将政府的经济政策与管理行为全面纳入竞争政策的视阈，是水到渠成的必然结果。公平竞争审查制度的出台与实施，顺应了中国社会改革深化的客观要求，也是国家构建竞争政策体系基本框架中的重要一环，其深远意义如何估计都不会太高。

中国竞争政策的实施与展望

——兼论我国基本经济政策定位*

一、问题的提出：政策重新定位引发的疑虑

中共中央关于“使市场在资源配置中起决定性作用”的重大决策，[1] 为处于经济新常态下的中国经济发展展现了新的前景，全面转变资源配置方式的同时，将国家经济政策的重新定位提上了重要议程，“要逐步确立竞争政策的基础性地位”成为当前关注和热议的焦点。[2] 市场经济发展进入常态化，自然需要完整的市场经济政策体系。竞争是市场制度的灵魂，以保护竞争机制为宗旨的竞争政策发挥基础性作用毋庸置疑。[3] 因此，国家基本经济政策的定位和现有政策体系的重构到了必须认真对待的时候。但由于长期以来政府配置资源的思维惯性难以刹车，而高速增长时期以倾斜性产业（区域）的扶持政策为主导的体制居功至伟，影响深刻，这使竞争政策与其他经济、社会政策（法律）的关系及其协调呈现难解的理论争议和尖锐的现实矛盾。[4] 近年来周期性经济下行的困难和结构性问题更加剧了此种担忧。体制转型为什么要进行基本经济政策的换位？竞争政策基础性地位究竟意味着什么？将竞争政策定位于基础性经济政策应

---

* 本文系笔者2016年12月在“中南大学名师名家讲坛”的演讲稿基础上修改而成，是国家哲学社会科学基金项目“竞争政策视阈下行政性垄断规制路径研究”（16BFX097）的阶段性成果，载《经济法论丛》2017年第1期。

〔1〕 参见《中共中央关于全面深化改革若干重大问题的决定》，载《人民日报》2013年11月16日，第1版。

〔2〕 参见《中共中央国务院关于推进价格制度改革的若干意见》（中发〔2005〕28号）。

〔3〕 参见吴敬琏：《加强竞争地位不是一蹴而就的》，载《北京日报》2016年12月19日，第17版。

〔4〕 2016年11月9日，两位经济学家林毅夫和张维迎关于产业政策的现场交锋就是这一理论争议的典型。参见冯彪：《林毅夫PK张维迎：我们到底需不需要产业政策？》，载《每日经济新闻》2016年11月10日，第2版。

当如何推进？这些不仅是政策选择的实践问题，更是值得慎思明辨的理论问题。笔者尝试议论一二，以求教各方。

二、竞争政策定位基本经济政策的理论依据

在经历了较长时期的超常速度增长之后，我国经济进入平稳发展的"新常态"。随着经济体制改革的深入，影响经济发展的主要矛盾已从要素市场的开放转向全面改变资源配置的方式。体制改革从单项、分散的政策措施发展到全面、综合性的攻坚克难，发展模式从以政府投资为动能向以大众创新为动能实行全面转换。这些重大的变化必然影响国家整体经济政策的结构与走向。在体制转型的新阶段，市场对于公平竞争秩序的需求大于对个别产业扶持的需要，[5]以产业政策为主导的经济政策体系转换成以竞争政策为主导的经济政策体系，重新定位国家基础性经济政策，这是我国社会经济发展的必然结果。

(一)竞争政策的核心：维护竞争"机制"

竞争政策作为"一切旨在维持和发展竞争性市场体制所采取的各种公共措施"，[6]其作用就在于为市场在资源配置中起决定性作用搭建基础平台，通过促进资源在经济部门的有效分配，创造更多的社会财富。[7] 竞争是市场主体为赢得有利的市场地位，实现自身既定的经济目标而进行相互较量的动态过程。[8] 但不同的竞争行为对社会资源配置会产生不一样的后果：市场主体在竞争中增进个体利益的同时也增进了社会整体利益，[9]或者市场主体在增进个体利益的同时却减损了社会整体利益。对于前者需要鼓励和保护；对于后者则必须限制或禁止。"竞争"应当是将增进个体利益的主体行为导向同时增进社会整体利益这一目标的驱动力，[10]竞

---

〔5〕 参见于良春：《推进竞争政策在转型新时期加快实施》，载《中国工商管理研究》2014年第9期。

〔6〕 竞争政策可以包括旨在促进国内经济竞争自由和市场开放的各项政策措施，如垄断行业放松管制政策、国有企业民营化经营政策、政府补贴或者优惠与限制政策，以及其他各项社会经济政策中涉及竞争问题的政策措施等。参见徐士英：《竞争政策研究——国际比较与中国选择》，法律出版社2013年版，第6～8页。

〔7〕 参见吴敬琏：《确立竞争政策基础性地位的关键一步》，载《人民日报》2016年6月22日，第10版。

〔8〕 参见徐士英：《新编竞争法教程》，北京大学出版社2009年版，第1页。

〔9〕 这里的社会整体利益主要是指效率，不仅包括生产效率，还包括分配效率与创新效率；不仅包括微观经济效率，还包括宏观经济效率。

〔10〕 参见徐士英：《竞争法论》，世界图书公司1999年版，第3页。

争并不是作为“行为”受到重视，而是作为“机制”才值得维护。[11] 正是在这一意义上，维护竞争构成了竞争政策语境内的核心内容，市场才可以“在资源配置方面起决定性作用”。

（二）竞争政策的功能：调节竞争机制作用

市场经济本质上是竞争经济，但是竞争不能是自发、盲目和无序的，这需要国家通过有效的竞争政策加以引导和规范。[12] 各国从市场竞争带给社会的惠予和损害中不断反思、总结，进行着各种制度建设，保障竞争作为驱动力促进社会持续进步目标的实现。这种努力的结果形成了各国的竞争政策。为确保一个竞争性的市场有效地发挥作用，各国通过实施具有较大威慑力的竞争法律对限制竞争行为加以规制，使各国的竞争法律成为竞争政策的主要形式和内容。正是通过对竞争优势的保护与发扬，对其缺陷的限制与匡正，竞争法达到了让竞争机制充分发挥有效配置资源的作用。[13] 单纯依靠竞争法难以全面保护竞争机制，更何况在特定时期和条件下，必要的限制竞争也是不可避免的选择。因此，国家根据总体发展战略和阶段性发展水平的需要，要将市场竞争机制的作用调节在恰当的水平，达到社会经济持续发展的目标，竞争政策正是回应此需要的必然产物。

一个国家竞争政策的定位，通过影响国家的经济结构、政策立法、执法司法制度的发展，直接影响整个国家发展战略的实现。竞争政策是在充分重视竞争机制基础上的努力成果，更是政府主动调节竞争机制的重要手段和基本标准。即使在某些特殊的领域需要限制竞争，那也是作为竞争政策适用范围的限制或者适用除外的形式而存在的，实际上是与其他经济政策，特别是产业政策相协调和平衡的结果。于是，竞争政策就有了宽泛的理解：一切有利于促进和维护竞争的经济政策都可以被视为相互作用的竞争政策的重要组成部分。[14] 目的就是把更多的经济政策纳入竞争政策的价值体系当中，全面影响国家政策体系的结构和走向。

---

〔11〕 我国改革实践显示竞争政策通过促进资源在经济部门内的有效分配创造了更多的社会财富，国家 GDP 年平均增幅达到了 9.8%。参见中华人民共和国国家统计局编：《中国统计年鉴 2015》，载 http://www.stats.gov.cn/tjsj/ndsj/2015/indexch.htm，2016 年 11 月 1 日访问。

〔12〕 参见王先林：《浅析竞争政策与反垄断战略问题》，载《中国市场监管研究》2016 年第 1 期。

〔13〕 参见应品广：《法治视角下的竞争政策》，法律出版社 2013 年版，第 25 页。

〔14〕 参见徐士英：《竞争政策研究——国际比较与中国选择》，法律出版社 2013 年版，第 8 页。

（三）竞争政策的定位：市场经济政策的基础性地位

竞争政策的基础性地位是指以竞争的基本理念影响和指导其他经济政策的制定和实施，是“敦促其他经济政策改善竞争环境的经济政策”。[15] 相对于其他经济政策，竞争政策应是一项基础性经济政策，这是由市场经济本身的特点所决定的。确立竞争政策在经济政策体系中的基础性地位应尊重市场经济运行的规律。[16] 其与其他强调政府干预经济的经济政策的不同之处在于：竞争政策坚持市场机制的作用，防止政府对经济的过度干预是竞争政策的哲学基础。强调竞争是市场经济的生命，竞争机制会刺激经济活力，带来资源配置效率，推动经济增长和经济实力的增强。[17] 因此，竞争政策被视作可持续发展的保障。我们看到，各国在建立和发展市场经济的过程中，竞争政策扮演了重要的角色。[18] 在政府赖以调节的各项经济政策中，竞争政策占有重要的基础地位。[19] 不仅如此，多年的实践进一步证明，相比产业政策（无论是选择性产业政策还是功能性产业政策），竞争政策的实施更有利于产业政策目标的实现。[20] 竞争政策在与其他经济政策，尤其是与产业政策的协调过程中逐渐成为主角，使那些试图通过限制竞争扭曲市场而获利的行为得到了广泛的制约。[21] 值得注意的是，进入 21 世纪以来，竞争政策在发展中国家和转型经济国家成为主要的政策取向，联合国贸易和发展会议从 2000 年开始的会议和研究表明，将竞争政策视为基础性的经济政策，制定竞争政策的明确目标和实施

---

〔15〕 See United Nations, Empirical Evidence of the Benefits from Applying Competition Law and Policy Principles to Economic Development in order to Attain Greater Efficiency in International Trade and Development, http://unctad.org/en/Docs/c2emd10r1.en.pdf, Jun. 20, 2017.

〔16〕 参见时建中：《全面推进实施竞争政策促进我国经济转型发展》，载《中国价格监管与反垄断》2016 年第 S1 期。

〔17〕 中国社会科学院“比较竞争政策研究”课题组：《联邦德国的竞争政策考察》，载《经济学家》1994 年第 4 期。

〔18〕 参见徐士英：《竞争政策与反垄断法实施》，载《华东政法大学学报》2011 年第 2 期。

〔19〕 See UNCTAD, The Role of Competition Policy in Promoting Sustainable and Inclusive Growth, Note by the UNCTAD Secretariat, http://unctad.org/meetings/en/SessionalDocuments/tdrbpconf8d6_en.pdf, Jun. 16, 2017.

〔20〕 参见徐士英：《反垄断法实施面临功能性挑战：兼论竞争政策与产业政策的协调》，载《竞争政策研究》2015 年第 1 期。

〔21〕 See United Nations, Empirical Evidence of the Benefits from Applying Competition Lawand Policy Principles to Economic Development in order to Attain Greater Efficiency in International Trade and Development, http://unctad.org/en/Docs/c2emd10r1.en.pdf, Jun. 16. 2017.

的长期规划,使其成为制定其他经济和社会政策的基础,已经成为共同的发展趋势。[22]

如何处理不同政策之间的关系,体现了一国政府在社会经济发展的不同阶段的战略选择。市场经济发达的国家,对于竞争的重要性以及竞争政策在维护有序竞争方面的功能,以及竞争政策具有基础性地位和优先地位并不存在普遍争议。越来越多的国家和地区都确立了"竞争政策优先"的原则,无论是经济理论还是发展实践都证明,决定当年德、日及其他国家经济腾飞的关键并非仅仅在于政府积极推行产业政策,而是充满活力的竞争和以维护竞争为宗旨的竞争政策,这使它们成为产业界创新与变革的摇篮。[23] 随着越来越多人的反思,这种说法已经成为主流观点。[24] 我国改革前期出现的"小产权""小财政""小市场"现象表明,即便是在以产业政策为主导的政策体系之下,竞争机制也会以其特有的方式渗透。[25]

(四)竞争政策的重心:规制政府经济政策制定行为

参考各国的实践,"竞争政策"一词被应用于很多不同的方面,包括它作为竞争法的同义词,或者作为一系列包括竞争法律在内的政策。一般来讲,竞争政策是竞争原则在评价市场行为、政府政策与法律法规时的一种应用。每个国家都有自己对竞争政策的不同理解,我国作为转型经济国家,竞争政策的重心更多是针对政府行为,是对政府规定、国家计划,行业政策、市场管制和经济调控等政府行为的一种替代。集中表达发展中国家意愿的联合国贸易和发展会议的研究指出:竞争政策就是指保护和促进市场主体间的竞争的政府政策,尤其是促进其他政府政策及其实施过程能够发展竞争性市场环境的政府政策。[26] 竞争政策具体是指,确定这些政府

[22] See UNCTAD, Competition Policy, Legislation and Mechanisms, http://unctad.org/en/Pages/DITC/CompetitionLaw/ccpb-PubsPage04.aspx, Jun. 16. 2017.

[23] 参见[美]迈克尔·波特:《国家竞争优势》,李明轩、邱如美译,华夏出版社 2005 年版,第 364、398 页。

[24] 参见[日]伊从宽:《日本竞争政策和竞争法》,武晋伟译,载《经济法论丛》2005 年第 1 期。

[25] 参见于立:《中国产能过剩的根本成因与出路:非市场因素及其三步走战略》,载《改革》2014 年第 2 期。

[26] Ad Hoc Expert Meeting: The role of competition law and policy in fostering sustainable development and trade through the enhancement of domestic and international competitiveness of developing countries, http://unctad.org/en/pages/MeetingDetails.aspx? meetingid = 485, Jun. 16, 2017.

的政策法规措施是否通过对有效率的行为强加限制,从而对社会整体利益造成损害。因为这种强加的限制往往超出了实现社会公共利益目标的合理必要。政府反竞争行为一般表现为地方保护和行业保护、强制交易或指定交易。这些行为不仅妨碍全国统一大市场的建立,破坏公平竞争的市场秩序,而且不利于激发市场主体活力,不利于促进大众创业、万众创新,也损害了市场主体的自主经营权和消费者利益,必须予以严厉查处和纠正,才能促进全国统一开放、竞争有序的市场体系建设。[27] 对于政府的反竞争行为,反垄断执法规制有一定的局限。事后救济的局限、规制范围的局限、执法建议权的局限,以及司法救济的不足,这些提示我们必须以竞争政策为导向,全面解决行政性垄断所带来的后果。必须通过竞争政策推进对政府反竞争行为规制体系的完善。要形成改革、立法、执法、司法多个维度系统推进。只有社会具有了良好的竞争文化,才能真正管住"有形之手",保障市场配置资源决定性作用的充分发挥。[28]

作为转型经济国家,我国在过去几十年中实施了以鼓励竞争为目的的经济体制改革。基于理论和实践,我们得知:竞争性的市场体系有利于资源被有效利用。短期竞争压力可以使市场价格趋于边际成本,而长期的竞争可以带来经济整体的增长和新市场、新产品、新技术的发现和发展。[29] 在全面理解竞争政策的科学内涵之后讨论现阶段我国对竞争政策的定位才具有意义。

三、我国确立竞争政策基础性地位的现实条件

中国市场经济体制改革的过程就是逐步形成竞争政策的过程。从萌芽、发展到基本形成,我国竞争政策经历了几十年的实践。2008 年《反垄断法》的正式实施,标志着国家竞争政策体系建设开始启动。[30] 实践证明,缺乏竞争政策与竞争法律,市场竞争过程有可能受到来自个人或政府行为的阻碍和扭曲,但是,如果没有地位确定、目标明确的竞争政策体系,即使实施了竞争政策,它也只能是分散、局部地产生作用,市场经济体制的

---

〔27〕 参见李韶辉:《积极查处行政垄断充分释放经济活力》,载《中国改革报》2015 年 11 月 3 日,第 1 版。

〔28〕 参见徐士英:《竞争政策与反垄断法实施》,载《华东政法大学学报》2011 年第 2 期。

〔29〕 参见应品广:《法治视角下的竞争政策》,法律出版社 2013 年版,第 124 页。

〔30〕 《反垄断法》第 9 条第 1 款明确规定了国务院反垄断委员会的首项职能就是"研究拟订有关竞争政策"。这是我国首次通过法律文件提出竞争政策。

运行仍然会遭遇不确定的，甚至是扭曲的因素的干扰。中国现在是到了该形成竞争政策体系的时候，通过几十年改革开放，我国确立竞争政策基础性地位的时机基本成熟，形成以竞争政策为主导的政策体系的条件基本具备。我国全社会已经普遍认识到市场机制和竞争机制在配置资源中的决定性作用，而且也普遍认识到应该如何处理竞争政策与其他经济政策，特别是与产业政策之间的关系。[31] 这主要体现在进一步改革的社会需求与改革开放的进程高度契合，竞争政策的基础性地位呼之欲出，应该是水到渠成的必然结果。

（一）深化改革目标与竞争政策高度契合

竞争政策的基本目标是维护自由公平的市场竞争、提高经济资源的配置效率和促进消费者福利整体增长。由于每个国家所处的发展阶段不同，其文化传统各不相同，因此竞争政策目标选择受到多重因素的影响。一般而言，重要的因素包括国家社会经济发展战略、市场经济发育程度、社会公众对竞争的认同程度、国家面临的国际竞争环境以及短期的经济危机等。发展中国家尤其是转型经济国家，竞争政策的目标除了分散垄断力量（除非证明垄断更有利于资源配置）、阻止滥用市场地位限制竞争、制止各类垄断协议以确保消费者利益不受损害等之外，更重要的是消除影响公平竞争市场环境的政策措施、创造技术进步和营造新的市场环境；开放市场让更多主体自由准入；确保经济资源（包括国有资产）的有效配置利用等。如格鲁吉亚国家竞争政策和立法的主要目的除了禁止不公平和反竞争行为外，还包括促进企业进步。[32] 我国当前的改革进程已经到了攻坚克难的关键时期，所有分散、单项的改革，最终都汇聚到一个总的关口：政府与市场的关系。规制政府反竞争行为、垄断行业中引入竞争、深化国有企业改革、发展中小微型企业、确立消费者选择标准等，每一项改革都与竞争政策的目标高度契合。只有确立以竞争政策为主导的政策体系，才能寻觅到根本性、全局性的解决方案。

（二）实施创新战略需要竞争政策的环境

中国的经济现状呈常态化发展，这与改革开放早期主要依靠投资（政

〔31〕 参见王晓晔：《竞争政策为什么应成为国家基本经济政策》，载《中国价格监管与反垄断》2016 年第 3 期。

〔32〕 Lapachi K, "Anti-Monopoly Regulation in a Transition Country, The Example of Georgia", *European Competition Law Review*, Vol. 22, No. 9, 2001, pp. 374 - 381.

府投资是主流)驱动的发展模式相比发生了根本性变化。中央政府提出实施创新驱动的发展战略,实现新旧动能转换是适应这一战略变化的重要内容。为万众创新者提供能够脱颖而出的市场环境,构建平等自由公平竞争的政策环境成为政府的主要职责。[33] 这与竞争政策的内涵完全一致,因为任何公共政策,最终都要以服从国家经济发展战略为目的。[34] 实施竞争政策的宗旨就是为了激发社会创新活力和创造潜能,破除一切制约创新的思想障碍和制度藩篱,遏制一切排除、扭曲市场竞争的行为。在竞争政策的视野下,偏向性的政策措施不能存在,区域性与行业性的市场壁垒必须消除,要构建有利于大众创业、万众创新的普惠性创新支持政策体系。[35] 竞争政策不应成为阻碍向创新驱动转型的障碍,目前开展的商事制度改革、限制投资和市场准入负面清单的制定、公平竞争审查制度的实施,都是在矫正现行产业政策弊端。[36] 事实上,采取一切公共措施维持一个竞争性市场的政策换位已经启动,而且势在必行。

(三)评判政府行为符合竞争政策标准

我国体制改革由政府推动,几十年来政府一直扮演着制度变革的坚定推动者角色。在催化市场经济发展中各项要素成熟的目标下,政府调动了巨大的行政力量给予针对性的扶持,这不仅造就了我国经济高速增长的"奇迹",同时也使"政府与市场关系"中的行政主导难以褪色。政府在推动国有资本运行机制的市场化政策,激活企业经营决策自主权的同时,也使国有企业深度参与市场竞争、资本定位不清晰,影响了各类主体之间的平等竞争;政府部门出于地方利益或部门利益兑现的考虑,致力于扩张或维持管制权力,甚至围绕局部利益进行权力抱团,出现了要素流通的行政禁锢,阻碍市场化定价基础上要素统一市场的形成。由此可见,经济高速增长背后的区域政策和产业政策盛行的影子,在一定程度上抵消了发展成果,"对于经济发展的促进效果逐步递减,对我国产业、企业竞争力的提升、

---

〔33〕 参见《中共中央国务院关于深化体制机制改革加快实施创新驱动发展战略的若干意见》(2015年3月13日)。

〔34〕 参见石俊华:《论反垄断法实施后我国产业政策与竞争政策的协调》,载《云南社会科学》2009年第1期。

〔35〕 参见《中共中央关于制定国民经济和社会发展第十三个五年规划的建议》(2015年10月29日中国共产党第十八届中央委员会第五次全体会议通过)。

〔36〕 参见陈清泰:《新时期应把竞争政策提到基础地位》,载《中国经贸导刊》2016年第36期。

转型升级和国家创新战略的负面影响越来越大”。[37] 面对政府通过权力可以随意挑选赢家，甚至挑选输家的政策现实，[38] 迫切要求解决产业结构性矛盾的时候，极其需要明确的基础性政策进行评判和抉择，而评判的标准就是竞争政策，它应当成为各种经济政策的“公约数”[39] 或“经济政策的主轴”。[40]

竞争政策与竞争法虽然在价值目标上相辅相成，但具体的作用对象有区别。后者通常侧重于对私营部门竞争行为的规制，而前者则侧重于规制由政府法律法规或其他行政行为所造成的市场扭曲。通过公平竞争审查与评估制度、竞争中立政策、竞争推进措施等，对政府行为进行评判以确立“最小妨碍市场竞争”的标准，保证政府行为与市场机制作用的一致性，是确立竞争政策基础性地位的真正意义所在。

（四）解决结构性问题需借助竞争政策工具

我国经济正在遭遇结构性危机，体制和政策因素抑制了市场竞争、限制了资源的自由流动无疑是其中最重要的原因之一。[41] 即便是“三去、一补、一降”的权宜之计，现有体制下如何实现也存在路径选择问题。是继续沿袭政府之手实施“行政关停并转”，还是依靠市场机制的作用，通过市场竞争实现去留，这是摆在我们面前的无法回避的选择。在竞争政策的目标和思路下进行调整，以市场供求为依据，通过竞争兼并，优胜劣汰的甄别，才是产能和库存最好的“去途”。竞争是不以人们意志为转移的巨大机器，它一旦运转起来，任何市场主体只能任其切削、筛选与吞噬。[42] 竞争政策的路径就是保障各类市场主体之间的公平竞争，淘汰缺乏竞争力的企业，鼓励优质企业在市场竞争中获取更多资源，大幅度减少政府对资源的直接配置，推动资源配置依据市场规则、市场价格、市场竞争实现效益最大

---

〔37〕 黄勇:《竞争政策的功能与实施路径》,载《中国价格监管与反垄断》2016 年第 6 期。

〔38〕 参见吴敬琏:《结构性改革与思想市场》,载 http://www.sohu.com/,2016 年 11 月 4 日访问。

〔39〕 时建中:《全面推进实施竞争政策促进我国经济转型发展》,载《中国价格监管与反垄断》2016 年第 1 期。

〔40〕 戴龙:《日本反垄断法实施中的竞争政策和产业政策》,载《环球法律评论》2009 年第 3 期。

〔41〕 参见吴敬琏:《确立竞争政策基础性地位的关键一步》,载《人民日报》2016 年 6 月 22 日,第 10 版。

〔42〕 参见徐士英:《竞争法论》,世界图书出版公司 2001 年版,第 4 页。

化和效率最优化。[43] 也唯有如此，才能引导资源朝着最能产生效益的行业与地区流动。随着国家经济发展水平的提升，在现代产业发展具有高度不确定性且没有国外成功经验可资借鉴的背景下，产业发展更主要的还是依靠市场调节机制。[44] 恢复产业乃至整个经济的活力，现在是到了"用先进标准倒逼'中国制造'升级"的关键时刻；[45] 明确基本经济政策的定位，适用竞争政策优先实施的原则，矫正政策消极后果，现在是到了最迫切，也是最恰当的时机。

（五）协调政策间冲突应适用竞争政策原则

完善的竞争政策不仅是使市场在资源配置中起决定作用的重要法宝，也是其他经济政策发挥作用的前提。在政府干预经济的惯性思维下，竞争政策并不被重视。尤其是竞争政策与行业监管政策之间的矛盾最为典型。众多的行业监管政策与法律，在行业监管中发挥着重要的作用。但这些监管政策与立法大多是在产业政策导向下进行的，鼓励产业发展是这些政策法律的主旋律。由于产业政策可刺激经济求得短期内可观效益经济，对于社会经济政策的制定和施行是否可能对竞争机制造成损害基本不予考虑，[46] 结果往往偏离了产业政策实施的初衷，还留下严重的政策依赖，企业或地区参与竞争的意愿和能力下降，支撑产业成熟和持续发展的动力明显不足。目前，处理两类政策与法律之间关系的矛盾已经明朗化。随着反垄断法与反不正当竞争法的实施与修改的讨论，竞争法律优先适用和一般适用的地位已经不容争议，在竞争政策的框架内构建统一、协调的竞争法律体系也得到高度认同。为此，竞争政策基础性地位的确立，有利于行业监管政策与法律的制定要以"不违反竞争法的基本宗旨"为前提。行业法中关于竞争行为的规制条款不得减损竞争法的效力，竞争执法机构应当保留一般执法权和兜底执法权，以避免目前行业监管法所存在的执法空白，这些都必须以国家明确清晰的竞争政策目标为前提。

---

〔43〕 参见《中共中央关于全面深化改革若干重大问题的决定》，载《人民日报》2013 年 11 月 16 日，第 1 版。

〔44〕 参见刘桂清：《产业政策失效法律治理的优先路径—"产业政策内容法律化"路径的反思》，载《法商研究》2015 年第 2 期。

〔45〕 参见李克强主持召开国务院常务会议（2016 年 4 月 6 日），载 http://www.gov.cn/，2017 年 1 月 12 日访问。

〔46〕 参见徐士英：《中国竞争政策论纲》，载《经济法论丛》2013 年第 2 期。

积极推动在其他经济政策的制定和实施过程中充分考虑竞争政策的因素,[47]有助于其他经济政策工具的运用,通过有效的协调机制以及结构调整来整合经济政策,从而协力推动经济的可持续发展。[48]“绿色壁垒”往往成为区域之间限制竞争的集中表现。在这方面欧盟的做法值得借鉴。欧盟委员会提出环境政策与竞争政策虽然有各自不同的具体目标,但两者之间不存在根本性矛盾。在确立竞争政策优先的基本原则之下,应该正确对待“绿色壁垒”,配合环境政策灵活发挥竞争政策的功能。[49]

四、竞争政策重新定位面临的困境

尽管竞争政策基础性地位呼之欲出,但是路途依然艰难。各种理论困惑和现实矛盾不断干扰着竞争政策定位的进程。关于政策之争的理论探讨还在继续,这里仅就我国存在的现实问题略加讨论。

(一)对经济发展与竞争政策的关系评价存疑

经常听到一些质疑竞争法与竞争政策实施效果的议论。比如,经济困难时期企业抱团取暖可以克服危机,政府鼓励扶持政策带来的高速增长使国家迅速发展,因此得出不竞争的市场状态反而促进经济的增长的结论;又如,强调市场准入政策,让具有强大竞争实力的企业自由进入市场,造成不公平竞争,反而容易导致形成垄断;再如,保护中小企业反而使政府政策承受更大压力,因为容易形成市场恶性竞争的局面;等等。这些都是经济转型国家必须面对的特殊难题,因为在发展中国家,尤其是转型经济国家,国家竞争政策的目标、内容和范围较之发达国家更为复杂。其实,仅有竞争法律和竞争政策的存在,并不能说明它可能产生的影响,竞争法与竞争政策的作用取决于实际执行的程度,有时还取决于某些特殊规定,即在权

〔47〕 参见徐士英:《中国竞争政策论纲》,载《经济法论丛》2013年第2期。

〔48〕 参见张汉东:《进一步加强反行政垄断执法推动确立竞争政策的基础性地位——在反行政垄断培训班上的讲话》,载《中国价格监管与反垄断》2015年第12期。

〔49〕 一方面,欧盟根据竞争政策对有关环境保护的国家援助予以积极审查和监督;另一方面要求在作出有关竞争政策的决定的时候,不能只局限于经济和市场分析的基础,而应该考虑环境政策等其他经济和社会政策的要求,比如,将限制竞争的协议所能带来的生态效益作为“有助于改善商品的生产和销售,或者有助于推动技术和经济进步”而加以考虑。为了实现对绿色产业发展的促进,在合并审查方面,环境保护的因素必须纳入合并规则所确定的竞争政策中,单纯的环境保护不能成为禁止或批准合并的理由。

衡之后作出某些限制竞争的决定。[50] 造成上述问题的原因不是事实竞争政策,恰恰相反,正是竞争政策没有确定其主导性定位,才会在这些问题上不能合理发挥作用,或者不能及时地转换政策。因此,笔者认为,单纯讨论国家竞争政策与经济发展和富裕之间的关系是不现实的。应该将竞争政策置于长期保持竞争性市场,坚持阻止和削减来自市场和政府方面对竞争的损害这一竞争政策的"最高目标",才能使竞争政策可以对各类经济政策和法律法规的制定与实施产生"无处不在"的影响。[51]

(二)实施竞争政策的推力与阻力都来自政府

实施竞争政策的推力与阻力都来自政府,是一个矛盾的现象,也是转型经济国家特有的现象。市场经济基本规律决定了我国市场经济的运行必定引发对竞争政策的迫切需求,并且与成熟国家的市场经济和国际惯例日趋相同。在市场经济比较发达的国家,竞争政策的基础性地位越来越受到各国政府的认同,即便是缓和经济危机的短期刺激政策和竞争政策的长期效应之间也得到了理性的平衡。我国的特殊国情使我们存在竞争政策实施的推力与阻力共存的现象,而且主要来自政府改革政策的制定。政府是我国进行改革的初始动力,也是制定和实施竞争政策的主要推力。随着改革的深入,市场主体开始成为竞争动力与推力的真正源泉,而政府却由于对部门利益和地区利益的片面追求,行政权力演变为市场进一步扩张的阻却。竞争政策基础性地位确立的障碍主要来自政府及其产业政策笼罩下的国有企业、垄断行业和相关扶持的区域。[52] 有些曾经的竞争政策积极推行者,在当前经济遭遇周期性下行困难时,也难以坚守竞争政策的底线。政府作为公共政策的供给方,必须与市场的需求相适应。但是目前在很大程度上政府法政策供给依然存在传统思维的惯性。不尊重市场运行规律,对产业政策过于倚重,尤其是在经济遭遇周期性困难时,驾轻就熟的是干预市场的"任性"之举,越是局部的政策越是背离竞争政策,政府的政

---

〔50〕 参见徐士英:《中国入世与竞争政策的国际调节——中国竞争法面临的挑战》,载《经济法论丛》2004 年第 1 期。

〔51〕 参见应品广:《法治视角下的竞争政策》,法律出版社 2013 年版,第 114 页。

〔52〕 参见黄群慧:《以产业政策转型促进竞争政策基础地位确立》,载《中国价格监管与反垄断》2016 年 S1 期;于立:《中国产能过剩的根本成因与出路:非市场因素及其三步走战略》,载《改革》2014 年第 2 期;刘志彪:《经济发展新常态下产业政策功能的转型》,载《南京社会科学》2015 年第 3 期。

策供给与市场的需求之间存在错位甚至裂口的现象不可避免。这不仅影响实施竞争政策的决心与进程,还在一定程度上抵消着改革的成果,成为确立竞争政策基础性地位的障碍。

(三)利益博弈加剧竞争政策的需求冲突

虽然有越来越多的人发现竞争以及以维护竞争为宗旨的竞争政策才是促进产业发展和创新的原动力,[53]但是随着经济体制改革的深入,不同利益主体对保护竞争的各项政策(与立法)产生新的分歧并进行角逐。这主要表现在强大的国有经济与广大的民营经济的不同政策需求。中国的民营经济已经具备相当实力,在它们中,资金雄厚、技术领先、管理科学的先进企业已经不少,已在世界市场范围内参与竞争。它们对于不够令人满意(实际上是不够先进)的竞争政策有强烈的切身感受,对于公平竞争环境有极为迫切的需求。这是推动国内竞争政策发展的强大动力。相比之下,国有经济因长期处于受保护地位,虽然随着改革深入,地位和待遇受到挑战,但它们寻求政策庇护的愿望与动力有增无减。国有企业对于竞争政策的基础性地位的需求并不迫切,相反还有某种程度上的抵触情绪,令人担忧的是这种情绪还波及了其他的市场主体,削弱了竞争政策的实施。因此,当务之急就是在承认政策之间存在互相博弈合理性的同时,建立竞争政策的基础性地位,让竞争政策理念贯穿于其他经济政策,影响和约束其他经济政策的制定和实施。

(四)与国际社会竞争政策的对接尚有距离

与国际社会的竞争政策对接是由市场规则的国际共识与我国发展的阶段性特征决定的。成熟的市场经济国家已于21世纪初开始建立竞争政策的国际标准,从竞争法实施的指导思想到竞争政策实施的体系、方法、措施等层面,推动竞争政策实施理念和具体技术的标准化和体系相对成熟。相比之下,我国虽然已经开始全面融入世界经济体系,在不少方面(如互联网产业等)已经大幅领先,但在竞争政策方面还未能融入国际竞争政策体系。虽然现在国际上贸易保护主义时有抬头,但贸易与投资自由化、简化行政许可程序、增强企业自治和实行事后规制、强化竞争法和竞争政策的实施依然是国

---

〔53〕 参见王先林:《竞争政策的基础性地位及其主要实现路径初探》,载《中国价格监管与反垄断》2016年第5期。

际主流。[54] 国内竞争政策的发展必须正视这一基本现实，国内竞争政策的发展必须正视这一差距，若不重视竞争政策在一国经济政策体系中的基础性地位，很可能会阻碍市场经济体制的最终确立，不仅影响经济的可持续发展，还将会与世界水平不能迅速对接，并承受由此带来的不必要后果。

五、推进我国确立竞争政策基础性地位的展望

我国市场经济发展处于转型阶段的关键时期。在全面建成小康社会的总目标指引下，发展战略已作调整，对于基本经济政策的定位，中央政府的顶层设计决策明确，社会公众对维护竞争机制也已达成共识，确立竞争政策基础性地位的时机基本成熟。这不仅是我国体制改革深化的必要前提，也是最终建立社会主义市场经济体制的基本前提与保障。要实现这一目标应尝试从以下措施展开。

（一）全面制定国家竞争政策发展总体规划

首先，竞争政策的基础性地位应当通过国家竞争政策实施规划（纲要）加以确立，这是制定和实施其他经济和社会政策的基础。不少发展中国家和转型经济国家都努力通过制定竞争政策规划（纲要）确立竞争政策的基础性地位。一方面，其他经济和社会政策的制定和实施不得与竞争政策相抵触、借助于竞争审查和审查机制对影响竞争的公共政策的出台进行阻却；另一方面，一旦其他经济和社会政策在实施过程中出现与竞争政策相抵牾的情况，应通过政策之间的协调机制尽量将冲突降到最低。[55] 我国竞争政策的基础性地位不能仅仅以中央和国务院文件中部分章节内容的形式存在，因为以缺乏总体纲领性的规划来推动实施竞争政策是难以真正实现确立竞争政策基础性地位的目的的。[56]

其次，竞争政策作为国家基础性经济政策决策，应当体现在法律中。虽然《反垄断法》明确了国务院反垄断委员会的职责，但是尚未明确竞争政策的内涵与定位。同时要在主要的市场经济法律制度中，将竞争政策的基础性地位通过具体的规定加以体现。比如，通过立法将竞争审查的制度内容进行规定，在行业管制法中规定不能有与竞争原则相悖的规定，在国

---

〔54〕 参见戴龙：《日本反垄断法实施中的竞争政策和产业政策》，载《环球法律评论》2009 年第 3 期。

〔55〕 参见徐士英：《中国竞争政策论纲》，载《经济法论丛》2013 年第 2 期。

〔56〕 根据其他国家的执法，竞争政策实施规划可以涵盖法律制度、政府公共政策、消费者保护、竞争政策工具、实施能力建设、保障措施、智库建设等内容。

家的宏观调控立法中强调调控原则以不影响市场竞争为底线，等等。

最后，确立竞争法律优先适用的实施体制。建立竞争政策与其他经济政策尤其是产业政策之间的协调机制的关键是要设计好政策协调中的权限配置和程序规定。制定明确竞争法律优先适用和一般适用的地位，包括在立法环节统一界定法律概念与行为评价标准，避免行业法与竞争法的冲突。竞争执法机构对其他部门拟定的涉及竞争法事项的政策和规章提出修改建议。行业监管机构在制定、修订以限制竞争事项为内容的法律规则时要事先与竞争执法机构协商。在赋予竞争执法机构行业立法咨询建议权的同时，也给行业监管机构在相关规则制定前的协商义务，以最大限度地增加竞争规则的一致性等。

（二）在竞争政策指导下实施反垄断法

反垄断法实施需要接受竞争政策的指导，这是成文法在应对社会快速变迁环境时必然出现的实施需求，执法政策日益成为法律适用的重要条件，反垄断法的不确定性使这种执法政策更为必要，任何超前或者滞后于竞争政策目标的标准都将降低反垄断法实施的效率。〔57〕在各国竞争法实施的实践中，上述标准的确定和界限的划分，无一不是与其国家的竞争政策目标相吻合。〔58〕我国在决定这些标准和界限时，同样离不开对竞争政策的整体把握。

值得一提的是，反垄断法律制度在规制市场主体的垄断行为和规制政府反竞争行为方面具有同样的效力，尤其是行政执法方面，为此，加强对行政性垄断的反垄断执法是应该努力实现的。在一些权力集中的转型经济国家，如乌克兰、〔59〕匈牙利、〔60〕俄罗斯〔61〕等国家的执法机构在对待政府

〔57〕反垄断法的实施中有许多控制标准需要明确（如经营者集中的审查标准、垄断协议豁免的认定标准、“社会公共利益”、“安全港”的标准等），许多认定标准需要确实质性影响竞争等，许多实施制度需要细化（如宽恕制度、承诺制度等），许多数额需要确定（如行政罚款额、民事赔偿额等）。

〔58〕徐士英：《竞争政策：反垄断法实施的政策前提》，载《中国价格监管与反垄断》2014年第11期。

〔59〕1993年《反垄断委员会法》规定，反垄断委员会所拥有的权力可以广泛深入行政过程的诸多领域与环节，可以有力地抗衡行政垄断主体的权力。

〔60〕1990年《禁止不正当竞争法》规定，行政机构的决议损害了竞争的，竞争监督机构“可在得知违法的三十天内”对该决议向法院提起诉讼，要求审查。

〔61〕俄罗斯《商品市场竞争与限制垄断活动法》第4条第3款规定，俄罗斯联邦反垄断局对行政机关违反反垄断法有权建议联邦执行权力机关及地方自治机关：实行取消许可证管理；改变海关关税；实行或取消配额管理；提供税收优惠、优惠贷款及其他的国家支持。

限制竞争行为中的权力规定值得借鉴。我国《反垄断法》实施时间不长，但在纠正政府限制竞争方面成绩斐然，一系列行政垄断案件的查处和审理对权力部门的警示作用相当明显，防止"滥用行政权力排除限制竞争"的竞争理念开始向权力机构渗透，这在一定程度上制约着权力行使。

（三）全面规制政府限制竞争行为

以竞争政策为路径，以反垄断法和公平竞争审查制度为双翼，对以行政权力为来源所实施的限制竞争行为进行规制，是完整有效的制度安排。因此，应该建立"以竞争政策作为我国基本经济政策，以市场机制是否受到损害为政府经济权力运行判断的基本标准，以竞争政策的制定和实施为政府经济权力运行的规制路径，建立制约和监督政府经济权力运行的制度体系"。[62] 尽管反垄断法在规制行政性垄断方面卓有成效，但是，已形成的市场壁垒很难消除；即使消除，行政垄断已经造成的后果也难以弥补和恢复。以竞争损害为标准的行政审查制度的实施势在必行。

实施公平竞争审查制度是国际社会广泛应用的规制政府行为的有效制度，与我国市场经济发展阶段相契合，与体制改革节点相呼应。实施竞争性审查评估是直接针对政策制定和立法行为的措施，以是否能够保障和促进市场机制的发展为目标，对政策与法律进行全面的价值校正。这不仅可获得直接改变国家政策法律的效果，更为深远的意义在于一国经济生活的准则将更加有利于市场经济。[63] 不仅将政府的反竞争行为置于政府经济权力运行规制的整体目标之下，而且还将政府经济权力的运行全面纳入国家竞争政策的制度建设之中，这是厘清政府与市场关系的治本之策。[64] 通过竞争审查，政府将避免决策陷入图一时一地之效益选择发展路径、最终可能与发展目标背道而驰的泥淖。因此不仅需要对正在审议的政策法律法规是否符合竞争机制进行增量审查，而且要进一步对现行政策、法律法规是否符合竞争机制进行存量审查，导入定期公平竞争审查机制。[65]

---

〔62〕 参见徐士英：《竞争政策视野下行政性垄断行为规制路径新探》，载《华东政法大学学报》2015 年第 4 期。

〔63〕 参见向立力：《竞争推进的理论与制度研究》，华东政法大学经济法学院 2012 年博士学位论文，第 40 页。

〔64〕 参见徐士英：《国家竞争政策体系基本确立的重要标志——有感于公平竞争审查制度的实施》，载《中国价格监管与反垄断》2016 年第 7 期。

〔65〕 参见王健：《我国公平竞争审查制度的特点及优化建议》，载王先林编：《竞争法律与政策评论》，上海交通大学出版社 2016 年版，第 27 页。

（四）以竞争政策为导向推进垄断行业改革

垄断行业的政府管制由来已久（因而也称其为"管制产业"），如何划分政府管制和竞争政策作用的边界是改革需要拿出实质性解决方案的关键，也是竞争政策是否成为基础性经济政策的标志之一。在垄断行业中引入竞争是全球的发展趋势，但我国垄断行业问题汇聚了国有资本影响、政府配置资源等因素，与市场垄断行为相互交织、互为因果，改革的难度可想而知。任何单项改革措施都会因牵一发而动全身而导致效率不高甚至改革失利。这就提出了在国家竞争政策基础上进行协同改革。

首先，促进行业政策、国有经济政策、政府投资政策的拟定和实施朝着"竞争政策化"的目标进行，使垄断行业改革、削弱行政垄断和推动国有企业改革三方面的政策朝着同一个方向互动前行。加强对管制政策的竞争性评估（审查），如澳大利亚所有政府机构制定的各种公共政策都应当接受管制效果的评估分析，只要该政策可能对企业或非营利行业造成了影响。〔66〕

其次，以竞争政策为导向推进垄断行业管制改革，实现监管方式和监管豁免的双重转变。〔67〕 监管方式的转变是指实现从"反垄断法豁免＋政府管制"的传统管制模式向"放松行业管制＋反垄断法规制"的现代管制模式转变。监管豁免的转变是指实现从"行业豁免"向"行为豁免"、从"一般豁免/例外适用"向"一般适用/例外豁免"转变。

最后，建立反垄断法与行业监管双重管辖制度，合理协调反垄断执法机构与行业监管机构的执法权限。

（五）以竞争政策为目标加快国有企业改革

国有企业的竞争问题备受质疑，一方面，国有企业作为"企业"必然要以营利为目标；另一方面，国有企业常常被赋予促进社会公益的更高目标，与企业的营利目标相抵牾。这就成了竞争政策实施必须要面对的问题。国有企业发挥其公益性职能应当主要是在垄断行业中的垄断性业务中加以实现；在竞争性领域，国有企业的竞争与私营企业的竞争应该一视同仁。

〔66〕 See Best Practice Regulation Handbook, http://www.finance.gov.au/obpr/proposal/gov-requirements.html, Jun. 16, 2017.

〔67〕 参见黄勇：《竞争政策实施的法律保障》，载《人民政协报》2017年1月3日，第12版；于良春：《推进竞争政策在转型新时期加快实施》，载《中国工商管理研究》2014年第9期。

特别是,由于与政府的紧密联系和一定的公益属性,国有企业相比于私人企业而言,往往具有政府补贴、税收优惠、信贷融资、人脉联系和政策支持等方面的竞争优势。如若不通过一定的措施消解这种不合理的竞争优势,使竞争的开展在公平合理的基础上得以进行,那么市场竞争的机制将会被破坏,市场经济的发展也将受到阻碍。[68]

在竞争政策视角下,对国有企业垄断行为的规制不能仅依靠反垄断法,还需要竞争政策的全面推进。竞争中立政策是深化国有经济改革的重要政策工具,竞争中立是指任何企业不能因为其所有制或者政府控制的性质而天然地享有竞争优势。政府应该始终在公有企业和私有企业竞争过程中保持中立的态度,以免产生人为设置障碍、袒护国有企业、扭曲公平竞争机制。经济合作与发展组织(Organization for Economic Co-operation and Development,OECD)指出,当市场中没有经营实体享有过度的竞争优势或竞争劣势时,就达到了竞争中立的状态。

竞争中立政策是深化国有经济改革的重要政策工具,长期来看,中国需要建立符合自身需求的"国有企业"竞争中立体系。以竞争中立作为竞争政策的重要组成部分,公平对待国有企业和其他所有制的竞争,可将国有企业的不合理竞争优势消解到最低。实质上,我国已经在建立中国版的竞争中立。中共十八大报告指出,毫不动摇鼓励、支持、引导非公有制经济发展,保证各种所有制经济依法平等使用生产要素;公平参与市场竞争;同等受到法律保护。国务院《关于促进市场公平竞争维护市场正常秩序的若干意见》规定,各类市场主体要权利平等、机会平等、规则平等,政府监管要标准公开、程序公开、结果公开,保障市场主体和社会公众的知情权、参与权、监督权。

(六)推进竞争政策与消费者政策的融合

维护竞争本身并不完全等同于促进竞争。促进竞争的目标还要通过其他途径和方法共同作用才能实现,消费者保护政策便是实现促进竞争目标的主要政策工具。消费者的自由选择、自主消费需建设统一开放、竞争有序的市场体系,这是使市场在资源配置中起决定性作用的重要基础。竞争政策和消费者保护政策从不同方面——供给侧和需求侧力求实现市场

---

〔68〕 参见徐士英:《竞争政策的基本理解》,载《中国价格监管与反垄断》2015 年第 12 期。

有效运行的目标。我们应以竞争政策为导向促进消费者政策的发展。以倡导“消费需求激活供给侧的竞争”理念为重要突破,融合消费者政策与竞争政策,提升消费者保护在市场秩序的监督作用。

将消费者保护政策纳入竞争政策框架是完善竞争政策基础性地位的重要组成部分。消费者的选择权、监督权和评判权是激活供给侧竞争的最好动力。[69] 对消费者合法权益的保护也是国家竞争政策的主要目标,在有些时候可能是最终目标。[70] 将消费者保护政策纳入竞争政策的范畴。以竞争政策为依据支撑并融合消费者保护政策。强化消费者在竞争法中的地位,当竞争法的多元目标和保护消费者的目标发生冲突时,应当把消费者的利益放在首位,以确保竞争法实施的整体效果是正面的。

从保护消费者权益的角度看,不应局限于仅以消费者为受益方的单向政策设计,一方面要增加消费者在竞争法中的权利,包括选择权、监督权、评判权等;另一方面,要抛弃以往“绝对输赢”的陈旧思想,努力推动形成消费者与经营者共赢的消费者保护模式。在以竞争政策为主导的思路下,建立促进经营者和消费者整体发展的消费者保护政策体系新型理路。[71]

(七)积极开展竞争文化的培育和弘扬

竞争文化可以归结为是“关于市场竞争的一系列思想观念、商业规则和法律制度的总称”。[72] 根据经济学理论,经济基础决定上层建筑,上层建筑反作用于经济基础。一国的竞争文化对市场经济基础产生重大的影响和促进作用。适用竞争法和竞争政策比较缓慢和困难的原因,除了执法经验和技术不足之外,绝大部分可以归结为缺乏对竞争政策需求的认识,即竞争文化的薄弱。随着《反不正当竞争法》《反垄断法》等市场经济法律的制定与实施,我国原先淡薄的竞争文化得以迅速发育、生长,渐渐变得丰富起来。“发展依赖竞争,竞争需要规则”逐渐成为人们必须接受的理念,

〔69〕 See Louise Sylvan, The interface between Consumer Policy and Competition Policy, https://www. accc. gov. au/speech/the-interface-between-consumer-policy-and-competition-policy, Feb. 3,2017.

〔70〕 参见徐士英:《竞争政策研究——国际比较与中国选择》,法律出版社 2013 年版,第 74 ~ 85 页。

〔71〕 参见陈兵:《网络购物对消费者知情权的挑战与应对》,载《社会科学战线》2014 年第 5 期。

〔72〕 徐士英:《竞争文化与和谐社会——论中国反垄断立法的社会基础》,载《江西财经大学学报》(哲学社会科学版)2005 年第 12 期。

并开始得到更广阔、更深层的渗透、弘扬。

人类社会的竞争文化是随着市场经济发育、发展、走向成熟的漫长历史过程自发形成的，因此，世界上除了少数先发展国家是通过内源式过程发展本国竞争文化，更多的国家和地区则是通过政府倡导的模式培育了本国和本地区的竞争文化。在世界范围内，依靠政府（主要是竞争主管机构）的作用推动竞争文化发展已经成为普遍做法和发展潮流。〔73〕竞争文化的发育是否良好，可以集中表现为四个方面：政府营造平等竞争环境；经营者开展诚信公平竞争；竞争法律严格有效实施；消费群体抵制损害竞争行为。大力培育和弘扬竞争文化，推进符合我国国情的竞争文化建设，对于确立竞争政策基础性地位具有重要意义。

深入开展竞争法律实施的研讨。从相关竞争法律制度入手进行竞争文化的培育是外源式路径的重要方式，制度建设的讨论过程就是民众学习法律精神的过程，也是竞争文化传播与发育的过程。加强对执法和司法的机理研究和案例分析是发展中国家的竞争文化建设与发达国家不同的特有路径，通过竞争执法的方式推广竞争文化更具有现实意义，〔74〕可以达到“审理一个案件，教育一批企业，纠正一种传统，改造一个行业”的效果，促进企业和政府认真开展“竞争合规”。事实证明，以符合竞争政策的竞争执法带动竞争合规和竞争文化的发展是最有效的路径。〔75〕

明确竞争文化建设的重点是公共机构。针对承担制定经济政策（法律法规）的公共机构进行重点竞争推进，这是由我国改革重点所决定的。其已经从要素市场的改革转向转变政府职能，公共机构加强市场竞争意识已经成为当前改革的“深水区”，协调竞争政策与其他经济社会政策关系要求必须事先杜绝和减少影响市场竞争机制的政府立法和决策。我国建立市场经济体制的历史不长，在我们的文化中，依赖乃至夸大政府力量和作用的传统多，鼓励或尊重市场竞争的传统少。因此，文化的市场经济体制改革并不缺少对市场机制的谨慎，但对政府力量的警惕和约束往往心力不

---

〔73〕 See WilliamJ. Kolasky, A Culture of Competition for North America, https://www.justice.gov/atr/file/519781/download, May 7, 2016.

〔74〕 参见许昆林：《逐步确立竞争政策的基础性地位》，载《中国价格监督检查》2013 年第 11 期。

〔75〕 参见张汉东：《大力实施竞争政策深入推进供给侧结构性改革——在第五届中国竞争政策论坛上的致辞》，载《中国价格监管与反垄断》2016 年第 11 期。

足。通过竞争文化的推进帮助我们改良文化传统,这对于中国的未来具有特殊意义。

重视竞争主管机构"非执法机制"的宣传。执法机关在努力实施竞争法律的同时,必须高度注重"非执法机制"的实施,即重视竞争推进(competition advocacy)工作,以达到从根本上促进竞争的目的。〔76〕竞争推进是许多国际组织所认可的构建竞争文化的重要机制,它是指"由竞争主管机构采取非执法机制所实施的,旨在国内经济活跃的目的,而与促进国内竞争环境有关的措施"。竞争推进所依赖的主要途径是协调竞争主管机构与其他政府机构之间的关系,以及不断增进公众对竞争能带来利益的意识。〔77〕有计划地展开专项竞争文化宣传活动,促进竞争政策和具体制度能够在实践中落实。设立"竞争政策宣传周(月)",强化全国范围内的竞争倡导,〔78〕同时针对全体社会成员,其具体目标是增进公众对竞争能带来利益的意识,以提高他们对竞争的优势以及竞争政策在促进经济增长、保护竞争方面的作用的意识。所有这些措施最后的落脚点都是构建良好的"竞争文化"环境。

六、结语

我国现阶段已经基本满足确立竞争政策基础性地位的时机与条件:在顶层设计方面,国家已经确定发展的总体目标;在经济体制改革方面,正在全面改变社会资源的配置方式;在政治体制改革方面,政府权力运行受到严厉约束;在民众意识方面,稳定持续发展形成社会共识。这些标志着我国确立竞争政策基础性地位的时代到了。我们的最终目标是:构建良好竞争环境和整体性的竞争生态;给垄断和企图垄断的行为施加舆论压力;为竞争政策和竞争法实施提供舆论支持;对中国经济持续发展提供源源不断的动力。

〔76〕 参见王先林:《竞争政策的基础性地位及其主要实现路径初探》,载《中国价格监管与反垄断》2016 年第 5 期。

〔77〕 See Report Prepared by the Advocacy Working Group, ICN's Conference Naples, Italy, 2002, pp. Ⅰ－Ⅴ.

〔78〕 参见黄勇:《竞争政策的功能与实施路径》,载《中国价格监管与反垄断》2016 年第 6 期。

后　　记

编辑不无羡慕地向我坦言:有学生真好！我也觉得如此。

在三十多年课堂生涯结束之际,在那么多学生已逐渐成才之时,他们提出想为我做一点事情作为回报,即出版我的文集。其实,这种事情我压根都没有想过。因为我始终不认为自己是一位学术成果丰硕的教师,更谈不上是在法学领域有多少学术贡献的学者。在我的心目中,出版文集的一定是功底深厚、学贯中西的大学问家,而我不是,我只是在教学之余写下了一点心得而已。可学生不这么认为,也许是他们觉得在与我一起度过的几年学习过程中有所收获,也许他们感悟市场经济理念,接受竞争法律知识是从那些由文章转化而来的课堂演讲中开始的。恭敬不如从命,既然是为了怀旧,那就师生一起共同享受了。时机也不错,今年恰逢我国最重要的竞争法《反垄断法》颁布十周年,出版时可能正好是实施十周年。对于一个亲历我国市场秩序法治发展过程的人,能够以此提供一些历史痕迹,也算是一点贡献。哪怕书中收集的文章留下了探索的幼稚、争论的误区甚至结论的错误,我也愿意原汤原味地呈现。希望后来者能够从这些文章中获得一些关于我国经济转型和制度变迁的有用信息。

正为了体现上述出版此文集的意义,我没有按照类别排序,只是简单地按时间顺序排列,以真实地反映一个经历不同体制转型的学者对市场竞争秩序规制的思考进路:市场行为—市场秩序—制度建设—政策思考。我想,这同样也是我们国家在这条路上的发展进路。

我在内心深深地感谢我的学生们,感谢法律出版社何敏老师,是你们让我有了心愿,并实现了这一心愿。也希望我们共同努力,沿着市场经济法制建设的道路继续前行。

图书在版编目（CIP）数据

真水无香：经济法文集 / 徐士英著.-- 北京：法律出版社，2018
ISBN 978-7-5197-2353-8

Ⅰ．①真… Ⅱ．①徐… Ⅲ．①经济法－文集 Ⅳ．①D912.29-53

中国版本图书馆CIP数据核字(2018)第138804号

真水无香
ZHENSHUI WUXIANG

徐士英 著

策划编辑 何 敏
责任编辑 何 敏
装帧设计 汪奇峰

出版 法律出版社
总发行 中国法律图书有限公司
经销 新华书店
印刷 北京虎彩文化传播有限公司
责任校对 王沁陶
责任印制 张建伟

编辑统筹 法律出版社
开本 720毫米×960毫米 1/16
印张 38.25
字数 578千
版本 2018年9月第1版
印次 2018年9月第1次印刷

法律出版社 / 北京市丰台区莲花池西里7号（100073）
网址 / www.lawpress.com.cn
投稿邮箱 / info@lawpress.com.cn
举报维权邮箱 / jbwq@lawpress.com.cn
销售热线 / 010-63939792
咨询电话 / 010-63939796

中国法律图书有限公司 / 北京市丰台区莲花池西里7号（100073）
全国各地中法图分、子公司销售电话：
统一销售客服 / 400-660-6393
第一法律书店 / 010-63939781/9782
西安分公司 / 029-85330678
重庆分公司 / 023-67453036
上海分公司 / 021-62071639/1636
深圳分公司 / 0755-83072995

书号：ISBN 978-7-5197-2353-8
定价：99.00元